Großkommentare der Praxis

Wieczorek/Schütze

Zivilprozessordnung und Nebengesetze

Großkommentar

4., neu bearbeitete Auflage

begründet von
Dr. Bernhard Wieczorek
weiland Rechtsanwalt am BGH

herausgegeben von
Professor Dr. Dr. h.c. Rolf A. Schütze
Rechtsanwalt in Stuttgart

Erster Band
Teilband 1
§§ 1–23a

Bearbeiter:
Einleitung: Hanns Prütting
§§ 1, 5–11: Fabian Reuschle
§§ 2–4: Ferdinand Kruis
§§ 12–23a (ohne §§ 13–19): Stefan Smid/Sabine Hartmann
§§ 13–19: Stefan Smid/Mark Zeuner

DE GRUYTER

Stand der Bearbeitung: Januar 2015

Zitiervorschlag: z.B.: Wieczorek/Schütze/*Reuschle* § 1 ZPO Rn. 2

ISBN 978-3-11-024834-0
e-ISBN (PDF) 978-3-11-024835-7
e-ISBN (EPUB) 978-3-11-039174-9

Bibliografische Information der Deutschen Nationalbibliothek
Die Deutsche Nationalbibliothek verzeichnet diese Publikation in der Deutschen Nationalbibliografie; detaillierte bibliografische Daten sind im Internet über http://dnb.d-nb.de abrufbar.

Datenkonvertierung und Satz: jürgen ullrich typosatz, Nördlingen
Druck und Bindung: Hubert & Co. GmbH & Co. KG, Göttingen
♾ Gedruckt auf säurefreiem Papier
Printed in Germany

www.degruyter.com

Die Bearbeiter der 4. Auflage

Professor Dr. **Hans-Jürgen Ahrens**, Universität Osnabrück, Richter am OLG Celle a.D.
Professor Dr. **Dorothea Assmann**, Universität Potsdam
Dr. **David-Christoph Bittmann**, Richter am LG Kaiserslautern
Professor Dr. **Wolfgang Büscher**, Vorsitzender Richter am Bundesgerichtshof, Honorarprofessor Universität Osnabrück
Professor Dr. **Martin Gebauer**, Universität Tübingen
Uwe Gerken, Vors. Richter am OLG Oldenburg
Dr. **Helge Großerichter**, Rechtsanwalt, München, Honorarprofessor Ludwig-Maximilians-Universität München
Sabine Hartmann, wissenschaftliche Mitarbeiterin, Universität Kiel
Professor Dr. **Burkhard Hess**, Universitäten Heidelberg und Luxemburg, Direktor des Max Planck Institute for International, European and Regulatory Procedural Law, Luxemburg
Sabine Hufschmidt, Rechtsanwältin/Mediatorin (zertifiziert), Universität Potsdam
Professor Dr. **Volker Michael Jänich**, Universität Jena, Richter am OLG Jena
Dr. **Ferdinand Kruis**, Rechtsanwalt, München
Professor Dr. **Wolfgang Lüke**, LL.M. (Chicago), Technische Universität Dresden, Direktor des Instituts für Ausländische und Internationale Rechtsangleichung, Richter am OLG Dresden a.D.
Professor Dr. **Heinz-Peter Mansel**, Universität Köln, Direktor des Instituts für internationales und ausländisches Privatrecht
Professor Dr. **Dirk Olzen**, Universität Düsseldorf
Professor Dr. **Christoph G. Paulus**, LL.M. (Berkeley), Humboldt-Universität zu Berlin
Professor Dr. **Hanns Prütting**, Universität zu Köln, Direktor des Instituts für Verfahrensrecht
Dr. **Hartmut Rensen**, Richter am OLG Köln
Dr. **Fabian Reuschle**, Richter am LG Stuttgart
Professor Dr. **Mathias Rohe**, M.A., Universität Erlangen, Richter am OLG Nürnberg a.D.
Dr. **Stephan Salzmann**, Dipl.-Kfm., Rechtsanwalt, Steuerberater, München
Dr. **Christoph Schreiber**, Akademischer Rat, Universität Erlangen-Nürnberg
Professor Dr. **Klaus Schreiber**, Universität Bochum
Professor Dr. **Götz Schulze**, Universität Potsdam
Professor Dr. Dr. h.c. **Rolf A. Schütze**, Rechtsanwalt, Stuttgart, Honorarprofessor Universität Tübingen
Professor Dr. **Stefan Smid**, Universität Kiel
Dr. **Frank Spohnheimer**, Akademischer Rat, Fernuniversität Hagen
Professor Dr. **Christoph Thole**, Universität Tübingen
Professor Dr. **Roderich C. Thümmel**, LL.M. (Harvard), Rechtsanwalt, Stuttgart, Honorarprofessor Universität Tübingen
Dr. **Eyk Ueberschär**, Rechtsanwalt/Mediator (BAFM), Lehrbeauftragter, Universität Potsdam
Professor Dr. **Barbara Völzmann-Stickelbrock**, FernUniversität Hagen
Dr. **Andreas Wax**, Maître en Droit, Rechtsanwalt, Stuttgart
Professor Dr. **Matthias Weller**, Mag. rer. publ., EBS Law School Wiesbaden
Professor Dr. **Stephan Weth**, Universität des Saarlandes
Dr. **Wolfgang Winter**, Rechtsanwalt, München
Professor Dr. **Mark Zeuner**, Rechtsanwalt/Insolvenzverwalter Hamburg, Honorarprofessor Universität Kiel

Inhaltsübersicht

Abkürzungsverzeichnis

€	Euro
a.A.	anderer Ansicht
A.C.	The Law Reports, Appeal Cases
a.E.	am Ende
a.F.	alter Fassung
a.M.	anderer Meinung
aaO	am angegebenen Ort
Abk.	Abkommen
ABl.	Amtsblatt
abl.	ablehnend(e/er)
Abs.	Absatz
Abschn.	Abschnitt
Abt.	Abteilung
abw.	abweichend
AbzG	Abzahlungsgesetz
AcP	Archiv für die civilistische Praxis [Band (Jahr) Seite]
ADSp.	Allgemeine Deutsche Spediteurbedingungen
AEUV	Vertrag über die Arbeitsweise der Europäischen Union
AG	Aktiengesellschaft, auch Amtsgericht, auch Ausführungsgesetz, auch Die Aktiengesellschaft, Zeitschrift für das gesamte Aktienwesen (Jahr, Seite)
AGB	Allgemeine Geschäftsbedingungen
AGBG	Gesetz zur Regelung des Rechts der Allgemeinen Geschäftsbedingungen
AGS	Anwaltsgebühren spezial
AHK	Alliierte Hohe Kommission
ähnl.	ähnlich
AktG	Aktiengesetz
AktO	Aktenordnung
All E.R.	All England Law Reports
Allg.	Allgemein (e/er/es)
Allg.M.	allgemeine Meinung
Alt.	Alternative
Am. J. Comp. L.	American Journal of Comparative Law
Am. J. Int. L.	American Journal for International Law
AMBl BY	Amtsblatt des Bayerischen Staatsministeriums für Arbeit und soziale Fürsorge
AMG	Arzneimittelgesetz
amtl.	amtlich
ÄndVO	Änderungsverordnung
AnfG	Anfechtungsgesetz
Anh.	Anhang
Anl.	Anlage
Anm.	Anmerkung
AnwBl	Anwaltsblatt
AO	Abgabenordnung
AöR	Archiv des öffentlichen Rechts
AP	Arbeitsrechtliche Praxis, Nachschlagewerk des Bundesarbeitsgerichts
App.	Corte d'appello (Italien); Cour d'appel (Belgien, Frankreich)
Arb. Int.	Arbitration International
ArbG	Arbeitsgericht
ArbGG	Arbeitsgerichtsgesetz
ArbR	Arbeit und Recht
ArbuR	Arbeit und Recht
Art.	Artikel
art.	Article

Aufl.	Auflage
AUG	Auslandsunterhaltsgesetz
ausf.	ausführlich
AusfG	Ausführungsgesetz
AusfVO	Ausführungsverordnung
Ausg.	Ausgabe
ausl.	ausländisch
AuslInvestmG	Gesetz über den Vertrieb ausländischer Investmentanteile und über die Besteuerung der Erträge aus ausländischen Investmentanteilen
AVAG	Anerkennungs- und Vollstreckungsausführungsgesetz
AWD	Außenwirtschaftsdienst des Betriebsberaters
AWG	Außenwirtschaftsgesetz
BAföG	Bundesausbildungsförderungsgesetz
BAG	Bundesarbeitsgericht
BAGE	Entscheidungen des Bundesarbeitsgerichts, Amtliche Sammlung
BAnz.	Bundesanzeiger
BauR	Baurecht
bay.	bayerisch
BayObLG	Bayerisches Oberstes Landesgericht
BayObLGZ	Entscheidungen des Bayerischen Obersten Landesgerichts in Zivilsachen, Amtliche Sammlung
BayVBl.	Bayerische Verwaltungsblätter
BB	Betriebs-Berater
BBergG	Bundesberggesetz
BBl.	Bundesblatt der Schweizerischen Eidgenossenschaft
Bd.	Band
Bearb.	Bearbeitung
BeckOK	Beck'scher Online-Kommentar
BeckRS	Beck-Rechtsprechung
BEG	Bundesentschädigungsgesetz
begr.	begründet
Beil.	Beilage
Bek.	Bekanntmachung
belg.	belgisch
Bem.	Bemerkung(en)
Ber.	Bericht
ber.	berichtigt
BerDGVR	Berichte der Deutschen Gesellschaft für Völkerrecht
bes.	besonders
Beschl.	Beschluss
bestr.	bestritten
betr.	betreffend
BeurkG	Beurkundungsgesetz
BezG	Bezirksgericht
BfA	Bundesanstalt für Arbeit
BFH	Bundesfinanzhof
BFH/NV	Sammlung der Entscheidungen des Bundesfinanzhofs
BFHE	Sammlung der Entscheidungen und Gutachten des Bundesfinanzhofs
BFH-PR	Entscheidungen des Bundesfinanzhofs für die Praxis der Steuerberatung
BG	Bundesgericht (Schweiz)
BGB	Bürgerliches Gesetzbuch
BGBl	Bundesgesetzblatt
BGE	Entscheidungen des schweizerischen Bundesgerichts, Amtliche Sammlung
BGH	Bundesgerichtshof

BGHR	Systematische Sammlung der Entscheidungen des BGH
BGHZ	Entscheidungen des Bundesgerichtshofs in Zivilsachen; Amtliche Sammlung der Rechtsprechung des Bundesgerichtshofs
BinSchG	Binnenschifffahrtsgesetz
BinSchVerfG	Gesetz über das gerichtliche Verfahren in Binnenschifffahrtssachen
Bl.	Blatt
BMF	Bundesministerium der Finanzen
BNotO	Bundesnotarordnung
BörsG	Börsengesetz
BPatG	Bundespatentgericht
BR(-Drucks.)	Bundesrat(-sdrucksache)
BRAGO	Bundesgebührenordnung für Rechtsanwälte
BRAK-Mitt.	Bundesrechtsanwaltskammer Mitteilungen
BRAO	Bundesrechtsanwaltsordnung
Breith.	Sammlung von Entscheidungen aus dem Sozialrecht. Begr. v. Breithaupt
brit.	britisch
BSG	Bundessozialgericht
BSGE	Entscheidungen des Bundessozialgerichts, Amtliche Sammlung
BSHG	Bundessozialhilfegesetz
bspw.	beispielsweise
BStBl.	Bundessteuerblatt
BT(-Drucks.)	Bundestag(-sdrucksache)
Buchst.	Buchstabe
BVerfG	Bundesverfassungsgericht
BVerfGE	Entscheidungen des Bundesverfassungsgerichts, Amtliche Sammlung
BVerfGG	Gesetz über das Bundesverfassungsgericht
BVerwG	Bundesverwaltungsgericht
BVerwGE	Entscheidungen des Bundesverwaltungsgerichts, Amtliche Sammlung
BW	Baden-Württemberg
BWNotZ	Mitteilungen aus der Praxis, Zeitschrift für das Notariat in Baden-Württemberg
BYIL	The British Yearbook of International Law
bzw.	beziehungsweise
C.A.	Court of Appeal (England)
C.M.L.R.	Common Market Law Reports
Cahiers dr. europ.	Cahiers de droit européen
Cass. (Italien) S.U.	Corte di cassazione, Sezioni Unite
Cass. Civ. (com., soc.)	Cour de Cassation (Frankreich/Belgien); Chambre civile (commerciale, sociale)
Cc (cc)	Code civil (Frankreich/Belgien/Luxemburg); Codice civile (Italien)
ch.	Chapter
Ch. D.	Chancery Divison
CIM	Convention internationale concernant le transport des marchandises par chemins de fer; Internationales Übereinkommen über den Eisenbahnfrachtverkehr
CISG	Convention on the International Sale of Goods (Wiener Übereinkommen über Verträge über den internationalen Warenkauf)
CIV	Einheitliche Rechtsvorschriften für den Vertrag über die internationale Eisenbahn-beförderung von Personen und Gepäck (Anlage A zum COTIF)
Civ. J. Q.	Civil Justice Quarterly
Clunet	Journal du droit international (Frankreich)
CML Rev.	Common Market Law Review
CMR	Übereinkommen über den Beförderungsvertrag im internationalen Straßenverkehr
COTIF	Übereinkommen über den internationalen Eisenbahnverkehr
Cour sup.	Cour supérieure de justice (Luxemburg)

CPC, cpc	Codice di procedura civile (Italien); Code de procédure civile (Frankreich/Belgien/Luxemburg)
CPO	Civilprozeßordnung
CPR	Civil Procedure Rules
CR	Computer und Recht
d. i. p.	Droit international privé
D. S.	Receuil Dalloz Sirey
d.h.	das heißt
DAR	Deutsches Autorecht
das.	daselbst
DAVorm	Der Amtsvormund
DB	Der Betrieb (Jahr, Seite)
Dem. Rep.	Demokratische Republik
ders./dies./dass.	der-, die-, dasselbe
DGVZ	Deutsche Gerichtsvollzieherzeitung
DGWR	Deutsches Gemein- und Wirtschaftsrecht
diff.	differenzierend
Dir. Com. Scambi int.	Diritto communitario negli scambi internazionali
Dir. Comm. Int.	Diritto del commercio internationale
DIS	Deutsche Institution für Schiedsgerichtsbarkeit
DiskE	Diskussionsentwurf
Diss.	Dissertation
DJ	Deutsche Justiz, Zeitschrift für Rechtspflege und Rechtspolitik
DJT	Deutscher Juristentag
DJZ	Deutsche Juristenzeitung
DNotV	Zeitschrift des Deutschen Notarvereins
DNotZ	Deutsche Notarzeitschrift (früher: Zeitschrift des Deutschen Notarvereins, DNotV)
doc.	Document
DöV	Die öffentliche Verwaltung
DR	Deutsches Recht
DRiZ	Deutsche Richterzeitung
DRpfl	Der Deutsche Rechtspfleger
Drucks.	Drucksache
DRZ	Deutsche Rechts-Zeitschrift
DStR	Deutsches Steuerrecht
DStZ	Deutsche Steuerzeitung
dt.	deutsch
DTA	Datenträgeraustausch
DtZ	Deutsch-Deutsche Rechtszeitschrift
DuR	Demokratie und Recht
DVBl.	Deutsches Verwaltungsblatt
DVO	Durchführungsverordnung
DZWIR	Deutsche Zeitschrift für Wirtschafts- und Insolvenzrecht
E	Entwurf
E. C. C.	European Commercial Cases
ecolex	ecolex – Fachzeitschrift für Wirtschaftsrecht
EDV	Elektronische Datenverarbeitung
EFG	Entscheidungen der Finanzgerichte
EFTA	European Free Trade Association
EG	Einführungsgesetz; Europäische Gemeinschaft
EG-BewVO	Europäische Beweisaufnahmeverordnung
EGBGB	Einführungsgesetz zum Bürgerlichen Gesetzbuch

EGGVG	Einführungsgesetz zum Gerichtsverfassungsgesetz
EGMR	Europäischer Gerichtshof für Menschenrechte
EG-PKHVV	EG-Prozesskostenvordrucksverordnung
EGStGB	Einführungsgesetz zum Strafgesetzbuch
EGV	Vertrag zur Europäischen Gemeinschaft
EGZPO	Einführungsgesetz zur Zivilprozessordnung
EheG	Ehegesetz
Einf.	Einführung
EinfG	Einführungsgesetz
EingV	Einigungsvertrag
Einl.	Einleitung
EMRK	(Europäische) Konvention zum Schutze der Menschenrechte und Grundfreiheiten
ENA	Europäisches Niederlassungsabkommen
entspr.	entsprechend
Entw.	Entwurf
EO	Österreichische Exekutionsordnung
ErbbauVO	Verordnung über das Erbbaurecht
Erg.	Ergebnis
Erl.	Erläuterungen
ESA	Europäisches Übereinkommen über die Staatenimmunität
EStG	Einkommenssteuergesetz
EU	Europäische Union
EÜ	(Genfer) Europäisches Übereinkommen über die internationale Handelsschiedsgerichtsbarkeit
EuAÜ	Europäisches Rechtsauskunftsübereinkommen
EuBagatellVO/ EuBagVO	Verordnung (EG) Nr. 861/2007 des Europäischen Parlaments und des Rates vom 11. Juli 2007 zur Einführung eines europäischen Verfahrens für geringfügige Forderungen
EuBVO	Verordnung (EG) Nr. 1206/2001 des Rates vom 28. Mai 2001 über die Zusammenarbeit zwischen den Gerichten der Mitgliedstaaten auf dem Gebiet der Beweisaufnahme in Zivil- oder Handelssachen
EuGH	Europäischer Gerichtshof
EuGHE	Entscheidungen des Gerichtshofs der Europäischen Gemeinschaft, Amtliche Sammlung
EuGVÜ	Brüsseler EWG-Übereinkommen vom 27.9.1968 über die gerichtliche Zuständigkeit und die Vollstreckung gerichtlicher Entscheidungen in Zivil- und Handelssachen
EuGVVO	Verordnung (EG) Nr. 44/2001 des Rates vom 22. Dezember 2000 über die gerichtliche Zuständigkeit und die Anerkennung und Vollstreckung von Entscheidungen in Zivil- und Handelssachen
EuInsVO	Verordnung (EG) Nr. 1346/2000 des Rates vom 29. Mai 2000 über Insolvenzverfahren
EuMahnVO	Verordnung (EG) Nr. 1896/2006 des Europäischen Parlaments und des Rates vom 12. Dezember 2006 zur Einführung eines Europäischen Mahnverfahrens
EuR	Europarecht
EuroEG	Euro-Einführungsgesetz
Europ. L. Rev.	European Law Review
EuÜHS	Europäisches Übereinkommen über die Handelsschiedsgerichtsbarkeit 1961
EuUhVO	Verordnung (EG) Nr. 4/2009 des Rates vom 18. Dezember 2008 über die Zuständigkeit, das anwendbare Recht, die Anerkennung und Vollstreckung von Entscheidungen und die Zusammenarbeit in Unterhaltssachen
EuVTVO	Verordnung (EG) Nr. 805/2004 des Europäischen Parlaments und des Rates vom 21. April 2004 zur Einführung eines europäischen Vollstreckungstitels für unbestrittene Forderungen
EuZPR	Europäisches Zivilprozessrecht
EuZustVO/EuZuVO	Verordnung (EG) Nr. 1393/2007 des Europäischen Parlaments und des Rates vom 13. November 2007 über die Zustellung gerichtlicher und außergerichtlicher Schrift-

	stücke in Zivil- oder Handelssachen in den Mitgliedstaaten („Zustellung von Schriftstücken") und zur Aufhebung der Verordnung (EG) Nr. 1348/2000 des Rates
EuZVR	Europäisches Zivilverfahrensrecht
EuZW	Europäische Zeitschrift für Wirtschaftsrecht
EV	Vertrag zwischen der Bundesrepublik Deutschland und der Deutschen Demokratischen Republik über die Herstellung der Einheit Deutschlands – Einigungsvertrag –
evtl.	eventuell
EVÜ	Europäisches Schuldvertragsübereinkommen
EWG	Europäische Wirtschaftsgemeinschaft
EWGV	Vertrag zur Gründung der Europäischen Wirtschaftsgemeinschaft
EWiR	Entscheidungen zum Wirtschaftsrecht
EWIV	Europäische wirtschaftliche Interessenvereinigung
EWR	Europäischer Wirtschaftsraum
EWS	Europäisches Wirtschafts- und Steuerrecht
EzA	Entscheidungssammlung zum Arbeitsrecht
EzFamR aktuell	Entscheidungssammlung zum Familienrecht aktuell
f.	folgend(e)
FamFG	Gesetz über das Verfahren in Familiensachen und in den Angelegenheiten der Freiwilligen Gerichtsbarkeit
FamG	Familiengericht
FamR	Familienrecht
FamRÄndG	Familienrechtsänderungsgesetz
FamRZ	Zeitschrift für das gesamte Familienrecht
FamS	Familiensenat
ff.	folgende
FG	Finanzgericht; Festgabe; Freiwillige Gerichtsbarkeit
FGG	Gesetz über die Angelegenheiten der freiwilligen Gerichtsbarkeit
FGO	Finanzgerichtsordnung
FGPrax	Praxis der Freiwilligen Gerichtsbarkeit
FLF	Finanzierung, Leasing, Factoring
Fn.	Fußnote
Foro it.	Foro italiano
FoVo	Forderung & Vollstreckung
franz.	französisch
FS	Festschrift
Fundst.	Fundstelle(n)
FuR	Familie und Recht
G.	Gesetz
g.E.	gegen Ende
Gaz. Pal.	La Gazette du Palais (Frankreich)
GBBerG	Grundbuchbereinigungsgesetz
GBl	Gesetzblatt
GBO	Grundbuchordnung
GbR	Gesellschaft bürgerlichen Rechts
geänd.	geändert
GebrMG	Gebrauchsmustergesetz
gem.	gemäß
GenfA	Genfer Abkommen zur Vollstreckung ausländischer Schiedssprüche 1927
GenfP	Genfer Protokoll über die Schiedsklauseln 1923
GenG	Genossenschaftsgesetz
GeschMG	Geschmacksmustergesetz
GewO	Gewerbeordnung
GG	Grundgesetz für die Bundesrepublik Deutschland

ggf.	gegebenenfalls
ggü.	gegenüber
Giur it.	Giurisprudenza italiana
GK	Großkommentar
GKG	Gerichtskostengesetz
GmbH	Gesellschaft mit beschränkter Haftung
GmbHG	Gesetz betreffend die Gesellschaften mit beschränkter Haftung
GmbHR	GmbH-Rundschau
GmS-OGB	Gemeinsamer Senat der obersten Gerichtshöfe des Bundes
gr.	griechisch
GrS	Großer Senat
Gruchot	Beiträge zur Erläuterung des Deutschen Rechts, begründet v. Gruchot
GRUR	Gewerblicher Rechtsschutz und Urheberrecht
GS	Gedächtnisschrift
GSZ	Großer Senat in Zivilsachen
GVBl.	Gesetz- und Verordnungsblatt
GVBl. RhPf.	Gesetz- und Verordnungsblatt Rheinland-Pfalz
GVG	Gerichtsverfassungsgesetz
GVGA	Geschäftsanweisungen für Gerichtsvollzieher
GVKostG	Gesetz über die Kosten der Gerichtsvollzieher
GVO	Gerichtsvollzieherordnung
GWB	Gesetz gegen Wettbewerbsbeschränkungen
H	Heft
H. C.	High Court
H. L.	House of Lords
H. R.	Hoge Raad (Niederlande)
h.M.	herrschende Meinung
HaftpflG	Haftpflichtgesetz
HausTWG	Haustürwiderrufsgesetz
HBÜ	Haager Übereinkommen über die Beweisaufnahme im Ausland in Zivil- und Handelssachen
Hdb.	Handbuch
HessVGRspr	Rechtsprechung der Hessischen Verwaltungsgerichte
HGB	Handelsgesetzbuch
HinterlO	Hinterlegungsordnung
Hinw.	Hinweis
HKO	Haager Landkriegsordnung
hL	herrschende Lehre
HmbGVBl.	Hamburger Gesetz- und Verordnungsblatt
HO	Hinterlegungsordnung
HRR	Höchstrichterliche Rechtsprechung
Hrsg./hrsg.	Herausgeber, herausgegeben
Hs	Halbsatz
HZPA	Haager Zivilprozessabkommen 1905
HZPÜ	Haager Übereinkommen über den Zivilprozess
HZÜ	Haager Übereinkommen über die Zustellung gerichtlicher und außergerichtlicher Schriftstücke im Ausland in Zivil- oder Handelssachen
i. Zw.	im Zweifel
i.A.	im Auftrag
i.d.F.	in der Fassung
i.d.R.	in der Regel
i.d.S.	in dem/diesem Sinne
i.E.	im Ergebnis

i.e.S.	im engeren Sinne
i.H.v.	in Höhe von
i.R.v.	im Rahmen von
i.S.d.	im Sinne des
i.S.v.	im Sinne von
i.Ü.	im Übrigen
i.V.m.	in Verbindung mit
i.w.S.	im weiteren Sinne
ICC	International Chamber of Commerce (Internationale Handelskammer)
ICLQ	The International and Comparative Law Quarterly
IGH	Internationaler Gerichtshof
ILM	International Legal Materials
ILR	International Law Reports
insb.	insbesondere
int.	international
IPRax	Praxis des Internationalen Privat- und Verfahrensrechts
IWB	Internationale Wirtschaftsbriefe
IWF	Internationaler Währungsfonds
IZPR	Internationales Zivilprozessrecht
IZVR	Internationales Zivilverfahrensrecht
J. Bus. L.	The Journal of Business Law (England)
J. Int. Arb.	Journal of International Arbitration
JA	Juristische Arbeitsblätter
JbIntR	Jahrbuch für internationales Recht
JBl.	Justizblatt; Juristische Blätter (Österreich)
JbRR	Jahrbuch für Rechtssoziologie und Rechtstheorie
JFG	Jahrbuch für Entscheidungen in Angelegenheiten der freiwilligen Gerichtsbarkeit und des Grundbuchrechtes
JMBl.	Justizministerialblatt
JMBlNrw	Justizministerialblatt von Nordrhein-Westfalen
JN	Jurisdiktionsnorm (Österreich)
JOR	Jahrbuch für Ostrecht
JPS	Jahrbuch für die Praxis der Schiedsgerichtsbarkeit
JR	Juristische Rundschau
Judicium	Vierteljahresschrift für die gesamte Zivilrechtspflege
JURA	Juristische Ausbildung
JurBüro	Das juristische Büro
JurTag(s)	Juristentag(es)
JuS	Juristische Schulung
Justiz	Die Justiz, Amtsblatt des Justizministeriums Baden-Württemberg
JVBl	Justizverwaltungsblatt
JVEG	Justizvergütungs- und Entschädigungsgesetz
JW	Juristische Wochenschrift
JZ	Juristenzeitung
KAGG	Gesetz über Kapitalanlagegesellschaften
Kap.	Kapitel
KG	Kammergericht, Kommanditgesellschaft
KGaA	Kommanditgesellschaft auf Aktien
KGBl.	Blätter für Rechtspflege im Bezirk des Kammergerichts in Sachen der freiwilligen Gerichtsbarkeit, in Kosten-, Stempel- und Strafsachen
KO	Konkursordnung
KonsulG	Konsulargesetz
KostO	Kostenordnung

KostRÄndG	Kostenrechtsänderungsgesetz
KrG	Kreisgericht
krit.	kritisch
KTS	Zeitschrift für Konkurs-, Treuhand- und Schiedsgerichtswesen (Jahr, Seite)
KV	Kostenverzeichnis
KWG	Gesetz über das Kreditwesen
LAG	Gesetz über den Lastenausgleich; auch Landesarbeitsgericht
Lb	Lehrbuch
LG	Landgericht
Lit.	Buchstabe
LJ	The Law Journal (England)
LJV	Landesjustizverwaltung
LM	Nachschlagewerk des Bundesgerichtshofs, hrsg. v. Lindenmaier und Möhring
LMK	Lindenmaier-Möhring – Kommentierte BGH-Rechtsprechung, hrsg. v. Pfeiffer
LS	Leitsatz
LSG	Landessozialgericht
LuftfzRG	Gesetz über Rechte an Luftfahrzeugen
LuftVG	Luftverkehrsgesetz
LUG	Gesetz betr. das Urheberrecht an Werken der Literatur und der Tonkunst (LiteraturureberG)
LugÜ I	Lugano-Übereinkommen über die gerichtliche Zuständigkeit und die Vollstreckung gerichtlicher Entscheidungen in Zivil- und Handelssachen vom 16. September 1988
LugÜ II	Lugano-Übereinkommen über die gerichtliche Zuständigkeit und die Vollstreckung gerichtlicher Entscheidungen in Zivil- und Handelssachen vom 30.10.2007
lux.	luxemburgisch
LwAnpG	Gesetz über die strukturelle Anpassung der Landwirtschaft an die soziale und ökologische Marktwirtschaft in der Deutschen Demokratischen Republik (Landwirtschaftsanpassungsgesetz)
LwVfG	Gesetz über das gerichtliche Verfahren in Landwirtschaftssachen
LZ	Leipziger Zeitschrift für Deutsches Recht
m.	mit
m. ausf. N.	mit ausführlichen Nachweisen
m.w.N.	mit weiteren Nachweisen
maW	mit anderen Worten
MDR	Monatsschrift für Deutsches Recht
MittBayNot.	Mitteilungen des Bayerischen Notarvereins
MittdtschPatAnw	Mitteilungen deutscher Patentanwälte
MittRhNotK	Mitteilungen der Rheinischen Notarkammer
MittRuhrKn	Mitteilungen der Ruhrknappschaft Bochum
Mot.	Motive
MSA	Haager Minderjährigenschutzabkommen
MünchKomm	Münchener Kommentar zur Zivilprozessordnung
MünchKomm-BGB	Münchener Kommentar zum BGB
MünchKomm-InsO	Münchener Kommentar zur Insolvenzordnung
MuW	Markenschutz und Wettbewerb (Jahr, Seite)
N. C. p. c.	Nouveau Code de procédure civile
n.F.	neue Fassung; neue Folge
Nachw.	Nachweis(e/n)
Nds.Rpfl	Niedersächsische Rechtspflege
NdsVBl	Niedersächsische Verwaltungsblätter
NEhelG	Gesetz über die rechtliche Stellung der nichtehelichen Kinder
NJOZ	Neue Juristische Online-Zeitschrift

NJW	Neue Juristische Wochenschrift
NJW-CoR	Computerreport der Neuen Juristischen Wochenschrift
NJWE WettR	NJW-Entscheidungsdienst Wettbewerbsrecht
NJW-RR	Neue Juristische Wochenschrift – Rechtsprechungsreport Zivilrecht
NotBZ	Zeitschrift für die notarielle Beratungs- und Beurkundungspraxis
Nov.	Novelle
Nr.	Nummer
NRW	NW Nordrhein-Westfalen
NTS	NATO-Truppenstatut
NVwZ	Neue Zeitschrift für Verwaltungsrecht
NZA	Neue Zeitschrift für Arbeitsrecht
NZA-RR	Neue Zeitschrift für Arbeitsrecht – Rechtsprechungsreport
NZG	Neue Zeitschrift für Gesellschaftsrecht
NZI	Neue Zeitschrift für das Recht der Insolvenz und Sanierung
NZM	Neue Zeitschrift für Mietrecht
o.	oben
OFD	Oberfinanzdirektion
öffentl.	öffentlich
OGH	Oberster Gerichtshof (für die britische Zone, Österreich)
OGHZ	Entscheidungen des Obersten Gerichtshofs für die britische Zone in Zivilsachen
öGZ	(österr.) Gerichts-Zeitung
OHG	Offene Handelsgesellschaft
öJBl	Österreichische Juristische Blätter
ÖJZ	Österreichische Juristen-Zeitung
OLG	Oberlandesgericht
OLG-NL	OLG-Rechtsprechung Neue Länder
OLGR	OLG-Report: Zivilrechtsprechung der Oberlandesgerichte
OLGRspr	Die Rechtsprechung der Oberlandesgerichte auf dem Gebiete des Zivilrechts
OLGZ	Entscheidungen der Oberlandesgerichte in Zivilsachen
OrderlagerscheinV	Orderlagerscheinverordnung
ÖRiZ	Österreichische Richterzeitung
österr.	österreichisch
OVG	Oberverwaltungsgericht
PA	Patentamt
PAngV	Preisangabenverordnung
PatAnwO	Patentanwaltsordnung
PatG	Patentgesetz
PersV	Die Personalvertretung
PflVG	Pflichtversicherungsgesetz
PKH	Prozesskostenhilfe
PKHRL	Prozesskostenhilfe-Richtlinie
ProdHG	Produkthaftungsgesetz
Prot.	Protokoll
ProzRB	Der Prozess-Rechts-Berater
PStG	Personenstandsgesetz
PStV	Personenstandsverordnung
RabelsZ	Zeitschrift für ausländisches und internationales Privatrecht
RAG	Reichsarbeitsgericht
Rb.	Rechtsbank (Niederlande)
Rbeistand	Der Rechtsbeistand
RBerG	Rechtsberatungsgesetz
RdA	Recht der Arbeit

RdL	Recht der Landwirtschaft (Jahr, Seite)
Rdn.	Randnummer
Recht	Das Recht, Rundschau für den Deutschen Juristenstand
RefE	Referentenentwurf
RegBl	Regierungsblatt
RegE	Regierungsentwurf
ReichsschuldenO	Reichsschuldenordnung
RFH	Reichsfinanzhof; amtliche Sammlung der Entscheidungen des RFH
RG	Reichsgericht
RGBl	Reichsgesetzblatt
RGes.	Reichsgesetz
RGRK	Reichsgerichtsrätekommentar
RGSt	Entscheidungen des Reichsgerichts in Strafsachen (1.1880–77.1944; Band, Seite)
RGZ	Entscheidungen des Reichsgerichts in Zivilsachen; amtliche Sammlung der Reichsgerichtsentscheidungen in Zivilsachen
Rh.-Pf	Rheinland-Pfalz
RIDC	Revue internationale de droit comparé
RIW	Recht der Internationalen Wirtschaft
RL	Richtlinie
ROW	Recht in Ost und West
Rpfl.	Der Deutsche Rechtspfleger
RpflG	Rechtspflegegesetz
Rs	Rechtssache
Rspr.	Rechtsprechung
RuS	Recht und Schaden
RuStAG	Reichs- und Staatsangehörigkeitsgesetz
RVG	Rechtsanwaltsvergütungsgesetz
RzW	Rechtsprechung zum Wiedergutmachungsrecht
s.	siehe
S.	Seite/Satz
S. C.	Supreme Court
s.a.	siehe auch
s.o.	siehe oben
s.u.	siehe unten
SaBremR	Sammlung des bremischen Rechts
SachenRBerG	Sachenrechtsbereinigungsgesetz
Sachg	Sachgebiet
SächsVBl	Sächsische Verwaltungsblätter
SAE	Sammlung arbeitsrechtlicher Entscheidungen der Vereinigung der Arbeitgeberverbände
ScheckG	Scheckgesetz
SchiedsVZ	Zeitschrift für Schiedsverfahren
SchlHA	Schleswig-Holsteinische Anzeigen
SchRegO	Schiffsregisterordnung
SchRG	Schiffsregistergesetz
SchuldR	Schuldrecht
schw.	schweizerisch
SchwJbIntR	Schweizer Jahrbuch für Internationales Recht
Sch-Ztg	Schiedsmannszeitung
Sec.	Section
Sess.	Session
SeuffArch	Seufferts Archiv für Entscheidungen der obersten Gerichte in den deutschen Staaten
SeuffBl	Seufferts Blätter für Rechtsanwendung in Bayern

SGB	Sozialgesetzbuch
SGG	Sozialgerichtsgesetz
SJZ	Süddeutsche Juristenzeitung
sog.	sogenannte
SozG	Sozialgericht
Sp.	Spalte
StAZ	Zeitschrift für Standesamtswesen
StB	Der Steuerberater
StGB	Strafgesetzbuch
StIGH	Ständiger Internationaler Gerichtshof
StPO	Strafprozessordnung
str.	strittig
StRK	Steuerrechtsprechung in Karteiform. Höchstgerichtliche Entscheidungen in Steuersachen
stRspr.	ständige Rechtsprechung
StuB	Steuern und Bilanzen
StuW	Steuer und Wirtschaft
StVG	Straßenverkehrsgesetz
StVZO	Straßenverkehrs-Zulassungs-Ordnung
Suppl.	Supplement
SZIER	Schweizer Zeitschrift für internationales und europäisches Recht
T. P. R.	Tijdschrift voor Privaatrecht (Niederlande)
teilw.	teilweise
ThürBl	Blätter für Rechtspflege in Thüringen und Anhalt
Tit.	Titel
TranspR	Transportrecht
TRG	Gesetz zur Neuregelung des Fracht-, Speditions- und Lagerrechts
Trib.	Tribunal; Tribunale
Trib. com.	Tribunal de commerce (Belgien/Frankreich)
u.a.	und andere(m)
u.Ä.	und Ähnliche(s)
u.U.	unter Umständen
Übers.	Übersicht
Übk.	Übereinkommen
UFITA	Archiv für Urheber-, Film-, Funk- und Theaterrecht
UmweltHG	Umwelthaftungsgesetz
UN	United Nations
unstr.	unstreitig
UNÜ	New Yorker UN-Übereinkommen über die Anerkennung und Vollstreckung ausländischer Schiedssprüche vom 10. Juni 1958
UNUVÜ	New Yorker UN-Übereinkommen über die Geltendmachung von Unterhaltsansprüchen im Ausland vom 20. Juni 1956
Urt.	Urteil
usw.	und so weiter
UWG	Gesetz gegen den unlauteren Wettbewerb
v.	versus
VA	Versicherungsaufsicht
VAG	Gesetz über die Beaufsichtigung der privaten Versicherungsunternehmen und Bausparkassen (Versicherungsaufsichtsgesetz)
Var.	Variante
verb.	verbunden(e)
VerbrKrG	Verbraucherkreditgesetz

Verf.	Verfassung
VerfGH	Verfassungsgerichtshof
VerglO	Vergleichsordnung
Verh.	Verhandlungen
VerlG	Gesetz über das Verlagsrecht
VerlR	Verlagsrecht
VermA	Vermittlungsausschuss
VerschG	Verschollenheitsgesetz
VersR	Versicherungsrecht, Juristische Rundschau für die Individualversicherung
VerwAO	Verwaltungsanordnung
Vfg	Verfügung
VG	Verwaltungsgericht
VGH	Verwaltungsgerichtshof
vgl.	vergleiche
VIZ	Zeitschrift für Vermögens- und Immobilienrecht
VO	Verordnung
VOB/B	Verdingungsordnung für Bauleistungen Teil B
VOBl	Verordnungsblatt
Voraufl.	Vorauflage
Vorb.	Vorbemerkung
vorl.	vorläufige(r)
VR	Verwaltungsrundschau
VV	Vergütungsverzeichnis
VVaG	Versicherungsverein auf Gegenseitigkeit
VVG	Gesetz über den Versicherungsvertrag (Versicherungsvertragsgesetz)
VwGO	Verwaltungsgerichtsordnung
VwVfG	Verwaltungsverfahrensgesetz
VwVG	(Bundes-)Verwaltungsvollstreckungsgesetz
VZS	Vereinigte Zivilsenate
W. L. R.	Weekly Law Reports
w.N.	weitere Nachweise
WahrnG	Gesetz über die Wahrnehmung von Urheberrechten und verwandten Schutzrechten (Urheberrechtswahrnehmungsgesetz)
Warn.	Rechtsprechung des Bundesgerichtshofs in Zivilsachen, als Fortsetzung der von Otto Warneyer hrsg. Rechtsprechung des Reichsgerichts
WarnRspr	Warneyer, Rechtsprechung des Reichsgerichts, soweit sie nicht in der amtlichen Sammlung der Entscheidungen des RG abgedruckt ist, hrsg. v. Warneyer
WBÜ	Washingtoner Weltbankübereinkommen für Investitionsstreitigkeiten
WEG	Gesetz über das Wohnungseigentum und das Dauerwohnrecht (Wohnungseigentumsgesetz)
WertpBG	Wertpapierbereinigungsgesetz
WG	Wechselgesetz
WieDÜ	Wiener Übereinkommen 1961 (Diplomaten)
WieKÜ	Wiener Übereinkommen 1963 (Konsuln)
WiGBl	Gesetzblatt der Verwaltung des Vereinigten Wirtschaftsgebiets
WM	Wertpapier-Mitteilungen
WRP	Wettbewerb in Recht und Praxis
WuB	Entscheidungssammlung zum Wirtschafts- und Bankrecht
WÜD	Wiener Übereinkommen über diplomatische Beziehungen
WÜK	Wiener Übereinkommen über konsularische Beziehungen
WuM	Wohnungswirtschaft und Mietrecht
WuW	Wirtschaft und Wettbewerb
WVRK	Wiener Übereinkommen über das Recht der Verträge
WZG	Warenzeichengesetz

Yb. Eurp. L.	Yearbook of European Law
z.B.	zum Beispiel
z.T.	zum Teil
ZAkDR	Zeitschrift der Akademie für Deutsches Recht
ZAP	Zeitschrift für die Anwaltspraxis
ZBB	Zeitschrift für Bankrecht und Bankwirtschaft
ZBinnSch	Zeitschrift für Binnenschifffahrt
ZBlFG	Zentralblatt für die freiwillige Gerichtsbarkeit und Notariat
ZBlJugR	Zentralblatt für Jugendrecht und Jugendwohlfahrt
ZBR	Zeitschrift für Beamtenrecht
ZEuP	Zeitschrift für Europäisches Privatrecht (Jahr, Seite)
ZfA	Zeitschrift für Arbeitsrecht
ZfB	Zeitschrift für Betriebswirtschaft
ZfG	Zeitschrift für Gesetzgebung
ZfRV	Zeitschrift für Rechtsvergleichung (Österreich)
ZfS	Zeitschrift für Schadensrecht (Jahr, Seite)
ZfSH	Zeitschrift für Sozialhilfe
ZGB	Zivilgesetzbuch (DDR/Schweiz)
ZGR	Zeitschrift für Unternehmens- und Gesellschaftsrecht
ZHR	Zeitschrift für das gesamte Handelsrecht und Wirtschaftsrecht
Ziff.	Ziffer
ZIP	Zeitschrift für Wirtschaftsrecht und Insolvenzpraxis
ZIR	Niemeyers Zeitschrift für internationales Recht
ZLR	Zeitschrift für Luftrecht und Weltraumrechtsfragen
ZMR	Zeitschrift für Miet- und Raumrecht
ZnotP	Zeitschrift für die Notarpraxis
ZöffR	Zeitschrift für öffentliches Recht
ZPO	Zivilprozessordnung
ZPOuaÄndG	Gesetz zur Änderung der Zivilprozeßordnung und anderer Gesetze
ZPR	Zivilprozessrecht
ZRHO	Rechtshilfeordnung in Zivilsachen
ZRP	Zeitschrift für Rechtspolitik
ZS	Zivilsenat
ZSEG	Gesetz über die Entschädigung von Zeugen und Sachverständigen
ZSR	Zeitschrift für Schweizer Recht
zust.	zustimmend
ZustDG	EG-Zustellungsdurchführungsgesetz
ZustErgG	Zuständigkeitsergänzungsgesetz
ZustRG	Zustellreformgesetz
zutr.	zutreffend
ZVersWiss	Zeitschrift für die gesamte Versicherungswissenschaft
ZVG	Gesetz über die Zwangsversteigerung und die Zwangsverwaltung (Zwangsversteigerungsgesetz)
ZVglRWiss	Zeitschrift für vergleichende Rechtswissenschaft
zzgl.	zuzüglich
ZZP	Zeitschrift für Zivilprozess
ZZPInt	Zeitschrift für Zivilprozess International

Verzeichnis der abgekürzt zitierten Literatur

Abel	Zur Nichtigkeitsklage wegen Mängeln der Vertretung im Zivilprozeß, 1995
Aden	Internationale Handelsschiedsgerichtsbarkeit, 2. Aufl. 2002
Adolphsen	Zivilprozessrecht, 4. Auflage 2014
Anders/Gehle	Das Assessorexamen im Zivilrecht, 12. Aufl. 2015
AK/*Bearbeiter*	Alternativkommentar zur Zivilprozeßordnung, hrsg. v. Ankermann/Wassermann, 1987
Bachmann Fremdwährungsschulden	Fremdwährungsschulden in der Zwangsvollstreckung, 1994
Bamberger/Roth/*Bearbeiter*	Beck'scher Online-Kommentar zum BGB, Stand: 1.2.2015, Edition 34
Baumann/Brehm	Zwangsvollstreckung, 2. Aufl. 1982
Baumbach/Lauterbach/Albers/*Hartmann*	Baumbach/Lauterbach/Albers/Hartmann, Zivilprozessordnung, 71. Aufl. 2012
Baur Studien	Studien zum einstweiligen Rechtsschutz, 1967
Baur/Stürner/Bruns	Zwangsvollstreckungsrecht, 13. Aufl. 2006
BeckOK ZPO/*Bearbeiter*	Beck'scher Online-Kommentar ZPO, Stand 01.01.2015, Edition 15
Bernhardt	Das Zivilprozeßrecht, 3. Aufl. 1968
Blomeyer ZPR	Zivilprozeßrecht, Erkenntnisverfahren, 2. Aufl. 1985
Böhm	Ungerechtfertigte Zwangsvollstreckung und materiellrechtliche Ausgleichsansprüche, 1971
Brox/Walker	Zwangsvollstreckungsrecht, 10. Aufl. 2014
Bruns ZPR	Zivilprozeßrecht, 2. Aufl. 1979
Bruns/Peters ZVR	Zwangsvollstreckungsrecht, 3. Aufl. 1987
Bunge	Zivilprozess und Zwangsvollstreckung in England und Schottland, 2. Aufl. 2005
Fasching	Lehrbuch des österreichischen Zivilprozeßrechts, 2. Aufl. 1990
Furtner Urteil im Zivilprozess	Das Urteil im Zivilprozeß, 5. Aufl. 1985
Furtner Vorläufige Vollstreckbarkeit	Die vorläufige Vollstreckbarkeit, 1953
Gaul/Schilken/Becker-Eberhard ZVR	Zwangsvollstreckungsrecht, 12. Aufl. 2010
Gaupp/Stein	Die Zivilprozeßordnung für das deutsche Reich, 5. Aufl. 1902
Gebauer/Wiedmann	Zivilrecht unter europäischem Einfluss, 2. Aufl. 2010
Geimer Anerkennung	Anerkennung ausländischer Entscheidungen in Deutschland, 1995
Geimer IZPR	Internationales Zivilprozessrecht, 6. Aufl. 2009
Geimer/Schütze Internationale Urteilsanerkennung	Internationale Urteilsanerkennung, Bd. I/1 1983, Bd. I/2 1984, Bd. II 1982
Geimer/Schütze IRV	Internationaler Rechtsverkehr in Zivil- und Handelssachen, Loseblattsammlung, hrsg. v. Geimer/Schütze, Stand: 48. Ergänzungslieferung 6/2014
Geimer/Schütze EZVR	Europäisches Zivilverfahrensrecht, 3. Aufl. 2010
Gerhardt	Vollstreckungsrecht, 2. Aufl. 1982
Gerlach Ungerechtfertigte Zwangsvollstreckung	Ungerechtfertigte Zwangsvollstreckung und ungerechtfertigte Bereicherung, 1986
Glossner/Bredow/Bühler	Das Schiedsgericht in der Praxis, 3. Aufl. 1990
Gloy/Loschelder/Spätgens	Handbuch des Wettbewerbsrechts, 4. Aufl. 2010
Gottwald Gutachten 61. DJT	Empfehlen sich im Interesse eines effektiven Rechtsschutzes Maßnahmen zur Vereinfachung, Vereinheitlichung und Beschränkung der Rechtsmittel und Rechtsbehelfe des Zivilverfahrensrechts?: Gutachten A für den 61. Deutschen Juristentag/erstattet von Peter Gottwald. – München, 1996
Götz Zivilrechtliche Ersatzansprüche	Zivilrechtliche Ersatzansprüche bei schädigender Rechtsverfolgung, 1989
Grunsky/Jacoby	Zivilprozessrecht, 14. Aufl. 2014

Grunsky Grundlagen	Grundlagen des Verfahrensrechts, 2. Aufl. 1974
Häsemeyer Schadenshaftung	Schadenshaftung im Zivilrechtsstreit, 1979
Hahn/Mugdan	Die gesamten Materialien zu den Reichsjustizgesetzen, Neudruck 1983 unter: *Hahn/Mugdan* Die gesamten Materialien zu den Reichs-Justizgesetzen; Band 2 Materialien zur Zivilprozeßordnung Abt. 1, Hrsg. *Stegemann*, 2. Aufl. 1881; Band 2 Materialien zur Zivilprozeßordnung Abt. 2, Hrsg. *Stegemann*, 2. Aufl. 1881; Band 8 Materialien zum Gesetz betr. Änderungen der Zivilprozeßordnung, Gerichtsverfassungsgesetz und Strafprozeßordnung, fortgesetzt von *Mugdan*, 1898
Hahn/Stegemann	Die gesamten Materialien zu den Reichsjustizgesetzen, 2. Band, Die gesammelten Materialien zur Civilprozeßordnung und dem Einführungsgesetz zu derselben vom 30.1.1877, 1. und 2. Abt. 1881, Neudruck 1983 unter dem Titel: *Hahn/Mugdan*, Die gesamten Materialien zu den Reichs Justizgesetzen, Bd. 2
Hellhake	Einstweilige Einstellung der Zwangsvollstreckung nach §§ 707, 719 Abs. 1 ZPO in direkter und analoger Anwendung, 1998
Hellwig Lehrbuch	Lehrbuch des deutschen Zivilprozeßrechts, Band 1 (1903), Band 2 (1907), Band 3 (1909)
Hellwig System	System des deutschen Zivilprozeßrechts, 2 Bände, 1912
Hertel Urkundenprozess	Der Urkundenprozeß unter besonderer Berücksichtigung von Verfassung (rechtliches Gehör) und Vollstreckungsschutz, 1992
Hess EuZPR	Europäisches Zivilprozessrecht, 2010
HK-ZPO/*Bearbeiter*	Zivilprozessordnung, Handkommentar, hrsg. v. Saenger, 6. Aufl. 2015
Jaeckel lex fori	Die Reichweite der lex fori im internationalen Zivilprozeßrecht, 1995
Jauernig/*Bearbeiter*	Bürgerliches Gesetzbuch, 15. Aufl. 2014
Jauernig/Hess ZPR	Zivilprozessrecht, 30. Aufl. 2011
Jauernig/Berger ZVR	Zwangsvollstreckungs- und Konkursrecht, 23. Aufl. 2010
Kallmann	Anerkennung und Vollstreckung ausländischer Zivilurteile und Vergleiche, 1946
Kegel/Schurig IPR	Internationales Privatrecht, 9. Aufl. 2004
Kerwer Erfüllung	Die Erfüllung in der Zwangsvollstreckung, 1996
Keßler Vollstreckbarkeit	Die Vollstreckbarkeit und ihr Beweis gem. Art. 31 und 47 Nr. 1 EuGVÜ, 1998
Kindl/Meller-Hannich/Wolf/*Bearbeiter*	Gesamtes Recht der Zwangsvollstreckung, Handkommentar, 2. Aufl. 2013
Knöringer Assessorklausur	Die Assessorklausur im Zivilprozess, 15. Aufl. 2014
Koch	Unvereinbare Entscheidungen i.S.d. Art. 27 Nr. 3 und 5 EuGVÜ und ihre Vermeidung, 1993
Kondring	Die Heilung von Zustellungsmängeln im internationalen Zivilrechtsverkehr, 1995
Kreindler/Schäfer/Wolff	Schiedsgerichtsbarkeit. Kompendium für die Praxis, 2006
Kropholler/von Hein EuZPR	Europäisches Zivilprozessrecht, 9. Aufl. 2011
Lachmann	Handbuch für die Schiedsgerichtspraxis, 3. Aufl. 2008
Langendorf	Prozessführung im Ausland und Mängelrüge im ausländischen Recht, 1956 ff.
Linke/Hau IZVR	Internationales Zivilverfahrensrecht, 6. Aufl. 2015
Lionnet/Lionnet	Handbuch der internationalen und nationalen Schiedsgerichtsbarkeit, 3. Aufl. 2005
Lörcher/Lörcher	Das Schiedsverfahren – national und international – nach neuem Recht, 2. Aufl. 2001
Lüke ZPR	Zivilprozessrecht, 10. Aufl. 2011
Maier	Handbuch der Schiedsgerichtsbarkeit, 1979
Martiny	Handbuch Anerkennung ausländischer Entscheidungen nach autonomem Recht, in: Handbuch des Internationalen Zivilverfahrensrechts, Bd. III/1, 1984
Mayr/Czernich	Europäisches Zivilprozessrecht, 2006

Maurer Einstweilige Anordnungen	Einstweilige Anordnungen in der Zwangsvollstreckung nach Einlegung zivilprozessualer Rechtsbehelfe, 1981
MünchKomm/*Bearbeiter*	Münchener Kommentar zur ZPO, 4. Aufl. 2012
MünchKomm-BGB/*Bearbeiter*	Münchener Kommentar zum BGB, 6. Aufl. 2012 ff.
MünchKomm-InsO/*Bearbeiter*	Münchener Kommentar zur Insolvenzordnung, 3. Aufl. 2015
Musielak/Voit Grundkurs	Grundkurs ZPO, 12. Aufl. 2014
Musielak/Voit/*Bearbeiter*	Kommentar zur Zivilprozessordnung, 12. Aufl. 2015
Nagel/Gottwald IZPR	Internationales Zivilprozessrecht, 7. Aufl. 2013
Niederelz Rechtswidrigkeit	Die Rechtswidrigkeit des Gläubiger- und Gerichtsvollzieherverhaltens in der Zwangsvollstreckung unter besonderer Berücksichtigung der Verhaltensunrechtslehre, 1974
Nikisch ZPR	Zivilprozeßrecht, 2. Aufl. 1952
Oberhammer/*Bearbeiter*	Schweizerische Zivilprozessordnung, 2. Aufl. 2013
Paulus ZPR	Zivilprozessrecht, 5. Aufl. 2013
Pecher Schadensersatzansprüche	Die Schadensersatzansprüche aus ungerechtfertigter Vollstreckung, 1967
Prütting/Gehrlein/*Bearbeiter*	ZPO, 7. Aufl. 2015
Pukal/Kießling ZPR	Der Zivilprozess in der Praxis, 7. Aufl. 2013
Rauscher/*Bearbeiter* EuZPR	Europäisches Zivilprozess- und Kollisionsrecht (EGVollstrTitelVO, EG-MahnVO, EG-BagatellVO, EG-ZustVO 2007, EG-BewVO, EG-InsVO), 3. Aufl. 2011
Raeschke-Kessler/Berger	Recht und Praxis des Schiedsverfahrens, 4. Aufl. 2007
Reithmann/Martiny/*Bearbeiter*	Internationales Vertragsrecht, 7. Aufl. 2010
Riezler IZPR	Internationales Zivilprozeßrecht und prozessuales Fremdenrecht, 1949 (Nachdruck 1995)
Rosenberg/Schwab/Gottwald ZPR	Zivilprozessrecht, 17. Aufl. 2010
Saenger/*Bearbeiter*	Zivilprozessordnung, Handkommentar, hrsg. v. Saenger, 6. Aufl. 2015
Saenger Einstweiliger Rechtsschutz	Einstweiliger Rechtsschutz und materiellrechtliche Selbsterfüllung, 1998
Schack	Einführung in das US-amerikanische Zivilprozessrecht, 4. Aufl. 2011
Schack IZVR	Internationales Zivilverfahrensrecht, 6. Aufl. 2014
Schellhammer	Zivilprozess, 14. Aufl. 2013
Schilken ZPR	Zivilprozessrecht, 7. Aufl. 2014
Schlosser	Das Recht der internationalen privaten Schiedsgerichtsbarkeit, 2. Aufl. 1989
Schlosser ZPR I	Zivilprozeßrecht I, Erkenntnisverfahren, 2. Aufl. 1991
Schlosser ZPR II	Zivilprozeßrecht II, Zwangsvollstreckungs- und Insolvenzrecht, 1984
Schlosser EuZPR	EU-Zivilprozessrecht, 3. Aufl. 2009
Schmidt	Europäisches Zivilprozessrecht in der Praxis, 2004
Schönke/Kuchinke ZPR	Zivilprozeßrecht, 9. Aufl. 1969
Scholz	Das Problem der autonomen Auslegung des EuGVÜ, 1998
Schuschke/Walker/*Bearbeiter*	Vollstreckung und Vorläufiger Rechtsschutz – Kommentar, 6. Aufl. 2015
Schütze Schiedsverfahren	Ausgewählte Probleme des deutschen und internationalen Schieds verfahrensrechts, 2006
Schütze Schiedsgericht und Schiedsverfahren	Schiedsgericht und Schiedsverfahren, 5. Aufl. 2012
Schütze DIZPR	Deutsches Internationales Zivilprozessrecht unter Einschluss des Europäischen Zivilprozessrechts, 2. Aufl. 2005
Schütze RV	Rechtsverfolgung im Ausland, 4. Aufl. 2009
Schütze/Tscherning/Wais	Handbuch des Schiedsverfahrens, 2. Aufl. 1990
Schwab/Walter	Schiedsgerichtsbarkeit, 7. Aufl. 2005
Stein/Jonas/*Bearbeiter*	ZPO, 22. Aufl. 2002 ff./23. Aufl. 2014 ff.
Stickelbrock	Inhalt und Grenzen richterlichen Ermessens im Zivilprozeß, 2002

Stolz Einstweiliger Rechtsschutz	Einstweiliger Rechtsschutz und Schadensersatzpflicht, 1948
Thomas/Putzo/*Bearbeiter*	ZPO, 35. Aufl. 2014
Vogg Einstweiliger Rechtsschutz	Einstweiliger Rechtsschutz und vorläufige Vollstreckbarkeit, 1991
Vorwerk/Wolf/*Bearbeiter*	Beck'scher Online-Kommentar zur ZPO; *siehe oben BeckOK ZPO/Bearbeiter*
Waldner	Der Anspruch auf rechtliches Gehör, 2. Aufl. 2000
Walker Einstweiliger Rechtsschutz	Der einstweilige Rechtsschutz im Zivilprozeß und im arbeitsgerichtlichen Verfahren, 1993
Werner Rechtskraft	Rechtskraft und Innenbindung zivilprozessualer Beschlüsse im Erkenntnis- und summarischen Verfahren, 1983
Wolf	Gerichtliches Verfahrensrecht, 1978
Zeiss/Schreiber ZPR	Zivilprozessrecht, 12. Aufl. 2014
Zimmermann	Zivilprozessordnung, 9. Aufl. 2011
Zöller/*Bearbeiter*	Kommentar zur ZPO, 30. Aufl. 2014

ERSTES BUCH
Allgemeine Vorschriften

ERSTER ABSCHNITT
Gerichte

TITEL 1
Sachliche Zuständigkeit der Gerichte und Wertvorschriften

Einleitung

Übersicht

Kapitel 1: Die geschichtliche Entwicklung des deutschen Zivilprozessrechts

Schrifttum

Ahrens Prozessreform und einheitlicher Zivilprozess, 2007; *v. Bethmann-Hollweg* Der Zivilprozess des gemeinen Rechts, 1864–1874, Bd. 1–6, Neudruck 1959; *Bettermann* Hundert Jahre Zivilprozessordnung, ZZP 91, 365; *Bülow* Gemeines deutsches Zivilprozessrecht, 2003; *Busch* Die Entstehung der Allgemeinen Gerichtsordnung für die Preußischen Staaten von 1793, 1999; *Coing* Handbuch der Quellen und Literatur der neueren europäischen Privatrechtsgeschichte, Bde. I bis III in Teilbänden, 1973 ff.; *Coing* Europäisches Privatrecht, 2 Bde., 1985, 1989; *Dahlmanns* Der Strukturwandel des deutschen Zivilprozesses im 19. Jahrhundert, 1971; *Dannreuther* Der Zivilprozess als Gegenstand der Rechtspolitik im Deutschen Reich 1871 bis 1945, 1987; *Dick* Die Entwicklung des Kameralprozesses nach den Ordnungen von 1495 bis 1555, 1981; *Döhring* Geschichte der deutschen Rechtspflege seit 1500, 1953; *Endemann* Das deutsche Civilprozeßrecht, 1868 (Ndr. 1969); *Hellweg* Geschichtlicher Rückblick über die Entstehung der deutschen CPO, AcP 61, 78; *Henckel* Gedanken zur Entstehung und Geschichte der ZPO, Gedächtnisschrift Bruns (1980) 111; *Hillmann* Das Gericht als Ausdruck deutscher Kulturentwicklung im Mittelalter, 1930; *Kaser* Das römische Zivilprozessrecht, 1966; *Kern* Geschichte des Gerichtsverfassungsrechts, 1954; *Laufs* Die Anfänge einheitlicher höchster Gerichtsbarkeit in Deutschland, JuS 1969, 256; *Nörr* Zur Stellung des Richters im gelehrten Prozess der Frühzeit, 1967; *Nörr* Naturrecht und Zivilprozess, 1976; *Nörr* Reinhardt und die Revision der Allgemeinen Gerichtsordnung für die Preußischen

Staaten, 1975; *Oestmann* Zwischen Formstrenge und Billigkeit, 2009; *Planck* Das deutsche Gerichtsverfahren im Mittelalter, 2Bde., 1879; *Hans Schlosser* Spätmittelalterlicher Zivilprozess, 1971; *Schmidt-v. Rhein* Das Reichskammergericht in Wetzlar, NJW 1990, 489; *Schubert* Entstehung und Quellen der Zivilprozessordnung von 1877, 1987; *Schubert* Die unveröffentlichten Quellen zu den Reichsjustizgesetzen, JZ 1978, 98; *Schubert* Die deutsche Gerichtsverfassung (1869–1877) – Entstehung und Quellen –, 1981; *Schubert* Zivilprozessreform in der Weimarer Zeit, 2005; *Schwartz* 400 Jahre deutscher Zivilprozessgesetzgebung, 1898; *Sellert* Prozessgrundsätze und Stilus Curiae am Reichshofrat, 1973; *Sellert* Die Reichsjustizgesetze von 1877 – ein denkwürdiges Ereignis? JuS 1977, 781; *Simon* Untersuchungen zum Justinianischen Zivilprozess, 1969; *Unger* Adolf Wach und das liberale Zivilprozessrecht, 2005; *Wenger* Institutionen des römischen Zivilprozessrechts, 1925; *Wetzell* System des ordentlichen Prozesses, 3. Aufl., 1878, Neudruck 1969; *Wieacker* Privatrechtsgeschichte der Neuzeit, 2. Aufl., 1967; *Wiggenhorn* Der Reichskammergerichtsprozess am Ende des alten Reiches, 1965.

I. Die Zeit vor 1877

Das deutsche Zivilprozessrecht hat seine Wurzeln vor allem im römisch-kanoni- 1
schen und im germanischen Recht. In ihren ursprünglichen Formen waren die Verfahren dabei meist von der Mündlichkeit und der Verhandlungsmaxime geprägt.

Später hat sich (z.B. im langobardischen Reich) auch ein germanisch-romanischer Mischprozess entwickelt. Besonders bedeutsam war die Weiterentwicklung des kanonischen Prozesses, wobei die kirchliche Gerichtsbarkeit mehr und mehr auch auf weltliche Angelegenheiten ausgedehnt wurde. So entstand in Italien ein italienisch-kanonischer Prozess, der durch die Rezeption im 14. und 15. Jahrhundert nach Deutschland gebracht wurde. Mit seiner Verbreitung durch den jeweiligen Landesherrn verdrängte dieser Prozess die früheren Schöffengerichte. Von herausragender Bedeutung war insbesondere die Errichtung des Reichskammergerichts im Jahre 1495 als ständiges oberstes Reichsgericht. Die verschiedenen Kammergerichtsordnungen dieses Gerichts führten das neue Verfahren ein. Es wurde für die spätere Territorialgesetzgebung zum Vorbild genommen und galt im Übrigen subsidiär im Deutschen Reich. Das Verfahren wurde nichtöffentlich und schriftlich geführt. Es ist für seine Schwerfälligkeit und die Gefahr zur Prozessverschleppung berühmt geworden. Eine Reformierung des Verfahrens im Hinblick auf Prozessbeschleunigung und die Einführung der Eventualmaxime konnte durch die Einflüsse des sächsischen Prozesses erreicht werden. So entwickelte sich aus diesen beiden Verfahren der sog. gemeine Prozess, der bis in das 19. Jahrhundert hinein im Deutschen Reich jedenfalls subsidiär Anwendung fand. Geprägt ist der gemeine Prozess durch Schriftlichkeit, Nichtöffentlichkeit und die Bindung der richterlichen Beweiswürdigung an feste Beweisregeln. Die gegen den gemeinen Prozess gerichteten Reformversuche in der zweiten Hälfte des 18. Jahrhunderts und im 19. Jahrhundert lösten sich Schritt für Schritt vom gemeinen Prozess. War die Preußische Allgemeine Gerichtsordnung von 1793 noch deutlich an den gemeinen Prozess angelehnt, so brachte der neue Code de Procedure Civil in Frankreich im Jahre 1806 einen eindeutigen Umschwung. Das Verfahren war nunmehr mündlich und öffentlich und es wurde durch die Parteien bestimmt. Die Bindung an feste Beweisregeln wurde aufgehoben und die freie Beweiswürdigung eingeführt. Der französische Code de Procedure Civil galt auch zum Teil in Deutschland (in den linksrheinischen Gebieten) und er wurde zum Vorbild für eine Reihe neuer Prozessordnungen. Hervorzuheben sind die Prozessordnungen von Hannover aus dem Jahre 1850, von Baden 1864 und von Bayern 1869. Im Ergebnis bestand in der Mitte des 19. Jahrhunderts eine außerordentlich große Rechtszersplitterung in Deutschland auf dem Gebiet des Zivilprozessrechts.[1]

1 Grundlegend *Ahrens* Prozessreform und einheitlicher Zivilprozess, 2007.

II. Die Entstehung der CPO von 1877

2 Bedingt durch die in Deutschland bestehende Rechtszersplitterung setzte bereits vor Gründung des Norddeutschen Bundes (1866) und des Deutschen Reiches (1870) eine Entwicklung hin zu einem einheitlichen Zivilprozessrecht ein. Das deutsche Kaiserreich von 1870/71 griff auf diese Vorarbeiten zurück und es wurde unter dem Vorsitz des Justizministers *Adolf Leonhard* ein erster Entwurf einer reichseinheitlichen Zivilprozessordnung erstellt. Überarbeitungen dieses Entwurfs durch eine weitere Kommission im Jahre 1872 (2. Entwurf) und durch den Bundesrat führten dann im Jahre 1874 zum Einbringen des Entwurfs in seiner 3. Fassung in den Reichstag. Dort wurde die CPO zusammen mit den anderen Reichsjustizgesetzen am 21.12.1876 angenommen und nach Zustimmung von Bundesrat und Kaiser am 30.1.1877 veröffentlicht. Die CPO trat am 1.10.1879 im Deutschen Reich zugleich mit den übrigen Reichsjustizgesetzen (GVG, StPO, KO) in Kraft. Über die grundsätzliche Bedeutung dieser liberalen Kodifikation für die Rechtseinheit in Deutschland und ihre Ausstrahlungskraft auf viele andere Staaten der Erde[2] kann es keinen Zweifel geben. In allen Bereichen des deutschen Verfahrensrechts und der Gerichtsverfassung wurden damals die Grundlagen gelegt, auf denen auch heute unsere Prozessgesetze noch beruhen.

III. Die Entwicklung des Zivilprozessrechts von 1879–1945

3 1. Trotz der zweifellos im ganzen sehr gut gelungenen und im Ergebnis modernen liberalen Kodifikation des Zivilprozessrechts im Jahre 1877 wurden in verschiedenen Bereichen schon bald Reformwünsche laut. Die allgemein begrüßte Durchsetzung von Mündlichkeit, Öffentlichkeit, Unmittelbarkeit und freier Beweiswürdigung konnte nicht verdecken, dass sich die Zeitströmung am Ende des 19. Jahrhunderts bereits wieder von rein liberalen Rechtsvorstellungen abzukehren und hin zu einer sozialen Einstellung zu entwickeln begann. Zur Kritik trugen auch die von Beginn an vorhandenen Überlastungsprobleme (insbesondere beim Reichsgericht) bei. Gegen die sehr liberale Grundstruktur der CPO gerichtet waren vor allem die Wünsche nach Beschneidung der umfassenden Parteifreiheit und Stärkung der Position des Richters. Besonders hervorzuheben sind in diesem Zusammenhang die Auffassungen und Ideen von *Franz Klein* und der Einfluss der von ihm geschaffenen neuen österreichischen Prozessordnung von 1898. Gegen das liberalistische Konzept der deutschen CPO setzte er seine Auffassung eines sozialen Zivilprozesses.[3]

4 2. Von den Gesetzesnovellen im deutschen Kaiserreich sind vor allem zwei zu erwähnen. Die Novelle vom 17.5.1898 brachte eine umfangreiche Anpassung der CPO an das 1896 verabschiedete BGB und das HGB. Die CPO erhielt damals zugleich eine neue Nummerierung. Die Novelle vom 1.6.1909 griff in erheblichem Umfang in das amtsgerichtliche Verfahren ein (sog. Amtsgerichtsnovelle). Sie schuf eine Rolle besonderer Bestimmungen des amtsgerichtlichen Verfahrens, die weg von der reinen Parteiherrschaft und hin zur Stärkung der Richtermacht führten. Darüber hinaus wurde die CPO durch eine Vereinbarung vom 18.12.1902 im Bundesrat über die neue Rechtschreibung[4] ab 1. Januar 1903 sprachlich in „Zivilprozessordnung" (ZPO)" umgewandelt. Zu den Novellierungen im Einzelnen vgl. *Dannreuther* Der Zivilprozess als Gegenstand der Rechtspolitik im Deutschen Reich, 1987.

---

2 Vgl. dazu *Habscheid* Das deutsche Zivilprozessrecht und seine Ausstrahlung auf andere Rechtsordnungen, 1991.

3 Im Einzelnen vgl. *Sprung* ZZP 92, 4.

4 S. Centralblatt für das Deutsche Reich, 1902, S. 432.

3. Aus der Zeit der Weimarer Republik ist zunächst die Novelle vom 13.2.1924 hervorzuheben. Sie stellt einen Ausschnitt aus der sog. Emmingerschen Justizreform dar und führte eine Entwicklung für das gesamte Verfahrensrecht fort, die sich durch den Einfluss von *Franz Klein* und die Amtsgerichtsnovelle von 1909 bereits angebahnt hatte. Die Novelle übertrug dem Richter vor den Amtsgerichten bereits zustehende Befugnisse auch auf das landgerichtliche Verfahren, sie beseitigte die Parteidisposition über die Termine, führte die Konzentrationsmaxime, die Entscheidung nach Lage der Akten, den Einzelrichter beim Landgericht und das Güteverfahren beim Amtsgericht ein. Neben der Novelle von 1924 verdient besondere Hervorhebung der Reformentwurf des Reichsjustizministeriums aus dem Jahr 1931. Auch wenn dieser Entwurf nicht Gesetz wurde, so hat er doch die weitere Entwicklung des Zivilprozessrechts in Deutschland erheblich beeinflusst. Bis heute wird vielfach auf ihn noch Bezug genommen. 5

4. Die Zeit des Nationalsozialismus begann mit einer ZPO-Novelle, die eindeutig noch **nicht** dem nationalsozialistischen Gedankengut zuzurechnen ist. Durch das Gesetz vom 27.10.1933 (in Kraft getreten am 1.1.1934) sowie durch die Neubekanntmachung der ZPO vom 8.11.1933 wurden vielmehr Änderungen vorgenommen, die vor 1933 erarbeitet worden und die im Wesentlichen im Entwurf 1931 enthalten gewesen waren. Hervorzuheben ist die Einführung der Wahrheits- und Vollständigkeitspflicht für die Parteien und die Ersetzung des sog. zugeschobenen Eides durch die Parteivernehmung. Weitere erwähnenswerte gesetzgeberische Eingriffe in die ZPO gab es in der Zeit bis 1945 nicht. Dennoch ist es heute unbestreitbar, dass der nationalsozialistische Geist durch andersgeartete Einflüsse vielfach auch auf den (nur scheinbar politisch neutralen) Zivilprozess eingewirkt hat. Berühmt geworden sind die sog. Richterbriefe, mit deren Hilfe auf die sachliche Unabhängigkeit der Richter Einfluss genommen wurde. Hervorzuheben ist ferner der überall wirksame Einfluss des nationalsozialistischen Rassegedankens und der Rassengesetzgebung. Die Folgen reichten von der Entfernung jüdischer Richter, dem Ausschluss jüdischer Rechtsanwälte aus der Anwaltschaft bis hin zur Selektierung des wissenschaftlichen Schrifttums im Hinblick auf jüdische Autoren. Abgeschafft wurde weiterhin das richterliche Prüfungsrecht der Gesetze, wobei bekanntlich nach 1933 Gesetze nicht nur durch den Reichstag, sondern auch durch die Reichsregierung erlassen werden konnten. Bekannt ist schließlich die Tatsache, dass die Auslegung des Rechts und damit auch des Zivilprozessrechts sich an der nationalsozialistischen Weltanschauung orientieren musste. 6

IV. Die Entwicklung des Zivilprozessrechts nach 1945

1. Nach dem Stillstand der Rechtspflege im Jahre 1945 kam es erst durch das Gesetz zur Wiederherstellung der Rechtseinheit vom 12.9.1950 wiederum zu einer einheitlichen Zivilgerichtsbarkeit in der gesamten Bundesrepublik Deutschland. Durch dieses Gesetz wurde die ZPO von den Einflüssen des Nationalsozialismus gereinigt und neu bekanntgemacht. Diese Fassung der ZPO aus dem Jahre 1950 beruhte im Wesentlichen auf dem Gesetzestext des Jahres 1933. Die neue ZPO ist trotz vielfacher Änderungen im Einzelnen bis 1976 im Kern gleichgeblieben. Hervorhebenswerte Änderungen betrafen das Kindschaftsverfahren (geändert durch das Nichtehelichengesetz vom 19.8.1969), die Gerichtsstandsnovelle vom 21.3.1974, durch die für Nichtkaufleute die Möglichkeit von Gerichtsstandsvereinbarungen gemäß § 38 sehr stark eingeschränkt wurde, und die Einzelrichternovelle vom 20.12.1974, die im erstinstanzlichen Verfahren vor den Landgerichten den alleinentscheidenden Einzelrichter einführte. Die mehrfache Einschränkung des Zugangs zum Revisionsgericht führte im Rahmen der Revisionsnovelle vom 8.7.1975 zu einem teilweisen Umbau des Systems. Zwar wurde nicht wie in allen anderen Gerichts- 7

barkeiten eine reine Zulassungsrevision eingeführt, der BGH erhielt aber die Möglichkeit, die Annahme einer eingelegten Revision abzulehnen.

8 2. Das Jahr 1976 brachte mit dem ersten Eherefomgesetz vom 14.6.1976 und vor allem mit dem Gesetz zur Vereinfachung und Beschleunigung gerichtlicher Verfahren vom 3.12.1976 (sog. Vereinfachungsnovelle) die zentralen und tiefgreifendsten Veränderungen der ZPO seit 1950. Während das erste Eherefomgesetz das Verfahren in Ehe- und Familiensachen vollkommen neu regelte, versuchte die Vereinfachungsnovelle eine durchgehende Beschleunigung und Konzentration der Prozesse auf möglichst einen Verhandlungstermin zu erreichen. Der Gesetzgeber hat deshalb insbesondere die §§ 272–283 vollkommen neu gestaltet. Kernstück des Prozesses ist nunmehr der umfassend vorbereitete Haupttermin, für den § 272 zwei unterschiedliche Wege der Vorbereitung und Verfahrenseinleitung zur Verfügung stellt. Andererseits soll die Konzentration des Verfahrens durch eine strenge Präklusionsmöglichkeit bei verspätetem Vorbringen erreicht werden (vgl. § 296). Durch die Vereinfachungsnovelle wurde die ZPO aber auch in vielen anderen Bereichen verändert (so etwa das Mahnverfahren und die vorläufige Vollstreckbarkeit). Die Vereinfachungsnovelle ist ebenso wie das erste Eherefomgesetz am 1.7.1977 in Kraft getreten. Literatur und Rechtsprechung aus der Zeit vor 1977 können deshalb zur Verwertung in der Praxis nur noch eingeschränkt und nach sorgfältiger Prüfung herangezogen werden.

9 3. Trotz der einschneidenden gesetzgeberischen Aktivitäten des Jahres 1976 ist die ZPO auch seither in Einzelheiten mehrfach geändert worden. Von übergreifender Bedeutung aus der Zeit nach 1977 sind zwei Novellen. Das Gesetz über die Prozesskostenhilfe vom 13.6.1980 hat das frühere Armenrecht abgelöst und durchgreifende Vorsorge geschaffen, dass die Führung von Prozessen nicht an einer Kostenbarriere scheitert. Damit ist der verfassungsrechtlich garantierte Zugang zum Gericht auch praktisch verbessert worden.

10 Im Jahre 1990 hat der Gesetzgeber durch drei verschiedene Gesetze vom 17.12.1990 tiefgreifend in die ZPO eingegriffen. Durch das vierte VwGO-ÄndG von diesem Tage wurden insbesondere die gesamten Rechtswegevorschriften novelliert und neu gestaltet (§§ 17, 17a, 17b GVG). Durch Art. 6 des Verbraucherkreditgesetzes vom 17.12.1990 wurde abermals das Mahnverfahren verändert. Schließlich hat das sog. Rechtspflegevereinfachungsgesetz vom 17.12.1990 nochmals in breitem Umfang versucht, durch verschiedenartige Einzelmaßnahmen das Verfahren zu beschleunigen und die Gerichte zu entlasten. Hervorzuheben sind das neue Bagatellverfahren des § 495a und die Veränderungen im Beweisrecht (Einschränkungen der Unmittelbarkeit der Beweisaufnahme beim Zeugenbeweis, Verbesserungen beim Sachverständigenbeweis, neues selbständiges Beweisverfahren anstelle des bisherigen Beweissicherungsverfahrens). Ein weiteres Gesetz zur Entlastung der Rechtspflege vom 11.1.1993 hat nur bescheidene Veränderungen gebracht.[5] Wichtige Änderungen in sehr speziellen Bereichen brachte in dieser Zeit das Gesetz zur Neuregelung des Schiedsverfahrensrechts vom 22.12.1997, das im Wesentlichen das deutsche schiedsgerichtliche Verfahren an das UNCITRAL-Modellgesetz angepasst hat. Weitere wichtige Änderungen haben sich durch das Kindschaftsreformgesetz vom 16.12.1997 ergeben. Für die allgemeine Praxis besonders bedeutsam war die Änderung des § 78 ZPO, wodurch seit dem 1.1.2000 ein vor einem deutschen Amts- oder Landgericht zugelassener Rechtsanwalt nunmehr bundesweit vor allen deutschen Zivilgerichten postulationsfähig ist. Hinzu kommt, dass das Bundesverfassungsgericht in einer spektakulären Entscheidung vom 13.12.2000 den § 25 BRAO als verfassungswidrig bezeichnet hat.[6] Im Hinblick auf eine Übergangsregelung gibt es deshalb seit dem 1.7.2002

---

5 Zur Kritik der damaligen Entwicklung vgl. *Prütting* AnwBl. 1991, 606.
6 BVerfGE 103, 1 = NJW 2001, 353.

auch vor den Oberlandesgerichten keine Singularzulassung mehr. Allein vor dem BGH in Zivilsachen existiert noch eine besondere Singularzulassung. Schließlich hat der Gesetzgeber durch Schaffung von § 15a EGZPO ab dem 1.1.2000 weitere Bemühungen zur Förderung der außergerichtlichen Streitbeilegung unternommen und er hat durch die 2. Zwangsvollstreckungsnovelle vom 17.12.1997 auch im Rahmen des Zwangsvollstreckungsrechts Änderungen vorgenommen.

4. Das ZPO-Reformgesetz 2001: Die das heutige Recht prägende Novellierung hat der **11** Gesetzgeber mit dem Gesetz zur Reform des Zivilprozesses vom 27.7.2001 gebracht, das mit Wirkung zum 1.1.2002 in Kraft getreten ist. Mit diesem Gesetz wollte der Gesetzgeber insbesondere die erste Instanz stärken (Erweiterung des Einzelrichtersystems, stärkere Ausbreitung des Gütegedankens, Betonung der richterlichen Sachverhaltsaufklärung), der Gesetzgeber hat das Berufungsverfahren von einer vollständigen zweiten Tatsacheninstanz umgestaltet und in eine Kontrollinstanz für Fehlerkontrolle und Fehlerbeseitigung überführt. Schließlich hat der Gesetzgeber in erheblichem Maße das Revisionsrecht und hier vor allem den Zugang zur Revision verändert. Nunmehr kann auch in Zivilsachen der Zugang zur Revision nur eröffnet werden, wenn die Revision vom judex a quo zugelassen worden ist oder wenn der BGH im Rahmen einer Nichtzulassungsbeschwerde die Zulassung ausspricht.

5. Nach dem Jahre 2002 hat der Gesetzgeber zunächst nur kleinere Anpassungen **12** vorgenommen. Hervorzuheben ist das 1. Justizmodernisierungsgesetz vom 24.8.2004, das Anhörungsrügengesetz vom 9.12.2004, das Justizkommunikationsgesetz vom 22.3.2005 sowie das 2. Justizmodernisierungsgesetz vom 22.12.2006. In der Zwangsvollstreckung ist das bereits im Jahre 2009 verabschiedete, aber erst am 1.1.2013 in Kraft getretene Gesetz zur Reform der Sachaufklärung hervorzuheben. Zuletzt hat der Gesetzgeber noch einmal eine wichtige Veränderung im Bereich der Berufung (§ 522 ZPO) mit Gesetz vom 21.10.2011 vorgenommen, er hat ein eigenständiges Mediationsgesetz im Rahmen des Gesetzes zur Förderung der Mediation und anderer Verfahren der außergerichtlichen Konfliktbeilegung vom 21.7.2012 geschaffen und er hat ein Gesetz über den Rechtsschutz bei überlangen Gerichtsverfahren in Umsetzung von Entscheidungen des EGMR im Jahre 2012 erlassen.

6. Das neue FamFG: Den wohl wichtigsten Eingriff in die ZPO in jüngerer Zeit hat **13** die Überarbeitung des gesamten Bereichs des familiengerichtlichen Verfahrens und der freiwilligen Gerichtsbarkeit gebracht. Das FGG aus dem Jahre 1898 war nach allgemeiner Auffassung eine durchaus unvollkommene Rahmenregelung gewesen. Daher hat der Gesetzgeber seit langer Zeit eine grundlegende Reform dieses Verfahrensbereichs geplant. Nach vielfältigen Bemühungen in den Jahren 2000 bis 2008 hat der Gesetzgeber das neue Gesetz über das Verfahren in Familiensachen und in den Angelegenheiten der freiwilligen Gerichtsbarkeit (FamFG) am 17.12.2008 verabschiedet. Das Gesetz ist am 1.9.2009 in Kraft getreten. Mit diesem Gesetz wurde zugleich das gesamte 6. und das 9. Buch der ZPO gestrichen und in moderner Form in das FamFG übernommen. Allerdings ist trotz dieses grundlegend veränderten Gesetzessystems die Überschneidung zwischen ZPO und freiwilliger Gerichtsbarkeit geblieben. Deutlich wird dies in § 113 FamFG, wenn dort in Ehesachen und in Familienstreitsachen ausdrücklich auf die ZPO verwiesen wird.

7. Die Große Justizreform: Unabhängig von den einzelnen Novellierungen und den **14** Bemühungen des Gesetzgebers um eine Modernisierung des Zivilverfahrensrechts hat es in der Zeit nach dem Jahre 2000 eine grundlegende Diskussion über eine sog. Große Justizreform gegeben. Unter diesem Stichwort wurde vor allem eine Veränderung der fünf Zweige der Gerichtsbarkeit rechtspolitisch diskutiert. So wurde etwa aus fiskalischen Gründen eine Eingliederung der Arbeitsgerichtsbarkeit in die ordentliche Ge-

richtsbarkeit erwogen. Ebenso wurde eine Zusammenlegung von Verwaltungsgerichtsbarkeit und Sozialgerichtsbarkeit näher diskutiert. Um alle diese Überlegungen und Pläne ist es in den vergangenen Jahren wieder still geworden. In der nahezu gesamten Fachöffentlichkeit sind solche Pläne als justizpolitische Fehler sehr negativ beurteilt worden.

V. Der Zivilprozess nach der Wiedervereinigung

15 1. Durch den Beitritt der ehemaligen Deutschen Demokratischen Republik zum Grundgesetz der Bundesrepublik Deutschland ist nach dem Einigungsvertrag vom 31.8.1990 im sog. Beitrittsgebiet (also den fünf neuen Bundesländern und dem Ostteil Berlins) grundsätzlich das gesamte Bundesrecht in Kraft getreten. Seit 3.10.1990 gelten deshalb die ZPO sowie alle weiteren Normen des Zivilverfahrensrechts an sich auch im Gebiet der ehemaligen DDR. Jedoch hat der Einigungsvertrag in seiner Anlage I vielfältige Einschränkungen und Modifizierungen gebracht, um das geltende Zivilprozessrecht an die früheren Rechtspflegestrukturen der ehemaligen DDR anzupassen. So wurde zunächst in erster Instanz das Kreisgericht anstelle der Amts- und Landgerichte und in zweiter Instanz das Bezirksgericht anstelle der Land- und Oberlandesgerichte tätig. In erster Instanz gab es keinen Anwaltszwang. Es galt generell das amtsgerichtliche Verfahren. Dagegen war von den Bezirksgerichten ein Anwaltszwang vorgesehen, allerdings ohne Beschränkungen der Lokalisierung auf ein bestimmtes Bezirksgericht.[7]

16 2. Die weitere Entwicklung der gesamten Gerichtsbarkeit in den neuen Bundesländern war durch das Bemühen bestimmt, gemäß der Verpflichtung aus dem Einigungsvertrag durch Landesgesetze die besonderen Gerichtsbarkeiten (Arbeits-, Verwaltungs-, Finanz- und Sozialgerichtsbarkeit) aus der Zuständigkeit der Kreis- und Bezirksgerichte auszugliedern und im Rahmen der ordentlichen Gerichtsbarkeit Amtsgerichte, Landgerichte und Oberlandesgerichte einzurichten. Dem diente das Gesetz zur Anpassung der Rechtspflege im Beitrittsgebiet.[8] Die Einzelheiten und Besonderheiten dieses organisatorischen Umbaus der gesamten Gerichtsbarkeit in den neuen Bundesländern wurden dann durch spezielle Gerichtsorganisationsgesetze dieser Länder durchgeführt. So hat Mecklenburg-Vorpommern bereits ein Gerichtsstrukturgesetz vom 19.3.1991 erlassen, Sachsen hat ein Gerichtsorganisationsgesetz vom 30.6.1992 erlassen. Bis zum Sommer 1993 sind alle besonderen Gerichtsbarkeiten aus der ordentlichen Gerichtsbarkeit ausgegliedert und als selbständige Fachgerichtsbarkeiten eingerichtet worden. Seit dem 1.12. 1993 ist auch die Errichtung von Amtsgerichten, Landgerichten und Oberlandesgerichten in **allen** neuen Bundesländern abgeschlossen.[9]

VI. Die Zukunft des Zivilprozesses

Schrifttum

Bruns/Münch/Stadler Die Zukunft des Zivilprozesses 2014; *Calliess* Der Richter im Zivilprozess – Sind ZPO und GVG noch zeitgemäß? 2014; *Duve/Sattler* Der Kampf ums Recht im Jahr 2013, AnwBl. 2012, 2; *Götz von Olenhusen* Der Richter im Zivilprozess – Sind ZPO und GVG noch zeitgemäß? AnwBl. 2014, 568; *Graf-*

---

7 Zu Einzelheiten vgl. *Gottwald* FamRZ 1990, 1177; *Rieß/Hilger* Das Rechtspflegerecht des Einigungsvertrages, 1991.

8 Rechtspflege-Anpassungsgesetz vom 26.6.1992, das am 1.7.1992 in Kraft getreten ist; vgl. im Einzelnen *Rieß* DtZ 1992, 226.

9 Vgl. Bericht, ZRP 1994, 46.

Schlicker Der Zivilprozess vor dem Aus? AnwBl. 2014, 573; *Prütting* Der Zivilprozess im Jahre 2013: Ein Prozess ohne Zukunft? AnwBl. 2013, 401.

Angeregt durch den 70. Deutschen Juristentag im Jahre 2014 in Hannover hat sich in jüngster Zeit eine lebhafte Debatte über die Zukunft des Zivilprozesses ergeben.[10] Dabei geht es neben Überlegungen zur Modernisierung des Zivilprozesses im Einzelnen auch um ganz grundlegende Strukturfragen (zunehmende Bedeutung der privaten Schiedsgerichtsbarkeit und der Mediation; überlange Verfahrensdauer staatlicher Prozesse; Effizienz des Verfahrens; elektronischer Zivilprozess; Spezialisierung und Diversifizierung des Prozesses). Auffallend sind dabei zweifellos die sinkenden Fallzahlen zwischen 2002 und 2012, die bereits zu der Frage Anlass geben „Der Zivilprozess vor dem Aus?".[11] Eine nähere Überprüfung der sich anbahnenden Entwicklungen und Modernisierungstendenzen zeigt freilich, dass einem funktionsfähigen Zivilprozess auch künftig hohe Bedeutung in der Wirtschaft und im zwischenmenschlichen Leben zukommen dürfte. Es wird immer eines Streitentscheids mit Rechtskraftwirkung bedürfen, um nach dem Streit eine neue Chance zu einem friedlichen Zusammenleben von Menschen zu ermöglichen. Der Zivilprozess als Institution hat daher Ewigkeitswert. 17

Kapitel 2: Die Literatur zum Zivilprozessrecht

I. Materialien

Hahn Die gesamten Materialien zu den Reichsjustizgesetzen, fortgesetzt von *Mugdan* Bd. 1, GVG, 2. Aufl. 1883; Bd. 2, ZPO, 2. Aufl. von *Stegemann* 1881; Bd. 4, KO, 1889; Bd. 5, ZVG und GBO, 1897; Bd. 7, FGG und Novelle von 1898 zur KO, 1898; Bd. 8, Novelle von 1898 zur ZPO. 18

II. Die Literatur zur CPO von 1877

V. Bar Das deutsche Civilprozeßrecht, 1890; *v. Bülow* Die CPO und ihre Nebengesetze, 1882; *Endemann* Der deutsche Civilprozeß, 3 Bde., 1878/79; *Förster* Die CPO für das Deutsche Reich nebst EinführungsG, 2 Bde., 1884–1888; *Hellmann* Die CPO für das Deutsche Reich nebst EinführungsG, 3 Bde., 1878/79; *Gaupp* Die CPO für das Deutsche Reich, 1879; *Kleiner* Komm. zur CPO für das Deutsche Reich, 3 Bde., 1878–1882; *Meves* Die CPO und die Zwangsvollstreckung in das unbewegliche Vermögen nach jetzt geltendem preußischem Recht, 1881; *Petersen* Die CPO für das Deutsche Reich nebst EinführungsG, 2 Bde., 1877; *Planck* Lehrbuch des deutschen Civilprozeßrechts, Bd.1, 1887, Bd. 2, 1891–1896; *Puchelt* Die CPO für das Deutsche Reich, 2 Bde., 1877/78; *Reincke* Die deutsche CPO für die Praxis erläutert, 1885; *v. Rintelen* Der Civilprozeß, 1891; *v. Sarwey* Die CPO für das Deutsche Reich, 2 Bde., 1879/80; *Seuffert* Komm. zur CPO, 2 Bde., 1877; *Siebenhaar* Komm. zur CPO, 1877; *Struckmann/Koch* Die CPO für das Deutsche Reich, 1877; *Sydow* CPO und GVG, 1877; *Wach* Handbuch des deutschen Civilprozeßrechts, Bd. 1, 1885; *ders.* Vorträge über die RCPO, 2. Aufl., 1896; *v. Wilmowski/Levy* Komm. zur CPO, 7. Aufl. 1895. 19

10 *Prütting* AnwBl. 2013, 401.
11 *Graf-Schlicker* AnwBl. 2014, 573.

III. Die Literatur zur CPO von 1898

20 *Bunsen* Lehrbuch des deutschen Civilprozeßrechts, 1900; *Engelmann* Der Civilprozeß, Geschichte und System, 1889–1901; *Fischer* Lehrbuch des Deutschen Zivilprozeß- und Konkursrechts, 1918; *Fitting* Der Reichscivilprozeß, 13. Aufl. 1907; *Freudenthal* CPO, 1899; *Gaupp/Stein* CPO für das Deutsche Reich, 3. Aufl. 1898; *Heilfron/Pick* Lehrbuch des Zivilprozeßrechts, 2 Bde., 3. Aufl. 1921; *Hellwig* Lehrbuch des Deutschen Civilprozeßrechts, Bd.1, 1903, Bd. 2, 1907, Bd. 3, 1909; *ders.* System des Deutschen Zivilprozeßrechts, Bd. 1, 1912; Bd. 2 vollendet von *Oertmann* 1919; *Kohler* Zivilprozeß- und KonkursR, 1903; *Neukamp* Handkomm. zur ZPO, 1911; *Neumiller* ZPO, 4. Aufl. 1910; *Petersen/Remeèle/Anger* ZPO für das Deutsche Reich, 5. Aufl. 1910; *Reincke/Wienstein* ZPO, 6. Aufl. 1910; *Skonietzki/Gelpcke* ZPO und GVG, Bd. 1, 1911; Bd. 2, 1916; *Schmidt* Lehrbuch des Deutschen Zivilprozeßrechts, 2. Aufl. 1906; *Struckmann/Koch* ZPO, 9. Aufl. 1910; *Warneyer* ZPO, 1906; *Weismann* Lehrbuch des Deutschen Zivilprozeßrechts, 2 Bde., 1903/1905; *Willenbücher* Zivilprozeß- und Zwangsvollstreckungsverfahren, 3. Aufl. 1909.

IV. Die Literatur zur ZPO von 1924

21 *Baumbach* ZPO, 1924; *Förster/Kann* Die ZPO, 3. Aufl. 1910–1926, mit Nachtrag 1926; *Freudenthal/Sauerländer* ZPO, 4. Aufl. 1926; *Goldschmidt* Zivilprozeßrecht, 2. Aufl. 1932; *Kisch* Deutsches Zivilprozeßrecht, 4. Aufl. 1929; *Kleinfeller* Lehrbuch des deutschen Zivilprozeßrechts, 3. Aufl. 1925; *Lehmann/Weiß* Das neue Zivilprozeßrecht, 1924; *Lucas/Richter* Zivilprozeßreform, 1924; *Meyer/Zöller* ZPO mit Nebengesetzen, 1931; *Oertmann* Grundriß des deutschen Zivilprozeßrechts, 5. Aufl. 1930; *Rosenberg* Lehrbuch des deutschen Zivilprozeßrechts, 1927; *Sauer* Grundlagen des Prozeßrechts, 2. Aufl. 1929; *Sellner* ZPO, 1929; *Siméon/David* Lehrbuch der freiwilligen und streitigen Gerichtsbarkeit, 15. Aufl. 1927; *Sonnen* Das neue Zivilprozeßrecht, 1924; *Stein/Jonas* ZPO, 13. Aufl. 1926; *Stein/Juncker* Grundriß des Zivilprozeß- und KonkursR, 3. Aufl. 1928.

V. Die Literatur zur ZPO von 1933

22 *Baumbach* Elementarbuch des Zivilprozesses, 1941; *Bernhardt* Rechtsstreit, 1939; *de Boor* Rechtsstreit, 1940; *Jonas* ZPO, 16. Aufl. 1938/39; *Seuffert/Walsmann* ZPO, 12. Aufl. 2 Bde., 1932/33, mit Nachträgen 1934/35; *Sydow/Busch/Krantz/Triebel* ZPO, 22. Aufl. 2 Bde., 1941; *Walsmann* Rechtsstreit und Vollstreckung, 1936; *Warneyer* ZPO, 7. Aufl. 1937.

VI. Die Literatur zur ZPO von 1950 (bis zur Vereinfachungsnovelle 1976)

23 *Baumbach/Lauterbach/Albers/Hartmann* ZPO, 34. Aufl. 1976; *Baur* Zivilprozeßrecht, 1976; *Bergerfurth* Der Zivilprozeß, 2. Aufl. 1974; *Bernhardt* Das Zivilprozeßrecht, 3. Aufl. 1968; *A. Blomeyer* Zivilprozeßrecht, 1963; *de Boor/Erkel* Zivilprozeßrecht, 1961; *Bruns* Zivilprozeßrecht, 1968; *Grunsky* Grundlagen des Verfahrensrechts, 2. Aufl. 1974; *Hoche* Zivilprozeßrecht, 2. Aufl. 1961; *Jauernig* Zivilprozeßrecht, 18. Aufl. 1977; *Nikisch* Zivilprozeßrecht, 2. Aufl. 1952; *Rosenberg/Schwab* Zivilprozeßrecht, 11. Aufl. 1974; *Schönke/Kuchinke* Zivilprozeßrecht, 9. Aufl. 1970; *Stein/Jonas/Pohle* Kommentar zur ZPO, 19. Aufl. 1964–75; *Thomas/Putzo* ZPO, 8. Aufl. 1975; *Wieczorek* ZPO, 7 Bde., 1957–1963; *Zeiss* Zivilprozeßrecht, 2. Aufl. 1976; *Zöller* ZPO, 11. Aufl. 1974.

VII. Die Literatur zum geltenden Recht

1. Kommentare. *Baumbach/Lauterbach/Albers/Hartmann* ZPO, 73. Aufl. 2015; Münchener Kommentar zur ZPO, 3 Bde., 4. Aufl. 2013; *Musielak* ZPO, 12. Aufl. 2015; *Prütting/Gehrlein* ZPO, 7. Aufl. 2015; *Saenger* ZPO, 6. Aufl. 2015; *Schuschke/Walker* Kommentar zum 8. Buch der ZPO, Bd. I, 5. Aufl. 2011; *Stein/Jonas* ZPO, 22. Aufl. 2002–2013; *Thomas/Putzo* ZPO, 36. Aufl. 2015; *Wieczorek/Schütze* ZPO, 4. Aufl. 2013ff; *Zimmermann* ZPO, 9. Aufl. 2011; *Zöller* ZPO, 30. Aufl. 2014 (bearb. von Geimer, Greger, Gummer, Herget, Philippi, Schneider, Stöber, Vollkommer). 24

2. Lehrbücher. *Adolphsen* Zivilprozessrecht, 4. Aufl. 2014; *Baur/Stürner/Bruns* Zwangsvollstreckungsrecht, 13. Aufl. 2006; *Brox/Walker* Zwangsvollstreckungsrecht, 10. Aufl. 2014; *Gaul/Schilken/Becker-Eberhard* Zwangsvollstreckungsrecht, 12. Aufl. 2010; *Grunsky/Jacoby* Zivilprozessrecht, 14. Aufl., 2014; *Heiderhoff/Skamel* Zwangsvollstreckungsrecht, 2. Aufl. 2013; *Jauernig/Hess* Zivilprozeßrecht, 30. Aufl. 2011; *Jauernig/Berger* Zwangsvollstreckungs- und Insolvenzrecht, 23. Aufl. 2010; *Lüke* Zivilprozessrecht, 10. Aufl. 2011; *Meller-Hannich* Zivilprozessrecht, 2011; *Musielak* Grundkurs ZPO, 11. Aufl. 2012; *Paulus* Zivilprozessrecht, 4. Aufl. 2010; *Rosenberg/Schwab/Gottwald* Zivilprozeßrecht, 17. Aufl. 2010; *Rosenberg/Gaul/Schilken* Zwangsvollstreckungsrecht, 10. Aufl. 1987; *Schilken* Zivilprozeßrecht, 6. Aufl. 2010; *Schwab* Zivilprozessrecht, 4. Aufl. 2012; *Zeiss/Schreiber* Zivilprozessrecht, 12. Aufl. 2014. 25

3. Die Literatur zum GVG. *Kern* Geschichte des Gerichtsverfassungsrechts, 1954; *Kissel/Mayer* GVG, Kommentar, 7. Aufl. 2013; *Schilken* Gerichtsverfassungsrecht, 4. Aufl. 2007; *Wolf* Gerichtsverfassungsrecht aller Verfahrenszweige, 6. Aufl. 1987. 26

Kapitel 3:
Die Zivilgerichtsbarkeit im Rechtsschutzsystem

I. Grundlagen

Das Zivilprozessrecht gilt auch heute noch oft als technisches Recht ohne größeren Tiefgang, als Festlegung eines Verfahrens nach reiner Zweckmäßigkeit. Berühmt geworden ist der Satz von *Friedrich Stein*[12] „Der Prozess ist für mich das technische Recht in seiner allerschärfsten Ausprägung, von wechselnden Zweckmäßigkeiten beherrscht, der Ewigkeitswerte bar". Darin verbirgt sich ein großer Irrtum. In Wahrheit steht der Erwartung einer inhaltlich richtigen Gerichtsentscheidung des Einzelfalls eine prozedurale Gerechtigkeitserwartung gegenüber, die beiden Streitparteien rechtliches Gehör gewährt, ein faires Verfahren praktiziert, die Sache durch neutrale und unabhängige Personen behandelt und damit letztlich im Rahmen rationaler Ergebnisbegründung Rechtssicherheit und Rechtsfrieden durch Rechtskraft schafft. Betrachtet man den Zivilprozess aus diesem Blickwinkel, so zeigt sich, dass ein solches Verfahren zur Streitbeilegung ein hohes Kulturgut darstellt. Es ist eine rechtliche Errungenschaft von bleibendem Wert. Dem Wesen der Menschen entspricht es, dass jeden Tag aufs Neue Streit entstehen kann und dass sich Streit nicht stets durch materiellen Konsens lösen lässt. Es bedarf des formalen Streitentscheids und der Rechtskraft, um nach dem Streit eine neue Chance zu einem friedlichen Zusammenleben 27

12 Grundriß des Zivilprozessrechts, 1921, Vorwort S. III.

von Menschen zu ermöglichen. Der Zivilprozess als Institution hat daher einen Ewigkeitswert.[13]

II. Das System umfassenden Rechtsschutzes

Schrifttum

Bauer Gerichtsschutz als Verfassungsgarantie, 1973; *Buermeyer* Rechtsschutzgarantie und Gerichtsverfahrensrecht, 1976; *Dörr* Der europäisierte Rechtsschutzauftrag deutscher Gerichte, 2003; *Dütz* Rechtsstaatlicher Gerichtsschutz im Privatrecht, 1970; *Lorenz* Der grundrechtliche Anspruch auf effektiven Rechtsschutz, AöR 105 (1980), 623; *Dütz* Der Rechtsschutz des Bürgers und die Rechtsweggarantie, 1973; *Schumann* Menschenrechtskonvention und Zivilprozeß, FS Schwab (1990) 449; *Schwab/Gottwald* Verfassung und Zivilprozeß, 1984.

28 Die Bundesrepublik Deutschland weist ein System umfassenden Rechtsschutzes auf. Auf der Grundlage des Rechtsstaatsprinzips besteht die Pflicht des Staates zur Justizgewährung (Art. 2 Abs. 1 i.V.m. Art. 20 Abs. 3 GG).[14] Zugleich ist der mit der Justizgewährung verbundene Schutz subjektiver Rechte ein wesentlicher Prozesszweck, der neben dem Rechtsstaatsprinzip unmittelbar auf den Freiheitsrechten der Verfassung beruht.[15] Eine funktionierende Rechtsprechung setzt deshalb gewisse Verfahrensgrundrechte voraus. Staatliche Gerichtsbarkeit erfordert einen gewissen Mindeststandard. Der Justizgewährungsanspruch ist ein subjektives öffentliches Recht des Einzelnen gegen den Staat. Dem Bürger wird ein qualifizierter Rechtsschutz, der durch eine unabhängige richterliche Gewalt wahrgenommen wird, zuteil. Dieser Rechtsschutz ist aber nicht nur auf die Durchsetzung subjektiver Rechte beschränkt, sondern er dient auch der Verwirklichung des objektiven Rechts.[16] Der Staat ist also verpflichtet, in sämtlichen Rechtsbereichen ein qualifiziertes Verfahren zur verbindlichen Streitentscheidung bereitzustellen.[17] Damit stellt sich der Justizgewährungsanspruch als Korrelat zum staatlichen Gewaltmonopol einerseits und zum Selbsthilfeverbot des Bürgers andererseits dar. Der Justizgewährungsanspruch umfasst daher sowohl das Recht auf Zugang zu den Gerichten als auch den Anspruch auf eine verbindliche Entscheidung durch den Richter nach umfassender Prüfung des Sach- und Streitstandes.[18]

29 Für Grundrechtsverletzungen steht dem Betroffenen nach Art. 93 GG der Rechtsweg vor das BVerfG offen. Bei Rechtsverletzungen durch die öffentliche Gewalt, womit die vollziehende Gewalt in Ausübung hoheitlicher Befugnisse gemeint ist, besteht eine Rechtsschutzgarantie gemäß Art. 19 Abs. 4 GG. Auch für privatrechtliche Streitigkeiten ist ein umfassender Rechtsschutz anerkannt, der sich aus dem Rechtsstaatsprinzip (i.V.m. Art. 2 Abs. 1 GG) ableitet.[19] Die Rechtsweggarantie des Art. 19 Abs. 4 GG gibt dem Betroffenen einen Anspruch auf Zugang zu einem staatlichen Gericht,[20] wobei sich allerdings weder aus Art. 19 Abs. 4 GG noch aus dem Rechtsstaatsprinzip ableiten lässt, dass der Zugang nur zu einem bestimmten Gericht besteht[21] noch dass ein Instanzenzug ge-

---

13 *Prütting* AnwBl. 2013, 401, 405; *ders.* FS Schiedermair (2001) 445ff.
14 Vgl. BVerfGE 54, 277, 291; 69, 381, 385; 78, 123, 126.
15 Vgl. BVerfGE 69, 126, 140.
16 *Dütz* S. 104.
17 BVerfGE 54, 277, 291; 69, 381, 385; 78, 123, 126.
18 BVerfGE 85, 337, 345; 97, 169, 185.
19 *Schwab/Gottwald* S. 32; *Dütz* S. 112.
20 BVerfGE 11, 232, 233; 49, 329, 340.
21 BVerfGE 31, 364, 368.

währleistet ist.[22] Jedoch sind sachlich nicht zu rechtfertigende Erschwerungen des Zugangs zu einem Gericht nach Art. 19 Abs. 4 GG verboten.[23]

Der Gesetzgeber hat den Zugang zu Gericht durch Aufspaltung in fünf Fachgerichtsbarkeiten näher spezifiziert (ordentliche Gerichtsbarkeit sowie Arbeits-, Sozial-, Verwaltungs- und Finanzgerichtsbarkeit). Dabei ist die Zivilgerichtsbarkeit aus historischen Gründen mit der Strafjustiz und der Freiwilligen Gerichtsbarkeit zur sog. ordentlichen Gerichtsbarkeit zusammengefügt. 30

Wird durch ein Gericht der Rechtsschutz verweigert, so stehen dem Betroffenen zunächst die gesetzlich vorgesehenen Rechtsbehelfe zur Verfügung. Daneben kann eine Dienstaufsichtsbeschwerde (vgl. § 26 Abs. 2 DRiG) in Betracht kommen. Schließlich steht als subsidiärer Rechtsbehelf die Verfassungsbeschwerde zum BVerfG zur Verfügung. Einer Verweigerung des Rechtsschutzes kann es gleichstehen, wenn ein staatliches Verfahren von überlanger Verfahrensdauer ist. Deshalb hat der Gesetzgeber nunmehr einen eigenen Rechtsschutz bei überlangen Gerichtsverfahren geschaffen. Wer danach infolge einer unangemessenen Dauer des Verfahrens einen Nachteil erleidet, wird angemessen entschädigt (§ 198 GVG). 31

III. Der innerstaatliche Rechtsweg

1. Aufbau der Gerichtsbarkeit in der Bundesrepublik Deutschland. Die Grundlage für die Gerichtsorganisation findet sich in Art. 92 GG. Die rechtsprechende Gewalt wird durch das BVerfG, durch die im Grundgesetz vorgesehenen Bundesgerichte und durch die Gerichte der Länder ausgeübt. Zur Verfassungsgerichtsbarkeit s. unten IV, zur supranationalen Gerichtsbarkeit s. unten V. 32

Zur Durchsetzung des rechtsstaatlich gebotenen Rechtsschutzes stehen dem Betroffenen nach Art. 95 GG verschiedene Fachgerichtsbarkeiten zur Verfügung, im Rahmen derer er sein Rechtsschutzziel verfolgen kann. Es handelt sich dabei um den Rechtsweg zu den ordentlichen Gerichten, den Verwaltungs-, Finanz-, Sozial- und Arbeitsgerichten. Diese Fachgerichte stehen selbständig und gleichwertig nebeneinander. 33

In Art. 95 GG sind jeweils die obersten Gerichtshöfe des Bundes aufgeführt, also die jeweiligen Rechtsmittelgerichte, die auch als einzige Instanz tätig werden können.[24] In den einzelnen Verfahrensordnungen ist jeweils ein Instanzenzug mit Zugang zu den obersten Bundesgerichten normiert. Zur Wahrung der Einheitlichkeit der Rechtsprechung dieser obersten Bundesgerichte ist in Art. 95 Abs. 3 GG die Bildung eines gemeinsamen Senats der obersten Gerichtshöfe des Bundes vorgeschrieben.[25] 34

2. Entscheidung über die Zulässigkeit. Die Regeln der Rechtswegzuständigkeit für die einzelnen Fachgerichtsbarkeiten waren früher in den verschiedenen Verfahrensordnungen enthalten. Seit 1.1.1991 sind diese Vorschriften einheitlich in §§ 17, 17a, 17b GVG geregelt (vgl. § 48 ArbGG, § 173 VwGO, § 155 FGO, § 202 SGG). Durch die Neuregelung wird die Gleichwertigkeit der verschiedenen Rechtswege unterstrichen. Insbesondere soll aber ein langwieriger Streit über den jeweils richtigen Rechtsweg vermieden werden. 35

---

22 BVerfGE 4, 74, 94; 11, 232, 233; 49, 239, 240.
23 BVerfGE 49, 329, 340.
24 BVerfGE 8, 174, 177.
25 Gesetz zur Wahrung der Einheitlichkeit der Rechtsprechung der obersten Gerichtshöfe des Bundes vom 19.6.1968.

36 Das jeweils angerufene Gericht entscheidet über die Zulässigkeit des zu ihm beschrittenen Rechtswegs, und zwar unter allen in Betracht kommenden rechtlichen Gesichtspunkten (vgl. § 17 Abs. 2 GVG).

3. Bindung der Zivilgerichte an rechtskräftige Entscheidungen anderer Gerichte

37 **a) Bindung an Rechtswegentscheidungen.** Das angerufene Zivilgericht erster Instanz prüft zunächst, ob der zu ihm beschrittene Rechtsweg zulässig ist. Bei Rechtsmittelgerichten ist diese Prüfung ausgeschlossen (§ 17a Abs. 5 GVG). Hält das angerufene Gericht den Rechtsweg für gegeben, so kann dies das Gericht vorab aussprechen (§ 17a Abs. 3 GVG). An die rechtskräftige Entscheidung, durch die der beschrittene Rechtsweg für zulässig erklärt worden ist, sind andere Gerichte gebunden (§ 17a Abs. 1 GVG).

38 Erachtet das Gericht dagegen den beschrittenen Rechtsweg für unzulässig, so muss es dies von Amts wegen aussprechen und den Rechtsstreit an das zuständige Gericht verweisen. Auch dieser Verweisungsbeschluss ist für das Gericht, an das der Rechtsstreit verwiesen worden ist, hinsichtlich des Rechtsweges bindend (§ 17a Abs. 2 GVG). Damit ist entgegen der früheren Rechtslage nicht nur eine Rückverweisung ausgeschlossen, sondern das nunmehr mit der Sache befasste Gericht darf auch nicht mehr an einen weiteren Rechtsweg weiterverweisen. Dagegen wäre innerhalb des Rechtsweges eine Weiterverweisung aus Gründen der örtlichen, sachlichen oder funktionellen Zuständigkeit zulässig.

39 Die Neuregelung der §§ 17, 17a, 17b GVG schließt zwischen den einzelnen Rechtswegen einen positiven oder negativen Kompetenzkonflikt aus. Sollte es entgegen dem Gesetz zu einer Rückverweisung oder Weiterverweisung kommen, so müsste das zuständige Gericht analog § 36 Nr. 6 ZPO bestimmt werden. Bei dieser Entscheidung sind in jedem Falle die Bindungswirkungen von § 17a Abs. 1 GVG und § 17a Abs. 2 Satz 3 GVG zu beachten.

40 **b) Inhaltliche Bindung an Entscheidungen anderer Zivilgerichte.** Die materielle Rechtskraft zivilgerichtlicher Entscheidungen führt dazu, dass bei Identität des Streitgegenstandes und der Parteien eine erneute Entscheidung des Zivilgerichts nicht ergehen darf. Die Rechtskraft ist eine negative Prozessvoraussetzung.[26] Die gleiche Rechtskraftwirkung tritt in dem Fall ein, dass der Beklagte des Erstprozesses nunmehr als Kläger das kontradiktorische Gegenteil verlangt.

Schließlich tritt auch in dem Fall, in dem die rechtskräftig festgestellte Rechtsfolge eine präjudizielle Voraussetzung für den im zweiten Prozess verfolgten Anspruch darstellt, eine Bindung des Gerichts an diese Feststellung ein.[27]

41 **c) Inhaltliche Bindung an Entscheidungen von Gerichten anderer Gerichtszweige.** Auch eine Bindung der Zivilgerichte an Entscheidungen von Gerichten anderer Gerichtszweige kommt in Betracht, wenn die Rechtskraft eines Urteils in dem späteren zivilgerichtlichen Verfahren wirkt. Aus der in Art. 95 GG angeordneten Gleichwertigkeit aller Gerichtszweige ergibt sich auch eine Gleichwertigkeit der Entscheidungen der verschiedenen Gerichte, so dass im Rahmen der Rechtskraftwirkungen später entscheidende Gerichte an die Erstentscheidung gebunden sind, unabhängig davon, in welchem Rechtsweg sie ergangen ist.[28]

---

26 BGHZ 36, 365, 367; BGH JZ 1983, 394, 395; *Rosenberg/Schwab/Gottwald* § 151 III 1.
27 BGH JZ 1983, 394, 395; *Rosenberg/Schwab/Gottwald* § 151 III 2 und § 153 III 2.
28 BGHZ 9, 329, 332; 86, 226, 232.

d) Bindung Dritter und Drittwirkung der Rechtskraft. Die Bindungswirkung gerichtlicher Entscheidungen in Folgeprozessen ist durch die materielle Rechtskraft auf Prozessparteien beschränkt (§ 325 Abs. 1 ZPO). Diese Beschränkung auf die Parteien erfährt dort eine Auflockerung, wo der Gesetzgeber eine Erstreckung der Rechtskraft auf Dritte anordnet. Darüber hinaus kommt nach richtiger Auffassung eine besondere Bindung an gerichtliche Entscheidungen für Dritte nur dann in Betracht, wenn sie das Gesetz vorsieht (vgl. z.B. § 68 ZPO, § 9 TVG). Eine weitergehende Bindungswirkung für Dritte ohne gesetzliche Anordnung oder eine generelle Drittwirkung der Rechtskraft ist nicht anzuerkennen.[29] 42

4. Entscheidung über Vorfragen. Das Zivilgericht hat die Kompetenz, nicht zivilrechtliche Vorfragen, die notwendige Voraussetzung zur Entscheidung der Hauptfrage sind, mitzuentscheiden. Dies war schon bisher allgemein anerkannt. Durch die vom Gesetzgeber vorgenommene Erweiterung des Umfangs der Entscheidungskompetenz gemäß § 17 Abs. 2 Satz 1 GVG ist diese Auffassung nochmals bestätigt worden. 43

IV. Die Verfassungsgerichtsbarkeit

Schrifttum

Bender/Klein Lehrbuch des Verfassungsprozessrechts, 2. Aufl. 2001; *Dörr* Die Verfassungsbeschwerde in der Prozeßpraxis, 2. Aufl. 1997; *Gusy* Verfassungsbeschwerde, 1988; *Isensee/Kirchhoff* Handbuch des Staatsrechts der Bundesrepublik Deutschland, Bd. II, 2. Aufl. 2004; *Kenntner* Das Bundesverfassungsgericht als subsidiäter Superrevisor, NJW 2005, 765; *Kleine-Cosack* Verfassungsbeschwerde und Menschenrechtsbeschwerde, 2. Aufl. 2006; *Lechner/Zuck* BVerfGG, 6. Aufl. 2011; *Maunz/Schmidt-Bleibtreu/Klein/Bethge* BVerfGG, Loseblatt, Stand Juli 2012; *Pestalozza* Verfassungsprozeßrecht, 3. Aufl. 1991; *Schenke* Verfassungsgerichtsbarkeit und Fachgerichtsbarkeit, 1987; *Schlaich/Korioth* Das Bundesverfassungsgericht, 9. Aufl. 2012; *v. Stackelberg* Die Verfahren der deutschen Verfassungsbeschwerde und der europäischen Menschenrechtsbeschwerde, 1988; *Stern* Das Staatsrecht der Bundesrepublik Deutschland, Bd. II, 1980; *Umbach/Clemens/Dollinger* BVerfGG, 2. Aufl. 2005; *Zuck* Das Recht der Verfassungsbeschwerde, 3. Aufl. 2006.

1. Aufbau. Nach Art. 92 GG wird die rechtsprechende Gewalt außer durch Bundes- oder Ländergerichte durch das BVerfG ausgeübt. Das BVerfG ist ein allen übrigen Verfassungsorganen gegenüber selbständiger und unabhängiger Gerichtshof des Bundes (§ 1 Abs. 1 BVerfGG) mit Verfassungsorganqualität.[30] 44

Organisatorisch besteht das BVerfG aus zwei Senaten (§ 2 Abs. 1 BVerfGG), die einander gleichgeordnet mit gesetzlich festgelegten Zuständigkeiten tätig werden (§ 14 BVerfGG). Die Senate sind jeweils mit acht Richtern besetzt; diese werden für eine Amtszeit von zwölf Jahren von je der Hälfte der Mitglieder des Bundestages und Bundesrates gewählt (Art. 94 Abs. 1 GG, §§ 2, 5 BVerfGG). Der Präsident des BVerfG und sein Stellvertreter führen den Vorsitz in den Senaten (§ 15 Abs. 1 BVerfGG). Die Entscheidung wird von der Mehrheit der mitwirkenden Richter getroffen (§ 15 Abs. 3 Satz 2 BVerfGG). Endet die Abstimmung mit Stimmengleichheit, so kann ein Verstoß gegen das Grundgesetz oder gegen Bundesrecht nicht festgestellt werden. 45

2. Zugang. Das BVerfG wird auf Antrag, der schriftlich beim BVerfG einzureichen ist, tätig (§ 23 Abs. 1 Satz 1 BVerfGG). Der Rechtsweg vor das BVerfG ist in den in Art. 93 GG, § 13 BVerfGG enumerativ aufgeführten Fällen eröffnet. 46

---

29 Vgl. *Prütting* RdA 1991, 257, 262.
30 BVerfGE 6, 300, 303; *Stern* Bd. II, S. 341.

47 **3. Verhältnis zur Zivilgerichtsbarkeit und Verfassungsbeschwerde.** Speziell in zivilgerichtlichen Fragen sind im Wesentlichen zwei Verfahrensarten denkbar: die Verfassungsbeschwerde nach Art. 93 Abs. 1 Nr. 4a GG, §§ 13 Nr. 8a, 90 ff. BVerfGG sowie die sog. Richtervorlage, eine konkrete Normenkontrolle, gemäß Art. 100 Abs. 1 GG, §§ 13 Nr. 11, 80 ff. BVerfGG.

48 Mit der Verfassungsbeschwerde kann jedermann die Verletzung von Grundrechten durch die öffentliche Gewalt rügen. Öffentliche Gewalt in diesem Sinne meint alle Maßnahmen der unmittelbaren und mittelbaren Staatsgewalt. Dies bedeutet, dass die Verfassungsbeschwerde also auch gegen Gerichtsurteile möglich ist. Zulässigkeitsvoraussetzung für die Verfassungsbeschwerde neben der Behauptung der Rechtsverletzung durch den Beschwerdeführer ist die unmittelbare und gegenwärtige Selbstbetroffenheit sowie die Erschöpfung des Rechtswegs (§ 90 Abs. 2 BVerfGG). Die Verfassungsbeschwerde ist binnen eines Monats zu erheben (§ 93 Abs. 1 BVerfGG). Nach der Annahme der Verfassungsbeschwerde zur Entscheidung durch die Kammer (§§ 93a, 93b BVerfGG) überprüft das BVerfG die Beschwerde und gibt bei Verfassungswidrigkeit der Maßnahme der Beschwerde statt.

49 Besondere Schwierigkeiten bezüglich des Prüfungsumfangs des BVerfG bestehen bei der Verfassungsbeschwerde gegen Urteile von Fachgerichten.[31] Das BVerfG ist ein außerhalb des Rechtsmittelzuges stehendes Bundesgericht, welches spezifisch und ausschließlich für Verfassungsrechtsfragen zuständig ist. Es wird daher nicht als Revisions- oder Superrevisionsinstanz gegenüber den Fachgerichten tätig,[32] die Verfassungsbeschwerde ist lediglich ein außerordentlicher Rechtsbehelf.[33] Eine unbeschränkte rechtliche Nachprüfung von fachgerichtlichen rechtskräftigen Entscheidungen durch das BVerfG würde der verfassungsrechtlich festgelegten Aufgabe des BVerfG nicht entsprechen.[34] Daher beschränkt das BVerfG selbst seinen Kontrollbereich auf die Überprüfung, ob die Gerichte bei der Auslegung und Anwendung des einfachen Rechts Verfassungsrecht missachtet haben.[35] In der Praxis erweist sich die Richtlinie der Überprüfung, wonach „spezifisches Verfassungsrecht" verletzt sein muss,[36] als sehr unklar, da letztlich jede Maßnahme der öffentlichen Gewalt einen Eingriff in Art. 2 Abs. 1 GG darstellt und damit eine Verfassungsbeschwerde rechtfertigen könnte. Das BVerfG differenziert beim Prüfungsumfang nach der Zielrichtung der Verfassungsbeschwerde: Die Tatsachenfeststellung und Gestaltung des Verfahrens sind grundsätzlich Sache der Fachgerichte und der Überprüfung durch das BVerfG entzogen.[37] Der Urteilsinhalt wird vom BVerfG dahin überprüft, ob der entscheidende Richter grundrechtsrelevante Fehler bei Auslegung und Anwendung des einfachen Rechts gemacht hat[38] oder willkürlich entschieden hat.[39] Je intensiver der Grundrechtseingriff ist, desto eingehender ist die Prüfungskompetenz des BVerfG. Bei höchster Eingriffsintensität setzt sich das BVerfG an die Stelle des kontrollierenden Gerichts und bewertet und entscheidet den Fall abschließend selbst.[40]

---

31 Vgl. *Kenntner* NJW 2005, 785; *Krauss* Der Umfang der Prüfung von Zivilurteilen durch das BVerfG, 1987; *Pieroth/Aubel* JZ 2003, 504; *Waldner* ZZP 98, 200; *ders.* Der Anspruch auf rechtliches Gehör, 2. Aufl. 2000, S. 186 ff.
32 BVerfGE 7, 198, 207; 18, 85, 92.
33 BVerfGE 51, 130, 139.
34 BVerfGE 18, 85, 92; 22, 93, 98.
35 BVerfGE 62, 338, 343; 65, 317, 322.
36 BVerfGE 18, 85, 92.
37 BVerfGE 13, 318, 322.
38 BVerfGE 30, 173, 188.
39 BVerfGE 42, 64, 73 f.
40 BVerfGE 42, 143, 149.

Nach ständiger Rechtsprechung des BVerfG ist die Verfassungsbeschwerde gegenüber allen anderen Rechtsbehelfen subsidiär, was aus § 90 Abs. 2 Satz 1 BVerfGG zu entnehmen ist.[41] Im Einzelnen bedeutet dies, dass vor Erhebung der Verfassungsbeschwerde der Versuch gemacht werden muss, mit Hilfe aller gegebenen Rechtsmittel und Rechtsbehelfe, auch einer Gegenvorstellung, einer Wiedereinsetzung in den vorigen Stand, einer Wiederaufnahme des Verfahrens oder einer Anhörungsrüge gemäß § 321a ZPO die angegriffene Entscheidung zu korrigieren. Die Subsidiarität der Verfassungsbeschwerde ist zugleich ein Instrument zur Abwehr einer allzu großen Zahl von Verfassungsbeschwerden und zur Aufrechterhaltung der Funktionsfähigkeit des Gerichts.[42] 50

4. Richtervorlage gemäß Art. 100 GG. Mit der Richtervorlage nach Art. 100 Abs. 1 GG kann sich jeder Richter direkt an das BVerfG wenden. Der Richtervorlage kommt insoweit eine gewisse Parallelität zur Verfassungsbeschwerde zu. Vorlageberechtigt ist jedes Gericht jeder Instanz. Die Vorlage erfolgt unmittelbar an den entscheidenden Senat (§ 80 Abs. 1 BVerfGG). Eine Vorprüfung wie bei der Verfassungsbeschwerde ist nicht erforderlich. Prüfungsgegenstand des Verfahrens nach Art. 100 GG sind verkündete förmliche Bundes- und Landesgesetze. Entspricht es der richterlichen Überzeugung, dass das anzuwendende Gesetz verfassungswidrig ist, so hat das Gericht diese Frage dem BVerfG vorzulegen. Lediglich Zweifel an der Verfassungsmäßigkeit reichen nicht aus. Das betreffende Gesetz muss für die Entscheidung erheblich sein: Entscheidungserheblich ist die Norm nur dann, wenn das Gericht im Ausgangsverfahren bei Ungültigkeit der Norm anders entscheiden müsste als bei deren Gültigkeit.[43] Das BVerfG überprüft sodann unbeschränkt anhand des Grundgesetzes die Verfassungsmäßigkeit des betreffenden Gesetzes. 51

Für die Dauer des Verfahrens beim BVerfG setzt das vorlegende Gericht das Ausgangsverfahren aus. Das BVerfG trifft dann eine Entscheidung in der vorgelegten Rechtsfrage, nicht aber in der Sache selbst. Nach der Entscheidung des BVerfG greift das vorlegende Gericht das Verfahren wieder auf und entscheidet den Ausgangsfall. Dabei ist es an die Entscheidung des BVerfG über die Gültigkeit der geprüften Norm gebunden (§ 31 BVerfGG). 52

V. Supranationale Gerichtsbarkeit

Schrifttum

Broberg/Fenger Das Vorabentscheidungsverfahren vor dem Gerichtshof der Europäischen Union, 2014; *Büdenbender* Das Verhältnis des EuGH zum BVerfG, 2005; *Callies* Kohärenz und Konvergenz beim europäischen Individualrechtsschutz, NJW 2002, 3577; *Classen* Effektive und kohärente Justizgewährleistung im europäischen Rechtsschutzverbund, JZ 2006, 157; *Daig* Nichtigkeits- und Untätigkeitsklagen im Recht der Europäischen Gemeinschaften, 1985; *Dauses* Das Vorabentscheidungsverfahren nach Art. 177 EG-Vertrag, 2. Aufl. 1995; *Everling* Das Vorabentscheidungsverfahren vor dem Gerichtshof der Europäischen Gemeinschaften, 1986; *Frowein* Der europäische Grundrechtsschutz und die nationale Gerichtsbarkeit, 1983; *Frowein/Peukert* EMRK-Kommentar, 3. Aufl. 2009; *Geiger* EU-Vertrag, 5. Aufl. 2010; *Grabitz/Hilf* Kommentar zur EU, Loseblatt; *Gündisch* Rechtsschutz in der Europäischen Gemeinschaft, 2. Aufl. 2003; Handbuch des internationalen Zivilverfahrensrechts, Bd. I, 1982; *Hakenberg/Stix-Hackl* Handbuch zum Verfahren vor dem Europäischen Gerichtshof, 3. Aufl. 2005; *Kirschner/Klüpfel* Das Gericht Erster Instanz

---

41 *Kleine/Sennekamp* NJW 2007, 945, 949 ff.

42 *Posser* Die Subsidiarität der Verfassungsbeschwerde, 1993; *Warmke* Die Subsidiarität der Verfassungsbeschwerde, 1993; *Sodan* DÖV 2003, 925; *Kenntner* NJW 2005, 785.

43 BVerfGE 7, 171, 174; 65, 265, 277.

der Europäischen Gemeinschaften, 2. Aufl. 1998; *Landner* Der Europäische Gerichtshof als Rechtsmittelgericht, 2003; *Lieber* Über die Vorlagepflicht des Art. 177 EWG-Vertrag und deren Mißachtung, 1986; *Rengeling/Middeke/Gellermann* Handbuch des Rechtsschutzes in der Europäischen Union, 2. Aufl. 2003; *Rösler* Europäische Gerichtsbarkeit auf dem Gebiet des Zivilrechts, 2012; *Schaupp/Haag* Die Erschöpfung des innerstaatlichen Rechtsweges nach Art. 26 EMRK und das deutsche Recht, 1987; *Schwarze* Fortentwicklung des Rechtsschutzes in der Europäischen Gemeinschaft, 1987; *Schwarze* EU-Kommentar, 2. Aufl. 2008; *Stern* Das Staatsrecht der Bundesrepublik Deutschland, Bd. I, 2. Aufl. 1984; Bd. II, 1980; *Streinz* EUV/EGV, 2003; *Wägenbaur* EuGH-Verfahrensordnung, 2008; *Weidmann* Der Europäische Gerichtshof für Menschenrechte auf dem Weg zu einem Europäischen Verfassungsgerichtshof, 1985.

53 **1. Gerichtshof der Europäischen Union (EuGH).** Der Gerichtshof der Europäischen Union in Luxemburg (EuGH) ist ein supranationales Gericht mit der Aufgabe der Wahrung der von den Mitgliedstaaten der Europäischen Union geschaffenen Unionsordnung (Art. 13 EUV).

54 Der EuGH besteht aus 28 Richtern (Art. 251 AEUV), die von den Regierungen der Mitgliedstaaten im gegenseitigen Einvernehmen auf sechs Jahre ernannt werden (Art. 253 AEUV). Der Gerichtshof wird von 9 Generalanwälten unterstützt (Art. 252 AEUV). Seit dem 1.2.2001 gilt eine neue Verfahrensordnung (EG ABl. C 34 v. 1.2.2001). Dazu gibt es praktische Anweisungen des EuGH vom 15.10.2004 mit Änderungen vom 27.1.2009 (ABl. L 29 S. 51). Die Generalanwälte stellen in den unterbreiteten Rechtssachen Schlussanträge, in denen sie als Vertreter des allgemeinen Interesses eine eigene rechtliche Lösung vorschlagen. Der EuGH wird im Rahmen ausschließlicher Zuständigkeit tätig für Klagen der Mitgliedstaaten untereinander, gegen Rat oder Kommission, für Organklagen und für Klagen der Kommission gegen Mitgliedstaaten. Diese Zuständigkeiten sind im Einzelnen in Art. 258ff. AEUV geregelt. Für Klagen natürlicher und juristischer Personen ist die Zuständigkeit des EuGH in drei Fällen eröffnet. Es gibt die Nichtigkeitsklage nach Art. 263 AEUV gegen eine Entscheidung des Rates oder der Kommission, die entweder unmittelbar an den Kläger gerichtet ist oder ihn unmittelbar und individuell betrifft; ferner gibt es die Untätigkeitsklage nach Art. 265 AEUV gegen Rat und Kommission, mit der ein Tätigwerden erstrebt wird; schließlich ist die Amtshaftungsklage nach Art. 340 AEUV gegen ein Gemeinschaftsorgan zu nennen. Alle diese Individualklagen können jedoch nur gegen Maßnahmen (Entscheidungen) von Rat und Kommission gerichtet werden, da der EuGH lediglich zur Aufgabe hat, die Einheit der Union zu wahren. Rechtsschutz gegen Maßnahmen eines Mitgliedstaates kann eine natürliche Person vor dem EuGH nicht erlangen. Ebenso stellt der EuGH keine Rechtsmittelinstanz im Verhältnis zu den Gerichten der einzelnen Mitgliedstaaten dar. Nach Art. 278, 279 AEUV ist auch einstweiliger Rechtsschutz vorgesehen, um den fehlenden Suspensiveffekt von Klagen im Einzelfall auszugleichen. Im Rahmen des Vorabentscheidungsverfahrens gemäß Art. 267 AEUV ist einstweiliger Rechtsschutz nicht vorgesehen.

55 **2. Das Vorabentscheidungsverfahren.** Zentrale Bedeutung im europäischen Rechtsschutzsystem hat die Kompetenz des EuGH zur Vorabentscheidung über die Auslegung des EU-Vertrags und über die Gültigkeit und Auslegung von Handlungen der Organe der Union (Art. 267 AEUV = Art. 234 EG a.F. = Art. 177 EGV a.F.). Die zentrale Funktion des Vorabentscheidungsverfahrens ist insbesondere die Herstellung und Wahrung der Einheit des Unionsrechts. Im Unterschied zur konkreten Normenkontrolle gemäß Art. 100 GG hat dementsprechend der EuGH eine Letztentscheidungskompetenz bezüglich der gesamten Auslegung des primären und sekundären Gemeinschaftsrechts. Nach seinem Wesen ist dieses Verfahren ein Zwischenverfahren, also nur ein besonders ausgestalteter Verfahrensteil des Gesamtverfahrens vor dem jeweiligen nationalen Gericht. Insgesamt bildet also das Vorlageverfahren mit dem nationalen Ausgangsverfahren eine

Einheit. Notwendige Voraussetzung ist gemäß Art. 267 AEUV zunächst die Vorlageberechtigung des jeweiligen nationalen Gerichts. Zur Vorlage berechtigt sind alle Gerichte der Mitgliedstaaten, also auch erstinstanzliche Gerichte. Zweitens muss sich die Vorlage auf ein konkretes anhängiges gerichtliches Verfahren beziehen. Drittens ist ein bestimmter Vorlagegegenstand erforderlich, also insbesondere eine Frage der Auslegung des EU-Vertrags. Im Hinblick auf die Frage nach der Gültigkeit und Auslegung von Handlungen der Organe der Union wird aber auch das gesamte Sekundärrecht der Union zum Vorlagegegenstand. Viertens muss dem EuGH eine konkrete vorlagefähige Frage gestellt werden und diese Frage muss sich auf den genannten Vorlagegegenstand beziehen. Die weitere Frage, ob die vorgelegte Frage für die Entscheidung des Ausgangsrechtsstreits erheblich sein muss, ist früher häufig verneint worden. Hier hat sich aber eine Wandlung der Rechtsprechung ergeben.

Im Hinblick auf die Ausgestaltung des Rechtsschutzes vor dem EuGH hat das BVerfG **56**
ausgesprochen, dass der EuGH gesetzlicher Richter i.S.v. Art. 101 Abs. 1 Satz 2 GG ist.[44] Dem EuGH wird daher vom BVerfG auch zugestanden, abschließend darüber zu entscheiden, ob sekundäres europäisches Unionsrecht mit dem GG vereinbar ist (Solange II-Beschluss).[45] Das hat zur Konsequenz, dass Richtervorlagen nach Art. 100 Abs. 1 GG an das BVerfG unzulässig sind, soweit sie die Überprüfung sekundären Unionsrechts zum Ziel haben. Hinter diesen Einzelfragen steht ein Grundsatzkonflikt zwischen dem EuGH und dem BVerfG über die Frage des Rangverhältnisses von Unionsrecht und deutschem Verfassungsrecht. Seit einer Grundsatzentscheidung von 1964 macht der EuGH einen generellen Anwendungsvorrang vor jeglichem nationalem Recht geltend.[46] Demgegenüber erkennt das BVerfG den Vorrang zwar an, allerdings nur auf der Basis des nationalen Zustimmungsgesetzes gemäß Art. 23 GG. Daher sei der Vorrang nicht absolut, sondern er bestehe nur kraft und im Rahmen der verfassungsrechtlichen Ermächtigung.[47] Nach der Auffassung des BVerfG sind also drei Ausnahmen vom Vorrang des Unionsrechts denkbar: Zum einen ist die Möglichkeit denkbar, dass der Grundrechtsschutz auf der Unionsebene nicht mehr gewährleistet werde, zweitens geht es um den Kerngehalt eines nicht übertragbaren Bereichs der Verfassungsidentität, dessen Kontrolle dem BVerfG vorbehalten bleibt. Der dritte und praktisch wichtigste Ausnahmefall vom Anwendungsvorrang des Unionsrechts betrifft die Frage von Kompetenzüberschreitungen. Es geht also um eine Ultra-Vires-Kontrolle durch das BVerfG.[48]

VI. Europäischer Gerichtshof für Menschenrechte (EGMR)

Schrifttum

Frowein Der europäische Grundrechtsschutz und die nationale Gerichtsbarkeit, 1983; *Frowein/Peukert* EMRK-Kommentar, 3. Aufl. 2009; *Guradze* Die Europäische Menschenrechtskonvention 1968; *Schellenberg* Das Verfahren vor der Europäische Kommission und dem Gerichtshof für Menschenrechte, 1983; *Uerpmann* Die Europäische Menschenrechtskonvention und die deutsche Rechtsprechung, 1993; *Weidmann* Der Europäische Gerichtshof für Menschenrechte auf dem Weg zu einem europäischen Verfassungsgerichtshof, 1985.

Bei dem Europäischen Gerichtshof für Menschenrechte (EGMR) mit Sitz in Straßburg **57**
handelt es sich um ein supranationales Gericht, das 1959 aufgrund Völkervertragsrechts

44 BVerfGE 73, 339, 366; BVerfG, NJW 1997, 2512; BVerfG, JZ 2001, 923.
45 BVerfGE 73, 339, 387.
46 EuGH, NJW 1964, 2371.
47 So das Lissabon-Urteil des BVerfG, NJW 2009, 2267.
48 So die Mangoldt-Entscheidung des BVerfG, NJW 2010, 3422.

gebildet wurde. Sein begrenzter Jurisdiktionsbereich bezieht sich auf die Sicherung der in der Europäischen Konvention zum Schutz der Menschenrechte und Grundfreiheiten verbrieften Rechte. Der Gerichtshof besteht z.Zt. aus 21 unabhängigen Richtern, die von jedem Mitgliedstaat des Europarates gestellt werden können und von der beratenden Versammlung des Europarates auf neun Jahre gewählt werden.

58 Voraussetzung für das Tätigwerden des EGMR ist zunächst, dass das gerichtliche Verfahren von einem nach der Menschenrechtskonvention Antragsberechtigten angestrengt wird. Antragsberechtigt ist nach Art. 24 MRK ein Mitgliedsstaat der Konvention sowie nach Art. 25 MRK jede natürliche und juristische Person. Weiterhin muss der betreffende Staat, gegen den die Menschenrechtsbeschwerde gerichtet ist, die Jurisdiktionsgewalt des EGMR anerkannt haben.[49] Schließlich muss der innerstaatliche Rechtsweg erschöpft sein (Art. 26 MRK). Will eine natürliche Person mit der Menschenrechtsbeschwerde eine Verletzung der MRK durch einen Vertragsstaat rügen, so hat sie die Beschwerde zunächst der Kommission zuzuleiten (Art. 25 MRK). Eine Individualbeschwerde, mit der sie die Streitigkeit selbst dem Gerichtshof unterbreiten kann, gibt es nach der Menschenrechtskonvention nicht. Vielmehr strengt die Kommission das Verfahren vor dem EGMR an, der Betroffene wird am Verfahren beteiligt. Neben der möglichen Anwesenheit beim Verfahren kann er selbst Befragungen durchführen oder Beweiserhebungen anregen.

59 Mit der Entscheidung des EGMR wird dann entweder die Abweisung der Beschwerde oder die Verletzung der Menschenrechtskonvention festgestellt. Da dieser Gerichtshof eine überstaatliche Gerichtsbarkeit ausübt,[50] kann durch seinen Spruch der angegriffene Hoheitsakt nicht aufgehoben werden. In bestimmten Fällen wird jedoch durch den EGMR eine Entschädigung ausgesprochen (Art. 50 MRK). Es ist zu beachten, dass der Spruch des EGMR für innerstaatliche Gerichte einen Wiederaufnahmegrund darstellt.[51] Wird in diesem Sinne in einem Verfahren vor deutschen Gerichten ein ausbrechender Rechtsakt geltend gemacht, dann bedarf es zunächst eines Vorabentscheidungsverfahrens nach Art. 267 AEUV, bevor das BVerfG einen solchen europäischen Rechtsakt beanstanden kann.[52]

VII. Nichtstaatliche Gerichtsbarkeit und außergerichtliche Streitschlichtung

Schrifttum

Blankenburg/W. Gottwald/Strempel Alternativen in der Ziviljustiz, 1982; *Blankenburg/Klausa/Rottleuthner* Alternative Rechtsformen und Alternativen zum Recht, Jahrbuch für Rechtstheorie und Rechtssoziologie, Bd. 6, 1980; *Blankenburg/Simsa/Stock/Wolff* Mögliche Entwicklungen im Zusammenspiel von außer- und innergerichtlichen Konfliktregelungen, 2 Bde., 1990; *Gängel/Gansel/Richter* Rechtsberatung und Schlichtung, 1993; W. *Gottwald/Strempel* Streitbeilegung, 1995; *Holtwick-Mainzer* Der übermächtige Dritte, 1985; *Lappe* Recht ohne Richter, 1993; *Morasch* Schieds- und Schlichtungsstellen in der Bundesrepublik, 1984; *Preibisch* Außergerichtliche Vorverfahren in Streitigkeiten der Zivilgerichtsbarkeit, 1982; *Prütting* Schlichten statt Richten, JZ 1985, 261; *Röhl* Das Güteverfahren vor dem Schiedsmann, 1987; *Stix* Gerichtliche und außergerichtliche Durchsetzung ziviler Rechtsansprüche, 1992.

60 Umfangreiche Diskussionen werden seit langem über die Frage geführt, ob und inwieweit außergerichtliche Streitschlichtung in der Lage ist, eine Alternative zur staatlichen

---

49 *Schumann* S. 171.
50 *Stern* Bd. II, S. 928.
51 § 580 Nr. 7b ZPO in analoger Anwendung; *Schumann* S. 324; *Schlosser* ZZP 79, 164, 189; nunmehr § 580 Nr. 8 ZPO.
52 BVerfG NJW 2012, 45.

Gerichtsbarkeit zu bilden. In diesem Zusammenhang lassen sich sehr verschiedenartige Phänomene und Entwicklungstendenzen beobachten. So ist es angesichts der langanhaltenden und starken Überlastung der staatlichen Gerichte erklärtes Ziel, durch außergerichtliche Streitschlichtung zur Entlastung beizutragen. Andererseits gibt es in bestimmter Hinsicht aber auch die Tendenz von Betroffenen, staatliche Gerichte zu meiden und Konflikte durch private Gerichte (Schiedsgerichte) zu bewältigen. All diese Tendenzen weg von staatlicher Gerichtsbarkeit beinhalten freilich ihrerseits erhebliche Probleme.[53]

Die Institutionen und Formen außergerichtlicher Streitschlichtung sind sehr vielfältig und unterschiedlich. Vor allem sind hier zu nennen:

1. Schiedsgerichtsbarkeit

Schrifttum

Lachmann Handbuch für die Schiedsgerichtspraxis, 3. Aufl. 2008; *Lionnet* Handbuch der internationalen und nationalen Schiedsgerichtsbarkeit, 3. Aufl. 2005; *Schütze* Schiedsgericht und Schiedsverfahren, 4. Aufl. 2007; *Schwab/Walter* Schiedsgerichtsbarkeit, 7. Aufl. 2005.

Eine echte private Gerichtsbarkeit, die an die Stelle der staatlichen Gerichte tritt, **61**
stellen die Schiedsgerichte dar. Sie sind gemäß §§ 1025 ff. ZPO ausdrücklich vorgesehen. Die Parteien können für alle bürgerlich-rechtlichen Streitigkeiten, über die sie einen Vergleich schließen können, ein privates Schiedsgericht an die Stelle der staatlichen Gerichte setzen. Dies geschieht einseitig durch außervertragliche Schiedsklauseln, meist aber zweiseitig durch einen Schiedsvertrag. Eine Klage vor dem staatlichen Gericht ist in diesem Fall auf Einrede hin unzulässig (§ 1032 Abs. 1 ZPO).

2. Schieds-, Schlichtungs- und Gütestellen

Schrifttum

Prütting Außergerichtliche Streitschlichtung, 2003.

Keine echte Gerichtsbarkeit stellen die vielfältigen und sehr unterschiedlichen au- **62**
ßergerichtlichen Schieds-, Schlichtungs- und Gütestellen dar. Sie sind teilweise der Streitentscheidung von Gerichten vorgelagert und berühren die Zulässigkeit einer späteren Klage nicht. In aller Regel ist ihre Anrufung nicht obligatorisch. Beispielhaft zu nennen sind hier die Schieds-, Schlichtungs- und Gütestellen des Handwerks, der Kammern der freien Berufe (etwa der Ärztekammern), die Einigungsstellen der Industrie- und Handelskammern, die Miet- und Bauschlichtungsstellen, die Vereins- und Verbandsgerichte (soweit sie nicht echte Schiedsgerichte sind), der Schiedsmann u.ä.

3. Mediation

Schrifttum

Breidenbach Mediation, 1995; *Breidenbach/Henssler* Mediation für Juristen, 1997; *Eidenmüller* Vertrags- und Verfahrensrecht der Wirtschaftsmediation, 2001; *Fritz/Pielsticker* Mediationsgesetz, 2013; *Greger/Unberath* Mediationsgesetz, 2012; *Haft/von Schlieffen* Handbuch Mediation, 2. Aufl. 2009; *Henssler/Koch*

53 Im Einzelnen *Prütting* JZ 1985, 261, 269; zur zahlenmäßigen Entwicklung in jüngster Zeit *Graf-Schlicker* AnwBl. 2014, 573.

Mediation, 2. Aufl. 2004; *Hopt/Steffek* Mediation, 2008; *Risse* Wirtschaftsmediation, 2003; *von Schlieffen* Professionalisierung und Mediation, 2010; von *Schlieffen/Wegmann* Mediation in der notariellen Praxis, 2002.

63 Der Gedanke der Mediation hat als Teilbereich der außergerichtlichen Streitbeilegung einen enormen Aufschwung erlebt. Nach § 1 des Mediationsgesetzes ist die Mediation ein vertrauliches und strukturiertes Verfahren, bei dem zwei Parteien mit Hilfe eines Mediators freiwillig und eigenverantwortlich eine einvernehmliche Beilegung ihres Konfliktes anstreben. Herausragende Bedeutung kommt dabei dem Mediator als einem neutralen Dritten ohne Entscheidungsbefugnis zu. Durch seine Verfahrensleitung gibt er dem Streitschlichtungsverfahren eine bestimmte Struktur (meist durch ein sog. Phasenmodell). Ohne eine freiwillige und eigenverantwortliche Mitwirkung der Parteien mit dem Willen zu einer einvernehmlichen Konfliktbeilegung ist allerdings eine Mediation nicht sinnvoll. In Umsetzung einer Richtlinie der Europäischen Union über bestimmte Aspekte der Mediation in Zivil- und Handelssachen vom 21. Mai 2008 hat der deutsche Gesetzgeber ein Mediationsgesetz erlassen, das am 26.7.2012 in Kraft getreten ist. Dieses Gesetz definiert die Mediation und gibt gewisse Grundlagen des Verfahrens vor. Insbesondere werden grundsätzliche Pflichten der Beteiligten festgeschrieben. Durch dieses Gesetz ist zugleich der Standort der Mediation dahin entschieden worden, dass es sich um ein außergerichtliches Konfliktbeilegungsverfahren handelt. Im Gerichtsverfahren hat der Gesetzgeber die sog. gerichtsnahe Mediation geregelt (vgl. § 278a ZPO), durch die das Gericht trotz Rechtshängigkeit des Verfahrens den Parteien eine außergerichtliche Mediation vorschlagen kann. Darüber hinaus hat der Gesetzgeber eine echte Gerichtsmediation mit Ablauf des 1.8.2013 ausgeschlossen (vgl. § 9 MediationsG) und an die Stelle der gerichtlichen Mediation den sog. Güterichter gesetzt (§ 278 Abs. 5 ZPO).

64 **4. Einigungsstellen.** Eine besondere gesetzliche Ausformung hat in Wettbewerbssachen das Verfahren vor der Einigungsstelle gemäß § 15 UWG erhalten. Ähnliches gilt für Vergütungsstreitigkeiten im Rahmen der Wahrnehmungsgesellschaften. Dort ist ein Schiedsverfahren nach § 16 UrhWG vorgesehen. Im Arbeitsrecht ist als innerbetriebliche Schlichtungsstelle die sog. Einigungsstelle gemäß § 76 BetrVG eingerichtet. Als Organ der Betriebsverfassung ist ihre Aufgabe insbesondere die Beilegung von Meinungsverschiedenheiten zwischen Arbeitgeber und Betriebsrat.

5. Obligatorische Streitschlichtung

Schrifttum

Deckenbrock/Jordans Novellierung der Ausführungsgesetze zu § 15a EGZPO, MDR 2006, 421; *Deckenbrock/Jordans* Die obligatorische Streitschlichtung nach § 15a EGZPO, MDR 2009, 1202; *Deckenbrock/Jordans* Die obligatorische Streitschlichtung nach § 15a EGZPO – Eine aktuelle Bestandsaufnahme, MDR 2013, 945; *Jansen* Die außergerichtliche obligatorische Streitschlichtung nach § 15a EGZPO, 2001; *Lauer* Erfahrungen mit der außergerichtlichen Streitbeilegung in Ausführung des § 15a EGZPO, NJW 2004, 1280; *Prütting* Außergerichtliche Streitschlichtung, 2003.

65 Durch ein Gesetz zur Förderung der außergerichtlichen Streitbeilegung vom 15.12.1999 hat der Bundesgesetzgeber einen § 15a EGZPO geschaffen, mit dem er den Bundesländern die Möglichkeit einräumt, vor Beginn des streitigen Zivilverfahrens ein obligatorisches Schlichtungsverfahren einzuführen. Allerdings kommt ein solches obligatorisches Verfahren nur in Betracht, wenn der Zivilprozess beim Amtsgericht einen Gegenstandswert von 750 Euro nicht überschreitet, wenn bestimmte Streitigkeiten aus dem privaten Nachbarrecht oder aus dem Bereich privater Ehrverletzung vorliegen oder

wenn Ansprüche nach dem AGG vorliegen. Zahlenmäßig ist dieses obligatorische Schlichtungsverfahren kein Erfolg geworden. Insbesondere kann es relativ leicht dadurch umgangen werden, dass der geltend gemachte Anspruch im Mahnverfahren anhängig wird. Nach dem Stand des Jahres 2014 haben insgesamt 9 von 16 Bundesländern in unterschiedlicher Weise von der Möglichkeit der Einrichtung der obligatorischen Streitschlichtung Gebrauch gemacht (Bayern, Brandenburg, Hessen, Niedersachsen, Nordrhein-Westfalen, Rheinland-Pfalz, Saarland, Sachsen-Anhalt, Schleswig-Holstein). Nahezu alle diese Bundesländer haben allerdings in neuerer Zeit auf die Erfassung vermögensrechtlicher Streitigkeiten verzichtet. Relevanz hat das Erfordernis obligatorischer Streitschlichtung damit im Wesentlichen im Bereich des Nachbarrechts.

6. Schiedsgutachten

Schrifttum

Greger/Stubbe Schiedsgutachten, 2007.

Aufgrund besonderer Vereinbarung können die Parteien ein die Rechtslage oder ein 66
bestimmtes Element der Rechtslage feststellendes Schiedsgutachten von einem Schiedsgutachter bestellen, das für die Konfliktparteien bindend ist. Auch die Bestimmung einer Leistung durch einen Dritten gemäß § 317 BGB kann als Schiedsgutachten bezeichnet und durchgeführt werden. Die Besonderheit eines solchen Vorgehens besteht darin, dass der Dritte nur ein Element der gerichtlichen Entscheidung festlegt. Er entscheidet also nicht den Rechtsstreit als solchen.

7. Gerichtliches Güteverfahren. Der Grundgedanke einer gütlichen Einigung ist 67
nicht nur im außergerichtlichen Bereich von Bedeutung, sondern er setzt sich auch im gerichtlichen Verfahren fort. Ist ein Klageanspruch vor einem staatlichen Zivilgericht rechtshängig geworden, so muss nach der seit 1.1.2002 geltenden Regelung der Richter gemäß § 278 Abs. 2 ZPO zunächst zwingend eine Güteverhandlung zum Zwecke der gütlichen Beilegung des Rechtsstreits abhalten. Dafür soll er das persönliche Erscheinen der Parteien anordnen (§ 278 Abs. 3 ZPO). Insbesondere muss der Richter eine solche Güteverhandlung nicht auf einen einzelnen Gerichtstermin beschränken. Er hat vielmehr die Möglichkeit, diese Güteverhandlung sowie Güteversuche vor einen hierfür bestimmten und nicht entscheidungsbefugten Richter zu verweisen, den sog. Güterichter (§ 278 Abs. 5 ZPO).

Jenseits dieser obligatorischen gerichtlichen Güteverhandlung hat der streitentscheidende Richter gemäß § 278 Abs. 1 ZPO aber auch die Aufgabe, in jeder Lage des Verfahrens eine gütliche Beilegung des Rechtsstreits oder einzelner Streitpunkte herbeizuführen. Dazu kann der Richter den Parteien jederzeit Vergleichsvorschläge unterbreiten. Auch einen schriftlichen Vergleichsvorschlag außerhalb der mündlichen Verhandlung kann das Gericht vornehmen (§ 278 Abs. 6).

Kapitel 4: Verfahrensgrundlagen

I. Der Streitgegenstand

Schrifttum

Althammer Streitgegenstand und Interesse, 2012; *Althammer* Die Streitgegenstandslehre von Karl Heinz Schwab im Zivilprozess des 21. Jahrhunderts, ZZP 123, 163; *Arens* Zur Anspruchskonkurrenz bei mehreren Haftungsgründen, AcP 170, 392; *Baumgärtel* Zur Lehre vom Streitgegenstand, JuS 1974, 69; *A. Blomeyer* Zum Urteilsgegenstand im Leistungsprozeß, FS Lent (1957) 43; *Böhm* Die Ausrichtung des Streitgegenstands am Rechtsschutzziel, FS Kralik (1986) 83; *Bötticher* Zur Lehre vom Streitgegenstand im Eheprozeß, Festgabe für Rosenberg (1949) 73; *Georgiades* Die Anspruchskonkurrenz im Zivilrecht und Zivilprozeßrecht, 1968; *Gottwald* Streitgegenstand und Sinnzusammenhänge, Symposium Schwab (2000) 85; *Habscheid* Der Streitgegenstand im Zivilprozeß und im Streitverfahren der Freiwilligen Gerichtsbarkeit, 1956; *Habscheid* Die neuere Entwicklung der Lehre vom Streitgegenstand im Zivilprozeß, FS Schwab (1990) 181; *Henckel* Parteilehre und Streitgegenstand im Zivilprozeß, 1961; *Hesselberger* Die Lehre vom Streitgegenstand, 1970; *Jauernig* Verhandlungsmaxime, Inquisitionsmaxime und Streitgegenstand, 1967; *Lent* Zur Lehre vom Streitgegenstand, ZZP 65, 315; *Lent* Zur Lehre vom Entscheidungsgegenstand, ZZP 72, S. 63; *Lüke* Zur Streitgegenstandslehre Schwabs – eine zivilprozessuale Retrospektive, FS Schwab (1990) 309; *Nikisch* Der Streitgegenstand im Zivilprozeß, 1935; *Nikisch* Zur Lehre vom Streitgegenstand im Zivilprozeß, AcP 154, 271; *Prütting* Vom deutschen zum europäische Streitgegenstand, FS Beys (2003) 1273; *Prütting* Der europäische Streitgegenstand und die Rechtssache Purrucker, FS Simotta (2012) 437; *Rimmelspacher* Materiellrechtlicher Anspruch und Streitgegenstandslehre im Zivilprozeß, 1970; *Schwab* Der Streitgegenstand im Zivilprozeß, 1954; *Schwab* Der Stand der Lehre vom Streitgegenstand im Zivilprozeß, JuS 1965, 81; *Schwab* Gegenwartsprobleme der deutschen Zivilprozeßrechtswissenschaft, JuS 1976, 69; *Schwab* Noch einmal: Bemerkungen zum Streitgegenstand, FS Lüke (1997) 793.

68 **1. Die Bedeutung der Lehre vom Streitgegenstand.** Der Streitgegenstand oder der prozessuale Anspruch eines Verfahrens legt das Streitprogramm zwischen den beiden Parteien fest, er begrenzt also den Prozess seinem Gegenstand nach. Dadurch wird er für den Prozess zu einem zentralen Begriff. Am deutlichsten zeigen sich die Wirkungen des Streitgegenstands bei der Festlegung des Umfangs der Rechtshängigkeit, bei der Beurteilung von Klagenhäufung und Klageänderung, im Rahmen des Umfangs der Rechtskraft und bei der Bestimmung des Streitwertes.

69 **2. Die Theorien zum Streitgegenstand im Zivilprozess.** Die kontroversen Auffassungen zur Streitgegenstandslehre lassen sich im Zivilprozessrecht im Wesentlichen in fünf verschiedene Theorien aufteilen. Innerhalb dieser Theorien werden freilich im Einzelnen vielfach noch Abweichungen vertreten.

70 **a)** Die sog. **ältere materiellrechtliche Theorie** wollte als prozessualen Streitgegenstand den Anspruch des materiellen Rechts benutzen. Dies war vor allem der Standpunkt des Gesetzgebers der CPO von 1877. Wollte man dieser materiellrechtlichen Auffassung folgen, so wäre mit jeder Klage, die einen einheitlichen Anspruch auf mehrere Anspruchsgrundlagen stützt, prozessual eine Klagenhäufung gegeben. Damit würde ein einheitlicher Lebenssachverhalt in mehrere prozessuale Streitgegenstände aufgespalten. Eine weitere Konsequenz wäre es, dass der Kläger, der aufgrund einer dieser materiellen Anspruchsgrundlagen vollständig obsiegt, mit seiner Klage teilweise abgewiesen werden müsste und deshalb teilweise auch die Kosten zu tragen hätte, wenn die weiteren geltend gemachten Anspruchsgrundlagen nicht zur Überzeugung des Gerichts dargetan wären. Es ist heute unbestritten, dass ein solches Ergebnis und die ihm zugrundeliegende Auffassung vom Streitgegenstand unhaltbar sind.

71 **b)** Die angedeuteten Schwierigkeiten der älteren materiellrechtlichen Auffassung führten schon bald zur Entwicklung eines eigenständigen prozessualen Begriffs des Streitgegenstandes, der vom materiellrechtlichen Anspruch losgelöst ist. Der bis heute im Zivilprozessrecht herrschende sog. **zweigliedrige Streitgegenstandsbegriff**[54] will

54 Vertreten insbes. in der Rechtsprechung, vgl. BGH NJW 1991, 1047; BGHZ 94, 29, 33; NGH NJW 1986, 1046 f.; BGH WM 1987, 367; aus der Literatur insbes. *Habscheid* 1956.

diesen eigenständigen prozessualen Anspruch durch zwei Elemente bestimmen, nämlich durch den vor Gericht gestellten Antrag und den diesem Antrag zugrundeliegenden Lebenssachverhalt. Man spricht deshalb insoweit auch von Klageantrag und Klagegrund als den beiden Elementen des Streitgegenstands. Dieser zweigliedrige Streitgegenstandsbegriff fasst alle materiellrechtlichen Anspruchsgrundlagen, die aus einem einheitlichen Lebenssachverhalt erwachsen sind, zu einem einheitlichen prozessualen Anspruch entsprechend dem Klageantrag zusammen und vermeidet damit die geschilderten Probleme der älteren materiellrechtlichen Theorie.

Zu Schwierigkeiten kann der zweigliedrige Streitgegenstandsbegriff jedoch führen, **72** wenn ein einheitlicher prozessualer Antrag auf mehrere tatsächliche Ereignisse unterschiedlicher Art gestützt wird. Diese Schwierigkeiten lassen sich allerdings im Wesentlichen dann vermeiden, wenn man den Begriff des Klagegrundes weit ausdehnt und in ihm letztlich den der Klage zugrundeliegenden umfassenden Lebenssachverhalt versteht.[55]

c) Eine andere Möglichkeit, den angedeuteten Schwierigkeiten zu entgehen, bildet **73** der sog. **eingliedrige Streitgegenstandsbegriff**.[56] Diese Auffassung legt das Schwergewicht für die Bestimmung des Streitgegenstandes ganz auf den Klageantrag. Der Lebenssachverhalt wird nach dieser Auffassung allein zur Individualisierung des Antrags herangezogen. Zu einer Mehrheit von Streitgegenständen kann es nach dieser Auffassung nur kommen, wenn vor Gericht mehrere unterschiedliche Klageanträge gestellt werden. Ob dies der Fall ist, ist freilich ein Problem der Auslegung des jeweiligen Antrags, wofür notwendigerweise auf die dem Antrag zugrundeliegenden und vor Gericht vorgebrachten Tatsachen zurückgegriffen werden muss.

Dieser weite Begriff des Streitgegenstandes, wie ihn die eingliedrige Theorie vertritt, **74** wird allerdings nur für die Frage der Rechtshängigkeit, der Klagenhäufung und der Klageänderung konsequent durchgeführt, nicht dagegen für die Bestimmung des Umfangs der Rechtskraft.[57]

Eine eindrucksvolle Fortentwicklung der Lehre vom eingliedrigen Streitgegen- **75** standsbegriff hat *Althammer* entwickelt.[58] Er lehnt die Heranziehung des Lebenssachverhalts als bestimmendes Element ab und geht andererseits deutlich über den Klageantrag im technischen Sinn des § 308 ZPO hinaus. Entscheidend ist für ihn das im klägerischen Begehren enthaltene Interesse i.S.d. § 264 Nr. 3 ZPO. Damit schafft diese Lehre eine gewisse Annäherung der prozessualen Theorien an das materielle Recht und zugleich auch an die Kernpunkttheorie des EuGH.[59] Im Ergebnis wäre damit § 264 Nr. 3 ZPO kein Fall der (stets zulässigen) Klageänderung, sondern eine Beschreibung des einheitlichen Streitgegenstands.

d) Als Reaktion auf die Ausbildung eines rein prozessual bestimmten Begriffs des **76** Streitgegenstandes haben sich verschiedene **neuere materiellrechtliche Theorien** gebildet. So ist versucht worden, mehrere materiellrechtliche Ansprüche zusammenzufassen und zu einem einzigen Anspruch im Sinne des Prozessrechts auszubilden, soweit diese mehreren Ansprüche entweder aus einem Lebenssachverhalt hervorgehen oder soweit diese Ansprüche zu einem einheitlichen Verfügungsobjekt (also z.B. zu dem ein-

---

55 So insbes. *Habscheid* 1956, S. 208 ff.
56 So insbes. *Schwab* aaO.
57 Vgl. *Baumgärtel* JuS 1974, 72; *Habscheid* 1956, S. 200 f.; *Stein/Jonas/Schumann* Einl. Rdn. 291, 294.
58 *Althammer* Streitgegenstand und Interesse 2012; *ders.* ZZP 123, 163 ff.
59 EuGH NJW 1989, 665; EuGH JZ 1995, 616.

heitlichen Gegenstand einer Zession) verbunden sind. Die wohl unüberwindbaren Schwierigkeiten solcher materiellrechtlicher Auffassungen liegen darin, dass das Zivilrecht an die jeweiligen materiellrechtlichen Anspruchsgrundlagen unterschiedliche Regelungen der Verjährung, des Haftungsumfangs und der Beweislastverteilung anknüpft, was der Bildung eines einheitlichen materiellrechtlichen Anspruchs im Rahmen des Prozesses entgegensteht.[60]

77 **e)** In der Literatur gibt es vielfältige Tendenzen, die Streitgegenstandsproblematik nicht mehr mit Hilfe von begrifflich-konstruktivem Denken im Sinne einer einheitlichen Lösung zu bewältigen. Vielmehr wird mehr und mehr in den Vordergrund gerückt, dass die Festlegung des Streitgegenstands je nach der Art des Prozesses und nach der Bewertung der dabei im Spiel befindlichen Parteiinteressen unterschiedlich ausfallen kann. So ist in neuerer Zeit eine gewisse Tendenz auszumachen, den Streitgegenstand nicht einheitlich zu definieren, wobei es über die Abhängigkeit des jeweiligen Streitgegenstandsbegriffes wiederum verschiedenartige Auffassungen gibt (**relative Theorien**). So ist etwa behauptet worden, die Festlegung des Streitgegenstandes bestimme sich danach, ob in einem Prozess der Verhandlungs- oder der Untersuchungsgrundsatz herrsche.[61] Teilweise wird auch unterschieden, ob eine Leistungsklage oder eine Feststellungsklage erhoben ist.[62] Schließlich wird auch vertreten,[63] man könne für die Fragen der Klageänderung, der Klagenhäufung und (so jedenfalls *Schumann*) auch für die Fragen der Rechtshängigkeit der eingliedrigen Theorie vom Streitgegenstand folgen. Im Bereich des Umfangs der materiellen Rechtskraft will demgegenüber *Schumann* auf eine Abgrenzung nach dem zugrundeliegenden Lebenssachverhalt nicht verzichten, er folgt insoweit also der zweigliedrigen Streitgegenstandstheorie. *Baumgärtel* hat sich in diesem Bereich demgegenüber für eine Abgrenzung nach dem selbständigen Verfügungsgegenstand ausgesprochen.[64] Weiter hat *Böhm*[65] versucht, materiellrechtliche und prozessuale Theorien in der Weise miteinander zu verbinden, dass er einen **dreigliedrigen** Streitgegenstandsbegriff empfiehlt. Neben Klageantrag und Klagegrund sollen als drittes Element die anzuwendenden Rechtsnormen zum Begriff des Streitgegenstandes gehören, somit also materiellrechtliche und prozessuale Auffassungen miteinander verknüpft sein.

78 **3. Die Bewertung der Auffassungen.** Die umfangreiche wissenschaftliche Diskussion hat deutlich gezeigt, dass die durch die unterschiedlichen materiellrechtlichen Theorien aufgeworfenen Probleme nicht befriedigend zu lösen sind. Alle diese Auffassungen finden deshalb heute (jedenfalls in reiner Form) kaum mehr Befürworter. Auch der Streit zwischen den beiden prozessualen Theorien ist weitgehend zum Stillstand gekommen. Dies bedeutet aber nicht, dass sich eine einheitliche Auffassung herausgebildet hätte. Immerhin ist der neueren Entwicklung aber zu entnehmen, dass die praktischen Konsequenzen der unterschiedlichen theoretischen Auffassungen nicht sehr groß sind. Vor allem unter Zugrundelegung eines weiten Begriffs des Lebenssachverhalts werden zweigliedrige und eingliedrige Streitgegenstandstheorie meist zum selben Ergebnis gelangen. So erscheint es heute trotz gewisser praktischer Bedenken zweckmäßig, von der Vorstellung einer einheitlichen, alle Bereiche umspannenden Lösung Abschied zu nehmen und

60 Vgl. insbes. *Arens* AcP 170, 392 ff.
61 *Jauernig* Verhandlungsmaxime, Inquisitionsmaxime und Streitgegenstand, 1967.
62 So etwa Zöller/*Vollkommer* Einl. Rdn. 82.
63 *Baumgärtel* aaO; Stein/Jonas/*Schumann* Einl. Rdn. 291, 294.
64 Gegen die relativen Theorien *Habscheid* FS Schwab, S. 189 ff.
65 FS Kralik, 1986.

innerhalb der prozessualen Theorie je nach Klageart und nach konkreter prozessualer Situation zu unterscheiden.

4. Ergebnis. Als Ergebnis ist festzuhalten, dass es eine alle Probleme befriedigend lösende und zugleich einheitliche theoretische Auffassung vom Streitgegenstand wohl nicht gibt. Ausgangspunkt muss aber weiterhin sein, dass die Bestimmung des Streitgegenstandes ein dem Kläger obliegender Dispositionsakt ist. Im Rahmen der näheren Festlegung des Umfangs dieses Dispositionsaktes liegt es nahe, die Grenzen bei Klageerhebung und im Verlauf des Prozesses möglichst weit zu ziehen, damit eine möglichst umfassende Erledigung des angefallenen Streitstoffs erreicht werden kann. Nach dem Abschluss des Verfahrens sollten dagegen die Grenzen des Prozessgegenstandes und damit seiner Rechtskraft je nach dem vorgetragenen Sachverhalt enger gezogen werden, um die mögliche Präklusion nicht vorgebrachter Tatsachen möglichst zu beschränken. Dies führt dazu, dass bei Leistungsklagen für die während des Laufs eines Prozesses auftretenden Probleme (insbesondere Rechtshängigkeit, Klagenhäufung, Klageänderung, Streitwert) der eingliedrige Streitgegenstandsbegriff wohl am geeignetsten ist, insbesondere wenn man mit *Althammer* die strikte Antragsbindung zugunsten des klägerischen Interesses auflockert. Nach Beendigung des Prozesses einer Leistungsklage (also im Rahmen des Umfangs der materiellen Rechtskraft) kann dagegen auf die Berücksichtigung des der Klage zugrundeliegenden Lebenssachverhalts nicht verzichtet werden. Insoweit ist also dem zweigliedrigen Streitgegenstandsbegriff zu folgen. Anders als bei Leistungsklagen wird man im Falle von Gestaltungs- und Feststellungsklagen immer nur auf den Antrag abstellen können und damit insoweit generell dem eingliedrigen Streitgegenstandsbegriff folgen können. 79

II. Die Prozessmaximen

Schrifttum

Althammer Mindeststandards im Zivilprozess, ZZP 126, 3; *Alwart* Personale Öffentlichkeit (§ 169 GVG), JZ 1990, 883; *Arens* Mündlichkeitsprinzip und Prozeßbeschleunigung im Zivilprozeß, 1971; *Bathe* Verhandlungsmaxime und Verfahrensbeschleunigung bei der Vorbereitung der mündlichen Verhandlung, 1977; *Bomsdorf* Prozeßmaximen und Rechtswirklichkeit, 1971; *Brehm* Die Bindung des Richters an den Parteivortrag und Grenzen freier Verhandlungswürdigung, 1982; *Brüggemann* Judex statutor und judex investigator, 1968; *Bruns* Der Zivilprozess zwischen Rechtsschutzgewährung und Effizienz, ZZP 124, 29; *Cahn* Prozessuale Dispositionsfreiheit und zwingendes materielles Recht, AcP 198, 35; *Damrau* Die Entwicklung einzelner Prozeßmaximen seit der Reichscivilprozeßordnung von 1877, 1975; *Fezer* Die Funktion der mündlichen Verhandlung im Zivilprozeß und im Strafprozeß, 1970; *Fögen* Der Kampf um Gerichtsöffentlichkeit, 1974; *Greger* Kooperation als Prozessmaxime, Symposium für Schwab (2000) 77; *Habscheid* Richtermacht und Parteifreiheit, ZZP 81, 175; *Hahn* Kooperationsmaxime im Zivilprozeß, 1983; *Hahn* Anwaltliche Rechtsausführungen im Zivilprozess, 1998; *Heinze* Parteiherrschaft versus Richtermacht im Zivilprozess, FS Beys (2003) 515; *Hofmann* Prozessökonomie – Rechtsprinzip und Verfahrensgrundsatz der ZPO, ZZP 126, 83; *Jauernig* Verhandlungsgrundsatz, Untersuchungsgrundsatz und Streitgegenstand, 1967; *Kip* Das sog. Mündlichkeitsprinzip, 1952; *Koch* Mitwirkungsverantwortung im Zivilprozess, 2013; *Lipp* Das private Wissen des Richters, 1995; *Prütting* Die Grundlagen des Zivilprozesses im Wandel der Gesetzgebung, NJW 1980, 361; *Prütting* Die materielle Prozessleitung, FS Musielak (2003) 387; *Rehfeldt* Mündlichkeit, Unmittelbarkeit und Vorbereitung in der Praxis des schwedischen Zivilprozesses, ZZP 82, 173; *Rensen* Richterliche Hinweispflicht, MDR 2002, 1175; *Schönfeld* Zur Verhandlungsmaxime im Zivilprozeß und in den übrigen Verfahrensarten, 1981; *Schulte* Die Entwicklung der Eventualmaxime, 1980; *Wassermann* Der soziale Zivilprozeß, 1978; *Weyers* Über Sinn und Grenzen der Verhandlungsmaxime im Zivilprozeß, Festgabe für Esser (1975) 193; *Willmann* Die Konzentrationsmaxime, 2004; *Zettel* Der Beibringungsgrundsatz, 1977.

80 **1. Wesen und Bedeutung.** Die grundsätzliche Ausgestaltung eines Verfahrens und seines Ablaufs sowie die den Prozess prägenden Maximen gehören zu den fundamentalen Positionen jedes Verfahrensrechts. Die manchmal gegen ein angeblich überholtes „Maximendenken" vergangener Zeiten erhobenen Vorwürfe[66] sind daher zu Recht wieder vollkommen verstummt.

81 Ausgangspunkt aller im Folgenden anzustellenden Überlegungen ist die Vorstellung, dass jedem Verfahren ein gewisser allgemeiner Aufbau zugrunde liegt, dessen tragende Elemente man ermitteln und im Einzelnen anführen kann. Die so gewonnene Struktur eines Verfahrens beschreibt nicht jede Einzelheit der Rechtswirklichkeit, sie ermöglicht aber den Rückgriff auf die Grundlagen des gesetzlichen Plans der jeweiligen Verfahrensordnung. Diese durch schlagwortartig formulierte Maximen ausgedrückte grobe Struktur der jeweiligen Prozessordnung erleichtert dann auch die Diskussion über deren Wesen und die Verständigung über konkrete Einzelfragen. Die gesamte Rechtsvergleichung setzt solche Strukturmerkmale voraus. Auch die methodische Fortentwicklung einer Verfahrensordnung baut auf solchen Strukturmerkmalen auf. Letztlich machen Prozessmaximen also gewisse Grundentscheidungen des Gesetzgebers bei der Ausgestaltung des Verfahrens deutlich.

82 Im Hinblick auf die inhaltlich und zeitlich zu unterscheidenden einzelnen Verfahrensabschnitte kann man folgende drei große Bereiche trennen, in denen jeweils ganz verschiedene Prozessmaximen von Bedeutung sind:

2. Verfahrenseinleitung und Verfahrensherrschaft

83 **a) Begriffserklärung.** Soweit es allein die Sache der Parteien ist, ein Verfahren durch einen Antrag einzuleiten und über den Streitgegenstand zu verfügen sowie das Verfahren durch einen Dispositionsakt der Parteien zu beenden, spricht man von der Geltung der **Dispositionsmaxime**. Den Gegensatz einer Verfahrenseinleitung, Verfahrensbestimmung und Verfahrensbeendigung von Amts wegen nennt man **Offizialprinzip**.

84 **b) Die Dispositionsmaxime.** Im Zivilprozess gilt durchgehend die Dispositionsmaxime (zu geringen Einschränkungen vgl. unten c). Sie ist das prozessuale Gegenstück der Privatautonomie des materiellen Rechts. Die Dispositionsfreiheit gibt den Parteien die Möglichkeit, unterwirft sie aber auch der Last, ihre behaupteten materiellrechtlichen Rechtspositionen auch prozessual zu verwirklichen. Daher steht es jeder Partei grundsätzlich frei, ob sie eine Klage vor den staatlichen Gerichten erheben will, ob sie mit der Gegenseite eine Schiedsklausel vereinbaren will oder ob sie etwa auf jegliche gerichtliche Durchsetzung ihres Rechts verzichten will.

85 Einzelne Ausprägungen der Dispositionsmaxime finden sich in der ZPO in vielfältiger Art. Der Zivilprozess wird nicht von Amts wegen eingeleitet, sondern es bedarf in jedem Falle einer Klage. Auch für die Durchführung eines Rechtsmittels und für besondere Verfahrensarten (z.B. Mahnverfahren, einstweiliger Rechtsschutz) bedarf es in jedem Fall eines Parteiantrags. Allen genannten Anträgen ist das Erfordernis der Bestimmtheit und der näheren Konkretisierung des jeweiligen Antrags eigen, so dass das Streitprogramm zwischen den Parteien festgelegt wird und zugleich eine Bindung des Gerichts an den Antrag herbeigeführt wird (vgl. § 308 Abs. 1). Auch die prozessualen Möglichkeiten der Klagerücknahme, der Rechtsmittelrücknahme, der Klageänderung,

66 Vgl. *Bomsdorf* 1971; *Weyers* Festgabe für Esser, S. 193.

von Anerkenntnis und Verzicht, Vergleich und Erledigungserklärung sind Ausfluss der Dispositionsmaxime.

Die Geltung der Dispositionsmaxime kann man als durch Art. 2 Abs. 1 GG verfassungsrechtlich garantiert ansehen, jedenfalls soweit es sich um die grundsätzlich mögliche Verfahrenseinleitung durch den Einzelnen zur Verfolgung seiner subjektiven Rechte handelt.[67] **86**

c) Einschränkungen. Die Dispositionsmaxime ist im Zivilprozess im Hinblick auf Nebenentscheidungen eingeschränkt. So kann und muss über die Prozesskosten (§ 308 Abs. 2), über die Fortsetzung eines sozialwidrig gekündigten Mietverhältnisses (§ 308a) und über die vorläufige Vollstreckbarkeit von Urteilen (§§ 708ff.) auch ohne Antrag der Parteien entschieden werden. Die Entscheidung über die Gewährung einer Räumungsfrist bei Räumungsurteilen über Wohnraum kann von Amts wegen ergehen (§ 721). Aus diesen geringen Einschränkungen der Dispositionsmaxime kann aber nicht gefolgert werden, dass im Zivilprozess teilweise die Offizialmaxime gelte. **87**

3. Die Sammlung des Prozessstoffs

a) Begriffserklärung. Soweit es Aufgabe der Parteien ist, den Tatsachenstoff in den Prozess einzuführen, die Beweisbedürftigkeit von Behauptungen herbeizuführen und die Beweise beizubringen, spricht man von Verhandlungsmaxime (oder plastischer von **Beibringungsgrundsatz**). Den Gegensatz bildet die **Untersuchungsmaxime** (auch **Inquisitionsmaxime**). Hier liegt die Verantwortung für den Prozessstoff beim Gericht, das weder bei der Einführung von Tatsachen noch bei der Beweiserhebung an Anträge, Bestreiten, Geständnisse oder übereinstimmenden Parteivortrag gebunden ist. **88**

b) Die Verhandlungsmaxime. Im Zivilprozess gilt im Wesentlichen die Verhandlungsmaxime.[68] Allerdings erfährt sie eine Reihe von Einschränkungen. So ist der lange Zeit geführte Streit über die Geltung von Verhandlungsmaxime oder Untersuchungsmaxime im Zivilprozess (oder gar einer dritten vermittelnden Maxime, z.B. der Kooperationsmaxime) in Wahrheit meist ein Streit, welchen Umfang die Einschränkungen der Verhandlungsmaxime annehmen.[69] Richtig ist, dass die Verhandlungsmaxime im Gesetz nicht ausdrücklich positiv niedergelegt ist. Allerdings kann man aus §§ 26, 27, 113 Abs. 1 Satz 1, 127 FamFG einen Umkehrschluss ziehen. **89**

Die Geltung der Verhandlungsmaxime im Zivilprozess bedeutet, dass es allein die Parteien sind, die den tatsächlichen Stoff in der mündlichen Verhandlung vortragen. Das Gericht ist an den Tatsachenvortrag gebunden und darf seiner Entscheidung nur die vorgebrachten Tatsachen zugrunde legen. Insbesondere ist es dem Gericht verboten, privates Wissen in die Entscheidung einfließen zu lassen. Sehr umstritten ist die Frage, ob dem Gericht ausnahmsweise im Falle der Offenkundigkeit einer Tatsache die Verwertung auch ohne Parteivortrag erlaubt ist. Die Frage ist zu bejahen.[70] **90**

Weiterhin entscheiden die Parteien allein über die Notwendigkeit eines Beweises, indem sie von der Gegenseite aufgestellte Behauptungen entweder bestreiten oder durch ein Geständnis (§ 288) oder durch Nichtbestreiten (§ 138 Abs. 3) das Gericht binden. Bei der Frage, wer die Beweisaufnahme veranlasst, ist zu trennen: Der Zeugenbeweis wird **91**

---

67 *Stürner* FS Baur, S. 652ff.
68 BVerfGE 67, 39, 49.
69 Vgl. grundsätzlich zu diesem Streit *Prütting* NJW 1980, 361ff.
70 Vgl. MünchKomm/*Prütting* § 291 Rdn. 13.

nur auf Antrag durchgeführt, alle übrigen Beweise können (nicht: müssen) auch von Amts wegen erhoben werden (vgl. §§ 142, 143, 144, 448).

92 Eine wichtige **Ergänzung** der Verhandlungsmaxime im Zivilprozess stellt die in § 138 Abs. 1 niedergelegte Wahrheits- und Vollständigkeitspflicht dar. Sie beseitigt nicht Recht und Pflicht der Parteien, den tatsächlichen Stoff des Verfahrens vorzutragen, aber sie verpflichtet die Parteien im Rahmen ihres Parteivortrags zu einer redlichen, sorgfältigen und sachgemäßen Prozessführung. Eine weitere zentrale Ergänzung und Modifizierung der Verhandlungsmaxime stellt die richterliche Hinweis- und Aufklärungspflicht dar, die heute so genannte materielle Prozessleitung (§ 139). Sie ermöglicht es dem Gericht, auf die Beseitigung von Unklarheiten, von Lücken und von Mängeln des Vorbringens sowie der Anträge hinzuwirken. Dadurch erhält das Gericht eine wichtige Mitverantwortung, ohne dass der Verhandlungsgrundsatz seinem Wesen nach beseitigt wäre. So endet die Verpflichtung des Gerichts aus § 139 immer dann, wenn die Parteien trotz richterlichen Hinweises ihr Vorbringen und ihre Anträge nicht ergänzen oder berichtigen. Insbesondere gibt § 139 dem Gericht nicht die Befugnis, neue Tatsachen einzuführen oder neue Dispositionsakte anzuregen. Daher ist es nach richtiger Auffassung dem Richter z.B. verboten, beim Beklagten die Erhebung der Einrede der Verjährung anzuregen, wenn dieser sich bisher auch nicht andeutungsweise oder laienhaft auf dem Gesichtspunkt der Verjährung bezogen hat. Zulässig ist dagegen der Hinweis auf die fehlende Schlüssigkeit eines Vorbringens.[71]

93 **c) Der Untersuchungsgrundsatz.** Abweichend vom normalen Zivilprozess hat das Gesetz ausdrücklich die Geltung des Untersuchungsgrundsatzes mit gewissen Modifikationen im Einzelnen angeordnet für alle Ehe-, Familien- und Kindschaftssachen (vgl. §§ 26, 127 FamFG). Eine über die genannten Vorschriften hinausgehende Anwendung des Untersuchungsgrundsatzes ist nicht zulässig[72] – dagegen steht dem Gesetzgeber die Abänderung der Geltung von Verhandlungs- und Untersuchungsmaxime offen. Eine verfassungsrechtlich gesicherte Geltung des Verhandlungsgrundsatzes kann nicht angenommen werden.

4. Verfahrensgang und Verfahrensgestaltung

94 **a) Amtsbetrieb.** Zu trennen von der Offizialmaxime und dem Untersuchungsgrundsatz ist der Amtsbetrieb. Mit diesem Begriff wird das formale Ingangsetzen und Inganghalten des Verfahrens bezeichnet, es geht also um die Herrschaft über den äußeren Verfahrensablauf (Gegensatz: Parteibetrieb; zusammenfassend wird auch manchmal von Prozessbetrieb gesprochen). Im Einzelnen geht es darum, wer für Terminsanberaumungen, Ladungen und Zustellungen zuständig ist.

95 Im Zivilprozess gilt heute nahezu ausschließlich der Amtsbetrieb. So werden die Termine von Amts wegen bestimmt (§ 216 Abs. 1) und die Ladungen von Amts wegen veranlasst (§ 214). Ferner erfolgen die Zustellungen in den meisten Fällen von Amts wegen (§§ 270 Abs. 1, 317 Abs. 1, mit §§ 166–190).

96 **b) Mündlichkeit.** Die Form des wirksamen prozessualen Handelns von Gericht und Parteien wird durch den Gegensatz von Mündlichkeit und Schriftlichkeit näher bestimmt. Im Zivilprozess gilt im Grundsatz das Prinzip der Mündlichkeit (§ 128 Abs. 1). Dies bedeu-

71 **A.A.** zu Unrecht BGH NJW 1984, 310.
72 Vgl. Stein/Jonas/*Bork* Vor § 128 Rdn. 89.

tet, dass das Gericht nur aufgrund mündlicher Verhandlung entscheiden darf und dabei seiner Entscheidung nur dasjenige zugrunde legen darf, was in der mündlichen Verhandlung vorgetragen war. Daraus folgt z.B., dass der Inhalt der sog. vorbereitenden Schriftsätze (vgl. §§ 129 Abs. 1, 130) in der mündlichen Verhandlung erneut vorgetragen werden muss. Bei den vorbereitenden Schriftsätzen handelt es sich also streng genommen um die Ankündigung eines künftigen Vorbringens. Freilich erfährt die Mündlichkeit im Zivilprozess in der Praxis dadurch eine wichtige Einschränkung, dass in weitem Umfang die bloße Bezugnahme auf Schriftsätze zulässig und üblich ist (vgl. §§ 137 Abs. 3, 297 Abs. 2).

Generelle Ausnahmen vom Grundsatz der Mündlichkeit enthalten die besonderen 97
schriftlichen Verfahren gemäß § 128 Abs. 2 und Abs. 3, das schriftliche Vorverfahren gemäß §§ 272 Abs. 2, 276, die notwendige Schriftform der Klage, des Einspruchs und der Rechtsmittel sowie die Möglichkeit der Nachreichung von Schriftsätzen (§ 283). Ein Absehen vom Grundsatz der Mündlichkeit ist ferner im gesamten Bereich der fakultativen mündlichen Verhandlung möglich, so z.B. im Rahmen der Entscheidungen des Vorsitzenden. Schließlich ist die Mündlichkeit stark eingeschränkt oder vollkommen beseitigt im Rahmen bestimmter besonderer Verfahrensarten, so beim Mahnverfahren, im Rahmen des einstweiligen Rechtsschutzes und in weiten Bereichen des Vollstreckungsverfahrens.

c) Unmittelbarkeit. Der Grundsatz der Unmittelbarkeit bedeutet, dass die mündli- 98
che Verhandlung und insbesondere die Beweisaufnahme unmittelbar vor dem erkennenden Gericht durchzuführen sind (vgl. für die mündliche Verhandlung § 128 Abs. 1, für die Beweisaufnahme § 355 Abs. 1 und für die Entscheidung § 309). Das Gericht darf sich also keiner richterlichen Mittelpersonen bedienen, sondern es muss das Verfahren selbst durchführen.

Eine in der Praxis sehr wichtige Ausnahme vom Grundsatz der Unmittelbarkeit er- 99
gibt sich aus der Auslegung von § 309 („der dem Urteil zugrundeliegenden Verhandlung"). Daraus wird entnommen, dass die das Urteil fällenden Richter nur der letzten mündlichen Verhandlung beiwohnen müssen. Eine Anwesenheit der den Rechtsstreit entscheidenden Richter bei früheren Verhandlungsterminen ist also nicht garantiert. Auch die besonders wichtige Unmittelbarkeit der Beweisaufnahme (vgl. dazu im einzelnen § 355) kennt Ausnahmen. So kann die Beweisaufnahme einem Mitglied des Prozessgerichts als beauftragtem Richter (§ 361) oder einem anderen Gericht als ersuchtem Richter (§ 362) übertragen werden (vgl. § 355 Abs. 1 Satz 2). Dies war schon bisher vielfältig möglich (vgl. §§ 372 Abs. 2, 375 Abs. 1, 402, 434, 451). Bedauerlicherweise hat das Rechtspflegevereinfachungsgesetz (s. oben Rdn. 10) vom Grundsatz der Unmittelbarkeit der Beweisaufnahme eine weitere bedeutsame Ausnahme geschaffen (vgl. § 375 Abs. 1a).

d) Öffentlichkeit. Der Grundsatz der Öffentlichkeit gilt gemäß § 169 Satz 1 GVG im 100
Zivilprozess. Er betrifft die mündliche Verhandlung vor dem erkennenden Gericht einschließlich der Beweisaufnahmen und der Entscheidungsverkündungen. Er gewährt jedermann freien Zutritt zu den Gerichtsverhandlungen, freilich nur in begrenzter Zahl. Bei Überfüllung eines Gerichtssaales können also weitere Zuhörer abgewiesen werden. Ausgeschlossen sind Rundfunk-, Fernseh- und Filmaufnahmen während der mündlichen Verhandlung (§ 169 Satz 2 GVG). Schließlich eröffnet der Grundsatz der Öffentlichkeit kein allgemeines Recht auf Akteneinsicht (vgl. § 299).

Soweit die Öffentlichkeit im Einzelfall oder generell ausgeschlossen ist (vgl. §§ 170ff. 101
GVG), gilt aber in jedem Fall der Grundsatz der Parteiöffentlichkeit.[73]

73 Vgl. *Rosenberg/Schwab* § 23 IV 5 und § 119 V 3.

102 **e) Beschleunigungsgrundsatz (Konzentrationsmaxime).** Die ZPO kennt keine ausdrückliche Anordnung des Beschleunigungsgrundsatzes (anders etwa §§ 9 Abs. 1, 61a ArbGG). Dennoch ist die Geltung des Beschleunigungsgrundsatzes auch im Zivilprozess anerkannt und hat in vielen einzelnen Vorschriften ihren Niederschlag gefunden (vgl. §§ 272, 273, 278, 282, 296). Zentrale Aspekte des Beschleunigungsgrundsatzes sind die heute anerkannten Prozessförderungspflichten von Gericht und Parteien.[74] Letztlich ist ein zügiges Verfahren wesentlicher Aspekt richterlicher Rechtsdurchsetzung. Eine allzu lange Dauer von Prozessen kann den Rechtsschutz vollkommen entwerten. Daher ist das Verbot einer überlangen Verfahrensdauer im Rahmen des Anspruchs auf effektiven Rechtsschutz auch verfassungsrechtlich abgesichert.[75] Im Übrigen hat dieses Verbot der überlangen Verfahrensdauer auch in Art. 6 Abs. 1 MRK Anerkennung gefunden (s. unten Rdn. 98).

III. Verfassungsrechtliche Grundlagen des Zivilprozessrechts

Schrifttum

Bauer Gerichtsschutz als Verfassungsgarantie, 1973; *Baumgärtel* Ausprägung der prozessualen Grundprinzipien der Waffengleichheit und der fairen Prozessführung im zivilprozessualen Beweisrecht, FS Matscher (1993) 29; *Benda/Weber* Der Einfluß der Verfassung im Prozeßrecht, ZZP 96, 285; *Bettermann* Verfassungsrechtliche Grundlagen und Grundsätze des Prozesses, Öster. JBl. 1972, 57; *Bettermann* Der Schutz der Grundrechte in der ordentlichen Gerichtsbarkeit, in: *Bettermann/Nipperdey/Scheuner* Die Grundrechte, Bd. III 2, 1959; S. 779; *Bötticher* Die Gleichheit vor dem Richter, 1954; *Dörr* Faires Verfahren, 1984; *Dütz* Rechtsstaatlicher Gerichtsschutz im Privatrecht, 1970; *Fischer* Zivilverfahrens- und Verfassungsrecht, 2002; *Gerhardt* Bundesverfassungsgericht, Grundgesetz und Zivilprozeß, speziell: Zwangsvollstreckung, ZZP 95, 467; *Höfling* Das Verbot prozessualer Willkür, JZ 1991, 955; *Kloepfer* Verfahrensdauer und Verfassungsrecht, JZ 1979, 209; *Laumen* Das Rechtsgespräch im Zivilprozess, 1984; *Lorenz* Grundrechte und Verfahrensordnungen, NJW 1977, 865; *Lorenz* Der Rechtsschutz des Bürgers und die Rechtsweggarantie, 1973; *Schlette* Der Anspruch auf gerichtliche Entscheidung in angemessener Frist, 1999; *Schmidt-Jortzig* Effektiver Rechtsschutz als Kernstück des Rechtsstaatsprinzips nach dem Grundgesetz, NJW 1994, 2569; *Schumann* Bundesverfassungsgericht, Grundgesetz und Zivilprozeß, ZZP 96, 137; *Schwab/Gottwald* Verfassung und Zivilprozeß, 1984; *Stürner* Verfahrensgrundsätze des Zivilprozesses und Verfassung, FS Baur (1981) 647; *Stürner* Prozeßzweck und Verfassung, FS Baumgärtel (1990) 545; *Vollkommer* Der Anspruch auf ein faires Verfahren im Zivilprozeß, Gedächtnisschrift Bruns (1980) 194; *Vollkommer* Der Grundsatz der Waffengleichheit im Zivilprozeß – eine neue Prozeßmaxime? FS Schwab (1990) 503; *Waldner* Der Anspruch auf rechtliches Gehör, 2. Aufl. 2000.

103 **1. Grundlagen.** Das Verfahrensrecht aller Gerichtszweige wird in hohem Maße von verfassungsrechtlichen Vorgaben beeinflusst. So hat das BVerfG auf der Grundlage des Grundgesetzes immer wieder in das Zivilprozessrecht eingegriffen und es vielfach durch verfassungskonforme Auslegung und verfassungsrechtlich bedingte Erweiterung oder Einschränkung von Verfahrensnormen verändert. Zentrale Grundlagen dieser Rechtsprechung des BVerfG sind das Rechtsstaatsprinzip in seinen vielfältigen Ausprägungen, insbesondere auch in Verknüpfung mit der Rechtsweggarantie des Art. 19 Abs. 4, das rechtliche Gehör gemäß Art. 103 Abs. 1 GG, das Gebot des gesetzlichen Richters gemäß Art. 101 Abs. 1 Satz 2 GG, das Willkürverbot und andere materielle Grundrechtspositionen.

104 Besonders markante Beispiele für die vielfältigen Eingriffe des BVerfG in den Zivilprozess sind die Ausweitung des Zugangs zur weiteren Beschwerde gemäß § 568 Abs. 2

74 Im Einzelnen vgl. Rosenberg/Schwab/*Gottwald* 17. Aufl. 2010, § 81 III.

75 BVerfGE 54, 39, 41.

a.F. ZPO,[76] die Umgestaltung des Revisionszugangs nach § 554b Abs. 1 a.F. ZPO,[77] die Einschränkung und Umgestaltung der Befugnis des Gerichtsvollziehers nach § 758 Abs. 1 ZPO,[78] die Einfügung der Gegenvorstellung in den Zivilprozess,[79] die Erweiterung der Berufung analog § 513 Abs. 2 a.F. ZPO im Rahmen von § 128 Abs. 3 a.F.[80] sowie die umfangreiche Rechtsprechung zum Zuschlag in der Zwangsversteigerung[81] und die breite Rechtsprechung zur Wiedereinsetzung in den vorigen Stand.[82] Weiterhin ist die Plenarentscheidung zur Anhörungsrüge nach § 321a ZPO sowie zur Ausgestaltung des Rechtsmittelrechts zu beachten.[83] Auch das Verbot überlanger Dauer eines zivilgerichtlichen Verfahrens wurde aus verfassungsrechtlichen Prinzipien entwickelt.[84]

2. Das Rechtsstaatsprinzip

a) Allgemeines. Das Rechtsstaatsprinzip ist eine der zentralen verfassungsrechtlichen Grundlagen auch des gesamten Verfahrensrechts. Es ist in Art. 20 Abs. 3, Art. 28 Abs. 1 GG niedergelegt und dient dem BVerfG, freilich häufig verknüpft mit anderen verfassungsrechtlichen Grundlagen wie insbesondere Art. 2 Abs. 1, Art. 3 Abs. 1, Art. 19 Abs. 4, Art. 92, Art. 97 GG sowie Art. 6 MRK, zur Entwicklung einer größeren Zahl einzelner verfahrensrechtlicher Grundsätze mit Verfassungsrang, bei deren Verletzung die Verfassungsbeschwerde gegeben ist („verfassungsrechtliche Prozessgrundsätze"). Wesentlicher Teil des Rechtsstaatsprinzips in verfahrensmäßiger Hinsicht sind auch die Gebote der Rechtssicherheit und der Berechenbarkeit des Verfahrens, teilweise in dem Gedanken der „Justizförmigkeit" zum Ausdruck gebracht.[85] **105**

b) Das Gebot effektiven Rechtsschutzes. Das aus dem Rechtsstaatsprinzip entwickelte Gebot effektiven Rechtsschutzes verlangt eine möglichst wirksame Kontrolle durch die Gerichtsbarkeit.[86] So muss insbesondere richterliches Ermessen, sofern es von der ZPO eingeräumt wird, immer im Hinblick auf das Gebot des effektiven Rechtsschutzes ausgelegt werden.[87] Auch die Gewährung von Rechtsschutz in angemessener Zeit ist Teil dieses Grundsatzes.[88] Schließlich folgt aus diesem Grundsatz, dass der Zugang zu den Gerichten nicht in unzumutbarer Weise erschwert wird und dass Verfahrensvoraussetzungen nicht unzumutbar streng gehandhabt werden.[89] **106**

c) Der Anspruch auf ein faires Verfahren. Im Zusammenspiel von materiellen Grundrechten und dem Rechtsstaatsprinzip hat das BVerfG den Anspruch auf ein faires Verfahren entwickelt.[90] Er ist vornehmlich im Strafprozess von Bedeutung, hat aber in wichtigen Einzelfällen auch in den Zivilprozess Eingang gefunden. So wurde aus ihm **107**

76 BVerfGE 49, 255.
77 BVerfGE 54, 277.
78 BVerfGE 51, 97.
79 BVerfGE 55, 5.
80 BVerfG, NJW 1982, 2368.
81 Vgl. BVerfGE 42, 64; 46, 325; 49, 220 und 252; 51, 150.
82 Statt vieler BVerfGE 53, 109; 22, 83; 48, 206; 50, 1; 62, 334.
83 BVerfGE 107; 395 = NJW 2003, 1924.
84 BVerfG NJW 2001, 214.
85 BVerfGE 2, 403; 49, 164.
86 BVerfGE 40, 275; 42, 132; 61, 109; 67, 58; 77, 284; 85, 337, 345; NJW 1991, 3140.
87 BVerfGE 49, 226; 74, 234.
88 BVerfGE 55, 369; 60, 269; 78, 171; NJW 2001, 214.
89 BVerfGE 35, 274; 40, 274; 51, 156; 77, 284; 79, 84.
90 BVerfGE 57, 250, 274; 64, 135, 145; 65, 171, 174; 66, 313, 318; 78, 123, 126.

abgeleitet, dass der Zuschlag eines Grundstücks im Wege der Zwangsversteigerung weit unter Wert verboten ist, wenn nicht der Eigentümer zuvor über den Eigentumsverlust und die Wertverhältnisse belehrt wurde.[91] Auch eine faire Handhabung des Beweisrechts, der Beweislastverteilung und das Verbot, unzumutbare Anforderungen an die Beweisführung zu stellen, sind durch den Anspruch auf ein faires Verfahren abgesichert.[92] Schließlich verbietet dieser Grundsatz ein widersprüchliches Verhalten des Gerichts.[93] Eine Präklusion verspäteten Vorbringens kommt deshalb nicht in Betracht, wenn auch das Gericht für die Verzögerung mit ursächlich war.[94] Schließlich stellt es eine Verletzung des Grundsatzes des fairen Verfahrens dar, wenn eine jahrzehntelang bestehende Spruchpraxis plötzlich eine Änderung erfährt.[95]

108 **d) Die prozessuale Waffengleichheit.** Der Grundsatz der prozessualen Waffengleichheit ist im Zusammenhang von Rechtsstaatsprinzip und Art. 3 Abs. 1 GG entwickelt worden.[96] Er fordert eine gleichmäßige Belastung der Parteien mit dem Prozessrisiko und den Prozesskosten.[97] Auch muss in jedem Verfahren gewährleistet sein, dass beide Parteien alles für die Entscheidung Erhebliche vortragen können.[98]

109 **e) Das Verbot überlanger Verfahrensdauer.** Weiterhin ergibt sich aus dem Rechtsstaatsprinzip auch das Verbot überlanger Verfahrensdauer. Dieses Verbot hat ferner in Art. 6 Abs. 1 MRK ausdrücklich Anerkennung gefunden, der freilich nur im Range von einfachem Bundesrecht gilt. Das verfassungsrechtlich verankerte Verbot überlanger Verfahrensdauer steht in engem Zusammenhang mit dem aus dem Anspruch auf effektiven Rechtsschutz herrührenden Gebot, dass Rechtsschutz in angemessener Zeit gewährleistet sein muss.[99] Nunmehr hat der Gesetzgeber in den §§ 198ff. GVG einen eigenständigen Rechtsschutz bei überlanger Verfahrensdauer geschaffen.

110 **f) Nulla poena sine culpa.** Im Rahmen von Entscheidungen zu § 890 ZPO hat das BVerfG den Grundsatz „nulla poena sine culpa" unter Berufung auf das Rechtsstaatsprinzip entwickelt und ihm Verfassungsrang zuerkannt. Daraus folgt, dass das Merkmal des Verschuldens Tatbestandsvoraussetzung im Rahmen des § 890 ZPO sein muss.[100]

111 **g) Neutralität und Unabhängigkeit des Richters.** Der anerkannte Grundsatz der Neutralität und der Unabhängigkeit des Richters findet in Art. 97 GG seinen speziellen Niederschlag. Er ist aber darüber hinaus auch im Rechtsstaatsprinzip verankert. Die Unabhängigkeit der Richter ist ein wesentlicher Grundsatz des gesamten Staatsaufbaus.[101] Zugleich ist die Unabhängigkeit der Richter eine zwingende Voraussetzung ihrer Neutralität. Ferner wäre die Garantie des effektiven Rechtsschutzes (Art. 19 Abs. 4 GG) ohne die richterliche Unabhängigkeit nicht zu gewährleisten.

---

91 BVerfGE 42, 64; 46, 325; 49, 220 und 252; 51, 150.
92 BVerfGE 52, 131.
93 BVerfGE 69, 387.
94 BVerfGE 75, 190.
95 BVerfGE 78, 126.
96 BVerfGE 52, 131.
97 BVerfGE 52, 144; 74, 92 und 94.
98 BVerfGE 55, 94; 69, 140.
99 BVerfGE 55, 369; 60, 269; 78, 171.
100 BVerfGE 20, 332; 58, 159.
101 BVerfGE 2, 320.

h) Die Gesetzesbindung der Gerichte. Auch der Grundsatz der Gesetzesbindung der Gerichte ist aus dem Rechtsstaatsprinzip zu entnehmen, wenngleich die Möglichkeit einer Rechtsfortbildung durch Richterrecht vom BVerfG immer wieder bestätigt worden ist.[102] Zur richterlichen Rechtsfortbildung s. unten Rdn. 120. Die Gesetzesbindung des Richters kommt in Art. 20 Abs. 3 und Art. 97 Abs. 1 GG auch unmittelbar zum Ausdruck. Die Bindung an das Gesetz bezieht sich auf alle Regeln mit Rechtsnormqualität, also insbesondere auf das Gesetz im formellen und materiellen Sinn. Keine Bindung können dagegen richterrechtliche Rechtssätze auslösen. Ihre besondere Qualität erhalten diese richterrechtlichen Rechtssätze erst durch die richterliche Entscheidung selbst. Es handelt sich also immer um Entscheidungen des jeweiligen Einzelfalles, wobei der richterrechtliche Rechtssatz für die Zukunft allenfalls eine präsumtive, jedoch nicht eine normative Verbindlichkeit erlangen kann. 112

3. Der Anspruch auf rechtliches Gehör. Der in Art. 103 Abs. 1 GG niedergelegte Anspruch auf rechtliches Gehör gilt heute allgemein als das zentrale prozessuale Grundrecht. Das BVerfG hat Art. 103 Abs. 1 GG in der Weise charakterisiert, dass dieser Grundsatz nicht nur zur Abklärung der tatsächlichen Grundlagen der Entscheidung diene, „sondern auch der Achtung der Würde des Menschen, der in einer so schwerwiegenden Lage, wie ein Prozess sie für gewöhnlich darstellt, die Möglichkeit haben muss, sich mit tatsächlichen und rechtlichen Argumenten zu behaupten. Das rechtliche Gehör ist nicht nur das prozessuale Urrecht des Menschen, sondern ein objektiv rechtliches Verfahrensprinzip, das für ein gerichtliches Verfahren iS des Grundgesetzes konstitutiv und grundsätzlich unabdingbar ist. Es verwehrt, dass mit den Menschen kurzer Prozess gemacht wird".[103] 113

Den Inhalt des Anspruchs auf rechtliches Gehör kann man mithin konkretisieren, dass für die Parteien ein Recht auf Orientierung (also auf Benachrichtigung vom Verfahren, Mitteilung von Äußerungen anderer Beteiligter, Recht auf Akteneinsicht u.ä.) besteht, dass ferner ein Recht auf Äußerung der Beteiligten besteht, und dass schließlich das Gericht verpflichtet ist, das Parteivorbringen zur Kenntnis zu nehmen und in Erwägung zu ziehen. Alle diese Aspekte aus Art. 103 Abs. 1 GG sind bei der Auslegung des einfachen Rechts zu beachten. Im Einzelnen hat das BVerfG aus Art. 103 Abs. 1 eine Vielzahl von verfahrensrechtlichen Geboten entwickelt. So muss jeder Verfahrensbeteiligte das Recht haben, Anträge zu stellen, tatsächliche und rechtliche Behauptungen vorzutragen und Beweismittel anzubieten. Dementsprechend muss der Gegenseite das Recht zustehen, von diesem gesamten Vorbringen Kenntnis zu erhalten und ihrerseits eigene Stellungnahmen dazu abzugeben. Das Gericht ist verpflichtet, die Ausführungen beider Prozessbeteiligten zur Kenntnis zu nehmen und in Erwägung zu ziehen, sowie die angebotenen Beweise zu erheben und sich mit den Rechtsauffassungen der Parteien auseinanderzusetzen. Allerdings geht diese Pflicht nicht so weit, dass das Gericht zu einem umfassenden Rechtsgespräch (unter vollständiger Darlegung der eigenen Auffassung) verpflichtet wäre. Auch hindert Art. 103 Abs. 1 GG das Gericht nicht, verspätetes Vorbringen zurückzuweisen (§ 296).[104] 114

4. Die Rechtsschutzgarantie (Justizgewährungsanspruch). Art. 19 Abs. 4 GG enthält eine Rechtsschutzgarantie für den Einzelnen bei Rechtsverletzungen durch die öffentliche Gewalt. Über den Wortlaut hinaus ist heute aber auch für privatrechtliche Strei- 115

---

102 BVerfGE 13, 164; 34, 286; 49, 320.
103 BVerfGE 55, 1, 6.
104 Zu weiteren Einzelheiten des Anspruchs auf rechtliches Gehör für die Prozesspraxis vgl. nunmehr umfassend *Waldner* Der Anspruch auf rechtliches Gehör, 2. Aufl. 2000.

tigkeiten die Garantie eines umfassenden Rechtsschutzes anerkannt, die man aus Art. 19 Abs. 4 GG in Verbindung mit dem Rechtsstaatsprinzip ableiten könnte. Denn Art. 20 Abs. 3 GG fordert als Kehrseite des staatlichen Gewaltmonopols einen wirkungsvollen Rechtsschutz auch in zivilrechtlichen Streitigkeiten.[105] Allerdings hat das BVerfG in ständiger Rechtsprechung diesen Gedanken neben Art. 20 Abs. 3 GG auf Art. 2 Abs. 1 GG gestützt. Der damit anerkannt freie Zugang zum Gericht und der umfassende Rechtsschutz auch im Privatrecht wird häufig als Anspruch auf Justizgewährung bezeichnet.[106] Diese verfassungsrechtlich abgesicherte Rechtsschutzgarantie erfordert einen umfassenden und möglichst lückenlosen Rechtsschutz.[107] Allerdings gewährt die Verfassung keinen Anspruch auf Zugang zu einem ganz bestimmten Rechtsweg. Gewährleistet muss nur sein, dass dem Betroffenen irgendein rechtsstaatliches Verfahren zur Überprüfung offensteht. Auch besteht dieser Anspruch auf umfassenden Rechtsschutz nur im Rahmen der jeweils geltenden Prozessgesetze, die also den Zugang zu Gericht von bestimmten formalen Voraussetzungen abhängig machen dürfen, solange dadurch der Zugang zu den Gerichten nicht in unzumutbarer, aus Sachgründen nicht mehr zu rechtfertigender Weise erschwert wird.[108]

116 Im Einzelfall kann die umfassende Rechtsschutzgarantie auch die Möglichkeit eines vorläufigen Rechtsschutzes gebieten.[109] Dagegen ist das Bestehen eines Instanzenzugs nicht verfassungsrechtlich garantiert,[110] ebenso nicht in jedem Falle ein Anspruch auf mündliche Verhandlung.[111]

117 **5. Das Gebot des gesetzlichen Richters.** Das Grundgesetz hat in Art. 101 Abs. 1 Satz 2 den gesetzlichen Richter garantiert. Dies bedeutet, dass der für die einzelne Sache zuständige Richter sich im Voraus möglichst eindeutig aus einer allgemeinen Norm ermitteln lassen muss. Die abstrakte gesetzliche Bestimmung muss sich im Einzelnen aus den Normen der Gerichtsverfassung, der Prozessordnungen und ergänzend aus den Geschäftsverteilungsplänen ergeben, an die deshalb besondere Anforderungen zu stellen sind. Damit verhindert das Gebot des gesetzlichen Richters den Eingriff Unbefugter in die Rechtspflege und dient der Erhaltung des Vertrauens der Rechtssuchenden und der Öffentlichkeit in die Unparteilichkeit und Sachlichkeit der Gerichte.[112] Insbesondere werden durch Art. 101 Abs. 1 Satz 2 GG Manipulationen innerhalb der Gerichtsorganisation verhindert.[113]

118 Das Gebot des gesetzlichen Richters gewährleistet zugleich ein Richtermonopol und schließt die Wahrnehmung richterlicher Aufgaben etwa durch Verwaltungsbehörden aus.[114] Ebenso ist die Schaffung von Sondergerichten ausgeschlossen.[115] Ihren Niederschlag hat diese Feststellung für die Bundesgerichte in der abschließenden Regelung des Art. 92 GG gefunden.

119 Allerdings ist Art. 101 Abs. 1 Satz 2 GG noch nicht verletzt, wenn aufgrund eines Verfahrensfehlers der an sich unzuständige Richter tätig geworden ist. Ein Verfassungsverstoß setzt in diesen Fällen willkürliches Handeln der Gerichte voraus, so z.B. die willkür-

---

105 BVerfGE 80, 103, 107; 85, 337, 345; 88, 118, 123.
106 Vgl. BVerfGE 18, 212; 21, 195.
107 BVerfGE 8, 326; 25, 265; 30, 25; 51, 185; 54, 41; 67, 58.
108 BVerfGE 10, 267; 25, 365; 32, 309; 37, 96; 40, 256 und 274; 49, 256; 50, 30; 51, 284; 54, 96; 77, 284; 78, 99; 80, 250; 81, 129.
109 Vgl. BVerfGE 35, 274 und 401; 37, 153; 79, 74.
110 Vgl. BVerfGE 65, 90.
111 BVerfGE 11, 324.
112 BVerfGE 4, 416; 10, 213.
113 BVerfGE 17, 299; 22, 258; 24, 54; 30, 152; 48, 254.
114 BVerfGE 22, 73.
115 BVerfGE 10, 213; 14, 162; 23, 324; 27, 319.

liche Anwendung von Zuständigkeitsnormen,[116] die willkürliche Zurückweisung eines Ablehnungsgesuchs[117] oder die willkürliche Zurückverweisung im Instanzenzug.[118]

6. Die Entwicklung verfahrensrechtlichen Schutzes aus materiellen Grundrechtspositionen. Das BVerfG hat in einer Reihe von Entscheidungen konkrete Folgerungen für das Verfahrensrecht und verfahrensrechtliche Garantien unmittelbar aus den betroffenen materiellrechtlichen Grundrechten allein oder im Zusammenhang mit anderen verfahrensrechtlich relevanten Verfassungsgrundsätzen gezogen. So wurden z.B. aus der Eigentumsgarantie des Art. 14 GG konkrete Folgerungen für die Gewährung von Prozesskostenhilfe[119] und für die Ausgestaltung der Zwangsvollstreckung[120] gezogen. Aus dem Grundrecht auf Unverletzlichkeit der Wohnung gemäß Art. 13 Abs. 2 GG wurden Folgerungen für die Art und Weise der Zwangsvollstreckung durch den Gerichtsvollzieher gezogen.[121] Aus dem Gesichtspunkt der Berufsfreiheit des Art. 12 GG sind konkrete Anforderungen an die Prüfung der Prozessfähigkeit eines Rechtsanwalts gestellt worden.[122] Dagegen verletzt die Verpflichtung des Rechtsanwalts, vor Gericht in Amtstracht aufzutreten, nicht den Art. 12 GG.[123] Im Rahmen von § 157 Abs. 3 Satz 2 ZPO a.F. wurde eine Bedürfnisprüfung bei der Zulassung von Prozessagenten mit Art. 12 GG für vereinbar erklärt.[124] Schließlich sind aus Art. 6 Abs. 5 GG verfassungsrechtliche Anforderungen an die Ausübung des Ermessens und die Auslegung des § 644 ZPO a.F. entnommen worden.[125] Weiter hat das BVerfG daraus auch eine gleiche Ausgestaltung des Instanzenzuges für Unterhaltsstreitigkeiten nichtehelicher und ehelicher Kinder gefordert.[126] 120

Von besonderer Bedeutung für die Entwicklung verfahrensrechtlichen Schutzes mit Verfassungsrang ist schließlich das aus Art. 3 Abs. 1 GG entwickelte Willkürverbot.[127] Das Verbot prozessualer Willkür kann als eine Art verfassungsrechtlicher Auffangtatbestand bezeichnet werden, mit dem sich jedes denkbare prozessuale Handeln des Gerichts durch die verfassungsrechtliche Kontrolle konfrontiert sieht. Zur Annahme des Vorliegens von Willkür genügt noch nicht die klare fehlerhafte Anwendung einfachen Rechts. Hinzukommen muss vielmehr, dass der Fehler des Gerichts im Lichte des Verfassungsrechts nicht mehr verständlich ist und sich deshalb der Schluss aufdrängt, dass er auf sachfremden Erwägungen beruht.[128] 121

Kapitel 5: Die Auslegung und Anwendung des Zivilprozessrechts

Schrifttum

Bydlinski Juristische Methodenlehre und Rechtsbegriff, 2. Aufl. 1991; *Canaris* Die Feststellung von Lücken im Gesetz, 2. Aufl. 1983; *Coing* Die juristischen Auslegungsmethoden, 1959; *Coing* Grundzüge der

116 BVerfGE 29, 49 und 207; 58, 45.
117 BVerfGE 31, 164; 37, 75.
118 BVerfGE 31, 165; 34, 115.
119 BVerfGE 35, 348.
120 BVerfGE 42, 64; 46, 325; 49, 220 und 252; 51, 150.
121 BVerfGE 51, 97; 75, 327.
122 BVerfGE 37, 67.
123 BVerfGE 28, 31.
124 BVerfGE 10, 185.
125 BVerfGE 8, 217.
126 BVerfG NJW 1992, 1747.
127 Dazu umfassend *Höfling* JZ 1991, 955.
128 BVerfGE 62, 192; 67, 94.

Rechtsphilosophie, 5. Aufl. 1993; *Engisch* Einführung in das juristische Denken, 11. Aufl. 2010; *Esser* Grundsatz und Norm in der richterlichen Fortbildung des Privatrechts, 4. Aufl. 1990; *Esser* Vorverständnis und Methodenwahl in der Rechtsfindung, 2. Aufl. 1972; *Fasching* Zur Auslegung der Zivilverfahrensgesetze, Öster. JBl. 1990, 749; *Fenge* Juristische Methodenlehre und Prozeßrechtswissenschaft, FS Friedrich Weber (1975) 135; *Fikentscher* Methoden des Rechts, 5 Bde., 1975–1977; *Fischer* Topoi verdeckter Rechtsfortbildungen im Zivilrecht, 2007; *Gottwald* Argumentation im Zivilprozeßrecht, ZZP 93, 1; *Gottwald* Die Bewältigung privater Konflikte im gerichtlichen Verfahren, ZZP 95, 245; *Gottwald* Richterliche Entscheidung und rationale Argumentation, ZZP 98, 113; *Haverkate* Gewißheitsverluste im juristischen Denken, 1977; *Klug* Juristische Logik, 4. Aufl. 1982; *Koch/Rüßmann* Juristische Begründungslehre, 1982; *Larenz* Methodenlehre der Rechtswissenschaft, 6. Aufl. 1991; *Maultzsch* Streitentscheidung und Normbildung durch den Zivilprozess, 2010; *Pawlowski* Methodenlehre für Juristen, 3. Aufl. 1999; *Prütting* Prozessuale Aspekte richterlicher Rechtsfortbildung, FS der Rechtswissenschaftlichen Fakultät zur 600-Jahr-Feier der Universität zu Köln (1988) 305; *Rüthers/Fischer/Birk* Rechtstheorie, 7. Aufl. 2013; *Schapp* Methodenlehre des Zivilrechts, 1998; *Schneider* Logik für Juristen, 6. Aufl. 2006; *Schumann* Die materiellrechtsfreundliche Auslegung des Prozeßgesetzes, FS Larenz (1983) 571; *Siebert* Die Methode der Gesetzesauslegung, 1958; *Stein/Jonas/Schumann* ZPO, 20. Aufl., Einl. Rdn. 40 ff.; *Vogel* Juristische Methodik, 1998; *Vollkommer* Formenstrenge und prozessuale Billigkeit, 1973; *Wank* Grenzen richterlicher Rechtsfortbildung, 1978; *Wank* Die Auslegung von Gesetzen, 5. Aufl. 2011; *Zippelius* Juristische Methodenlehre, 11. Aufl. 2012.

I. Grundfragen der Methodenlehre im Zivilprozessrecht

122 Es besteht heute weithin Einigkeit, dass das Prozessrecht bei der Rechtsfindung und der Rechtsanwendung den allgemeinen methodischen Regeln und Grundsätzen folgt. Eine eigenständige zivilprozessuale Methodik und Hermeneutik gibt es nicht.[129] Von dieser grundsätzlichen Feststellung abzutrennen ist die Tatsache, dass das Prozessrecht eine größere Anzahl eigenständiger Topoi aufweist, die insbesondere im Rahmen der teleologischen Gesetzesauslegung von erheblicher Bedeutung sein können. Darüber hinaus ist jede Art der Gesetzesauslegung (und ebenso auch der Rechtsfortbildung) von der Zielsetzung des Verfahrensrechts, von den einzelnen Zwecken der Prozessgesetze sowie von konkreten prozessualen Sachgesichtspunkten abhängig. So ist es anerkannt, dass der Prozess kein Selbstzweck ist, sondern dass er der Durchsetzung des materiellen Rechts dient. Daraus folgt der **Grundsatz der materiellrechtsfreundlichen Anwendung** des Zivilprozessrechts. Ein solcher Gesichtspunkt darf allerdings nicht übersteigert werden. So ist der teilweise erwogene Gedanke, das Prozessrecht habe nur dienende Funktion und deshalb seien allein die Kriterien und Wertungsgesichtspunkte des materiellen Rechts von Bedeutung, in dieser Form eindeutig abzulehnen. Vielmehr sind auch die eigenständigen Wertungen des Zivilprozessrechts zu beachten. Es gibt eine eigenständige prozedurale Gerechtigkeit.[130] So kann im Einzelfall dem Gesichtspunkt Bedeutung zukommen, dass prozessualer Rechtsschutz immer auch der Herstellung des Rechtsfriedens dient. Deshalb müssen die Parteien in gewissen prozessualen Situationen auch unrichtige Urteile hinnehmen. Eine Auslegung oder Rechtsfortbildung im Rahmen der außerordentlichen Rechtsbehelfe dahin, dass eindeutig unrichtige Urteile stets erneut angegriffen werden können, kann es in keinem Falle geben. Weiterhin können der Gesichtspunkt der Effektivität des Rechtsschutzes oder der Verfahrensbeschleunigung wichtige Hinweise für die prozessuale Rechtsfindung und Rechtsanwendung geben. Von besonderer Bedeutung im Prozessrecht ist die Formgebundenheit des Verfahrens. Zwar kann ein reiner prozessualer Formalismus nach dem Wortlaut der Gesetze nicht Sinn und Zweck des Prozesses sein, denn auch Formalismus ist kein Selbstzweck. Anderer-

129 Stein/Jonas/*Schumann* Einl. Rdn. 40; *Rosenberg/Schwab* § 7 II; Zöller/*Vollkommer* Einl. Rdn. 92.
130 *Prütting* FS Schiedermair, S. 445.

seits ist nicht zu bestreiten, dass gerade der Prozess stärker durch Formvorschriften gekennzeichnet sein muss. Die Vorhersehbarkeit und die Berechenbarkeit von Verfahrensabläufen wie insgesamt die Justizförmigkeit des Verfahrens sind zulässige Auslegungskriterien. Schließlich kann auch die Prozessökonomie als ein wichtiger Gesichtspunkt anerkannt werden.

Dieser Überblick über einige wesentliche Wertungsgesichtspunkte des Zivilprozess- **123**
rechts bei der Auslegung und Anwendung der Rechtsnormen macht deutlich, dass es hier wie überall in der Methodenlehre eine enge Verknüpfung des Zwecks eines Rechtsinstitutes mit den jeweiligen Auslegungsgesichtspunkten gibt. Es dürfte daher auch im Zivilprozessrecht zulässig sein, dem Gesichtspunkt der sog. teleologischen Auslegung (s. unten Rdn. 117) eine hervorgehobene Stellung einzuräumen.

II. Auslegung

Jede Auslegung von Rechtsnormen versucht, die wahre Bedeutung der Gesetzeswor- **124**
te zu ermitteln und damit ihren wirklichen Inhalt zu erforschen. Dieser Vorgang der Auslegung als Bedeutungsermittlung soll vor allem durch die klassischen vier Auslegungskriterien erreicht werden, nämlich die grammatische, die historische, die systematische und die teleologische Auslegung.

Die **grammatische Auslegung** geht vom Wortlaut der Rechtsnorm aus und versucht **125**
die Bedeutung des jeweiligen Sprachgebrauchs und die konkrete Sprachregelung durch den Gesetzgeber näher zu ermitteln. Ihre Grenzen findet diese Auslegung in dem jeweils gerade noch möglichen Wortsinn und teilweise auch in Definitionen und Fiktionen des Gesetzgebers.

Mit der **historischen Auslegung** wird vor allem versucht, durch Rückgriff auf die **126**
Entstehungsgeschichte eines Gesetzes und auf die Gesetzesmaterialien weitere Hinweise zu gewinnen, wie ein bestimmter Gesetzestext zu verstehen ist. In diesem Zusammenhang ist allerdings bis heute zwischen der subjektiven und der objektiven Theorie der Gesetzesauslegung umstritten, inwieweit der Wille des historischen Gesetzgebers heranzuziehen ist. Während die subjektive Theorie den wirklichen Willen des historischen Gesetzgebers für maßgeblich hält, stellt die objektive Theorie auf das Gesetz selbst ab und fragt, was eine bestimmte Regelung nach gegenwärtigem Verständnis und Interessenbewertung vernünftigerweise beinhaltet und bezweckt.

Die **systematische Auslegung** versucht, aus dem Zusammenhang einer Rechts- **127**
norm im Kontext mit anderen Normen oder mit der Stellung innerhalb einer Kodifikation oder im Vergleich zu anderen Gesetzen Gesichtspunkte und innere Zusammenhänge zu ermitteln.

Von zentraler Bedeutung ist schließlich die **teleologische Auslegung**. Sie fragt **128**
nach Sinn und Zweck der einzelnen Prozessrechtsnormen. Damit ist sie offen sowohl für die Zwecke des Zivilprozesses im ganzen (Durchsetzung subjektiver Rechte, Bewährung des objektiven Rechts, Herstellung von Rechtsfrieden, Konfliktlösung). Im Rahmen der Auslegung nach Sinn und Zweck können aber auch die jeweiligen einzelnen Sachgesichtspunkte Bedeutung gewinnen, so etwa der Gesichtspunkt der Effektivität des Rechtsschutzes, der Verfahrensbeschleunigung, der Prozessökonomie und der Formgebundenheit und Justizförmigkeit des Verfahrens. Auch die Prozessmaximen können zur Auslegung mit herangezogen werden.

Neben den genannten klassischen Auslegungskriterien kann heute als weiteres an- **129**
erkanntes Moment die **verfassungskonforme Auslegung** gelten. Sie bringt den Gedanken der Beachtung höherrangigen Rechts bei der Auslegung zivilprozessualer Normen ein. Daher ist es heute anerkannt, dass die Wertungen des Grundgesetzes ebenso wie

etwa des primären und sekundären Rechts der Europäischen Union wichtige Gesichtspunkte zum Verständnis und zur Wertung prozessualer Normen enthalten können.

130 Alle hier allgemein genannten Kriterien und Gesichtspunkte der Auslegung wirken auch im Zivilprozessrecht zusammen. So spielt beim Verständnis prozessualer Fragestellungen auch heute noch der Wortlaut des Gesetzes eine wichtige Rolle. Dabei ist zu beachten, dass die Reichsjustizgesetze des Jahres 1877 als eine Einheit anzusehen sind. Auch die Tatsache, dass die Reichsjustizgesetze aus der Zeit vor der Schaffung des BGB stammen und noch nicht dessen Sorgfalt in Wortlaut und Systematik haben, muss beim Verständnis prozessualer Normen eine Rolle spielen. Deshalb ist es z.B. anerkannt, dass die Wortbedeutung einzelner prozessualer Normen von Fall zu Fall unterschiedlich sein kann. Weiterhin sind die Auswertung der Gesetzesmaterialien und die Beachtung der Entstehungsgeschichte des Gesetzes auch heute noch beachtliche Gesichtspunkte bei der Auslegung. Erheblichen Einfluss kann dabei insbesondere die Frage haben, ob ein bestimmter Gesetzeswortlaut noch aus dem Jahre 1877 stammt oder ob die jeweilige Norm durch den Gesetzgeber später verändert oder eingefügt wurde. Sogar ohne Eingriffe des Gesetzgebers ist ein Wandel in der allgemeinen Auslegung oder der Lebensumstände möglich und kann auf die Auslegung des Gesetzes einwirken. Bei der Frage des Einsatzes moderner Hilfsmittel (z.B. Telefax) ist der technische Wandel etwa für die Auslegung von Formvorschriften von erheblicher Bedeutung.

III. Richterliche Rechtsfortbildung

131 Ebenso wie bei der Gesetzesauslegung gelten auch im Rahmen der sog. richterlichen Rechtsfortbildung für das Zivilprozessrecht die allgemein anerkannten methodischen Grundsätze. Unter richterlicher Rechtsfortbildung verstehen wir die Aufstellung neuer abstrakter Obersätze (Rechtssätze) durch den Richter, die in dieser Weise im geschriebenen Gesetzesrecht oder im Gewohnheitsrecht nicht vorhanden sind. Die Erforderlichkeit richterlicher Rechtsfortbildung und ihre Zulässigkeit sind allgemein anerkannt. Schwierigkeiten bereiten neben der Frage der richtigen Rechtsfortbildung im Einzelfall vor allem die Suche nach den Grenzen einer solchen Rechtsfortbildung.

132 Auch wenn anerkannt ist, dass die Rechtsfortbildung von der ihr vorgelagerten Gesetzesauslegung nicht immer streng und sauber zu unterscheiden und abzugrenzen ist, so lassen sich doch richterrechtliche Fortbildungen nach dem Grad ihrer Entfernung vom geschriebenen Recht jenseits der Gesetzesauslegung (also der Rechtsanwendung secundum legem) in drei wesentlichen Stufen beschreiben: **Erste Stufe** ist die gesetzesimmanente Rechtsfortbildung oder Rechtsanwendung praeter legem. **Zweite Stufe** ist die gesetzesübersteigende Rechtsfortbildung oder Rechtsanwendung extrem legem, aber intra jus. Eine über diese zweite Stufe hinausgehende Rechtsfortbildung (**dritte Stufe**) wäre dann eine Rechtsfortbildung contra legem, die im Allgemeinen für unzulässig angesehen wird.

133 Methodisch setzt jede Rechtsfortbildung eine Lücke voraus, die sich freilich nicht immer nur als offene Gesetzeslücke darstellen kann. Auch durch die Bewertung sachwidriger Unterscheidungen und Ergebnisse oder durch sonstige wertungsmäßige Beurteilungen können sich verdeckte Gesetzeslücken ergeben. Zur Ausfüllung von Gesetzeslücken kommen vor allem die Analogie, der Umkehrschluss und die teleologische Reduktion in Betracht. Daneben können der Rechtsfortbildung des Zivilprozessrechts aber auch alle Sachgesichtspunkte dienen, die auch für die Auslegung der Prozessgesetze von Bedeutung sind. Das bedeutet, dass Auslegung und Rechtsfortbildung häufig auf ähnlichen Wertungen und Sachgesichtspunkten beruhen. Allerdings folgt bereits aus dem verfassungsrechtlichen Gesichtspunkt der Gewaltenteilung, dass richterrechtliche

Rechtsfortbildung einer Art Subsidiaritätsprinzip unterliegt. Das bedeutet, dass die Auslegung des Gesetzeswortlauts, die Beachtung des gesetzgeberischen Willens und vorhandener gesetzlicher Strukturen soweit irgend möglich Vorrang vor der Neuentwicklung von Rechtsnormen besitzen müssen. Daraus ergibt sich zugleich eine besondere Verpflichtung des Richters zur Begründung, warum er im Einzelfall eine Rechtsfortbildung für erforderlich hielt und in welcher Weise der neue rechtliche Obersatz entwickelt wurde. Schließlich sind bei der Rechtsfortbildung Grenzen verfahrensrechtlicher Leistungsfähigkeit zu beachten.[131]

Im Einzelnen gibt es für die richterliche Rechtsfortbildung des Zivilprozessrechts **134** eine große Zahl von Beispielen. Wie auch in anderen Bereichen stehen hier neben geglückter Rechtsfortbildung, die sich allgemeiner Anerkennung erfreut, auch wenig überzeugende richterrechtliche Rechtssätze.

Typische Ausprägungen richterlicher Rechtsfortbildung im Zivilprozess sind die **135** Fallgruppen, in denen es zu einer Umkehr der Beweislast kommt, die praeter legem entwickelten Rechtsinstitute der gewillkürten Prozessstandschaft, der Parteiänderung und der einseitigen Erledigungserklärung, sowie die Durchbrechung der materiellen Rechtskraft gemäß § 826 BGB. Gerade das zuletzt genannte Beispiel der Rechtskraftdurchbrechung außerhalb des Systems der ZPO und unter bewusster Ablehnung einer Analogie zum Wiederaufnahmerecht ist allerdings ein Beispiel höchst problematischer Rechtsfortbildung. Denn in diesem Falle fehlt es an der Grundvoraussetzung jeglicher richterlicher Rechtsfortbildung, nämlich dem Bestehen einer Gesetzeslücke.[132]

IV. Die Arten der prozessualen Rechtssätze

1. Zwingendes und dispositives Recht. Eine wichtige Unterscheidung zwischen **136** den einzelnen Rechtsnormen des Prozessrechts fragt danach, ob die einzelne Norm zwingend und damit jeglichem Einfluss der Parteien entzogen ist oder ob dispositives Recht vorliegt, das es den Parteien gestattet, abweichende Vereinbarungen zu schließen. Anerkannt ist, dass das Zivilprozessrecht manchmal dispositive Rechtssätze enthält, so z.B. im Rahmen der Zuständigkeit (§§ 38, 39), bei der Abkürzung von Fristen (§ 224 Abs. 1), bei besonderen Verfahrensgestaltungen (vgl. §§ 128 Abs. 2, 349 Abs. 3). Eine wichtige Vorschrift für Dispositionsmöglichkeiten der Parteien enthält § 295 Abs. 1. Danach kann eine Partei auf die Rüge von Verfahrensverletzungen verzichten und damit die Heilung von Verfahrensfehlern herbeiführen.

Alle diese Einzelbeispiele können freilich nicht darüber hinwegtäuschen, dass das **137** Zivilprozessrecht den allgemeinen Grundsatz kennt, wonach seine Normen in der Regel zwingend sind. Dies beruht teilweise auf dem Zweck des Zivilprozesses und darauf, dass es sich bei den prozessualen Normen um öffentliches Recht handelt. Auch die ausdrückliche Anordnung des Gesetzes, dass eine Parteivereinbarung ausgeschlossen ist (§§ 40 Abs. 2, 295 Abs. 2) oder dass eine Prüfung von Amts wegen vorgeschrieben ist, sind eindeutige Hinweise auf zwingendes Zivilprozessrecht.

2. Muss-Vorschriften und Soll-Vorschriften. Neben den Normen, die ein gewisses **138** Verhalten von Gericht und Parteien zwingend anordnen (Muss-Vorschriften) kennt auch die ZPO sog. Soll-Vorschriften (z.B. §§ 141 Abs. 1, 313b Abs. 2 Satz 5). Es ist anerkannt, dass auch Soll-Vorschriften zwingend zu befolgen sind. Der Unterschied zu den Muss-

131 Vgl. dazu im Einzelnen *Prütting* Prozessuale Aspekte, S. 317 ff.
132 Vgl. *Prütting/Weth* Rechtskraftdurchbrechung bei unrichtigen Titeln, 1988, Rdn. 274.

Vorschriften besteht allein darin, dass die Nichtbeachtung einer Soll-Vorschrift keine Anfechtungsmöglichkeit erzeugt.

139 **3. Ermessen im Zivilprozess.** Nicht selten stellt die ZPO gewisse Handlungen und Anordnungen in das Ermessen des Gerichts (vgl. z.B. §§ 142–150). Als typisches Merkmal einer solchen Ermesseneinräumung an den Richter gilt die Verwendung des Wortes „kann". Allerdings ist eine durchgehende und unkritische Auslegung des Wortes „kann" als Ermesseneinräumung nicht unproblematisch. So ist zu bedenken, dass echtes richterliches Ermessen in mancher Hinsicht verfassungsrechtlichen Bedenken begegnen kann. Dies hat z.B. das BVerfG bereits veranlasst, manche Kann-Vorschriften als Muss-Vorschriften auszulegen.[133] Echtes Ermessen steht dem Richter dagegen z.B. für die Frage zu, ob er zu Beginn des Verfahrens einen frühen ersten Termin oder ein schriftliches Vorverfahren wählt (vgl. §§ 275, 276).[134]

140 **4. Privatrecht und öffentliches Recht.** Das Zivilprozessrecht ist wie alles Verfahrensrecht öffentliches Recht. Daraus lassen sich aber für die Auslegung und die Anwendung des Zivilprozessrechts keine Gesichtspunkte ableiten. Die sachliche und praktische Nähe des Zivilprozessrechts zum materiellen Zivilrecht kann an der grundsätzlichen Einstufung nichts ändern. Auch eine Zwischenkategorie des „materiellen Justizrechts", das die Brücke vom Zivilrecht zum Zivilprozessrecht schlagen soll, ist überflüssig und hat sich zu Recht nicht durchsetzen können.

Kapitel 6:
Internationales Zivilprozessrecht

Siehe dazu Band 12, S. 427 ff.

§ 1
Sachliche Zuständigkeit

Die sachliche Zuständigkeit der Gerichte wird durch das Gesetz über die Gerichtsverfassung bestimmt.

Übersicht

133 Vgl. etwa für § 554b die Plenarentscheidung des BVerfG, NJW 1981, 39 = ZZP 95, 67 mit Anm. *Prütting*.
134 Grundlegend dazu *Stickelbrock* Inhalt und Grenzen richterlichen Ermessens im Zivilprozess, 2002.

I. Allgemeines

1. Gesetzesgeschichte. § 1 ist seit Erlass der CPO am 31.1.1877 unverändert geblieben. Der erste Titel wurde früher mit „Sachlicher Zuständigkeit der Gerichte" überschrieben und durch das Erste Gesetz zur Reform des Ehe- und Familienrechts (1. EheRG) vom 14.6.1976 ergänzt.[1] Art. 5 des 1. EheRG hat das GVG geändert und das Familiengericht eingeführt. Art. 6 des 1. EheRG beinhaltet zahlreiche Änderungen der ZPO.[2] Das Zivilprozessreformgesetz vom 27.7.2001[3] hat durch seinen Art. 2 Abs. 2 in Verbindung mit der dazu ergangenen Anlage die Bezeichnung und Fassung der Untergliederungen der ZPO geringfügig verändert und den einzelnen Vorschriften jeweils amtliche Überschriften beigefügt. 1

2. Normzweck. § 1 verweist auf das GVG. Die dort enthaltenen Zuständigkeitsregelungen sollen ein rationelles und effektives Gerichtssystem ermöglichen.[4] Zusammen mit dem Geschäftsverteilungsplan (§§ 21e–21g GVG) wird der im konkreten Einzelfall zuständige gesetzliche Richter (Art. 101 Abs. 1 S. 2 GG) festgelegt.[5] 2

II. Begriff

Unter sachlicher Zuständigkeit versteht § 1 die Zuteilung der Rechtsstreite im ersten Rechtszuge nach Art des Streitgegenstandes an das AG (vgl. §§ 23, 23a GVG) oder an das LG (vgl. § 71 GVG).[6] Seit dem Inkrafttreten des FamFG am 1.9.2009[7] gehört die Abgrenzung zwischen der Prozessabteilung und dem jeweiligen Rechtsprechungsorgan für Familiensachen und der freiwilligen Gerichtsbarkeit zur sachlichen Zuständigkeit.[8] Für die Bestimmung des zuständigen Gerichts gelten die Vorschriften der Regelung zum Rechtsweg entsprechend (§ 17a Abs. 6 GVG). 3

Die sachliche Zuständigkeit kann unter den Voraussetzungen von §§ 38 ff. durch sog **Prorogation** vereinbart werden. Das gilt allerdings nur dann, wenn nicht durch Gesetz die **ausschließliche sachliche Zuständigkeit** eines bestimmten Gerichts zwingend vorgeschrieben wird (vgl. § 40 Abs. 2), wie das z.B. für das AG in Kindschafts- und Familiensachen (§§ 23a, 23b GVG), Wohnraummietsachen (§ 23 Nr. 2a GVG) oder Mahnsachen (§ 689 Abs. 2 ZPO) und für das LG in Amtshaftungssachen (§§ 71 Abs. 2 Nr. 1, 2 GVG, 19 Abs. 3 BNotO, bei fehlerhaften Kapitalmarktinformationen (§ 71 Abs. 2 Nr. 3 GVG) oder bei Rechtsstreitigkeiten mit einem Streitwert von über 5.000 EUR (§ 73 Abs. 1 GVG, § 23 Nr. 1 GVG) der Fall ist.

1 BGBl. 1976 I 1421.
2 Vgl. die einzelnen Änderungen bei Stein/Jonas/*Roth* § 1 vor Rdn. 1.
3 BGBl. 2001 I 1887.
4 Stein/Jonas/*Roth* § 1 Rdn. 1.
5 BVerfGE 29, 49; 63, 79; Musielak/*Heinrich* § 1 Rdn. 1; BeckOK ZPO/*Wendtland* § 1 Rdn. 1.
6 MünchKomm/*Wöstmann* § 1 Rdn. 3; Stein/Jonas/*Roth* § 1 Rdn. 4, 35 ff.
7 BGBl. I 2008, 2586.
8 Zöller/*Vollkommer* Rdn. 4; MünchKomm/*Wöstmann* § 1 Rdn. 8. Vorher gehörte es zur funktionalen Zuständigkeit BGH FamRZ 1992, 665.

III. Gerichtsgruppen

4 Der gerichtliche Zuständigkeitskreis wird indes noch in sich durch die verschiedenen Gruppen der Gerichte untereinander abgegrenzt, deren Glieder untereinander in verschiedenem Verhältnis zueinander stehen.

5 **1. Staatliche und private Gerichte.** Es gibt eine staatsgerichtliche und eine privatgerichtliche Zuständigkeit. Die staatlichen und die privaten Gerichte unterscheiden sich dadurch, wie sie gebildet worden sind. Bei den staatlichen werden die Richter vom Staat berufen und als seine Organe tätig, bei den privaten werden sie von anderen Rechtspersonen ernannt.

6 Die private richterliche Tätigkeit ist nur insoweit zulässig, wie dies das Gesetz ausdrücklich bestimmt[9] und darüber hinaus auf Grund der Vorschriften des materiellen Rechts[10] zugelassen ist.

7 Die Sprüche privater Richter sind nichtig, soweit sie sich nicht im Rahmen der sie zulassenden Gesetze halten; darüber hinaus sind sie angreifbar, soweit sich der Spruch zwar im Rahmen des Zugelassenen hält, das Verfahren aber gesetzlich bestimmte Mängel aufweist (vgl. dazu § 1059).

8 Die Sprüche staatlicher Richter dagegen sind (wenn sie ergehen) wirksam, auch wenn die Beteiligten ein Schiedsgericht vereinbart hatten. Wie jeden Urteilsausspruch können die Beteiligten aber, soweit ihnen das Gesetz freie Hand lässt, den Urteilsausspruch vernichten (etwa durch Erfüllung), ihn aufheben (etwa durch einen späteren Vertrag oder letztwillige Verfügung). Dies geschieht aber nach materiellem Recht. Die Vereinbarung, dass ein staatlicher Spruch nicht beachtet werden soll, sondern in einem Schiedsgerichtsverfahren über denselben Sachverhalt nochmals entschieden werden soll, ist nichtig (vgl. § 322).

9 Die Schiedsgerichtseinrede wirkt vor den Staatsgerichten prozesshindernd. Sie ist aber vor Verhandlung zur Hauptsache vorzubringen und verzichtbar (§ 1032, § 102 ArbGG), also niemals von Gerichts wegen zu beachten.

10 Nicht unter den Begriff der Unzulässigkeit des Rechtswegs, sondern unter den der Schiedsgerichtsverfahrenseinrede fallen deshalb die Verwaltungsakte privatrechtlicher Verbände, soweit diese Akte überhaupt auf ihre Rechtmäßigkeit durch die ordentlichen Gerichte nachgeprüft werden können. Wenn deshalb die Satzung einer privatrechtlichen Körperschaft die Innehaltung eines Instanzenzuges vor Organen des Vereins vorschreibt, etwa zum Ausschluss von Mitgliedern eines Vereins[11] oder einer Genossenschaft (vgl. § 69 GenG) – soweit die Berechtigung eines Ausschlusses nachzuprüfen ist (und dies ist immer der Fall, wenn die Satzung verletzt worden ist), – so wird durch die Innehaltung des satzungsmäßigen Instanzenzuges nicht (entsprechend einem Verwaltungsvorbescheide) der Rechtsweg vor den ordentlichen Gerichten erst durch den Bescheid der letzten Instanz geöffnet, sondern nur ein Einrederecht des Vereins entsprechend der Schiedsgerichtseinrede begründet. Es handelt sich hier also – im Gegensatz zu der Einrede der Unzulässigkeit des Rechtswegs – um eine verzichtbare prozessuale Einrede.

11 **2. Staatliche Gerichte.** Unter den staatlichen Gerichten gibt es vom Standpunkt der Zivilgerichtsbarkeit aus betrachtet verschiedene Gruppen:

---

9 Vgl. u.a. §§ 1025 ff.; §§ 101 ff. ArbGG.
10 Z.B. §§ 315, 317 ff., 2151 ff., 2193, 2198 BGB.
11 RGZ 85, 355 ff.

(1) die, welche den ordentlichen Gerichten übergeordnet sind (das BVerfG bzw. die Verfassungsgerichte der Länder, der gemeinsame Senat nach dem G zur Wahrung der Einheitlichkeit der Rechtsprechung der obersten Gerichtshöfe des Bundes v. 19.6.1968;[12] der EuGH)

(2) die ordentlichen Gerichte und die diesen gleichgeordneten besonderen Gerichte und die Gerichte der anderen Gerichtsbarkeiten. Die Abgrenzung der letzten Gruppe untereinander geschieht unter dem Begriff der Gerichtsbarkeit bzw. der Zulässigkeit des Rechtswegs (§ 13 GVG).

(3) Untergeordnet sind ihnen in gewisser Weise die Schiedsgerichte (vgl. §§ 1025ff.).

IV. Sachliche Zuständigkeit i.S. der ZPO

Innerhalb dieser Gruppen und ihrer Glieder lassen sich bisweilen wieder bestimmte Arten unterscheiden, besonders, wo ein unterschiedliches Verfahren angeordnet worden ist. 12

Dies gilt im Besonderen innerhalb der ordentlichen und der sonstigen bundesrechtlich geregelten Gerichtsbarkeit, die von der Sondergerichtsbarkeit im früheren Sinne zu unterscheiden ist. Soweit ein ordentliches Gericht als solches befasst wird, ist es dieses iSd. § 12 GVG unabhängig davon, welche Aufgaben ihm übertragen sind, wie es benannt ist und nach welchen sonstigen Bestimmungen es zu verfahren hat. Dies gilt im Besonderen für die besonderen ordentlichen Gerichte. 13

So ist das AG immer ordentliches Gericht, egal, ob es als das der streitigen Gerichtsbarkeit oder als das der freiwilligen Gerichtsbarkeit oder als Strafgericht in Erscheinung tritt; aber auch, wenn es als Binnenschifffahrts- und sogar wenn es als Mosel- oder Rheinschifffahrtsgericht tätig wird. Soweit es hier nicht besondere gesetzliche Abgrenzungen gibt (§ 13 GVG), ist das Verhältnis dieser Arten dasselbe wie bei der sachlich ausschließlichen Zuständigkeit, wenn auch mit bestimmten gesetzlichen Modifikationen.[13] Dieses Verhältnis gilt auch ausdrücklich nach § 48 ArbGG zu den Arbeitsgerichten wie umgekehrt von diesen zu den ordentlichen Gerichten.[14] 14

Die sachliche Zuständigkeit i.S. der ZPO ist allerdings nicht nur durch das GVG, sondern auch durch die ZPO geregelt: vgl. §§ 29a (für Mietsachen), 689 Abs. 1 S. 1 (für das Mahnverfahren), 764 Abs. 1 (Vollstreckungsgericht).[15] Die sachliche Zuständigkeit ist unter den Voraussetzungen der §§ 38–40 durch Parteivereinbarung bestimmbar. Soweit sie der Parteivereinbarung entzogen ist, ist sie ausschließlich. 15

Die ausschließliche sachliche Zuständigkeit innerhalb der ordentlichen Gerichte steht in ihren Wirkungen der Zulässigkeit des Rechtswegs gleich (vgl. dazu § 13 GVG). Sie ist also (grundsätzlich) in jeder Instanz von Gerichts wegen vom erkennenden (nicht vom beauftragten oder ersuchten) Richter – und nicht vom Beschwerdegericht, das über einen selbständig anfechtbaren Beschluss des erkennenden Gerichts (der keine Endentscheidung ist) zu befinden hat, – zu beachten und muss bei Verhandlungsschluss gegeben sein. 16

---

12 BGBl. 1968 I 661.

13 Vgl. z.B. § 406 Abs. 3 S. 2 StPO, wonach die Aberkennung von Ansprüchen keine zivilprozessuale Rechtskraft bewirkt, wohl aber die Zuerkennung.

14 BGHZ 16, 339 = NJW 1955, 791.

15 Zu den übrigen Gesetzen mit Regelungen über die sachliche Zuständigkeit vgl. MünchKomm/*Wöstmann* § 1 Rdn. 14.

V. Andere Arten der Zuständigkeit

17 Die sachliche Zuständigkeitsabgrenzung gibt es aber auch innerhalb desselben Gerichts unter mehreren gleichgeordneten Spruchstellen bzw. unter verschiedenartig gestuften Organen. Sie wird von der ZPO aber nicht unter den Begriff der sachlichen Zuständigkeit gebracht, sondern gehört im ersten Falle zur Geschäftsverteilung, im zweiten zur funktionellen Zuständigkeit.

18 **1. Geschäftsverteilung.** Die Geschäftsverteilung regelt die Zuständigkeit mehrerer gleich berufener Organe desselben Gerichts derart, dass sie bestimmt, welches von diesen mehreren gleichgeordneten Organen in einem bestimmten Einzelfall tätig zu werden hat. Sie setzt die Berufung der Organe voraus.

Die Geschäftsverteilung richtet sich nach einem (Jahres-)Plan, der von den Gerichten (Organen der Gerichte) aufgestellt wird. Über sie vgl. §§ 21e, 21f, 21g GVG.

Einen besonderen Fall der gesetzlich geregelten Geschäftsverteilung bildet die Trennung von Kammern für Handelssachen und Zivilkammern (§ 93 GVG). Auf dem Gebiet der freiwilligen Gerichtsbarkeit will man hier Anfechtbarkeit der von der falschen Kammer ausgehenden Entscheidung annehmen.

Die Folge der Verletzung der Geschäftsverteilung ist regelmäßig mit der Befassung zur Sache durch das Gericht behoben; inwieweit hier die nicht richtig besetzte Richterbank gerügt werden darf, vgl. § 547 Nr. 1.

19 **2. Funktionelle Zuständigkeit.** Durch die funktionelle Zuständigkeit wird eine verschiedenartige Berufung mehrerer Organe desselben Gerichts abgegrenzt (Richter, Rechtspfleger, Urkundsbeamte der Geschäftsstelle).

Die fehlende Berufung eines Organs führt zur Nichtigkeit seiner Entscheidung – was auch mit den zulässigen Rechtsbehelfen geltend gemacht werden darf –, während die Entscheidung eines fehlerhaft berufenen Gerichts (Organs) nur anfechtbar ist (vgl. §§ 547 Nr. 1, 579 Abs. 1 Nr. 1). Doch auch im ersten Fall ist die Handlung nur nichtig, wenn ein nicht berufenes untergeordnetes Organ an Stelle des allein gesetzlich vorgesehenen übergeordneten handelt. Im Übrigen löst die Verletzung der funktionellen Zuständigkeit verschiedene Wirkungen aus, mal tritt Anfechtbarkeit der Handlung ein, mal bleibt sie ohne jede Folge. Das hängt im Einzelnen von der Stufenfolge der gerichtlichen Organe und ihrer Zusammensetzung ab.

20 Die funktionelle Zuständigkeit ist also keineswegs stets ausschließlich,[16] ja die Parteien dürfen sogar in bestimmten Fällen (§ 1029) an Stelle des Gerichts andere Personen zur Entscheidung eines Rechtsstreits berufen. Den Begriff der funktionellen Zuständigkeit über die Organe ein und desselben Gerichts hin auszuweiten auf sachlich verschieden zuständige Gerichte geht nicht an, da es keine Berufung in die Geschäftsverteilung gibt. Schon die Teilung in Zivilkammern und Kammern für Handelssachen begründet gesetzlich keine unterschiedliche funktionelle Zuständigkeit. Erst recht kann die Zuständigkeit besonderer Kammern mit erweitertem Bezirk (Patent-, Gebrauchsmuster-, Warenzeichenkammern, Fachkammern der Arbeitsgerichte) nicht funktioneller Art sein, sondern nur eine Frage der Geschäftsverteilung treffen und jedenfalls keine größere Wirkung haben, als die sachliche Zuständigkeitsabgrenzung i.S. der ZPO.[17] Die ausschließliche funktionelle Zuständigkeit ist in derselben Instanz in jeder Lage des Verfah-

---

16 **A.A.** *Rosenberg/Schwab/Gottwald* § 30 IV 1.
17 **A.A.** BGHZ 14, 72.

rens von Gerichts wegen zu beachten, soweit selbst dies nicht Sondervorschriften verhindern.

a) Richterberufung. Für die Richterberufung gilt Folgendes: wird ein ungebildeter in das Amt, das nur einem gebildeten Richter offensteht, berufen, so sind seine Entscheidungen anfechtbar, nie aber nichtig. Fehlt es dagegen an der Berufung, so ist auch die Entscheidung der richterlich Vorgebildeten nichtig. 21

Soweit nach dem Gesetz nur eine Vielzahl von Richtern tätig werden darf, ist die Entscheidung eines oder mehrerer einzelner, welche die geforderte Zahl nicht erreichen, nichtig. Kann aber gesetzlich an Stelle der Vielzahl, wenn auch nur in gewissen Fällen einmal, ein einzelner (bzw. eine geringere Zahl) tätig werden, so ist die Entscheidung dieses (oder dieser) auch wirksam,[18] sofern sie im Einzelfall nicht zu der Entscheidung befugt waren. Das Erkenntnis nur eines Richters am Landgericht ist also wirksam, auch wenn er (etwa als Baulandkammer) mit Beisitzern hätte entscheiden sollen. Das Urteil nur eines Richters am Landgericht ist auch dann wirksam, wenn die Kammer die Sache nicht auf den Einzelrichter übertragen hatte und die Voraussetzungen nach § 348a Abs. 1 S. 2 nicht gegeben sind. § 348a Abs. 3 schließt ausdrücklich die Überprüfung der Entscheidung, durch die die Sache gemäß § 348a Abs. 1 fehlerhaft auf den Einzelrichter übertragen worden ist, für das Beschwerdeverfahren aus. . 22

Soweit in den höheren Instanzen das Revisionsrecht anzuwenden ist, ist die Entscheidung eines einzelnen Richters nichtig.[19] In der Beschwerdeinstanz, im Fall des § 522 Abs. 2 gilt nichts anderes als in der Revisionsinstanz. 23

Allerdings braucht selbst die Anfechtbarkeit der Entscheidung nicht zur Änderung zu führen, etwa wenn in erster Instanz das AG oder das LG anfechtbar entschieden haben und dann die zweite Instanz durcherkennt (vgl. § 538 Abs. 1). Hat ein OLG so anfechtbar entschieden, so ist auf Rüge (§ 547 Nr. 1) stets aufzuheben und zurückzuverweisen; doch ist es für die Revisionsinstanz gleichgültig, ob das LG anfechtbar entschieden hatte. Wird die Entscheidung eines anfechtbar besetzten Gerichts rechtskräftig, so liegt ein Fall des § 579 Abs. 1 Nr. 1 vor.

Es sind aber auch Fälle denkbar, in denen mehr Richter entscheiden, als gesetzlich zur Entscheidung berufen sind. Auch in diesen Fällen ist die Richterbank nicht richtig besetzt. In einer Reihe von Fällen geht das Gesetz davon aus, dass eine solche „bessere“ Besetzung unschädlich, die Entscheidungen dieser also insoweit unangreifbar sind (§ 513 Abs. 2).[20] Doch wird man diese Einzelregeln nicht ohne weiteres verallgemeinern dürfen. Aus ihnen darf man aber entnehmen, dass das Zuviel an Richtern (auch Laienrichtern oder durch Hinzuziehung von Laienrichtern) die Entscheidung anfechtbar, aber nicht nichtig macht (§§ 547 Nr. 1, 579 Abs. 1 Nr. 1) und dass eine falsche Besetzung in jeder Lage des Verfahrens derselben Instanz von Gerichts wegen zu beachten ist. 24

b) Laienrichter. Für die Laienrichter ist ihre Berufung durch den Staat maßgeblich. In welcher Weise die Laien als Richter zu berufen sind, ist gesetzlich geregelt. In keinem Falle kann ein so Berufener die Stelle eines als Berufsrichter berufenen einnehmen, also auch nicht, wenn er (ausnahmsweise) tatsächlich ausgebildeter Richter ist. Die Entscheidung eines Laienrichters kann also nur im Zusammenwirken mit dem Berufsrichter wirksam werden, seine alleinige Entscheidung ist nichtig (dies gilt auch, wenn sie mehrere Laienrichter aussprechen). Laienrichter kennt die Zivilprozessordnung nur im Be- 25

18 Wenn auch möglicherweise und regelmäßig anfechtbar, vgl. §§ 551 Nr. 1, 579 Abs. 1 Nr. 1.
19 Vgl. § 555 Abs. 2, § 15 Abs. 2 BVerfGG.
20 Vgl. auch §§ 15 Abs. 2 S. 1, 16 Abs. 2 BVerfGG.

reich der Kammer für Handelssachen (§ 105 GVG). Dort wirken sog. ehrenamtliche Richter mit, die gleiches Stimmrecht wie der Vorsitzende haben.

26 **c) Abgeleitete Richtermacht.** Eine abgeleitete Richtermacht haben

Referendare[21],
Rechtspfleger,
Urkundsbeamte, wie
sonstige Justizangestellte innerhalb der Gerichtsorganisation. Sie können in ihrer Funktion regelmäßig durch den Übergeordneten ersetzt werden, können aber nicht umgekehrt den Übergeordneten ersetzen; insoweit sind ihre Vorgriffe nichtig.

Greift ein Rechtspfleger des LG dem an sich zuständigen AG vor, so hat das OLG Hamm[22] § 10 a.F. nicht angewandt.

27 **d) Gerichtsvollzieher.** Anders organisiert und auch zum Teil mit anderen Funktionen ausgestattet sind die GV (§ 154 GVG), die Post (vgl. § 176), die Anwälte und Notare (§ 195), die Staatsanwaltschaft (§§ 141ff. GVG), sonstige Personen (§ 127 StPO). Diese kann das Gericht nicht in ihrer Vollstreckungsfunktion auf dem Gebiet des Zivilrechts und der freiwilligen Gerichtsbarkeit ersetzen, in ihrer Zustellungsfunktion kann es nur GV und Post bei der Zustellung von Gerichts wegen ersetzen.

VI. Instanzabgrenzung

28 Eine sachliche Zuständigkeitsbegrenzung besonderer Art ist die Einteilung in Instanzen. Sie gehört unter den Begriff der sachlichen Zuständigkeit iwS, aber nicht iSd. ZPO.

Instanzverschiebungen können bei Kollisionen wie dem Wegfall von Gerichten eintreten.

29 **1. Kollision der Instanzen.** Die Kollision richterlicher Instanzen kann so eintreten, dass ein Gericht derselben Instanz an Stelle eines anderen, des gesetzlich berufenen, oder dass eine andere Instanz an Stelle der berufenen tätig wird. Im ersten Falle sind die Gerichte instanzmäßig gleichgeordnet (z.B. AG und LG), im letzten dagegen nicht. Es entscheidet an Stelle der ersten Instanz eine höhere; an Stelle einer bestimmten höheren eine andere.

30 **a) Entscheidung der höheren an Stelle der unteren.** Für den ersten Fall trifft § 545 Abs. 2 eine bestimmte Regelung. Danach kann die Revision nicht darauf gestützt werden, dass das Gericht des ersten Rechtszuges seine Zuständigkeit zu Unrecht angenommen oder verneint. Aus ihr darf als allgemeiner Grundsatz entnommen werden, dass die Entscheidung eines höheren Gerichts, das in derselben Instanz tätig wird, nicht deshalb anfechtbar ist, weil es im Einzelfalle die Entscheidung einem unteren Gericht hätte überlassen sollen und den Rechtsstreit ggf. nach § 538 Abs. 2 Nr. 1 ZPO an das Gericht des ersten Rechtszuges zurückverwiesen hat. Eine ähnliche Grundregel enthielt § 10 a.F. Danach konnte das Urteil eines Landgerichts nicht aus dem Grunde angefochten werden,

21 Vgl. § 10 GVG; sofern man die Norm überhaupt gelten lässt, führt die Überschreitung der Befugnisse zur Nichtigkeit.
22 OLG Hamm MDR 1974, 239f.

weil die Zuständigkeit des Amtsgerichts begründet gewesen sei. Beide Regelungen sind nicht einschränkend (als Sonderregel) auszulegen. Dafür streiten zwei Tendenzen, nämlich die, die Entscheidung des (funktionell oder zumindest personell) besser besetzten Gerichts der des schlechter besetzten vorzuziehen, wie die der Beschleunigung der Rechtspflegeentscheidungen, indem das übergeordnete Gericht zur Entscheidung in der Sache selbst für zuständig erklärt wird. Dazu kommt noch eine andere Erwägung; wenn ein höheres Gericht als höhere Instanz eine Entscheidung treffen darf, für welche sonst zunächst die erste berufen ist, etwa auf Grund eines Rechtsmittels gegen die Entscheidung der ersten Instanz, so muss das höhere Gericht diese auch fällen dürfen, wenn es vor der ersten Instanz tätig ist. Überall also dort, wo es in der Sache selbst entscheiden darf, steht dem höheren Gericht zugleich die Sachbefugnis zu, an Stelle des ersten zu entscheiden. Die Befugnis, in der Sache selbst zu entscheiden, sprechen den höheren Instanzen verschiedene Vorschriften zu: auf dem Gebiete der streitigen Zivilgerichtsbarkeit im Urteilsverfahren, § 563 Abs. 3, im Zwangsversteigerungs- und Verwaltungsverfahren § 101 Abs. 1 ZVG, auf dem Gebiete des Strafrechts §§ 309 Abs. 2, 328 Abs. 1, 354 Abs. 1 StPO.

Aber auch insoweit das Gesetz schweigt, wird man dem höheren Gericht die Möglichkeit, in der Sache selbst entscheiden zu dürfen, zubilligen müssen, weil nur dies der aufgezeigten Tendenz entspricht. Die auf dem Gebiete der streitigen Zivilgerichtsbarkeit hiergegen geäußerten Bedenken beruhen zumeist auf alten Entscheidungen, die erlassen wurden, als jene Tendenz noch nicht so stark, in gesetzlichen Einzelbestimmungen formuliert, zum Durchbruch gekommen war wie jetzt. So hat die Befugnis, in der Sache selbst zu entscheiden, das OLG Marienwerder[23] auch dem Gericht der (weiteren) Beschwerdeinstanz zuerkannt; dies im Falle des § 828 leugnen zu wollen,[24] beruht noch auf der älteren Ansicht.

Auf dem Gebiete der freiwilligen Gerichtsbarkeit gibt es aber für die Sachbefugnis des höheren Gerichts – bisweilen – eine tatsächliche Grenze; ist nämlich die Führung eines öffentlichen Buchs oder Registers einer unteren Stelle gesetzlich übertragen worden, so können Eintragungen und Löschungen in dieses Buch tatsächlich nur von dieser Stelle vorgenommen werden; die Sachbefugnis des höheren Gerichts ist damit tatsächlich auf die Eintragungs- (oder Löschungs-)verfügung beschränkt. Darüber hinausgehend die Sachbefugnis der höheren Instanz in der freiwilligen Gerichtsbarkeit einschränken zu wollen, lässt sich mit der modernen Entwicklung des Verfahrensrechts nicht in Einklang bringen.[25] Gegen die hier vertretene Auffassung spricht auch nicht zwingend die Vorschrift des § 47 FamFG; denn sie besagt nicht, wann eine „Verfügung wegen Mangels der sachlichen Zuständigkeit unwirksam ist", sondern weist nur auf diese Möglichkeit hin. Der erörterte Grundsatz des § 10 a.F. gilt deshalb überall dort, wo die allgemeine Befugnis des höheren Gerichts, in der Sache selbst zu entscheiden, zu bejahen ist; tritt dabei keine Instanzverschiebung ein, so ist trotz Verletzung der sachlichen Zuständigkeit die Entscheidung des höheren Gerichts unanfechtbar.

Tritt nun aber eine Instanzverschiebung ein – entscheidet also eine höhere Instanz an Stelle einer unteren – so ist, soweit die Sachbefugnis – d.h. die Befugnis, in der Sache selbst entscheiden zu dürfen – reicht, die Entscheidung des höheren Gerichts zu beachten; sie ist also wirksam, wenn auch möglicherweise anfechtbar; nämlich insoweit, wie die Entscheidung des höheren Gerichts überhaupt wegen Verletzung der sachlichen Zuständigkeit angegriffen werden darf.

---

23 OLG Marienwerder HRR 1937, 1343; **a.A.** RGZ 14, 387.
24 *Sydow/Busch* § 828 Anm. 5.
25 Keidel/Kuntze/*Winkler* § 25 Anm. 6.

31 Da zu der Befugnis des höheren Gerichts auch die Nachprüfung, ob ein Rechtsmittel zulässig ist, gehört, gilt das Gesagte auch für den Fall, dass ein höheres Gericht die Zulässigkeit des Rechtsmittels annimmt, die nicht gegeben ist, und in der Sache selbst entscheidet. Es ist deshalb auch die Entscheidung des höheren Gerichts über ein an sich unzulässiges Rechtsmittel wirksam. Ob diese an sich unzulässige Rechtsmittelentscheidung dann wieder anfechtbar ist, richtet sich nach dem allgemeinen Verfahrensrecht. Eine Kollision dieser Art ist also für die Revisionsinstanz unbeachtlich, wenn das Berufungsgericht ohne erste Instanz entschieden hatte (vgl. auch § 566), oder wenn die erstinstanzliche Entscheidung nicht verkündet war oder dies nicht festgestellt werden kann. Eine Kollision kann auch bei der Wiederaufnahmeklage eintreten. Doch sollte die Revisionsinstanz niemals insoweit vorgreifen, wie es sich um den Tatsacheninstanzen zugewiesene Feststellungen handelt.[26]

32 **b) Entscheidungen der unteren an Stelle der höheren.** Bei instanzmäßiger Verschiedenheit kann es so sein, dass das untere Gericht an Stelle des höheren entscheidet, wie das höhere an Stelle des unteren es tut.

33 Wird dieselbe Instanz an Stelle der dazu berufenen übergeordneten tätig, so ist auch ihre zweite Entscheidung nach den allgemeinen Regeln angreifbar[27]; das braucht nicht stets dasselbe Rechtsmittel zu sein, wie es das gegen die erste Entscheidung war. Hat das LG die Aussetzung eines Verfahrens abgelehnt, wird dagegen sofortige Beschwerde eingelegt, § 252; setzt das LG daraufhin das Verfahren unter Aufhebung des ersten Beschlusses aus, so ist gegen den letzten Beschluß das Rechtsmittel der einfachen Beschwerde zulässig, § 252; möglicherweise ist auch gegen die zweite Entscheidung kein Rechtsmittel gegeben. Wie dies im Verhältnis zweier gleichgeordneter Instanzen – Amtsgericht und Notar oder Amtsgericht und Arbeitsgericht – steht, ist dagegen aus dem Verhältnis eines besonderen Gerichts zum ordentlichen zu beurteilen. Wird ein unteres Gericht derselben Instanz an Stelle der gesetzlichen berufenen höheren tätig, so ist die Entscheidung möglicherweise, nämlich im Rahmen dessen, wieweit Verstöße gegen die sachliche Zuständigkeit überhaupt angegriffen werden dürfen (vgl. § 37 Abs. 2), anfechtbar.

34 Dies gilt ferner, wenn gegen eine Entscheidung des unteren Gerichts ein höheres tätig wird, auch wenn an seiner Stelle ein ihm noch übergeordnetes zu entscheiden hätte.[28] Nur wenn ein dem entsprechenden Gericht untergeordnetes an Stelle des höheren tätig wird, so ist diese Entscheidung insoweit nichtig, wie es in keinem Falle die Sachbefugnis hat, die Entscheidung eines höheren Gerichts zu ändern.[29] In Wiederaufnahmefällen wird wegen der Vorschrift des § 584 Abs. 1 dem OLG allerdings die Entscheidungsbefugnis schlechthin[30] gegenüber einem Urteil des Revisionsgerichts zuzugestehen sein. Anfechtbar sind all diese fehlerhaften Entscheidungen im aufgezeigten Rahmen.

35 **c) Rechtspfleger und Urkundsbeamte.** Was für die richterliche Tätigkeit gesagt ist, gilt nicht (ohne weiteres) für Rechtspfleger[31] und für Urkundsbeamte; doch wird man

---

26 Anders bei den Prozeßbedingungen, wo es stets vorgreifen darf und soll.

27 Die allgemeine Zuständigkeit derselben Instanz, ihre nicht rechtskräftigen Entscheidungen ändern zu dürfen, zeigen die Regelungen des Beschwerde- und des Wiederaufnahmeverfahrens.

28 Etwa, wenn das LG über ein Rechtsmittel gegen einen Spruch des AG entscheidet, während das OLG zur Entscheidung berufen ist.

29 Während das Gericht derselben Instanz diese Befugnis etwa im Fall der Beschwerde und in Wiederaufnahmefällen regelmäßig hat.

30 Also auch in den Fällen der §§ 579, 580 Nr. 4, 5.

31 OLG Hamm MDR 1974, 239 hat den Vorgriff des Rechtspflegers eines LG gegenüber dem des AG, der über eine Erinnerung nach § 766 zu entscheiden hatte, nicht gelten lassen.

auch deren Entscheidungen nur für anfechtbar (nicht für nichtig) ansehen dürfen, soweit ein Rechtspfleger einem anderen (auch einem Urkundsbeamten) vorgreift bzw. ein Urkundsbeamter einem anderen.

2. Änderung der Instanzen. Bei einer Änderung der Instanzen gilt folgendes: wird die Instanz verlagert, so werden, wenn keine besonderen gesetzlichen Bestimmungen getroffen sind, von der Verlagerung die in der Instanz anhängigen Sachen nicht berührt. Sie werden von dem bisher zuständigen Gericht abgewickelt. **36**

Fällt eine Instanz ersatzlos weg, so sind mangels besonderer gesetzlicher Regelungen bei ersatzlosem Wegfall des unteren Gerichts, aber bei Bestehenbleiben des vorgeordneten §§ 36 Nr. 1, 2 ZVG, 4 Abs. 2 GBO unmittelbar oder entsprechend anzuwenden; bei ersatzlosem Wegfall des oberen Gerichts hat das untergeordnete insoweit einzutreten, wie nicht eine Bindung an seine eigene Entscheidung eingetreten ist. Bei Einlegung einer Sprungrevision nach § 566 tritt so die übersprungene Instanz an die Stelle der weggefallenen. **37**

Wird eine Instanz neu eröffnet, so tritt erst mit ihrer Eröffnung die Zulässigkeit der zu ihr führenden Rechtsbehelfe ein. **38**

Das Erörterte gilt entsprechend, wenn von mehreren gleichrangigen Gerichten nur einige zur Entscheidung berufen sind, etwa die besonderen Gerichte.[32] Hier wird bei Verletzung dieser Vorschriften die sachliche Zuständigkeitsnorm verletzt. Durch die Entscheidung eines gleichrangigen oder übergeordneten anderen Gerichts wird allenfalls die Anfechtbarkeit begründet, niemals aber ist sie nichtig. Bei dem Wegfall eines solchen besonderen ordentlichen Gerichts wird ohne weiteres wieder die Zuständigkeit des bisher ausgeschlossenen Gerichts begründet.

Bei ersatzlosem Wegfall des Sondergerichts wie der besonderen Gerichte tritt stets das ordentliche an seine Stelle; bei dem des Verwaltungssondergerichts das allgemeine Verwaltungsgericht. Das ordentliche Gericht kann in seiner Zuständigkeit durch ein Sondergericht eingeengt werden; bei ersatzlosem Wegfall des ordentlichen Gerichts wird aber nicht das Sondergericht zuständig, wo bisher das ordentliche es war; dasselbe gilt im Verhältnis der allgemeinen Verwaltungsgerichte zu den Verwaltungssondergerichten. Ebenso ist es unzweifelhaft, daß bei Wegfall der ordentlichen Gerichte an ihre Stelle nicht die allgemeinen Verwaltungsgerichte treten können. Ob dagegen bei dem Wegfall allgemeiner Verwaltungsgerichte an ihre Stelle die ordentlichen Gerichte treten, ist unterschiedlich zu beantworten. Unzweifelhaft ist dies dort der Fall, wo das Gesetz die subsidiäre Zuständigkeit der ordentlichen Gerichte vorschreibt (Art. 19 Abs. 4 S. 2 GG). Soweit indes den deutschen ordentlichen Gerichten kein Eingriff in die Verwaltungstätigkeit gestattet wird, wird man bei einem etwaigen Wegfall der allgemeinen Verwaltungsgerichte auf § 13 GVG zurückzugreifen haben, maW, die Verwaltungsbehörden erhielten ihre ausschließliche Zuständigkeit zurück. Nur soweit ein gerichtliches Verwaltungsverfahren verbleibt, wird man bei einem Wegfall der allgemeinen Verwaltungsgerichte die ordentlichen Gerichte für zuständig halten dürfen. Auch könnten die ArbG durch das ordentliche Gericht ersetzt werden; nicht aber umgekehrt. **39**

VII. Empfangsgericht

Bevor es zu den Zuständigkeitsentscheidungen der Gerichte kommt, müssen die Beteiligten wissen, an welches Gericht sie sich zu wenden haben, m.a.W., welches Gericht **40**

32 Bestimmte AG als Binnenschifffahrtsgerichte; bestimmte LG zur Entscheidung in Patentsachen, vgl. § 143 Abs. 1 PatG; bestimmte OLG als Binnenschifffahrtsobergerichte.

zur Entgegennahme ihrer Prozesshandlungen befugt ist. Die Regeln darüber sind unterschiedlich: In der streitigen Gerichtsbarkeit ist zuständig – zunächst, d.h. rein formal – das Gericht, an das sich der Beteiligte wendet bzw. das Gericht, von dem jemand etwas zugestellt erhält; ob sonst der Kläger richtig gewählt hat, ergibt sich aus dem Gesetz. Bei Rechtsmitteln ist es bisweilen das Gericht, dessen Entscheidung angegriffen wird, oder das, welches über das Rechtsmittel zu entscheiden hat, bisweilen sind es auch beide Gerichte.

41 In der freiwilligen Gerichtsbarkeit gelten die genannten Regeln bisweilen nicht, so im Besonderen nicht, wenn das Gesetz die Abgabe einer Erklärung gegenüber einem bestimmten Gericht vorschreibt, etwa im Registerrecht oder wenn eine Erklärung gegenüber dem Nachlassgericht abzugeben ist.

42 **1. Wirksamwerden der Erklärung.** Grundsätzlich sind die einer nicht zur Empfangnahme berechtigten Stelle gegenüber abgegebenen Erklärungen unwirksam; sie werden aber mit dem Zeitpunkt wirksam, wenn sie der empfangsberechtigten Stelle zugehen.[33]

43 **a) Prozessual wirksame Rückwirkung.** Die Heilung kann indes auch zurückwirken. Wird nämlich zur Beschreibung eines Verfahrens im Gesetz die Wahrung einer Frist vorausgesetzt, so ist die Fristwahrung (regelmäßig) von der Anrufung bestimmter Behörden oder eines bestimmten Gerichts abhängig. Die frühere Auffassung ging dahin, dass die Anrufung einer sachlich unzuständigen Behörde oder eines sachlich unzuständigen Gerichts grundsätzlich die Frist nicht wahre. Wird gar innerhalb derselben Gerichtsart (etwa der ordentlichen Gerichte) ein sachlich unzuständiges Gericht angegangen (etwa das AG an Stelle des zuständigen LG, an das später der Rechtsstreit nach §§ 506, 281 verwiesen wurde), so wird die Ausschlussfrist grundsätzlich für gewahrt angesehen[34]; das gilt auch, wenn ein örtlich unzuständiges Gericht angegangen wird. Über außerprozessuale Wirkungen vgl. §§ 206, 204 Abs. 1 Nr. 11, 12, 204 Abs. 2 BGB.

44 Über die Frage, ob eine außerprozessuale Frist zur Klageerhebung durch Anrufung eines Schiedsgerichts gewahrt werden kann, vgl. § 204 Abs. 1 Nr. 12 BGB.

45 Wird innerhalb desselben Gerichts bei einer Instanzenkollision ein abstrakt als gleiche (erste) Instanz tätig werdendes Gericht angegangen (also das AG an Stelle des LG oder umgekehrt), obwohl in konkreten Fällen das andere ausschließlich sachlich zuständig wäre, so ist die Frist stets gewahrt. Wird indes eine Instanz angegangen, die überhaupt nicht angegangen werden darf, so nahm man bisher Nichtigkeit an, also wenn Berufung oder Revision bei dem Gericht eingereicht wurde, dessen Entscheidung angegriffen wurde[35], oder wenn, abgesehen von den Wiederaufnahmeklagen oder bei ersatzlosem Wegfall der unteren Gerichte, das OLG mit einer Klage angegangen wurde.

46 **b) Verjährung.** Für Verjährungsfristen hilft über das Scheitern einer Klage an dem sachlich (wie örtlich) unzuständigen Gericht §§ 167, 204 BGB BGB hinweg. § 204 knüpft in Bezug auf die Hemmung nicht daran an, dass die Klage beim sachlich oder örtlichen zuständigen Gericht eingereicht wird. Ob dies bei Amtspflichtverletzungen auch dann gilt, wenn zunächst ein zuständiges Verwaltungsgericht angegangen wird (vgl. § 839 Abs. 3 BGB) und dann erst ein ordentliches Gericht, ist verneint worden,[36] wenn der Gel-

---

33 Wahrung der Postulationsfähigkeit vorausgesetzt.
34 RGZ 11, 233, 237.
35 Für Beschwerden gilt dies wegen der bestehenden Sonderregeln nicht.
36 RGZ 168, 214, 219.

tendmachung eines Schadensersatzanspruchs § 839 Abs. 3 BGB nicht im Wege stand. Der Verjährungshemmung steht indes die unzulässig erhobene Klage nach richtiger Auffassung nicht entgegen. Verweist das unzuständige Gericht den Rechtsstreit nach § 281 oder nach § 17a Abs. 2 S. 1 GVG, bleiben die Rechtshängigkeitswirkungen nach § 17b Abs. 1 S. 2 GVG bestehen.[37]

2. Funktionelle Unzuständigkeit. Unschädlich ist es, wenn gegen die Geschäftsverteilung verstoßen wird, im Besonderen die Kammer für Handelssachen an Stelle der Zivilkammer angegangen wird oder wenn die Eingabe bei einer funktionell unzuständigen Stelle angebracht wird. **47**

Verstöße gegen die funktionelle Zuständigkeit werden nur insoweit beachtlich, wie eine Person angegangen wird, die überhaupt nicht für die Entgegennahme der Handlung in Betracht kommen kann, also bei Einreichung von Schriften, wenn ein Gerichtswachtmeister, ein sonstiger Angestellter des Gerichts, der kein Urkundsbeamter ist, oder gar ein außerhalb des Gerichtsbetriebes stehender GV angegangen wird.

VIII. Zuständigkeitsänderung und -ergänzung

Eine besondere gesetzliche Regelung, die ausdehnend auszulegen ist, findet sich im Zuständigkeitsänderungs- und im Zuständigkeitsergänzungsgesetz.[38] **48**

§ 2
Bedeutung des Wertes

Kommt es nach den Vorschriften dieses Gesetzes oder des Gerichtsverfassungsgesetzes auf den Wert des Streitgegenstandes, des Beschwerdegegenstandes, der Beschwer oder der Verurteilung an, so gelten die nachfolgenden Vorschriften.

Übersicht

Literatur: *Bettermann* Hundert Jahre Zivilprozessordnung, ZZP 91 (1978), 365; *Gerold/Schmid* Rechtsanwaltsvergütungsgesetz, 21. Aufl. 2013; *Hartmann* Kostengesetze, 44. Aufl. 2014; *Kissel* 125 Jahre Reichsjustizgesetze, NJW 2004, 2872; *Lappe* Die Entwicklung des Gerichts- und Notarkostenrechts im Jahre 1985, NJW 1986, 2550; *Rosenberg/Schwab/Gottwald* Zivilprozessrecht, 17. Aufl. 2010; *von Seuffert* Kommentar zur Zivilprozeßordnung, 11. Aufl. 1910; *Skonietzki/Gelpcke* Zivilprozeßordnung und Gerichtsverfassungsgesetz für das Deutsche Reich nebst Einführungsgesetzen und den Preußischen Ausführungsgesetzen (1911);

37 Kissel/Mayer GVG § 17 Rdn. 43.
38 Vgl. dazu die 2. Auflage, § 1 D.

Struckmann/Koch Die Civilprozeßordnung für das Deutsche Reich nebst den auf den Civilprozeß bezüglichen Bestimmungen des Gerichtsverfassungsgesetzes und den Einführungsgesetzen (1878).

I. Gesetzesgeschichte, Gesetzeszweck und Auslegungsmaximen

1 **1. Gesetzesgeschichte und Gesetzeszweck.** Entscheidend für das richtige Verständnis des Gesetzeszwecks von § 2 sind seine Geschichte sowie die Verbindung zu § 1. Mit den am 1. Oktober 1879 in Kraft getretenen „Reichsjustizgesetzen",[1] die nach der Reichsgründung 1871 dem starken Bedürfnis nach einem einheitlichen Prozessrecht Rechnung trugen,[2] war auch die sachliche Zuständigkeit in Zivilsachen erstmals einheitlich geregelt worden. Anders als die örtliche Zuständigkeit, deren Regelung sich in den §§ 12ff. der Civilprozeßordnung („CPO") fand, wurde die sachliche Zuständigkeit im Gesetz über die Gerichtsverfassung bestimmt, worauf § 1 ZPO damals wie heute hinweist. Gemäß § 23 Nr. 1 GVG in seiner ursprünglichen Fassung fielen alle bürgerlichen Rechtsstreitigkeiten, die einen Wert von 300 Mark überstiegen, in die Zuständigkeit der Landgerichte, sofern nicht ausnahmsweise eine streitwertunabhängige Zuständigkeit[3] bestimmt war.

2 Vor dem Hintergrund der Regelung der sachlichen Zuständigkeit im GVG hätte es an sich nahegelegen, auch die Vorschriften zur Bestimmung des Wertes des Streitgegenstandes und damit zur Feststellung der sachlichen Zuständigkeit im Einzelfall in das GVG aufzunehmen. Der Gesetzgeber entschied sich jedoch zur Aufnahme in die ZPO, weshalb § 2 CPO[4] entsprechend seiner ursprünglichen Fassung („Insoweit nach dem Gesetze über die Gerichtsverfassung die Zuständigkeit der Gerichte von dem Werthe des Streitgegenstandes abhängt, kommen die nachfolgenden Vorschriften zur Anwendung") zunächst die Funktion zukam, die Maßgeblichkeit der in den §§ 3–9 CPO enthaltenen Bewertungsvorschriften für die Festlegung des Streitwertes und der daraus folgenden sachlichen Zuständigkeit unter Anwendung des GVG klarzustellen. Zugleich wurde – damals wie heute – die Anwendung anderer Wertvorschriften – z.B. des GKG – für die Bestimmung des Zuständigkeitsstreitwertes ausgeschlossen.

3 Seinem Wortlaut nach konnte § 2 CPO so verstanden werden, dass die §§ 3–9 CPO für die anderen Fälle einer Bezugnahme auf den Streitwert bzw. den Wert einer Angelegenheit, d.h. außerhalb der Bestimmung der sachlichen Zuständigkeit, keine Anwendung finden sollten. Eine derartige Begrenzung wäre allerdings nicht sinnvoll gewesen und entsprach auch nicht der Intention des Gesetzgebers. Aus diesen Gründen verwiesen andere Vorschriften ihrerseits wiederum auf die §§ 3–9, so z.B. § 508 CPO, worin die Zulässigkeit der Revision an einen den Betrag von 1500 Mark übersteigenden Wert des Beschwerdegegenstandes geknüpft wurde, oder § 649 Nr. 4 CPO hinsichtlich der Bestimmung des Wertes der Verurteilung im Rahmen der vorläufigen Vollstreckbarkeit.[5] Weitere Verweisungen auf die §§ 3–9 CPO fanden sich von Anfang an im GKG sowie der Gebührenordnung für Rechtsanwälte.[6] Erst durch das 1. EheRG vom 1. 7. 1977 erfolgte die

1 Neben der Civilprozeßordnung (CPO) die Strafprozeßordnung, die Konkursordnung, das Gerichtsverfassungsgesetz nebst den jeweiligen Einführungsgesetzen sowie weitere Nebengesetze wie die Rechtsanwaltsordnung und das Gerichtskostengesetz.

2 Siehe dazu *Bettermann* Hundert Jahre Zivilprozessordnung, ZZP 91 (1978), 365, sowie *Kissel* 125 Jahre Reichsjustizgesetze, NJW 2004, 2872.

3 Z.B. gemäß § 23 Nr. 1 GVG der ursprünglichen Fassung für Streitigkeiten aus Wohnraummietverträgen.

4 Soweit auf §§ der CPO verwiesen wird, bezieht sich dies auf die ursprüngliche Fassung.

5 Skonietzki/Gelpcke § 2 Anm. 2; von Seuffert § 2 Anm. 2.

6 Skonietzki/Gelpcke § 2 Anm. 2; von Seuffert § 2 Anm. 2.

– rein redaktionelle – Änderung, mit der die anderen Verweisungen innerhalb der ZPO aufgehoben und durch die Aufnahme der weiteren Anwendungsfälle in den Wortlaut von § 2 ersetzt wurden.[7] Inhaltliche Änderungen ergaben sich hieraus nicht. § 2 in seiner neuen Fassung dient damit der Klarstellung, dass auch in anderen Fällen, in denen die ZPO oder das GVG auf den „Wert“ Bezug nehmen, die §§ 3–9 zur Anwendung kommen sollen. Stets möglich bleibt, dass die §§ 3–9 im Einzelfall durch speziellere Normen ergänzt oder derogiert werden.

2. Auslegungsmaximen, verfassungsrechtliche Vorgaben. Bereits der ursprüng- 4
liche Anwendungsbereich der sachlichen Zuständigkeit, aber auch die weiteren Anwendungsfälle – insbesondere der Wertgrenzen für Rechtsmittel – weisen auf die besondere Grundrechtsgebundenheit und die damit einhergehenden Auslegungsmaximen für die von § 2 in Bezug genommenen Vorschriften hin. Die Anwendung der §§ 3–9 entscheidet entsprechend ihrer ursprünglichen Funktion zunächst darüber, welches Gericht als sachlich zuständig anzusehen ist; berührt ist mithin die Frage nach dem gesetzlichen Richter i.S.v. Art. 101 Abs. 1 S. 2 GG. Soweit Wertgrenzen über die Zulässigkeit eines Rechtsmittels entscheiden, besteht ein Zusammenhang mit der Garantie effektiven Rechtsschutzes, Art. 19 Abs. 4 GG, die auch im Bereich des Zivilrechts bzw. in Bezug auf Rechtsstreitigkeiten zwischen Privaten Geltung verlangt.[8] In dem Maße, in dem die Wertfestsetzung sich auch auf die Gerichts- und Anwaltskosten auswirkt, ist auch der verfassungsrechtliche Justizgewährungsanspruch berührt, wenn die Gefahr droht, dass eine Festsetzung zu einem weit über dem wirtschaftlichen Wert liegenden Kostenrisiko führt.[9] Schließlich verlangt Art. 3 Abs. 1 GG im Interesse von Rechtssicherheit und prozessualer Gleichbehandlung eine soweit wie möglich einheitliche Handhabung der Wertvorschriften, die nicht zuletzt auch der Verfahrensvereinfachung dient. Aus diesen grundrechtlichen Bindungen folgt somit u.a., dass entgegen dem Wortlaut von § 3 dem Gericht bei der Festlegung des Streitwertes auch in den Fällen, in denen sich aus den §§ 4–9 keine weiteren Vorgaben entnehmen lassen, kein „freies Ermessen“ im eigentlichen Sinne zukommen kann, auch wenn dies der ursprünglichen Vorstellung des Gesetzgebers entsprochen haben mag[10] und teilweise auch heute noch von der Rechtsprechung so vertreten wird.[11] Vielmehr ist den Gerichten bei der Ermittlung der Grundlagen der Wertfestsetzung lediglich ein gebundenes Ermessen eingeräumt und hinsichtlich der Wertfestsetzung selbst nur Beurteilungsspielraum eröffnet, der dem offensichtlichen Umstand Rechnung trägt, dass in vielen Konstellationen der „richtige“ Streitwert nicht wie im Falle einer Zahlungsklage ohne weitere Zwischenschritte aus dem Klageantrag abgelesen werden kann.[12] Soweit wie möglich sollten die Vorgaben der §§ 4–9 zudem auch über ihren eigentlichen Anwendungsbereich hinaus herangezogen werden.[13]

Bei den §§ 2ff. handelt es sich um zwingende Vorschriften.[14] Auch übereinstimmen- 5
de Wertangaben der Parteien binden deshalb das Gericht nicht, wenn auch das Gericht

7 Dazu BT-Drucks. 7/650, S. 191.
8 S. BVerfGE 91, 181.
9 *Hartmann* Kostengesetze, 44. Aufl. 2014, § 48 GKG Anh I Rdn. 6; BVerfG, NJW-RR 2000, 946.
10 So ausdrücklich *von Seuffert* § 3 Anm. 3; *Skonietzki/Gelpcke* § 3 Anm. 2; ähnlich *Struckmann/Koch* § 3 Anm. 2.
11 BGH, NJW 1995, 664; s.a. BGH, Beschluss vom 6.2.2014, Az. VII ZB 41/13. S.a. OLG Düsseldorf, Beschluss vom 6.9.2011, Az. 7 U 23/11, Rdn. 9 zitiert nach juris.
12 So i.E. auch *Lappe* Die Entwicklung des Gerichts- und Notarkostenrechts im Jahre 1985, NJW 1986, 2550, 2558; MünchKomm/*Wöstmann* § 3 Rdn. 3.
13 MünchKomm/*Wöstmann* § 2 Rdn. 15.
14 MünchKomm/*Wöstmann* § 2 Rdn. 14.

bei der Bestimmung des Wertes von übereinstimmenden tatsächlichen Angaben beider Parteien oder auch denen einer Partei ausgehen darf bzw. muss.

II. Anwendungsbereich

6 Gemäß § 2 kommen die §§ 3–9 zur Anwendung, wenn es nach den Vorschriften des GVG oder der ZPO auf den Wert des Streitgegenstandes, des Beschwerdegegenstandes, der Beschwer oder der Verurteilung ankommt. Die genannten Vorschriften gelten ferner, ohne dass es einer besonderen Verweisung bedürfte, sofern es nach den Vorschriften des EGZPO auf einen der oben genannten Werte ankommt (vgl. z.B. § 15a Abs. 1 Nr. 1 bzw. § 26 Nr. 8 EGZPO). Ferner gelten die §§ 3–9 im Bereich des FamFG (z.B. § 61 Abs. 1, Abs. 3 Nr. 2 FamFG).[15]

Eine Derogation von § 2 durch speziellere Vorschriften ist stets möglich.[16] Beispielhaft zu nennen sind insoweit § 247 Abs. 1 AktG[17] für aktienrechtliche Anfechtungsklagen sowie § 182 InsO[18] für Klagen auf Feststellung einer Forderung zur Insolvenztabelle.[19] Im Einzelfall ist allerdings zu prüfen, ob – wie z.B. gemäß § 246 Abs. 3 S. 1 AktG, der die Zuständigkeit des Landgerichts vorschreibt – die sachliche Zuständigkeit unabhängig vom Streitwert geregelt ist, so dass die Abweichung von § 2 nur für die anderen Werte[20] von Bedeutung ist.

Keine Anwendung finden die Wertvorschriften der ZPO dagegen zumindest grundsätzlich bei der Ermittlung der Gerichtskosten und der Anwaltsgebühren, allerdings wird letztendlich durch § 48 Abs. 1 S. 1 GKG bzw. § 23 Abs. 1 S. 1 RVG i.V.m. § 48 Abs. 1 S. 1 GKG wiederum auf die §§ 3–9 verwiesen.

III. Die einzelnen Anwendungsfälle

7 **1. Wert des Streitgegenstandes.** Ursprünglicher und wichtigster, da in jedem Verfahren relevanter Anwendungsfall ist die Bestimmung des Wertes des Streitgegenstandes, den der Gesetzgeber an anderer Stelle auch ausdrücklich als Streitwert bezeichnet.[21] Der Streitgegenstand wird nach der heute fast einhellig vertretenen Ansicht rein prozessual durch die – gleichwertigen – Elemente des Klageantrags sowie des dazugehörigen Lebenssachverhalts bestimmt.[22] Nach dem Verständnis der Schöpfer der CPO war unter dem Streitgegenstand dagegen der mit der Klage geltend gemachte materiell-rechtliche Anspruch zu verstehen.[23] Auch wenn dieses Verständnis heute zu Recht überholt ist, weist es für das Verständnis von § 2 bzw. der §§ 3–9 den rechten Weg: Maßgebend ist für

15 Die Verweisung auf die allgemeinen Vorschriften der Zivilprozessordnung in § 113 Abs. 1 S. 2 FamFG bezieht sich zwar nur auf Ehe- und Familienstreitsachen, ein Ausschluss der §§ 3 ff. ZPO in anderen Fällen dürfte jedoch nicht beabsichtigt sein.

16 Dazu § 3 Rdn. 2.

17 Auf § 247 AktG verweisen §§ 249 Abs. 1, 256 Abs. 7 und 275 Abs. 4 AktG. Ob § 247 Abs. 1 S. 1 AktG auf Anfechtungs- bzw. Nichtigkeitsklagen des GmbH-Gesellschafters entsprechend anzuwenden ist, ist streitig: bejahend OLG München GmbHR 2008, 1267; verneinend OLG Karlsruhe GmbHR 1995, 300. Siehe dazu auch § 3 Rdn. 38.

18 Näher § 3 Rdn. 116.

19 Siehe auch § 12 Abs. 4 UWG, § 142 MarkenG und § 144 PatG.

20 Zur Bedeutung von § 247 Abs. 1 AktG für den Wert des Beschwerdegegenstandes BGH MDR 1982, 209.

21 Vgl. die Definition in § 3 Abs. 1 GKG.

22 Allgemeiner Überblick zur Streitgegenstandslehre Zöller/*Vollkommer* Einl. Rdn. 60; zur Haltung der Rechtsprechung siehe BGH NJW 1999, 1407; BGHZ 168, 179, Rdn. 15; im Übrigen *Rosenberg/Schwab/Gottwald* § 92 Rdn. 8, 10 ff., dort auch zu abweichenden Ansichten.

23 *Rosenberg/Schwab/Gottwald* § 92 Rdn. 1, 8 m.w.N.

die Bestimmung des Wertes das in Form eines Geldbetrages ausgedrückte quantitative Maß des Begehrens des Klägers (auch des Widerklägers).[24] Auf den vom Kläger zur Begründung vorgebrachten Lebenssachverhalt kommt es demnach nur dann und insoweit an, als auf diesen für die nähere Bestimmung des Wertes des materiell-rechtlichen Anspruchs zurückgegriffen werden muss.

Anhand des Wertes des Streitgegenstandes in diesem Sinne ist zunächst gemäß § 23 Nr. 1 i.V.m. § 71 Abs. 1 GVG zu entscheiden, ob in der ersten Instanz das Amtsgericht (Streitwerte bis EUR 5.000,–) oder das Landgericht (Streitwerte über EUR 5.000,–) zuständig ist (sog. Zuständigkeitsstreitwert[25]), sofern nicht eine streitwertunabhängige sachliche Zuständigkeit bestimmt ist (§ 23 Nr. 2 GVG).[26] Auf die Frage, ob mit der Klage „vermögensrechtliche" und „ideelle" Werte geltend gemacht werden,[27] kommt es nicht an. Auch bei nichtvermögensrechtlichen Streitigkeiten kommt sowohl eine Zuständigkeit des Land- wie des Amtsgerichts in Betracht, die Abgrenzung erfolgt – vorbehaltlich besonderer Zuweisungen – auch in diesen Fällen anhand des vom Gericht zu bestimmenden Streitwertes.[28] Dem Streitwert der Hauptsache kommt darüber hinaus z.B. im Rahmen von § 495a S. 1 ZPO und § 15a Abs. 1 S. 1 Nr. 1 EGZPO (sog. Bagatellstreitwert) oder bei der Zulässigkeit von Rechtsmitteln gegen Kostenentscheidungen (§ 91a Abs. 2 S. 2, § 99 Abs. 2 S. 2, § 107 Abs. 1 S. 1, § 127 Abs. 2 S. 2, § 269 Abs. 5 S. 1; s.a. § 407a Abs. 3 S. 2) Bedeutung zu. 8

2. Wert des Beschwerdegegenstandes. Als zweiten Anwendungsfall nennt das Gesetz den Wert des Beschwerdegegenstandes (Rechtsmittelstreitwert). Maßgebend für den Wert des Beschwerdegegenstandes ist das Interesse eines Rechtsmittelführers an der Abänderung eines Urteils (oder einer anderen Entscheidung), wobei dieses Interesse in seinen Anträgen zum Ausdruck kommen muss.[29] Hiervon zu unterscheiden ist die „Beschwer"[30] durch eine Entscheidung. Will der Rechtsmittelführer durch das Rechtsmittel seine Belastung durch die Entscheidung in vollem Umfang beseitigen lassen, entspricht der Wert des Beschwerdegegenstandes dem Wert der Beschwer. Strebt er nur eine teilweise Beseitigung an, bleibt dieser hinter dem Wert der Beschwer zurück. Geht die Beschwer über den (Zuständigkeits-)Streitwert hinaus (hierzu sogleich), kann dies auch auf den Wert des Beschwerdegegenstandes zutreffen. Auf den Wert des Beschwerdegegenstandes wird v.a. in § 511 Abs. 2 Nr. 1 und § 567 Abs. 2 Bezug genommen, inhaltlich ferner in § 26 Nr. 8 EGZPO, der folglich gemäß § 2 unter Anwendung der §§ 3–9 zu ermitteln ist.[31] Weitere Fälle sind §§ 66 Abs. 2, 68 Abs. 1 S. 1, 69 GKG. Wird der vorgeschriebene Wert des Beschwerdegegenstandes nicht erreicht, ist das gleichwohl eingelegte Rechtsmittel als unzulässig zu verwerfen. 9

3. Wert der Beschwer. An dritter Stelle wird in § 2 der Wert der Beschwer genannt. 10
Unter der Beschwer wird allgemein das besondere Rechtsschutzbedürfnis verstanden, dass gegeben sein muss, um ein Rechtmittel gegen eine gerichtliche Entscheidung zu

---

24 MünchKomm/*Wöstmann* § 2 Rdn. 3; BGH NJW 1972, 1235.
25 Zur Terminologie s.a. MünchKomm/*Wöstmann* § 2 Rdn. 2ff.
26 Weitere Fälle der streitwertabhängigen Verortung der sachlichen Zuständigkeit enthalten § 84 Abs. 3 BRAO und § 77 Abs. 3 PatAnwO.
27 Zur Abgrenzung noch ausführlich Vorauflage, § 2 Rdn. 6ff.
28 BT-Drucks. 12/1217, S. 21f., 44f.
29 So auch § 47 Abs. 1 S. 1 GKG. Aus der Rspr. siehe BGHZ 23, 205; BGHZ 57, 301; *Rosenberg/Schwab/Gottwald* § 153 Rdn. 37.
30 Dazu sogleich Rdn. 10.
31 BGH VersR 2011, 814.

eröffnen. Mit anderen Worten: Ist eine Partei durch eine Entscheidung nicht „beschwert", kann sie diese auch nicht anfechten. Das Vorliegen einer Beschwer ist i.d.R. anhand formeller, in Ausnahmefällen auch materieller Kriterien zu bestimmen.[32] Aus Sicht des Klägers kann dabei im Falle der Klageabweisung der Wert der Beschwer höchstens den Wert des Streitgegenstandes erreichen, bei einer nur teilweisen Klageabweisung bleibt er dahinter zurück. Anderes gilt im Falle der Verurteilung: Da unter der Beschwer in diesem Fall das vollständige Interesse des Beklagten an der Beseitigung der zu seinen Ungunsten ergangenen Entscheidung zu verstehen ist, kann dieses – berechnet nach den §§ 3–9 – über das wirtschaftliche Interesse des Klägers am Streitgegenstand hinausgehen. Wurde der Beklagte z.B. zur Auskunft verurteilt, bemisst sich der Wert seiner Beschwer nach dem Aufwand an Zeit und Kosten der Auskunftserteilung sowie einem eventuellen Geheimhaltungsinteresse,[33] so dass der Wert der Beschwer über den Wert des Streitgegenstandes auf der Basis des klägerischen Antrags ohne Weiteres hinausgehen kann, wenn auch nicht hinausgehen muss.[34]

11 Grundsätzlich wäre es denkbar, die Zulässigkeit eines Rechtsmittels an den Wert der Beschwer zu binden. Zu Recht hat sich die ZPO jedoch dafür entschieden, in diesem Zusammenhang auf den Wert des Beschwerdegegenstandes[35] abzustellen, der anhand der Anträge des Rechtsmittelführers zu bestimmen ist.[36] Zu prüfen ist also, (i) ob der Rechtsmittelführer durch die angefochtene Entscheidung überhaupt beschwert ist sowie (ii) ob der Wert des Beschwerdegegenstandes die vom Gesetz vorgegebene Grenze erreicht. Das Vorliegen einer Beschwer wird in der ZPO in verschiedenen Zusammenhängen vorausgesetzt (z.B. § 321a Abs. 1), auf den konkreten Wert der Beschwer kommt es dagegen in der ZPO nicht an. Maßgebend kann die Beschwer jedoch aufgrund der Verweisung in § 48 Abs. 1 S. 1 GKG für die Bemessung des Gebührenstreitwertes im Rechtsmittelverfahren werden, falls der Rechtsmittelführer zwar das Rechtsmittel einlegt, dann aber keine Anträge stellt (§ 47 Abs. 1 S. 1 GKG). Zumindest dem Wortlaut nach, inhaltlich aber an den Beschwerdegegenstand anknüpfend,[37] sieht § 26 Nr. 8 EGZPO eine Wertgrenze für die Beschwer vor.

12 **4. Wert der Verurteilung.** Als letzten Anwendungsfall nennt § 2 den „Wert der Verurteilung" (Verurteilungsstreitwert). Von Bedeutung ist dieser Wert z.B. im Rahmen von § 708 Nr. 11 (s.a. § 711), der vom Wert der Verurteilung die Voraussetzungen einer vorläufigen Vollstreckung abhängig macht. Auf den Wert der Verurteilung kann es von vornherein nur ankommen, wenn dem Klageantrag ganz oder zumindest teilweise entsprochen wurde. Im ersten Fall entspricht der Wert der Verurteilung dem Wert des Streitgegenstandes, da die „nochmalige Anwendung" der §§ 3–9 zu keinem anderen Ergebnis führen kann, im zweiten Fall einem Teil davon.

IV. Wertfestsetzung

13 Streitwert (Zuständigkeitsstreitwert) bzw. Wert des Beschwerdegegenstandes (Rechtsmittelstreitwert) i.S.v. § 2 können grundsätzlich nicht bindend vor Erlass der instanzabschließenden Entscheidung festgesetzt werden, mag auch der Streitwert der Hauptsache

32 Näher *Rosenberg/Schwab/Gottwald* § 135 Rdn. 7 ff.
33 BGH FamRZ 2003, 597; BGHZ 128, 85; zuletzt BGH Beschluss vom 24.9.2013, Az. II ZB 6/12 Rdn. 9.
34 Im Einzelnen siehe § 3 Rdn. 47 f.
35 Dazu oben Rdn. 9.
36 BGH VersR 2011, 814.
37 *Zöller/Heßler* § 26 EGZPO Rdn. 14.

zuvor bereits in eine gerichtliche Zwischenentscheidung einfließen. Dem entspricht, dass die Parteien streng genommen keinen unmittelbaren Rechtsanspruch auf eine isolierte Festsetzung des für die sachliche Zuständigkeit maßgeblichen Streitwertes bzw. des Wertes des Beschwerdegegenstandes haben. An die Stelle einer isolierten Entscheidung über den Zuständigkeits- bzw. Rechtsmittelstreitwert tritt der Anspruch auf Zu- bzw. Unzuständig- (Unzulässig-)keitsentscheidung in einem Urteil oder Verweisungsbeschluss gemäß § 281, soweit es auf die jeweiligen Grenzen ankommt.

Ungeachtet dessen geht die h.M. davon aus, dass das Gericht jederzeit gemäß § 329 14 mit unanfechtbarem[38] Beschluss den Zuständigkeitsstreitwert festsetzen kann, ohne allerdings an diesen im weiteren Verlauf des Verfahrens gebunden zu sein.[39] Möglich ist in der ersten Instanz ferner der Erlass eines Zwischenurteils (§§ 280, 303) über die Zulässigkeit der Klage in Bezug auf die sachliche Zuständigkeit des angegangenen Gerichts, wobei ein bejahendes Zwischenurteil gemäß §§ 513 Abs. 2, 545 nicht anfechtbar ist. Ansonsten erfolgt die Streitwertfestsetzung i.d.R. in den Gründen des Endurteils oder eines Verweisungsbeschlusses nach § 281, wobei, wie im Falle eines Zwischenurteils, eine exakte Bezifferung nicht erforderlich ist, solange klar hervorgeht, ob die Grenze von EUR 5.000,– gemäß § 23 Nr. 1 GVG erreicht wird oder nicht.[40] Auch in diesem Fall ist die Streitwertfestsetzung nicht isoliert angreifbar ist.

Die Regeln für die Bestimmung des Streitwertes durch das Gericht finden sich in den 15 §§ 3–9. Sie werden ergänzt durch § 253 Abs. 3, wonach in der Klageschrift eine Angabe des Wertes des Streitgegenstandes erfolgen soll, wenn die sachliche Zuständigkeit davon abhängt und nicht die Zahlung einer bestimmten Summe Geldes beantragt wird, sowie durch die Parallelvorschrift des § 520 Abs. 4 Nr. 1, die entsprechende Angaben durch den Rechtsmittelführer fordert. Da dieser die Voraussetzungen der Zulässigkeit darzutun hat, hat er den Streitwert gegebenenfalls glaubhaft zu machen, § 511 Abs. 3, was aber eine Festsetzung durch das Gericht ohne Glaubhaftmachung bzw. ohne Bindung an Parteiangaben allein auf der Grundlage der §§ 3–9 nicht ausschließt.[41] Vor Abschluss der Instanz kann das Gericht – außerhalb einer durch ein Zwischenurteil bewirkten Bindung gemäß § 318 – von sich aus die Beurteilung des Zuständigkeits- bzw. Rechtsmittelstreitwertes ändern, und zwar auch dann, wenn sich zunächst im Rahmen der Glaubhaftmachung ein anderer Wert ergab als derjenige, welcher sich letztendlich aufgrund der Verhandlung oder nach einer Beweisaufnahme als zutreffend herausstellt. Ein Rechtsmittel muss auch vom Standpunkt des Verhandlungsschlusses der Rechtsmittelinstanz, bezogen auf die Zeit seiner Einlegung, zulässig gewesen sei.

Hat sich – im Rahmen eines Zwischenurteils oder eines Verweisungsbeschlusses 16 i.S.v. § 281 Abs. 1 S. 1 oder § 506 – das angegangene Gericht für sachlich unzuständig erklärt, weil ein seine Zuständigkeit überschreitender oder unterschreitender Gegenstandswert vorliege, so muss er über bzw. unterhalb dieser Grenze festgesetzt werden. Bei der Feststellung des Streitwertes ist im ordentlichen Verfahren die höhere Instanz an die Bemessung des Streitwertes durch die vorhergehende Instanz grundsätzlich nicht gebunden, weil sie über die Zulässigkeit des Rechtsmittels usw. selbst entscheidet. Indes ist die untere Instanz an die Entscheidung der höheren gebunden, soweit davon die Hauptentscheidung abhängt.

Zweckmäßig ist es, wenn das Gericht die Parteien frühzeitig – gegebenenfalls durch 17 einen nicht bindenden Beschluss – auf eine aus seiner Sicht gegebene Unzulässigkeit

---

38 OLG Karlsruhe MDR 2003, 1071; OLG Bremen OLGR 2007, 386.
39 OLG München MDR 1988, 973.
40 *Stein/Jonas/Roth* § 2 Rdn. 66.
41 *Rosenberg/Schwab/Gottwald* § 135 Rdn. 40.

(Unzuständigkeit) hinweist und Gelegenheit zur Äußerung gibt. Erfolgt die Streitwertfestsetzung erst mit der Entscheidung in der Hauptsache, ist auf die vorherige Gewährung rechtlichen Gehörs (Art. 103 Abs. 1 GG) zu achten.

18 Der maßgebliche Wert i.S.v. § 708 Nr. 11 ist vom Erstgericht im Rahmen der Entscheidung über die vorläufige Vollstreckbarkeit festzustellen. Ist der Wert von der ersten Instanz falsch bemessen, so ist der Angriff dagegen nur in Verbindung mit dem Rechtsmittel gegeben, worüber auf Antrag im Vorwege nach § 718 zu entscheiden ist.[42]

V. Andere Streitwerte (Gerichtskosten und Anwaltsgebühren)

19 Von der Streitwertfestsetzung im obigen Sinne ist die Festsetzung des sog. Gebührenstreitwertes zum Zwecke der Ermittlung der Gerichtskosten sowie des Gegenstandswertes zur Berechnung der Rechtsanwaltsvergütung zu unterscheiden, deren Regelung sich in erster Linie in GKG, FamGKG und RVG findet. Allerdings bestehen insoweit in verfahrensrechtlicher wie inhaltlicher Hinsicht enge Verbindungen. So bestimmt § 48 Abs. 1 S. 1 GKG, dass sich in bürgerlichen Rechtsstreitigkeiten die Gebühren nach den für die Zuständigkeit des Prozessgerichts oder die Zulässigkeit des Rechtsmittels geltenden Vorschriften über den Wert des Streitgegenstandes, also nach den §§ 2ff. richten, sofern das GKG keine abweichende Regelung enthält. Verfahrensmäßig wird dies in der Weise umgesetzt, dass nach § 62 S. 1 GKG die Festsetzung des Zuständigkeits- bzw. Rechtsmittelstreitwertes auch für den den Gerichtsgebühren zugrunde zu legenden Streitwert maßgebend ist.[43]

20 Hinsichtlich der anwaltlichen Gebühren verweist zunächst § 23 Abs. 1 S. 1 RVG, sofern im RVG nichts Abweichendes bestimmt ist, für die Festlegung des Gegenstandswertes i.S.v. § 2 Abs. 1 RVG auf die für die Gerichtsgebühren geltenden Wertvorschriften und damit mittelbar wiederum auf die §§ 2ff. Verfahrensmäßig wird dies durch § 32 Abs. 1 RVG abgesichert, wonach eine Wertfestsetzung für die Gerichtsgebühren auch für die Gebühren des Rechtsanwalts maßgebend ist.[44] Aufgrund der in GKG und RVG vorgesehenen Besonderheiten kann es jedoch zu einer gespalteten Streitwertfestsetzung kommen.

21 Die Wertfestsetzung kann gemäß § 63 Abs. 3 GKG von Amts wegen vom festsetzenden Gericht wie auch – mit Wirkung für die vorangegangene Instanz – vom Rechtsmittelgericht geändert werden. Gegen den Gebührenwertfestsetzungsbeschluss ist nach § 68 GKG die Beschwerde zulässig (§§ 567ff.), die aber zeitlich nach § 68 Abs. 1 S. 3 GKG begrenzt ist.

§ 3
Wertfestsetzung nach freiem Ermessen

Der Wert wird von dem Gericht nach freiem Ermessen festgesetzt; es kann eine beantragte Beweisaufnahme sowie von Amts wegen die Einnahme des Augenscheins und die Begutachtung durch Sachverständige anordnen.

---

42 Allerdings nicht mehr in der Revisionsinstanz, vgl. § 718 Abs. 2.

43 Zur Festsetzung im Übrigen siehe *Hartmann* Kostengesetze, 44. Aufl. 2014, § 63 GKG Rdn. 16ff. sowie MünchKomm/*Wöstmann* § 2 Rdn. 23ff.

44 Zum Verfahren einschließlich etwaiger Rechtsmittel *Mayer* in: Gerold/Schmid, RVG, 21. Aufl. 2013, § 32 RVG Rdn. 76ff.

Übersicht

Literatur: *Cuypers* Die Streitwertbemessung und Zuständigkeit des Gerichts, MDR 2012, 381; *Hartmann* Kostengesetze, 44. Aufl. 2014; *Keuter* Praxisfragen zum Verfahrenswert in Versorgungsausgleichsachen, FamRZ 2011, 1026; *Kment/Vorwalter* Beurteilungsspielraum und Ermessen, JuS 2015, 193; *Lappe* Die Entwicklung des Gerichts- und Notarkostenrechts im Jahre 1985, NJW 1986, 2550; *Nickel* Der Verfahrenswert in Ehesachen, FUR 2013, 255; *Rojahn/Lunze* Die Streitwertfestsetzung in Patentsachen – Ein Mysterium, MittdtschPatAnw 2011, 533; *E. Schneider* Problemfälle aus der Prozeßpraxis, MDR 1990, 20; *E. Schneider* Streitwertwahrheit und Interessenkollision, AGS 2007, 163; von *Seuffert* Kommentar zur Zivilprozeßordnung, 11. Aufl. 1910; *Skonietzki/Gelpcke* Zivilprozeßordnung und Gerichtsverfassungsgesetz für das Deutsche Reich nebst Einführungsgesetzen und den Preußischen Ausführungsgesetzen (1911); *Struckmann/Koch* Die Civilprozeßordnung für das Deutsche Reich nebst den auf den Civilprozeß bezüglichen Bestimmungen des Gerichtsverfassungsgesetzes und den Einführungsgesetzen (1878); *Volpert* Die Reform des familiengerichtlichen Verfahrens, RVGReport 2009, 247; 2009, 289; 2009, 366 und 2009, 403.

I. Anwendungsbereich und Normgeschichte

Der Anwendungsbereich von § 3 ergibt sich aus § 2.[1] Damit enthält § 3 die Grundnorm, nach anderer Ansicht dagegen den Auffangtatbestand[2] für die Bestimmung des Wertes des Streitgegenstandes,[3] der Verurteilung,[4] des Beschwerdegegenstandes[5] bzw. der Beschwer.[6] 1

§ 3 kommt nur zur Anwendung, sofern keine spezielleren Vorschriften zu beachten sind. Solche vorrangigen Regelungen sind zunächst in den §§ 4–9 enthalten, darüber hinaus in einer Reihe von Spezialvorschriften (z.B. §§ 144 PatG, 26 GebrMG, 142 MarkenG, 12 Abs. 4 UWG, 247 AktG, 182 InsO). Aufgrund entsprechender Verweisungen gilt § 3 ferner für die Bestimmung des Gerichtskostenstreitwertes sowie des für die Rechtsanwaltsvergütung maßgeblichen Gegenstandswertes, soweit in den §§ 41–51a GKG bzw. §§ 22ff. RVG keine abweichenden Bestimmungen enthalten sind. 2

Die geltende Fassung von § 3 weist gegenüber der Urfassung praktisch keine Änderungen auf. Die einzige erwähnenswerte Modifikation besteht darin, dass sich § 3 Hs. 1 ursprünglich seinem Wortlaut nach nur auf die Festsetzung des Streitwertes bezog. Die heutige Fassung trägt dagegen mit ihrer erweiterten Formulierung dem Umstand Rechnung, dass die §§ 3–9 bereits aufgrund der unmittelbaren Verweisung in § 2 für die Bestimmung einer Vielzahl verschiedener Werte heranzuziehen sind.[7] 3

In seiner heutigen Fassung ist § 3 (unstreitig) auf vermögensrechtliche wie nichtvermögensrechtliche Streitigkeiten anwendbar. Nach einer Auffassung soll allerdings 4

---

1 Siehe § 2 Rdn. 6.
2 Dafür Stein/Jonas/*Roth* § 3 Rdn. 1.
3 Zum Begriff des Streitgegenstandes siehe § 2 Rdn. 7.
4 Dazu § 2 Rdn. 12.
5 Zum Begriff siehe § 2 Rdn. 9.
6 Siehe § 2 Rdn. 10.
7 Die sprachliche Neufassung erfolgte durch das 1. EheRG vom 1. 7. 1977 (BGBl. I, 535); zur Begründung siehe BT-Drucks. 7/650, S. 191 zu Art. 6 Nr. 3.

für die Bestimmung des Streitwertes in nichtvermögensrechtlichen Angelegenheiten an die Stelle von § 3 eine analoge Anwendung von § 48 Abs. 2 GKG treten.[8] Hierfür besteht aber weder Raum noch Bedürfnis, da es an einer Regelungslücke fehlt und § 3 mit seinem Verweis auf das „Ermessen" (richtig: den Beurteilungsspielraum[9]) des Gerichts bereits sachgerechte Entscheidungen ermöglicht. Allerdings ist das Gericht nicht gehindert, einige der in § 48 Abs. 2 GKG genannten Kriterien (*„alle Umstände des Einzelfalles", „Umfang und Bedeutung der Sache"*) zu berücksichtigen. Andere der in § 48 Abs. 2 GKG genannten Umstände, so insbesondere die Vermögens- und Einkommensverhältnisse der Parteien, haben mit Blick auf Art. 101 Abs. 1 S. 2 GG für die Bestimmung des Zuständigkeitsstreitwertes wie auch des Beschwerdewertes aber außer Betracht zu bleiben. Eine analoge Anwendung i.e.S. von § 48 Abs. 2 GKG scheidet daher aus.

II. Regelungsinhalt

5 **1. Überblick.** § 3 enthält genau genommen zwei Regelungen: Zum einen regelt er, dass, soweit keine spezielleren Vorschriften eingreifen, der Wert nach „freiem Ermessen" festzusetzen ist. Entgegen dem missverständlichen Wortlaut bedeutet dies aber nur, dass der Wert letztendlich im Wege einer Schätzung durch das Gericht zu bestimmen[10] und dem Gericht hierbei ein – unvermeidlicher – Beurteilungsspielraum eingeräumt ist.[11] Zum anderen enthält § 3 sowohl in Hs. 1 als auch in Hs. 2 einige wenige Regelungen dazu, auf welche Weise sich das Gericht die Grundlagen für seine in die Wertfestsetzung mündende Schätzung zu verschaffen hat. Soweit hierzu eine Beweisaufnahme in Frage kommt, steht dem Gericht diesbezüglich tatsächlich ein Ermessensspielraum zu, wobei es sich auch in diesem Fall mit Blick auf den allgemeinen Gleichheitssatz und die Garantie des gesetzlichen Richters um eine gebundene Ermessensentscheidung handelt. Im Übrigen enthält § 3 keine Vorgaben dazu, welche Umstände bei der Bestimmung des Wertes zu berücksichtigen sind.

6 **2. Verfahren und berücksichtigungsfähige Umstände.** Hinsichtlich des zu beachtenden Verfahrens gilt zunächst, ohne dass dies einer besonderen Erwähnung bedürfte, der Grundsatz des rechtlichen Gehörs, das allen Parteien zu gewähren ist (Art. 103 Abs. 1 GG). Diese Verpflichtung besteht nicht nur in Richtung auf die Aktiv- oder Passivpartei. Da die Festsetzung des Streitwertes zur Bestimmung der sachlichen Zuständigkeit bzw. des Wertes des Beschwerdegegenstandes alle Beteiligten gleichermaßen in ihren (grundrechtlich geschützten) Interessen berühren, ist allen Verfahrensbeteiligten rechtliches Gehör zu gewähren.

7 Dass bei der Festsetzung des Wertes *sub specie* Art. 3 Abs. 1 GG im Interesse der Rechtssicherheit und prozessualen Gleichbehandlung gleiche Sachverhalte gleich zu bewerten sind, versteht sich von selbst. Dies dient zuletzt auch der Verfahrensvereinfachung. Rechtsstaatliche Grundsätze erfordern zudem eine zumindest kurze Begründung der Bewertung, insbesondere in den Fällen, in denen die Bewertung schwierig oder umstritten ist und sich aus dem festgesetzten Wert negative verfahrensrechtliche Folgen für eine Partei ergeben (z.B. die Unzulässigkeit eines Rechtsmittels).

---

8 Stein/Jonas/*Roth* § 3 Rdn. 19 f.
9 Dazu unten Rdn. 14.
10 Thomas/Putzo/*Hüßtege* § 3 Rdn. 2.
11 Näher unten Rdn. 14.

Wie sich aus § 3 Hs. 2 ergibt, kann zur Bestimmung des Wertes eine Beweisaufnahme[12] durchgeführt werden, wobei die Einnahme des Augenscheins und die Begutachtung durch Sachverständige von Amts wegen angeordnet werden kann, eine Beweisaufnahme im Übrigen nur auf Antrag der Parteien. Darüber hinaus kann das Gericht stets die Maßnahmen zur Klärung des Streitwertes treffen, die auch ansonsten von Amts wegen vorgenommen werden können. Zu denken ist vor allem an Vorlageanordnungen (§ 142 ZPO, § 258 HGB), an die Einholung von Urkunden oder Auskünften von Behörden und Trägern öffentlicher Ämter (§ 273 Abs. 2 Nr. 2) sowie ganz allgemein an Hinweise an die Parteien (§ 139), damit diese ergänzende Angaben zum Streitwert machen können. Soweit ein Beweisantrag erforderlich ist, kann dieser von beiden Seiten gestellt werden, da, wie dargelegt, die Festsetzung des Wertes alle Prozessparteien gleichermaßen betrifft. Die Kosten einer Beweisaufnahme sind Kosten des Rechtsstreits. Es ist daher nicht möglich, diese in analoger Anwendung von § 96 ZPO der Partei aufzuerlegen, deren Angaben zum Streitwert sich als unzutreffend herausstellen. 8

Ein Zwang zur Beweisaufnahme besteht grundsätzlich nicht, das Gesetz stellt eine solche vielmehr ausdrücklich in das „freie Ermessen" des Gerichts. Auch wenn es sich insoweit entgegen dem Wortlaut nicht um eine „freie", sondern um eine vor dem Hintergrund von Art. 3 Abs. 1 und Art. 101 Abs. 1 S. 2 GG gebundene Ermessensentscheidung handelt, wird eine Beweisaufnahme schon wegen des zusätzlichen Aufwands an Zeit und Kosten nur in Ausnahmefällen in Betracht kommen. Lässt sich dagegen der Wert des Streitgegenstandes auf andere Weise nicht sinnvoll bestimmen, ist eine Beweisaufnahme nicht nur zulässig, sondern zwingend geboten. 9

Beispielsfall: Klagt z.B. A gegen N auf Herausgabe eines Bildes und behauptet der A, es handele sich um eine unter kommerziellen Gesichtspunkten wertlose Kopie eines Werkes von Picasso mit einem Wert von 200,– €, während N vorträgt, es handele sich um einen „echten Picasso" mit einem Wert von 200.000,– €, ist bereits zur Bestimmung des Zuständigkeitsstreitwertes eine Beweisaufnahme unausweichlich.

Soweit, wie im Regelfall, eine Beweisaufnahme nicht zwingend ist, kann es das Gericht selbstverständlich ausreichen lassen bzw. der Bewertung zugrunde legen, dass ein bestimmter Wert von einer Seite glaubhaft gemacht wird (§ 294) oder es bereits aufgrund des Vortrags der Partei vom angegebenen Wert überzeugt ist (§ 286).[13] Soweit das Gericht jedoch Beweise erhebt, muss es die Förmlichkeiten der Beweiserhebung beachten. Weiterhin muss bzw. darf das Gericht – wie auch sonst – allgemein- bzw. gerichtsbekannte Umstände (z.B. Wechselkurse bei Fremdwährungsschulden[14]) beachten, § 291.

Bei der Bewertung hat das Gericht den gesamten Sachvortrag beider Seiten zu berücksichtigen und gegebenenfalls – im Rahmen von § 139 – weiter aufzuklären.[15] Einen generellen Vorrang einer Seite, z.B. des Klägers bei der Bestimmung des Wertes des Streitgegenstandes, kennt das Gesetz zu Recht nicht, da die Wertfestsetzung für beide Seiten gleichermaßen (grund-)rechtserheblich ist. Dem Kläger steht deshalb zwar alleine die Bestimmung des Streitgegenstandes zu. Wie dieser in einer in Euro ausgedrückten Summe zu bewerten ist, steht dagegen nicht zu seiner Disposition, weshalb er in dieser Hinsicht auch nicht die Erkenntnismittel des Gerichts limitieren darf bzw. kann. 10

12 Es gelten die Regeln über den Freibeweis, vgl. Thomas/Putzo/*Hüßtege* § 3 Rdn. 3.
13 BGH NJW 2015, 873.
14 Dazu Rdn. 17 und § 3 Rdn. 49.
15 BGH MDR 2012, 1307; BGH NJW-RR 2013, 1033.

11 In zeitlicher Hinsicht kommt es auf den Beginn der Instanz an (§ 4 Abs. 1 Hs. 1), für Revision und Nichtzulassungsbeschwerde auf den Tag der letzten mündlichen Verhandlung und den dem Berufungsgericht zu diesem Zeitpunkt unterbreiteten Sachverhalt.[16]

12 Entzieht sich die Bestimmung des Wertes einer „objektiven" Herangehensweise, wie dies beispielsweise häufig bei nichtvermögensrechtlichen Streitigkeiten der Fall ist, oder hängt das wirtschaftliche Interesse an einer Leistung von ihrer beabsichtigen anschließenden Verwendung ab, kann das Gericht auch eine Streitwertangabe durch eine Partei zur Grundlage seiner Festsetzung machen. Maßgeblich ist insoweit für die Bestimmung des Streitwertes das vom Kläger verfolgte Interesse, hinsichtlich des Wertes der Verurteilung, der Beschwer und des Beschwerdegegenstandes kommt es dagegen auf die Interessen der insoweit unterlegenen Partei an. Eine Bindung des Gerichts an die Angaben der Prozesspartei besteht allerdings nicht,[17] insbesondere hat das Gericht zu prüfen, ob die Angaben nachvollziehbar bzw. plausibel sind.[18] Streitwertangaben, die erkennbar willkürlich sind oder nur dazu dienen sollen, eine bestimmte Zuständigkeit zu begründen oder zu vermeiden oder hinsichtlich der Prozesskosten ein bestimmtes Ergebnis zu erreichen, sind nicht zu beachten. Dies gilt in besonderem Maße dann, wenn eine Seite im Laufe des Verfahrens und insbesondere zwischen den Instanzen ihre Einschätzung zum (Streit-)Wert ohne nachvollziehbare Begründung ändert. In diesem Fall sollte das Gericht – wenn überhaupt – die ursprüngliche Einschätzung durch die Partei der Wertfestsetzung zugrundelegen.

Beispielsfall: Kläger A erhebt Klage zum Amtsgericht und gibt in der Klage einen Streitwert von 200,– € an. Zu seiner Überraschung wird die Klage abgewiesen. In der Berufung bewertet er nun den Streitgegenstand (= Beschwerdewert) mit 1000,– €.

In einem solchen Fall muss das Gericht davon ausgehen, dass die veränderte Wertangabe allein zu dem Zweck erfolgt, die Berufungssumme zu erreichen, sofern die Partei keine nachvollziehbare Erklärung für die geänderte Bewertung vorbringen kann. Es verbietet sich für das Gericht, einer solchen Manipulation durch eine Prozesspartei zu folgen. In diesem Fall muss sich vielmehr die Partei an ihrer ersten Einschätzung festhalten lassen. Gleiches gilt, wenn eine Partei die Streitwertfestsetzung erstmals in der Revisionsinstanz beanstandet.[19]

13 Eine Bindung des Gerichts an Parteiangaben zum Streitwert besteht schließlich auch dann nicht, wenn beide Parteien übereinstimmend einen bestimmten Streitwert nennen. Allerdings liegt in diesem Fall das Risiko einer bewusst zu hohen oder zu niedrigen Angabe ferner, so dass das Gericht grundsätzlich die Angaben verwenden darf, sofern keine objektiven Anhaltspunkte für die Unrichtigkeit sprechen.[20]

14 **3. „Freies Ermessen" als Beurteilungsspielraum des Gerichts.** Hat das Gericht alle berücksichtigungsfähigen Umstände in verfahrensrechtlich ordnungsgemäßer Weise[21] in seine Entscheidungsfindung einbezogen, stellt sich die Frage, ob es nunmehr bei der konkreten Festsetzung tatsächlich nach „freiem Ermessen" entscheiden

---

16 BGH VersR 2009, 279.
17 So auch Thomas/Putzo/*Hüßtege* § 3 Rdn. 2.
18 Ähnlich *Schneider* Streitwertwahrheit und Interessenkollision, AGS 2007, 163.
19 BGH GRUR-RR 2012, 232.
20 BGH MDR 2012, 1429; *Schneider* AGS 2007, 163.
21 Dazu oben Rdn. 6 ff.

darf. Für eine solche Freiheit sprechen der Wortlaut sowie die Zielsetzung des historischen Gesetzgebers.[22] Hiervon geht ferner nach wie vor die Rechtsprechung aus, die für sich ein Recht zu einer weitgehend freien Ermessensentscheidung in Anspruch nimmt.[23]

Diese Ansicht ist allerdings unzutreffend. Stünde dem Gericht tatsächlich nach einer ordnungsgemäßen Ermittlung der Grundlagen bei der anschließenden Festsetzung des konkreten Streitwertes, d.h. auf der **Rechtsfolgenseite**, ein „freies Ermessen" zu, wäre es bei seiner Entscheidung weitestgehend ungebunden, solange es nur die Grundlage seiner Beurteilung vollständig und in verfahrensrechtlich richtiger Weise ermittelt hat. Eine solche Freiheit kann dem Gericht aber schon wegen der Grundrechtsrelevanz seiner Entscheidung nicht zustehen. Richtigerweise bringt § 3 Hs. 1 stattdessen nur zum Ausdruck, dass dem Gericht bei der Ermittlung des Wertes in vielen Fällen ein unvermeidlicher Beurteilungsspielraum verbleibt.[24] Der verfahrensordnungsgemäß ermittelte Streitwert ist aber zwingend festzusetzen, insoweit besteht gerade kein Ermessen des Gerichts.

Bereits an anderer Stelle wurde darauf hingewiesen, dass die Wertfestsetzung in **15** vielfältiger Weise die Grundrechte der Verfahrensbeteiligten berührt.[25] So entscheidet die Streitwertfestsetzung über die sachliche Zuständigkeit und damit über den gesetzlichen Richter (Art. 101 Abs. 1 S. 2 GG). Von der Bewertung der Beschwer bzw. des Beschwerdegegenstand kann die Zulässigkeit eines Rechtsmittels abhängen, so dass ein Zusammenhang mit dem auch im Zivilprozess geltenden[26] Gebot wirkungsvollen Rechtsschutzes (Art. 2 Abs. 1 GG i.V.m. Rechtsstaatsprinzip, Art. 19 Abs. 4 GG) besteht. Und schließlich wirkt sich die Festsetzung vermittelt durch die davon abhängenden Gerichts- und Anwaltskosten darauf aus, ob eine Partei überhaupt in der Lage ist, gerichtlichen Rechtsschutz in effektiver Weise in Anspruch nehmen zu können.[27] Vor diesem Hintergrund ist es ausgeschlossen, dass dem Gericht durch § 3 Hs. 1 die „Freiheit" eingeräumt sein könnte, diesen oder jenen Richter zuständig zu machen, die Zulässigkeit eines Rechtsmittels willkürlich zu präjudizieren oder die Parteien nach seinem Ermessen mit höheren oder niedrigeren Verfahrenskosten zu belasten. Richtig ist alleine, dass es andererseits nicht möglich ist, in allen Fällen den „richtigen" Wert mit „naturwissenschaftlicher" Genauigkeit zu bestimmen. Dass den Gerichten gleichwohl in vielen Fällen ein (unvermeidlicher) Beurteilungsspielraum zusteht,[28] der mit einem **freien Ermessen**, diesen oder jenen Wert festzusetzen, allerdings nichts zu tun hat, wird dadurch nicht in Frage gestellt.

Für das Gericht folgt daraus zunächst, dass es die Grundlagen für die Streitwertfest- **16** setzung umfassend und unter Beachtung der oben genannten Verfahrensgrundsätze zu ermitteln hat, um den Beurteilungsspielraum auf das unvermeidliche Minimum zu reduzieren. Ist dies erfolgt, hat das Gericht sich auch außerhalb der eigentlichen Anwendungsfelder an den §§ 4–9[29] sowie den Regelungen des RVG und des GKG zu orientieren, soweit die jeweiligen Rechtsgedanken übertragbar sind. Erst nach diesem Schritt ist sodann der Beurteilungsspielraum des Gerichts eröffnet.

---

22 *Von Seuffert* § 3 Anm. 3; *Skonietzki/Gelpcke* § 3 Anm. 2; ähnlich *Struckmann/Koch* § 3 Anm. 2.
23 BGH NJW 1995, 664; s.a. BGH Beschl. v. 6.2.2014, Az. VII ZB 41/13; BGH NJW-RR 2014, 124.
24 Zur Abgrenzung *Kment/Vorwalter* Beurteilungsspielraum und Ermessen, JuS 2015, 193.
25 Siehe § 2 Rdn. 4 f.
26 S. BVerfGE 91, 181.
27 *Hartmann* Kostengesetze, 45. Aufl. 2015, § 48 GKG Anh I (§ 3 ZPO) Rdn. 6; BVerfG NJW-RR 2000, 946.
28 Wie hier MünchKomm/*Wöstmann* 4. Aufl. 2013, § 3 Rdn. 3; *Lappe* Die Entwicklung des Gerichts- und Notarkostenrechts im Jahre 1985, NJW 1986, 2550, 2558.
29 MünchKomm/*Wöstmann* § 2 Rdn. 15.

17 Soweit für Gegenstände gesetzliche Höchst-, Mindest- oder Richtpreise bestehen, darf das Gericht sich über die dadurch gesetzten Grenzen nicht hinwegsetzen.[30] Ausländisches Geld oder Forderungen sind in Euro umzurechnen. Maßgeblicher Zeitpunkt für die Ermittlung des Wechselkurses ist die Einreichung der Klage bzw. die Einlegung des Rechtsmittels (§ 4 Abs. 1 Hs. 1). Kommt es auf den Wert eines Gegenstandes an, ist regelmäßig der gemeine Verkehrswert festzusetzen,[31] nicht ein Liebhaberpreis o.Ä. Ebenso wenig sind besondere (subjektive) Interessen des Beklagten zu bewerten, auch wenn er Rechtsmittelkläger ist.

18 Bei der Bestimmung des Verkehrswertes reicht es häufig aus, nur den inländischen Markt zu berücksichtigen; bei örtlichen Verschiedenheiten in diesem ist der aus Sicht des Klägers bestmögliche Preis zu Grunde zu legen, der tatsächlich erzielt werden kann. Bei marktgängigen Waren wird sich der Wert der Ware aus dem im Handelsverkehr üblichen Preis bestimmen lassen. Spielen für einen bestimmten Markt nationale Grenzen dagegen – auch mit Blick auf etwaige höhere Transaktionskosten – keine relevante Rolle (z.B. für wertvolle Kunstgegenstände), gibt es keine Beschränkung auf einen „inländischen" Verkehrswert. Bei Wertpapieren ist der Kurswert maßgebend. Gleichzeitig heraus verlangte Gewinnanteilsscheine sind Ansprüche auf Früchte und deshalb nach § 4 Abs. 1 Hs. 2 nicht zu berücksichtigen. Bezugsrechte sind im Kurswert enthalten.

III. Bewertungsgegenstand: Begehren des Klägers bzw. Rechtsmittelführers

19 Eine ausdrückliche Klarstellung ist schließlich hinsichtlich des Bewertungsgegenstandes angezeigt. Dieser wird in § 2 als Streitgegenstand, Beschwer, Beschwerdegegenstand bzw. Verurteilung definiert. Für die jeweilige Bewertung ergibt sich daraus Folgendes:

20 Steht die Bewertung des Streitgegenstandes inmitten, kommt es alleine auf den Klageantrag des Klägers und das damit zum Ausdruck gebrachte Begehren einer Verurteilung an. Einreden, Einwendungen und Gegenrechte des Beklagten bleiben für die Bewertung außer Betracht und zwar auch dann, wenn der Kläger diesen bereits in seinem Antrag – z.B. durch einen Zug-um-Zug-Vorbehalt – Rechnung trägt, da zu diesen Einreden, Einwendungen oder Gegenrechten keine Verurteilung begehrt wird und auch keine ausgesprochen werden kann.[32] Unberücksichtigt bleibt auch, ob etwa das zu leistende Geld endgültig im Vermögen des Klägers verbleibt oder (wie z.B. bei einem Darlehen) wieder zurückzuzahlen ist. Bei einer **Rentenforderung** ist nicht abzusetzen, was infolge Regresses von einem Dritten ersetzt verlangt werden darf.

21 Erst recht außer Betracht zu bleiben hat es für die Bestimmung des Streitwertes, wenn nur der Beklagte eine Zug-um-Zug-Einrede o.Ä. erhebt. Dies gilt auch für die Einrede des Zurückbehaltungsrechts.[33] Konsequenz dieses Grundsatzes ist letztendlich auch § 5, wonach zwar mehrere Ansprüche des Klägers zusammengerechnet werden, nicht aber der Wert von Klage und Widerklage. Erst recht hat dies für Einwendungen zu gelten, die nicht in Form einer Widerklage, sondern nur zur Verteidigung vorgebracht werden. Maßgeblich und zu bewerten ist also immer das, was der Kläger fordert. Für den Beschwerdewert des Rechtsmittelverfahrens kann der Streit über eine Zug um Zug zu erbringende Gegenleistung dagegen streitwertrelevant werden,[34] namentlich dann, wenn

30 OLG Neustadt MDR 1958, 780.
31 OLG Frankfurt MDR 1960, 507.
32 KG JR 1971, 333.
33 OLG Frankfurt MDR 1973, 235.
34 BGH NJW 1973, 654.

z.B. eine unbedingte Verurteilung statt einer Zug-um-Zug-Verurteilung erreicht werden soll oder der Verurteilte die Aufnahme eines entsprechenden Vorbehalts erstrebt.

Die gleichen Grundsätze gelten für den Wert der Verurteilung. 22

Ist der Wert der Beschwer bzw. des Beschwerdegegenstandes festzustellen, ist auf 23 den Antrag bzw. die Perspektive des Rechtsmittelführers abzustellen. Maßgeblich ist die Beschwer, die durch das Rechtsmittel beseitigt werden soll. Diese kann dem Streitwert voll oder auch nur teilweise (z.B. im Falle eines Teilurteils, § 301 ZPO oder bei teilweisem Stattgeben und teilweisem Abweisen der Klage) entsprechen, u.U. kann sie ihn sogar übersteigen. Letzteres kann dann der Fall sein, wenn das Interesse des Beklagten an einer Abwendung der Verurteilung das Interesse des Klägers an der Verurteilung übersteigt. Die Beschwer kann auch darin bestehen, dass statt einer Zug-um-Zug-Verurteilung eine unbedingte Verurteilung angestrebt wird.[35] Soll dagegen die Zug-um-Zug-Verurteilung auf ein Rechtsmittel des verurteilten Beklagten beseitigt werden, kommt es nur auf den Wert der Verurteilung an, der durch den Zug-um-Zug-Vorbehalt nicht gemindert wird. Im Fall von Klage und Widerklage gilt dagegen Folgendes: Ist eine Seite vollständig unterlegen, sind die Werte beider Gegenstände zusammenzurechnen, da der Berufungskläger nunmehr in diesem Umfang eine Beschwer beseitigen will. Ist jede Seite dagegen nur teilweise unterlegen, bleibt es dabei, dass keine Zusammenrechnung stattfindet.

IV. Streitwertfestsetzung in den Instanzen

Das Gericht ist an eine Festsetzung des Zuständigkeitsstreitwertes erst mit der End- 24 entscheidung gebunden sowie bei Erlass eines Zwischenurteil, das die eigene Zuständigkeit ausspricht (§ 318). In allen übrigen Fällen kann das Gericht des ersten Rechtszuges die Streitwertfestsetzung, selbst wenn es sie in einem Beschluss betragsmäßig ausgesprochen hat, noch ändern. Gegen solche nicht bindenden Streitwertbeschlüsse können die Parteien nur Gegenvorstellungen erheben, sie haben kein Beschwerderecht. Wird die Klage wegen sachlicher Unzuständigkeit als unzulässig abgewiesen, ist dagegen das Rechtsmittel der Berufung gegeben. Wird die sachliche Zuständigkeit des angegangenen Gerichts dagegen bejaht, kann dies mit der Berufung nicht angegriffen werden (§ 513 Abs. 2).

In der Rechtsmittelinstanz setzt das Rechtsmittelgericht im Verfahren den Be- 25 schwerdewert (Rechtsmittelstreitwert) eigenständig fest, eine wie auch immer geartete Bindung an die Streitwertfestsetzung der ersten Instanz besteht nicht. Das Verfahren zum Nachweis des erforderlichen Beschwerdewertes regelt § 511 Abs. 2 und 3 sowie für die Beschwerde § 567 Abs. 2. Danach muss im Rechtsmittelverfahren der Wert vom Rechtsmittelkläger glaubhaft gemacht werden (§ 294), wobei er zu der eigenen Versicherung an Eides Statt nicht zugelassen wird. An diese Glaubhaftmachung ist das Gericht (zunächst) gebunden, soweit nicht § 291 durchgreift, doch darf der Gegner des Rechtsmittelklägers gegenglaubhaft machen. Er erleidet aber auch dann keinen Nachteil, wenn er dies nicht tut, sofern die Glaubhaftmachung durch Beweiserhebung im Prozess widerlegt wird, weil auch in diesem Fall das Rechtsmittel als unzulässig zu verwerfen ist. Fehlt es an der Glaubhaftmachung, so ist nach § 3 zu schätzen; gemäß § 2 i.V.m. § 3 kann Beweis erhoben werden, von Amts wegen aber nur durch Augenschein und Sachverständige. Das Risiko, dass weder die Glaubhaftmachung gelingt noch das Vorgehen nach § 3 zu einem ausreichenden Beschwerdewert führt, trägt der Rechtsmit-

35 BGH MDR 2012, 1057.

telführer. Wird die Berufung wegen Nichterreichen der „Erwachsenheitssumme" als unzulässig verworfen, steht das Rechtsmittel der Rechtsbeschwerde zur Verfügung (§ 522 Abs. 1 S. 4).

26 Die Gebührenwertfestsetzung folgt teilweise anderen Regeln als die Festsetzung des Zuständigkeitsstreitwertes oder des Beschwerdewertes und dient dem Zweck, die gesetzlichen Gebühren zu bestimmen. Sie knüpft inhaltlich jedoch an die Streitwertfestsetzung an (§§ 48 Abs. 1, 62 S. 1 GKG), sofern von Gesetzes wegen nichts anderes bestimmt ist. Gleiches gilt für die Festsetzung des für die Rechtsanwaltsvergütung maßgeblichen Gebührenstreitwertes (§ 23 Abs. 1 S. 1 RVG i.V.m. § 48 Abs. 1 GKG, §§ 32, 33 RVG). Anders als die Entscheidung über den Zuständigkeitsstreitwert und den Rechtsmittelstreitwert kann die Festsetzung des Gebührenstreitwertes auch nach Abschluss der Instanz noch geändert werden (§ 63 Abs. 3 GKG). In diesem Fall ist auch eine einheitliche Festsetzung durch das Rechtsmittelgericht für alle Instanzen möglich, solange ein Rechtsmittelverfahren anhängig ist (§ 63 Abs. 3 S. 1 Nr. 2 GKG).

V. Einzelfälle

27 Die Rechtsprechung zu Bewertungsfragen im Rahmen von § 3 ist schlicht unübersehbar, jedoch aufgrund der Maßgeblichkeit der jeweiligen Umstände des Einzelfalles sowie des Beurteilungsspielraums des Gerichts nur begrenzt übertragbar. Im Folgenden werden daher lediglich wesentliche Einzelfälle[36] dargestellt. Sofern nichts anderes mitgeteilt wird, beziehen sich die Angaben auf den Zuständigkeitsstreitwert.

28 **Abänderungsklage:** Es gelten §§ 3 und 9;[37] Grundlage ist die Differenz zwischen dem abzuändernden Vollstreckungstitel und dem jetzt geforderten Betrag zzgl. Rückstand.[38]

29 **Abberufung (aus Geschäftsführung):** Wert ist nach § 3 zu schätzen, keine Gleichsetzung mit Beendigung des Dienstverhältnisses. Maßgeblich ist das Interesse, weiterhin Leitungs- und Lenkungsmacht in der Hand zu halten.[39] Bei Gesellschafter-Geschäftsführer kann Wert des Anteils herangezogen werden.[40]

30 **Abgabe einer Willenserklärung:** Schätzung gem. § 3.

31 **Ablehnung:** Bei Ablehnung eines Richters oder Schiedsrichters voller Wert der Sache.[41] Bei Ablehnung eines Sachverständigen ist der Wert des Beweisgegenstandes nach § 3 zu schätzen sowie zu prüfen, ob sich dieser auf den ganzen oder nur einen Teil des Rechtsstreits bezieht; nach a.A. stets nur $1/3$ bis $1/2$ anzusetzen.[42]

32 **Abnahme der Kaufsache:** Maßgebend ist das nach § 3 zu schätzende Interesse des Klägers an der Abnahme; § 6 ist nicht anwendbar.[43] Bei Kombination mit Kaufpreisklage ist § 5 zu beachten. Beschwer bei Verurteilung des Käufers folgt aus den erwarteten Aufwendungen für die Abnahme.[44]

---

36 Nahezu umfassende Kataloge finden sich bei *Hartmann* § 48 GKG Anh I (§ 3 ZPO) Rdn. 8 ff.; noch eingehender *Schneider/Herget* Streitwert Kommentar, 13. Aufl. 2011.

37 Thomas/Putzo/*Hüßtege* § 323 Rdn. 33; s.a. Thomas/Putzo/*Hüßtege* § 238 FamFG Rdn. 34.

38 OLG Nürnberg FamRZ 2009, 1620; OLG Köln FamRZ 2001, 1385.

39 BGH NJW 1990, 1123; BGH GmbHR 2009, 995.

40 BGH GmbHR 2009, 995; OLG Stuttgart JurBüro 2013, 307.

41 BGH NJW 1968, 796; OLG Düsseldorf NJW-RR 1994, 1086; OLG Frankfurt MDR 2006, 1079; OLG Bremen FamRZ 2011, 1810. **A.A.** aber OLG Frankfurt Beschl. v. 27.5.2011, Az. 19 W 24/11.

42 OLG Frankfurt MDR 1980, 145; OLG München MDR 2010, 1012; OLG Düsseldorf DS 2004, 390.

43 OLG Stuttgart Rpfleger 1964, 162.

44 LG Saarbrücken BeckRS 2013, 12216.

Abrechnung (z.B. § 87c HGB, § 259 BGB): nach § 3 zu schätzen, maßgeblich ist das wirtschaftliche und evtl. auch das ideelle Interesse an ihrer Erteilung. 33

Abtretung: Wird die Abtretung einer Forderung verlangt, ist der Wert der Forderung gemäß § 6 maßgebend,[45] wobei Vorrang von § 9 zu beachten ist. Handelt es sich um einen Zahlungsanspruch, ist der Nennbetrag maßgebend. Dies gilt auch dann, wenn die Abtretung einer verpfändeten Forderung verlangt wird.[46] 34

Allgemeine Geschäftsbedingungen: Bei Verbandsklage im Regelfall 2.500,– € für jede strittige Vertragsklausel,[47] im Einzelfall – bei herausragende Bedeutung der Klausel für die betroffenen Verkehrskreise – aber auch höher (bis zu 25.000,– €).[48] Außerhalb der Verbandsklage § 3. 35

Anerkenntnis: Keine Verringerung des Streitwertes.[49] 36

Anfechtung (AnfG): Forderung des Klägers, wegen der er sich zu befriedigen sucht, ist Höchstgrenze des Streitwertes nach § 6.[50] Ist der Gegenstand, aus dem die Befriedigung gesucht wird, von geringerem Wert, so ist dieser nach § 6 Abs. 1 S. 2 maßgeblich. Ist der Vollstreckungsgegenstand belastet und nimmt der Anfechtende dies hin, so sind diese Lasten wertmäßig abzuziehen. 37

Anfechtungsklage (Beschlussanfechtung): Maßgebend für § 3 ist das Interesse an der Aufhebung bzw. Aufrechterhaltung des angefochtenen (oder möglicherweise nichtigen) Beschlusses, weil allein darüber zu entscheiden ist. Zu beachten ist jedoch für Anfechtungs- und Nichtigkeitsklagen bei Kapitalgesellschaften § 247 Abs. 1 AktG[51] mit den in § 247 Abs. 1 S. 2, Abs. 2 AktG bestimmten Höchstgrenzen, die allerdings für die sachliche Zuständigkeit unerheblich sind (Sonderzuständigkeit der Landgerichte gem. §§ 246 Abs. 3 S. 1, 248 AktG). Bzgl. Gebührenwerte siehe Sonderregeln in § 247 Abs. 2 AktG. § 247 Abs. 1 AktG gilt nicht für Beschlussanfechtungen und Nichtigkeitsklagen gegen Beschlüsse nicht wirtschaftlich ausgerichteter juristischer Personen (v.a. Idealvereine) und Personengesellschaften. 38

Anmeldung zum Handelsregister: s. Handelsregisteranmeldung. 39

Arbeitszeugnis: Erteilung ein Monatsgehalt; Zeugnisergänzung anteilig.[52] 40

Arrest: Nach § 3 zu schätzen (Anordnung, Änderung, Aufhebung), in der Regel $1/3$ der Hauptsache,[53] in jedem Fall begrenzt durch Hauptforderung; Gerichtskosten: § 53 Abs. 1 Satz 1 GKG, bei wiederkehrenden Leistungen § 42 GKG. 41

Aufgebotsverfahren: § 6 nicht anwendbar; Wert zu schätzen, jedenfalls niedriger als die durch die Urkunde verbriefte Forderung.[54] 42

Aufhebung einer Gemeinschaft: Regelmäßig Wert der Hälfte des Anteils des Klägers, wenn die Klage allein der Vorbereitung der Auseinandersetzung dient.[55] Wird Klage auf Auflassung des gemeinschaftlichen Grundstücks an Kläger erhoben, richtet sich Streitwert nach Wert des Anteils des Beklagten am Grundstück.[56] 43

---

45 BGH NJW-RR 1997, 1562.
46 **A.A.** OLG Karlsruhe OLGR Karlsruhe 2006, 497.
47 BGH NJW-RR 2007, 497.
48 BGH ZIP 2014, 96.
49 OLG Düsseldorf FamRZ 1987, 1281.
50 BGH JurBüro 2008, 368.
51 Zur Übertragung auf GmbH s. OLG München GmbHR 2008, 1267; **a.A.** OLG Karlsruhe GmbHR 1995, 300.
52 LAG Nürnberg JurBüro 2014, 76; LAG Köln MDR 2001, 717.
53 OLG Düsseldorf FamRZ 1985, 1155; OLG Koblenz JurBüro 1992, 191; OLG Dresden AGS 2007, 259 mit Nennung weiterer Kriterien. Zu einem Ausnahmefall s.a. OLG Frankfurt RVGReport 2004, 278.
54 LG Berlin Rpfleger 1988, 549.
55 BGH NJW 1973, 50.
56 KG MDR 2008, 1417.

44 **Auflassung:** Maßgebend ist grds. der Verkehrswert des Grundstücks zum Zeitpunkt der Klageerhebung; Einreden/Zurückbehaltungsrechte sind für die Wertfestsetzung nicht zu berücksichtigen.[57] Anders allerdings, wenn allein streitig, ob Kaufpreis restlos gezahlt wurde (Begrenzung des Streitwertes auf Restkaufpreis als verfassungsrechtlich gebotene wirtschaftliche Betrachtungsweise – streitig).[58] Wird nur Auflassung, nicht auch Übergabe begehrt, sind nur 20% des Verkehrswertes anzusetzen.[59] Klage auf Entgegennahme der Auflassung: § 3.

45 **Aufrechnung:** Die Klageforderung ist allein maßgebend für Zuständigkeitsstreitwert. Gerichtskosten: § 45 Abs. 3 und 4 GKG, § 39 Abs. 3 FamGKG; eine Zusammenrechnung erfolgt nur dann, wenn Aufrechnung hilfsweise erfolgt und über die bestrittene zur Aufrechnung gestellte Forderung eine rechtskräftige Entscheidung im Sinne von § 322 Abs. 2 ergeht.[60] Gleiches gilt im Falle eines im Prozess (nicht aber außergerichtlich) geschlossenen Vergleichs.[61] Wegen § 322 Abs. 2 kommt es auf den Zeitpunkt der Entscheidung durch das Gericht an. Keine Werterhöhung bei bloßer Verrechnung unselbständiger Rechnungsposten.[62]

46 **Ausgleichsanspruch (§ 89a HGB):** Maßgebend Zahlungsantrag; bei unbeziffertem Antrag Schätzung auf Grundlage der tatsächlichen Angaben des Klägers.

47 **Auskunftsanspruch (auch Anspruch auf Buchauszüge, Bankauszüge, Rechnungslegung[63] und Erstellung eines Nachlassverzeichnisses[64]):** Nach allg. A. Bruchteil des Wertes des Anspruchs, dessen Durchsetzung mit dem Auskunftsverlangen vorbereitet wird.[65] Der Bruchteil ist zu schätzen anhand der Bedeutung der erstrebten Auskunft für die Anspruchsverfolgung, was wiederum von den bereits vorhandenen Erkenntnissen des Klägers abhängt.[66] Je weniger Kenntnisse der Kläger bisher hat, umso höherer Wert ist anzusetzen.[67] Dient die Auskunft auch noch zur Ermittlung der Höhe des Anspruchs, ist die bisherige Vorstellung des Klägers maßgebend,[68] § 9 ist anwendbar. Entsprechende Grundsätze gelten für Rechtsmittel des Klägers. Die Rechtsprechung nimmt regelmäßig Werte von $^1/_{10}$ bis $^1/_4$ der Hauptsache an.[69]

48 Beschwer des Auskunftspflichtigen richtet sich stets nur nach dem für die Erstellung der Auskunft erforderlichen Zeit- und Sachkostenaufwand,[70] wobei auch bei Einsichtnahme in Geschäftsunterlagen zweier Unternehmen und einem Zeitraum von mehreren Geschäftsjahren 3.000,– € angemessen sein sollen.[71] Persönlicher Zeitaufwand ist nach § 22 JVEG zu bewerten,[72] dies gilt auch dann, wenn eigene Berufstätigkeit betroffen ist.[73] Geheimhaltungsinteresse ist nur bei substantiierter Darlegung eines konkret drohenden Schadens zu berücksichtigen und auch nur dann, wenn auf andere Weise (z.B. teilweises

57 BGH NJW-RR 1996, 828; OLG Köln MDR 2005, 298.
58 OLG Nürnberg, MDR 2011, 514; KG NJW-RR 2003, 787; **a.A.** OLG Köln, MDR 2005, 298.
59 OLG Celle OLGR Celle 2002, 292.
60 BGH NJW-RR 1997, 1157.
61 OLG Karlsruhe MDR 2013, 424.
62 OLG Hamm BauR 2005, 1803.
63 BGH NJW 1964, 2061.
64 KG JurBüro 1973, 151.
65 NJW-RR 2007, 1300.
66 BGH MDR 2011, 1438; BGH NJW 2006, 3060.
67 BGH MDR 2011, 1438.
68 BGH MDR 2011, 1438.
69 BGH Beschl. v. 27.2.2014, Az. III ZR 75/13.
70 BGH NJW 1997, 2528; BGH FamRZ 2014, 27.
71 BGH K&K 2013, 493; anders BGH BB 2012, 219 (€ 10.000,–).
72 BGH FamRZ 2012, 299.
73 BGH NJW-RR 2012, 888.

Schwärzen von Unterlagen[74]) keine Abhilfe möglich ist. Kosten für Hilfskräfte und sachverständige Dritte sind nur zu berücksichtigen, soweit Einschaltung unverzichtbar ist.[75]

Auslandswährung: Maßgeblich ist Zahlungsantrag, der gemäß § 4 Abs. 1 zum Zeitpunkt der Klageerhebung umzurechnen ist. Für Gerichtskosten gilt § 40 GKG. 49

Ausschließung eines Gesellschafters oder Vereinsmitglieds: Das Interesse des Klägers an Feststellung des Ausscheidens oder an der erstrebten Ausschließung ist nach § 3 zu schätzen. Regelmäßig ist nicht Kapitalanteil, sondern der Verkehrswert des Anteils maßgebend.[76] Ist Gesellschafter am Kapital nicht beteiligt, kommt es auf die ihm nach den vertraglichen Vereinbarungen zustehenden Vergütungen (z.B. Geschäftsführungs- und/oder Haftungsvergütung) an;[77] bei Ausschließung aus Verein Bewertung des Einzelfalls gemäß § 48 Abs. 2 Satz 1 GKG. 50

Aussetzung des Verfahrens: Bruchteil des Hauptsachewertes ($^1/_5$ bis $^1/_3$).[78] 51

Bauhandwerkersicherungshypothek: Bei der Eintragung einer Vormerkung ist $^1/_3$ bis $^1/_4$ des Hypothekenrechts anzusetzen.[79] Wird gemäß § 648 BGB auf Bewilligung geklagt, ist der Wert der abzusichernden Forderung heranzuziehen, § 6.[80] Wird zugleich der restliche Werklohn eingeklagt, ist das mit der Klage auf Eintragung der Bauhandwerkersicherungshypothek verfolgte zusätzliche Sicherungsinteresse mit einem Aufschlag von $^1/_3$, bei vorangegangener Vormerkung von $^1/_5$ zu berücksichtigen.[81] 52

Baulandsachen: 1. Enteignung: Bei Streitigkeiten um die Rechtsmäßigkeit eines Verwaltungsaktes findet § 6 Anwendung; entsprechend bei Antrag auf Einleitung des Enteignungsverfahrens. Dabei ist der objektive Verkehrswert maßgebend.[82] 2. Umlegungsverfahren: Fordert Anfechtender ein günstigeres Ergebnis der Umlegung oder ficht er den Umlegungsplan an, beträgt der nach § 3 anzusetzende Wert $^1/_5$ des Verkehrswertes des vom Umlegungsplan betroffenen Eigentums oder anderer dinglicher Rechte des Antragstellers.[83] 53

Bedingte Rechte: Nach § 3 wird der Grad der Wahrscheinlichkeit des Bedingungseintritts geschätzt und mit dem Wert des Rechts multipliziert. 54

Befreiung von einer Verbindlichkeit: Maßgebend ist für § 3 der vom Kläger genannte Geldbetrag der Verbindlichkeit, von der Befreiung erstrebt wird.[84] Diese Grundsätze gelten grds. auch für den Befreiungsanspruch des Bürgen.[85] Treffen dingliche und persönliche Haftung zusammen, findet keine Addition statt. Befreiung eines Gesamtschuldners im Innenverhältnis: Wert des übernommenen Anteils.[86] Bei wiederkehrenden Verbindlichkeiten gilt § 9, nach anderer Ansicht sind die voraussichtliche Dauer und Höhe der Inanspruchnahme zu schätzen.[87] Bestehen Zweifel an der tatsächlichen Inanspruchnahme, ist die wirtschaftliche Bedeutung der Forderung für den Kläger geringer anzusetzen.[88] Wird auch die Befreiung von Zinspflicht begeht: § 4. 55

---

74 BGH MDR 2012, 1307.
75 BGH MDR 2012, 1307.
76 BGH BGHZ 19, 172; BGH ZIP 2009, 1883; OLG Rostock OLGR 2009, 97.
77 BGH WM 2015, 380.
78 BGH NJW 1957, 424; OLG Koblenz VersR 2006, 1140.
79 OLG Bamberg JurBüro 1975, 649.
80 OLG Stuttgart JurBüro 2013, 27.
81 BGH BauR 2011, 1546; **a.A.** OLG Jena IBR 2010, 370 sowie OLG München BauR 2000, 927.
82 BGH NJW 1968, 153; BGH NJW 2000, 80.
83 BGH Beschl. v. 26.11.2009, Az. III ZR 326/08; OLG Karlsruhe NJW-RR 2006, 1250.
84 BGH NJW 1990, 958.
85 OLG Karlsruhe AnwBl. 1973, 168.
86 OLG Hamburg JurBüro 1980, 279.
87 BGH NJW-RR 1995, 197.
88 BGH NJW-RR 2012, 60.

56 **Befristete Rechte:** Bewertung gemäß § 3 zum Zeitpunkt der Geltendmachung unter Berücksichtigung der Befristung (Fälligkeit/Erlöschen).[89]

57 **Bereicherungsanspruch:** § 6 bzw. § 3 gemäß Klageforderung.

58 **Besitz:** § 3, regelmäßig Bruchteil (1/5) des Sachwerts.[90] Herausgabe: § 6. Bei Störung: § 3 entsprechend Interesse an Beseitigung oder Unterlassung,[91] wobei bei Grundstück u.a. auf den behaupteten Wertverlust durch die angebliche Störung abgestellt werden kann.[92] Bei Streitigkeiten im Rahmen eines Miet- oder Pachtverhältnisses ist § 8[93] (und § 41 Abs. 2 und 3 GKG) gegenüber § 6 vorrangig. Bei Abwehr von Emissionen bzw. Ausgleichsforderungen kann im Rahmen von § 3 auf § 41 Abs. 5 GKG zurückgegriffen werden.[94]

59 **Beweisverfahren (selbständiges):** Streitwert entspricht dem des (potentiellen) Hauptsacheverfahrens, sofern Gegenstand identisch ist,[95] ansonsten Teilwert.

60 **Bezugsverpflichtung:** Bei Klage auf Erfüllung ist Ausgangspunkt der Wert der vom Beklagten zu erbringenden Leistung, da auch eine Leistungsklage hierauf gerichtet wäre, nicht lediglich das Gewinninteresse des Klägers. Nach anderer Ansicht soll aus dem Umsatz der erwartete Gewinn abgeleitet werden, der dann – neben weiteren Gesichtspunkten des Einzelfalles – maßgeblich sei.[96]

61 **Bürgschaft:** Bei der Klage gegen den Bürgen ist Wert der Hauptforderung ohne Nebenforderungen maßgebend, § 4 Abs. 1 Hs. 2.[97] Soll eine Bürgschaftsverbindlichkeit festgestellt werden, kommt es nicht darauf an, in welchem Umfang der Bürge voraussichtlich die Hauptschuld abdecken muss, sondern auf die verbürgte Hauptschuld.[98] Klage auf Herausgabe der Bürgschaftsurkunde: Bruchteil der Forderung, § 3,[99] es sei denn, auf diese Weise soll Verpflichtung zum Erlöschen gebracht werden.[100]

62 **Darlehen**: Bei Klage auf Auszahlung, Abnahme oder Rückzahlung aus vertraglichem Anspruch ausstehende Valuta in voller Höhe ohne Berücksichtigung etwaiger Zinsen;[101] ebenso bei Feststellungklage auf Bestehen des Vertrages. Ist Darlehensvertrag nichtig, sind zurückzuzahlenden Zinsen in die Streitwertbestimmung einzubeziehen.[102] Wird mit Klage Unwirksamkeit der Kündigung geltend gemacht, kommt es auf Vorteil des Kündigungsgegners an, den dieser sich vom Fortbestand des Darlehens erhofft. Dieser ist anhand von voraussichtlicher Restlaufzeit und vereinbartem Zinssatz zu bestimmen.

63 **Deckungsprozess:** Streitwert entspricht Anspruch, der gegen den Versicherten tatsächlich geltend gemacht wird[103] bzw. noch gemacht werden kann, einschließlich etwaiger Kosten des Deckungsprozesses.[104] Bei der Bewertung von Rentenansprüchen kommt

89 OLG Köln FamRZ 1989, 417.
90 BGH NJW 1973, 2202 bei Entziehung.
91 OLG Düsseldorf MDR 2012, 1187.
92 BGH GuT 2012, 159.
93 BGH NJW-RR 2013, 718; BGH MDR 2012, 1117.
94 OLG Frankfurt NZM 2008, 822.
95 BGH NJW 2004, 3488; OLG Jena BauR 2001, 1945.
96 Für diese Ansicht Thomas/Putzo/*Hüßtege* § 3 Rdn. 34. OLG Bamberg MDR 1977, 935.
97 BGH MDR 1958, 765.
98 BGH NJW 1962, 2195.
99 OLG Stuttgart JurBüro 1980, 896.
100 OLG Schleswig BeckRS 2014, 11953.
101 BGH NJW 1959, 1493.
102 Siehe auch § 4 Rdn. 37.
103 OLG Frankfurt JB 1962, 423.
104 OLG München VersR 1968, 1083; OLG Nürnberg AnwBl. 1967, einschließlich der Prozesskosten: OLG Nürnberg VersR 1968, 977.

auch für den Deckungsprozess § 9 zum Zuge. Grenze ist die maximale Versicherungssumme.[105]

Dienstbarkeit: § 3; § 7 nicht anwendbar. 64

Dienstverhältnis: Zuständigkeitsstreitwert gem. § 9, im Übrigen § 42 Abs. 2 GKG. 65

Drittschuldnerprozess (§ 840): Wertbegrenzung durch die Höhe der beizutreibenden Forderungen.[106] 66

Duldung der Vollstreckung in ein Grundstück: Grundstückswert.[107] 67

Duldung (einer Handlung) : § 3 wie bei Leistungs- bzw. Feststellungsklage. Zur Duldung der Anlage eines Notwegs siehe dort. 68

Ehesachen: Für die Gerichtskosten siehe §§ 43, 48 FamGKG[108] (Zuständigkeit: Familiensache). 69

Ehrverletzung: § 3 (a.A. § 48 Abs. 2 GKG analog[109]); wird zusätzlich Schadenersatzanspruch geltend gemacht gilt § 5, für Gerichtskosten aber § 48 Abs. 3 GKG. 70

Eidesstattliche Versicherung (§ 259 Abs. 2 BGB): § 3 wie bei Auskunftsanspruch. Beschwer des unterlegenen Beklagten: Aufwand an eigener Zeit (dazu § 22 S. 1 JVEG) und Sachkosten, wobei Kosten für Rechtsanwalt im Einzelfall berücksichtigungsfähig sein können, ebenso wie ein besonderes Geheimhaltungsinteresse.[110] 71

Eigentum/eigentumsähnliche Rechte[111]: Voller Wert der Sache, § 6. Anders bei bloßer Störung: § 3.[112] 72

Eigentumsvorbehalt (Klage auf Herausgabe der Sache): § 6 S. 1, auch wenn noch offener Restkaufpreis geringer.[113] 73

Einsichtnahme (Geschäftsbücher): Siehe Auskunft. 74

Einstweilige Verfügung: Maßgebend ist das Interesse des Antragstellers an der Sicherung des Anspruchs, regelmäßig 1/3 des Wertes der zu sichernden Forderung.[114] Höherer Ansatz, wenn einstweilige Verfügung tatsächlich oder weitgehend einer Vorwegnahme der Hauptsache gleich kommt.[115] Zweifelhaft, ob dies auch im Verfahren zur Aufhebung der einstweiligen Verfügung gilt.[116] Wird lediglich Kostenwiderspruch eingelegt, so sind die bis dahin entstandenen Kosten entscheidend.[117] 75

Eintragungsbewilligung: § 6 (Eigentum/Grundpfandrechte), § 7 (Grunddienstbarkeit) bzw. § 9 (Reallast). 76

Elterliche Sorge: Für Gerichtskosten siehe § 44 Abs. 2 und § 45 Abs. 1 Nr. 1 FamGKG (Zuständigkeit: Familiensache). 77

Energiesperre: Schätzung gemäß § 3.[118] 78

Enteignung: § 6 (Verkehrswert);[119] wird allein weitergehende Entschädigung verlangt, ist Differenzbetrag maßgeblich. 79

---

105 OLG Hamm JurBüro 1991, 1536.
106 *E. Schneider* Problemfälle aus der Prozeßpraxis, MDR 1990, 20.
107 BAG NJW 1969, 1173.
108 Ausführlich dazu Thomas/Putzo/*Hüßtege* § 3 Rdn. 45; *Nickel* Der Verfahrenswert in Ehesachen, FUR 2013, 255; s.a. *Volpert* Die Reform des familiengerichtlichen Verfahrens, RVGReport 2009, 247 und 289.
109 Siehe oben Rdn. 4.
110 BGH NJW-RR 2013, 1033.
111 OLG Köln JurBüro 1973, 854 (Erbbaurecht).
112 BGH NJW 1998, 2368.
113 OLG Frankfurt NJW 1970, 334.
114 OLG Hamm VersR 2011, 1329.
115 OLG Stuttgart MDR 2011, 1316; OLG München JurBüro 2009, 484.
116 So aber OLG Düsseldorf WuM 2011, 246.
117 OLG Nürnberg NJW-RR 2013, 635.
118 OLG Koblenz NZM 2009, 55.
119 BGH NJW 2000, 80.

80 **Erbauseinandersetzung:** Klägeranteil[120] an den streitigen Gegenständen.[121]

81 **Erbbaurecht:** Für Erhöhungsklage gilt § 9;[122] für Heimfallanspruch gilt § 6 entsprechend.

82 **Erbengemeinschaft (Verwaltungsmaßnahme):** Wird mit einer Maßnahme lediglich die ordentliche Verwaltung bezweckt, ist Wert zu schätzen; i.d.R. kann eine einzelne Maßnahme mit 2.500,– € bewertet werden.[123]

83 **Erbenhaftung:** Keine Verminderung des Streitwertes wegen beschränkter Erbenhaftung. Im Übrigen bei Klagen durch Miterben anteilige Reduzierung.[124]

84 **Erbenstellung:** § 3 bzgl. Wert des Erbteils abzüglich etwaiger Pflichtteilsansprüche, sofern diese nicht streitig sind.[125] Feststellung der Stellung als Miterbe: Wert des in Anspruch genommenen Miterbenanteils.[126]

85 **Erbschein:** Bei Klage auf Herausgabe oder Feststellung, § 3. Dabei ist das Interesse des Klägers zu berücksichtigen, die über §§ 2366, 2367 BGB drohenden Nachteile zu verhindern.

86 **Erbteilung (Erbauseinandersetzung):** Grds. Interesse des Klägers an Auseinandersetzung gem. § 3 zu bewerten (a.A. voller Aktivnachlasswert[127]), eigener Nachlassanteil ist daher abzusetzen. Bei Beschränkung auf einzelne Nachlassgegenstände höchstens deren Wert; entsprechendes gilt bei Klage auf Zustimmung zur Auseinandersetzung[128] bzw. Klage eines Miterben auf Mitwirkung bei der Auflassung an einen Dritten.[129] Klagt ein Miterbe gegen einen anderen Miterben auf Auflassung eines Grundstücks, so ist der Wert des eigenen Miterbenanteils abzusetzen.[130] Entsprechendes kann bei Klage einzelner Miterben auf Rückgabe an Erbengemeinschaft gelten.[131]

87 **Erbunwürdigkeit:** Geht es um die Erbunwürdigkeit des Beklagten, so ist dessen Anteil im Streit;[132] nach anderer Ansicht Schätzung der vom Kläger für sich persönlich erstrebten Besserstellung, bei Miterbenschaft daher nur anteilig.

88 **Erbvertrag:** Der Streitwert für eine Klage auf Feststellung der Unwirksamkeit des Rücktritts vom Erbvertrage ist der volle Wert des Vermögens/Nachlasses.[133]

89 **Erfindervergütung:** Beziffèrter Antrag bzw. bei fehlender Bezifferung Schätzung gemäß § 3 auf Grundlage des klägerischen Sachvortrags.[134]

90 **Erledigung:** s. § 91a.

91 **Erledigungserklärung („einseitige"):** Bisher angefallene Kosten des Rechtsstreits.[135]

92 **Ermessen (Zahlungsantrag im Ermessen des Gerichts):** Wird die Höhe einer Zahlung in das Ermessen des Gerichts gestellt, ist danach zu entscheiden, ob der Kläger zumindest eine Mindestsumme angibt, wobei eine Bezifferung in der Begründung genügt.

120 BGH NJW 1975, 1415.
121 BGH NJW 1969, 1350.
122 BGH NJW-RR 2012, 1041.
123 BGH AGS 2013, 524.
124 Siehe näher Thomas/Putzo/*Hüßtege* § 3 Rdn. 58 m.w.N.
125 BGH Rpfleger 1975, 127.
126 BGH ZEV 2011, 656.
127 BGH NJW 1962, 914.
128 OLG Celle Rpfleger 1961, 211.
129 BGH NJW 1956, 1071.
130 BGH NJW 1972, 909.
131 BVerwG VIZ 1999, 733.
132 BGH NJW 1970, 197.
133 **A.M.** OLG Celle NJW 1962, 540: ¼ des reinen Vermögens.
134 BGH GRUR 2012, 959.
135 BGH FamRZ 1990, 1225.

Ist dies der Fall, ist diese für den Streitwert maßgebend, sofern diese oder weniger zugesprochen oder die Klage abgewiesen wird.[136] Wird zu einer höheren Zahlung verurteilt, ist diese für den Streitwert heranzuziehen. Fehlt eine Mindestangabe, ist die Höhe der Verurteilung maßgebend.[137] Wird die Klage in einem solchen Fall abgewiesen, ist der Streitwert zu schätzen,[138] wobei dafür zu unterstellen ist, dass die das Begehren begründenden Behauptungen des Klägers zutreffen.[139]

Familiensachen: Im Einzelnen Thomas/Putzo/*Hüßtege* § 3 Rdn. 64; s.a. *Volper*, Die Reform des familiengerichtlichen Verfahrens, RVGReport 2009, 247, 289, 366, 403. 93

Feststellungsklage: Das wirtschaftliche Interesse des Klägers ist anhand seiner Angaben zur begehrten Feststellung zu schätzen, § 3.[140] Bei positiver Feststellungklage kann der Wert nicht höher als bei Leistungsklage sein; bei Kombination von Teilleistungsklage und Feststellungsklage zählt der höhere Wert.[141] Im Übrigen streicht die Rechtsprechung bei positiven Feststellungsklagen rund 20% ab.[142] Im Einzelfall höherer Abschlag denkbar, insbesondere wenn Durchsetzung mit Blick auf Vermögensverhältnisse des Beklagten zweifelhaft ist. Geht es um eine Schadenersatzpflicht und ist Schaden noch nicht eingetreten, ist Abschlag anhand des Risikos des Schadenseintritts und der drohenden Schadenshöhe zu bemessen.[143] Bei negativer Feststellungsklage ist Streitwert so hoch wie bei Leistungsklage hinsichtlich der Ansprüche, deren Nichtbestehen festgestellt werden soll.[144] 94

Fischereirecht: § 3 – Ausgangspunkt ist Wert des Rechts.[145] 95

Freistellung: Siehe oben Rdn. 55 (Befreiung von einer Verbindlichkeit). 96

Geldforderung: s. Zahlungsantrag; wird auf Zahlung in ausländischer Währung geklagt, ist Beginn der Instanz maßgeblicher Zeitpunkt (§ 4 Abs. 1 Halbsatz; für Gebührenstreitwert jeweilige Instanz: § 40 GKG), zu dem in Euro umzurechnen ist. 97

Gesamtschuldnerschaft: Keine Addition, wenn Gesamtschuldner gemeinsam in Anspruch genommen werden. 98

Gesellschaftsverhältnisse: Ausscheiden und Ausschließung siehe oben Rdn. 50; gleiches gilt bei Streit über Wirksamkeit der Anteilseinziehung.[146] Bei Übertragung und anderen Fällen ist Verkehrswert der Beteiligung maßgeblich. 99

Gewerblicher Rechtsschutz: Schätzung gemäß § 3; Einzelheiten bei Thomas/Putzo/*Hüßtege* § 3 Rdn. 77 m.w.N. 100

Grundbuch: Ansprüche auf Eintragungsbewilligung (§ 19 GBO) und Berichtigung (§ 894 BGB) sind nach dem Wert des betreffenden Rechts anzusetzen. 101

Grunddienstbarkeit: § 7; im Übrigen Wert nach § 3 zu schätzen, den Eintragung, Änderung oder Aufhebung für das herrschende bzw. dienende Grundstück hat.[147] Wird Beseitigung einer Beeinträchtigung erstrebt, sind Wert des Rechts und Interesse an der Beseitigung des beanstandeten Zustands jeweils gem. § 3 zu schätzen und zu addieren.[148] 102

---

136 OLG München NJW 1961, 1122.
137 OLG München VersR 1974, 347.
138 OLG Frankfurt JurBüro 1973, 443.
139 KG VersR 1969, 1120.
140 OLG Karlsruhe MDR 2012, 1493.
141 BGH NJW-RR 2013, 1022.
142 BGH NZBau 2012, 566.
143 BGH NJW-RR 1991, 509.
144 BGH NJW-RR 2005, 938.
145 BGH MDR 1969, 916; GuT 2011, 63.
146 BGH BeckRS 2014, 17006.
147 BGH ZfIR 2014, 492.
148 BGH Beschl. v. 12.7.2012, Az. V ZR 19/12.

103 **Grundpfandrechte (Löschung):** Siehe Rdn. 126 (Löschung von Grundbuchrechten).

104 **Grundschuld (allgemein):** Siehe § 6.

105 **Gütergemeinschaft:** Siehe § 35 FamGKG.

106 **Handelsregisteranmeldung:** Wert einer Mitwirkung wird nach § 3 geschätzt, wobei die Höhe der Einlage oder des Gesellschaftsanteils ein bloßer Anhaltspunkt ist.[149] Da Eintragung im Handelsregister zu keiner materiellen Klärung führt, ist regelmäßig nur ein geringer Streitwert anzunehmen.[150]

107 **Handelsvertretervertrag (Klage gegen Kündigung):** Provisionsausfall bis zum Zeitpunkt der nächstmöglichen ordentlichen Kündigung; bei Feststellungsklage 20% Abschlag.[151]

108 **Handlungen (Klage auf vertretbare und unvertretbare):** § 3 unter Zugrundelegung des Interesses des Klägers.

109 **Haupt- und Hilfsantrag:** Vgl. § 5; für Gebührenstreitwert siehe §§ 45 Abs. 1 Satz 2 und 3 GKG, § 39 Abs. 1 Satz 2 und 3 FamGKG. Ansprüche sind zusammenzurechnen, wenn das Gericht auch über den Hilfsanspruch entscheidet. Anderes gilt dann, wenn beide Ansprüche denselben Gegenstand betreffen. Wird in einem solchen Fall über Hilfsantrag entschieden, ist der Anspruch mit dem höheren Wert maßgebend.[152] Beschwer: Wird dem Hauptantrag stattgegeben, so ist der Kläger nicht beschwert. Wird nur dem Eventualantrag stattgegeben, so ist der Kläger wegen des Hauptantrags beschwert, hat das Rechtsmittel aber nur, wenn insoweit die Rechtsmittelsumme erreicht wird.

110 **Hausrat:** § 48 FamGKG (Zuständigkeit: Familiensache).

111 **Herausgabe (Sachen und Wertpapiere):** § 3 bei Herausgabe zum Zweck der Eigentumsübertragung, Maßstab ist Verkehrswert. § 6 bei bloßer Besitzverschaffung auf Grundlage anderer Verträge (z.B. Miete, Pacht, andere Nutzungsverhältnisse) oder Eigentum. Bei Sicherungsübereignung entscheidet Betrag der gesicherten Forderung.[153] Bei Wertpapieren entscheidet Wert des verbrieften Rechts (§ 6).

112 **Herausgabe (sonstige Urkunden):** Für Urkunden, die nicht Wertpapiere sind (z.B. qualifizierte Legitimationspapiere), gilt § 3.[154] Maßgeblich ist damit das vom Kläger mit der Herausgabe verfolgte Ziel, so dass in der Regel $1/10$ bis $1/4$ des potentiell nachfolgenden Hauptsacheanspruchs anzusetzen ist. Bei Rückgabe einer Bürgschaftsurkunde kommt es darauf an, wie groß die Gefahr einer missbräuchlichen Inanspruchnahme ist. Fehlt diese, ist nur ein Erinnerungswert (5%) anzusetzen.[155]

113 **Hinterlegung:** Bei Klage auf Vornahme ist der Wert nach § 3 zu schätzen. Bei Klage auf Einwilligung zur Herausgabe gilt § 6; anzusetzen ist somit der Wert der Sache[156] bzw. die hinterlegte Summe, soweit nicht das Begehren des Beklagten geringer ist.[157] Hinterlegungszinsen, deren Freigabe neben der Auszahlung der Hinterlegungssumme erreicht werden soll, zählen nicht zu den Nebenforderungen nach § 4.[158]

114 **Hypothek:** Wird um das Bestehen, die Berechtigung oder den Rang einer Hypothek gestritten, so kommt es auf den Nennbetrag an, bei einer Höchstbetragshypothek (§ 1190 BGB) auf Höchstbetrag. Identisches gilt für Grundschulden.

---

149 BGH BB 1979, 647.
150 OLG Karlsruhe NJW-RR 2007, 1046.
151 OLG Köln OLGR Köln 2001, 373.
152 OLG Köln NJW-RR 2012, 615; OLG Nürnberg MDR 1980, 238.
153 BGH NJW 1953, 1870.
154 BGH NJW-RR 1994, 758.
155 OLG Düsseldorf BauR 2014, 1517.
156 KG JurBüro 1978, 427.
157 OLG Frankfurt NJW 1970, 2119.
158 BGH NJW 1967, 930; OLG Nürnberg NJOZ 2003, 1.

Immissionen: Bei einer Unterlassungsklage gemäß § 906 BGB bzw. Schadensersatzklage ist gemäß § 3 die Wertminderung des belasteten Grundstücks zu schätzen, die während der voraussichtlichen Dauer der Immissionen eintreten wird oder eingetreten ist.[159] Abweichendes gilt bei der Besitzstörungsklage des Mieters.[160] 115

Insolvenz: Siehe §§ 182, 184 InsO. Bei Klage auf Feststellung zur Tabelle der Betrag, der bei Verteilung der Masse zu erwarten ist,[161] Abschlag von bis zu 75% ist i.d.R. gerechtfertigt.[162] Ist Gegenstand der anfechtbaren Leistung in vorrangiger Weise belastet, wird Belastung abgesetzt. 116

Kindschaftssachen: Gerichtskosten siehe §§ 44 Abs. 2, 45, 46 FamGKG[163] (Zuständigkeit: Familiensache). 117

Klageänderung: Zulässige Klageänderung führt zu Änderung des Streitwertes, was im Ausnahmefall (§ 506) auch zur Änderung des Zuständigkeitsstreitwertes führen kann; ansonsten gilt § 261 Abs. 3 Nr. 2. Im Übrigen werden Streitwerte für die jeweiligen Zeiträume getrennt festgesetzt und nicht addiert,[164] was allerdings wiederum nicht für Gerichtskostenstreitwert gilt.[165] Ist Klageänderung unzulässig, verbleibt es beim alten Streitwert.[166] 118

Klagehäufung (objektive und/oder subjektive): Vgl. § 5, der in den Fällen der §§ 59, 60 und § 260 anzuwenden ist. 119

Klagerücknahme: Bei Streit über Wirksamkeit der Klagerücknahme Wert der Hauptsache, im Übrigen bis dahin entstandene Kosten. 120

Kosten: § 4 Abs. 1 Hs. 2. 121

Kostenfestsetzungsverfahren: Kostenbetrag, der festzusetzen ist, ist Streitwert. 122

Kündigung: Bei Klage auf Unwirksamkeit einer Kündigung eines Dienstverhältnisses (z.B. Geschäftsführungsposition) kann grds. dreifacher Jahresbetrag der wiederkehrenden Vergütungsleistung angesetzt werden, sofern vor Ablauf von drei Jahren keine ordentliche Beendigung möglich gewesen wäre.[167] Bei Kündigung eines Arbeitsverhältnisses ist dagegen Höhe des Vierteljahres-Bruttoarbeitsentgelts anzusetzen.[168] 123

Künftige Leistung: Kein Abzug wegen Leistungszeitpunkt in der Zukunft, und zwar auch dann, wenn Beklagter nur die Fälligkeit der Forderung bestreitet.[169] 124

Leistungsklage: Ob auf Erfüllung, Leistung oder Duldung geklagt wird, ist gleich zu bewerten. 125

Löschung von Grundbuchrechten: 1. Grundpfandrechte: Grds. Nennbetrag ohne Rücksicht auf Bestand und Höhe der gesicherten Forderung.[170] Wegen des Gebots effektiven Rechtsschutzes dagegen nur 20% des Nennbetrages, wenn (i) Grundschuld unstreitig nicht mehr valutiert[171] oder (ii) Höhe der Valutierung unstreitig ist und ihr durch einen Zug-um-Zug-Antrag Rechnung getragen wird.[172] Zuschläge sind aber bei konkreten 126

159 BGH GuT 2010, 128; OLG Schleswig JurBüro 1973, 637; OLG Koblenz JurBüro 1995, 27.
160 OLG Frankfurt NJW-RR 2008, 534.
161 Hess. LAG, ZIP 2014, 444.
162 BGH NJW-RR 2014, 350.
163 Näher Thomas/Putzo/*Hüßtege* § 3 Rdn. 92.
164 KG Rpfleger 1968, 289.
165 OLG Celle NJOZ 2008, 2277.
166 OLG Bamberg MDR 2013, 624.
167 OLG Rostock NZG 2014, 586; OLG Stuttgart OLGR Stuttgart 2003, 149.
168 Säch. LAG AE 2006, 303.
169 OLG Hamburg MDR 1973, 335.
170 OLG Düsseldorf MDR 1999, 506; OLG Frankfurt JurBüro 1977, 720.
171 BVerfG NJW-RR 2000, 946; OLG Rostock OLGR Rostock 2009, 969.
172 OLG Stuttgart MDR 2010, 778.

weiteren Nachteilen des Klägers denkbar.[173] 2. Andere Rechte werden nach § 3 geschätzt und in der Regel bei 1/10 bis 1/4 des Grundstückswertes angesetzt.[174]

127 **Mängelbeseitigung:** Kosten der ansonsten notwendigen Selbstvornahme.[175]

128 **Markenverletzungsklage:** Schätzung gem. § 3 unter Berücksichtigung von Umsatzrückgang, des Verlusts eines Teiles der Kunden,[176] der Gefahr des Verlustes der Weltgeltung der Marke und des Reingewinns des Verletzers.

129 **Mietstreitigkeiten:** Für Zuständigkeitsstreitwert siehe § 8 sowie im Einzelfall § 9 analog, wobei für Zuständigkeit bei Mietstreitigkeiten über Wohnraum § 23 Nr. 2 lit. a GVG zu beachten ist. Für Gerichtskosten siehe § 41 GKG. Im Übrigen ausführlich dazu Thomas/Putzo/*Hüßtege* § 3 Rdn. 101 ff.

130 **Miterbe:** Bei Klage auf Zustimmung zum Auseinandersetzungsplan gilt nicht der Wert des Nachlasses, sondern das Interesse des Klägers.[177] Bei Streit um einzelne Gegenstände ist nur der Wert dieser maßgebend. Feststellung der Stellung als Miterbe: Wert des in Anspruch genommenen Miterbenanteils.[178]

131 **Nachverfahren (§ 600):** Maßgebend ist derjenige Wert, dessentwegen das Gericht dem Beklagten die Ausführung seiner Rechte vorbehalten hat.

132 **Nebenintervention:** Das Interesse des Streitgehilfen entspricht regelmäßig dem seiner Hauptpartei,[179] weshalb Streitwert wie für Hauptsache anzusetzen ist, sofern Nebenintervenient die gleichen Anträge stellt wie die von ihm unterstützte Partei.[180] Dies gilt allerdings uneingeschränkt nur dann, wenn auch das materielle Interesse des Streithelfers die Anträge in gleicher Weise abdeckt[181] (streitig). Stellen Nebenintervenienten nicht dieselben Anträge wie die unterstützte Partei, ist gemäß § 3 zu schätzen, welches Interesse im Obsiegen der unterstützten Partei besteht.[182]

133 **Negative Feststellungsklage:** Siehe oben Rdn. 94 (Feststellungsklage). Der Streitgegenstand und damit der Wert des Streitgegenstandes der negativen Feststellungsklage deckt sich mit dem positiven Begehren des Beklagten bzw. dessen Wert, sofern er Kläger wäre,[183] also bei der bezifferten negativen Feststellungsklage mit der Bezifferung.

134 **Negatorische Klagen:** § 3 bzgl. wirtschaftlichem Wert der Beeinträchtigung (z.B. Minderung des Wertes eines Grundstücks durch Störung). Dasselbe gilt für die Besitzstörungsklage.

135 **Nichtigkeitsklage (Gesellschafterbeschlüsse):** Siehe Rdn. 38 (Anfechtungsklage).

136 **Nichtigkeit eines Vertrages:** Zu bewerten sind die Leistungen, welche der Kläger erhält, wenn er obsiegt, maW die er zurückfordern darf bzw. von denen er freigestellt wird (u.U. auch Schadensersatzansprüche wegen Nichterfüllung),[184] wobei sein Gesamtinteresse an der Vertragsbeseitigung zu berücksichtigen ist.

137 **Nießbrauch:** Bei Klage auf Einräumung gilt § 3;[185] ebenso bei Erfüllung, Aufhebung und Löschung. Hier ist Nettoertrag für die voraussichtliche Dauer zugrundezulegen.[186]

---

173 OLG Celle MDR 2005, 1196; OLG Nürnberg NJW-RR 2009, 1315.
174 OLG Bamberg JurBüro 2012, 249.
175 BGH Beschl. v. 6.2.2014, Az. VII ZB 41/13.
176 OLG Düsseldorf WRP 1962, 24; OLG Celle DB 1962, 1565.
177 BGH NJW 1975, 1415.
178 BGH ZEV 2011, 656.
179 BGH NJW 1960, 42; OLG München AnwBl. 1973, 359; LG Köln MDR 1966, 423.
180 BGH JurBüro 2013, 477; OLGR Hamm 2007, 607.
181 OLG Köln MDR 2004, 1025.
182 OLG Schleswig MDR 2009, 56.
183 BGH NJW 1970, 2025; BGH NJW 1951, 801; BAG NJW 1961, 2133; OLG München MDR 1963, 144.
184 OLG Koblenz NJW 1953, 1918.
185 BGH NJW-RR 1988, 395.
186 Thomas/Putzo/*Hüßtege* § 3 Rdn. 111.

Notweg (Anspruch auf Duldung): In entsprechender Anwendung von § 7 Alt. 1 ist nach § 3 zu schätzen, welche Wertsteigerung das Grundstück durch die Duldungspflicht des Nachbargrundstücks erfährt.[187] 138

Organmitgliedschaft: Bei Feststellungsklage, ob Kläger Organ (z.B. Aufsichtsrat) der Beklagten angehört, sind die Bezüge und sonstige sich aus der Organstellung ergebende wirtschaftliche Vorteile zu bewerten. Nicht heranzuziehen sind Vorteile, die aus Anstellungsvertrag folgen. 139

Örtliche Zuständigkeit (Streit um): Streitwert des Verfahrens.[188] 140

Patentsachen: Siehe *Rojahn/Lunze* Die Streitwertfestsetzung in Patentsachen – Ein Mysterium, MittdtschPatAnw 2011, 533. 141

Pflichtteil: Bei der Klage auf Anerkennung des Pflichtteilsrechts Wert des Pflichtteils, bei der Ergänzung des Pflichtteils eines Miterben indes nur die Differenz des Pflichtteils und des zugewiesenen Erbteils. 142

Rangtausch von Grundpfandrechten: § 6 – voller Wert des nachrangigen Grundpfandrechts, sofern Grundstückswert nicht niedriger.[189] 143

Räumung: Siehe § 8 bzw. § 9 bei Miete und Pacht. Bei Klage aus § 985 BGB gilt § 6. 144

Reallast: Es gilt § 9; keine Addition nach § 5, wenn Rente und zu ihrer Sicherung eine Reallast verlangt wird. 145

Rechnungslegung: Siehe Rdn. 47 (Auskunft) und Rdn. 71 (Eidesstattliche Versicherung). 146

Rohstoffe: Wert einer Klage auf Lieferung von Rohstoffen richtet sich nach dem bei Einreichung geltenden Börsenkurs/Marktwert.[190] 147

Schadensersatz/Schadensbeseitigung: Bei bestimmter Leistungsklage eingeklagter Betrag; bei unbezifferter Klage oder Naturalrestitution Schätzung nach § 3 (unter Berücksichtigung der Wahrscheinlichkeit eines Schadenseintritts und der Höhe des drohenden Schadens). Bei Dauerschuldverhältnissen (z.B. Miete): § 9. 148

Schiedsverfahren: Verfahren über Berechtigung der Schiedseinrede Teilwert, in der Regel 1/4;[191] Gleiches gilt für Bildung des Schiedsgerichts. Vollstreckbarkeitserklärung des Schiedsspruchs richtet sich nach dessen Inhalt in der Hauptsache. Für Vollstreckung von Kostenersatz gilt § 4, sofern dieser nicht isoliert geltend gemacht wird. 149

Schmerzensgeld: Klageforderung maßgebend, sofern konkreter Betrag gefordert. Zu Ermessensentscheidungen allg. siehe Rdn. 92. 150

Selbständiges Beweisverfahren: Siehe oben Rdn. 59 (Beweisverfahren). 151

Sicherheitsleistung: Bei Ausländersicherheit (§ 110) gilt der Wert der Hauptsache,[192] ebenso bei einem Zwischenstreit hierüber.[193] 152

Streitgenossen: siehe § 5. 153

Stufenklage (§ 254): Der Zuständigkeitsstreitwert richtet sich nach § 5 Hs. 1, d.h. maßgebend ist der werthöchste Anspruch, sofern alle Anträge bereits unbedingt gestellt wurden.[194] Wird mit einem Auskunftsanspruch zugleich auch schon der (noch unbezifferte) Zahlungs- oder anderweitiger Leistungsanspruch rechtshängig gemacht, ist der 154

187 BGH MDR 2014, 461.
188 KG MDR 1957, 366; LG Braunschweig NJW 1973, 1846, bei sachlicher Unzuständigkeit; dagegen OLG Düsseldorf Rpfleger 1972, 463.
189 OLG Frankfurt Rpfleger 1956, 318.
190 BGH NJW-RR 1991, 1210 (Gold).
191 KG NJW 167, 55; OLG Karlsruhe Justiz 1967, 198.
192 BGH NJW 1962, 345.
193 OLG Hamburg MDR 1974, 53.
194 OLG Celle FamRZ 2011, 1968; OLG Celle FamRZ 2009, 1855; OLG Stuttgart FamRZ 2008, 534; OLG Brandenburg NWR 2002, 536.

höhere der beiden Ansprüche auch für die Gerichtskosten entscheidend (§ 44 GKG, § 38 FamGKG). Wird kein bestimmter Leistungsanspruch gestellt, ist Wert des noch unbestimmten Anspruchs auf der Grundlage der klägerischen Angaben und seiner Erwartungen bei Beginn des Verfahrens zu schätzen.[195] Erfolgt später Bezifferung, ist diese maßgebend. Kommt es zu keinem Leistungsantrag, bleibt der Auskunftsantrag alleine maßgebend.

155 **Teilklage:** Maßgebend ist ausschließlich der geltend gemachte Teilanspruch.

156 **Testament (Nichtigkeit):** Steht die Wirksamkeit eines Testaments im Streit, ist der wirtschaftliche Wert des (potentiellen) Erbrechts des Klägers maßgebend.[196]

157 **Testamentsvollstrecker:** Sind Bestehen des Amtes oder dessen Befugnisse umstritten, ist Wert gemäß § 3 zu schätzen. Richterweise kommt aber nur ein Bruchteil des Nachlasses als Streitwert in Betracht.[197]

158 **Überbau:** Schätzung gemäß § 3. Wird Recht zum Überbau geltend gemacht, siehe § 7.

159 **Unbezifferter Zahlungsantrag:** Siehe Rdn. 92 (Ermessen).

160 **Unlauterer Wettbewerb:** Im unlauteren Wettbewerb kommt die Bewertung der Handlung gegenüber den gesamten Wettbewerbern in Betracht. Die Rechtsprechung hat nach dem Interesse der Mitglieder eines Verbandes und bei gemeinnützigen Verbänden unter dem Gesichtswinkel der „Allgemeinheit" gewertet. Zu Einzelheiten siehe Thomas/Putzo/*Hüßtege* § 3 Rdn. 77.

161 **Unterhalt:** Siehe § 9. In Familiensachen ist für Zuständigkeit jedoch § 111 Nr. 8 FamFG i.V.m. § 23a Abs. 1 S. 1 Nr. 1 GVG zu beachten. Für Gerichtskosten siehe § 51 FamGKG.

162 **Unterlassung:** Es gilt § 3, zu schätzen ist also, welches Interesse der Kläger daran hat, dass die inkriminierten Handlungen unterlassen werden.[198] Teilweise wird wegen einer auch in die Vergangenheit zurückreichenden Feststellungwirkung eines möglichen Unterlassungsurteils diese in die Streitwertbemessung einbezogen. Feststellungswirkung ist dann gesondert zu schätzen, gegenüber einer isolierten Feststellung ist jedoch ein Abschlag von 20 % zu machen.[199] Beschwer: Entscheidend ist, in welcher Weise sich das ausgesprochene Verbot zum Nachteil der verurteilten Partei auswirkt. Dagegen kommt es nicht darauf an, ob über grundsätzliches Bestehen der Unterlassungspflicht oder über Verletzung einer unstreitig bestehenden Unterlassungspflicht gestritten wird.[200]

163 **Urkunde:** Bei Feststellungsklage bzgl. Echtheit oder Unechtheit gilt § 3; ebenso bei Klage auf Vorlegung zur Einsichtnahme[201] oder Herausgabe, wenn damit die Durchsetzung eines Anspruchs vorbereitet oder vereitelt werden soll. In diesen Fällen hat Bewertung wie bei Auskunftsverlangen zu erfolgen.[202] Bei dem Begehren nach Rückgabe einer Bürgschaftsurkunde kommt es darauf an, wie groß die Gefahr einer missbräuchlichen Inanspruchnahme ist. Fehlt diese, ist nur ein Erinnerungswert (5%) anzusetzen.[203]

164 **Vaterschaft:** § 47 FamGKG (Zuständigkeit: Familiensache).

---

195 OLG Schleswig FamRZ 2013, 240; wohl **a.A.** BGH NJW-RR 1998, 1615 bzgl. des Zeitpunkts.
196 BGH NJW 1956, 1877.
197 BGH NJW-RR 2004, 724.
198 OLG Hamm NJW-RR 2013, 1023.
199 BGH NJW 1969, 1117.
200 BGH Beschl. v. 25.9.2013, Az. VII ZB 26/11.
201 OLG Köln MDR 1983, 321.
202 Dazu oben Rdn. 47 f.
203 OLG Düsseldorf BauR 2014, 1517; KG AGS 2002, 126.

Verfügungsverbot (Veräußerungsverbot): Voller Wert des Vermögensgegenstandes bei endgültigem Verfügungsverbot,[204] im einstweiligen Rechtsschutz in der Regel nur $^1/_3$.[205] 165

Vergleich (Streit um Wirksamkeit eines gerichtlichen Vergleichs): Entspricht Streitwert nach den letzten Anträgen des angeblich verglichenen und hierdurch beendeten Verfahrens.[206] Gegenstandswert des Vergleiches ist zu unterscheiden vom Gegenstandswert des beendeten Verfahrens. Anderes gilt deshalb, wenn – u.U. im Rahmen von § 256 Abs. 2 ZPO – die Wirksamkeit des Vergleichs festgestellt werden soll. Dann kommt es auf Inhalt des Vergleichs an, dessen Wert höher als ursprünglicher Streitwert sein kann, wenn in Gesamtvergleich Gegenstände einbezogen wurden, die nicht rechtshängig waren.[207] Vergleichswert ergibt sich dann aus Addition (§ 5) aller durch den Vergleich erledigten bzw. geregelten Ansprüche ohne Rücksicht darauf, ob sie rechtshängig waren.[208] 166

Versicherung: Ist der Bestand einer Versicherung streitig, ist die gesamte Versicherungsleistung (ggf. die Versicherungssumme) Streitgegenstand, nicht der Rückkaufswert. Klagt die Versicherung auf Prämienzahlung, gilt § 9 S. 1.[209] Im Deckungsprozess bzw. bei Geltendmachung eines Befreiungsanspruchs ist Leistungsantrag maßgebend. Zu Einzelheiten *Cuypers* Die Streitwertbemessung und Zuständigkeit des Gerichts, MDR 2012, 381. 167

Versorgungsausgleich: Siehe § 50 FamGKG (Zuständigkeit: Familiensache) sowie *Keuter* Praxisfragen zum Verfahrenswert in Versorgungsausgleichsachen, FamRZ 2011, 1026 ff. 168

Vertriebsbindung: § 3. Maßgeblich sind Gefährlichkeit eines Verstoßes für den Bindenden bzw. wirtschaftliche Nachteile für den Gebundenen. 169

Vollstreckungsabwehrklage: Wert der tenorierten Forderung, sofern Titel nicht nur teilweise angegriffen wird.[210] 170

Vollstreckungsklausel (Klage auf Erteilung): Wert der zu vollstreckenden Verurteilung.[211] Im Verfahren nach § 718 ist Streitwert, was der Kläger als Sicherheitsleistung begehrt.[212] Im Falle des § 887 ist der volle Streitwert maßgeblich, ebenso in dem Fall des § 888.[213] 171

Vollstreckungsverfahren: Forderung, die vollstreckt wird bzw. werden kann, bestimmt (Streit-)Wert. Das gilt auch für das Verfahren auf Abgabe einer eidesstattlichen Versicherung nach § 899.[214] Geht es um die Aufhebung eines Pfändungs- und Überweisungsbeschlusses, so ist Streitgegenstand die gepfändete Forderung. 172

Vorkaufsrecht: Bei Feststellungsklage bzgl. Bestehen des Vorkaufsrechts ist Wert des Rechts gemäß § 3 zu schätzen unter Berücksichtigung des Wertes der betreffenden Sache.[215] Wurde ein Vorkaufsrecht ausgeübt und wird Übereignung der Sache gefordert: § 6. Wird Kaufpreis gefordert, ist dieser maßgeblich. 173

Vorlegung von Urkunden (§ 810 BGB): Nur Teilwert, wenn es um Beweisurkunden bzw. reine Legitimationspapiere i.S.d. § 808 BGB geht, die keine Wertpapiere sind (z.B. 174

204 Zöller/*Herget* § 3 Rdn. 16 zu den Stichworten „Erwerbsverbot" und „Veräußerungsverbot".
205 OLG Schleswig Beschl. v. 3.2.14, Az. 5 W 4/14; OLG München Beschl. v. 4.2.1993, Az. 1 W 725/93.
206 BGH ZfSch 2014, 467.
207 BGH JurBüro 2013, 29.
208 BGH NJW 2013, 470.
209 OLG Hamm MDR 2013, 342.
210 BGH Beschl. v. 26.3.2012, Az. XI ZR 227/11.
211 LG Hildesheim NJW 1964, 1232.
212 KG MDR 1974, 323.
213 OLG Karlsruhe Justiz 1967, 171.
214 OLG Bamberg JurBüro 1972, 1091.
215 BGH WM, 1997, 643.

Sparkassenbücher, Depotscheine, Versicherungsscheine, Hypotheken-, Grundschuld- und Rentenschuldbriefe).

175 **Vormerkung:** § 3 bzgl. Eintragung und Löschung, in der Regel $1/3$ bis $1/4$ des Grundstückswertes.

176 **Wechselanspruch:** Geltendmachung der Wechselsumme ist wie Geldforderung zu behandeln, somit ist auch § 4 für Nebenforderungen zu beachten.

177 **Wettbewerbsstreit:** Schätzung gemäß § 3 unter Berücksichtigung aller Umstände und möglichen Beeinträchtigungen auf der Grundlage des Jahresumsatzes der vom Wettbewerbsangriff betroffenen Erzeugnisse oder Dienstleistungen.[216]

178 **Widerklage:** vgl. § 5.

179 **Wiederaufnahmeverfahren:** Streitwert des aufzunehmenden Verfahrens. Für den Rechtsmittelwert einer Entscheidung im Wiederaufnahmeverfahren kommt es darauf an, wie weit das Erkenntnis vom Antrag des Rechtsmittelklägers der Vorinstanz abweicht; Grenze stets Streitwert des aufzunehmenden Verfahrens.

180 **Zahlungsklage:** Ist der Klageantrag auf Zahlung eines Geldbetrag in Euro oder auf Herausgabe von Geldmünzen oder Geldscheinen gerichtet, so ist die Geldsumme – ihr Nennwert – der Streitwert. Wird ein (Teil-)Anspruch auf mehrere Ansprüche in gleicher Höhe gestützt, so ist nur der im Klageantrag genannte Betrag der Streitwert. Bei Forderungen setzt § 6 Abs. 1 S. 2 voraus, dass von ihrem Nennwert auszugehen ist. Es ist deshalb auch gleichgültig, ob die Forderung nach Beendigung des Prozesses voraussichtlich beigetrieben werden kann. Wird Zahlung in anderer Währung gefordert, kommt es auf den Umrechnungskurs zum Zeitpunkt der Einreichung der Klage bzw. Einlegung des Rechtsmittels an.

181 **Zeugnis:** Im Verfahren über Zeugniserteilung (§ 630 BGB) wird gemäß § 3 regelmäßig die Vergütung für einen Monat angesetzt, bei Zwischenzeugnis $1/2$.[217]

182 **Zinsen:** siehe § 4. Danach keine Streitwertrelevanz, sofern sie nicht isoliert geltend gemacht werden. Werden Tilgung und Zinsen dagegen nach § 812 BGB zurückgefordert, erfolgt eine Zusammenrechnung, da § 4 dann nicht anwendbar ist (streitig).[218]

183 **Zug-um-Zug (-Leistung bzw. -Einrede):** Wie andere Einreden und Einwendungen ist die Zug-um-Zug-Einrede für den Streitwert irrelevant und zwar auch dann, wenn sie bereits im Klageantrag berücksichtigt ist. Wird in der Berufung die Beseitigung einer Zug-um-Zug-Tenorierung erstrebt oder eine unbedingte Verurteilung angegriffen, ist Wert gem. § 3 anhand der konkreten Umstände unter Berücksichtigung des Gegenrechts zu schätzen.[219]

184 **Zurückbehaltungsrecht:** Ausführungen zur Zug-um-Zug-Leistung gelten entsprechend.

185 **Zwischenentscheidungen:** Wert bestimmt sich nach dem Klageanspruch,[220] wenn sich Zwischenstreit auf die gesamte Klage bezieht (z.B. bei Zwischenstreit über Zuständigkeit oder Richterablehnung).[221] Der volle Wert gilt daher, wenn es um die Zulässigkeit des Rechtswegs, um die Frage entgegenstehender Rechtshängigkeit oder um die sachliche oder örtliche Zuständigkeit geht.[222] Anderenfalls, z.B. bei Zwischenstreit über Zeugnisverweigerungsrecht eines Zeugen, ist maßgeblich, ob sich Zeugenaussage auf gesamten Streitgegenstand oder nur Teil bezieht.[223]

---

216 OLG München AnwBl. 1963, 55.
217 LAG Rheinland-Pfalz MDR 2002, 954.
218 Siehe § 4 Rdn. 37.
219 BGH MDR 2012, 1057.
220 BGH BGHZ 37, 264; OLG Hamburg MDR 1974, 53.
221 Siehe dazu oben Rdn. 31.
222 OLG Düsseldorf JurBüro 1972, 1021.
223 KG NJW 1968, 1937.

§ 4
Wertberechnung; Nebenforderungen

(1) Für die Wertberechnung ist der Zeitpunkt der Einreichung der Klage, in der Rechtsmittelinstanz der Zeitpunkt der Einlegung des Rechtsmittels, bei der Verurteilung der Zeitpunkt des Schlusses der mündlichen Verhandlung, auf die das Urteil ergeht, entscheidend; Früchte, Nutzungen, Zinsen und Kosten bleiben unberücksichtigt, wenn sie als Nebenforderungen geltend gemacht werden.

(2) Bei Ansprüchen aus Wechseln im Sinne des Wechselgesetzes sind Zinsen, Kosten und Provision, die außer der Wechselsumme gefordert werden, als Nebenforderungen anzusehen.

Übersicht

Literatur: *Enders* Gerichtliche Geltendmachung nicht anzurechnender Anwaltsgebühren – Erhöhung des Gegenstandswertes? JurBüro 2004, 57; *Grömer* Der Streitwert eines Befreiungsanspruchs, JurBüro 2010, 68; *Hahn* Die gesamten Materialien zu den Reichsjustizgesetzen. Bd. 2 (ZPO) 1881; *Mümmler* Zeitpunkt der Streitwertberechnung, JurBüro 1986, 645; *Rosenberg/Schwab/Gottwald* Zivilprozessrecht, 17. Aufl. 2010; *Schneider* Streitwert des materiell-rechtlichen Kostenerstattungsanspruchs, NJW 2008, 3317; *von Seuffert* Kommentar zur Zivilprozeßordnung, 11. Aufl. 1910; *Weisbrodt* Die Berücksichtigung von Nebenforderungen beim Wert des Freistellungsanspruchs, JurBüro 1995, 115.

I. Allgemeines

1. Gesetzesgeschichte. Der ursprüngliche Wortlaut von § 4 („*Für die Werthsberechnung ist der Zeitpunkt der Erhebung der Klage entscheidend; Früchte, Nutzungen, Zinsen, Schäden und Kosten bleiben unberücksichtigt, wenn sie als Nebenforderungen geltend gemacht werden.*") ist mehrmals geändert worden. Zunächst wurde sein Abs. 2 durch die 1

Novelle von 1898 eingefügt,[1] ihm folgte Absatz 1, 1. Halbsatz zweiter Teil über die „Rechtsmittel" während der Inflationszeit.[2] Kurze Zeit danach wurden „Schäden" als ebenfalls nicht zu berücksichtigende Nebenforderungen gestrichen.[3] Mit der Novelle von 1950[4] wurde § 4 insgesamt sprachlich neu gefasst. Durch das 1. EheRG vom 1.7.1977 wurde § 4 Abs. 1 schließlich dahingehend geändert, dass es in zeitlicher Hinsicht nicht auf die Erhebung der Klage, die gemäß § 253 Abs. 1 durch die Zustellung der Klageschrift erfolgt, sondern auf deren Einreichung ankommt. Dies ist konsequent, da nach § 12 Abs. 1 S. 1 GKG die Klage im Regelfall erst nach Zahlung der Gebühr für das Verfahren im Allgemeinen zugestellt werden soll. Damit wird der Ansatz eines Streitwertes vorausgesetzt, für den in § 48 Abs. 1 GKG im Wesentlichen auf die §§ 2ff. und damit auch auf § 4 verwiesen wird.

2 **2. Anwendungsbereich und Normzweck.** Der Anwendungsbereich von § 4 ergibt sich aus § 2. Da ein und derselbe Gegenstand zu verschiedenen Zeitpunkten einen unterschiedlichen Geldwert haben kann, legt § 4 Abs. 1 Hs. 1 den Zeitpunkt fest, zu dem im Verfahren vor den ordentlichen Gerichten die Bestimmung des Wertes nach den §§ 2ff. vorzunehmen ist. Insoweit dient die Vorschrift der Rechts- bzw. Verfahrenssicherheit. Einen ganz anderen Zweck haben § 4 Abs. 1 Hs. 2, Abs. 2, die anordnen, dass Nebenforderungen unberücksichtigt bleiben. Hierdurch soll die Wertberechnung vereinfacht werden.[5]

II. Bewertungszeitpunkt

3 **1. Regelungsgegenstand.** Zunächst ist der Regelungsgegenstand von § 4 Abs. 1 Hs. 1 abzugrenzen. Die Vorschrift trifft allein eine (vorsorgliche) Regelung für den Fall, dass sich der Wert ein- und desselben Streitgegenstandes im Laufe der Zeit ändert. Grund für eine solche Änderung kann eine Veränderung des Gegenstandes selbst (z.B. der Zustand einer Sache verschlechtert sich) oder des Wertmaßstabes (z.B. bei Steigerung des Marktwerts eines Kunstwerkes) sein. Zur Vermeidung fortlaufender, sich aus solchen Gründen unterscheidender Neubewertungen legt § 4 Abs. 1 Hs. 1 den Zeitpunkt fest, für den die Bewertung vorzunehmen ist. Auf den nach § 4 Abs. 1 Hs. 1 erheblichen Zeitpunkt ist auch dann abzustellen, wenn Wertgrenzen herabgesetzt oder erhöht werden, sofern keine besonderen Übergangsvorschriften gesetzt werden.

4 Davon zu unterscheiden ist eine Veränderung des Streitgegenstandes, z.B. durch Klageänderung, Klageerweiterung, Widerklage, Verfahrensverbindung (§ 147), teilweise Klagerückrücknahme, Verfahrenstrennung (§ 145) oder Teilurteil (§ 301). In diesen Fällen folgt für die erste Instanz aus § 506 Abs. 1 bzw. § 261 Abs. 3 Nr. 2, inwieweit dies zu einer Veränderung der sachlichen Zuständigkeit führt oder diese unberührt lässt. Danach kann eine Veränderung dazu führen, dass statt des Amtsgerichts nun das Landgericht zuständig ist; dagegen ist ein Zuständigkeitsverlust des Landgerichts zugunsten des Amtsgerichts ausgeschlossen.[6]

5 **2. Zeitpunkt der Bestimmung des Zuständigkeitsstreitwertes.** Maßgeblicher Zeitpunkt für die Bestimmung des Zuständigkeitsstreitwertes ist die Einreichung der Klage,

---

1 Vgl. Stein/Jonas/*Roth* § 4 Rdn. 2.
2 Vgl. Kommissionsbericht: RT-Drucks. 1920/1922 Nr. 4538.
3 Zur Begründung siehe RT-Drucks. 1920/1922 Nr. 6116 S. 5 sowie näher unten Rdn. 19f.
4 Stein/Jonas/*Roth* § 4 Rdn. 2.
5 So schon RGZ 158, 350f. sowie *Hahn* S. 147; ebenso BGH NJW 1977, 583.
6 *Rosenberg/Schwab/Gottwald* § 32 Rdn. 28.

also der Zeitpunkt, zu dem die Klage das Gericht erreicht.[7] Wird das Verfahren durch Einreichung eines Antrags eingeleitet (z.B. bei Verfahren des einstweiligen Rechtsschutzes oder eines selbständigen Beweisverfahrens), so kommt es in entsprechender Weise auf den Zeitpunkt des Eingangs des Antrags bei Gericht an.[8]

Wird im Laufe des Verfahrens die Klage geändert, erweitert oder Widerklage erhoben, ist der Tag des Eingangs des entsprechenden Schriftsatzes maßgebend, ansonsten (z.B. im Falle der Erhebung der Widerklage zu Protokoll in der mündlichen Verhandlung) der Zeitpunkt der mündlichen Verhandlung, in der der Anspruch geltend gemacht wird (§ 297 Abs. 1 S. 2, 3). Gleiches gilt für den Fall einer Klagerücknahme, wobei eine solche allerdings nur hinsichtlich der Gebührenstreitwerte überhaupt von Bedeutung ist (vgl. § 261 Abs. 3 Nr. 2). 6

Geht ein Mahnverfahren voraus, ist der Zeitpunkt des Eingangs der Akten beim Streitgericht (§ 696 Abs. 1 S. 4) maßgebend,[9] im Übrigen für das Mahnverfahren der Zeitpunkt des Eingangs des Antrags beim Mahngericht,[10] wobei das Mahngericht unabhängig vom Streitwert zuständig ist (§ 689 Abs. 1 S. 1). Da das Mahnverfahren nur zur Geltendmachung von Zahlungsansprüchen eröffnet ist, bereitet die „Bewertung" jedoch keine Schwierigkeit, vielmehr geht es alleine um die Feststellung, ob das gemäß § 690 Nr. 5 benannte Gericht tatsächlich sachlich zuständig ist. 7

3. Bagatellverfahren. Der wie vorstehend bestimmte Zeitpunkt der Einreichung der Klage ist auch maßgeblich für die Frage, ob die Wertgrenze des § 495a erreicht wird (Bagatellverfahren). 8

4. Wert der Verurteilung. Soweit gemäß § 708 Nr. 11 der Wert der Verurteilung für die Voraussetzungen einer vorläufigen Vollstreckung zu beachten ist, kommt es für die Wertberechnung gemäß § 4 Abs. 1 Hs. 1 auf den Zeitpunkt des Schlusses der mündlichen Verhandlung an. Im Falle der Entscheidung im schriftlichen Verfahren entspricht dies dem gemäß § 128 Abs. 2 S. 2 festgelegten Zeitpunkt, bis zu dem Schriftsätze eingereicht werden können.[11] 9

5. Zeitpunkt der Bestimmung des Rechtsmittelstreitwertes

a) Grundsatz. Maßgeblicher Zeitpunkt für die Wertberechnung in der Rechtsmittelinstanz ist der Zeitpunkt der Einlegung des Rechtsmittels, der durch den Eingang der Rechtsmittelschrift beim dafür zuständigen Gericht bestimmt wird.[12] Ein vorausgehender PKH-Antrag ist insoweit bedeutungslos.[13] Eine Bindung an den zuvor festgelegten Zuständigkeitsstreitwert besteht nicht, vielmehr obliegt es dem Rechtsmittelführer – u.U. entgegen der Festsetzung des Streitwertes durch die erste Instanz – das Erreichen des Rechtsmittelstreitwertes glaubhaft zu machen (vgl. § 511 Abs. 3). Zwar kann hierfür die Bezugnahme auf eine Streitwertfestsetzung durch das erstinstanzliche Gericht grundsätzlich genügen. Wie sich aus § 2 ergibt, kann das Rechtsmittelgericht aber auch ohne 10

---

7 *Rosenberg/Schwab/Gottwald* § 32 Rdn. 28.
8 *Mümmler* JurBüro 1986, 645 f.
9 Thomas/Putzo/*Hüßtege* § 4 Rdn. 2; Zöller/*Herget* § 4 Rdn. 3 m.w.N.
10 *Mümmler* JurBüro 1986, 645 f.
11 Zöller/*Greger* § 128 Rdn. 14.
12 Siehe § 519 Abs. 1 (Berufung), § 549 Abs. 1 S. 1 (Revision), § 569 Abs. 1 (Sofortige Beschwerde) und § 575 Abs. 1 S. 1 (Rechtsbeschwerde).
13 Ausführlich MünchKomm/*Wöstmann* § 4 Rdn. 11.

Rücksicht hierauf und ohne Bindung an die Parteiangaben den Beschwerdewert gemäß §§ 3–9 festsetzen.[14]

11 Wird dasselbe Rechtsmittel bei demselben Gericht „mehrfach" eingelegt, ist nur die erste Einlegung maßgebend, da einer wiederholenden Einlegung keine Rechtswirkungen zukommen.[15] Erfolgt die mehrfache Einlegung bei verschiedenen Gerichten, sind die unterschiedlichen Zeitpunkte für das jeweilige Verfahren heranzuziehen. Da aber nur bei einem Gericht das Rechtsmittel in zulässiger Weise eingelegt sein kann, kommt nur dem dort eingelegten Rechtsmittel Bedeutung für die Fixierung des Zeitpunktes des Rechtsmittelstreitwertes zu, während im anderen Verfahren nur der für den Gebührenstreitwert maßgebliche Zeitpunkt bestimmt wird.

12 Nach stRspr. ist hinsichtlich des Revisionsverfahrens für die Berechnung der Beschwer i.S.v. § 26 Nr. 8 ZPO abweichend von § 4 Abs. 1 Hs. 1 nicht der Zeitpunkt der Einlegung des Rechtsmittels, sondern der Schluss der mündlichen Verhandlung vor dem Berufungsgericht maßgeblich. Begründet wird dies v.a. mit der Überlegung, für die Bestimmung der Beschwer sei alleine der rechtskraftfähige Inhalt der angefochtenen Entscheidung relevant, nach der letzten mündlichen Verhandlung vor dem Berufungsgericht eingetretene neue Tatsachen hätten deshalb auch bei der Bestimmung der Beschwer außer Betracht zu bleiben.[16]

Diese Ansicht ist jedoch nicht richtig und weder mit dem Wortlaut noch mit dem Sinn des Gesetzes vereinbar. § 2 schreibt ausdrücklich sowohl für die Bestimmung des Wertes der Beschwer wie auch des Beschwerdegegenstandes die Anwendung der §§ 3–9 vor. Daraus ergibt sich zunächst, dass auch das Revisionsgericht im Rahmen der Prüfung von § 26 Nr. 8 EGZPO gemäß § 3 den Wert nach freiem Ermessen festzusetzen hat und dazu gegebenenfalls eine Beweisaufnahme durchführt. Für eine Bindung an die tatsächlichen Umstände zum Zeitpunkt der mündlichen Verhandlung vor dem Berufungsgericht oder gar für eine Bindung an die Sachverhaltsfeststellungen des Berufungsgerichts gibt es nicht die geringsten Anhaltspunkte. Besteht somit die angenommene Bindung nicht, stellt sich nur noch die Frage nach dem Zeitpunkt der Bewertung, die § 4 Abs. 1 Hs. 1 beantwortet.

13 **b) Wertveränderung nach Rechtsmitteleinlegung.** Die wesentliche Bedeutung des § 4 Abs. 1 Hs. 1 liegt darin, dass der Rechtsmittelwert grundsätzlich auf die Zeit der Rechtsmitteleinlegung fixiert wird und damit für die Folgezeit regelmäßig unverändert bleibt. Spätere Wertveränderungen, etwa Preissteigerungen nach der Rechtsmitteleinlegung, bleiben außer Betracht.[17] Nicht berücksichtigt werden auch Wertschrumpfungen, soweit sie nicht vom Rechtsmittelkläger zu vertreten sind, was aber nur bei einer „willkürlichen Herbeiführung einer verminderten Beschwer" angenommen wird (dazu sogleich Rdn. 14ff.). Wird z.B. nach der Rechtsmitteleinlegung das Insolvenzverfahren über das Vermögen des Beklagten eröffnet und würde ein nach § 182 InsO bestimmter Streitwert unter die Rechtsmittelsumme sinken, lässt dies die Zulässigkeit des Rechtsmittels unberührt.[18]

14 Eine Differenziertere Betrachtung erfordern dagegen die von den Parteien „herbeigeführten" Wertveränderungen:

---

14 BGH NJW-RR 1988, 836f.

15 **A.A.** MünchKomm/*Wöstmann* § 4 Rdn. 8, wonach durch eine wiederholte Einlegung u.U. das Nichterreichen der Rechtsmittelsumme geheilt werden kann, wenn sich zwischenzeitlich der Wert des Beschwerdegegenstandes erhöht hat.

16 So BGH NJW 1989, 2755; BGH NJW 2000, 1343; MünchKomm/*Wöstmann* § 4 Rdn. 10.

17 MünchKomm/*Wöstmann* § 4 Rdn. 8.

18 RGZ 109, 154; 76, 292.

Wird gegen eine Entscheidung ein Rechtsmittel (z.B. Berufung) eingelegt, enthält die Rechtsmittelschrift i.d.R. noch keinen Antrag, so dass der Wert des Beschwerdegegenstandes mit dem der Beschwer übereinstimmt.[19]

Ob der für die Zulässigkeit des Rechtsmittels erforderliche Rechtsmittelstreitwert erreicht wird, lässt sich abschließend allerdings erst prüfen, wenn der Rechtsmittelführer seine Anträge gestellt und damit festgelegt hat, in welchem Umfang er die vorausgegangene Entscheidung angreift. Nach Antragstellung ist der Wert des nun festgelegten Beschwerdegegenstandes rückgerechnet auf den Zeitpunkt der Einlegung zu bestimmen.[20] Zu beachten ist, dass es insoweit auf die endgültige Antragstellung ankommt. Wird z.B. der Umfang des Rechtsmittels erst durch die Antragstellung in der mündlichen Verhandlung festgelegt, kann das Rechtsmittel grundsätzlich auch noch durch eine Erweiterung der Anträge zulässig werden.[21] Auch in diesem Fall gilt allerdings, dass bezogen („rückgerechnet") auf den Zeitpunkt der Einlegung die Rechtsmittelsumme (§ 511 Abs. 2 Nr. 1, § 26 Nr. 8 EGZPO, § 567 Abs. 2) erreicht sein muss, wenn das Rechtsmittel zulässig sein soll. Die gegenteilige Ansicht, die stattdessen auf den Zeitpunkt der Berufungsbegründung abstellen will,[22] ist mit dem Gesetzeswortlaut nicht vereinbar und schafft unnötige Unsicherheiten.

„Willkürliche" Handlungen des Rechtsmittelführers (nicht des Gegners), die eine 15
Verminderung der Beschwer zur Folge haben, können zur Unzulässigkeit des Rechtsmittels führen. Dies ist z.B. dann der Fall, wenn der Rechtsmittelführer den Klageanspruch vorbehaltlos erfüllt und in der Folge den Rechtsmittelantrag einschränkt.[23] Gleiches gilt erst recht, wenn der Rechtsmittelführer ohne jeden Anlass seinen Antrag einschränkt und deshalb die „Erwachsenheitssumme" nicht mehr erreicht wird.[24] Eine Abweichung von § 4 Abs. 1 Hs. 1 liegt darin nicht, da auch in diesem Fall der Wert des nunmehr beschränkten Rechtsmittelantrags rückgerechnet auf den Zeitpunkt der Einlegung zu bestimmen ist. Etwas anderes gilt dagegen, wenn der Rechtsmittelführer seinen Antrag einschränkt, weil der Gegner z.B. den Klageanspruch erfüllt oder auf seine Forderung verzichtet hat. Da das Rechtsmittel in diesem Fall ohne eine entsprechende Einschränkung als (teilweise) unbegründet zurückzuweisen wäre, ist eine Einschränkung der Anträge für die Zulässigkeit des Rechtsmittels unschädlich.[25]

6. Wertveränderungen zwischen Festsetzung von Zuständigkeits- und Rechts- 16
mittelstreitwert. Da der Zuständigkeitsstreitwert und der Rechtsmittelstreitwert nach § 4 Abs. 1 Hs. 1 zu unterschiedlichen Zeitpunkten zu bewerten sind, kann sich aus verschiedenen Gründen auch bei Übereinstimmung von erstinstanzlichem Streitgegenstand und Beschwerdegegenstand der Rechtsmittelinstanz ein unterschiedlicher festzusetzender Wert ergeben. Zum einen kann sich durch die Veränderung des Bewertungszeitpunktes die Relation zwischen Gegenstand und Geldwert geändert haben (Veränderung des Wertmaßstabes). Die Veränderung des Wertmaßstabs (= Preisänderung) ist in der Inflationszeit (1918–1923) und bei der Währungsumstellung 1948 besonders deutlich geworden. Ebenso kann z.B. die Auf- oder Abwertung des Euro im Verhältnis zu anderen Währungen bei Fremdwährungsschulden[26] zu unterschiedlichen Wertansätzen führen. Eine

19 Zöller/*Herget* § 4 Rdn. 7.
20 BGH NJW-RR 1988, 836 f.; MünchKomm/*Wöstmann* § 4 Rdn. 9.
21 BGH NJW 1983, 1063.
22 Zöller/*Herget* § 4 Rdn. 4 m.w.N. zu älterer Rechtsprechung.
23 BGH NJW 1951, 195; BGH NJW 1951, 274; *Rosenberg/Schwab/Gottwald* § 135 Rdn. 41 ff. (mit Beispielen).
24 *Rosenberg/Schwab/Gottwald* § 135 Rdn. 43.
25 *Rosenberg/Schwab/Gottwald* § 135 Rdn. 43.
26 Dazu § 3 Rdn. 49.

unterschiedliche Wertfestsetzung kann allerdings auch Folge einer Veränderung des Gegenstandes selbst sein, die wiederum aus seiner Natur,[27] aber auch aus willkürlichen Handlungen der Parteien folgen kann, etwa wenn ein Haus aufgestockt oder ausgebaut, ein Grundstück verbessert oder umgekehrt verschlechtert oder ein Gebäude zerstört wird. Derartige Veränderungen sind auch bei einem gleichbleibenden Streitgegenstand zu beachten, da der Gesetzgeber sich bewusst für unterschiedliche Bewertungszeitpunkte entschieden hat. Lediglich willkürliche Veränderungen (z.B. Beschädigungen eines Gegenstands), die darauf abzielen, durch eine Wertminderung die Rechtsschutzmöglichkeiten der Gegenseite zu vereiteln, sind jedoch nicht zu beachten.

17 **7. Gebührenwert.** Auch für den Gerichtsgebührenstreitwert gilt grundsätzlich § 4 Abs. 1 Hs. 1 kraft der Verweisung in § 48 Abs. 1 S. 1 GKG. Ob im Rechtsmittelverfahren auf die Beschwer oder den durch die Rechtsmittelanträge definierten Beschwerdegegenstand abzustellen ist, regelt § 47 Abs. 1 GKG. Nicht ernstlich gestellte Rechtsmittelanträge sind jedoch unbeachtlich.[28] Für den Gegenstandswert der Rechtsanwaltsgebühren ist aufgrund der Verweisung in § 23 Abs. 1 S. 1 RVG i.V.m. § 48 Abs. 1 S. 1 GKG ebenfalls der in § 4 Abs. 1 Hs. 1 genannte Zeitpunkt maßgebend.

III. Streitwertrelevanz von Nebenforderungen

18 **1. Regelungsgegenstand und -ziel, Gesetzesgeschichte.** Nach § 4 Abs. 1 Hs. 2 bleiben Früchte, Nutzungen, Zinsen und Kosten bei der Bestimmung des Streitwertes unberücksichtigt, sofern sie lediglich als Nebenforderungen geltend gemacht werden. Gemäß § 4 Abs. 2 gilt das gleiche bei Ansprüchen aus Wechseln im Sinne des Wechselgesetzes, wenn Zinsen, Kosten und Provision neben der Wechselsumme gefordert werden. Mit dieser Bestimmung verfolgte der Gesetzgeber in erster Linie das Ziel, die Bestimmung des Streitwertes zu erleichtern[29] und „praktisch, einfach und klar“ zu gestalten.[30] Zugleich sollte vermieden werden, dass alleine Nebenforderungen zu einer erheblichen Erhöhung des Streitwertes führen und dadurch die Parteien unzumutbar belastet werden.

19 Nach seiner ursprünglichen Fassung sollten gemäß § 4 Abs. 1 Hs. 2 auch „Schäden“ für die Bestimmung des Streitwertes außer Betracht bleiben. Davon sollten alle Arten eines Schadens erfasst werden, also sowohl ein *damnum emergens* wie auch ein *lucrum cessans*, sofern sie als „Nebenforderungen“, also in Abhängigkeit einer Hauptforderung geltend gemacht wurden.[31] Dieser weitere Anwendungsfall wurde allerdings mit Gesetz vom 18. August 1923 aufgehoben.[32] Zur Begründung wurde darauf verwiesen, dass ursprünglich die Geltendmachung von Schäden verhältnismäßig selten vorgekommen sei und die Schadensbeträge im Verhältnis zur Hauptsache regelmäßig gering gewesen seien.[33] Durch die Inflation in den Anfangsjahren der Weimarer Republik hatte sich dies aber, so die Gesetzesbegründung, wesentlich verschoben, so dass die als Nebenforderung eingeklagten Schadensersatzansprüche den Wert der Hauptforderung oft wesentlich erhöhten, wenn nicht sogar überschritten. In diesem Fall sei es unbillig, die Scha-

---

27 Bsp.: Ein Tier wird älter und verliert damit an Wert; eine Pflanze wird durch weiteren Wuchs wertvoller.
28 BGHZ 70, 365 = NJW 1978, 1263.
29 OLG München JW 1925, 832.
30 BGH NJW 2013, 3100 Tz. 8.
31 *Von Seuffert* § 4 Anm. 2.
32 RGBl. 1923 I 813.
33 RT-Drucks. 1920/1922, Nr. 6116, S. 5.

densersatzforderungen bei der Prüfung der Zuständigkeit sowie für die Frage der Zulässigkeit von Rechtsmitteln unberücksichtigt zu lassen.[34] Nach der Streichung der Schäden aus der Gruppe der grundsätzlich unbeachtlichen Nebenforderungen kam es allerdings relativ bald im Weg einer korrigierenden Auslegung zu einer „Rückausnahme" für im Wege des Schadensersatzes geltend gemachte Zinsen, der die Rechtsprechung bis heute folgt.[35]

§ 4 Abs. 1 Hs. 2 und Abs. 2 stehen nicht zur Disposition der Parteien. Eine Erhöhung des Streitwertes tritt damit auch dann nicht ein, wenn z.B. Zinsen nicht als Prozentsatz in Abhängigkeit von der Hauptsache, sondern in Form eines bestimmten „ausgerechneten" Betrages geltend gemacht werden. Andererseits ist es dem Kläger nicht verwehrt, in einer Klage lediglich die Hauptforderung und in einer weiteren Klage isoliert die Nebenforderungen geltend zu machen, die dann in dem zweiten Verfahren als alleine Hauptforderung für den Streitwert maßgebend sind. 20

2. Erfasste Ansprüche

a) Übersicht. In § 4 Abs. 1 Hs. 2 und Abs. 2 findet sich eine abschließende Benennung der Forderungen, die bei der Streitwertbestimmung nicht zu berücksichtigen sind. Zu prüfen ist dabei jeweils, (i) ob es sich um Ansprüche der dort genannten Art handelt und (ii) ob diese selbstständig oder als „Nebenforderungen" geltend gemacht werden. Auf die Frage, ob sich die Nebenforderungen aus dem materiellen Recht oder dem Verfahrensrecht ergeben, kommt es dagegen nicht an, auch wenn die zuerst genannten Ansprüche weit überwiegen, da nur die Prozesskosten als echte verfahrensrechtlich begründete Nebenforderungen in Betracht kommen. Auf Nebenforderungen, die in § 4 Abs. 1 Hs. 2 nicht genannt sind, ist die Vorschrift nicht anzuwenden. Diese sind gemäß § 5 dem Streitwert hinzuzurechnen (z.B. Wert des Zubehörs i.S.v. § 97),[36] § 4 Abs. 1 Hs. 2 ist keiner Analogie in Bezug auf andere Nebenforderungen zugänglich.[37] 21

Es gibt deshalb beispielsweise keinen Grund, die mittels einer Klage geltend gemachte Umsatzsteuer stets als „Nebenforderung" unberücksichtigt zu lassen, vielmehr folgt die Einstufung der Umsatzsteuer der Einstufung der zugrunde liegenden Forderung. Dementsprechend wirkt sich z.B. bei einer Klage auf Werklohn- oder Kaufpreiszahlung die geltend gemachte Umsatzsteuer streitwerterhöhend aus.[38] Ist die Umsatzsteuer dagegen auf eine Nebenforderung angefallen (z.B. vorprozessuale Anwaltskosten), bleibt sie unberücksichtigt.[39]

b) Früchte und Nutzungen. Den Begriff der Früchte regelt zunächst § 99 BGB.[40] Danach sind Früchte einer Sache deren natürliche Erzeugnisse sowie die sonstige Ausbeute, welche aus der Sache ihrer Bestimmung gemäß gewonnen wird. Früchte eines Rechts sind die Erträge, welche das Recht seiner Bestimmung gemäß gewährt (insbesondere bei 22

34 RT-Drucks. 1920/1922, Nr. 6116, S. 5; als Beispiel nennt das OLG München (JW 1925, 832) eine Schadensersatzforderung wegen Verzugs von 5% *täglichen* Zinsen. Anders: Stein/Jonas/*Roth* § 4 Rdn. 2, wonach die Streichung der „Vereinfachung" dienen sollte.
35 Dazu unten Rdn. 26 ff.
36 Weitere Bespiele bei Thomas/Putzo/*Hüßtege* § 4 Rdn. 11.
37 Stein/Jonas/*Roth* § 4 Rdn. 18.
38 LG Hannover Nds. Rpfl. 1974, 157.
39 BGH NJW 1977, 583.
40 *Rosenberg/Schwab/Gottwald* § 32 Rdn. 36.

einem Recht auf Gewinnung von Bodenbestandteilen die gewonnenen Bestandteile). Früchte sind schließlich die Erträge, welche eine Sache oder ein Recht vermöge eines Rechtsverhältnisses gewährt. Die materiell-rechtliche Regelung des § 99 BGB kennt nur Früchte einer Sache oder eines Rechts; von § 4 Abs. 1 Hs. 2 werden aber auch die Früchte sonstiger „Gegenstände" oder von Sachgesamtheiten erfasst, so insbesondere der Gewinn von Unternehmen. Im Übrigen kann zur näheren Bestimmung des Begriffs auf das bürgerliche Recht verwiesen werden.

23 Die Früchte sind ein Teil der Nutzungen i.S.v. § 100 BGB, wonach zu ihnen die Vorteile, welche der Gebrauch der Sache oder des Rechtes gewährt, hinzutreten. In dem letzten Begriff ist der erste enthalten, in dem ersten der Begriff der Zinsen. Auch insoweit ist der bürgerlich-rechtliche Begriff maßgebend. Ob die Nutzungen rechtmäßig oder unrechtmäßig gezogen wurden, ist für die Anwendung von § 4 Abs. 1 Hs. 2 ohne Bedeutung.

24 Zu den insoweit für die Bemessung des Streitwertes nicht zu berücksichtigenden Früchten und Nutzungen gehören somit beispielsweise die im Gesetz (§ 99 Abs. 2 BGB) erwähnten Bodenbestandteile und die von einem Pächter nach § 581 Abs. 1 S. 1 BGB gewonnenen natürlichen Sachen und erzielten Gebrauchsvorteile. Gleiches gilt allgemein für die Nutzungen der Mieter, Nießbraucher, Reallast-, Grunddienstbarkeits- oder persönlichen Dienstbarkeitsberechtigten, wie die Vorteile durch den Gebrauch einer Sache, eines Grundstücks zum Wohnen,[41] eines Tieres zum Reiten, eines Möbelstücks zur Benutzung. Erfasst sind ferner die juristischen Früchte, wie die Zinsen eines Rechts, die Gewinne eines Gesellschafters[42] für die Gesellschaft nach §§ 705 ff. BGB, Miet- und Pachtzinsen[43] sowie die Gewinnanteile der Aktionäre, soweit sie z.B. neben dem Anspruch auf Herausgabe der Aktien geltend gemacht werden. Gleiches gilt für das Bezugsrecht auf neue Aktien. Nicht anzusetzende Nutzungen sind schließlich Überbau-, Notweg- und sonstige Renten, die Reallasteinzelleistungen, Leibrenten,[44] aber auch der an Stelle des Gebrauchs gewonnene Vorteil, wie bei Ansprüchen aus § 812 Abs. 1 BGB der des Verkäufers auf Ersatz für die vom Käufer gezogenen Nutzungen wie überhaupt das, was der Bereicherte aus dem Gegenstand erworben hat.[45] Nicht zu den Früchten und Nutzungen zählen allerdings die Vorteile, welche sich aus dem Verbrauch einer Sache oder der Ausgabe bzw. dem Verlust des Rechts ergeben (z.B. Tilgungsbetrag einer Kapitalforderung[46]).

25 **c) Zinsen.** Nicht zu berücksichtigen sind ferner als Nebenforderung geltend gemachte Zinsen. Unter diesen Begriff fallen nach allgemeiner Ansicht sowohl rechtsgeschäftlich wie gesetzlich begründete Zinsansprüche und zwar unabhängig von ihrer Höhe.[47] Um Zinsen i.S.v. § 4 Abs. 1 handelt es sich jedoch nur dann, wenn als Hauptforderung die Zahlung eines Geldbetrages in Frage steht. Wird dagegen beispielsweise Ersatz für die entgangene Nutzungsmöglichkeit eines Grundstücks gefordert, handelt es sich nicht im Zinsen in diesem Sinne, auch wenn insoweit eine „Verzinsung" gefordert wird.[48] Um Zinsen i.S.v. § 4 Abs. 1 Hs. 2 handelt es sich dagegen bei Kreditgebühren im Rahmen eines Teilzahlungskredits.[49] Voraussetzung ist allerdings, dass diese zeitabhän-

41 RGZ 129, 309 ff.
42 RGZ 88, 42, 46.
43 RGZ 105, 409.
44 RGZ 80, 209.
45 RGZ 108, 120, 121.
46 RGZ 54, 88, 92.
47 BGH WM 1970, 646.
48 BGH NJW 1964, 294; **a.A.** *Rosenberg/Schwab/Gottwald* § 32 Rdn. 37.
49 OLG Düsseldorf MDR 1976, 663; **a.A.** Zöller/*Herget* § 4 Rdn. 11.

gig sind. Fehlt es daran, wie z.B. bei einer fixen Bearbeitungsgebühr, handelt es sich nicht um Zinsen.[50]

Der Ausschluss von Zinsen bei der Berechnung des Streitwertes gilt auch im Falle einer Vollstreckungsgegenklage.[51] Eine Berücksichtigung ursprünglich als Zinsen zu qualifizierender Beträge im Rahmen der Streitwertbestimmung ist aber möglich bzw. geboten, wenn entweder wie beispielsweise im echten Kontokorrentverhältnis aufgrund Vereinbarung der Parteien eine Schuldumschaffung (Novation)[52] vorliegt oder der Charakter als Zinsen im Rahmen einer Rückforderung[53] verlorengegangen ist.

Die Einordnung von als Schadensersatz geltend gemachten Zinsen als Nebenforderung i.S.v. § 4 Abs. 1 Hs. 2 könnte allerdings zweifelhaft sein, da nach der Gesetzesänderung im Jahr 1923[54] „Schäden" aus dem Katalog der unbeachtlichen Nebenforderung gestrichen worden waren. 26

Schon relativ früh kam die Rechtsprechung[55] allerdings zu dem (korrigierenden) Ergebnis, dass ein solcher Schadensersatzanspruch (weiterhin) als unbeachtliche Nebenforderung i.S.v. § 4 Abs. 1 Hs. 2 behandelt werden sollte. Wenn im Falle der Nichtzahlung einer Geldsumme der Schaden in Form eines bestimmten Prozentsatzes der Hauptforderung und in Abhängigkeit der vergangenen Zeit gefordert werde und dabei kein Zusammenhang mit der „Geldentwertung" bestehe,[56] sei ein „wirtschaftlicher Zinsbegriff" anzulegen.[57] Handele es sich damit trotz der Einkleidung der Forderung als Schadensersatzanspruch wirtschaftlich um Zinsen, seien entsprechende Forderungen nach wie vor von § 4 Abs. 1 Hs. 2 als nicht zu berücksichtigende Nebenforderungen von der Streitwertberechnung ausgenommen.

Selbst dann also, wenn die Forderung über die in BGB und HGB vorgesehenen Verzugszinsen hinausgehe und deshalb materiell-rechtlich als die Geltendmachung „weiteren Schadens" i.S.v. § 288 Abs. 4 BGB zu begreifen sei, handele es sich wirtschaftlich um den Ausgleich für die gewöhnlichen regelmäßigen Früchte und Nutzungen eines Geldbetrages und damit um Zinsen i.S.v. § 4 Abs. 1 Hs. 2.[58] Verzugsschaden in anderer Form wie auch alle anderen Formen von Schadensersatzansprüchen waren dagegen ab der Gesetzesänderung dem Wert der Hauptforderung hinzuzurechnen.

Dieser Linie ist die herrschende Rechtsprechung bis heute[59] zu Recht treu geblieben. 27
Ein neben der Hauptsache geltend gemachter Verzugsschaden ist für die Berechnung des Streitwertes grundsätzlich beachtlich, nach der Rechtsprechung des BGH allerdings dann nicht, wenn der Schaden wie Zinsen zeitabhängig als gleich bleibender Hundertsatz einer bestimmten Summe geltend gemacht wird.[60] Dies gilt insbesondere dann, wenn der Kläger geltend macht, im Falle einer rechtzeitigen Zahlung hätte er das Geld zinsbringend angelegt oder sich Zinsen für einen aufgenommenen Kredit erspart. Nicht erfasst wäre damit allerdings der Fall, in dem, wie typischerweise im Bereich der Anlageberatungshaftung, Schadensersatz gefordert und teilweise auch damit begründet wird, bestimmte Geldmittel wären ohne das zum Schadensersatz verpflichtende Verhal-

---

50 MünchKomm/*Wöstmann* § 4 Rdn. 20 mit Verweis auf BGH NJW 1980, 2074, 2076.
51 BGH NJW 1968, 1275; OLG München MDR 1988, 1060.
52 Hierzu unten Rdn. 35 ff.
53 Dazu nachfolgend Rdn. 37.
54 Dazu oben Rdn. 19.
55 RGZ 158, 350; OLG München JW 1925, 832.
56 OLG München JW 1925, 832.
57 OLG München JW 1925, 832; s.a. OLG Breslau JW 1925, 813.
58 OLG München JW 1925, 832, 833.
59 BGH MDR 2012, 865 Rdn. 14; BGH NJW 2013, 3100 Tz. 6 f.
60 BGH MDR 2012, 865 Rdn. 14; BGH NJW 2013, 3100.

ten gewinnbringend angelegt worden. In diesem Fall wäre konsequenterweise die Forderung nach Ersatz des entgangenen Anlagezinses keine Nebenforderung zum Anspruch auf Rückzahlung, sondern ein selbständiger Schadensersatzposten.[61] Allerdings ist materiell ein Anspruch auf Zinsen ohne einen Anspruch auf Rückzahlung des Kapitals in solchen Fällen nicht denkbar, weshalb die neuere Rechtsprechung des BGH insoweit gleichwohl § 4 Abs. 1 Hs. 2 zur Anwendung bringt.[62]

28 Besteht der Verzugsschaden in der Notwendigkeit, bis zur Zahlung der Hauptforderung Kredit in Anspruch zu nehmen, handelt es sich somit bei den als Schaden geltend zu machenden Kreditzinsen ebenfalls um Nebenforderungen i.S.v. § 4 Abs. 1 Hs. 2. Gleiches gilt für den entgangenen Gewinn in Form von Zinsen einer Alternativanlage. Andere Formen entgangenen Gewinns begründen dagegen keine Nebenforderungen i.S.v. § 4 Abs. 1 Hs. 2; gleiches gilt für andere Schadenspositionen.[63]

29 **d) Kosten.** Eine generelle gesetzliche Definition der Kosten gibt es nicht, allerdings enthält eine Vielzahl materieller Vorschriften Regelungen zur Kostentragung.[64] Diesen lässt sich entnehmen, dass unter Kosten Aufwendungen zur Erhaltung und Sicherung eines Gegenstandes sowie Aufwendungen zur Durchsetzung, Verwirklichung oder Bewahrung eines Rechts zu verstehen sind. Die fehlende Berücksichtigungsfähigkeit besteht wiederum unabhängig davon, ob die Kosten der Klageforderung hinzugerechnet oder in einem eigenen Klageantrag geltend gemacht werden.[65]

30 Zu den Kosten sind vor allem alle vor dem Verfahren entstandenen gerichtlichen[66] und außergerichtlichen[67] Kosten zu rechnen, wenn sie zur Vorbereitung[68] oder Durchsetzung des später gerichtlich eingeforderten Hauptanspruches angefallen sind. Insbesondere vorgerichtliche Anwaltskosten, die nicht auf die im Verfahren angefallenen Gebühren angerechnet werden und deshalb eigens klageweise geltend gemacht werden müssen, erhöhen somit den Streitwert nicht,[69] sofern sie als Nebenforderungen geltend gemacht werden.[70] Gleiches gilt für Abmahnkosten.[71]

31 Zu den nicht berücksichtigungsfähigen Kosten zählen schließlich auch die im Rahmen bzw. im Zusammenhang mit einem Prozessrechtsverhältnis begründeten Kostenausgleichsansprüche, und zwar unabhängig davon, ob sich ihre Grundlage im materiellen Recht oder im Verfahrensrecht (auch Schiedsverfahrensrecht) findet. Für Wiederaufnahmeklagen,[72] für Vollstreckungsgegenklagen nach § 767[73] und Widerspruchsklagen nach § 771 werden die Kosten des früheren Vollstreckungsverfahrens als Nebenforderungen behandelt.

---

61 So BGH, Beschluss vom 24.6.2010, Az. III ZR 145/09, juris; OLG Frankfurt BKR 2010, 391; MünchKomm/*Wöstmann* § 4 Rdn. 29.
62 BGH NJW 2013, 3100; BGH, Beschluss vom 8.5.2012, Az. XI ZR 423/10, juris; BGH NJW 2012, 2446; BGH, Beschluss vom 18.2.104, Az. II ZR 191/12.
63 BGH Rpfleger 1976, 427, zu Lagergeldern, Zöllen und Frachten.
64 Z.B. § 261 Abs. 2 BGB (Kosten der Auskunftserteilung), § 369 Abs. 1 BGB (Quittung), § 373 Abs. 1 HGB (Hinterlegung verkaufter Sachen) und § 381 BGB (Hinterlegung).
65 BGH NJW-RR 2008, 374; BGH NJW 2007, 3289.
66 BGH NJW-RR 2008, 374.
67 OLG Celle NJW-RR 2013, 188; BGH, Beschluss vom 6.8.2012, Az. 1 S 80/12, juris.
68 BGH NJW 2008, 999.
69 *Enders* JurBüro 2004, 57.
70 BGH GRUR-RR 2013, 448.
71 BGH GRUR-RR 2012, 136;
72 OLG Hamburg MDR 1969, 228; BGH NJW 1968, 1275 hat entsprechend bei Klagen aus § 826 BGB gegen rechtskräftige Urteile deren Nebenforderungen und Kosten nicht bewertet.
73 OLG Celle Nds Rpfl. 1972, 39.

Die Kosten von Vorprozessen bleiben regelmäßig Kostenforderungen, etwa wenn gegen einen Bürgen die Kosten des Hauptprozesses gegen den Hauptschuldner geltend gemacht werden. Um ebenfalls nicht anzusetzende Kosten handelt es sich bei der vorprozessualen Geschäftsgebühr des Rechtsanwalts (oder eines Inkassodienstleisters), sofern sie neben der Hauptforderung geltend gemacht wird.[74]

Prozessuale Nebenforderungen aus dem jeweils anhängigen Verfahren, die zu bewerten wären, gibt es nicht; insbesondere sind Prozesskosten des laufenden Verfahrens stets nicht zu bewertende Nebenforderungen.[75] Dies gilt auch im Falle einer einseitigen Erledigterklärung, denn in diesem Fall wird das Interesse des Klägers an der Feststellung bewertet, nicht die prozessuale Nebenforderung selbst. 32

e) Ansprüche aus Wechseln und Schecks. § 4 Abs. 2 bestimmt schließlich ausdrücklich, dass Zinsen, Kosten und Provision, die außer der Wechselsumme gefordert werden, als Nebenforderung anzusehen sind. Nach allgemeiner Ansicht gilt dies entsprechend für Ansprüche aus einem Scheck.[76] Unter Provision ist dabei die Vergütung i.S.v. Art. 48 Abs. 1 Nr. 4, 49 Nr. 4 WG bzw. Art. 45 Nr. 4, 46 Nr. 4 ScheckG zu verstehen. Streitwert ist daher stets nur die Wechsel- bzw. Schecksumme, sofern die weiteren in Artt. 48, 49 WG bzw. Artt. 45, 46 ScheckG genannten Bestandteile nicht isoliert geltend gemacht werden. Dies gilt auch gegenüber den Wechselbürgen, die eine selbständige, inhaltgleiche Verpflichtung übernommen haben. Ob der Anspruch im Wechselprozess (§ 602) oder im gewöhnlichen Prozess geltend gemacht wird, ist gleichgültig. Hintergrund für die Einführung von § 4 Abs. 2 im Jahr 1898 war die Überlegung, dass anderenfalls bei Regressklagen gegen den Akzeptanten alle geleisteten Zahlungen außer der Provision als Einheit zu betrachten und somit der Streitwertberechnung zugrunde zu legen wären.[77] 33

Das RG[78] hat dies auch für die Provision des Selbsthilfeverkäufers gelten lassen. Eine sonstige ausdehnende Auslegung der Bestimmung, also etwa auf die Provision des § 354 HGB, ist aber abzulehnen. Dies gilt im Besonderen auch dann, wenn ein solcher Anspruch aus einem anderen Rechtsgrunde verfolgt wird. 34

3. Ausnahmen: Novation und „Umwandlung" von Ansprüchen

a) Novation durch Parteivereinbarung. Eine nach § 4 Abs. 1 an sich nicht zu berücksichtigende Nebenforderung kann durch Vereinbarung der Parteien in eine streitwerterhöhende Hauptforderung umgewandelt werden. Erforderlich hierfür ist allerdings eine Schuldumschaffung (Novation), durch die die alte Forderung aufgehoben und eine neue Forderung begründet wird, die nicht mehr in Abhängigkeit von der bisherigen Hauptforderung steht. Häufigster Beispielsfall ist das echte Kontokorrentverhältnis, bei dem durch Abrechnung einer Kontokorrentperiode der Zinsanspruch dem Saldo hinzugerechnet wird und so seine Abhängigkeit von der Hauptforderung einbüßt.[79] Gleiches gilt, wenn durch Vereinbarung im Einzelfall eine Zinsforderung im Wege eines abstrakten Schuldanerkenntnisses novierend der Hauptforderung zugeschlagen und in diese einbezogen wird.[80] 35

74 BGH NJW 2007, 3289.
75 BGH NJW-RR 2008, 374; BGH MDR 2011, 810.
76 S. nur Thomas/Putzo/*Hüßtege* § 4 Rdn. 3.
77 Stein/Jonas/*Roth* § 4 Rdn. 39.
78 RGZ 33, 408.
79 OLG Naumburg, 22.2.1998, Az. 7 U 262/97 Rdn. 77 zitiert nach juris.
80 OLG Koblenz JurBüro 1999, 197; **a.A.** *Rosenberg/Schwab/Gottwald* § 32 Rdn. 37.

Nicht ausreichend ist umgekehrt ein deklaratorisches Schuldanerkenntnis, da durch dieses die Forderung lediglich anerkannt und ihr Charakter als von der Hauptforderung abhängiger Nebenforderung nicht geändert wird.

36 **b) „Umwandlung" von Ansprüchen, insbesondere Wertersatz.** § 4 Abs. 1 Hs. 2 ist ferner nicht anwendbar, wenn eine frühere Nebenforderung im Rahmen einer Rück- oder Ersatzforderung oder wegen der Beteiligung eines Dritten am Rechtsverhältnis in einen Teil einer einheitlichen Hauptforderung „umgewandelt" wird. Dies gilt insbesondere, wenn Gegenstand des Verfahrens ein Anspruch auf Wertersatz oder Befreiung von einer Verbindlichkeit ist, mögen auch ursprünglich als Nebenforderungen zu qualifizierende Ansprüche in die Gesamtforderung eingeflossen sein. Grund dafür ist, dass in einem solchen Fall die (früheren) Nebenforderungen materiell-rechtlich nur noch Rechnungsposten eines einheitlichen Anspruchs sind bzw. in solche „umgewandelt" werden.[81] Hinzu kommt, dass bei derartigen Forderungen auf Ersatz bereits geleisteter Zahlungen auch keine Probleme bei der Bestimmung der Forderungshöhe bestehen, so dass auch die *ratio legis* der vereinfachten Feststellungsfähigkeit keine Anwendung von § 4 Abs. 1 Hs. 2 fordert.

37 Prominentes Anwendungsbeispiel dieses Grundsatzes ist der Fall, dass ein Bankkunde die auf der Grundlage eines unwirksamen Darlehensvertrages geleisteten Zins- und Tilgungsleistung gemäß § 812 Abs. 1 S. 1 Alt. 1 BGB zurückfordert (anders aber: Rückabwicklung gemäß §§ 346 Abs. 1, 247 Abs. 1 BGB). Entscheidend ist hier alleine, dass ein insgesamt rechtsgrundlos gezahlter Betrag zurückgefordert wird, der sich aus verschiedenen Rechnungsposten zusammensetzt. Da es aber für alle Zahlungen an einem Rechtsgrund fehlt, kommt es nicht darauf an, dass zum Zeitpunkt der Leistung auf der Grundlage des vermuteten Bestehens eines Rechtsgrundes die Zinszahlungen als Nebenforderungen zu qualifizieren gewesen wären. Für eine Schadensersatzklage auf Erstattung gezahlten Kapitals und gezahlter Zinsen gilt nichts anderes. Ebenfalls keine Aufgliederung nach Haupt- und Nebenforderungen erfolgt bei insolvenzrechtlichen Anfechtungsklagen und oder Anfechtungsklagen nach dem AnfG, soweit der Rückgewähranspruch betroffen ist. Bei diesem handelt es sich um einen einheitlichen gesetzlichen Anspruch, der eine Aufgliederung in Kosten, Zinsen und Hauptanspruch nicht zulässt.

38 Entsprechendes gilt ferner, wenn Aufwendungsersatz (§ 670 BGB) gefordert wird für bereits aufgewandtes Kapital, Zinsen und Kosten; auch dieser Anspruch ist einheitlich und erlaubt keine „Rückaufgliederung". Gleiches gilt für die Forderung auf Einwilligung zur Auszahlung eines hinterlegten Betrages, selbst wenn dieser Zinsen einschließt. Denn die Klage auf Zustimmung kann nicht eine Haupt- und eine Nebenforderung aufgegliedert werden.[82]

39 Streitig ist, ob bei Klagen auf Befreiung von einer Verbindlichkeit, die aus Hauptanspruch (z.B. Kapital) und Nebenforderungen (z.B. bereits angefallene wie auf laufende Zinsen) besteht, § 4 Abs. 1 Hs. 2 anzuwenden ist. Gegen die Anwendung spricht, dass im Falle eines Anspruchs auf Befreiung von einer Verbindlichkeit ein neuer einheitlicher, nicht abgeleiteter Anspruch gegen einen Dritten geltend gemacht wird, so dass es unerheblich erscheinen mag, dass im Verhältnis des Anspruchsinhabers zu seinem Gläubiger ein Anspruch mit Nebenforderungen gegeben ist.[83] Andererseits ist in diesem Fall die Abhängigkeit des Anspruchs auf Befreiung von den Zinsen vom Bestehen des Anspruchs

81 **A.A.** *Rosenberg/Schwab/Gottwald* § 32 Rdn. 37.
82 BGH NJW 1967, 930.
83 In diesem Sinn BGH NJW 1952, 544 sowie allgemein RG DR 1940, 2009; anders aber für Anspruch auf Freistellung gegenüber einer Versicherung BGH VersR 1976, 478.

auf die Befreiung von der Hauptforderung offenkundig. Und soweit noch keine Zinsen bzw. Kosten gezahlt wurden (und erst recht mit Blick auf erst noch fällig werdende Zinsen bzw. erst noch anfallende Kosten), bestehen genau die Schwierigkeiten der Beurteilung, die für die Einführung von § 4 Abs. 1 Hs. 2 maßgebend waren. Dies alles spricht dafür, § 4 Abs. 1 Hs. 2 auf Ansprüche auf Befreiung von einer Verbindlichkeit anzuwenden.[84] Letztendlich wäre dies aber mit dem Gesetzeswortlaut nicht vereinbar. Fordert der Schuldner vom Dritten klageweise die Freistellung von einer ihn treffenden Verbindlichkeit, so handelt es sich um einen einheitlichen Anspruch mit mehreren Rechnungsposten. Zinsen, die auf die Verbindlichkeit gegenüber dem Gläubiger anfallen, sind keine Nebenforderung zum Freistellungsanspruch und leiten sich auch nicht aus diesem ab. Gleiches gilt für etwaige Kosten, die der Schuldner dem Gläubiger zu ersetzen hat und von denen der Schuldner nun freigestellt werden will.[85] § 4 Abs. 1 Hs. 2 ist deshalb insoweit nicht anzuwenden.

4. Geltendmachung als Nebenforderung oder als Hauptforderung

a) Abgrenzung Hauptforderung – Nebenforderung. Früchte, Nutzungen, Zinsen 40
und Kosten bleiben nur unberücksichtigt, wenn sie als Nebenforderungen geltend gemacht werden. Umgekehrt sind sie in vollem Umfang für die Bestimmung des Streitwertes zu berücksichtigen, wenn sie isoliert zum Gegenstand der Klage gemacht werden. Diese Voraussetzung ist insbesondere dann gegeben, wenn z.B. vorgerichtliche Anwaltskosten von vornherein isoliert geltend gemacht werden. Gleiches gilt, wenn zwar eine Hauptforderung anhängig ist, aber der Gegner seine vorprozessualen Anwaltskosten im Wege einer Widerklage geltend macht. Da es insoweit an einem Abhängigkeitsverhältnis zwischen beiden Forderungen fehlt, sind die mit der Widerklage geltend gemachten Anwaltskosten gemäß § 5 zu berücksichtigen.[86]

Ob das eine oder das andere der Fall ist, ist anhand einer materiellen Betrachtung zu entscheiden. Allerdings kann von Nebenforderungen von vornherein nur die Rede sein, wenn die Ansprüche von derselben Partei gegen denselben Schuldner in demselben Verfahren geltend gemacht werden.[87] Im Übrigen kommt es weder darauf, wie der Kläger seinen eigenen Klageantrag einschätzt oder bezeichnet, noch darauf, ob z.B. Zinsen als Vomhundertsatz der Hauptforderung, als ausgerechneter Betrag oder gemeinsam mit der Hauptforderung als ein Gesamtbetrag oder mittels getrennter Klageanträge geltend gemacht werden.[88] Unerheblich für diese Beurteilung ist es ferner, wie der Antrag lautet, ob er auf Erfüllung, Sicherung oder einen Vorrang geht, mag auch der Nebenanspruch nur aus besonderem Grunde gegeben sein. Keinesfalls braucht der Nebenanspruch auf eine Geldleistung gerichtet zu sein; auch können umgekehrt Nutzungen neben dem Anspruch auf Anerkennung des Eigentums gefordert werden oder rückständige Bezüge neben dem Recht auf Nutzung.

Vorrangig ist stets zu prüfen, ob überhaupt eine Mehrheit von Forderungen vor- 41
liegt. Dies ist von der Rechtsprechung z.B. für den Fall verneint worden, dass die Zustimmung zur Freigabe von hinterlegtem Kapital und Zinsen gefordert wurde, da in

---

84 S. auch BGH NJW 1960, 2336; wie hier *Rosenberg/Schwab/Gottwald* § 32 Rdn. 37; MünchKomm/*Wöstmann* § 4 Rdn. 20.
85 *Grömer* JurBüro 2010, 68; **a.A.** *Weisbrodt* JurBüro 1995, 115 sowie Zöller/*Herget* § 4 Rdn. 11.
86 LG Aachen AGS 2007, 3500.
87 MünchKomm/*Wöstmann* § 4 Rdn. 26.
88 St. Rspr., vgl. BGH NJW 1956, 1562; BGH NJW 1998, 2060; BGH NJW 2007, 1752; *Rosenberg/Schwab/Gottwald* § 32 Rdn. 37 m.w.N.

diesem Fall überhaupt nur ein unteilbarer Anspruch – auf Zustimmung – geltend gemacht wird.[89] Gleiches gilt bei einer Klage auf Zustimmung zu einem Teilungsplan oder zur Herausgabe einer Mietkaution nebst den angefallenen Zinsen.[90]

42 Da es nach dem Wortlaut von § 4 Abs. 1 Hs. 2 auch alleine darauf ankommt, ob die genannten Ansprüche als Nebenforderung geltend gemacht werden und hierfür der Zeitpunkt der Einreichung der Klage bzw. der Einlegung des Rechtsmittels entscheidend ist, bleiben sie selbst dann für die Streitwertbestimmung unberücksichtigt, wenn – u.U. im Wege eines Teilurteils – die Klage hinsichtlich der Hauptforderung für unbegründet, hinsichtlich der Zinsen oder Kosten aber für begründet erklärt werden sollte.

43 Von einer „Geltendmachung als Nebenforderung" i.S.v. § 4 Abs. 1 Hs. 2 ist auszugehen, sofern zwischen Haupt- und Nebenanspruch ein Abhängigkeitsverhältnis gegeben ist. Dies ist der Fall, wenn nach dem Vortrag des Klägers Nebenanspruch und Hauptanspruch auf einheitlicher Rechtsgrundlage beruhen, der erste aus dem letzten abgeleitet wird und – ungeachtet des eigenen Entstehungstatbestandes[91] – nach dem Vortrag des Klägers die Begründetheit der Nebenforderung die Begründetheit des Hauptforderung voraussetzt. Insofern fallen auch Nebenansprüche von Nebenansprüchen in den Anwendungsbereich von § 4 Abs. 1 Hs. 2. Erschöpft sich dagegen der Hauptanspruch in verschiedenen Einzelleistungen, auch wenn sie als Nutzungen angesehen werden, ist mit anderen Worten die Summe der Nutzungen gleich dem Hauptanspruch, so liegt zwischen den Einzelleistungen und dem Hauptanspruch keine Abhängigkeit vor, die zu einer Anwendung von § 4 Abs. 1 Hs. 2 führen würde.

44 Ebenso wenig liegt ein Anwendungsfall von § 4 Abs. 1 Hs. 2 vor, wenn die Rückzahlung des Kapitals aus einem Darlehen oder Darlehensteil sowie Zinsen aus einem anderen Darlehen oder Darlehensteil gefordert werden, da es insoweit an der für eine Nebenforderung charakteristischen Abhängigkeit von der Hauptforderung fehlt.[92] Schließlich können nach Rechtsprechung des BGH im Rahmen eines Schadensersatzanspruchs auch Kosten für Gutachten, Unkostenpauschalen u.Ä.m. streitwerterhöhend wirken, wenn sie sich jeweils als separater Schadensposten darstellen.[93]

45 **b) Prozessuales Erstarken einer Nebenforderung zur Hauptforderung.** Nebenforderungen können im Laufe des Verfahrens aufgrund prozessualer Umstände zu Hauptforderungen erstarken. Dies ist zum einen der Fall, wenn das Verfahren bzgl. der Hauptforderung ganz oder teilweise für erledigt erklärt wird. In diesem Fall werden die Nebenforderungen, soweit sie den erledigten Hauptanspruch betreffen, zur eigenständigen, für den Streitwert zu berücksichtigenden Hauptforderung.[94] Dies gilt auch dann, wenn ein Teil der ursprünglichen Hauptforderung noch im selben Rechtszug anhängig ist.[95] Zu einem Erstarken kommt es ferner auch dann, wenn die Klage hinsichtlich der Hauptforderung zurückgenommen (§ 269) oder auf diese verzichtet (§ 306) wird.

46 Für den Rechtsmittelstreitwert gilt, dass, wenn in der Rechtsmittelinstanz – aus welchen Gründen auch immer (z.B. wegen Aberkennung) – der Hauptanspruch nicht mehr weiterverfolgt wird, es nunmehr an der Geltendmachung einer Nebenforderung neben der

89 BGH NJW 1960, 2336.
90 MünchKomm/*Wöstmann*, § 4 Rdn. 28 m.w.N.
91 *Rosenberg/Schwab/Gottwald* § 32 Rdn. 35 f.
92 BGHZ 26, 174 = NJW 1958, 342.
93 BGH NJW 2007, 1752 (Gutachterkosten – zweifelhaft); BGH NJW-RR 2008, 898 (Unkostenpauschale).
94 S. nur BGH NJW 2012, 2523; BGH FamRZ 2012, 738; BGH NJW 2008, 999.
95 BGH NJW 1994, 1869.

Hauptforderung fehlt.[96] Auch in diesem Fall erstarkt die Nebenforderung zur Hauptforderung und ist deshalb in vollem Umfang für den Streitwert zu berücksichtigen.[97] Zu beachten ist allerdings, dass es bei der Nichtberücksichtigung gemäß § 4 Abs. 1 Hs. 2 bleibt, wenn die betreffende Hauptforderung nun Gegenstand eines Rechtsmittels des Prozessgegners ist.[98] Wird lediglich ein Teil der Hauptforderung nicht mehr weiterverfolgt, gilt dies für die Nebenforderungen, die auf diesen Teil entfallen.[99] Gegebenenfalls kann dies zur Folge haben, dass sich nur ein Teil der Kosten von der Hauptforderung emanzipiert.[100]

Die mit dem anhängigen Verfahren verbundenen Prozesskosten erstarken dagegen in diesem Verfahren nie zur „Hauptforderung", und zwar selbst dann nicht, wenn der ursprüngliche Klageantrag im Wege einer einseitigen Erledigterklärung in einen Feststellungsantrag auf Feststellung der ursprünglichen Zulässigkeit und Begründetheit der Klage umgestaltet wird. Dies hindert allerdings nicht daran, aus den bis zur Abgabe der Erledigungserklärung angefallenen Prozesskosten den Wert des Beschwerdegegenstandes abzuleiten, denn nach einer einseitigen Erledigterklärung wird in vermögensmäßiger Hinsicht nur noch darüber gestritten, wer die Kosten zu tragen hat. Überschreitet der daraus abgeleitete Wert die jeweilige Wertgrenze, kann dies zur Zulässigkeit eines Rechtsmittels führen.[101] Nichts anderes gilt im Falle einer übereinstimmend erklärten Erledigung. Übrig bleibt in diesem Fall die isolierte Kostenentscheidung, die besonders angreifbar sein kann (§ 91a Abs. 2). Entsprechendes gilt für die anderen Ausnahmefälle, in denen Prozesskostenentscheidungen isoliert angreifbar sind (vgl. § 99 Abs. 2). Von den Nebenansprüchen haben somit die **Prozesskosten** den letzten Rang, weil sie noch Nebenansprüche der außerprozessualen sind, wenn diese allein im Streit bleiben. Solange also noch ein außerprozessualer Nebenanspruch im Streit ist, etwa die Zinsen, solange bleibt die Prozesskostenforderung außer Betracht, selbst wenn sie sich auch auf andere Teile, etwa eine inzwischen erledigte Hauptforderung oder eine andere erledigte Nebenforderung, erstreckt.[102] 47

5. Widerklage; Hilfsanträge. Keine Besonderheiten gelten, wenn klageweise eine Haupt- und widerklagenderweise eine Nebenforderung geltend gemacht wird (oder umgekehrt). In beiden Fällen bleibt es bei § 5, wonach eine Zusammenrechnung von vornherein ausscheidet. 48

Anders ist dies im Verhältnis von Haupt- zu Hilfsantrag. Streitwertmäßig gilt hier der größere Wert. Dies sollte man auch dann gelten lassen, wenn der Hauptantrag im Verhältnis zum Hilfsantrag in dem von einer Haupt- zu einer Nebenforderung steht, denn Haupt- und Hilfsantrag trennen die Klagebegehren vollständig. 49

6. Gebührenstreitwert. Auch für den Gerichtsgebührenstreitwert gelten entsprechende Grundsätze. Die Maßgeblichkeit des Zeitpunkts der Antragstellung folgt aus § 40 GKG, die Nachrangigkeit von Nebenforderungen bei der Bestimmung des Gebührenstreitwerts aus § 43 GKG. § 4 ist gemäß § 48 Abs. 1 GKG entsprechend anwendbar. Der Gerichtsgebührenwert ist auch Gegenstandswert für die Rechtsanwaltsgebühren (§§ 23 Abs. 1 S. 1, 32 Abs. 1 RVG). 50

---

96 BGH JurBüro 2011, 260.
97 BGH NJW 2013, 2123.
98 BGH MDR 2013, 1316.
99 BGHZ 26, 174; BGH NJW 1994, 1869; OLG Köln, 20.12.2012, Az. 24 U 32/12, zitiert nach juris.
100 BGH NJW 2014, 3100; Einzelheiten bei *Schneider* NJW 2008, 3317, 3318 f.
101 So schon BGH MDR 1959, 554; BGH NJW 1958, 2016.
102 BGH NJW 1962, 2252.

§ 5
Mehrere Ansprüche

Mehrere in einer Klage geltend gemachte Ansprüche werden zusammengerechnet; dies gilt nicht für den Gegenstand der Klage und der Widerklage.

Übersicht

Schrifttum

Frank Anspruchsmehrheiten im Streitwertrecht (1986) (Bespr. Bischof NJW 1986, 2816; *Lüke* ZZP 100, 232; *Schneider* MDR 1987, 967); *Schumann* Anspruchsmehrheiten im Streitwertrecht, NJW 1982, 2800 ff.

I. Allgemeines

1 **1. Gesetzesgeschichte.** § 5 ist durch die Novelle von 1950[1] sprachlich neu gefasst worden. Die beigefügte amtliche Überschrift beruht auf Art. 2 Abs. 2 des Zivilprozessreformgesetzes in Verbindung mit der dazu erlassenen Anlage.

2 **2. Normzweck.** Nach der ZPO ist die Erledigung mehrerer Ansprüche in einem Prozess möglich. Durch die objektive Klagenhäufung (§ 260), die Stufenklage und die Streitgenossenschaft kann der Kläger schon in der Klageschrift mehrere Streitgegenstände verbinden. Während des Prozesses können die Parteien weitere Gestaltungsmöglichkeiten nutzen, nämlich durch nachträgliche Klagenhäufung, durch Parteibeitritt und durch die Widerklage. Für alle diese Anspruchsmehrheiten bestimmt § 5 eine Werteregelung. Er ordnet in seinem 1. Halbs. eine Wertaddition der jeweils von einer Partei gestellten Anträge an, wobei das gegnerische Verhalten unberücksichtigt bleibt. Diese Werteberechnung steht im Einklang mit dem Grundsatz aus der ZPO, auf die Interessen der Gegenseite nicht abzustellen. Das entspricht dem Additionsverbot zwischen Klage und Widerklage (§ 5, 2. Halbs.).[2]

3 Durch das Additionsgebot (§ 5, 1. Halbs.) soll berücksichtigt werden, dass bei einer Mehrheit von Ansprüchen auch größere wirtschaftliche Werte umstritten sind. Daraus

1 BGBl. 1950, 535; vgl. auch Stein/Jonas/*Roth* § 5 vor Rdn. 1.
2 Musielak/*Heinrich* Rdn. 1; MünchKomm/*Wöstmann* Rdn. 2.

folgt, dass dort, wo trotz prozessualer Anspruchsmehrheiten keine wirtschaftliche Wertehäufung entsteht, auch keine Addition erfolgen darf.[3]

Sofern keine Sonderregelungen, vor allem im Gebührenrecht, eingreifen, ist § 5 gem. § 2 bei allen Arten von Wertberechnungen zu beachten.

II. Streit- und Rechtsmittelwertberechnung

Für die Streit- und Rechtsmittelwertberechnung scheiden die nichtvermögensrechtlichen Streite aus. Nichtvermögensrechtliche Ansprüche können deshalb nicht mit vermögensrechtlichen zusammengezählt werden. Doch folgt daraus nicht, dass sie nicht in einer Klage verbunden erhoben werden könnten, gleichgültig ob die Verbindung zulässig ist oder nicht, was im letzten Fall zur Prozesstrennung führen müsste (§ 145). Wenn für den einen Anspruch eine ausschließliche Zuständigkeit gegeben ist, kann diese allerdings nur dann durchgeführt werden, sofern ein Verweisungsantrag (§ 281) gestellt worden ist. 4

Ferner müssen für § 5 die Ansprüche außer Betracht bleiben, bei denen das AG nach §§ 23 Abs. 1 S. 2, 23a GVG oder nach sonstigem Recht ausschließlich zuständig ist. 5

Dagegen darf mit einer Klage, für die das LG ausschließlich zuständig ist, ein anderer vermögensrechtlicher Anspruch verbunden werden, selbst wenn dieser für sich genommen nicht die landgerichtliche Zuständigkeit begründen würde, soweit dies nicht gesetzlich ausgeschlossen worden ist (vgl. § 179 FamFG). Nur in diesem Fall ist der Prozess zu trennen, die Klage über den getrennten Anspruch aber nur dann abzuweisen, wenn an Stelle des LG das AG zuständig ist, kein Verweisungsantrag (§ 281, § 17a Abs. 6 GVG) gestellt und die mangelnde Zuständigkeit, soweit erforderlich, rechtzeitig gerügt worden ist (§ 39). 6

Ist vor dem AG eine verbundene Klage erhoben, von der ein Anspruch vor das LG gehört, während der andere vor dem AG bleiben könnte (aber nicht müsste), so hat es der Kläger durch seinen Verweisungsantrag (§ 281) in der Hand, ob er die Ansprüche verbunden an das LG bringen oder ob er sie trennen lassen will. 7

Für die Gebührenwertung wird der Wert vermögensrechtlicher und nichtvermögensrechtlicher Ansprüche zusammengezählt. Gebührenrechtlich wird indes auch dann zusammengezählt, wenn Ansprüche unzulässigerweise gehäuft sind, gleichgültig welche prozessualen Folgen daraus zu ziehen sind. 8

III. Berechnungsvoraussetzungen

Zusammengerechnet werden mehrere in einer (Wider-)Klage erhobene Ansprüche, egal ob sie schon in der Klageschrift oder erst durch nachträgliche Klagehäufung geltend gemacht worden sind (vgl. § 506), ob die (Wider-)Klage sich gegen nur einen oder mehrere Beklagte richtet, ob diese notwendige Streitgenossen sind (§ 62) oder nicht und ob die Ansprüche denselben Rechtsgrund betreffen oder nichts miteinander zu tun haben. 9

1. Antragserfordernis. Darüber, ob mehrere Ansprüche geltend gemacht werden, entscheidet die (Wider-)Klage mit ihren Anträgen. 10

a) Klagehäufung. Dies gilt für die objektive (§ 260) wie für die subjektive Klagehäufung (§§ 59, 60), wobei es gleichgültig ist, ob diese Klagehäufungen zulässig sind, solange nicht getrennt worden ist, oder ob eine unzulässige Klagehäufung vorlag. 11

---

3 BGHReport 2004, 638; OLG Frankfurt NJW-Spezial 2011, 571 (572); Stein/Jonas/*Roth* Rdn. 3; Musielak/*Heinrich* Rdn. 7.

12 **b) Klageerweiterung.** Dies gilt ferner, wenn die Klage nachträglich zulässigerweise erweitert wird, und selbst dann, wenn mehrere getrennt anhängig gemachte Streite, egal aus welchem Grunde, verbunden werden, wenn dies auch erst von der Erweiterung bzw. der Verbindung an wirkt.

Bei dem Streitwert wird die Wirkung der Verbindung bisweilen in Abrede gestellt.[4] Wird die Erweiterung nicht zugelassen, so wird der Streitwert rückwirkend nicht erhöht.

Die Prozesstrennung (§ 145) verändert die einmal begründete Zuständigkeit dagegen nicht (§ 261 Abs. 3 Nr. 2).

13 **2. Überlagerungen.** Nicht zusammengerechnet werden darf, was zu einer mehrfachen Bewertung desselben Streitgegenstandes führen würde.

14 **a) Objektive Klagehäufung.** Nicht mehrfach berechnet wird der Wert mehrerer Anträge, die denselben Gegenstand in objektiver Klagehäufung (§ 260) betreffen. So viele Anträge deshalb auch in Bezug auf ein und denselben Gegenstand gestellt sind, niemals darf dieser mehr als einmal voll bewertet werden.[5]

15 Dies gilt, wenn der **volle Wert** des Gegenstandes mehrfach im Streit ist. Wird deshalb das Eigentum an einem Gegenstand und sein Besitz gefordert, so wird der Streitgegenstand nur einmal bewertet,[6] ebenso der auf Herausgabe des Grundstücks und auf Erteilung der Auflassung, wie der auf Zahlung des (Rest-)Kaufpreises und der auf Entgegennahme der Auflassung, der auf Räumung (Besitzeinräumung) und auf Umschreibung des Grundstückes nach Tausch.

16 Entsprechendes ergibt sich aus der Erfüllung des Vertrages für die Ansprüche auf Zahlung des Kaufpreises, auf Zahlung des Kaufpreises und Abnahme der Sachen,[7] auf Auflassung und Befreiung von einer auf dem Grundstück ruhenden Last.[8]Derselbe Wert ist in Fällen betroffen, wo neben dem Leistungsantrag die Rückgabe einer sich auf sie beziehenden Sicherheitsleistung gefordert wird; wo bei der Klage auf Unzulässigkeit der Vollstreckung die Herausgabe der geleisteten Sicherheit gefordert wird;[9] ebenso die auf Leistung einer Rente und ihre Sicherstellung wie überhaupt die auf Sicherstellung und die auf Leistung gerichtete Klage.[10] Auch der Antrag auf Herausgabe einer Sicherheitsleistung und der auf Befriedigung aus ihr wegen einer Gegenforderung sind nicht mehrfach zu bewerten.[11] Bei der Klage auf Löschung einer Hypothek ist regelmäßig der volle Forderungsbetrag im Streit. Auch die Klage auf Herausgabe einer unter Eigentumsvorbehalt gelieferten Sache und Bezahlung des Kaufpreises wird nicht zusammengerechnet.[12] Auch bei der Feststellung der Nichtigkeit eines Vergleichs und Zahlung des Betrages, der bei gegebener Nichtigkeit zu zahlen ist, liegt eine Überlagerung vor. Bei einer Feststellungs-, verbunden mit einer Teilleistungsklage, kommt also nur der Gesamtwert

---

4 LG Berlin JW 1931, 1766, wenn ein Gläubiger mehrere Teilklagen vor dem AG erhebt, das ohne Verbindung nach dem Grundsatz von „Treu und Glauben" die landgerichtliche Zuständigkeit begründet lassen will; LG Bielefeld NJW 1954, 276 gibt, wenn Teilklagen vor dem AG erhoben werden, die Einrede der sachlichen Unzuständigkeit.

5 BGH MDR 1970, 127.

6 OLG Hamburg Rpfl. 1949, 419.

7 Stein/Jonas/*Roth* Rdn. 9; Zöller/*Herget* Rdn. 8; Thomas/Putzo/*Hüßtege* Rdn. 8.

8 OLG Braunschweig AnwBl. 1972, 319.

9 BGH NJW 1969, 136.

10 BGH NJW 1969, 136; OLG Köln BB 1974, 429.

11 OLG Frankfurt MDR 1962, 60; OLG München MDR 1968, 697.

12 OLG Hamburg MDR 1965, 394.

der Feststellung in Betracht,[13] wobei, wenn die Feststellungsklage allein in die Rechtsmittelinstanz kommt, diese voll, also nicht unter Abzug der Teilleistung, bewertet wird.[14] Bewertet man die positive Feststellungsklage mit einem Abschlag, so kann es dazu kommen, dass die Teilleistungsklage höher als die Feststellungsklage zu bewerten ist; dann muss nach dieser Meinung der höhere Teilleistungswert maßgebend sein.

Bei einer Eventualaufrechnung gehäuft mit einer (Eventual-)Widerklage, ist bei Zu- 17
rückweisung der Aufrechnung und Abweisung der Widerklage nur der identische Widerklagewert Streitgegenstand;[15] ebenso wenn der Eventualaufrechnung entsprochen und deshalb die Widerklage abgewiesen wurde oder wenn umgekehrt entschieden wurde. Doch ist der Kläger nicht beschwert, wenn er nur die Zulassung der Aufrechnung bekämpfen will mit der Begründung, dass nur diese unzulässig und auf die von ihm – anerkannte – Gegenforderung deshalb nur als Widerklageforderung hätte erkannt werden dürfen, soweit die rechtskräftig ausgeurteilte Widerklageforderung durch Pfändung und Überweisung der Klageforderung diese vernichten kann;[16] oder wenn der Kläger die zuerkannte Widerklageforderung nur mit der ebenfalls ausgeurteilten Klageforderung infolge der nicht Stattgabe der Eventualaufrechnung bekämpfen will, sofern er dem durch die Vollstreckung begegnen darf. Ist gegenüber einer unbedingt erhobenen Aufrechnung, verbunden mit einer Eventualwiderklage für den Fall der Unzulässigkeit der Aufrechnung, der Aufrechnung entsprochen worden, so liegt keine Beschwer des Beklagten vor, selbst wenn formal die Widerklage abgewiesen wurde.[17] Die Beschwer des wegen der Aufrechnung abgewiesenen Klägers unter Zuerkennung einer (Rest-)Widerklageforderung besteht in der Zusammenrechnung beider.[18]

Dies gilt aber auch, wenn **Teilwerte** und der volle Wert Streitgegenstand sind, also 18
etwa bei der Klage auf Feststellung des gesamten Rechtsverhältnisses (vgl. § 256 Abs. 2) und der auf Leistung eines Teils. Ferner fließt aus der Zahlung eines bestimmten Betrages sowohl die Unzulässigkeit der Vollstreckung wie der Anspruch auf Erteilung einer löschungsfähigen Quittung nach § 1144 BGB, auch fällt der Streitwert aus einer negativen Feststellungsklage mit dem auf Rückgabe einiger aus dem Streitverhältnis stammender Sachen zusammen. Ferner gehören hierher die Klage auf Zahlung des Restkaufpreises und Herausgabe der unter Eigentumsvorbehalt gelieferten Sache sowie die Fälle der Stufenklage des § 254.[19] Der Offenbarungsantrag wird neben dem auf Auskunftserteilung nicht besonders bewertet. Der Anspruch auf Auskunft oder Rechnungslegung wird regelmäßig zum Bruchteil des Zahlungsanspruchs bewertet. Wird deshalb auf sie und auf Zahlung geklagt, so wird nur der Zahlungsanspruch für den Streitwert berücksichtigt. Wird ein bestimmter Mindestbetrag und Rechnungslegung und der sich daraus ergebende Mehrbetrag gefordert, so wird der Auskunftsanspruch nur als Teil des letzten Anspruchs bewertet. Wird ein vom Auskunftsanspruch unabhängiger Leistungsanspruch geltend gemacht, so ist zusammenzurechnen. Wird mehr als der Regelunterhalt gefordert, so ist der Anspruch (nach § 9) einheitlich zu bewerten.[20] Die Rechtsmittelwerte bemessen sich dagegen nach dem ausgeurteilten Teilerkenntnis.

Es können aber auch **mehrere Teilwerte desselben Gegenstandes**, die sich nicht 19
überlagern, gehäuft werden, dann sind sie zusammenzurechnen, dürfen indes zusam-

13 BGH MDR 1970, 127.
14 BGH MDR 1970, 127.
15 BGH NJW 1973, 98; NJW 1973, 2206, bei über die Eventualstellung hinausgehendem Erkenntnis.
16 Also anders bei Unpfändbarkeit der Klageforderung.
17 Vgl. BGH NJW 1973, 2206.
18 BGH MDR 1969, 570.
19 Was noch durch § 18 GKG ausdrücklich klargestellt wird.
20 OLG Oldenburg AnwBl. 1963, 140.

men nicht höher bewertet werden als der Wert des gesamten Gegenstandes ist. Bei einer Klage auf Unterlassung einer ehrenkränkenden Behauptung und ihrem Widerruf sind beide Werte zusammengerechnet worden.[21]

20 Dem entspricht es, dass **mehrere Klagegründe** zu keiner Doppelbewertung führen können. Bei mehrfacher Klagebegründung nicht bezifferter Ansprüche, etwa wenn ein Feststellungsanspruch auf StVG und auf unerlaubte Handlung gestützt wird, kommt der höhere Wert in Betracht.

21 Ergreift aber die rechtliche Bewertungsgrundlage nicht den gesamten Gegenstand, sondern nur seine **Zukunft ab Klageerhebung** (oder Rechtsmitteleinlegung) wie nach §§ 8, 9, so müssen die in der Vergangenheit liegenden Streitgegenstände, die Leistungen, welche bis zur Klageerhebung (Rechtsmitteleinlegung) fällig geworden sind, zusätzlich bemessen werden.

22 **b) Haupt- und Hilfsanspruch.** Besonderheiten gelten für das Verhältnis von Haupt- und Hilfsanspruch.

Gleichgültig ob beide Ansprüche denselben Streitgegenstand betreffen, werden ihre Werte nicht zusammengerechnet, sondern es wird nur der höhere Anspruch bewertet.[22] Das ist ebenso bei den negativen Klagen, in denen der Anspruch auf Nichtbestehen einer Forderung, hilfsweise der, dass sie gegen eine Aufrechnung getilgt sei, verfolgt wird. Dies gilt bei der Streitwertberechnung auch für den als Hauptanspruch im Hauptantrag geltend gemachten Prozesskostenanspruch.

23 Für den **Rechtsmittelwert** ergeben sich insoweit Modifikationen. Soweit dem Hauptantrag stattgegeben wurde, ist der Kläger nicht beschwert; soweit seinem Hilfsantrag stattgegeben wurde, ist er es nur wegen des abgewiesenen Hauptantrages bzw. wegen der vorhergehenden Hilfsanträge; nicht wegen der Hilfsanträge, die in der Eventualstellung dem stattgegebenen Hilfsantrag noch folgten. Ist aber nicht dem ersten Hilfsantrag, sondern erst einem späteren stattgegeben, so ist der Kläger wegen des zurückgewiesenen Hauptantrags und des oder der weiterhin zurückgewiesenen Hilfsanträge beschwert. Ruhen diese auf demselben Klagegrunde, so dürfen sie nicht mehrfach bewertet werden, sondern nur mit dem höchstwertig zurückgewiesenen Antrag. Ruhen sie aber auf verschiedenen Klagegründen, so sind alle zurückgewiesenen Anträge zusammenzurechnen, weil sie zu diesen Werten in Rechtskraft erwachsen, wenn das Erkenntnis bleibt.[23] Der Beklagte ist nur beschwert, soweit der Klage entsprochen wurde, egal ob dies mit einem Haupt- oder mit einem Hilfsantrag geschah, aber nur in Höhe des stattgegebenen Antrags, auch wenn der Kläger noch weitere gehäuft hatte;[24] obwohl solche nicht beschiedenen Hilfsanträge ohne weiteres in die Rechtsmittelinstanz kommen und der Beklagte erst endgültig obsiegt, wenn alle zurückgewiesen werden.

24 Umkehrbar ist dieses Verhältnis bei mehrfach gestufter Eventualaufrechnung des Beklagten, wenn mehrere von ihm zur Aufrechnung gestellte Forderungen zurückgewiesen worden sind.

Wird dem Prozesskostenanspruch im Hauptbegehren, etwa bei Erledigung der Hauptsache, und dem Hauptbegehren im Eventualbegehren entsprochen, so ist nur das Eventualbegehren zu bewerten; ebenso wenn über beide Begehren umgekehrt entschie-

---

21 KG NJW 1969, 1305.

22 BGH AnwBl. 1976, 339; OLG Hamburg MDR 1959, 315; OLG Celle MDR 1961, 516; MünchKomm/*Wöstmann* Rdn. 13.

23 BGH NJW 1984, 371; NJW-RR 1999, 1157 f.; Stein/Jonas/*Roth* Rdn. 28; Thomas/Putzo/*Hüßtege* Rdn. 6.

24 Die also nicht zusammenrechenbar und überhaupt nicht bewertbar sind, also anders als beim Streitwert.

den wurde. Indessen hat der Kläger dann kein Rechtsmittel (§ 99 Abs. 1), wohl aber das Anschlussrechtsmittel, wenn sein Kostenanspruch abgewiesen worden ist. Während der Beklagte im letzten Fall bei Erreichung der Rechtsmittelsumme das Hauptrechtsmittel hat.

Wer die Prozesskosten zu tragen hat, richtet sich nach der Prozesskosten(grund)entscheidung.[25] Wird über den Hilfsantrag nicht entschieden, so bleibt dessen Wert außer Betracht.[26] Ist es der Wert des Anspruchs, der zurückgewiesen wurde, so ist nach § 92 zu verfahren. Im Rechtsmittelzug gilt das entsprechende. 25

c) Wahlklagen. Entsprechend den Haupt- und Hilfsanträgen sollte man bei Wahlklagen verfahren, sofern die Wahl noch offengehalten wird (§ 262 BGB). Die Rechtsprechung bewertet indes unter dem Einfluss der subjektiven Theorie anders: Hatte der Kläger das Wahlrecht, so wird nur die höhere Leistung bewertet, hatte es der Beklagte, so nur die geringere.[27] 26

d) Alternativklagen. Auch bei Alternativklagen ist der höhere Streitwert maßgebend. Rechtsmittelmäßig ist der Kläger nicht beschwert, wenn nur einer Alternative entsprochen worden ist; der Beklagte dagegen nur in Höhe der zugesprochenen. Es wird also nicht zusammengerechnet, auch wenn die Entscheidung über die Alternative offengeblieben ist und sie nunmehr ohne weiteres in die Rechtsmittelinstanz kommt. 27

3. Subjektive Klagehäufung. Auch die subjektive Klagehäufung führt zu keiner mehrfachen Bewertung desselben Klagegegenstandes. Das ist der Fall, wenn etwa mehrere Gesamtgläubiger (§§ 428, 432 BGB) oder mehrere Miterben auf Herausgabe einer Sache an alle (§ 2039 BGB) klagen oder wenn mehrere Gläubiger eine Rechtshandlung außerhalb des Konkurses anfechten oder ein Konkursgläubiger gegen mehrere Widersprechende klagt (vgl. §§ 144 Abs. 1, 146, 147 KO), wie auch wenn gegen mehrere Gesamtschuldner (§§ 421, 431 BGB) geklagt wird oder der im Verteilungsverfahren widersprechende Gläubiger gegen mehrere Beteiligte vorgeht (§ 878) oder im Falle der Hauptintervention (vgl. § 64). Das gilt auch bei unechter Gesamtschuldnerschaft wie bei der Klage gegen Hauptschuldner und Bürgen.[28] 28

Dabei können sich auch gegenständliche wie persönliche Bindungen mischen, etwa wenn wegen derselben Forderung gegen einen Beklagten auf Leistung, gegen den anderen auf Duldung der Vollstreckung vorgegangen wird oder zugleich auf Leistung und Duldung. 29

a) Beschwer. Soweit die Beschwer bei mehreren Streitgenossen nicht identisch ist, ist sie zusammenzurechnen.[29] Es ist daher ohne Belang, ob von mehreren gemeinsam geklagt oder gemeinsam Rechtsmittel eingelegt werden[30] oder mehrere Ansprüche gegen mehrere Beklagte oder mehrere Kläger gegen denselben Beklagten erhoben würden. Klagen indes mehrere gegen mehrere andere aus völlig verschiedenen Rechtsgründen, so wird sich die Trennung des Verfahrens anbieten (§ 145). Bei einer Klage aus dem AnfG 30

---

25 OLG Bremen NJW 1967, 400.
26 OLG München MDR 1963, 854; OLG Köln MDR 1963, 1021; OLG Bremen NJW 1967, 400; OLG Karlsruhe NJW 1967, 935.
27 MünchKomm/*Wöstmann* Rdn. 27.
28 LG Kaiserslautern Rpfl. 1966, 347.
29 BGHZ 23, 334 = NJW 1957, 628.
30 BGHZ 23, 333, 339 = NJW 1957, 628.

auf Wertersatz gegen einen Beklagten und auf Duldung der Vollstreckung gegen seinen Rechtsnachfolger wurde ein Streitgegenstand angenommen.[31]

31 **b) Kostenbeschwer.** Nicht besonders bewertet werden darf aber die bloße Kostenbeschwer in Bezug auf einen im Übrigen nicht mehr im Streit befindlichen Streitgenossen.[32]

32 **4. Aufrechnung.** Die Aufrechnung wirkt sich im Streitwert nicht aus. Rechtshängigkeit tritt durch die Aufrechnung nicht ein. Für die Alternativaufrechnung gilt das entsprechende wie für die Alternativ(Wider-)Klage. Ist nur im Streit, ob eine Aufrechnung wirkt, so ändert die Aufrechnung an dem Rechtsmittel nichts. Ist nur eventuell aufgerechnet, so ist, wenn dies den Beklagten beschwert, beim Rechtsmittelwert zusätzlich zu bewerten (sog. sekundäre Aufrechnung). Sodann ergeben sich entsprechende Folgen wie bei der Zusammenrechnung von Klage und Widerklage.

IV. Klage und Widerklage

33 Klage ist auch die Widerklage,[33] nur dass die Anträge jeder Parteiseite nach § 5 getrennt zu bewerten sind.

§ 5 verbietet für die Bestimmung des Streitwertes grundsätzlich, dass der Wert des Klage- und der des Widerklagegegenstandes zusammengerechnet werden. Die Bestimmung ist von besonderer Bedeutung, weil die sachliche Zuständigkeit des LG auch gegenüber einer Klage erreicht werden kann, wenn der Beklagte zulässigerweise Widerklage erhebt und seine Widerklage streitwertmäßig vor das LG gehört (vgl. § 506).

34 **1. Streitwerttrennung.** Grundsätzlich werden die Werte der Klage von denen der anderen Parteiseite, der Widerklage, bei der Bewertung des Streitgegenstandes getrennt. Dies gilt auch, wenn Klage und Widerklage nicht denselben Streitgegenstand betreffen oder wenn der Beklagte, statt Widerklage zu erheben, eventuell aufrechnet. Der Beklagte kann also selbst dann keine andere (höhere) sachliche Zuständigkeit erzwingen, wenn der Kläger die Ansprüche häufen könnte. Würde der Kläger eine negative Feststellungsklage erheben, so könnte er u.U. einen Streitwert erreichen, der ihn zum LG bringt, obwohl er nicht dahin kommen könnte, wenn der Beklagte positive Widerklage erhebt. Hatte aber der Beklagte zuvor schon Klage erhoben, und wird dann die Sache verbunden, so wandelt sich die negative Feststellungsklage des Klägers in einen Abweisungsantrag, der wegen früherer Rechtshängigkeit der (Wider-)Klage ihm die landgerichtliche Zuständigkeit nehmen würde, wenn nicht die Verbindung gerade vom Landgericht ausgesprochen wird. Ob dabei die Widerklage überhaupt nur eventuell erhoben worden ist oder als Hauptwiderklage, ist streitwertmäßig gleichgültig.

35 **a) Ausklammerung.** Klammert indes die Widerklage den Klageantrag aus, auf den sie sich nur infolge der Ausklammerung nicht bezieht, und würde, wenn sie nicht ausklammern würde, ein einheitlicher Klagegegenstand getroffen, so sind beide Gegenstände zusammenzurechnen, wenn über sie im selben Verfahren entschieden werden soll.

36 **b) Unzulässige Widerklage.** § 5 setzt voraus, dass die Widerklage zulässigerweise erhoben werden darf, so dass durch eine unzulässiger Weise erhobene Widerklage nicht

---

31 OLG Frankfurt MDR 1955, 496.
32 **A.M.** BGH NJW 1957, 713.
33 RGZ 31, 387.

die landgerichtliche Zuständigkeit begründet werden kann. Ist die Widerklage unzulässig, weil ihr die Klage entgegensteht, so bleibt das für die Klage zuständige Gericht auch für die Widerklage zuständig, so dass nicht etwa durch ihre Erhebung die Zuständigkeit des LG erreicht werden kann, wenn der Beklagte es versäumt hatte, rechtzeitig die Unzuständigkeit des AG trotz Hinweises (§ 504) zu rügen. Die wirksam getroffene (§ 38) wie die unterstellte Zuständigkeit nach § 39 wirken auch gegen die Widerklage. Ist die Widerklage aus anderen Gründen unzulässig, so dass getrennt werden muss, so darf dies nur geschehen, wenn nicht die sachliche Unzuständigkeit des Gerichts zu beachten ist, also der Kläger sie gerügt hat oder sie auch ohne Rüge von Gerichts wegen zu beachten ist. Sonst ist statt Trennung die Widerklage als unzulässig abzuweisen, sofern nicht zugleich der Verweisungsantrag des Widerklägers gestellt ist (§ 281), so dass zugleich mit der Trennung verwiesen werden kann.

2. Rechtsmittelwerte. Die Rechtsmittelwerte ergeben sich aus der Beschwer des Rechtsmittelklägers im Verhältnis seiner Anträge zum angefochtenen Erkenntnis. An Stelle von Klage und Widerklage treten hier das Rechtsmittel und die Anschließung bzw. das selbständige Gegenrechtsmittel. 37

a) Objektive Klagehäufung. Für die objektive Klagehäufung (§ 260) gilt in der Rechtsmittelinstanz keine Besonderheit, soweit die Beschwer reicht. Bei einheitlicher Beschwer werden also nicht die Streitwerte von Klage und Widerklage getrennt. Sie werden für den Rechtsmittelwert grundsätzlich zusammengerechnet. Dies gilt auch, wenn einer von mehreren Klägern gegen die Abweisung der Klage, der andere wegen seiner Verurteilung durch die Widerklage vorging. Betreffen sie indes denselben Gegenstand, so wird dieser nicht doppelt bewertet. Rechtsmittelwertmäßigkeit kommt für die Überlagerung der Streitgegenstände von Klage und Widerklage gerade das zum Zuge, was gebührenwertmäßig schon für die Zusammenrechnung dieser Gebührenwerte in der ersten Instanz gilt. 38

b) Subjektive Klagehäufung. Für die subjektive Klagehäufung kommt es zusätzlich darauf an, ob sie auch rechtsmittelmäßig im Rahmen der Rechtsmittelsumme bestehen blieb. Sind mehrere Prozesse unter subjektiver Klagehäufung oder von Gerichts wegen verbunden, so werden die nicht identischen Rechtsmittelwerte zusammengerechnet,[34] und zwar selbst dann, wenn auf Grund derselben Verhandlung die Urteile getrennt abgesetzt wurden. 39

Bei der Verurteilung von Gesamtschuldnern kommt es darauf an, dass einer von ihnen, der das Rechtsmittel einlegt, rechtmittelfähig beschwert ist.

c) Haupt- und Hilfsanträge. Bei Haupt- und Hilfsanträgen kann sich die Beschwer spalten. Wird nach dem Hauptantrag erkannt, so ist der Beklagte nur nach dem Hauptantrag beschwert. Wurde dagegen nach dem Hilfsantrag erkannt, so ist der Beklagte nur zu diesem Wert, nicht zu dem des Hauptantrags beschwert, während der Kläger mit dem nicht zuerkannten Hauptantrag beschwert ist. Wurde eine Klage auf Grund der Eventualaufrechnung des Beklagten abgewiesen, so sind sowohl der Beklagte wie der Kläger in Höhe des Streitwertes der Klage beschwert. 40

3. Eventuelle Widerklage. Dabei begründet es keinen Unterschied, ob die Widerklage nur eventuell gestellt worden ist. Der Streitwert einer Klage und Hilfswiderklage ist 41

34 BGHZ 23, 334 = NJW 1957, 628.

nur zusammenzurechnen, wenn der Klage stattgegeben und die Hilfswiderklage abgewiesen worden ist.[35]

42 **4. Widerwiderklage.** Die Widerwiderklage ist streit- wie rechtsmittelwertmäßig bei zusätzlichem Gegenstand entsprechend der Klagehäufung zu behandeln. Bleibt nur die Widerklage im Streit, so ist diese entsprechend der Klage und sodann die Widerwiderklage entsprechend der Widerklage zu behandeln. Ob dabei die eventuelle Widerklage ihre Eventualstellung verloren hat, hängt davon ab, was aus der Klage geworden ist, und ob dadurch der Eventualfall ausgelöst worden ist. Solange die Widerklage zulässig ist, ist es auch die Eventualstellung der Widerwiderklage, die an sich so zulässig ist, wie die der Widerklage.

43 **5. Gegenseitige Rechtsmittel.** Entsprechend dem Verhältnis von Klage und Widerklage sind die gegenseitig eingelegten Rechtsmittel rechtsmittelwertmäßig getrennt zu behandeln. Diese Werte dürfen nicht zusammengerechnet werden. Dies bedeutet, dass die Rechtsmittelbeschwer einer jeden Parteiseite getrennt zu beurteilen ist, selbst wenn die eine im Verhältnis zur anderen eine Nebenforderung ist. Wenn demgegenüber das RG[36] meint, dass die sich nur auf die Nebenforderung erstreckende Revision zur unselbständigen Anschlussrevision zurücksinke, so kann dem nicht gefolgt werden. Anders ist dies nur, wenn eine Revision nur über Prozesskosten geht.

V. Gebührenwert

44 Die Gebührenwerte weichen von den Streitwerten insoweit ab, wie sich überlagernde Klage- und Widerklageanträge stets nur einmal bewertet werden (§ 45 Abs. 1 S. 3 GKG). Die sonstige Regelung des § 5 wird aber auch bei ihnen beachtet. Eine Besonderheit ergibt sich indes noch insoweit, wie auch nichtvermögensrechtliche Streite gebührenmäßig zu bewerten sind.

45 **1. Regel.** Für die Gebührenwerte ergibt sich für die Regel des ersten Halbsatzes des § 5 keine Besonderheit. Die Überlagerung im Falle der Stufenklage (§ 254) stellt dabei § 44 GKG ausdrücklich klar.

46 **2. Klage und Widerklage.** Für Klage und Widerklage ordnet § 45 Abs. 1 GKG die Zusammenrechnung der Werte an.

47 **a) Zusammenrechnung.** Die Regel des § 45 Abs. 1 GKG wird verständlich, weil Widerklagen die Klagen ganz oder teilweise einbeziehen und dann auch den Streitgegenstand insoweit einbeziehen, wie ihn schon die Klage umreißt, obwohl über ihn nur einmal zu entscheiden ist. Klage und Widerklage betreffen denselben Streitgegenstand, soweit sie sich gegenseitig ausschließen und soweit der Klageantrag das Gegenstück des Widerklageantrags ist.[37] Wird auf einen Teilbetrag eines Schadensersatzes wegen Nichterfüllung geklagt, die Widerklage dagegen auf Feststellung der nichtbestehenden Ersatzpflicht gerichtet, so ist der gesamte Schadensersatzanspruch wegen Nichterfüllung im Streit.

48 Durch die angeordnete Zusammenrechnung müssen die **Nebenforderungen** des § 43 GKG außer Ansatz bleiben, auch wenn sie nur in Klage oder Widerklage geltend ge-

35 BGH NJW 1973, 98.
36 RGZ 133, 288.
37 Vgl. dazu die ältere Rspr., 2. Aufl. D IIIa 1.

macht werden. Dies gilt auch, wenn die Ansprüche unzulässiger Weise erhoben worden sind.

Überlagerungen im Verhältnis zu Hilfsanträgen sind dann ohne Bedeutung, wenn ein Klage- oder Widerklageantrag alle sonstigen Haupt- oder Hilfsanträge abdeckt. Dann gilt der Wert des alle abdeckenden Haupt- oder Hilfsantrags. Ist ein Antrag nicht gedeckt, so ist er hinzuzurechnen. Es darf sich indes keine höhere Summe ergeben, als sich bei der Zusammenrechnung der Höchstwerte jeder Parteiseite ergibt. Dies gilt auch für die Eventualwiderklagen. Doch kommt – im Gegensatz zur Streitwertermittlung (der ersten Instanz) – für den Gebührenwert die Bewertung auch höherer Hilfsanträge nur insoweit in Betracht, wie über sie erkannt wird,[38] also entsprechend der Rechtsmittelwerte. Eine unterschiedliche Gebührenbewertung findet nur dort statt, wo es keine Rechtsmittelwerte gibt, also bei den nichtvermögensrechtlichen Streiten. In nichtvermögensrechtlichen Streiten ist die Ehe derselbe Gebührengegenstand, wenn Klage und Widerklage auf Nichtigkeitserklärung, Aufhebung oder Scheidung gehen. 49

Gebührenwertmäßig werden Klage und Widerklage zusammengerechnet, soweit sich die Ansprüche nicht überlagern; auch bei Eventualwiderklagen derart, da22 das Gericht u.U. beiden Ansprüchen entsprechen könnte.[39] 50

Wird indes mit der Widerklage Rückzahlung des geleisteten Teilkaufpreises gefordert, mit der Klage Zahlung des Restkaufgeldes, so überlagern sich diese Anträge nicht mit den Abweisungsanträgen derselben Partei und sind deshalb zusammenzurechnen. Werden einzelne Rentenbezugsrechte oder Mietrechte (vgl. §§ 8, 9) eingeklagt, widerklagend die Nichtigkeit des Rechtsverhältnisses begehrt, so werden nur die Einzelleistungen ab Klage für den Streitwert, ab Rechtsmitteleinlegung für den Rechtsmittelwert überdeckt; nicht die für die Vergangenheit geforderten.

Verschiedene Streitgegenstände wurden angenommen, wenn auf Auflassung des Grundstücks geklagt und mit der Widerklage das Kaufentgelt gefordert wurde;[40] doch sollte man hier sich überdeckende Werte annehmen.

b) Wechselseitig eingelegte Rechtsmittel. Für wechselseitig eingelegte Rechtsmittel ordnet § 45 Abs. 2 GKG für die Gebührenwertberechnung dasselbe an wie § 45 Abs. 1 GKG für das Verhältnis von Klage und Widerklage, soweit sie gemeinschaftlich verhandelt werden. Ob sie getrennt eingelegt waren oder sich eine Partei eines Anschlussrechtsmittels bedient hatte, ist ohne Belang.[41] 51

Haben mehrere Streitgenossen das Rechtsmittel getrennt eingelegt, so wird zunächst die Gebühr getrennt berechnet. Doch darf insgesamt nicht mehr gefordert werden, als dem Gesamtstreitwert entspricht, wenn gemeinschaftlich verhandelt wird.

Ist von mehreren, in Anspruch genommenen Gesamtschuldnern der eine verurteilt, die Klage gegen die anderen aber abgewiesen, und wird nur wegen der Verurteilung von dem einen Beklagten, wegen der Abweisung vom Kläger gegen die anderen Beklagten Berufung eingelegt und zusammen verhandelt, so ist derselbe Streitgegenstand betroffen. Dies gilt auch, wenn über mehrere Gesamtschuldner durch Teilurteil entschieden wird und die Rechtsmittel verbunden werden. Ist einer Klage gegen Gesamtschuldner zum Teil stattgegeben, ist sie zum anderen abgewiesen worden und legt nur der Kläger 52

---

38 Vgl. BGH NJW 1973, 98, der so grundsätzlich entschieden hat.
39 BGH NJW 1965, 444.
40 RGJW 1897, 190.
41 Doch hat BAG NJW 1960, 1173, nicht zusammengerechnet, wenn eine Anschlussrevision vor Entscheidung über die Revision verworfen wurde und BGHZ 7, 152, 153 f. nicht bei wechselseitig eingelegten Rechtsmitteln.

gegen den einen der Gesamtschuldner wegen der Abweisung Berufung ein und ein anderer Gesamtschuldner wegen der Verurteilung, so werden die Werte in verbundenen Prozessen zusammengerechnet.

§ 6
Besitz; Sicherstellung; Pfandrecht

Der Wert wird bestimmt: durch den Wert einer Sache, wenn es auf deren Besitz, und durch den Betrag einer Forderung, wenn es auf deren Sicherstellung oder ein Pfandrecht ankommt. Hat der Gegenstand des Pfandrechts einen geringeren Wert, so ist dieser maßgebend.

Übersicht

I. Allgemeines

1 **1. Gesetzesgeschichte.** Die Vorschrift wurde mit Wirkung vom 1.7.1977 durch das 1. EheRG sprachlich neu gefasst.[1] Während sie früher „Der Wert des Streitgegenstandes wird bestimmt“ hieß, spricht die jetzige Fassung – mit Blick auf § 2 – nur noch von „Der Wert wird bestimmt“. Das Zivilprozessreformgesetz vom 27.7.2001 übernahm die Vorschrift unverändert.[2]

2 **2. Normzweck.** Die Vorschrift ist für die Bestimmung der Eingangszuständigkeit sowie die Ermittlung der Beschwer im Rechtsmittelverfahren von Bedeutung.[3] Sie bestimmt, dass bei Streitigkeiten über eine Sache der Verkehrswert der Sache maßgebend ist, selbst wenn es nur um den Besitz an ihr geht. Gleiches gilt bei Streitigkeiten über die bloße Sicherung einer Forderung oder über Pfandrecht, es sei denn, der Haftungsgegenstand hat einen geringeren Wert als die Forderung (S. 2). Mit der Vorschrift sollte die schon vor Erlass der ZPO entstandene Gerichtspraxis vereinheitlicht werden.[4] Wenn es nicht gerade um das Eigentum oder die Erfüllung geht, sondern nur um den Besitz bzw. die Sicherstellung einschließlich eines Pfandrechts, konnten sich Schwierigkeiten bei der wirtschaftlichen Bewertung ergeben. Diese Schwierigkeiten beseitigt § 6, indem er einerseits den vollen Wert für maßgebend erklärt, andererseits aber den Wert des Sicherungsgegenstandes zur Obergrenze bestimmt. Für **Räumungsklagen** verdrängt § 8 in

1 BGBl. 1976 I 1421; vgl. auch Stein/Jonas/*Roth* vor Rdn. 1 (Gesetzesgeschichte).
2 BGBl. 2001 I 1887.
3 Musielak/*Heinrich* Rdn. 1.
4 Vgl. Stein/Jonas/*Roth* § 6 Rdn. 1.

seinem Anwendungsbereich die Vorschrift, soweit der Zuständigkeit- und Rechtsmittelstreitwert betroffen ist.[5] Die Beschwer bestimmt sich daher nach § 8, wenn streitig ist, ob das durch einen Mietvertrag begründete Nutzungsrecht an dem Raum, dessen Räumung begehrt wird, fortbesteht.[6]

3. Gebührenstreitwert. Die Vorschrift gilt entsprechend zur Bestimmung des Gebührenstreitwerts (§ 48 S. 1 GKG) und zur Ermittlung der Anwaltsgebühren (§ 23 Abs. 1 GVG).[7]

II. Bewertung

Die Bewertung des Besitzes nach dem Wert der Sache und der Sicherung nach dem Nennwert der Forderung schreibt § 6 Abs. 1 S. 1 vor. Die Vorschrift setzt voraus, dass das Eigentum am Streitgegenstand wie die Inhaberschaft einer Forderung voll zu bewerten sind. 3

1. Besitz. Unter Besitz einer Sache (§ 90 BGB) wird der nach §§ 854 ff. BGB verstanden. 4

a) Arten. Im Streit kann deshalb sowohl der unmittelbare wie der mittelbare (§ 868 BGB),[8] der Eigenbesitz (§ 872 BGB) wie der Fremdbesitz sein.[9] 5

Welcher Antrag gestellt worden ist, ist gleichgültig. Er kann, von dem Fall des § 8 abgesehen, auf Herausgabe, auf Wiedereinräumung an den Kläger (§ 861 Abs. 1 BGB) oder einen Dritten (§ 869 BGB) gehen, aber auch negativ sein, etwa bei der negativen Feststellungsklage eines Nachfolgerechts in gebundenes Gutsvermögen.

Auch kommt es regelmäßig **nicht** auf den **Klagegrund** an.[10] Der Anspruch kann mit der Besitz- (§§ 861, 869 BGB), mit der Eigentumsklage (§ 985 BGB),[11] mit der Besitzklage nach § 1007 BGB, mit der Nießbrauchsklage (§ 1036 Abs. 1 BGB), mit der aus dinglichem Wohnrecht, Wohnungseigentum[12] und Dauerwohnrecht, soweit für diese beiden die streitige Gerichtsbarkeit in Betracht kommt, mit der aus Altenteilsrechten, Grunddienstbarkeiten und Reallasten oder mit der des Faustpfandgläubigers (vgl. § 1231 BGB), wie mit einer Schuldklage verfolgt werden, etwa der aus Vertrag oder aus Verwahrung, aus dem Vorkaufsrecht, aus Werkvertrag, aus Kauf auf Übergabe;[13] aber auch aus Gesetz, insbesondere aus ungerechtfertigter Bereicherung, bei Einweisung nach Zuschlag,[14] bei der gerichtlichen Entscheidung über die Einleitung eines Enteignungsverfahrens.[15] Bei Rückgabe eines Grundstücks ist sein Verkehrswert maßgebend,[16] auch wenn es unter Auflage der Bebauung in bestimmter Frist veräußert worden war und es zurückgefordert wird.[17] Dies gilt auch, wenn die Verwaltungsbefugnis eines Vermögensverwalters und damit auch sein Recht auf den Besitz im Streit ist. Auch wenn das Recht zum Besitz ganz fehlt, etwa bei Nichtigkeit, ist der Besitzwert dem Sachwert gleichzusetzen. 6

---

5 BGH NJW-RR 2013, 718 (719); Stein/Jonas/*Roth* Rdn. 1.
6 BGH WuM 2006, 45.
7 MünchKomm/*Wöstmann* Rdn. 20.
8 RGZ 61, 92.
9 Stein/Jonas/*Roth* Rdn. 4.
10 Stein/Jonas/*Roth* Rdn. 4.
11 LG Bochum AnwBL. 1994, 368.
12 Vgl. LG München I Rpfl. 1970, 93.
13 Vgl. RGZ 61, 92.
14 LG Bayreuth AnwBl. 1966, 403.
15 Nach BGH NJW 1968, 153, der volle Grundstückswert.
16 OLG Hamm Rpfl. 1964, 23; OLG Köln MDR 1973, 147, selbst wenn es unter Wert veräußert worden war.
17 OLG Köln MDR 1973, 147.

Dabei ist es **gleichgültig**, ob der **Gegenstand belastet** ist[18] oder ob der **Besitz betagt** oder **bedingt** in Anspruch genommen wird; denn damit wird regelmäßig nur das Recht zum Besitz getroffen, nicht der Besitz selbst. Es kommt also auch nicht auf Bedingungen oder Betagung des Rechts zum Besitz und die damit verbundene Zeitdauer des Besitzes bei der Wertbemessung an.[19] Eine Ausnahme macht die Rechtsprechung nur dann, wenn die wirtschaftliche Nutzung des Grundstücks durch das eingetragene Recht beeinträchtigt und damit der Wert des Grundstücks beeinflusst wird. Der Nießbrauch ist als persönlich beschränkte Dienstbarkeit ebenso wie ein Wohnrecht nicht wertmindernd zu berücksichtigen.[20] Ein Heimfallanspruch wurde indes nicht mit dem vollen Wert berechnet.[21]

7 **Klage- und Prozessart** sind ohne Belang.[22] Es kann also sowohl auf Leistung (Gestaltung) wie auf negative oder positive Feststellung im ordentlichen oder im besonderen Verfahren geklagt werden. Für die positive Feststellungsklage kommt kein Abschlag in Betracht.[23]

8 **b) Teilbewertung.** Die Teilbewertung rechtlicher Art wird berücksichtigt, während die wirtschaftliche ausscheiden muss, also im besonderen die unter Abzug von Lasten.

Klagegegenstand können Sachteilwerte sein. Ist nur ein Teilbesitz (§ 865 BGB) streitig, etwa bei der Klage auf Räumung eines Grundstücksteils, so ist der Verkehrswert des Teils Streitgegenstand, also der Raum, die Wohnung, die Parzelle. Bei der Freimachung einzelner Räume sind es diese. Ist bei der Erbauseinandersetzung über den zum Nachlass gehörenden Grundbesitz die Verteilung nur hinsichtlich einzelner Grundstücke streitig, so bemisst sich der Streitwert nach § 48 GKG iVm. § 6 S. 1 nur nach dem Verkehrswert derjenigen Grundstücke, über deren Verteilung zwischen den Parteien Streit besteht, auch wenn der der Klage zugrunde liegende Teilungsplan den gesamten zum Nachlass gehörenden Grundbesitz betrifft.[24]

Ist nur ein **Mitbesitz** (§ 866 BGB) streitig, so muss man es auf den ideellen Teil der Berechtigung, u.U. auf den Teil der insgesamt so Berechtigten abstellen.

Wird in Baulandsachen eine Teilfläche enteignet, so kommt es auf den Wert dieser an,[25] ebenso beim Flächenaustausch einer Teilfläche.[26] Bei Einbeziehung in das Umlegungsverfahren hat der BGH[27] von der Einwurffläche 20% bewertet;[28] auch wenn es um eine sonstige Umverteilung geht.[29]

---

18 BGH NJW-RR 2001, 518; BGH NJW 1958, 1397; OLG Hamm Rpfl. 1964, 23; OLG Braunschweig AnwBl. 1972, 319; OLG Frankfurt Rpfl. 1973, 62, mit einem geringfügigen Gegenrecht; a.M. OLG Karlsruhe NJW 1968, 110, die Belastungen absetzend.

19 RGZ 118, 321; a.M. BGHZ 23, 77 = MDR 1957, 427; KG MDR 1968, 770, die bei einer einstweiligen Wohnungseinweisung den Streitwert nach § 3 geschätzt haben.

20 Stein/Jonas/*Roth* Rdn. 17; MünchKomm/Wöstmann Rdn. 12. **A.A.** OLG Zweibrücken OLGR 1997, 324 (Nießbrauch); OLG Karlsruhe JurBüro 1955, 446 (Wohnrecht).

21 OLG Schleswig SchlHA 1968, 144.

22 Stein/Jonas/*Roth* Rdn. 14.

23 OLG Frankfurt a.M. JurBüro 1985, 278; KG MDR 1970, 152; Stein/Jonas/*Roth* Rdn. 14. **A.A.** OLG München JurBüro 1983, 1393 (Abschlag von 20%); MünchKomm/*Wöstmann* Rdn. 11; Prütting/Gehrlein/*Gehle* Rdn. 6.

24 BGH NJW 1969, 1350.

25 BGH NJW 1963, 2173.

26 BGHZ 50, 291 = NJW 1968, 2059.

27 BGHZ 49, 317 = NJW 1968, 890.

28 A.M. OLG Düsseldorf AnwBl. 1968, 57, mit dem vollen Grundstückswert.

29 BGH NJW 1969, 1114.

Bei einer Grenzregelung kommt aus auf den Wert der Teilfläche an, den der Rechtsmittelführer verlieren soll (vgl. § 7).[30]

c) Besitzstörung; Abnahme von Sachen. Keine Anwendung findet die Vorschrift auf die bloße **Störung** des Besitzes (z.B. § 862 BGB).[31] Das Gleiche gilt für die **Vorlegung** von Sachen nach § 809 BGB oder die **Abnahme** von Sachen wie etwa die **Abnahme** der Kaufsache oder ihre **Rückgabe** beim Rücktritt.[32] In all diesen Fallgruppen geht es nicht um die Besitzerhaltung, sondern um dessen Erledigung. Zur Anwendung kommt § 3.

d) Gegenleistung, Gegenrechte, Einreden. Ohne Einfluss auf den Streitwert bleiben bei der Eigentumsklage Gegenrechte des Beklagten wie z.B. Zug-um-Zug-Einreden, Zurückbehaltungsrechte oder die geschuldete Gegenleistung.[33] Soweit nach einer in der Judikatur im Vordringen begriffenen Auffassung[34] hingegen § 6 ZPO aus Gründen der Verhältnismäßigkeit restringiert und anstelle des Verkehrswertes des Grundstücks auf das tatsächliche Interesse abgestellt wird, ist dies angesichts des Telos und der Entstehungsgeschichte der Norm abzulehnen. Die Vorschrift will eine berechenbare und einheitliche Bewertung des Streitwertes ermöglichen. Die Nichtberücksichtigung der Gegenrechte lässt sich mit der Wahrung des Angreiferinteressenprinzips rechtfertigen.[35]

2. Forderungen. Geht es um die Sicherstellung einer Forderung oder um ein Pfand- 9
recht für sie,[36] so wird auf die Sicherung als solche abgestellt (§ 6 Abs. 1 S. 1), wenn ihr Wert nicht geringer ist als der Gegenstand, an dem sie besteht (§ 6 Abs. 1 S. 2).

Die Norm entspricht in beiden Sätzen dem Grundsatz der objektiven Theorie, wenn eine Sicherung als solche im Streit ist. Anders ist dies, wenn es um die Herausgabe, die Besitzübertragung des sichernden Gegenstandes geht, dann ist nach § 6 Abs. 1 S. 1 nur diese im Streit. Anders ist dies auch, wenn nur um die gesicherte Forderung gestritten wird, dann ist nur diese im Streit, sofern nicht zugleich um die Sicherung selbst gestritten wird. Wird um beides gestritten, so kommt der höhere Wert zum Zuge.[37]

a) Streit um Sicherung. Bei dem Streit um die Sicherung, um ein Pfandrecht als sol- 10
ches ist Streitgegenstand nur die Sicherung. Dass eine Sicherung selbst nur vorläufigen Charakter hat, regelmäßig auflösend bedingt ist, aber auch aufschiebend bedingt sein kann, ändert an der Bewertung nichts.

Nebenforderungen iSd. § 4 bleiben auch hier unberücksichtigt.[38] Geht der Nennwert der Sicherung auf einen Geldwert, so ist dieser Nennbetrag Streitwert, bei der Höchstbetragshypothek des § 1190 BGB ist dies der Höchstbetrag,[39] bei einer Grundschuld ist es ihr

---

30 BGHZ 50, 291 = NJW 1968, 2059.
31 OLG Frankfurt a.M. WuM 1986, 19; OLG Zweibrücken JurBüro 1984, 284; Musielak/*Heinrich* Rdn. 2.
32 Stein/Jonas/*Roth* Rdn. 5; Prütting/Gehrlein/*Gehle* Rdn. 5.
33 Stein/Jonas/*Roth* Rdn. 18; MünchKomm/*Wöstmann* Rdn. 12, 13; Musielak/*Heinrich* Rdn. 4.
34 BVerfG NJW-RR 2000, 946; OLG Nürnberg NJW-RR 2011, 1007, 1008; OLG Celle NJW-RR 2001, 712; IBR 2011, 3825; OLG Stuttgart MDR 2009, 1353; KG NJW-RR 2003, 787; OLG München KostRspr. Nr. 96 m. Anm. *Schneider;* OLG Celle KostRspr. Nr. 97 m. Anm. *Schneider;* LG Hamburg MDR 1998, 372; OLG Frankfurt JurBüro 1981, 759 f.; OLG Köln KostRspr. Nr. 78 m. Anm. *Lappe.*
35 MünchKomm/*Wöstmann* Rdn. 13.
36 OLG München NJW 1958, 1687, das als solches begründet sein muß; OLG Frankfurt NJW 1962, 2257, was auch für die Sicherstellung eines Arrestanspruchs gilt.
37 BGH NJW 1969, 136, es werden aber nicht beide zusammengerechnet.
38 MünchKomm/*Wöstmann* Rdn. 17; BeckOK/*Wendtland* Rdn. 10.
39 OLG Hamburg Rpfl. 1951, 570.

Nennwert. Hat die Sicherung keinen Nennwert, so ist ihr Verkehrswert zu bewerten, nicht bloß ein etwa zu erwartender Versteigerungserlös.

11 Auf den **Klageantrag** kommt es dabei nicht an. Er kann auf Bestellung einer Sicherheit oder auf ihre Herausgabe nach Erlöschen des gesicherten Rechts oder auf Löschung von Grundpfandrechten, auf vorzugsweise Befriedigung nach § 805, auf abgesonderte Befriedigung im Insolvenzverfahren (vgl. §§ 50 InsO) oder auf Aufrechterhaltung einer Pfändung gegen den Insolvenzverwalter gerichtet sein.

12 Auch der Klagegrund ist gleichgültig. Die Sicherung kann auf einem dinglichen (gesetzlichen, vertraglichen oder Pfändungspfandrecht) oder einem persönlichen Zurückbehaltungsrecht (§§ 273 BGB, 369 HGB) beruhen; aber auch ohne jede schuldrechtliche Bindung sein wie bei der Grundschuld.

13 Die Art der Sicherstellung entscheidet nicht, deshalb gehört auch die Klage auf Feststellung einer Bürgschaftsverbindlichkeit hierher[40] oder auf Eintragung einer Vormerkung.[41] Der Sicherungsgegenstand kann eine bewegliche oder unbewegliche Sache, eine Forderung oder ein sonstiges Recht sein. Es kann sich um eine bestehende Sicherung oder um eine erst noch zu bestellende handeln.

Ferner ist es bedeutungslos, ob der Bestand des zu löschenden Rechts streitig ist.

14 Auf den wirtschaftlichen Wert der Sicherung kommt es nicht an. Deshalb bleiben vorangehende Belastungen des Gegenstandes außer Betracht; während es andererseits nicht darauf ankommt, daß die Hypothek in eine bereits eingetragene Vormerkung einrückt; sie wird damit nicht höher bewertet, mag sie auch wirtschaftlich an Wert gewinnen. Deshalb darf auch nicht geringer bewertet werden, wenn nur wegen Verschlechterung der Hypothek nach § 1134 BGB geklagt wird oder wenn es im Fall des § 768 darum geht, dass die Vollstreckungsklausel nur zeitweilig nicht erteilt werden darf, oder darum, dass die Sicherung wegen eines Nebenrechts umstritten ist.

15 Die **Klageart**, ob Leistung (Gestaltung) oder Feststellung begehrt wird, birgt keine Besonderheit in sich. Das gilt auch für die negativen Feststellungsklagen, also wenn das Nichtbestehen eines Besitzes oder einer Forderung im Streit ist. Es ist deshalb auch gleichgültig, ob die Klage der Durchsetzung oder der Aufhebung eines Pfandrechts dienen soll, ob sie die Gültigkeit oder die Ungültigkeit des Pfandrechts bezweckt, also wenn sie auf Löschung einer Hypothek gerichtet ist.[42] Deshalb muss aber auch, wenn ein nachstehender Hypothekengläubiger auf Nichtigkeit einer Belastung klagt, § 6 entsprechend angewandt werden.[43]

16 § 6 gilt auch, wenn die Klage im ordentlichen oder einem besonderen Verfahren verfolgt wird. Von diesem Standpunkt aus bietet sich auch der Arrest nur als besonderes Verfahren, während die, welche das Kostenpauschquantum mitbewerten, einen Streit um die Sicherung durch Arrest annehmen. Nichts anderes kann dann auch für die einstweilige Verfügung gelten. Auch die Parteirollen sind gleichgültig, also ob Kläger oder Beklagter das Zurückbehaltungsrecht geltend machen, ob die Bestellung wirksam oder ihre Wirksamkeit bestritten ist, etwa im Falle der Drittwiderspruchsklage nach § 771.

17 **b) Teilbewertung.** Doch gibt es auch eine rechtliche Teilbewertung, die aber auch hier mit der wirtschaftlichen Wertung nichts zu tun hat. Die rechtliche Teilbewertung greift dort, wo nur ein Teil der Sicherung im Streit ist. Dies wurde angenommen, wenn es

40 RGZ 25, 366; Stein/Jonas/*Roth* Rdn. 26.

41 RGZ 35, 394; vgl. §§ 935, 648, 883 BGB; Stein/Jonas/*Roth* Rdn. 26; MünchKomm/*Wöstmann* Rdn. 15; Musielak/*Heinrich* Rdn. 6.

42 A.M. OLG Köln JMBl. NRW 1960, 207.

43 OLG Nürnberg ZZP 55, 244.

nur um die Abgabe einer Willenserklärung in grundbuchlich erforderlicher Form ging, während schon wirksam abgetreten war;[44] doch trifft dies nach der hier vertretenen Auffassung nicht zu, und stets ist es anders, wenn die Abtretung bestritten war. Ein Teilwert ist nur im Streit, wenn es um die Art der Pfandverwertung geht. Dasselbe gilt, wenn positiv nur um eine Möglichkeit oder negativ um die Nichtgegebenheit dieser geklagt wird, dann sind Teilwerte im Streit; etwa wenn eine Hypothek noch nicht fällig ist bzw. gemacht werden könnte, die ausgesprochene Kündigung verfrüht oder unwirksam ist; denn dann ist nicht der Nennwert, sondern der Fälligkeitszwischenbetrag zu bewerten.

c) Sicherungsgegenstand. Den Sicherungswert begrenzt § 6 Abs. 1 S. 2 indes dann, wenn er geringer ist als der Gegenstand der Sicherung. Doch setzt dies voraus, dass es nur um die Sicherung geht; also nicht, wenn bei einer Hypothek auch die persönliche Forderung im Streit ist, wo dann die Hypothekensumme ohne Rücksicht auf den Grundstückswert zu bewerten ist. Wird indes in der höheren Instanz die mit der dinglichen Klage verbundene persönliche Klage nicht mehr verfolgt oder wird so getrennt entschieden, so gilt für die Rechtsmittelsumme wieder § 6 Abs. 1 S. 2.[45] Überhaupt entscheidet der Wert des Forderungsbetrages, wenn er begehrt wird, selbst wenn zusätzlich eine Sicherheitsleistung verlangt wird,[46] sofern die Sicherheitsleistung nicht höher ist. Die prozessual zu leistende Sicherheit bleibt aber für die Bemessung des Streitwerts außer Betracht. Wird im Laufe des Rechtsstreits eine Sicherheit geleistet und nur noch Einwilligung in ihre Rückgabe vom Kläger gefordert, so kommt § 6 Abs. 1 S. 2 zum Zuge; ebenso wenn der Sicherungsgeber den Sicherungsgegenstand zurückfordert.[47] **18**

Der Forderungsbetrag entscheidet auch stets in dem Fall der Vollstreckungsgegenklage (§ 767). Wird mit der Vollstreckungsgegenklage zugleich die Löschung einer auf Grund des Titels eingetragenen Zwangshypothek gefordert, so überlagern sich diese Anträge. Sie werden nicht zusammengerechnet, sondern nur nach dem höheren Wert bemessen. Bei einem Titel wegen künftiger Leistungen sind auch die Rückstände zu bemessen, soweit sie bis zur Erhebung der Vollstreckungsgegenklage abgelaufen sind und sofern der Antrag die Vollstreckbarkeit des Titels beseitigt wissen will. **19**

Der Klagegrund ist belanglos. Die Norm gilt deshalb auch, wenn ein Hypothekengläubiger gegen den Versicherer auf Hinterlegung der Versicherungssumme klagt. Hier entscheidet entsprechend dem Rang der Hypothek der Wert, der auf sie ausgezahlt wird. Auch kann mit der Klage keine höhere Hinterlegung gefordert werden. Höchstbetrag ist die Hypothekensumme. Ist ein solcher Betrag hinterlegt, so ist, wenn der Beklagte widerspricht, sein geringerer Anspruch im Streit, sofern der Kläger verlangt, dass der Beklagte in die Auszahlung seiner gesamten Forderung einwilligt, wie das auch sonst bei Prioritätsstreiten der Fall ist. Bei Streit um den Vorrang einer Last ist der geringere Wert der vorangehenden oder der zurücktretenden Last im Streit. Unter mehreren Pfandgläubigern entscheidet die geringere Forderung, wenn nicht der Pfandgegenstand (der zu verteilende Erlös) einen noch geringeren Wert hat. Ist bei einer zu löschenden Grundschuld der Nennbetrag geringer als der Grundstückswert, so kommt nur der geringere Wert des Grundstücks in Betracht; doch kommt es nicht darauf an, ob vorgehende Lasten vorhanden sind. Bei Löschung einer Vormerkung für eine Sicherungshypothek wurde nach § 3 geschätzt.[48] Auch beim Gläubigeranfechtungsanspruch entscheidet der geringere Wert, **20**

---

44 OLG Stettin JW 1932, 669.
45 OLG München ZZP 52, 67.
46 BGH NJW 1969, 136; OLG Frankfurt MDR 1962, 60.
47 BGHZ 30, 299.
48 OLG München MDR 1965, 145.

also entweder der des Gegenstands, in den die Vollstreckung begehrt wird, oder der Anfechtungsanspruch, wegen dessen vollstreckt werden soll. Dies gilt auch dann, wenn das Pfandrecht nur abgewandt worden ist, aber allein darum gestritten wird.[49]

21 Wird ein Pfändungs- (und Überweisungs-)beschluss wegen einer geringeren Forderung beantragt, als sie dem Gläubiger zusteht, so entscheidet dieser Betrag schon vor der Durchführung der Pfändung. Auch hier sind sich überlagernde Ansprüche denkbar, die nicht doppelt zu bewerten sind, etwa wenn neben der Sicherstellung bzw. Löschung einer Post die Herausgabe des Briefes gefordert wird, so gilt nur § 6.

III. Entsprechende Anwendung

22 Die Norm des § 6 gibt einen Bewertungsgrundsatz wieder, der zur Anerkennung der objektiven Theorie führen sollte. Vom Standpunkt der subjektiven Theorie aus muss § 6 erweiternd (entsprechend) angewandt werden. Jedenfalls kennt § 6 keine Bewertung nach dem Interesse des Klägers. Der Wert ist vielmehr grundsätzlich gleich zu bemessen, egal wer klagt. Für den Sachwert gilt die allgemeine Bewertung.

23 **1. Vollbewertung von Teilrechten.** Aus § 6 Abs. 1 S. 1 ist aber nicht nur zu schließen, wie Vollrechte zu bewerten sind, sondern es ist aus ihm auf die Bewertung von Teilrechten zu schließen, die einen höheren Rang als der in ihm genannte Besitz haben.

24 **a) Eigentumssicherung.** Dies gilt, da er die Besitzsicherung voll bewertet, für die Eigentumssicherung[50] insbesondere bei Klagen auf Herausgabe von Sachen, die zur Sicherung einer Forderung übereignet waren.[51] Verlangt der Sicherungsgeber vom Sicherungsnehmer den Sicherungsgegenstand zurück, so hat der BGH[52] den § 6 entsprechend angewandt. Bei einem Anspruch auf Sicherstellung eines anderen Rechts ist § 6 entsprechend anzuwenden. Die Klage auf Zustimmung zur Belastung eines Grundstücks muss voll bewertet werden.[53]

25 **b) Rechtsbesitz.** An sonstigen Rechten ist noch Rechtsbesitz möglich. Für ihn muss die erste Regel des § 6 entsprechend gelten. Das entsprechende gilt für den Fall des § 857 Abs. 5.

26 **2. Drittwiderspruchsklage.** Gewohnheitsrechtlich, und mit dem Ablösungsrecht des § 268 BGB begründbar, entscheidet auch im Fall des § 771 nicht das zu sichernde Recht des Klägers, sondern grundsätzlich die Forderung des Beklagten. Die Tilgung der Forderung des Beklagten mindert, soweit der Kläger dies gegen sich gelten lässt, den Streitwert herab, wobei die Nebenforderungen für die Forderung des Beklagten nicht bewertet werden.

Ist indes der Wert des Pfandgegenstandes geringer, so ist er der Streitwert, wobei die vorhergehenden Pfandrechte nicht abzuziehen sind.[54] Auch bei dem Rangstreit zwischen Zessionaren und Pfandgläubigern ist der geringere Wert maßgebend.[55]

---

49 OLG Celle NJW 1957, 1640.
50 OLG Frankfurt NJW 1970, 334; OLG Koblenz MDR 1968, 334; OLG Hamm MDR 1958, 250; OLG Stuttgart AnwBl. 1959, 41.
51 OLG Hamm JMBl. NRW 1951, 226; OLG Celle NJW 1957, 593; a.M. OLG München NJW 1953, 1870; OLG Düsseldorf MDR 1955, 622.
52 BGH NJW 1959, 939.
53 **A.M.** OLG Schleswig SchlHA 1956, 114.
54 BGH NJW 1952, 1335.
55 OLG Celle Nds Rpfl. 1964, 108.

Haben mehrere Gläubiger wegen verschiedener Forderungen gepfändet, so werden ihre Forderungen zusammengezählt; der ihnen entgegenstehende Pfandgegenstand wird aber höchstens einmal bewertet.[56]

2. Drittwiderspruchsklage. Wird die Herausgabe einer Sicherheit gegen Zahlung einer Summe gefordert, so ist diese Summe von der Forderung abzusetzen, denn um sie mindert sich der Wert der zu sichernden Forderung. Ist aber die Sicherung geringer, so gilt ihr Wert. Bei der Klage auf Freistellung von einer Grundstücksbelastung ist Streitwert der Betrag, weswegen Freistellung beansprucht wird.[57] 27

IV. Gebührenwert

Abweichende Gebührenbewertungen gibt es für Arreste und einstweilige Verfügungen, weitere nicht. Zu Unrecht hat bei Rücktritt vom Bewerbervertrag bei Herausgabe eines Eigenheims OLG Köln[58] einen einjährigen Nutzungsbetrag als Gebührenwert angenommen. In dem Fall, wo nach § 771 gegen mehrere Pfandgläubiger vorgegangen wurde, hat OLG Frankfurt[59] die Gebührenwerte getrennt (nach § 6) festgesetzt. 28

§ 7
Grunddienstbarkeit

Der Wert einer Grunddienstbarkeit wird durch den Wert, den sie für das herrschende Grundstück hat, und wenn der Betrag, um den sich der Wert des dienenden Grundstücks durch die Dienstbarkeit mindert, größer ist, durch diesen Betrag bestimmt.

Übersicht

I. Allgemeines

1. Gesetzesgeschichte. § 7 ist durch die Novelle von 1950[1] sprachlich neu gefasst worden. Die beigefügte amtliche Überschrift beruht auf Art. 2 Abs. 2 Zivilprozessreformgesetz vom 27.7.2001 in Verbindung mit der dazu erlassenen Anlage.[2] 1

---

56 LG Essen NJW 1956, 1032.
57 OLG Frankfurt NJW 1969, 241.
58 OLG Köln MDR 1974, 323.
59 OLG Frankfurt JurBüro 1973, 152.

1 BGBl. 1950, 535; vgl. auch Stein/Jonas/*Roth* § 7 vor Rdn. 1.
2 BGBl. I S. 1887.

2 **2. Normzweck.** § 7 ist eine Sondervorschrift für diejenigen Grunddienstbarkeiten, die durch Belastung eines „dienenden" Grundstücks einem anderen „herrschenden" Grundstück einen Vorteil gewähren. Bei Streitigkeiten über die Streitwertberechnung ist auf den Wert der Grunddienstbarkeit für das herrschende Grundstück abzustellen und nicht, wie normalerweise, auf das Interesse des Klägers.[3]

II. Bewertung nach höherem Recht

3 Während in der allgemeinen Wertung sich in der Regel Mittelwerte bestimmen lassen, weist § 7 einen Fall auf, wo die Möglichkeit verschiedener Mittelwerte besteht, je nachdem, ob eine Grunddienstbarkeit für das dienende oder das herrschende Grundstück einen verschiedenen Mittelwert hat und wählt dann als Streitwert den größeren.

III. Grunddienstbarkeit

4 Grunddienstbarkeit ist die dingliche Belastung eines Grundstücks zugunsten eines anderen Grundstücks (§§ 1018 ff. BGB). Nach § 7 kommt es aber nur auf die subjektiv dingliche, nicht auf die subjektiv persönliche Seite an; fehlt sie, so darf § 7 auch nicht entsprechend angewandt werden.[4]

5 **1. Arten.** Betroffen wird also nur das subjektiv dingliche Recht. Subjektiv dinglich sind aber auch der Überbau (§§ 912 ff. BGB),[5] der Notweg (§§ 917 ff. BGB),[6] die Grenzrechte (§§ 920 ff. BGB),[7] auch sonstige Nachbarrechte, die rein dinglicher Art sind, wie das Traufrecht, das Dränagerecht,[8] das Licht- und Fensterrecht (§ 907 BGB),[9] die deutschrechtlichen Prädialservitute und die landesrechtlichen Legalservitute (vgl. Art. 184 EGBGB). Doch spielen die beiden letzten schon in das Gebiet der persönlichen Dienstbarkeit hinüber. Weiter gehört hierher die subjektiv dingliche Reallast (§ 1105 Abs. 2 BGB).[10] Soweit es um deren Bewertungsgrundlage geht, gilt aber § 9.

Unerheblich ist es, ob die Grunddienstbarkeit eingetragen ist oder nicht (Art. 187 Abs. 1 S. 1 EGBGB) bzw. ob sie auch auf dem herrschenden Grundstück vermerkt ist.

6 **2. Andere Arten.** Nicht unter den Begriff fallen die sonstigen dinglichen Rechte, die nicht subjektiv dinglich sind, wie der Nießbrauch (§§ 1030 ff. BGB), die beschränkt persönliche Dienstbarkeit (§§ 1090 ff. BGB) – gleichgültig, ob sie physischen oder juristischen Personen zusteht – einschließlich der Wohnungs- und Altenteilsrechte (vgl. § 1093 BGB), das subjektiv persönliche dingliche Vorkaufsrecht (§§ 1094 ff. BGB), die subjektiv persönliche Reallast (§§ 1105 ff. BGB), weil hier nur der Wert des zu verkaufenden bzw. zu benutzenden Grundstücks in Frage steht, die Eigentums- und eigentumsähnlichen Rech-

---

3 Stein/Jonas/*Roth* Rdn. 1; MünchKomm/*Wöstmann* Rdn. 1; Musielak/*Heinrich* Rdn. 1.
4 RG Warn 1910, 293; Warn 1911, 300; Warn 1916, 57.
5 Stein/Jonas/*Roth* Rdn. 5; MünchKomm/*Wöstmann* Rdn. 3; Musielak/*Heinrich* Rdn. 3. **A.A.** LG Düsseldorf NJW 1963, 2178 hat bei der Klage auf Beseitigung des Überbaus nach § 3 geschätzt nach dem Interesse des Klägers.
6 OLG Jena JurBüro 1999, 196; OLG Köln JurBüro 1991, 1386; LG Stuttgart Rpfl. 1959, 393.
7 Musielak/*Heinrich* Rdn. 3. **A.A.** Anders/Gehle/Kunze S. 180 „Grenzklagen".
8 RGZ 3, 384.
9 BGH Rpfl. 1959, 112; RGZ 67, 81; OLG Schleswig Rpfl. 1957, 2.
10 Stein/Jonas/*Roth* Rdn. 5; Musielak/*Heinrich* Rdn. 3.

te, auch nicht die Grundpfandrechte (§§ 1113 ff. BGB), weil sie alle nicht subjektiv dinglich sind.

Subjektiv dingliche Rechte stehen ferner nicht im Streit, wenn sich eine Person verpflichtet hatte, einen Vorbau zu beseitigen oder wenn nur eine Person das Recht hat, Ton oder Bausteine einem Grundstück zu entnehmen, oder wenn ein Dritter sich verpflichtet hat, die Grundlast zu beseitigen, also es nicht um den Streit zwischen den beiden Eigentümern geht, sondern um die Beseitigungslast.

IV. Höherer Wert

§ 7 lässt nach dem vollen höheren Sachwert bewerten. 7

1. Klägerstellung. Bei den subjektiv und objektiv dinglichen Rechten wird der grö- 8
ßere Wert zugrunde gelegt, also entweder der, den das Recht als Werterhöhung für das herrschende Grundstück hat, oder der, der sich durch die Wertminderung des dienenden Grundstücks ergibt, gleichgültig wer klagt.

2. Streitwert. Klagegrund und Klageanspruch entscheiden nichts. Es ist also gleich, 9
ob um ihr Bestehen oder ihren Umfang gestritten wird. Unerheblich ist auch die Klageart, ob auf Leistung, ihr Bestehen oder ihr Nichtbestehen geklagt wird, selbst wenn nicht bloß dinglich, sondern auch persönlich, soweit das rechtlich möglich ist, wie bei der Reallast nach § 1108 BGB oder auf Beseitigung ihrer Beeinträchtigung geklagt wird.

Ruht die Last als Gesamtlast auf mehreren Grundstücken, so ist, auch wenn sie nur auf einem dieser streitig gemacht wird, die volle Last der Streitwert; doch wird bei verbundenen Klagen nur einmal voll gewertet.

a) Teilwerte. Voll gewertet wird indes bei Störungen (vgl. §§ 1029, 906 BGB) nur, 10
wenn zugleich der Umfang der Dienstbarkeit im Streit ist; nicht wenn sie bloß in einzelnen Beziehungen – entsprechend der Lage bei der Besitzstörung – gestört wird. Aus diesem Grunde ist bei einer Klage aus § 1004 BGB nicht der volle Wert zugrunde zu legen, sondern die durch die Störung bedingte Wertminderung bzw. die dadurch gewonnene Werterhöhung. Der Teilwert wird nach dem höheren Wert des § 7 bemessen.

b) Gegenleistung. Kommt es auf die Wertminderung an, so ist die Gegenleistung für 11
sie nicht abzusetzen.

3. Beschwer. Für die Ermittlung des Rechtsmittelstreitwerts ist die Vorschrift nicht 12
anwendbar; maßgebend ist allein das Interesse des Rechtsmittelführers.[11] Wehrt sich der Beklagte gegen die Verurteilung zur Bestellung einer Dienstbarkeit, so ist für die Bestimmung der Beschwer allein die Wertminderung maßgeblich, die sein Grundstück durch die Belastung erleidet.[12] Der Rechtsmittelkläger, dessen Interesse die Beschwer i.S.v. § 511 Abs. 2 Nr. 1 nicht erreicht, kann sich nicht auf ein höheres Interesse des Rechtsmittelbeklagten berufen.[13]

11 Stein/Jonas/*Roth* Rdn. 9.
12 BGH NJ 2004, 321.
13 BGHZ 23, 205 = NJW 1957, 790.

§ 8
Pacht- oder Mietverhältnis

Ist das Bestehen oder die Dauer eines Pacht- oder Mietverhältnisses streitig, so ist der Betrag der auf die gesamte streitige Zeit entfallenden Pacht oder Miete und, wenn der 25fache Betrag des einjährigen Entgelts geringer ist, dieser Betrag für die Wertberechnung entscheidend.

Übersicht

I. Allgemeines

1 **1. Gesetzesgeschichte.** § 8 wurde durch Art. 3 des Mietrechtsreformgesetzes 2001[1] neugefasst: Die Formulierung „des auf die gesamte streitige Zeit fallenden Zinses“ wurde ersetzt durch „der auf gesamte streitige Zeit entfallenden Pacht oder Miete“, und „des einjährigen Zinses“ durch „des einjährigen Entgelts“. Durch den Austausch der Begrifflichkeiten wurde lediglich eine Modernisierung der Gesetzessprache bezweckt. Die beigefügte amtliche Überschrift beruht auf Art. 2 Abs. 2 des Zivilprozessreformgesetzes[2] in Verbindung mit der dazu erlassenen Anlage.

2 **2. Normzweck.** § 8 regelt den Streitwert für Klagen aus Miete und Pacht, sofern ihr Bestehen oder ihre Dauer streitig ist.

II. Begrenzung

3 Sein Anwendungsbereich ist vielfach begrenzt und dient lediglich des Zuständigkeits- und Rechtsmittelwertes.[3]

4 **1. Sonderrecht.** Soweit § 23 Abs. 1 Nr. 2a GVG anzuwenden ist, bleibt er außer Betracht. Ebenso wenig gilt die Vorschrift für den Gebührenstreitwert; hier greift die Sondervorschrift des § 41 GKG ein.

5 **2. Inhalt der Norm.** Er bezieht sich im Übrigen nur auf Miet- und Pachtverträge sowie Leasingverträge (§§ 581 ff. BGB); gilt hier aber auch für Vorverträge, wenn etwa auf

1 BGBl. I 1149.
2 BGBl. I 1887.
3 Stein/Jonas/*Roth* Rdn. 1.

Grund eines mündlichen Vorvertrages auf Abschluss des schriftlichen Hauptvertrages geklagt wird.[4]

Die Miet- und Pachtverhältnisse können bewegliche (anders § 41 Abs. 2 GKG) wie unbewegliche Sachen oder Sachteile (vgl. § 580 BGB) betreffen;[5] sie können ferner auch Rechtspachten, also auch Jagdpachtverträge, Unternehmenspachtverträge betreffen, Untermiete und Unterpacht, wobei auch ein Mieter weiterverpachten, wie ein Pächter weitervermieten kann;[6] wie im Fall, wo der Mieter den Gebrauch einer Sache einem dritten nach § 546 Abs. 2 BGB überlassen hatte, auch die Klage gegen diesen:[7] wobei, wenn gegen Mieter und Untermieter geklagt wird, die Ansprüche sich überlagern.

Grundsätzlich ist die Norm keiner **entsprechenden** Anwendung fähig. Sie gilt also 6
nicht für Werk- (§§ 631 ff. BGB), Dienstverträge (§§ 611 ff. BGB), Leihe (§§ 598 ff. BGB), und auch nicht für dingliche Wohnrechte (vgl. § 1093 BGB), die besonders bei Altenteilen vorzukommen pflegen (vgl. Art. 115 EGBGB) oder für sonstige dingliche Nutzungsrechte, wie für das Wohnungseigentum, Erbbauwohnungseigentum, Dauerwohnrecht nach dem WEG, aber auch nicht für Tankstellenverträge.

3. Streit um Bestand oder Dauer. Bestand oder Dauer eines Miet- oder Pachtver- 7
hältnisses müssen im Streit sein.

a) Sachlicher Kreis. Mit Rücksicht darauf hat die Rechtsprechung § 8 nicht ange- 8
wandt, wenn die beantragte Feststellung der Nichtigkeit nur dazu dienen sollte, Schadensersatzansprüche abzuwehren,[8] und wenn nur der Inhalt des Vertrages streitig ist, selbst wenn das „Interesse“ mit der Gültigkeit des Pachtvertrages zusammenfällt; doch sollte darauf nicht abgestellt werden.

Auch ist das Miet- oder Pachtverhältnis im Streit, wenn auf Feststellung eines Mietvertrages mit bestimmtem Entgelt geklagt wird und nur die Höhe des Entgelts (ob vereinbart oder angemessen) streitig ist.[9] Dagegen werden Klagen auf Pacht- oder Mietzinszahlung nicht erfasst, und zwar selbst dann, wenn sich die Parteien letztlich nur über den Fortbestand des zugrunde liegenden Mietverhältnisses streiten.[10]

Ist indes das Miet- oder das Pachtverhältnis weder im Ganzen noch sein Bestand 9
noch seine Dauer als Klage- oder Verteidigungsgrund im Streit, dann ist § 8 unanwendbar und der Streitgegenstand unmittelbar nach §§ 3, 6 zu bewerten.[11] Dies ist der Fall, wenn der Bestand des Grundverhältnisses unstreitig ist;[12] etwa wenn nach unstreitiger Beendigung die Rückgabe der Sache gefordert wird, oder wenn sonst nur über die Folgen einer unstreitigen Aufhebung des Grundverhältnisses gestritten wird. Doch geht das RG[13] zu weit, wenn es, als die Nichtigkeit des Pachtverhältnisses für eine Folgezeit festgestellt werden sollte, nur die Schadensfolgen wertete, anstatt nach § 8 zu verfahren. Denn hier ist das Pachtverhältnis schon durch den Antrag zum Klagegegenstand gemacht worden.

4 OLG Hamm Rpfl. 1949, 570; **a.M.** OLG Frankfurt MDR 1963, 60, das den dreifachen Jahresbetrag über § 3 schätzt; OLG Hamm MDR 1970, 333.
5 Soweit sie nicht unter §§ 1, 36 MSchG fallen.
6 BGH NJW 1952, 821.
7 OLG Kiel HRR 1933, 1242.
8 RG JW 1932, 1058.
9 BGH NZM 2005, 157, 158.
10 BGH NJW-RR 2002, 1233 (maßgeblich ist dann allein der eingeklagte Betrag).
11 Stein/Jonas/*Roth* Rdn. 6.
12 Vgl. BGH NJW 1958, 1291.
13 RG JW 1932, 1058.

Der Streit um die Verlängerung der Miet- (oder Pacht-)verhältnisse nach §§ 574 ff., 581 Abs. 2 BGB fällt unter § 8.

Nicht unter § 8 fallen Klagen auf Miet- und Pachtentgelte wie die um die Instandhaltung des Miet- oder Pachtgegenstandes.[14]

10 **b) Persönlicher Kreis.** Inwieweit sich der Streit auch auf andere als unmittelbare Vertragspartner erstrecken darf, ist unterschiedlich abzugrenzen.

§ 8 wurde gegenüber Untermietern und Unterpächtern wie gegen Dritte aus Streiten nach § 546 Abs. 2 BGB angewandt.[15] Er gilt aber auch für und gegen Miet- und Pachtbürgen.[16] Dahin gehört auch der Fall, wenn der Eintritt eines Dritten in einen Miet- oder Pachtvertrag umstritten ist.

11 § 8 ist indes nicht anzuwenden, wenn unter mehreren Vermietern oder mehreren Mietern und mehreren Verpächtern oder mehreren Pächtern ihre Rechte untereinander streitig sind, so dass die Parteien sich entweder nur aus Mietern oder nur aus Vermietern zusammensetzen.

12 Klagt ein früherer Mieter gegen den späteren auf Überlassung, so gilt § 6. Dahin gehört auch die Klage auf Befreiung aus einem Mietverhältnis, wenn die Klage gegen einen Dritten gerichtet ist. Klagt ein Dritter auf Nichtigkeit des Pachtvertrages, so ist nach § 3 zu werten;[17] ebenso, wenn ein Miterbe gegen einen anderen auf Feststellung der Wirksamkeit eines von der Erbenmehrheit mit einem Dritten geschlossenen Mietvertrags klagt.[18]

III. Verhältnis der Sondernorm zu anderen

13 § 8 ist eine Sondernorm (lex specialis) im Verhältnis zu §§ 3, 6. Sie stellt eine gesetzliche Bewertung der Miet- und Pachtverhältnisse dar, wenn es um ihren Bestand oder ihre Dauer geht.

14 **1. Mehrere Klagegründe.** Daraus folgt, dass, wenn eine Klage sich auf mehrere Klagegründe (Eigentum § 985 BGB, früheren Besitz § 1007 BGB) neben Miete oder Pacht stützt, nicht nach § 6, sondern nach § 8 zu bewerten ist.[19] Ob der Kläger dies ausdrücklich tut oder stillschweigend in der Klagebegründung das Miet- oder Pachtverhältnis verneint, ist gleichgültig.[20] Dies kann auch erst durch den Einwand des Beklagten hervortreten,[21] denn § 8 ist nicht bloß dann anzuwenden, wenn über das Bestehen oder die Dauer des Miet- oder Pachtverhältnisses rechtskräftig zu entscheiden ist, sondern schon dann, wenn nur Dauer oder Bestand eines solchen Rechtsverhältnisses bestritten sind. Nach § 8 ist der Streitgegenstand deshalb auch bei Leistungsklagen auf Überlassung und Benutzung der Miet- oder Pachtsache,[22] wie umgekehrt bei denen auf Räumung (von Grundstücken, Wohnschiffen, Wohnwagen) zu bemessen, mögen sie die Beendigung des Vertrags voraussetzen[23] oder sich auf die Unwirksamkeit des Vertrags-

---

14 Vgl. RG JW 1927, 1931.
15 Stein/Jonas/*Roth* Rdn. 8; BeckOK/*Wendtland* Rdn. 2.
16 Ebenso Musielak/*Heinrich* Rdn. 4; Prütting/Gehrlein/*Gehle* Rdn. 8. **A.A.** MünchKomm/*Wöstmann* Rdn. 8; Stein/Jonas/*Roth* Rdn. 9; Zöller/*Herget* § 8 Rdn. 4.
17 BGH Rpfl. 1955, 101.
18 BGH MDR B 79/56.
19 BGH NJW 1953, 384; NJW 1952, 1056.
20 BGH NJW 1952, 1056; OLG Celle Nds Rpfl. 1955, 230.
21 BGH MDR 1955, 731; OLG Hamm JMBl. 1950, 153; OLG München NJW 1953, 1399.
22 BGH NJW 1953, 384; NJW 1952, 1056.
23 § 556 BGB; BGH MDR 1955, 731.

stützen,[24] sofern nur das Miet- oder Pachtverhältnis seinem Bestande oder seiner Dauer nach im Streit ist.

2. Gemischte Verträge. Bei gemischten Verträgen, wo das Entgelt nur zum Teil auf Miete oder Pacht entfällt, zum anderen auf Dienstleistungen etc. oder auch auf Leihe, sind die Teilwerte nach § 3 zu errechnen.[25] Die getrennten Einsatzwerte sind dann, soweit sie die Miete oder die Pacht betreffen, nach § 8 zu bewerten und mit den anderen entsprechend § 3 zu errechnenden Werten zusammenzuzählen (§ 5). Es wird also die Regel des § 8 nur auf den Teilwert angewandt, der das Miet- oder Pachtverhältnis betrifft. 15

Soweit derjenige, welcher den positiven Anspruch geltend macht, sich auf Leihe stützt, sein Gegner Miete einwendet, ist zu bedenken, ob das Entgelt dem verkehrsmäßigen entspricht, wobei allerdings der Äquivalenzgedanke der Parteien zu berücksichtigen ist. Ein völlig unangemessenes Entgelt (vgl. § 138 Abs. 1 BGB) darf jedenfalls der Berechnung nach § 8 nicht zugrunde gelegt werden. 16

3. Teilwerte. Teilwerte werden im Übrigen selten sein, sie liegen jedoch vor, wenn nur auf Strombezug geklagt wird oder wenn nur der Teil einer Sache im Streit ist, so dass nur der Mietwert des Sachteils zu berechnen ist. Wendet man die Vorschrift auch auf den Streit um die Entgelthöhe an, so ist der Differenzbetrag nach § 8 zu kapitalisieren.[26] 17

4. Gehäufte Werte. Gehäufte Werte können sich durch einen Teil, aber auch durch einen Vollwert innerhalb des § 8 ergeben. Dann gilt der Grundsatz, dass der Wert nicht über den vollen Wert angehäuft werden darf, so dass auch gegen Gesamtschuldner nur einmal zu berechnen ist. 18

Sonstige Häufungen – auch über den Wert des § 8 hinaus – sind bei gemischten Verträgen denkbar. Doch können auch aus dem Miet- oder Pachtverhältnis nicht unter § 8 fallende Ansprüche neben diesen geltend gemacht werden. Dann werden sie zusammengerechnet.[27] Dies gilt etwa, wenn auf Räumung und rückständiges Mietentgelt geklagt wird. Wurden inzwischen Mieten gezahlt und wird immer wieder erhöht, so sind alle diese Beträge zusammenzurechnen, auch wenn das im Nacheinander geschieht und der Klageantrag nach außen in derselben Höhe gleichbleibend gestellt wird.

IV. Anträge, Klage-, Prozessart

Anträge, Klage- und Prozessart sind für die Bewertung nach § 8 bedeutungslos.[28] Es muss auch gleichgültig sein, ob positiv oder negativ, auf Leistung oder auf Feststellung geklagt wird. So führt etwa eine *Feststellungsklage* – geradezu die klassische Form der Austragung von Miet- und Pachtstreitigkeiten – nicht zu dem sonst üblichen Abschlag.[29] Ebenso wenig erhöht ein neben dem Herausgabeverlangen geltend gemachter *Beseitigungsanspruch* den Streitwert,[30] selbst wenn es in der Rechtsmittelinstanz nur noch um 19

24 OLG Hamm Rpfl. 1950, 91.
25 BGH WM 1996, 1064, 1065; Stein/Jonas/*Roth* § 8 Rdn. 3 und 19.
26 Vgl. OLG Celle Rpfl. 1951, 633; OLG Frankfurt MDR 1963, 1021.
27 § 5; etwa bei der Klage auf Zahlung für die Vergangenheit und für die Zukunft (nach § 8): OLG Bremen Rpfl. 1954, 472; MünchKomm/*Wöstmann* Rdn. 26.
28 MünchKomm/*Wöstmann* Rdn. 12.
29 BGH MDR 2010, 355; NJW 1958, 1291; NZM 1999, 21; Stein/Jonas/*Roth* Rdn. 14.
30 BGH BGHR ZPO § 8 Räumungsklage 2; NJW-RR 1994, 256; NJW-RR 1995, 781, 782 (bzgl. § 16 GKG a.F.); BGHR ZPO § 8 Räumungsklage 7 (offengelassen, ob gleiches für den Fall gilt, dass Abbruch oder Beseitigung eines Bauwerks verlangt wird).

einzelne Beseitigungsansprüche geht, die zuvor Gegenstand eines umfassend geltend gemachten Räumungsbegehrens waren.[31]

V. Einwendungen und Einreden

20 Einwendungen und Einreden können zwar Anlass sein, dass die Klageforderung nach § 8 zu bewerten ist, sie können aber nicht die Bewertung als solche (etwa wertmindernd) beeinflussen.[32]

Das gilt auch für den Widerspruch des Mieters gegen die Kündigung nach § 574 BGB.

VI. Bemessungsgrundlage

21 Streitwertbemessungsgrundlage ist nach § 8 das Entgelt für die gesamte in Betracht kommende Zeit, höchstens aber der fünfundzwanzigfache Jahresbetrag.

22 **1. Der Zeit nach.** Die Regelung geht zunächst von einem auf bestimmte Zeit abgeschlossenen Miet- oder Pachtvertrag aus. Die Zeit der längsten Begrenzung wird selten zu bewerten sein, da nach § 544 S. 1 BGB nach 30 Jahren jede Partei unter Einhaltung der gesetzlichen Kündigungsfrist kündigen darf, bei den nach § 544 S. 2 BGB auf Lebenszeit abgeschlossenen Verträgen aber die Regel des § 9 gilt.[33]

23 Ist ein Vertrag auf unbestimmte Zeit abgeschlossen, in ihm aber eine Kündigungsfrist bestimmt, so wird nur die Zeit bis zur frühestmöglichen Auflösung gerechnet;[34] u.U. ist die gesetzliche Kündigungsfrist zu beachten (§§ 573c, 595 BGB). Jedoch sind die möglichen Verlängerungen nach §§ 574, 581 Abs. 2 BGB außer Acht zu lassen; es sei denn, dass gerade der Streit darum geht; sodann wird es regelmäßig um eine bestimmte Frist gehen; nur soweit Verlängerung auf unbestimmte Zeit beantragt worden ist. In dem letzten Fall kommt die Regel des § 9 über §§ 544 S. 2, 563 Abs. 1 S. 1 BGB zum Zuge, wobei indes die Verlängerungsmöglichkeit nach §§ 563 Abs. 2, 581 Abs. 2 BGB auch hier außer Betracht zu lassen sind, wenn der Streit gerade um diese Verlängerung geht.

24 **a) Baukostenzuschuss.** Bei Baukostenzuschüssen gilt hier der Sonderschutz des § 57c ZVG.

25 **b) Mieterrechte gegen Vermieter.** Der Mieterschutz wirkt allerdings nur zugunsten, nicht zu Lasten des Mieters. Geht es deshalb um eine vom Mieter herbeigeführte oder herbeizuführende Auflösung des Vertrages, dann ist sowohl vertraglich anders wie gesetzlich geregeltes Recht gegen den Vermieter auch bei der Bewertung nach § 8 anzuwenden.

26 **2. Das tatsächliche Entgelt.** Das Miet- und Pachtentgelt als Berechnungsgrundlage ist das tatsächlich gezahlte. Verlorene Baukostenzuschüsse sind mit zu bewerten, weil

---

31 BGH NJW-RR 1995, 781, 782 (für § 16 GKG a.F.).

32 BGH MDR 1955, 730, für die Verteidigung gegenüber einem Räumungsbegehren, die Kündigung sei widerrufen worden.

33 Vgl. BGH NJW 1966, 778.

34 BGH NJW-RR 2009, 775; 2005, 867; 1992, 1359; NZM 2008, 461; BGHR § 8 ZPO Räumungsklage 11; OLG Karlsruhe WuM 1994, 338, 339; BVerfG NZM 2006, 578; Zöller/*Herget* Rdn. 5; Thomas/Putzo/*Hüßtege* Rdn. 5.

sie von dem Mietentgelt nicht zu lösen sind. Ihre Bewertung ist entsprechend § 57c ZVG vorzunehmen. Besteht das Entgelt in Naturalleistungen, so sind diese nach § 3 zu bewerten. Von den Leistungen des Mieters sind nicht die auf dieser Leistung für den Vermieter ruhenden Steuern abzuziehen. Ferner fallen unter den Begriff des Entgelts vertragliche Gegenleistungen anderer Art mit Ausnahme solcher (insbesondere nebensächlicher) Leistungen, die im Verkehr nicht als Entgelt für die Gebrauchsüberlassung angesehen werden.[35]

a) Abschläge. Gewohnheitsrechtlich werden nur die Lasten- und Gefahrenzuschläge abgesetzt,[36] wenn die Mieter Lasten und Gefahren des vermieteten oder verpachteten Gegenstandes, die sonst den Vermieter treffen, übernehmen; etwa die mitübernommene Feuerversicherung, die Instandsetzungskosten (vgl. § 536 BGB), die Steuern des Pachtgegenstandes, die Erstattung des Wildschadens.[37] Umlagen für Sammelheizung, Warmwasser- und Fahrstuhlbenutzung bleiben außer Ansatz.[38] 27

b) Wertung. Bei der Bewertung einer längeren Zeit durch eine verkürzte Ersatzzeit ergeben sich Schwierigkeiten in den Fällen, wo die Einsatzbeträge ungleich sind. Die gesetzlichen Bestimmungen setzen stillschweigend gleichbleibende Entgelte für die Zeitspannen voraus, die sie ihrer Bemessung zugrunde legen. Sie sind also nicht unmittelbar anzuwenden, wenn die Entgelte in den Bemessungsspannen schwanken. Im Falle des § 8 wird das Problem indes wegen der Länge der Zeit von 25 Jahren nur selten praktisch, kann es aber werden, wenn ein Vertrag über die längere Zeit (bis zu 30 Jahren) geht, und überhaupt, wenn die späteren Entgelte anders bemessen sind als diejenigen, welche z.Zt. der Klageerhebung gelten. Geht der Vertrag über 30 Jahre hinaus, d.h. ist er auf die Lebenszeit des Mieters bzw. Pächters oder des Vermieters bzw. des Verpächters gestellt (§§ 544, 581 Abs. 2 BGB), so ist § 9 anzuwenden. 28

Für die genannten Fälle gibt es vier Berechnungsmöglichkeiten:

(1) die Ersatzzeit kann nach dem Entgelt berechnet werden, welches in der verkürzten Zeit tatsächlich anfällt, oder
(2) es kann nach den aus der Gesamtzeit gewonnenen Durchschnittseinsätzen, oder
(3) nach den geringsten in Betracht kommenden Jahresbeträgen, oder
(4) nach den höchsten bemessen werden.

Nach der **ersten Berechnungsweise** kommt man zu unterschiedlichen Streit- und Rechtsmittelwerten, die es indes jetzt auch sonst nach § 4 gibt. Bei Häufung mit Zahlungsansprüchen wird die Veränderung insoweit nicht in das Gewicht fallen, wie dann die tatsächlichen Werte bis zur Rechtsmitteleinlegung zuzuschlagen sind, während sie bei der Berechnung des § 8 ausscheiden, sofern die gesamte Dauer des Verhältnisses von vornherein zu bewerten war. Ist Bestehen oder Zeitdauer eines Miet- oder Pachtverhältnisses streitig, so wird dies im Übrigen voll bewertet, ohne dass es auf die sonst in den Rechtsmittelzügen nach § 4 zu trennende Bewertung für Vergangenheit und Zukunft ankäme,[39] sofern die Zeit von insgesamt 25 Jahren nicht überschritten wird. 29

---

35 BGHZ 18, 168, 172f.; BGHR ZPO § 8 Jagdpacht 1.
36 RG JW 1932, 1058; **a.M.** BGHZ 18, 168 = NJW 1955, 1633.
37 BGH NJW 1962, 446.
38 AG Hannover MDR 1974, 412; **a.M.** LG Hamburg MDR 1958, 37.
39 BGH NJW 1959, 2164.

30 Auch die **Durchschnittsberechnung** verhindert nicht ungleiche Ergebnisse für Streit- und Rechtsmittelwerte, wenn die Differenz auch geringer sein wird als nach der ersten Berechnungsweise. Bei der Häufung mit Zahlungsklagen werden aber die hinzuzusetzenden Werte nicht voll von den nach § 8 zu bewertenden abgesetzt bzw. sie schwinden zu einem höheren Wert als zu dem, den sie als Faktor nach § 8 abgeben.

31 Bei der Berechnung nach den **geringsten Werten** wird dagegen nur vermieden, dass die zwischen Klageerhebung und Rechtsmittelinstanz hinzuzurechnenden Werte nicht kleiner sein können als der Schwund, der in der Berechnung nach § 8 eintritt.

32 Bei der Berechnung nach den **größten Werten** tritt die umgekehrte Wirkung ein. Für sie streitet der Grundsatz des § 7, wonach, wenn objektiv verschieden zu werten ist, der höhere Wert gilt.

33 **c) Zukünftiger Eintritt.** Die Bewertung nach dem Entgelt wird aber auch dann beeinträchtigt, wenn es erst nach Jahren zu fließen beginnen soll, denn Bedingungen und Betagung hindern den Anfall des Bemessungsgegenstandes. Wird deshalb der Miet- oder Pachtvertrag erst nach Jahren wirksam, so darf eine bestimmte Zeit bis zum Beginn überhaupt nicht, die dann folgende aber nur unter Berücksichtigung der laufenden Dreißigjahresfrist – sonst aber unverkürzt – und, wenn er erst nach dreißig Jahren zu laufen beginnen soll, mit einem nach § 3 zu schätzenden Betrag berechnet werden. Für die dann auf Lebenszeit laufenden ergibt sich zudem dieselbe Problematik wie in dem Fall des § 9. Ist indes der Beginn der Vertragszeit unbestimmt, so ist ebenfalls nach § 3 zu schätzen, wobei man auf Mittelwerte zurückgehen sollte; keinesfalls gibt es aber Werte, die gleich Null sind.

VII. Gebührenwertung

34 Die Gebührenwertberechnung regelt § 41 GKG abweichend von der Regel des § 8.

§ 41 Abs. 1, 2 GKG kürzt die 25-jährige Höchstlaufzeit des § 8 für die Gebührenwertberechnung aus sozialen Gründen[40] auf ein Jahr. Im Falle des § 41 Abs. 2 GKG – der Räumungsklage wegen eines Grundstücks, Gebäudes oder Gebäudeteils – kommt es entgegen § 41 Abs. 1 GKG nicht darauf an, ob das Miet- oder Pachtverhältnis streitig ist. § 41 Abs. 2 GKG stellt also wieder auf den Antrag (das Klagebegehren, den Klageanspruch) ab, wovon § 8, § 41 Abs. 1 GKG abweichen, indem sie auf die Klagebegründung zurückgreifen. Dann dürfen aber auch nicht negative Räumungsklagen unter § 41 Abs. 2 GKG gebracht werden, also nicht die Klage auf Feststellung, dass ein Mietverhältnis über einen bestimmten Zeitpunkt fortbesteht. Dagegen kommt es auch hier nicht auf die Klageart an, so dass nicht bloß die auf Leistung (Räumung) unter § 41 Abs. 2 GKG fällt, sondern auch die auf Feststellung, dass zu räumen ist. Die Differenzierung ist indes praktisch durch die Geringstwertklausel des § 41 Abs. 2 S. 1 GKG bedeutungslos geworden.

Entgegen § 45 Abs. 1 GKG hat § 41 Abs. 3 GKG vorgeschrieben, dass Räumungsantrag auf der einen Seite und Kündigungswiderspruchsantrag auf der anderen (§§ 574 ff. BGB) nicht zusammengerechnet werden, wenn sie im selben Prozess geltend gemacht werden, d.h. eine Verdoppelung der Werte tritt nicht ein. Das gilt auch für die Rechtsmittelinstanz (§ 41 Abs. 4 GKG).

40 BGH NJW-RR 1988, 395.

§ 9
Wiederkehrende Nutzungen oder Leistungen

Der Wert des Rechts auf wiederkehrende Nutzungen oder Leistungen wird nach dem dreieinhalbfachen Wert des einjährigen Bezuges berechnet. Bei bestimmter Dauer des Bezugsrechts ist der Gesamtbetrag der künftigen Bezüge maßgebend, wenn er der geringere ist.

Übersicht

I. Allgemeines

1. Gesetzesgeschichte. § 9 Satz 1 ist durch das Rechtspflegeentlastungsgesetz vom 11. Januar 1993[1] geändert worden und am 1. März 1993 in Kraft getreten (Art. 15 Abs. 1). An die Stelle des zwölfeinhalbfachen und des fünfundzwanzigfachen Jahresbetrages, ist der dreieinhalbfache Wert des einjährigen Bezuges getreten. Damit entfällt die Unterscheidung zwischen künftig wegfallenden Bezugsrechten und Rechten von unbeschränkter oder bestimmter Dauer. Die beigefügte amtliche Überschrift beruht auf Art. 2 Abs. 2 des Zivilprozessreformgesetzes in Verbindung mit der dazu erlassenen Anlage. 1

2. Normzweck. § 9 regelt den Zuständigkeits- (§ 23 Nr. 1 GVG; beachte aber Nr. 2) und Rechtsmittelstreitwert (§§ 511a Abs. 1 S. 1, 546 Abs. 1 S. 1, 567 Abs. 2) bei wiederkehrenden Nutzungen und Leistungen. Soweit §§ 41 Abs. 5, 42 GKG nicht einschlägig ist, gilt die Regelung auch für den Gebührenstreitwert (§ 48 S. 1 GKG). Durch die Änderung des § 9 soll die sachliche Zuständigkeit des Landgerichts beschränkt und die Berufung begrenzt werden. 2

II. Nutzungen und Leistungen

1. Begriff. Den Begriff der Nutzung gibt § 100 BGB. Die Nutzung selbst kann eine bewegliche Sache oder ein Recht sein, während das Recht auf die Nutzung niemals eine Sache iSd. § 90 BGB (auch kein Grundstück) und niemals ein einzelner Anspruch ist. 3

1 BGBl. 1993 I, 50.

4 Den Begriff der Leistung umschreibt § 241 BGB. Das Recht auf Leistungen setzt hier den gleichen Rechtsgrund (dasselbe Rechtsverhältnis) voraus.[2] Der Wortlaut des § 9 fordert nicht, dass die Leistungen regelmäßig oder auch nur gleichartig sein müssen. Doch geht sein Berechnungsmaßstab stillschweigend davon aus.

5 **2. Einzelnutzung und Einzelleistung.** Erschöpft sich das Recht bestimmungsmäßig in einer Nutzung oder Leistung, so darf § 9 nicht angewandt werden. Dasselbe gilt von einer Mehrheit von Leistungen, die das Hauptrecht bestehen lassen, ohne es anzugreifen.

6 Solche Leistungen werden auch angenommen, wenn ihre Höhe nach Zeitabschnitten berechnet wird, etwa bei Lagergeldern, Kurkosten etc. Darüber, was hier noch Einzelleistung, was schon wiederkehrende ist, entscheidet die Verkehrsauffassung.

7 **3. Wiederkehrende Nutzungen oder Leistungen.** Das streitige Recht muss auf wiederkehrende Nutzungen oder Leistungen gehen, etwa auf Unterhalt, Renten, auch Schadensrenten aller Art.[3] Dasselbe gilt für Reallasten, Altenteilverträge, Leibgedinge, Lastenausgleichsrenten.[4] Bei einer Verpflichtung, Beiträge für eine Lebens- oder eine Aussteuerversicherung zu zahlen, hat OLG Celle[5] den § 9 angewandt. Eine entsprechende Bewertung hat auch der BGH[6] jedenfalls unterstellt.

III. Klageantrag, -grund; Klage-, Prozessart

8 **1. Klageantrag.** Nach § 9 ist auch dann zu berechnen, egal wie der Klageantrag lautet, wenn die Ansprüche abgetreten oder sonst wie übergegangen sind und wenn es nicht bloß um ihre Erfüllung, sondern um die Befreiung von ihnen geht[7] oder wo eine Rente geltend gemacht wird, die der Beklagte von einem Dritten ganz oder zum Teil ersetzt verlangt.[8] Wird eine Grundstücksübertragung nach dem Gläubigeranfechtungsgesetz auf Grund eines Unterhaltstitels angefochten, so sind die Rückstände zu den nach § 9 zu bewertenden künftigen Leistungen hinzuzurechnen und dem Grundstückswert entgegenzusetzen.

9 **2. Klagegrund.** Auch der Klagegrund entscheidet nicht über die Anwendung des § 9. Es ist deshalb gleichgültig, ob das Recht auf wiederkehrende Nutzungen auf Gesetz oder Vertrag beruht, ob es dinglicher oder schuldrechtlicher Art ist. Hierher gehören an dinglichen Rechten die Überbaurente nach §§ 912 Abs. 2, 913 ff. BGB, die Notwegrente nach § 917 Abs. 2 BGB, der Nießbrauch an Rechten (§§ 1068 ff. BGB), die Reallast (§ 1105 BGB) und die Rentenschuld (§§ 1199 ff. BGB). An schuldrechtlichen Rechten gehören hierher: die vertraglichen, die des Schenkers (§ 520 BGB), die an den verarmten Schenker (§ 528 Abs. 1 S. 2, 3 BGB), die Leibrenten,[9] die nach § 618 Abs. 3 BGB, §§ 62 Abs. 3, 76 Abs. 1

2 MünchKomm/*Wöstmann* Rdn. 3.
3 BGH NJW 1960, 1460, für eine Rente aus § 826 BGB wegen erschlichenen Scheidungsurteils; OLG Celle Rpfl. 1962, 223, für ein Geschäftsführerruhegehalt; anders möglicherweise nach § 17 GKG aber nur für den Gebührenwert, vgl. BGH Rpfl. 1954, 439, bei privatrechtlich begründeten, nach Beamtenrechtsgrundsätzen ausgerichteten; BGH VersR 1952, 342 für die nach § 845 BGB.
4 **A.M.** BGH MDR 1958, 914.
5 OLG Celle VersR 1968, 840.
6 BGH VersR 1968, 278.
7 OLG Hamm HRR 1938, 471; **a.M.** KG Rpfl. 1964, 321.
8 RG JW 1902, 161.
9 § 759 BGB, LG Freiburg AnwBl. 1973, 169.

HGB; die auf unerlaubter Handlung beruhenden §§ 843, 844, 845 BGB,[10] wozu auch Schmerzensgeldrenten gehören können;[11] die nach §§ 10, 11, 13 StVG, §§ 21, 22, 24 LuftverkehrsG; §§ 903, 904 RVO;[12] Leistungen aus dem Deckungsprozess; die Unterhaltsansprüche der §§ 1360 ff., 1601 ff. BGB; Aufopferungsrenten nach Einl. z. § 75 ALR;[13] die Rente eines Handelsvertreters.[14]

Sind mehrere Klagegründe gegeben, so ist jeder Grund getrennt zu bewerten und 10
dann der Höchstbetrag Streitgegenstand. Überlagerungen sind bei auf Vertrag wie auf unerlaubter Handlung gestützten Rentenansprüchen gegeben.[15]

3. Klageart. Die Klageart (Feststellungs- oder Leistungsklage) vermag nach der hier 11
vertretenen Auffassung an der Berechnung nach § 9 nichts zu ändern.[16] Eine Ausnahme macht die hM für die positive Feststellungsklage.[17] Auf sie soll § 9 nur auf dem Umweg über § 3 Anwendung finden, da mit ihr das Recht „nicht voll geltend gemacht" werde. Dies ist in der Sache nicht zutreffend. Denn ein Recht kann kaum umfassender geltend gemacht werden als durch ein sein Bestehen betreffende Feststellungsklage,[18] wie auch § 256 Abs. 2 zeigt.

4. Prozessart. Dass die Prozessart (Urkunden-, Wechsel-, Scheckprozess, ordentli- 12
ches Verfahren) nichts an der Bewertung ändert, ist außer Streit. Nach § 9 ist deshalb auch zu berechnen, wenn eine Vollstreckungsgegenklage (§ 767) angestrengt wird, die sich gegen ein Unterhaltsurteil richtet.[19] Auch für einstweilige Verfügungen sind keine Kürzungen vorzunehmen.

IV. Umfang der Wertung

1. Fällige Einzelleistungen. Werden fällige Einzelleistungen allein geltend ge- 13
macht, so werden sie allein berechnet. Werden sie zusammen mit Nutzungen geltend gemacht, so sind die Ansprüche nach § 5 zusammenzurechnen;[20] was auch für Feststellungsklagen gilt,[21] im Besonderen, wenn ein Antrag für fällige Leistungen mit dem Feststellungsantrag gehäuft ist.[22]

Der BGH[23] bewertet nur bis zur Klageerhebung die fälligen Leistungen zusätzlich. 14
Werden Rückstände zusammen mit dem Recht auf Nutzung geltend gemacht, so kommt es für den Streitwert (im ersten Rechtszuge) nicht darauf an, ob jene zugleich mit nach

10 BGH Rpfl. 1952, 420.
11 Vgl. OLG Freiburg Rpfl. 1951, 571.
12 OLG Schleswig SchlHA 1951, 65.
13 BGHZ 7, 335 = NJW 1953, 104.
14 OLG Frankfurt MDR 1974, 1028.
15 Vgl. BGH VersR 1953, 241.
16 BGHZ 2, 276 = NJW 1951, 801 für die negative Feststellungsklage (**a.M.** auch in diesem Falle auf das Zehnfache kürzend, KG NJW 1956, 1206; OLG Schleswig SchlHA 1955, 278, 299); **a.M.** BGHZ 1, 43 = NJW 1951, 194; VersR 1968, 278, das 20% abzieht.
17 Stein/Jonas/*Roth* Rdn. 11; Zöller/*Herget* Rdn. 1.
18 Ebenso MünchKomm/*Wöstmann* Rdn. 8; Prütting/Gehrlein/*Gehle* Rdn. 5; offenlassend Musielak/*Heinrich* Rdn. 9.
19 OLG Hamm HRR 1929, 1623; OLG Kiel HRR 1938, 1646.
20 BGHZ 2, 74 = NJW 1951, 802; BGH JurBüro 1972, 499; NJW 1960, 1459; OLG Bamberg AnwBl. 1984, 94 (rückständige Miete); OLG Düsseldorf NJW 1957, 1638; KG Rpfleger 1951, 473.
21 OLG Celle Nds Rpfl. 1952, 6; **a.M.** BGHZ 2, 74 = NJW 1951, 802; doch ist dies mit § 4 nicht zu vereinbaren.
22 BGHZ 2, 74 = NJW 1951, 802.
23 BGH NJW 1960, 1459.

Klageerhebung fälligen gefordert werden. Sie bleiben außer Betracht.[24] Doch kommt es nach § 4 für den Rechtsmittelwert auf den Zeitpunkt der Einlegung des Rechtsmittels an.

15 Zusammenzurechnen sind alle Rechte, die nicht unter § 9 fallen, sofern nicht bloß die Klagegründe gehäuft werden. Über die Verbindungen von Unterhaltsansprüchen mit der Feststellung, dass der Beklagte der uneheliche Vater des Klägers ist, vgl. § 643. Wie Abschlagszahlungen zu verrechnen sind, bestimmt der Schuldner. Mangels seiner Bestimmungen gilt § 366 Abs. 2 BGB. Es wird also zuerst auf die Rückstände verrechnet. Ob der Klageantrag dies berücksichtigt, ist für den Streitwert gleichgültig. Er ist also maßgebend, selbst wenn Rückstände abzusetzen sind.

16 Bei einem Übergang von der Leistungs- zur Feststellungsklage wie umgekehrt ergibt sich nach der hier vertretenen Auffassung keine Änderung, selbst wenn Rückstände geltend gemacht werden.[25]

17 **2. Teilwerte.** Die Bestimmung des § 9 schließt nicht aus, Teilwerte zu berechnen. So können bei der Vollstreckungsgegenklage des Bürgen Teilwerte in Betracht kommen, nämlich soweit sie sich gegen angeblich beglichene Rückstände richtet. Sonst sind Teile zu bewerten, wenn darüber geklagt wird, ob an Stelle einer Unterhaltsrente in Natur sie in Geld[26] oder umgekehrt zu leisten ist. In den Fällen der Abänderungsklage nach § 323 (vgl. auch § 324) ist nur von der Differenz zwischen altem Urteil und der neuen Forderung auszugehen. Andererseits sind bei einer nach § 323 angestrengten Erhöhungsklage die Rückstände bis zur Klageerhebung gesondert zu berechnen. Dagegen ist es auch hier unzulässig, Gegenleistungen zu berücksichtigen. Deshalb wird § 9 auch bei Gehaltspfändungen, wo erst noch durch Leistungen das Entgelt verdient werden muss, angewandt wie bei der von Mietentgelten für unbestimmte lange Zeit.[27] Unzulässig ist es auch bei einem gegenseitigen Unterhaltsverzicht (in Ehesachen) einen Teilwert mit der Begründung anzunehmen, dass die Ansprüche zweifelhaft seien,[28] denn es kommt nur auf das geltend Gemachte an.

V. Bemessungsgrundlage

18 **1. Bestimmte Dauer des Bezugsrechts (Satz 2).** Der Prozess- (Streit- und Rechtsmittel-)wert wird nach § 9 bei bestimmter Dauer des Bezugsrechts auf den Gesamtbetrag der einzelnen Bezüge festgelegt. Die Höchstgrenze ist aber der dreieinhalbfache Jahresbetrag.

19 **2. Unbestimmte Dauer des Bezugsrechts (Satz 1).** Eine unbestimmte Dauer des Bezugsrechts liegt bei Gewissheit des Wegfalls zu ungewisser Zeit vor.[29] Der Prozesswert ist dann der dreieinhalbfache Jahresbetrag. Ein solcher Fall ist beispielsweise gegeben, wenn das Bezugsrecht mit dem Tode entfällt.[30]

---

24 OLG Düsseldorf NJW 1957, 1638.
25 **A.M.** im letzten Fall wegen der unterschiedlichen Bewertung der positiven Feststellungsklagen, BGHZ 1, 43 = NJW 1951, 194; BGHZ 7, 335 will in diesen Fällen die Rückstände bis zum Übergang auf die Leistungsklage berechnen.
26 OLG Hamm Rpfl. 1948, 120.
27 OLG Frankfurt HRR 1929, 434; BGH MDR 1958, 917 hat während der Zwangswirtschaft nach § 3 bewertet; BGH NJW 1966, 778, nach § 9.
28 LG Celle MDR 1959, 935.
29 *Thomas/Putzo* Rdn. 7.
30 *Thomas/Putzo* Rdn. 7.

3. Ungleichmäßige oder -artige Leistungen. Bei zeitlich unregelmäßigen oder der Höhe nach unterschiedlichen Leistungen ergeben sich durch die verkürzte Ersatzzeit Schwierigkeiten in den Fällen, wo die Einsatzbeträge ungleich sind. Jedenfalls ist bei solchen Leistungen § 9 nicht unmittelbar anzuwenden. Dies gilt für die Instandhaltung einer Begräbnisstätte,[31] für Kirchenbaulasten,[32] für künftige Mietentgelte in unbestimmter Höhe,[33] wie bei wechselnden Jahresrenten,[34] im Besonderen, wenn auf Ersatz wegen körperlicher Schädigung zu erkennen ist und mit Gesundung gerechnet wird.[35] Bei ungleichmäßigen Beträgen ist nach h.M.[36] der höchste der Jahresbeträge zugrundezulegen. Bei jährlich ungleichen, der Höhe nach aber feststehenden Leistungen hat das RG[37] den jährlichen Durchschnittssatz errechnet und dann § 9 angewandt, während der BGH[38] von den höchsten Jahresbeträgen ausgeht. Im Zweifel ist der Wert nach § 3 zu schätzen. 20

VI. Gebührenwertung

Die in § 9 getroffene Regelung gilt aufgrund der Verweisung des § 48 Abs. 1 S. 1 GKG auch für die Gerichtsgebühren. Für eine Klage auf künftige Miete bestimmt sich der Gebührenstreitwert nach den §§ 48 GKG i.V.m. 9, wobei eingeklagte Mietrückstände nach § 42 Abs. 3 GKG hinzugerechnet werden.[39] Die grundsätzliche Geltung des § 9 ZPO erfährt jedoch durch die Sondervorschrift des § 42 GKG und des § 51 FamGKG eine Reihe von Durchbrechungen. 21

1. Schadensersatzrenten. Nach Aufhebung des § 42 Abs. 1 GKG a.F. gilt für Schadensersatzrenten in Form einer Geldrente wegen der Tötung eines Menschen oder der Verletzung des Körpers oder der Gesundheit eines Menschen § 9 ZPO für den Gebührenstreitwert.[40] Dabei ist gleichgültig, ob die Rente aus unerlaubter Handlung oder aus Vertrag entspringt.

2. Ansprüche von Beamten, Arbeiternehmern u.a. (§ 42 Abs. 1 GKG). § 42 Abs. 1 GKG hat Ansprüche auf wiederkehrende Leistungen aus Arbeits-, Dienst- und Amtsverhältnisse zum Gegenstand. Der Anwendungsbereich ist, soweit er Arbeitnehmer betrifft, auf Streitigkeiten beschränkt, die vor vor den ordentlichen Gerichten geltend gemacht werden können.[41] Dabei beschränkt sich die Norm nicht nur auf Arbeitnehmer im engeren arbeitsrechtlichen Sinne, sondern erfasst auch Personen wie freie Mitarbeiter, die einem Arbeitnehmer vergleichbar schutzwürdig sind.[42] Ein freier Handelsvertreter wird dagegen nicht nach § 42 Abs. 1 GKG, sondern nach § 9 erfasst.[43]

3. Rückstände (§ 42 Abs. 3 GKG). § 42 Abs. 3 GKG ordnet entsprechend dem allgemeinen Prinzip der gesonderten Bewertung fälliger bezifferter Ansprüche an, dass bei

31 RG HRR 1928, 1035.
32 BayObLG Senff 1949, 267.
33 RG JW 1927, 1931; BGH NJW 1966, 778.
34 RGZ 58, 293, 294.
35 RG JW 1909, 663; vgl. auch RGZ 67, 139.
36 *Mümmeler* JurBüro 1973, 99.
37 RGZ 36, 416; und ähnlich RG JW 1908, 13.
38 BGHZ 7, 335.
39 BGH NZM 2004, 423.
40 RegE BT-Drucks. 17/11471 zu Art. 3 Nr. 16.
41 Vgl. § 2 Abs. 3 ArbGG.
42 BGH NJW-RR 1986, 676.
43 LAG Nürnberg NZA-RR 2001, 53.

Klageeinreichung bzw. Einreichung eines PKH-Antrages **fällige Beträge** hinzuzurechnen sind.

22 **4. Familienrechtliche Unterhaltsrenten.** Für familienrechtlich gesetzliche Unterhaltsrenten wird nach § 51 Abs. 1 S. 1 FamGKG bei über ein Jahr gehenden Ansprüchen der Gebührenwert auf den Jahreswert gekürzt. Die Rückstände vor Rechtshängigkeit (§ 261 Abs. 1) werden hinzugerechnet (§ 51 Abs. 2 S. 1 FamGKG.

§ 10
(aufgehoben)

§ 11
Bindende Entscheidung über Unzuständigkeit

Ist die Unzuständigkeit eines Gerichts auf Grund der Vorschriften über die sachliche Zuständigkeit der Gerichte rechtskräftig ausgesprochen, so ist diese Entscheidung für das Gericht bindend, bei dem die Sache später anhängig wird.

Übersicht

I. Allgemeines

1 **1. Gesetzesgeschichte.** § 11 ist seit Erlass der CPO am 30.1.1877 sachlich unverändert geblieben. Durch die Novelle von 1950[1] ist er sprachlich geändert worden. Die beigefügte amtliche Überschrift beruht auf Art. 2 Abs. 2 des Zivilprozessreformgesetzes vom 27.6.2001[2] in Verbindung mit der dazu erlassenen Anlage.

2 **2. Normzweck.** Die Regelung des § 11 hat den Sinn, widersprechende gerichtliche Entscheidungen über die *sachliche* Zuständigkeit zu verhindern[3] und gleichsam die Entstehung negativer Kompetenzkonflikte und ihre Behebung in einem besonderen Verfahren (§§ 36 Nr. 5 und 6, 37) zu vermeiden.[4] § 11 gilt hingegen nicht für örtliche Zuständigkeit.[5]

1 BGBl. 1950, 535; vgl. auch Stein/Jonas/*Roth* § 11 vor Rdn. 1.
2 BGBl. I S. 1887.
3 Mot. 2, 1 S. 51 = Hahn 148; Stein/Jonas/*Roth* § 11 Rdn. 1.
4 RGZ 66, 19 f.
5 BGH NJW 1997, 869; Baumbach/Lauterbach/Albers/*Hartmann* § 11 Rdn. 2; MünchKomm/*Wöstmann* Rdn. 2; Prütting/Gehrlein/*Gehle* Rdn. 1; Zöller/*Vollkommer* Rdn. 2.

II. Rechtskraftwirkung der Unzuständigkeitsentscheidung

Die Regel trifft die „außerprozessuale" Rechtskraftwirkung, welche früher nur auf den außerprozessualen Anspruch bezogen wurde. Die Form der Entscheidung ist dabei ohne Belang;[6] die Norm gilt nicht nur für Urteile, sondern auch für Beschlüsse. 3

1. In Bezug auf die andere sachliche Zuständigkeit. Sie trifft den Fall, dass ein AG oder LG seine Zuständigkeit mit der Begründung verneint hat, dass das andere Gericht sachlich, nicht örtlich, zuständig sei. Das später mit der Sache befasste Gericht darf also nicht seine sachliche Zuständigkeit verneinen, weil das andere zuständig ist.[7] 4

a) Bei rechtskräftigen Verstößen. Bei rechtskräftigen Verstößen gegen die Norm gilt nicht etwa die jüngste Entscheidung, sondern die Zuständigkeit ist nach § 36 zu bestimmen.[8] Das gilt auch in all den Fällen, wo es um das Verhältnis zu überstaatlichen Gerichten geht; soweit die inländischen Gerichte sich trotz Zuweisung weigern, tätig zu werden, und ihre Entscheidungen rechtskräftig geworden sind, im Besonderen auch im Verhältnis zu den besonderen Gerichten und zu den Gerichten der anderen Gerichtsbarkeiten, wie zu dessen der besonderen Gerichte und innerhalb der Zweige der ordentlichen Gerichtsbarkeit, nämlich im Verhältnis zur freiwilligen Gerichtsbarkeit wie zur Strafgerichtsbarkeit. 5

b) Ausländische Gerichte. Im Verhältnis zum Ausland wirkt sich die sachliche Zuständigkeitsbegrenzung nicht aus, weil es sich insoweit um ein staatliches Internum handelt; es sei denn, dass durch inländisches Gesetz, dies einbezogen worden ist, also wenn an Stelle eines inländischen Gerichts durch Staatsvertrag ein anderes nicht inländisches Gericht, oder auch eine Schiedskommission, kraft inländischen Rechts berufen ist.[9] 6

Erklären sich diese für sachlich unzuständig, so sind daran die inländischen Gerichte gebunden.[10] Hatte ein solches Gremium die Parteien auf den Weg vor die inländischen Gerichte gewiesen,[11] so dürfen sich die inländischen Gerichte dieser Prüfung nicht entziehen; dies gilt also auch, selbst wenn das übernationale Gremium sich letzten Endes noch seine Entscheidung vorbehält bzw. diese von einer Vorentscheidung des inländischen Gerichts abhängig macht. Dagegen greift in den übrigen Fällen die inländische Gerichtsbarkeit nicht sachlich der ausländischen vor. Hat deshalb ein ausländisches Gericht seine sachliche Zuständigkeit verneint, so gibt es insoweit keinen inländischen Notgerichtsstand, wie es ihn bei der örtlichen Unzuständigkeit ausländischer Gerichte geben kann; denn im Verhältnis zum Ausland sind die sachlichen Zuständigkeitsregeln seines Landes ebenfalls ein Internum, in das ein inländisches Gericht selbst dann nicht eingreifen kann, wenn das Ausland überhaupt den Rechtsschutz ausschließt, etwa bei Enteignungen. 7

---

6 OLG München NJW 1956, 187, für einen Beschluss im Vollstreckungsverfahren.
7 RGZ 66, 17, 20.
8 BGHZ 17, 168 = NJW 1955, 948.
9 Etwa der EWG-Gerichtshof, die österreichisch-deutsche Schiedskommission, die Rhein- und Moselschifffahrtsgerichte.
10 Wie das auch im österreichisch-deutschen Staatsvertrag v. 15.6.1952 (BGBl. 1958 II, 129) ausdrücklich geregelt worden ist.
11 Etwa, wenn vor Haftung der EWG für die EWG-Kommission zu prüfen war, ob nicht eine Haftung der inländischen Stellen gegeben ist, vgl. § 839 Abs. 1 S. 2 BGB.

8 **2. Verhältnis zu den Gerichten anderer Gerichtszweige.** Die Bindung der Gerichte anderer Gerichtszweige an die rechtskräftigen Unzuständigkeitsentscheidungen der ordentlichen Gerichte schreibt § 17 GVG vor; die der ordentlichen Gerichte an die der anderen ergibt sich aus § 48 ArbGG, § 41 VWGO, § 52 SGG, § 34 FGO.

9 **3. Sondergerichte.** Als Sondergerichte kommen die Zentralkommission für die Rheinschifffahrt und der Berufungsausschuss der Moselkommission, beides zweitinstanzliche Gerichte, in Betracht, deren sachliche Zuständigkeit im Verhältnis zu den Rheinschifffahrt- und Moselschifffahrt-Obergerichten staatsvertraglich bestimmt worden ist, wobei die Obergerichte die Sondergerichte nicht zur Übernahme zwingen können, so dass die Abgabe durch die Sondergerichte an sie unangreifbar ist, so dass, selbst wenn sie zuvor an die Sondergerichte abgegeben haben, sie nunmehr an die (Rück-)Abgabe gebunden sind.

10 **4. Kompetenzkonfliktgerichtshof.** Außerhalb dieses Kreises stehen die Eingriffe eines Kompetenzkonfliktgerichtshofes (§ 17a GVG) wie die Vorlegungspflichten an die Verfassungsgerichte (Art. 100 GG) und die Zuständigkeiten dieser.

III. Wirkung für die erste Instanz

11 Die Wirkung des § 11 beschränkt sich auf die Festlegung der ersten Instanz.

12 **1. Rechtsmittelinstanz.** Es wird durch § 11 die Rechtsmittelinstanz grundsätzlich nicht bezüglich der Zulässigkeit des Rechtsmittels festgelegt.[12] Dies galt nach überholtem Recht selbst, wenn dieselben Gründe, welche die Zuständigkeit der ersten Instanz bestimmten, auch dem Gesetze nach über die Zulässigkeit des Rechtsmittels entscheiden sollen.[13]

13 **a) Zuständigkeit des OLG bei Verweisung an Schifffahrtsgerichte.** Verweist dagegen das LG an das AG als Binnen- oder Rheinschifffahrtsgericht, so wird das AG auch als Binnen-, Mosel- oder Rheinschifffahrtsgericht tätig; dann ist die Berufung, ohne an eine Rechtsmittelsumme gebunden zu sein, an das Schifffahrtsobergericht zulässig, selbst wenn es sich um keine Binnen-, Mosel- oder Rheinschifffahrtssache handelte. Für die Sondergerichte gibt es indes besondere Rechtsmittelsummen.

14 **b) Revisionsgerichtliche Zuständigkeit.** Andererseits ist es unerheblich, auf welche Weise eine Sache an das OLG gelangt ist, die Revision ist dann nach allgemeinem Revisionsrecht zulässig, wenn darüber in erster Instanz das LG an Stelle des AG hätte entscheiden sollen.

15 **2. Kein weiteres Präjudiz.** Auch sonst wird durch § 11 nicht die sachliche Entscheidung des Streits präjudiziert. Hatte deshalb ein ArbG an das ordentliche Gericht mit der Begründung verwiesen, der Kläger sei Beamter[14] und nicht Angestellter, so ist an diese Feststellung das ordentliche Gericht nicht gebunden, es hatte im Besonderen zu prüfen, ob nicht die Ansprüche des Klägers, wenn er tatsächlich nicht Beamter war, aus einem Anstellungsverhältnis begründet waren.

---

12 BGH MDR 1972, 97.

13 Vgl. 1. Aufl.

14 Wo nach früherem Recht die ordentlichen Gerichte zuständig waren, jetzt die Verwaltungsgerichte zuständig sind.

TITEL 2
Gerichtsstand

Vorbemerkung §§ 12–37

Schrifttum

Baer Injunctions Agasinst the Prosecution of Litigation Abroad: Towards a Transnational Approach, Standford L. Rev. 37 (1984) 155; *Basedow* Reform des Deutschen IPR (1980); *Baur* Zivilprozeß, 4. Aufl. (1982) und 11. Aufl. (2003); *Basedow* Zuständigkeit aus dem Sachzusammenhang? FS für v. Hippel (1967) 1; *Baur/Grunsky* Zivilprozessrecht[10]; *Bosch* Familiengerichtsbarkeit – Bewährung und weiterer Ausbau? FamRZ 1980, 1; *Beitzke* Die deutsche internationale. Zuständigkeit in Familienrechtssachen, FamRZ 1967, 592; Bericht der Kommission für das Zivilprozeßrecht, herausgegeben vom Bundesminister der Justiz 1977; *Blomeyer* Zivilprozeßrecht Erkenntnisverfahren, 2. Aufl. (1985); *Braun* Lehrbuch des Zivilprozeßrechts (2014); *Burgstaller/Neumayr* Beobachtungen zu Grenzfragen der internationalen Zuständigkeit: Vom forum non conveniens bis Notzuständigkeit, in: FS-Schlosser (2005) S. 119; *Duffek* Gerichtsstand bei Bauverträgen, BauR 1980, 316 ff.; *Fischer* Der Gerichtsstand des Sachzusammenhangs, ZZP 49 (1923), 343; *Folz* Die Geltungskraft fremder Hoheitsäußerungen, eine Untersuchung über die anglo-amerikanische Act of State Doctrine (1975); *Fricke* Zur Prozeßführungsbefugnis des Sequesters gemäß § 106 KO, MDR 1978, 99 ff.; *Geimer* IZPR[6]; *Geimer* Beachtung ausländischer Rechtshängigkeit und Justizgewährungsanspruch, NJW 1984, 527 ff.; *Geimer* Eine neue Internationale Zuständigkeitsordnung in Europa, NJW 1976, 441 ff.; *Geimer* Das Zuständigkeitssystem des EWG-Übereinkommens vom 27.9.1968, WM 1976, 830 ff.; *Geißler* Die Geltendmachung und Betreibung von Ansprüchen aus Truppenschäden nach dem Nato-Truppenstatut, NJW 1980, 2615 ff.; *Georgiades* Die Anspruchskonkurrenz im Zivilrecht und Zivilprozeßrecht (1968); *Gloy* Handbuch des Wettbewerbsrechts (1986); *Gramlich* Staatliche Immunität für Zentralbanken? RabelsZ 45 (1981), 545 ff.; *Gravenhorst* Die Aufspaltung der Gerichtszuständigkeit nach Anspruchsgrundlagen, Diss. Tübingen 1972; *Grunsky* Buchbesprechung der FS Bosch (1976), ZZP 91 (1978), 81 ff.; *Grunsky* Grundlagen des Verfahrensrechts, Eine vergleichende Darstellung von ZPO, FGG, VwGO, FGO, SGG, 2. Aufl. (1974); *Habscheid* Der Streitgegenstand im Zivilprozeß und im Streitverfahren der freiwilligen Gerichtsbarkeit (1956); *Habscheid* Die Immunität internationaler Organisationen im Zivilprozess, ZZP 110 (1997); *Hartley* Comity and the Use of Antisuit Injuctions in International Litigation, Anm. J. Comp. L. 35 (1987) 487; *Heidenberger* US-Supreme-Court wird über die Anwendung des Haager Beweisübereinkommens entscheiden, RIW 1986, 498 ff.; *Heldrich* Internationale Zuständigkeit und anwendbares Recht (1969); *Heitmann* Prozeßstandschaft für Forderungen gegen ausländische Streitkräfte, BB 1980, 1349 ff.; *Hoeren/Sieber* Handbuch Multimedia-Recht: Rechtsfragen des elektronischen Geschäftsverkehr (1999); *Hoffmann* § 17 Abs. 2 S. 1 GVG und der allgemeine Gerichtsstand des Sachzusammenhangs, ZZP 107 (1994), 3; *Holtgrave* Zur Reform des Zivilprozeßrechts, ZZP 86 (1973), 1 ff.; *Hummel* Die Vertretung der Bundesrepublik Deutschland im Bereich der Bundesvermögensverwaltung, DÖV 1970, 368; *Jasper* Forum shopping in England und Deutschland (1990); *Jayme* zur Übernahme der Lehre vom forum non conveniens in das deutsche nationale Verfahrensrecht StAZ 1975, 91; *Jellinek* Die zweiseitigen Staatsverträge über Anerkennung ausländischer Zivilurteile (1953); *Juenger* Der Kampf umd Forum: Forum Shopping, RablsZ 46 (1982) 708; *Juenger* Forum Schopping, Domestic and International, Tulane L. Rev. 63 (1989) 553; *Kralik* Die internationale Zuständigkeit, ZZP 74 (1961) 2; *Kropholler* Handbuch des Internationalen Zivilverfahrensrechts (1982); *Kropholler* Das Unbehagen am forum shopping, FS Firsching (1985) S. 165; *Krause* Verfahrensrechtliche Probleme der Entscheidung und der Verweisung von Rechtsweg zu Rechtsweg, ZZP 83 (1970), 289 ff.; *Kurth* Inländischer Rechtsschutz gegen Verfahren vor ausländischen Gerichten (1989); *Lüttringhaus* Der Missbrauch des Gerichtsstandes im Zivilprozess, ZZP Bd. 127 (2014), 29; *Martin* Prozessvoraussetzungen Revision (1974); *Milleker* Der negative internationale Kompetenzkonflikt (1975); *Mühl* Die Bedeutung des Sachverhalts für den Begriff des Streitgegenstandes bei Leistungsklagen in der Rechtsprechung, NJW 1954, 1965 ff.; *Musielak/Voit* Grundkurs ZPO[12]; *Otte* Umfassende Streitentscheidung durch Beachtung von Sachzusammenhängen: Gerechtigkeit durch Verfahrensabstimmung? (1998); *Pagenstecher* Gerichtsbarkeit und internationale Zuständigkeit als selbständige Prozessvoraussetzungen, RabelsZ 11 (1937), 337; *Patzina* Rechtlicher Schutz ausländischer Privatinvestoren gegen Enteignungsrisiken in Entwicklungsländern (1981); *Pfeiffer* Internationale Zuständigkeit und prozessuale Gerechtigkeit (1995); *Pohle* Zur Rangordnung der Prozeßvoraussetzungen, ZZP 81 (1968) 171; *Riezler* Internationales Zivilprozessrecht und prozessuales Fremdenrecht; *Riezler* Zur sachlichen internationalen Unzuständigkeit, FS-Rosenberg (1949) S. 199; *Ritter* Anmerkung zu: „Klageabweisung bei örtlicher Unzuständigkeit für einzelne Klagegründe" NJW 1971, 1217; *Rimmelspacher* Alternative und kumulative Gerichtszuständigkeit, AcP 174 (1974), 509; *Rosenberg/Schwab/Gottwald* Zivilprozessrecht[17]; *Rosenberg* Zu dem Entwurf einer Zivilprozeßordnung (unter besonderer Berücksichtigung des Urteilsverfahrens), ZZP 57(1933), 185; G. *Roth* Zulässiges forum shopping? IPRax 1984, 183; *Roth* Probleme um die internationale Zuständigkeit nach § 29 ZPO, FS-Schlosser (2005) S. 773; *Roth* Teilurteil und Verweisung im Falle eines mehrfach begründeten Klageanspruches, MDR 1967, 15 ff.; *Samtleben* Forum Fixing, RabelsZ 46 (1982) 716; *Schack* Der Erfüllungsort im deutschen, ausländischen und internationalen Privat- und Zivilprozessrecht (1985); *Schack* Internationales Zivilverfahrensrecht[6]; *Schack* Die Versagung der deutschen internationalen Zuständigkeit wegen forum non conveniens und lis alibi pendens, RabelsZ 58 (1994) 42; *Schilken* ZPR[7]; *K. Schmidt* Der Allgemeine Gerichtsstand konkursbefangener Handelsgesellschaften, NJW 1984, 1341 ff.; *Schneider-Stoll* Ersatz von Vermögensschäden in der Bundesrepublik Deutschland aufgrund des Unfalls in Tschernobyl, BB 1986, 1233 ff.; *Schröder* The Right not to be Sued Abroad, FS Kegel (1987) S. 523; *Schröder* Internationale Zuständigkeit (1971) S. 789; *Schütze* Das Vermögen als Anknüpfungspunkt für die internationale Zuständigkeit, Ishikawa-FS (2011) S. 493; *Schütze Die Notzuständigkeit im deutschen Recht*, in FS-Rechberger (2005) S. 567; *K. H. Schwab* Zum Sachzusammenhang bei Rechtsweg- und Zuständigkeitsentscheidung, FS Zeuner (1994) S. 501; *Schwab* Streitgegenstand und Zuständigkeitsentscheidung, FS Rammos Bd. II (1979) S. 845; *Seidl-Hohenfeldern* Immunität ausländischer Staaten im Strafverfahren und Verwaltungsstrafverfahren, Ged. Hans Peters (1967) S. 915 ff.; *Seidl-Hohenfeldern* Die Immunität ausländischer Staaten nach Völkerrecht, Heft 8 der deutschen Gesellschaft für Völkerrecht, 1968, 1, 51 ff.; *Siehr* „Forum Shopping" im internationalen Rechtsverkehr, ZfRV 1984, 124; *Smid* Zivilgerichtliche Verfahren (2014); *Smid* Verweisung an das örtlich zuständige Insolvenzgericht, jurisPR-InsR 9/2006 Anm. 6; *Smid* Schriften zum deutschen, europäischen und internationalen Insolvenzrecht, Internationales Insolvenzrecht; *Spellenberg* Zuständigkeit bei Anspruchskonkurrenz und kraft Sachzusammenhangs, ZZP 95 (1982), 17; *Spickhoff* Gerichtsstand des Sachzusammenhangs und Qualifikation von Anspruchsgrundlagen, ZZP 109 (1996), 493 ff.; *Stiefel/Petzinger* Deutsche Parallelprozesse zur Abwehr amerikanischer Beweiserhebungsverfahren? RIW 1983, 242 ff.; *Verdross/Simma* Universelles Völkerrecht, Theorie und Praxis, 3. Aufl. (1984); *Wahl* Die verfehlte internationale Zuständigkeit, forum non conveniens und internationales Rechtsschutzbedürfnis, 1974; *Walchshöfer* Die deutsche internationale Zuständigkeit in der streitigen Gerichtsbarkeit, ZZP 80 (1960) 165; *Waldner* Zuständigkeit des Familiengerichts kraft Sachzusammenhangs – Eine Wende in der Rechtsprechung des BGH? MDR 1984, 190; *Wahl* die verfehlte internationale Zuständigkeit (1974); *Wengler* Zur Adoption deutscher Kinder durch amerikanische Staatsangehörige, NJW 1959, 127 ff.; *Windel* Die Bedeutung der §§ 17 Abs. 2, 17a GVG für den Umfang der richterlichen Kognition und die Rechtswegzuständigkeit, ZZP 111 (1998), 3 ff.; *Zeiss/Schreiber* Zivilprozessrecht[12].

Übersicht

A) Funktion der Gerichtsstandsregelungen für den deutschen Zivilprozess

I. Gerichtsstand und örtliche Zuständigkeit

Nach dem Ersten Titel über die sachliche Zuständigkeit der Gerichte und die Wertvorschriften werden mit den Vorschriften des Zweiten Titels in den §§ 12ff. Regelungen der örtlichen Zuständigkeit getroffen.[1] Diese ist gemeint, wenn vom „Gerichtsstand" die Rede ist.[2] Im 2. Titel über den Gerichtsstand ist allerdings ausnahmsweise 1

1 BeckOK/*Toussaint* Vor § 12; Stein/Jonas/*Roth* Vor § 12 Rdn. 1.
2 *Braun* Lehrbuch des Zivilprozeßrechts (2014), § 19 III (S. 282); *Smid* Zivilgerichtliche Verfahren (2014), § 4 IV Rdn. 38; Stein/Jonas/*Roth* Vor § 12 Rdn. 1.

auch von der sachlichen Zuständigkeit die Rede.[3] Dies ist in den §§ 34, 40 Abs. 2 der Fall. Außerhalb des 2. Titels regelt § 802 die örtliche und die sachliche Zuständigkeit.[4] Ob daher das Amtsgericht oder das Landgericht zuständig ist regelt sich nach den §§ 1–11. Welches von der Vielzahl im Staatsgebiet Deutschlands eingerichteten Amts- oder Landgerichte für den konkreten Fall örtlich zuständig ist richtet sich dagegen nach den §§ 12ff. Die Regelung der §§ 12ff. kommt zunächst für die Zuständigkeit der ersten Instanz zum Tragen, aus der sich die örtliche Zuständigkeit der höheren Instanz folgerichtig ergibt.[5]

II. Gerichtsbezirk

2 **1. Gerichtsbezirk und räumliche Festlegung des Gerichtsstandes.** Der allgemeine Gerichtsstand ist in den §§ 12–19 abschließend geregelt und ergibt sich aus dem Wohnsitz, Sitz oder in Ermangelung eines Wohnsitzes dem Aufenthalt des Beklagten. Die örtliche Zuständigkeit ist danach gegeben, wenn der Gerichtsstand – sei es der allgemeine Gerichtsstand des Beklagten, ein ausschließlicher oder ein konkurrierender besonderer Gerichtsstand – in dem Gerichtsbezirk liegt, in dessen räumlichen Grenzen das Gericht zuständig ist.[6] Ist ein deutsches Gericht nach den §§ 12ff. örtlich zuständig, gilt dies im Regelfall auch im Verhältnis zu einem ausländischen Gericht[7]

3 **2. Festlegung und Erweiterung der Gerichtsbezirke.** Die Einrichtung von Gerichtsbezirken erfolgt durch Gesetz.[8] Die Gerichtsbezirke werden dabei grundsätzlich aufgrund der Justizhoheit der Länder landesrechtlich festgelegt. Nur die Bundesgerichte erstrecken ihre Zuständigkeit auf das gesamte Bundesgebiet. Durch bundesrechtliche Ermächtigung werden in bestimmten Fällen die Landesregierungen dazu ermächtigt, die Erledigung bestimmter Sachen durch ein sachlich zuständiges Gericht über seinen Bezirk hinaus zuzuweisen (vgl. § 13a GVG). Damit soll eine schnelle und rationelle Bearbeitung durch fachlich besonders erfahrene Richterinnen und Richter im Wege der Konzentration bestimmter Verfahren bei bestimmten wenigen Gerichten ermöglicht werden.[9] So kommt eine Zuständigkeitszuweisung über den Gerichtsbezirk hinaus in Betracht. Dies ist u.a. insbesondere der Fall bei:

4
- AGB- und Verbraucherschutzsachen gemäß § 6 Abs. 2 UKlaG,
- Baulandsachen gemäß § 229 Abs. 2 BauGB,
- Binnenschifffahrtssachen gemäß § 4 Abs. 1 BinnenSchVerfG, wobei für Rhein- und Moselschifffahrt Sachen Sondervorschriften gelten,
- Designstreitsachen gemäß § 52 Abs. 2 DesignG,
- Entschädigungssachen gemäß § 208 BEG,
- Gebrauchsmusterstreitsachen gemäß § 27 Abs. 2 GebrMG,
- Streitige Landwirtschaftssachen gemäß § 8 LwVG für die nach § 2 Abs. 1 LwVG die Amtsgerichte ausschließlich zuständig sind,

---

3 So in § 34 nach allg. Auffassung: BGHZ 97, 79, 83 = NJW 1986, 1178; RGZ 29, 414; OLG Brandenburg NJW 2007, 780; Musielak/*Heinrich* § 34 Rdn. 1; Stein/Jonas/*Roth* § 34 Rdn. 1; Thomas/Putzo/*Hüßtege* § 34 Rdn. 3; Zöller/*Vollkommer* § 34 Rdn. 1, 5.

4 Saenger/*Kindl* § 802 Rdn. 2 m.w.N.; *Smid* Zivilgerichtliche Verfahren (2014), § 4 IV Rdn. 38.

5 Allgemein hierzu: *Braun* Lehrbuch des Zivilprozeßrechts (2014), § 19 I (S. 278ff.); vgl. auch: Vorauflage/*Hausmann* Vor § 12 Rdn. 1; auch: Stein/Jonas/*Roth* Vor § 12 Rdn. 1.

6 Rosenberg/Schwab/*Gottwald* § 34 Rdn. 1, 3, 7.

7 BAGE 27, 99; BGH DZWIR 1997, 235, 236.

8 BVerfGE 2, 307, 316.

9 Stein/Jonas/*Roth* Vor § 12 Rdn. 15.

- Kartellsachen gemäß § 89 Abs. 1 und 2 GWB,
- Mahnverfahren gemäß § 689 Abs. 3,
- Patentstreitsachen gemäß § 143 Abs. 2 PatG,
- Sortenschutzstreitsachen § 38 Abs. 2 SortenschutzG,
- Urheberrechtsstreitsachen gemäß § 105 Abs. 2 UrhG,
- bei unlauterem Wettbewerb gemäß § 13 Abs. 2 UWG.

3. Verkleinerung der Gerichtsbezirke. Nach § 93 Abs. 1 2. Var. GVG ist es möglich 5 für die Kammern für Handelssachen den Gerichtsbezirke zu verkleinern,[10] wenn der Kammer lediglich ein örtlich abgegrenzter Teil des Landgerichtsbezirks zugewiesen wird. Damit wird eine Frage der örtlichen Zuständigkeit geregelt.

4. Auswärtige Spruchkörper. Nach § 13a GVG sind die Landesjustizverwaltungen 6 dazu ermächtigt, auswärtige Spruchkörper zu errichten, was namentlich bei Zweigstellen von Amtsgerichten der Fall sein kann, die als unselbständige Teile des jeweiligen Hauptgerichts eingerichtet werden.[11] Die örtliche Zuständigkeit liegt beim Hauptgericht; die Zweigstellen haben keinen eigenen Gerichtssprengel, sondern nehmen ihre Aufgaben nach Maßgabe der Geschäftsverteilung des Hauptgerichts wahr.

III. Technik des Gesetzes

1. Ortsbezogene Merkmale eines Rechtsstreits. Das Gesetz verfolgt bei der Be- 7 stimmung des Gerichtsstandes die Technik, an Merkmale eines konkreten Rechtsstreits anzuknüpfen, die diesen mit einer bestimmten Örtlichkeit verbinden.[12] Dasjenige Gericht ist dann örtlich zuständig, in dessen Bezirk das den Gerichtsstand bestimmende Merkmal verwirklicht wird.[13]

2. Gerechtigkeitswert der Gerichtsstandsregelungen

a) Favor defensionis. Die Gerichtsstandsregelungen haben einen eigenen Gerech- 8 tigkeitswert. Grundsätzlich hat der angegriffene Beklagte vom Kläger an dessen Wohnsitz verklagt zu werden. Denn dem Beklagten wird der Rechtsstreit durch den Kläger aufgezwungen. Der Kläger muss ihn daher „aufsuchen“ (actor sequitur forum rei), da der Beklagte den favor defensionis genießt, im Allgemeinen nicht gezwungen zu sein, vor einem auswärtigen Gericht den Prozess führen zu müssen.[14] Der allgemeine Gerichtsstand bedeutet damit, dass der Beklagte am allgemeinen Gerichtsstand nach den §§ 12, 13ff. zu verklagen ist. Die Klage, die damit am Wohnsitz der natürlichen Person nach § 13 oder am Sitz einer juristischen Person nach § 17 zu erheben ist, erleichtert mithin seine Verteidigung durch den Beklagten.[15]

b) Sachmäßigkeit der Klage am allgemeinen Gerichtsstand des Beklagten. Im 9 Übrigen wird an seinem Wohnsitz oder Sitz regelmäßig auch Vermögen des Beklagten zu

---

10 Allgemein zur Kammer für Handelssachen: Rosenberg/Schwab/*Gottwald* § 33; zur Verkleinerung des Gerichtsbezirks auch: Stein/Jonas/*Roth* Vor § 12 Rdn. 19f.
11 Stein/Jonas/*Roth* Vor § 12 Rdn. 20.
12 Vgl. *Smid* Zivilgerichtliche Verfahren, § 4 Rdn. 38ff.; Stein/Jonas/*Roth* Vor § 12 Rdn. 3.
13 Vgl. *Smid* Zivilgerichtliche Verfahren, § 4 Rdn. 38ff.; Stein/Jonas/*Roth* Vor § 12 Rdn. 3.
14 MünchKomm/*Patzina* § 12 Rdn. 2.
15 Stein/Jonas/*Roth* Vor § 12 Rdn. 3.

finden sein, in das der Kläger im Falle seines Obsiegens die Zwangsvollstreckung betreiben kann,[16] ein Gesichtspunkt, der beim Beklagten ohne allgemeinen Gerichtsstand in Deutschland beim Auffanggerichtsstand des Vermögens gemäß § 23 zum Ausdruck gelangt (vgl. die Ausführungen dort). Sowohl aus Sicht des Beklagten als auch des Klägers ist daher der Anknüpfungspunkt an Wohnsitz oder Sitz auch zur Herstellung prozessualer Waffengleichheit deshalb dienlich, weil neben der Vollstreckungserleichterung zudem das dort örtlich zuständige Gericht regelmäßig „räumlich" näher an den auftretenden tatsächlichen Fragen sein wird, was die Prozessführung namentlich in Ansehung des Beweises erleichtern wird.[17]

IV. Besondere Gerichtsstände

10 **1. Gerechtigkeitswert besonderer Gerichtsstände.** Die besonderen Regelungen des 2. Titels mit der Normierung ausschließlicher und besonderer nicht ausschließlicher Gerichtsstände weichen von der Normierung der örtlichen Zuständigkeit in solchen Fällen ab, in denen sich die Anknüpfung an Wohnsitz oder Sitz auch in Ansehung des Gerechtigkeitsanspruchs der Gerichtsstandsregelungen als nicht sachgerecht erweist. Denn die Bestimmung des Gerichtsstandes nach Wohnsitz oder Sitz des Beklagten mit dem Zwang des Klägers, den Beklagten dort aufzusuchen, erweist sich in solchen Fällen als nicht gerecht, in denen sowohl der Kläger als aber auch gerade der Beklagte aufgrund der besonderen Struktur des Rechtsstreits – des Gegenstandes, über den gestritten wird – damit rechnen muss, an einem besonderen Gerichtsstand, der von dem des Wohnsitzes oder Sitzes abweicht, den Prozess führen zu müssen.[18]

11 **2. Überblick über die Regelungen der besonderen Gerichtsstände im 2. Titel.** Den allgemeinen Gerichtsständen stehen die besonderen Gerichtsstände der §§ 20 bis 34 gegenüber, deren Bestimmung verschiedenartige Anknüpfungspunkte berücksichtigt. Ihren Regelungen liegt der Gedanke einer besonderen Sachnähe des Gerichts zugrunde, wobei örtliche Gesichtspunkte ebenfalls eine Rolle spielen: § 24 knüpft an die Belegenheit des Grundstücks bzw. § 29b an die von Räumen, § 23 an die des Streitobjekts an; § 32 stellt den Begehungsort der unerlaubten Handlung bzw. der Umwelthaftung gemäß § 32a in den Vordergrund sowie § 29 den Erfüllungsort eines Vertrages. Die örtliche Zuständigkeit bei einer Schuldklage aus einem Grundpfandrecht gemäß § 25, die der Widerklage gemäß § 33 und der Honorarklagen des Prozessbevollmächtigten gemäß § 34 folgt aus dem Gedanken des Sachzusammenhanges. Der Gerichtsstand der Beförderung nach § 30 knüpft an die für diese Verträge typische Art der Leistungserbringung an, während der Bergungsgerichtsstand des § 30a ein Klägergerichtsstand ist.

3. Weitere besondere Gerichtsstände

12 **a)** Als weitere besondere Gerichtsstände in der ZPO sind u.a. zu nennen: die §§ 64 ff. für die Hauptintervention, § 256 Abs. 2 für Zwischenfeststellungsinzidentklagen und -wider- klagen, für die Beweissicherung § 486, für die Nichtigkeits- und Restitutionsklagen § 584, für den Wechsel- und Scheckprozess § 603, für das Mahnverfahren § 689

---

16 Vgl. Vorauflage/*Hausmann* Vor § 12 Rdn. 4.
17 Vgl. Vorauflage/*Hausmann* Vor § 12 Rdn. 4; allgemein zum allgemeinen Gerichtsstand: Musielak/*Voit* Vor § 12 Rdn. 45; zur Waffengleichheit *Smid* Zivilgerichtliche Verfahren (2014), § 4 Rdn. 34, 39.
18 Vgl. *Smid* Zivilgerichtliche Verfahren (2014), § 4 Rdn. 43 ff.

Abs. 2, im Zwangsvollstreckungsverfahren die §§ 731, 764, 767, 771, 802, im Verfahren des vorläufigen Rechtsschutzes die §§ 919, 937, 942, 943 und schließlich § 1062.

13 **b) Außerhalb der ZPO** finden sich Regelungen besonderer Gerichtsstände u.a. in §§ 246 Abs. 3, 249, 275 AktG; § 94a AMG; § 219 BauGB, § 3 Abs. 1 BinnSchVerfG; Art. 31, 39 CMR; § 52 DesignG; § 26 FernUSG; § 34 AVBFernwärmeVO; §§ 87, 109 GenG; §§ 61ff. GmbHG; § 27 GebrMG; § 14 HpflG; §§ 488, 508 HGB; §§ 3, 180, 202 InsO; in den jeweiligen § 28 der Niederspannungs- bzw. Niederdruckanschlussverordnung; in den jeweiligen § 22 der Gas- bzw. Stromgrundversorgungsverordnung; § 6 UKlaG; § 14 UWG; § 215 VVG; § 17 Urheberrechtswahrnehmungsgesetz.

14 **4. Systematisierung der Gerichtsstände nach Fallgruppen.** Versucht man, die Regelungen im 2. Titel nach den Sachgesichtspunkten, die auf die Gewährleistung gleicher Chancen im Prozess für Beklagten und Kläger verweisen, zu ordnen, lassen sich verschiedene Fallgruppen unterscheiden. So sollen die Gesichtspunkte von Zweckmäßigkeit des Gerichtsstandes nach einer weit verbreiteten Auffassung vom Gesetzgeber bei den besonderen Gerichtsständen insbesondere dort berücksichtigt worden sein, wo es um Fragen des Sachzusammenhangs oder der Konzentration allsolcher Gegenstände, die mit dem Sachverhalt des Users in dem Rechtsstreit zu tun haben, gehe. Während der Wohnsitz oder Sitz den Ort bezeichnet an dem eine natürliche Personen ihren ständigen Aufenthalt hat oder nach § 24 der Ort an dem die Verwaltung einer juristischen Person geführt wird, was auf die politische Gemeinde verweist nun, wo dieser Wohnsitz oder Sitz begründet worden ist, ermittelt sich das danach örtlich zuständige Gericht durch die Abgrenzung von Gerichtsbezirken, für die die Zuständigkeit des Gerichts begründet ist. Wenn das Anknüpfungsmerkmal eines bestimmten Gerichtsstandes innerhalb des Gerichtsbezirks verwirklicht ist, liegt die örtliche Zuständigkeit eines Gerichts vor.

15 Bei der Beurteilung der Frage, ob eine enge Beziehung der Klagen gegeben ist, muss beachtet werden, dass nach Artikel 4 EuGVVO[19] die Zuständigkeit der Gerichte des Mitgliedsstaates, in dessen Hoheitsgebiet der Beklagte seinen Sitz hat, den Grundsatz darstellt. Die besonderen Zuständigkeitsregeln sind vor diesem Hintergrund strickt auszulegen.[20] Die besonderen Zuständigkeitsvorschriften sind so auszulegen, dass ein informierter, verständiger Beklagter vorhersehen kann, vor welchem Gericht er außerhalb seines Wohnsitzstaates verklagt werden könnte.[21]

V. Ausschließliche und nicht ausschließliche Gerichtsstände

16 Soweit das Gesetz einen ausschließlichen Gerichtsstand als solchen ausdrücklich bezeichnet, verdrängt dieser im Falle der Konkurrenz einen nicht ausschließlichen Gerichtsstand. Liegt ein ausschließlicher Gerichtsstand vor, ist die Begründung der Zuständigkeit durch Prorogation nach den §§ 38ff. oder durch rügelose Einlassung gemäß § 40 Abs. 2 ausgeschlossen.[22] Im Einzelnen: Das Gesetz unterscheidet zwischen ausschließlichen und nicht-ausschließlichen Gerichtsständen.[23] Die Ausschließlichkeit eines Ge-

19 Neufassung der EuGVVO nach der Verordnung (EU) Nr. 1215/2012. Bis zum 9.1.2015 war hier Art. 2 EuGVVO einschlägig.
20 EuGH NJW RR 2006, 1568.
21 EuGH NJW RR 2006, 1569.
22 *Braun* Lehrbuch des Zivilprozeßrechts, § 19 I 4; MünchKomm/*Patzina* § 40 Rdn. 7.
23 *Braun* Lehrbuch des Zivilprozeßrechts, § 19 I 4.

richtsstandes liegt vor, wenn diese ausdrücklich gesetzlich als solche bestimmt ist. Andernfalls handelt es sich um einen nicht-ausschließlichen Gerichtsstand, mit der Folge, dass der Kläger zwischen den zusammentreffenden nicht-ausschließlichen Gerichtsständen die Wahl hat, die durch die Klageerhebung oder durch Stellung eines entsprechenden Verweisungsantrags gemäß § 281 Abs. 2 ausgeübt wird.[24] Wird das Wahlrecht nach § 35 ausgeübt, tritt mit der Klagerhebung und Rechtshängigkeit die Sperre nach § 261 Abs. 3 Nr. 1 ein.[25] Ist ein Gerichtsstand ausschließlich, werden alle anderen Gerichtsstände durch ihn verdrängt. Die Klage kann daher zulässig nur im ausschließlichen Gerichtsstand erhoben werden.[26] Die Ausschließlichkeit des Gerichtsstandes schließt es aus, dass die Zuständigkeit durch eine Parteivereinbarung gemäß § 38 oder durch rügeloses Einlassen auf die vor dem unzuständigen Gericht erhobene Klage begründet wird, wie sich aus § 40 Abs. 2 ergibt. Ausschließliche Gerichtsstände sind in § 24 für dinglichen Klagen, in § 29a für Miet-und Pachtstreitigkeiten über Räume ausschließliche Zuständigkeiten für vermögensrechtliche Streitigkeiten, die im deutschen Prozessrecht geregelt sind, können nach § 40 Abs. 2 S. 1 2. Var. auch durch die Vereinbarung eines ausländischen Gerichtsstands grundsätzlich nicht derogiert werden, so dass ein ausschließlicher inländischer Gerichtsstand zugleich die ausschließliche internationale Zuständigkeit der deutschen Gerichte begründet. Ausschließliche Zuständigkeiten regeln weiter für Wettbewerbssachen § 14 UWG sowie § 178 InsO für Insolvenzfeststellungsklagen. Weiter wird nach § 215 Abs. 1 VVG ein zwingender besonderer Gerichtsstand für Versicherungssachen begründet, der zwar nicht als ausschließlicher Gerichtsstand ausdrücklich geregelt ist, aber für Klagen gegen den Versicherungsnehmer ist die Zuständigkeit ausschließlich (Abs. 1 S. 2), so dass die Gerichtsstände der ZPO nicht zur Verfügung stehen.[27]

VI. Örtliche Zuständigkeit kraft Sachzusammenhangs?[28]

1. Problemstellung

17 **a)** Eine Erweiterung besonderer Gerichtsstände besonders durch die Annahme einer örtlichen Zuständigkeit kraft Sachzusammenhangs ist mit der älteren höchstrichterlichen Judikatur[29] grundsätzlich abzulehnen.[30] Stützt der Kläger seinen Klageantrag auf mehrere Klagegründe, für die isoliert betrachtet verschiedene Gerichtsstände begründet wären, stellt sich die Frage, ob für das angerufene Gericht eine örtliche Zuständigkeit kraft Sachzusammenhangs begründet ist oder ob es, soweit es für die zur Begründung von Teilen der Klage aufgrund des vorgebrachten Lebenssachverhalts einschlägigen Klagegründe unzuständig ist, eine Teilabweisung oder Teilverweisung[31] entsprechend

---

24 BeckOK/*Toussaint*, § 35 Rdn. 8, 8.1; MünchKomm/*Patzina* § 35 Rdn. 4; hierzu auch: *Braun* Lehrbuch des Zivilprozeßrechts (2014) § 19 V (S. 296 ff.); Musielak/*Voit* Vor § 12 Rdn. 57.

25 Vorauflage/*Hausmann* Vor § 12 Rdn. 11 aE.

26 *Braun* Lehrbuch des Zivilprozeßrechts (2014), § 19 I 4. (S. 280), § 19 III 3. (S. 288); Musielak/*Voit* Vor § 12 Rdn. 44, Stein/Jonas/*Roth* Vor § 12 Rdn. 4.

27 MünchKomm-VVG/*Looschelders* § 215 VVG Rdn. 2: anders bei Klagen gegen den Versicherer, hier wird der Grundsatz actor sequitur forum rei zusätzlich verstärkt.

28 Hierzu allgemein *Smid* Zivilgerichtliche Verfahren (2014), § 4 Rdn. 43 ff.

29 RGZ 27, 385, 386; BGH NJW 1971, 564; BGH NJW 1974, 410 ff. m. krit. Anm. *Geimer* NJW 1974, 1045; OLG Freiburg JZ 1953, 473 f.

30 Anders aber die Judikatur des BGH: BGH NJW 2003, 828.Vgl. auch die Ausführungen bei *Smid* Zivilgerichtliche Verfahren (2014), § 4 Rdn. 43 ff.; sowie Musielak/*Heinrich* § 1 Rdn. 13 m.w.N.

31 Abl. BGH NJW 1971, 564.

§ 281 Abs. 2 S. 1 an das zuständige Gericht vorzunehmen hat.[32] Letzterem Wege ist der Vorzug einzuräumen;[33] er entspricht den gesetzlich geregelten Zuständigkeiten[34] und löst das Problem konkurrierender Zuständigkeiten mit dem durch das Gesetz zur Verfügung gestellten Instrumentarium. Soweit der BGH[35] keinen Raum für eine Verweisung sieht, da zwei verschiedene Begründungen des Klagebegehrens keine verschiedenen Klageansprüche im prozessualen Sinne darstellen, zwingt dies nicht dazu, eine Verweisung dann aus- zuschließen, wenn sich im Fall einer am Gerichtsstand des § 32 erhobenen Klage herausstellt, dass die Klage zwar nicht aus dem Gesichtspunkt des Delikts, wohl aber aus dem des Vertrages begründet sein kann.[36] Die Ansicht des BGH ist auch aus dem Grunde abzulehnen, dass, folgte man der Behandlung der verfolgten Ansprüche als einem einheitlichen prozessualen Gegenstand, die Rechtskraft der Sachabweisung der deliktischen Klage einer neuen Klage wegen der vertraglichen Ansprüche entgegenstünde (s. § 32).[37]

b) Anderes gilt, soweit die ZPO ausdrücklich Zuständigkeiten kraft Sachzusammen- **18**
hangs anordnet. Dabei handelt es sich um Ausnahmevorschriften, die einer erweiternden Auslegung nicht zugänglich sind – und aus denen im Umkehrschluss darauf zu schließen ist, dass ein über sie hinausgehenden allgemeinen Gerichtsstand kraft Sachzusammenhangs nicht anzuerkennen ist. Ließe man die Begründung einer örtlichen Zuständigkeit kraft Sachzusammenhangs zu, wäre damit für den Kläger die Möglichkeit eröffnet, zB durch Erhebung einer auf den Gesichtspunkt der unerlaubten Handlung des Beklagten gestützten Klage vor dem Gericht nach § 32 einen ihm genehmen Gerichtsstand zu wählen[38] und dort die Klage auf Erfüllung o.ä.m. – zu erheben, was gemäß § 263 grundsätzlich zulässig wäre und an der Zuständigkeit des ursprünglich angerufenen Gerichts nichts ändern würde (perpetuatio fori, § 261 Abs. 3 Nr. 2).

Soweit der BGH[39] aber in der Vergangenheit eine Zuständigkeit kraft Sachzusam- **19**
menhangs für verschiedene Anspruchsgrundlagen in solchen Fällen bejaht hat, in denen das Familiengericht als besonders spezialisiertes Gericht eingesetzt ist, stellt dies noch keine Abkehr von der bisherigen höchstrichterlichen Judikatur dar,[40] da der BGH die besondere Situation der familiengerichtlichen Zuständigkeit vor Augen hatte und das Ziel verfolgte, die Führung zweier Prozesse zwischen den Parteien – einen vor dem Familiengericht und einen vor dem ordentlichen Prozessgericht – zu vermeiden; gleichwohl begegnet seine Entscheidung Bedenken, da insoweit der Gesetzgeber mit der Entscheidung gegen ein „großes Familiengericht“[41] eine eindeutige Zuständigkeitsordnung geschaffen hat.[42] Insgesamt hat der BGH bislang noch nicht abschließend zu der Frage Stellung genommen, ob sich im Anschluss an § 17 Abs. 2 S. 1 GVG auch für die sachliche und örtliche Zuständigkeit ein Gerichtsstand des Sachzusammenhangs ableiten lässt.[43]

---

32 Ebenfalls abl. BGHZ 5, 105, J 07 = NJW 1952, 619; BGHZ 13, 145, 154 = NJW 1954, 1321; BGHZ 49, 33, 36 = NJW 1968, 351.
33 MünchKomm/*Patzina* Rdn. 49; **a.A.** Zöller/*Vollkommer* Rdn. 21 m.w.N.
34 Vgl. auch *Grunsky* JZ 1971, 337.
35 BGH NJW 1971, 564; krit. *Bökelmann* JR 1971, 246; *Grunsky* JZ 1971, 337.
36 *Ritter* NJW 1971, 1217.
37 *Bökelmann* JR 1971, 246.
38 Diese Bedenken teilt BGH NJW 1996, 1411, 1413; anders LG Köln NJW 1978, 329 f.
39 BGH FamRZ 1983, 155 f. m. Anm. *Walter* FamRZ 1983, 363.
40 Anders *Waldner* MDR 1984, 190.
41 *Kissel* § 23b Rdn. 3; *Bosch* FamRZ 1980, 1, 9 ff.
42 Krit. daher *Smid* AcP 189 (1989), 51, 59.
43 Beiläufig zur neueren Literatur BGH NJW 1996, 1411, 1413.

2. Befürwortende Stellungnahmen

20 **a)** Die hier vertretene restriktive Handhabung von Modellen eines Gerichtsstandes des Sachzusammenhangs wird freilich kritisch gesehen:[44] Anders als in Fällen der Anspruchskonkurrenz, in denen aus Sachzusammenhangsgesichtspunkten ein einheitlicher Gerichtsstand konstruiert wird, ist dies im Falle bloßer Anspruchsgrundlagenkonkurrenz erheblich problematischer. Obwohl namentlich in Fällen vertraglicher und deliktischer Grundlagen eines Anspruchs prozessual nur ein Streitgegenstand vorliegt, wird von der herrschenden Meinung gleichwohl von einer gespaltenen Zuständigkeit ausgegangen. Die gerichtliche örtliche Zuständigkeit ist damit für die besonderen vertraglichen Anspruchsgrundlagen am Erfüllungsort nach § 29 eröffnet, während für die deliktischen Anspruchsgrundlagen die örtliche Zuständigkeit am Tatort nach § 32 gegeben ist. An Letzterem kann dann die Vorfrage, ob aufgrund einer vertraglichen Gestattung die Rechtswidrigkeit ausgeschlossen ist, verhandelt werden, nicht aber der vertragliche Erfüllungsanspruch selbst.[45] Dies führt dazu, dass der Kläger, der eine einheitliche Entscheidung herbeiführen will und dies nicht vor besonderen Gerichtsständen tun kann, am Wohnsitz bzw. am Sitz des Beklagten klagen muss. Dies ist aber unvermeidlich, will man nicht die Gewähr des gesetzlichen Richters Sachdienlichkeitserwägungen zum Opfer bringen.

21 Namentlich ist in Fällen des ausschließlichen dinglichen Gerichtsstands von Gesetzes wegen ein Sachzusammenhang ausdrücklich geregelt in den §§ 25 und 26 sowie in Art. 8 Nr. 4 EuGVVO.[46] § 88 GWB sieht darüber hinaus eine Zuständigkeitskonzentration für mehrere Ansprüche vor, die sich sogar gegenüber anderen ausschließlichen Zuständigkeiten durchsetzt.[47] Über diese ausdrücklichen gesetzlichen Regelungen hinaus ist für Fälle der Verkäufe im Rahmen der Zuständigkeit für Streitigkeiten aus einem Vertragsverhältnis nach § 29 oder nach der entsprechenden Regelung der Norm des Art. 7 Nr. 1 EuGVVO[48] die auf die Nebenpflichten zur Hauptpflicht gerichtete Klage als mit der Klage aus der Hauptpflicht im Zusammenhange mit der Sache stehend anerkannt worden, wobei namentlich der Auskunftsanspruch als bloßer Hilfsanspruch qualifiziert worden ist, der vor dem Gerichtsstand der Hauptsacheklage geltend zu machen sei.[49] Für Insolvenzanfechtungsklagen ist heute insbesondere anerkannt, dass deren internationaler Gerichtsstand der örtlichen und internationalen Zuständigkeit des Gerichts zur Durchführung des Hauptinsolvenzverfahren bestimmt wird, da sie als Annexverfahren anzusehen sind.[50]

22 **b)** In der Literatur haben sich daher eine Vielzahl von Autoren[51] für eine Zuständigkeit kraft Sachzusammenhangs ausgesprochen. Die durch die ZPO normierte Zuständigkeitsordnung rufe Zuständigkeitsüberschneidungen geradezu hervor; die Befürwortung der

---

44 Vgl. Vorauflage/*Hausmann* Vor § 12 Rdn. 18 ff., 23; vgl. auch die Ausführungen bei *Smid* Zivilgerichtliche Verfahren (2014) § 4 Rdn. 43 ff.

45 Allgemein zum Gerichtsstand des Sachzusammenhangs bzgl. § 32: Stein/Jonas/*Roth* § 32 Rdn. 16.

46 Neufassung der EuGVVO nach der Verordnung (EU) Nr. 1215/2012; bis zum 9.1.2015 war hier Art. 6 Nr. 4 EuGVVO einschlägig.

47 Vgl. Immenga/Mestmäcker/*Schmidt* Wettbewerbsrecht § 88 GWB Rdn. 10 m.w.N.

48 Neufassung der EuGVVO nach der Verordnung (EU) Nr. 1215/2012; bis zum 9.1.2015 war hier Art. 5 Nr. 1 EuGVVO einschlägig.

49 Vgl. Vorauflage/*Hausmann* Vor § 12 Rdn. 19.

50 Allgemein zur Annexzuständigkeit: Vorauflage/*Hausmann* Vor § 12 Rdn. 20; zur Annexzuständigkeit für Insolvenzanfechtungsklagen *Smid* Internationales Insolvenzrecht, § 10 Rdn. 1 ff.

51 *Baur* FS für Hippel (1967) 1, 15 ff.; *Fischer* ZZP 49 (1923), 343, 353 ff.; *Rimmelspacher* AcP 174 (1974), 509; *Spellenberg* ZZP 95 (1982), 17, 35; *Rosenberg* ZZP 57 (1933), 185, 213 ff.; Zöller/*Vollkommer* Rdn. 3, 21; Rosenberg/Schwab/*Gottwald* § 36 VI 2 (Rdn. 59); *Hoffmann* ZZP 107 (1994), 3, 11 ff.; *Schwab* FS für Zeuner (1994) 499; MünchKomm/*Lüke*² Vor § 253 Rdn. 39; *Schilken* ZPR Rdn. 319; *Zeiss* Rdn. 91; *Baur*/*Grunsky* Rdn. 59a.

Zuständigkeit kraft Sachzusammenhangs sei geboten, um zweckmäßige und prozessökonomisch sinnvolle Streiterledigungen zu ermöglichen. Dem ist aber entgegenzuhalten, dass die Gerichtsstände der §§ 12 ff. eine gerechte, weil unter Bedingung der Waffengleichheit der Parteien unter Berechenbarkeit des gesetzlichen Richters begründete Zuständigkeit anstreben (oben). Daher ist diese Lehre abzulehnen. Sie vermengt – berechtigte – legislatorische Intentionen einer Reform des Zivilprozessrechts mit der Auslegung seiner gesetzten Regelungen. Etwas anderes gilt auch nicht aufgrund § 17 Abs. 2 GVG idF. durch Art. 23 des 4. VwGO-ÄndG,[52] der im Hinblick auf die Rechtswegzuständigkeit bestimmt, dass das angerufene Gericht den Rechtsstreit dann umfassend entscheidet, wenn es wegen eines Klagegrundes zuständig ist. Daraus wird von der wohl herrschenden Ansicht in der neueren Literatur[53] der Schluss gezogen, die damit verbundene Verfahrenskonzentration bei einem Gericht habe auch für die „innerzivilprozessuale" Zuständigkeitsordnung zu gelten. Gegen eine solche Auslegung sprechen aber die hier angeführten Argumente.

c) Könnten die besonderen Gerichtsstände, vor denen die Beweisaufnahme wegen der örtlichen Nähe leichter durchgeführt zu werden erwartet wird, nur für die jeweilige vertragliche oder nur für eine deliktische Anspruchsgrundlage genutzt werden, wird befürchtet, dass sie dadurch entwertet werden.[54] Denn soweit mehrere Ansprüche konnex sind und nur einzelne Ansprüche vor dem jeweiligen besonderen Gerichtsstand verhandelt werden können würde eine strikte Handhabung die Gefahr von Parallelprozessen und gegebenenfalls widerstreitenden Entscheidungen hervorrufen. Es wird daher als Gebot der Prozessökonomie angesehen, dass in diesen Fällen anerkannt wird, dass eine Zuständigkeit kraft Sachzusammenhangs zu Gunsten besonderer Gerichtsstände begründet werde.[55] 23

d) In der Rechtsprechung wird die daraus abgeleitete Forderung nach einer breiteren Anerkennung von Sachzusammenhangszuständigkeiten dagegen zurückgewiesen, wenn entschieden wird, dass, wenn es bei den Klagen gegen mehrere Beklagte zwar um identische Rechtsfragen geht, die Klagen jedoch nicht auf denselben Rechtsbeziehungen basieren, dies die erforderliche Konnexität nicht zu begründen vermag.[56] 24

VII. Gewillkürte örtliche Zuständigkeit

Die örtliche Zuständigkeit kann ferner durch Parteidisposition unter den Voraussetzungen der §§ 38 ff. oder durch das rügelose Einlassen des Beklagten (§ 39) begründet werden. Auch durch Gerichtsstandsvereinbarung kann ein Gerichtsstand als ausschließlicher oder als nicht-ausschließlicher vereinbart werden. Zu den Grenzen vergleiche die Ausführungen unter §§ 38, 40. 25

VIII. Gerichtsstandbestimmung, § 36

1. Streitgenossen. Es können Fälle eintreten, in denen die gesetzlichen Regelungen über den Gerichtsstand zur Bestimmung der örtlichen Zuständigkeit des Gerichts nicht 26

52 BT-Drucks. 11/7030 S. 37.
53 Fn. 23. Zur „innerprozessualen" Zuständigkeitsordnung auch: Musielak/*Heinrich* § 12 Rdn. 11; MünchKomm/*Patzina* § 12 Rdn. 50; vgl. auch die Ausführungen bei *Braun* Lehrbuch des Zivilprozeßrechts (2014), § 19 III 3c)f. (S. 290 f.).
54 Grundsätzlich zum Verfahren bei Anspruchskonkurrenz: Rosenberg/Schwab/*Gottwald* § 36 Rdn. 59.
55 Statt aller: Vorauflage/*Hausmann* Vor § 12 Rdn. 23.
56 OLG Frankfurt/M. IPRspr 2009, Nr. 168, 437 f.

ausreichen. Dies ist namentlich dann der Fall, wenn eine gemeinschaftliche Klage gegen mehrere Beklagte erhoben werden soll, die unterschiedliche allgemeine Gerichtsstände haben. Eine Streitgenossenschaftszuständigkeit sieht das geltende deutsche Recht nicht vor. Hier ist es sinnvoll, vor einem gemeinsamen Gericht zu prozessieren. Weiter kann ein Gerichtsstand darauf beruhen, weil sich ein Gericht zu Unrecht für zuständig erachtet hat und dann ein Prozess sowohl vor dem an sich unzuständigen als auch vor dem zuständigen Gericht geführt wird. Schließlich ist dies im umgekehrten Fall so, wenn ein negativer Kompetenzkonflikt wegen Verweigerung der Entscheidung durch ein an sich zuständiges Gericht, weil es sich für unzuständig erachtet, vorliegt. In all diesen Fällen ist durch ein übergeordnetes Gericht nach § 36 der Gerichtsstand zu bestimmen.

27 **2. Kompetenzkonflikte.** Der positive Kompetenzkonflikt zwischen zwei Gerichten, die sich für zuständig erachten, wird nach § 36 Abs. 1 Nr. 5 entschieden; der negative Kompetenzkonflikt zwischen zwei Gerichten, die ihre Zuständigkeit ablehnen, nach § 36 Abs. 1 Nr. 6.

IX. Prüfung von Amts wegen

1. Aufgaben des Gerichts

28 **a)** Das Vorliegen der örtlichen Zuständigkeit gehört zu den Prozessvoraussetzungen. Der Gerichtsstand ist daher von Amts wegen zu prüfen; im (amtsgerichtlichen) Parteiprozess gilt zusätzlich die Belehrungspflicht nach § 504 (vgl. die Ausführungen bei § 504). Das Gericht ist aber nicht dazu verpflichtet, eigene Ermittlungen von Amts wegen anzustellen.[57] Vielmehr ist bei der Prüfung der örtlichen Zuständigkeit das tatsächliche Vorbringen des Klägers zugrunde zu legen, wobei das Gericht eine eigene rechtliche Würdigung vorzunehmen hat, bei der es nicht an die des Klägers gebunden ist.[58] Es obliegt daher dem Kläger, beim Auftreten von Zweifeln des Gerichts durch Beweisantritte z.B. das Vorliegen seines Wohn- oder Unternehmenssitzes nach den §§ 13 oder 17 unter Beweis zu stellen. Werden aber vom Beklagten doppelrelevante Tatsachen (s. § 1) bestritten, die zugleich der Begründung der durch das klägerische Begehren aufgeworfenen materiell-rechtlichen Fragen dienen, bedarf es keines Beweises, den der Kläger anzutreten hätte.[59] Vielmehr genügt es, dass der Kläger die zuständigkeitsbegründende doppelrelevante Tatsache schlüssig vorträgt.[60] Bei der Zuständigkeitsprüfung, die also auf der Grundlage des Tatsachenvortrags des Klägers erfolgt, hat das Gericht seine örtliche Zuständigkeit zu bejahen, wenn nach den tatsächlichen Behauptungen des Klägers bei dem angerufenen Gericht ein Gerichtsstand von verschiedenen möglichen Gerichtsständen begründet ist. Dies muss nicht zwingend der Gerichtsstand sein, der nach den rechtlichen Bewertungen des Klägers vorliegt. Geht der Kläger beispielsweise davon aus, der Gerichtsstand nach § 29 sei begründet, kann sich die örtliche Zuständigkeit des Gerichts nach § 13 ergeben.[61]

29 **b)** Die Prüfung von Amts wegen hat nicht zur Folge, dass das angerufene Gericht Amtsermittlungen anzustellen habe. Dass die örtliche Zuständigkeit von Amts wegen zu

57 BGH WM 1991, 1009, 1011.
58 BGHZ 16, 275, 280 f. = NJW 1955, 707.
59 RGZ 29, 371, 372; BGH NJW 1964, 497, 498.
60 OLG Nürnberg NJW 1985, 1296, 1297.
61 Zur Beweispflicht dieser doppelrelevanten Tatsachen grundlegend RGZ 29, 371 ff.

prüfen ist hat aber prozessuale Folgen für die Art der Berücksichtigung des Vorbringens der Parteien durch das Gericht. Zwar muss das Gericht seine Zuständigkeit in jeder Lage des Prozesses von Amts wegen prüfen. Prüfung von Amts wegen bedeutet jedoch keine Amtsermittlung. Sie beschränkt sich auf den dem Gericht unterbreiteten oder offenkundigen Prozessstoff[62] Die Überprüfung erfolgt auf der Grundlage des Klägervortrages. Dessen tatsächliche Behauptungen gelten mangels gegnerischen Vortrags als zugestanden.[63] Zwar darf sich ein Gericht, dem positiv bekannt ist, dass eine Sitzverlegung der Beklagtenpartei nicht stattgefunden hat, über seine von Amts wegen erlangte Kenntnis nicht wegen davon abweichendem unstreitigem Parteivortrag hinwegsetzen und die Sache unter Außerachtlassung seiner eigenen Zuständigkeit an ein anderes Gericht verweisen. Ein Gericht ist jedoch nicht in jedem Fall verpflichtet, von Amts wegen Nachforschungen zu seiner eigenen Zuständigkeit durchzuführen, wenn keine Anhaltspunkte für die Unrichtigkeit der rechtlichen Bewertungen und tatsächlichen Behauptungen der (Klage-)partei bestehen.[64]

2. Rüge der (örtlichen) Zuständigkeit des Gerichts durch den Beklagten

a) Dem Beklagten steht die Möglichkeit offen, das Fehlen der Zuständigkeit zu rügen, § 39. Erhebt der Kläger die Klage wegen einer angeblichen unerlaubten Handlung des Beklagten, wird aufgrund des schlüssigen Vorbringens im Rahmen der Zulässigkeitsprüfung daher unterstellt, dass eine unerlaubte Handlung des Beklagten vorgelegen habe; bestreitet dieser aber, dass in dem Gerichtsbezirk, dessen Gericht angerufen worden ist, die Handlung stattgefunden hat, muss der Kläger entsprechend Beweis führen. **30**

Der bloße Klagabweisungsantrag des Beklagten, namentlich das Bestreiten der Begründetheit der Klage, genügt für sich genommen nicht, den Kläger zum Beweis der gerichtsstandsbegründenden Tatsachen zu zwingen. Denn hierin liegt ein Bestreiten der örtlichen Zuständigkeit des angerufenen Gerichts noch nicht[65] – sondern Bestreiten in der Sache wird regelmäßig im Gegenteil als ein zuständigkeitsbegründendes rügeloses Einlassen gemäß § 295 Abs. 1 zu bewerten sein.[66] Dass der Beklagte die Tatsachenbehauptungen des Klägers bestreitet, auf die dieser die örtliche Zuständigkeit des angerufenen Gerichts gründet, ist nur dann der Fall, wenn der Beklagte erkennen lässt, gerade diese Tatsachenbehauptungen bestreiten zu wollen und damit gerade die örtliche Zuständigkeit des Gerichts, vor dem die Klage erhoben worden ist, rügt. In dem Bestreiten des Beklagten muss also eine Verwahrung gegen den Einlassungszwang liegen, der durch die Anrufung des örtlich zuständigen Gerichts mit einer auch im Übrigen zulässigen Klage begründet wäre.[67] Der Beklagte muss mit seinem Bestreiten m.a.W. zu verstehen geben, dass er die Zulässigkeit der Klage angreift.[68] **31**

b) Der nach dem Inhalt der Klageschrift gegebene inländische Gerichtsstand einer Prozesspartei ist im Verfahren vor dem Amtsgericht auch dann „unangegriffen geblie- **32**

---

62 BGH WM 1991, 1009; Musielak/*Heinrich* § 1 Rdn. 14; MünchKomm/*Patzina* § 12 Rdn. 55.
63 Zöller/*Vollkommer* § 12 Rdn. 13 f.
64 OLG Frankfurt/M. NJW-RR 2013, 511 f.
65 MünchKomm/*Patzina* § 39 Rdn. 4 f.
66 Erst recht, wenn gleichermaßen das Rügerecht ausgeschlossen ist, wenn bei nächster mündlichen Verhandlung nicht gerügt wird, aber auch kein Wille zum Verzicht des Rügerechts besteht, vgl. BeckOK/*Bacher* § 295 Rdn. 7 ff.
67 *Smid* Zivilgerichtliche Verfahren (2014), § 20 Rdn. 1 ff.
68 Allgemein zum Bestreiten: *Braun* Lehrbuch des Zivilprozeßrechts (2014), § 31 II 4 (S. 495 ff.).

ben", wenn die eine Partei die dazu vorgetragenen Tatsachen zwar bestritten hat, sich bei Zugrundelegung ihrer Darstellung aber gleichfalls ein inländischer Gerichtsstand der anderen Partei ergäbe.[69]

33 **3. Beweisbelastung des Klägers.** Die Beweispflichtigkeit des Klägers greift in diesem Falle ohne Einschränkungen wegen derjenigen Tatsachen ein, aus denen sich der allgemeine Gerichtsstand des Beklagten ergibt – also wegen des Wohnsitzes nach § 13, des Sitzes nach § 17 oder des Aufenthalt des Beklagten nach § 16. Denn insoweit besteht kein zuständigkeitsrelevanter Zusammenhang mit dem Anspruch, der vom Kläger geltend gemacht wird.[70]

4. Doppelrelevante Tatsachen

34 **a)** Im Falle des Bestreitens der Voraussetzungen eines besonderen Gerichtsstandes kann dies deshalb anders sein, weil die örtliche Zuständigkeit des Gerichts aus Tatsachen folgt, die sowohl die örtliche Zuständigkeit und darauf den Gerichtsstand) begründen als auch den erhobenen materiell-rechtlichen Anspruch. Man spricht in diesem Zusammenhang von so genannten **doppelrelevanten Tatsachen.**[71] Doppelrelevante Tatsachen werden für die Zweckhilfe der Zuständigkeitsprüfung fingiert.[72] Sie sind daher nicht beweisbedürftig.[73] Damit soll vermieden werden, dass der Streit über das Vorliegen doppelrelevanter Tatsachen bei nicht begründetem Klageanspruch immer zugleich zu einer Abweisung der Klage als unzulässig führen würde, womit eine rechtskräftige Entscheidung über die Sache nicht möglich wäre. Der Rechtsstreit könnte und würde dann stets vor einem anderen Gericht erneut anhängig gemacht werden können.[74]

35 **b)** Sind für die Begründung der Zuständigkeit sowohl doppelrelevante Tatsachen als auch einfache Tatsachen erforderlich – wie z.B. im Falle des § 32 die Begehung des Delikts im Gerichtsbezirk – muss der Kläger, soweit eine Tatsache nicht doppelrelevant ist, im Bestreitensfalle den Beweis antreten. Bestreitet der Beklagte eine Tatsache, aus der folgt, dass eine unerlaubte Handlung vorliegt, ist die entsprechende Behauptung des Klägers als doppelrelevant fingiert; bestreitet der Beklagte dagegen, dass die Vorgänge, die der Kläger als unerlaubte Handlung wertet, im Gerichtsbezirk des angerufenen Gerichts vorgefallen sind, ist dies eine des Beweises bedürftige „einfache" Tatsache.[75]

36 **5. Säumnis des Beklagten.** Auch bei **Säumnis des Beklagten** hat das Gericht die Zuständigkeit von Amts wegen zu prüfen. Nach § 331 Abs. 1 S. 1 gelten dann die Behauptungen des Klägers, soweit sie die tatsächlichen Voraussetzungen eines Gerichtsstandes angehen, als zugestanden.[76] Nach § 331 Abs. 1 S. 2 greift dies aber nur für gesetzliche Gerichtsstände, nicht aber für solche Behauptung des Klägers, der z.B. einen vereinbarten Erfüllungsort nach § 29 Abs. 2 oder eine Gerichtsstandsvereinbarung nach § 38 geltend

69 BGH NJW 2006, 1810 f. m. Anm. *Dickersbach* MietRB 2006, 232 f.
70 Vgl. Vorauflage/*Hausmann* Vor § 12 Rdn. 27.
71 Musielak/*Heinrich* § 1 Rdn. 20; Stein/Jonas/*Roth* Vor § 12 Rdn. 54; Vorauflage/*Hausmann* Vor § 12 Rdn. 28.
72 RGZ 29, 371, 373 f.; BGH NJW 1952, 1336; BGH NJW 1964, 497, 498; BGH NJW 1994, 1413 f.
73 BGH NJW 1964, 498; OLG Köln RPfl. 1988, 324, 325.
74 BGH NJW 1964, 497, 498, Vorauflage/*Hausmann* Vor § 12 Rdn. 28.
75 Vgl. Rosenberg/Schwab/*Gottwald* § 39 I 2c; Vorauflage/*Hausmann* Vor § 12 Rdn. 28.
76 BeckOK/*Toussaint* § 331 Rdn. 6c; vgl. auch MünchKomm/*Prütting* § 331 Rdn. 4.

macht.[77] In diesen Fällen muss der Kläger den vollen Nachweis einer wirksamen Erfüllungsorts- bzw. Gerichtsstandsvereinbarung führen.[78]

6. Wahlfeststellung zwischen verschiedenen Gerichtsständen. Zwischen verschiedenen Gerichtsständen kann das Gericht eine Wahlfeststellung treffen. So kann beispielsweise die örtliche Zuständigkeit des Gerichts entweder aus einer Gerichtsstandsvereinbarung nach § 38 folgen oder sofern diese unwirksam ist, aus §§ 12, 13.[79] 37

X. Perpetuatio fori

1. Begründung der örtlichen Zuständigkeit nach Rechtshängigkeit der Klage. 38
Die Voraussetzungen, aus denen die örtliche Zuständigkeit des Gerichts, vor dem die Klage erhoben wird, begründen, müssen spätestens im Zeitpunkt der letzten mündlichen Verhandlung vorliegen. Auch nach Rechtshängigkeit der Klage kann daher die Zuständigkeit des Gerichts noch begründet werden. Dies wiederstreitet nicht dem Grundsatz der perpetuatio fori des §§ 261 Abs. 2 Nr. 2, der allein das zunächst angerufene zuständige Gericht fortdauern lässt.

2. Änderung des Gerichtsbezirks nach Rechtshängigkeit der Klage. Wird ein Gerichtsbezirk während der Rechtshängigkeit eines Prozesses geändert, bleibt wegen des Grundsatzes der perpetuatio fori nach § 261 Abs. 3 Nr. 2 die einmal begründete örtliche Zuständigkeit nicht berührt. Bei Auflösung eines Gerichts durch den Träger der Justizhoheit ist gesetzlich zu regeln, welches Gericht für die anhängigen Sachen unzuständig und an welches Gericht folglich diese abzugeben sind. Auch das zwischenzeitliche Ruhen des Verfahrens lässt die mit Rechtshängigkeit eingetretene Wirkung des § 261 Abs. 3 Nr. 2 nicht entfallen. Denn die Rechtshängigkeit der Schadensersatzklage wird durch das bloße Nichtbetreiben der Sache ebensowenig beendet, wie durch den Umstand, dass die Akte nach Maßgabe der Aktenordnung zwischenzeitlich weggelegt wurde.[80] Bei zwischenzeitlicher (Wohn-)Sitzverlagerung des Beklagten ist daher eine Verweisung willkürlich und deshalb ohne Bindungswirkung, wenn das Streitgericht dabei keinerlei Überlegungen zu seiner tatsächlich sowohl gemäß § 29 Abs. 1 begründeten als auch im Zeitpunkt des Eingangs der ordnungsgemäß abgegebenen Mahnakten nach §§ 13, 17 Abs. 1 eröffneten und fortbestehenden (§ 261 Abs. 3 Nr. 2) Zuständigkeit angestellt hat.[81] 39

XI. Folgen der örtlichen Unzuständigkeit

1. Entscheidung über die Zuständigkeit. Ist das Gericht örtlich zuständig, wird dies im Endurteil (§ 300) dadurch ausgesprochen, dass die Klage für zulässig erklärt wird oder wenn die Frage der örtlichen Zuständigkeit zweifelhaft war, durch besondere Ausführungen zum Gerichtsstand. Es kann aber auch durch besonderes Zwischenurteil nach §§ 280 Abs. 2, 303 das angerufene Gericht aussprechen, es sei örtlich zuständig.[82] 40

Liegt örtliche Unzuständigkeit des angerufenen Gerichts vor und erhebt der Beklagte deren Rüge, vermeidet der Kläger die Abweisung seiner Klage als unzulässig durch Stel- 41

77 OLG Karlsruhe MDR 2002, 1269; MünchKomm/*Prütting* § 331 Rdn. 13.
78 Vgl. Saenger/*Pukall* § 331 Rdn. 3.
79 Stein/Jonas/*Roth* Vor § 12 Rdn. 54.
80 BGH NJW-RR 1993, 898; OLG Köln FamRZ 2003, 689; Zöller/*Greger* § 261, ZPO, Rdn. 7 m.w.N.
81 OLG Dresden Praxis Unternehmensrecht 2010, 217 f.
82 Vorauflage/*Hausmann* Vor § 12 Rdn. 30.

lung eines Antrags auf Verweisung des Rechtsstreits an das örtlich zuständige Gericht nach § 281 Abs. 2.[83] Geschieht dies nicht, ist durch Prozessurteil die Klage abzuweisen.[84] Tritt das Prozessurteil in Rechtskraft kann bei dem zuständigen Gericht die Klage erneut erhoben werden.[85]

42 **2. Fristwahrung durch Klage vor unzuständigem Gericht.** Die vor einem örtlich oder sachlich unzuständigen Gericht erhobene Klage genügt, um eine gesetzliche Ausschlussfrist zu wahren.[86] Wird im Übrigen nicht binnen sechs Monaten nach Rechtskraft des klagabweisenden Prozessurteils vom Kläger die Klage vor dem zuständigen Gericht von neuem erhoben, gilt die Unterbrechung der Verjährung als nicht erfolgt § 212 Abs. 1 und Abs. 2 BGB.[87]

43 **3. Kein Rechtsmittel aus irriger Annahme örtlicher Zuständigkeit.** Bejaht das Gericht seine örtliche Zuständigkeit irriger Weise, kann in vermögensrechtlichen Streitigkeiten hierauf ein Rechtsmittel nicht gestützt werden, §§ 512, 549 Abs. 2. Anderes gilt nur, soweit die internationale Zuständigkeit gerügt wird, unten.

XII. Gerichtsstands"erschleichung"[88]

44 **1. Treuwidrigkeit der Zuständigkeitsrüge des Beklagten.** In der Literatur wird die Meinung vertreten, es könnte ausnahmsweise die Zuständigkeitsrüge des Beklagten treuwidrig sein und sei in diesen Fällen nicht zu beachten.[89] Dies sei dann der Fall, wenn der Beklagte den Klageanspruch als solchen nicht bestreitet und die Unzuständigkeit des Gerichts nur rügt, um die Entscheidung in der Sache zu verschleppen.[90] In diesem Fall soll auch das unzuständige Gericht eine Sachentscheidung gegen den Beklagten fällen können. Dies ist abzulehnen. Denn der vor einem örtlich unzuständigen Gericht in Anspruch genommene Beklagte ist nicht gezwungen, zur Sache selbst zu verhandeln. Die Rüge der örtlichen Unzuständigkeit dient gerade dazu, dass er nicht vor dem unzuständigen Gericht umfassend in der Sache vortragen muss. Ihm würde aber gerade zugemutet, sich in der Sache selbst verteidigen zu müssen, obwohl die Prozessvoraussetzung der örtlichen Zuständigkeit nicht vorliegt, wollte man der – allerdings nur für Extremfälle gedachten – referierten Meinung folgen. Es empfiehlt sich daher, von dieser Art der Darstellung vollständig Abstand zu nehmen.

45 **2. Gerichtsstandserschleichung durch den Kläger.** Der Kläger darf zwischen verschiedenen, nach dem zur Entscheidung stehenden Sachverhalt in Betracht kommenden Gerichtsständen wählen, § 35.[91] Die Ausübung dieser Wahl ist grundsätzlich nicht zu

---

83 *Braun* Lehrbuch des Zivilprozeßrechts (2014), § 19 V (S. 296); allgemein hierzu: Musielak/*Heinrich* § 39 Rdn. 1.
84 Vgl. Vorauflage/*Hausmann* Vor § 12 Rdn. 30.
85 Vorauflage/*Hausmann* Vor § 12 Rdn. 30.
86 BGHZ 34, 230, 234 f.; BGHZ 35, 374 ff.; BGH NJW 1962, 2154; Zöller/*Vollkommer* § 12 Rdn. 17; vgl. Baumbach/Lauterbach/Albers/*Hartmann* Übers § 12 Rdn. 20.
87 So Vorauflage/*Hausmann* Vor § 12 Rdn. 30.
88 Allgemein zum Missbrauch des Gerichtsstandes im Zivilprozess. *Lüttringhaus* ZZP 2014 Bd. 127, 29.
89 RGZ 51, 176; RGZ 102, 222; OLG Düsseldorf FamRZ 1987, 281; OLG Hamm FamRZ 1979, 849; Zöller/*Vollkommer* § 12 Rdn. 19; Vorauflage/*Hausmann* Vor § 12 Rdn. 32 m.w.N.
90 Vgl. Zöller/*Vollkommer* § 12 Rdn. 19 m.w.N.
91 *Braun* Lehrbuch des Zivilprozeßrechts (2014), § 19 III 3. (S. 288); Prütting/Gehrlein/*Lange* § 35 Rdn. 2.

missbilligen (vgl. § 35 Rdn. 1).[92] Eine arglistige Erschleichung des Gerichtsstandes kommt nur ausnahmsweise unter der Voraussetzung in Betracht, dass der Kläger „manipulativ" und arglistig auf die Tatsachen Einfluss genommen hat, aus denen sich die Gerichtsstände ableiten, unter denen er seine Wahl ausübt.[93]

B) Internationale Zuständigkeit deutscher Gerichte in Zivilrechtsstreitigkeiten

I. Reichweite der Zuständigkeit deutscher Gerichte

1. Nur mittelbare Regelung der internationalen Zuständigkeit durch die §§ 12 ff. 46
Gegenüber der örtlichen Zuständigkeit ist die Frage der internationalen Zuständigkeit unabhängig.[94] Dies ungeachtet des Umstandes dass, sofern es an Regelungen über die internationale Zuständigkeit fehlt, diese sich aus der örtlichen Zuständigkeit ergibt.[95] Die internationale Zuständigkeit wird durch die Regelungen der §§ 12 ff. nur mittelbar geregelt. Soweit ein deutsches Gericht nach diesen Vorschriften örtlich zuständig ist, indiziert dies regelmäßig – auch beim Gerichtsstand des Vermögens – die internationale Zuständigkeit.[96]

2. Bedeutung. Die Regeln über die internationale Zuständigkeit haben erhebliche 47
Bedeutung für die Rechtsverfolgung. Die Frage, ob im eigenen Inland geklagt werden kann oder ob der Prozess im Ausland geführt werden muss entscheidet über Zugangsbarrieren, die mit Sprachschwierigkeiten und allgemein zusätzlicher Kostenbelastung verbunden sind, die eine Prozessführung im Ausland und die Rechtsverfolgung des Klägers behindern.[97] Weiter ist damit die Frage der Vollstreckbarkeit eines erstrittenen Titels verbunden: Das international zuständige Gericht entscheidet regelmäßig mit Wirkungen nur im Urteilsstaat. Ob eine Vollstreckung der Entscheidung auch in dem anderen als dem Urteilsstaat vollstreckbar ist, in dem die Vollstreckung Erfolg verspricht, hängt von der Anerkennungsfähigkeit der erstrittenen Entscheidung ab.[98] Die internationale Zuständigkeit hat aber darüber hinaus nicht selten für die zu erwartende Sachentscheidung eine Bedeutung. Denn aus ihr ergibt sich regelmäßig neben dem anwendbaren Verfahrensrecht das maßgebliche Kollisionsrecht,[99] womit das zur Anwendung gelangende Sachrecht durch die internationale Zuständigkeit vorbestimmt wird.

3. Gerichtsbarkeit und internationale Zuständigkeit. Grundsätzlich betrifft die 48
Gerichtsbarkeit eines Staates die völkerrechtliche Frage nach der Reichweite der Staatsgewalt. Ist diese Frage bejaht stellt sich die Frage, ob die Gerichtsbarkeit eines Staates auch internationale Zuständigkeit durchführt. Ist die Gerichtsbarkeit eines Staates an

92 § 35 bezweckt eine Kompensierung des Grundsatzes actor sequitur forum rei; MünchKomm/*Patzina* § 35 Rdn. 1; BeckOK/*Toussaint* § 35 Rdn. 4.
93 BGH NJW-RR 2010, 891 (Rdn. 17); BayObLGZ 2003, 229; OLG Celle NJW-RR 2004, 627, 698; OLG Celle ZIP 2006, 2098; so auch BGH ZIP 2006, 442; Stein/Jonas/*Roth* § 1 Rdn. 12 ff., zur Zuständigkeitserschleichung im Falle internationaler Zuständigkeit: Vor § 12 Rdn. 42; vgl. auch *Smid* jurisPR-InsR 9/2006 Anm. 6 zu BGH NJW 2006, 847; vgl. auch Prütting/Gehrlein/*Lange* § 35 Rdn. 3 a.E. „schikanöse Ausübung des Wahlrechts".
94 Stein/Jonas/*Roth* Vor § 12 Rdn. 25.
95 Vgl. Musielak/*Voit* Vor § 12 Rdn. 58.
96 BGH NJW 1991, 3092, 3093 BGH NJW-RR 1991, 423, 424.
97 Zu Zuständigkeitsinteressen im Einzelnen *Schack* IZVR, Rdn. 229 ff.
98 Vgl. Art. 36 ff. EUGVVO (Art. 33 ff. a.F.); hierzu auch die Ausführungen bei Stein/Jonas/*Roth* Vor § 12 Rdn. 49 ff.; Grundsätzlich *Schack* IZVR, Rdn. 865 ff.
99 *Schack* IZVR, Rdn. 245.

sich gegeben, kann sie doch durch Regeln über die internationale Zuständigkeit eingeschränkt werden. Wie *Kralik*[100] zutreffend ausführt sind Gerichtsgewalt und inländische Gerichtsbarkeit nicht derogierbar.

II. Internationale Zuständigkeit des angerufenen deutschen Gerichts als Prozessvoraussetzung

49 **1. Abgrenzung Inlandssachverhalte und Sachverhalte mit Auslandsberührung.** Die Frage der örtlichen Zuständigkeit eines deutschen Gerichts stellt sich erst dann, wenn für einen konkreten Rechtsstreit die Gerichte Deutschlands überhaupt international zuständig sind, also die Rechtsprechungsaufgabe an den Staat Bundesrepublik Deutschland als solchen zugewiesen ist. Bei reinen Inlandssachverhalten wird sich diese Frage regelmäßig nicht stellen. Dagegen beurteilt sich für Fälle mit Auslandsberührung die Zuständigkeit deutscher Gerichte in Abgrenzung von der Zuständigkeit der Gerichte anderer Staaten nach den Regeln über die internationale Zuständigkeit.[101] Liegt keine internationale Zuständigkeit der deutschen Gerichte vor, darf der deutsche Richter in der Sache nicht entscheiden.[102]

50 **2. „Direkte" und „indirekte" internationale Zuständigkeit.** Von der internationalen Zuständigkeit der Gerichte eines Staates zur Entscheidung auslandsbezogener Fälle wird in verschiedenen Zusammenhängen gesprochen. Geht es darum festzustellen, ob deutsche Gerichte international zuständig sind, spricht man von der direkten Zuständigkeit.[103] Geht es um die Frage, ob das von einem ausländischen Gericht erlassene Urteil im Inland anzuerkennen ist, ist von der indirekten Zuständigkeit des ausländischen Gerichts in dem Sinne die Rede, dass dessen Entscheidung deshalb im Inland anerkannt werden kann, weil das ausländische Gericht zur Entscheidung zuständig war.[104]

51 **3. Konkurrierende internationale Zuständigkeiten.** International können konkurrierende Zuständigkeiten gegeben sein. Im Falle einer solchen Zuständigkeitskonkurrenz kann der Kläger auswählen, in welchem Staat er seine Klage vor dessen Gerichten erheben will.[105] Dies ist nur dann nicht der Fall, wenn ausschließliche internationale Zuständigkeiten vorliegen, was insbesondere in Fällen gegeben ist, in denen z.B. Mietstreitigkeiten über Wohnraum geführt werden.

III. Rechtsquellen

52 **1. Übersicht.** Das internationale Zuständigkeitsrecht folgt im deutschen Recht aus verschiedenen Rechtsquellen, nämlich zum einen dem als unmittelbar geltenden Gesetzesrecht zu beachtenden europäischen Recht namentlich der EuGVVO und der EuInsVO, zum anderen Staatsverträgen und schließlich dem autonomen innerstaatlichen Recht. Zunächst handelt es sich bei dem unmittelbar geltenden Recht um die EuGVVO, die als Verordnung des europäischen Gesetzgebers in den Mitgliedstaaten unmittelbar gilt.[106]

100 *Kralik* ZZP 74 (1961) 41.
101 Stein/Jonas/*Roth* Vor § 12 Rdn. 25.
102 Vgl. Stein/Jonas/*Roth* Vor § 12 Rdn. 25.
103 Vgl. Vorauflage/*Hausmann* Vor § 12 Rdn. 35.
104 Vorauflage/*Hausmann* Vor § 12 Rdn. 35.
105 Vorauflage/*Hausmann* Vor § 12 Rdn. 36.
106 Stein/Jonas/*Roth* Vor § 12 Rdn. 27.

Weiter sind eine Reihe von Regelungen im Lugano-Übereinkommen vorgesehen.[107] Schließlich finden sich für besondere Rechtsgebiete Regelungen in Verträgen, wie z.B. für die Binnenschifffahrt u.a. im Vertrag über die Schiffbarmachung der Mosel vom 27.10.1956,[108] für die Seeschifffahrt u.a. im internationalen Übereinkommen zur Vereinheitlichung der Regeln über die zivilgerichtliche Zuständigkeit bei Schiffszusammenstößen vom 10.5.1952,[109] für den Lufttransport u.a. im Warschauer Abkommen zur Vereinheitlichung von Regeln über die Beförderung im internationalen Luftverkehr vom 12.10.1929,[110] bzgl. des Haftungsrechts u.a. im Pariser Übereinkommen über die Haftung gegenüber Dritten auf dem Gebiet der Kernenergie vom 29.7.1960[111] sowie zum Patentrecht u.a. in der Vereinbarung über Gemeinschaftspatente vom 21.12.1989[112] [vgl. auch die ausführlichere Übersicht in der Vorauflage von *Hausmann* Vor § 12 Rdn. 45 iVm. Anh III § 40]

2. EuGVVO. Die EuInsVO ist vorrangig gegenüber den Vorschriften der ZPO. Ist aber die Verordnung einschlägig, folgt die Zuständigkeit daraus; ist sie nicht einschlägig, ist das nationale Recht und damit die §§ 12ff. anwendbar.[113] **53**

3. EuMVVO. Nach § 1087 ist für die Bearbeitung von Anträgen auf Erlass und Überprüfung sowie die Vollstreckbarerklärung eines Europäischen Zahlungsbefehls nach der Verordnung (EG) Nr. 1896/2006 des Europäischen Parlaments und des Rates vom 12. Dezember 2006 zur Einführung eines Europäischen Mahnverfahrens[114] das Amtsgericht Wedding in Berlin ausschließlich zuständig.[115] Im Übrigen richtet sich nach Art. 6 EuMVVO die Zuständigkeit nach den Regelungen der EuGVVO.[116] Die europäische VollstreckungstitelVerordnung EuVTVO regelt dagegen nicht die internationale Zuständigkeit der Gerichte, sondern allein die Frage der Bestätigung eines im Ursprungsgericht erwirkten Urteils als europäischen Vollstreckungstitel. **54**

4. LugÜ-II. Im Verhältnis zu Norwegen, der Schweiz und Island kommt das Lugano-II-Übereinkommen über die gerichtliche Zuständigkeit und die Anerkennung vollstreckungsgerichtlicher Entscheidungen in zivil- und Handelssachen vom 30.10.2007 (LugÜ-II) zur Anwendung. Nach Art. 64 Abs. 2 LugÜ-II sind dessen Zuständigkeitsregeln aus Sicht Deutschlands anzuwenden, wenn der Beklagte seinen Wohnsitz entweder in Norwegen, der Schweiz oder Island hat. **55**

5. EuInsVO. Die internationale (europäische) Zuständigkeit für insolvenzrechtliche Annexverfahren folgt aus Art. 3 Abs. 1 EuInsVO. Nach der Judikatur des EuGH fällt eine Anfechtungsklage, die sich auf ein Konkursverfahren bezieht, da sie unmittelbar aus diesem hervorgeht und sich eng innerhalb des Rahmens eines Konkurs- oder Vergleichsverfahrens hält,[117] nicht in den Anwendungsbereich (heute) der EuGVVO. Auf dieses Kri- **56**

---

107 Hierzu näher: Stein/Jonas/*Roth* Vor § 12 Rdn. 29.
108 BGBl. 1956 II, S. 1838.
109 BGBl. 1972 II, S. 653, 663.
110 RGBl. 1933 II, S. 1039.
111 BGBl. 1975 II, S. 957, 959.
112 BGBl. 1991 II, S. 1354 ff.
113 LG Krefeld ZInsO 2014, 360 ff. m. Anm. *Bangha-Szabo* NZI 2014, 409 f.
114 ABl. EU Nr. L 399 S. 1.
115 Vorschrift angefügt durch das Gesetz zur Verbesserung der grenzüberschreitenden Forderungsdurchsetzung und Zustellung vom 30.10.2008 (BGBl. I S. 2122) mWv. 12.12.2008.
116 Stein/Jonas/*Roth* Vor § 12 Rdn. 28.
117 EuGH Urt. v. 22.2.1979, Gourdain, 133/78.

terium wird im sechsten Erwägungsgrund der EuInsVO zur Abgrenzung ihres Gegenstands abgestellt. Danach soll die EuInsVO sich auf Vorschriften beschränken, die die Zuständigkeit für die Eröffnung von Insolvenzverfahren und für Entscheidungen regeln, die unmittelbar aufgrund des Insolvenzverfahrens ergehen und in engem Zusammenhang damit stehen. Dies führt den EuGH zu seiner europäisch-autonomen Auslegung vor dem Hintergrund der Motive des historischen (Verordnungs-)Gesetzgebers, die er mit Blick auf die praktische Wirksamkeit der EuInsVO vornimmt. Nach diesen Maßstäben legt der EuGH Art. 3 Abs. 1 EuInsVO dahin aus, dass diese Vorschrift dem Mitgliedstaat, in dessen Gebiet das Insolvenzverfahren eröffnet worden ist, für Klagen, die unmittelbar aus diesem Verfahren hervorgehen und in engem Zusammenhang damit stehen, auch eine internationale Zuständigkeit zuweist. Für die damit erreichte Bündelung sämtlicher sich unmittelbar aus der Insolvenz eines Unternehmens ergebender Klagen vor den Gerichten des für die Eröffnung des Insolvenzverfahrens zuständigen Mitgliedstaats spricht nach den Gründen, die der EuGH für seine Entscheidung anführt zudem (so wörtlich) „offenkundig" auch der Zweck der Verbesserung der Effizienz und der Beschleunigung der Insolvenzverfahren, der im zweiten und im achten Erwägungsgrund der EuInsVO genannt wird. Weiter stützt der EuGH seine Auslegung des Art. 3 Abs. 1 EuInsVO auf den vierten Erwägungsgrund der EuInsVO, der ausführt, dass im Interesse eines ordnungsgemäßen Funktionierens des Binnenmarkts verhindert werden muss, dass es für die Parteien vorteilhafter ist, Vermögensgegenstände oder Rechtsstreitigkeiten von einem Mitgliedstaat in einen anderen zu verlagern, um auf diese Weise eine verbesserte Rechtsstellung anzustreben (forum shopping). Bestünde aber die Möglichkeit, dass verschiedene Gerichte für in unterschiedlichen Mitgliedstaaten erhobene Anfechtungsklagen zuständig wären, würde darauf hinauslaufen, die Verfolgung eines derartigen Ziels zu schwächen. Seine Auslegung des Art. 3 Abs. 1 EuInsVO sieht der EuGH weiter durch Art. 25 Abs. 1 EuInsVO bestätigt. Denn Art. 25 Abs. 1 Unterabs. 1 EuInsVO verpflichtet zur Anerkennung der Entscheidungen zur Durchführung und Beendigung eines Insolvenzverfahrens, die von einem Gericht erlassen wurden, dessen Entscheidung zur Eröffnung des Verfahrens nach Art. 16 der genannten Verordnung anerkannt wird, d.h. von einem nach Art. 3 Abs. 1 dieser Verordnung zuständigen Gericht. Art. 25 Abs. 1 Unterabs. 2 EuInsVO bestimmt nun aber, dass Unterabs. 1 der Vorschrift auch für Entscheidungen gilt, die unmittelbar aufgrund des Insolvenzverfahrens ergehen und in engem Zusammenhang damit stehen. Diese Bestimmung räumt mit anderen Worten die Möglichkeit ein, dass die Gerichte eines Mitgliedstaats, in dessen Gebiet ein Insolvenzverfahren gemäß Art. 3 Abs. 1 der Verordnung Nr. 1346/2000 eröffnet worden ist, auch über eine Klage von der Art der im Ausgangsverfahren in Rede stehenden befinden. Der EuGH stellt dabei fest, dass die Formulierung der Vorschrift, die lautet „auch wenn diese Entscheidungen von einem anderen Gericht getroffen werden", die den letzten Satzteil von Art. 25 Abs. 1 Unterabs. 2 dieser Verordnung bildet, nicht bedeutet, dass der Gemeinschaftsgesetzgeber eine Zuständigkeit der Gerichte des Staates, in dessen Gebiet das Insolvenzverfahren eröffnet worden ist, für die fragliche Art von Klagen hätte ausschließen wollen. Mit seiner Entscheidung legt der EuGH diese Wendung vielmehr dahingehend aus, dass sie bedeutet, dass es den Mitgliedstaaten obliegt, das örtlich und sachlich zuständige Gericht zu bestimmen, das nicht zwangsläufig dasjenige der Eröffnung des Insolvenzverfahrens sein muss. Darüber hinaus bezieht sich diese Wendung auf die in Art. 16 EuInsVO vorgesehene Anerkennung von Entscheidungen zur Eröffnung eines Insolvenzverfahrens. Vor diesem Hintergrund hat der EuGH – die Verordnung verbindlich für die Rechtsprechung der Gerichte der Mitgliedsstaaten auslegend – entschieden, dass Art. 3 Abs. 1 EuInsVO dahin auszulegen ist, dass die Gerichte des Mitgliedstaats, in dessen Gebiet das Insolvenzverfahren eröffnet worden ist, für eine Insolvenzanfechtungsklage gegen einen Anfechtungsgegner, der seinen satzungsmäßigen Sitz in einem anderen Mitgliedstaat hat, zuständig sind. Dies gilt auch bei Beklagten, die ihren Sitz in Drittstaaten haben.[118]

Das LG Innsbruck[119] hat im Zusammenhang einer Drittwiderspruchsklage darauf erkannt, dass eine Umkehrung der Rollen keinen Ausschluss vom Geltungsbereich der EuInsVO rechtfertigen könne.[120] 57

6. Internationale Übereinkommen. Die internationale Entscheidungszuständigkeit deutscher Gerichte kann weiter aus internationalen wie multilateralen Übereinkommen hergeleitet werden, denen nach Art. 71 EuGVVO Vorrang vor den Regelungen der EuGVVO zukommt. Hier ist insbesondere das Genfer Übereinkommen über den Beförderungsvertrag im internationalen Straßengüterverkehr CMR vom 19.5.1956 zu nennen sowie Art. 33 des Montrealer Übereinkommens zur Vereinheitlichung bestimmter Vorschriften über die Beförderung im internationalen Luftverkehr vom 18.5.1999 Art. 31 CNR. Art. 52 CfV betrifft die Eisenbahnbeförderung von Personen und Gepäck, die eine Rückgriffszuständigkeit in Art. 60 vorsieht. Weiterhin sind ua. Art. 13 des Pariser Übereinkommens über die Haftung gegenüber Dritten auf dem Gebiet der Kernenergie vom 29.7.1960,[121] Art. IX des Internationalen Übereinkommens idF des Protokolls vom 27.11.1992 über die zivilrechtliche Haftung für Ölverschmutzungsschäden,[122] Art. 9, 10 des Internationalen Übereinkommens vom 23.3.2001 über die zivilrechtliche Haftung für Bunkerölverschmutzungsschäden,[123] Art. X des Brüsseler Übereinkommens vom 25.5.1962 über die Haftung der Inhaber von Reaktorschiffen,[124] Art. 34 der Revidierten Rheinschiffakte vom 17.10.1868,[125] Art. 34 des Moselschifffahrtsabkommens vom 27.10.1956,[126] Art. 7 des Übereinkommens vom 10.10.1956 über die Beschränkung der Haftung des Eigentümers von Seeschiffen[127] sowie bzgl. bilateraler Verträge ua. Art. 20 Abs. 2 des Deutsch-norwegischen Vertrages vom 17.6.1977 über die gegenseitige Anerkennung und Vollstreckung gerichtlicher Entscheidungen und anderer Schuldtitel in Zivil- und Handelssachen[128] und Art. 4 Abs. 3 des Deutsch-österreichischen Vertrages über Auswirkungen der Anlage und des Betriebes des Flughafen Salzburgs auf das Hoheitsgebiet der Bundesrepublik Deutschland vom 19.12.1967[129] zu nennen. 58

7. Autonomes deutsches Recht der internationalen Zuständigkeit

a) Außerhalb des Geltungsbereichs der EuGVVO und soweit keine Staatsverträge eingreifen ist das autonome staatliche Recht für die internationale Zuständigkeit maßgeblich. Das autonome staatliche Recht, soweit ausländische Rechte die Zuständigkeit zu Regeln beanspruchen, ist vom deutschen Richter nur dann seiner Entscheidung zugrundezulegen, soweit das inländische deutsche Recht ihm dies gebietet.[130] 59

---

118 Nach „Seagon" – EuGH, Urt. v. 12.2.2009 – C-339/07; nunmehr erweiternd „Schmid" – EuGH, Urt. v. 16.1.2014 – C-328/12.
119 LG Innsbruck Beschl. v. 12.12.2013 – 14 CG 56/13z.
120 EuGH NJW 2013, 287 – Folien Fischer AG, Fofitec AG/Ritrama SpA.
121 BGBl. 1975 II S. 957, 959.
122 BGBl. 1996 II S. 670.
123 BGBl. 2006 II S. 578 – für Deutschland noch nicht in Kraft getreten.
124 BGBl. 1975 II S. 977 – für Deutschland bisher noch nicht in Kraft getreten.
125 Sog. Mannheimer Akte; BGBl. 1969 II S. 597.
126 BGBl. 1956 II S. 1837.
127 BGBl. 1972 II S. 653.
128 BGBl. 1981 II S. 341.
129 BGBl. 1974 II S. 13, 783.
130 Vgl. Vorauflage/*Hausmann* Vor § 12 Rdn. 46.

60 **b)** Mit der Reform des Rechts der freiwilligen Gerichtsbarkeit sind im Wesentlichen unmittelbare Regelungen der internationalen Zuständigkeit im deutschen Verfahrensrecht in das FamFG verlagert worden (vgl. auch Rdn. 68).[131] Im Übrigen finden sich in der ZPO Regelungen die mittelbar die internationale Zuständigkeit regeln. Dies geschieht durch Verweisung auf die Vorschriften der §§ 12ff. über den Gerichtsstand. Obwohl diese Vorschriften die örtliche Zuständigkeit regeln wird aus ihnen darauf geschlossen, der Gesetzgeber habe zugleich die deutsche internationale Zuständigkeit gegenüber ausländischen Zuständigkeiten abgrenzen wollen. Dies wird namentlich aus den §§ 15, 16, 23, 29 Abs. 2, 38 Abs. 2 und Abs. 3 Nr. 2 gefolgert wobei von Doppelfunktionalität der Gerichtsstands Normen deshalb die Rede ist, weil die örtliche und internationale Zuständigkeit in ihren Voraussetzungen miteinander verknüpft seien.[132]

61 Die Zuständigkeitsregeln des autonomen deutschen Rechts werden durch die EuGVVO weitgehend verdrängt. Die EuInsVO kommt auch dann zur Anwendung, wenn der Beklagte seinen Wohnsitz oder Sitz in Deutschland hat sofern der Kläger in einem Drittland ansässig ist dies lässt der EuGH für die Anwendung des Art. 2 Abs. 1 EuInsVO (Art. 6 Abs. 1 EuGVVO ff.[133]) genügen.

8. Doppelfunktionalität der Gerichtsstandsnormen

62 **a)** Die ZPO enthält keine ausdrücklichen Regelungen über die internationale Zuständigkeit (oben Rdn. 46ff.). Nach ständiger Rechtsprechung des BGH indiziert die nach den Vorschriften über die örtliche Zuständigkeit gegebene örtliche Zuständigkeit des angerufenen Gerichts regelmäßig auch dessen internationale Zuständigkeit.[134] Die Gerichtsstandsvorschriften der ZPO sind daher in dem Sinne doppelfunktional, als sie einerseits die internationale Zuständigkeit deutscher Gerichte, andererseits die Verteilung der hierdurch begründeten Rechtsprechungsaufgaben der deutschen Gerichtsbarkeit nach örtlichen Gesichtspunkten auf einzelne deutsche Gerichte bestimmen.[135] (BGH NJW 1997, 2245 m.w.N.). Die internationale Zuständigkeit wird im deutschen Recht grundsätzlich nicht durch die Staatsangehörigkeit bestimmt, die eine der Parteien hat. In und Ausländer werden in Ansehung der Zuständigkeit namentlich in vermögensrechtlichen Streitigkeiten gleichbehandelt. Daraus folgt, dass auch ein deutscher nur dann vor deutschen Gerichten klagen kann oder vor Ihnen verklagt wird wenn eine Zuständigkeitsanknüpfung nach den §§ 12ff. vorliegt. Im Statusverfahren also Ehe- und Kindschaftssachen, die aber dem FamFG unterstellt worden sind, ist Ehe- Staatsangehörigkeit für die internationale Zuständigkeit ebenso wie für das anwendbare Recht wesentlich. Die Staatsangehörigkeit richtet sich dabei nach den Rechten desjenigen Staates dessen Staatsangehörigkeit fraglich ist, so dass für die Frage, ob jemand Deutscher ist, das deutsche Staatsangehörigkeitsrecht seinen Anklang findet.

63 **b)** Nicht durchgesetzt hat sich in der Reform der EuGVVO das Konzept der europäischen Kommission, wonach die §§ 12ff. ihre Doppelfunktionalität eingebüßt hätten.[136]

---

131 Vgl. § 105 FamFG.
132 BGHZ 44, 46.
133 Neufassung der EuGVVO nach der Verordnung (EU) Nr. 1215/2012; bis zum 9.1.2015 waren hier die Art. 4ff. EuGVVO einschlägig.
134 BGH, NJW-RR 2007, 1570 Rdn. 24 m.w.N.
135 BGH NJW 1997, 2245 m.w.N.
136 Stein/Jonas/*Roth* Vor § 12 Rdn. 32 a.E.

c) Unter Doppelfunktionalität der Gerichtsstandsnormen ist zu verstehen, dass die örtliche Zuständigkeit deutscher Gerichte nach Maßgabe der §§ 12ff. regelmäßig die internationale Zuständigkeit dieser Gerichte indiziert. Voraussetzung dafür ist allerdings, dass die Gerichtsstandsregelungen der ZPO nicht durch die EuGVVO oder das LugÜ-II als vorrangige Normen verdrängt werden.[137] Die sich verbreitende Bedeutung der EuGVVO und ihre Ergänzung durch weitere Gerichtsstands relevante Regelungen in die internationale Zuständigkeit betreffende Regelungen führen dazu, dass die Frage der Doppelfunktionalität in den deutschen Gerichtsstandsnormen zusehends in den Hintergrund tritt.[138] Damit verliert in die Diskussion um die Frage der einschränkenden oder ausdehnenden teleologischen Auslegung der Zuständigkeitsnormen an unmittelbarer Bedeutung für deren Anwendung in konkreten Fällen, die überwiegend von der EuGVVO beherrscht werden. Dies gilt nicht für den wissenschaftlichen Gehalt dieser Diskussion. **64**

d) Bei dem Streit über ausländische Grundstücke haben sowohl das Reichsgericht[139] als auch der BGH[140] die Ansicht vertreten, der ausschließliche Gerichtsstand des §§ 24 sei nicht doppelfunktional. Die internationale Zuständigkeit sei daher nur für inländische Grundstücke ausschließlich begründet. **65**

9. Allgemeine Anknüpfungspunkte internationaler Zuständigkeit

a) Die bei der Bestimmung der internationalen Zuständigkeit maßgeblichen Anknüpfungen lassen sich nach drei Fallgruppen differenzieren. Territoriale Anknüpfungen sind gleichermaßen für örtliche und internationale Zuständigkeit relevant, der Parteiwille mit der Eröffnung der Möglichkeit abweichender Gerichtsstandsvereinbarungen und personale Anknüpfungen bei der Staatsangehörigkeit. Letzterer Fall ist für Statussachen von Bedeutung, die seit der Reform des Jahres 2009 im Wesentlichen außerhalb der ZPO im FamFG geregelt sind.[141] **66**

b) Der **Wohnsitz** ist als Anknüpfungspunkt nach der lex fori,[142] also dem deutschen Recht der §§ 7 bis 11, und zwar sowohl beim selbstständigen wie dem abgeleiteten Wohnsitz von Kindern.[143] Der Wohnsitz des Beklagten ist aus den bereits im deutschen Recht für die Begründung des allgemeinen Gerichtsstands tragenden Gründen als Anknüpfungspunkt internationaler Zuständigkeit geeignet,[144] weil die dort gegen ihn erhobene Klage den Beklagten am wenigsten belastet, der Kläger mit dem Wohnsitzgerichtsstand rechnen kann und muss und dort regelmäßig auch der Vollstreckung unterworfenes Vermögen vorgefunden werden kann. **67**

---

137 RGZ 126, 196, 198; RGZ 150, 265, 268; BGHZ 44, 46; BGHZ 94, 156, 158; BGHZ 115, 90, 92; BGHZ 119, 392, 393; BGHZ 120, 334, 337; BGHZ 134, 116, 117; BGHZ 173, 57; BGHZ 184, 313; BGHZ 184, 365; BGHZ 188, 85; BGHZ 189, 320; BGH NJW 1997, 2245; BGH NJW 1999, 1395, 1396; BGH FamRZ 2005, 1987, 1988; BGH NJW-RR 2006, 577; BGH NJW-RR 2007, 1570; BGH NJW-RR 2010, 1554; BGH VersR 2010, 910; BGH WRP 2011, 898; BGH NJW-RR 2013, 880; BGH JZ 2013, 789.

138 So überzeugend Stein/Jonas/*Roth* Vor § 12 Rdn. 36.

139 RGZ 32, 414.

140 BGH NJW 1998, 1321.

141 Siehe § 111 FamFG.

142 Vorauflage/*Hausmann* Vor § 12 Rdn. 52, 53.

143 BGH WM 1975, 915; BGH NJW-RR 1992, 579; BGH NJW-RR 1993, 4, 130; *Pagenstecher* RabelZ 11 (1937), 362f.

144 MünchKomm/*Gottwald* Art. 2 EuGVVO Rdn. 2 (neu: EuGVVO Art. 4).

68 **c) Die Auffangvorschrift des § 105 FamFG** sieht als Regelung der internationalen Zuständigkeit vor, dass in anderen Verfahren als denjenigen, für die die Voraussetzungen der internationalen Zuständigkeit der deutschen Gerichte ausdrücklich in den §§ 98 bis 104 FamFG geregelt sind,[145] die deutschen Gerichte zuständig, wenn ein deutsches Gericht örtlich zuständig ist.

69 **10. Internationale Notzuständigkeit deutscher Gerichte**[146]**.** Eine Notzuständigkeit als Ersatzzuständigkeit deutscher Gerichte ist in den – seltenen – Fällen zu bejahen, in denen das international zuständige ausländische Gericht daran gehindert ist, in der Sache eine Entscheidung zu fällen und weil tatsächliche Abhaltung wie der Ausbruch von Seuchen oder kriegerischer Ereignisse[147] das ausländische Gericht tatsächlich an der Wahrnehmung der Rechtsprechung hindern. Voraussetzung für eine derartige Notzuständigkeit ist aber, dass der Sachverhalt eine Verbindung mit Deutschland aufweist, die hinreichend ausgestaltet ist. In der Literatur wird eine Konzeption einer Renvoi-Zuständigkeit vertreten[148] Danach soll das an sich international unzuständigen deutsche Gericht ausländische Zuständigkeit regeln, die von einem ausländischen Gericht, das nach deutschem Recht an sich zuständig wäre, aber nicht sich, sondern deutsche Gerichte für zuständig hält, zu beachten sein. Die herrschende Lehre[149] lehnt diese Zuständigkeitsverweisung ab, da, wollte man dieser Lehre folgen, der Grundsatz durchbrochen würde, dass jeder Staat selbst den Umfang seiner internationalen Zuständigkeit festlegt.[150]

70 Fraglich ist, wie im Falle einer Notzuständigkeit deutscher Gerichte das örtlich zuständige Gericht zu bestimmen sei. Die wohl überwiegende Meinung geht davon aus, dass nach den §§ 15 Abs. 1 S. 2, 27 Abs. 2 analog die örtliche Zuständigkeit des AG Berlin-Schöneberg begründet sei. So haben *Schütze*[151] und *Walchshöfer*[152] darauf hingewiesen, dass hier ein Fall vorliegt, der dem des § 36 Abs. 1 Nr. 2 gleich gelagert ist, was auf ein

---

145 Nach § 97 Abs. 1 FamFG gehen Regelungen in völkerrechtlichen Vereinbarungen, soweit sie unmittelbar anwendbares innerstaatliches Recht geworden sind, den Vorschriften dieses Gesetzes vor. Regelungen in Rechtsakten der Europäischen Gemeinschaft bleiben unberührt. § 98 Abs. 1 FamFG sind die deutschen Gerichte sind für Ehesachen zuständig, wenn ein Ehegatte seinen gewöhnlichen Aufenthalt im Inland hat, es sei denn, dass die zu fällende Entscheidung offensichtlich nach dem Recht keines der Staaten anerkannt würde, denen einer der Ehegatten angehört. Nach § 98 Abs. 2 FamFG erstreckt sich Die Zuständigkeit der deutschen Gerichte nach § 98 Abs. 1 FamFG im Fall des Verbunds von Scheidungs- und Folgesachen auf die Folgesachen. Gleiches gilt nach § 103 FamFG für Lebenspartnerschaftssachen. § 99 Abs. 1 FamFG sieht vor, dass die deutschen Gerichte in Kindschaftssachen außer in Verfahren nach § 151 Nr. 7 FamFG zuständig, wenn das Kind Deutscher ist oder seinen gewöhnlichen Aufenthalt im Inland hat. Die deutschen Gerichte sind ferner zuständig, soweit das Kind der Fürsorge durch ein deutsches Gericht bedarf. § 99 Abs. 2 FamFG stellt für den Fall, dass für die Anordnung einer Vormundschaft sowohl die deutschen Gerichte als auch die Gerichte eines anderen Staates zuständig sind und die Vormundschaft in dem anderen Staat anhängig ist, die Anordnung der Vormundschaft im Inland unterbleiben kann, wenn dies im Interesse des Mündels liegt. Die deutschen Gerichte sind nach § 100 FamFG in Abstammungssachen zuständig, wenn das Kind, die Mutter, der Vater oder der Mann, der an Eides statt versichert, der Mutter während der Empfängniszeit beigewohnt zu haben, Deutscher ist oder seinen gewöhnlichen Aufenthalt im Inland hat. Entsprechendes sieht § 101 FamFG für die internationale Zuständigkeit der deutschen Gerichte in Adoptionssachen und § 104 Abs. 1 FamFG für Betreuungssachen vor.

146 *Burgstaller/Neumayr* FS Schlosser (2005) S. 128 ff.

147 BAG NJW 1979, 1119.

148 *Milleker* Der negative internationale Kompetenzkonflikt (1975) S. 80; *Schröder* Internationale Zuständigkeit (1971) S. 789.

149 Statt aller: Stein/Jonas/*Roth* Vor § 12 Rdn. 37 mN [FN 120]; MünchKomm/*Patzina* § 12 Rdn. 100; *Kropholler* IZVR Bd. 1 Kap. III Rdn. 201; *Schack* IZVR Rdn. 459.

150 Stein/Jonas/*Roth* Vor § 12 Rdn. 33, 37.

151 *Schütze* FS Rechberger (2005) 567, 576.

152 *Walchshöfer* ZZP 80 (1960) 165, 218.

Gerichtsstandsbestimmungsverfahren verweist. Der dagegen erhobene Einwand, die schematische Zuständigkeit des AG Berlin-Schöneberg zeichne sich durch Rechtsklarheit und Einfachheit ab, während das Gerichtsstandsbestimmungsverfahren in entsprechender Anwendung des § 38 Abs. 1 Nr. 2 zu umständlich sei, verkennt, dass, nimmt man den engen Bezug des Sachverhalts mit Deutschland ernst, sich eine schematische Bestimmung örtlicher Zuständigkeit gegenüber einem Verfahren verbietet, in dem die Waffengleichheit der Parteien berücksichtigt werden kann. Die von *Milleker*[153] vertretene Auffassung, in derartigen Fällen läge eine unbeschränkte Falschheit des Klägers vor, wird in diesem Bezug zur Streitsache auf der einen Seite und der Waffengleichheit der Parteien auf der anderen Seite nicht gerecht.[154] *Burgstaller/Neumayr*[155] weisen darauf hin, dass eine Grenze zwischen der Nichtverfolgbarkeit von Ansprüchen aufgrund des materiellen Rechts eines bestimmten Staates oder seines formellen Rechts nicht ganz eindeutig gezogen werden kann. Sie folgern daraus, dass für die Beurteilung der Unzumutbarkeit der Rechtsverfolgung im Ausland es nicht nur darauf ankommen könne, ob ein bestimmter Anspruch im materiellen Recht aberkannt oder seine Verfolgbarkeit im fremden Recht ausgeschlossen werde. Daher sei eine inländische Notzuständigkeit zu eröffnen, wenn bei Fehlen eines inländischen Gerichtsstandes kumulativ ein ausreichender Inlandsbezug vorhanden ist und die beabsichtigte Rechtsverfolgung im Ausland nicht möglich oder unzumutbar sei.[156] Hieraus soll sich dann ein unabweisbares Bedürfnis gerade in Gewährung des Menschenrechtsschutz ergeben.

11. Zu erwartender ordre public-Verstoß des ausländischen Gerichts als Begründung der internationalen Zuständigkeit deutscher Gerichte? Eine nur Zuständigkeit deutscher Gerichte als ordre-Hinblick-Zuständigkeit ist abzulehnen,[157] da nicht mit Sicherheit prognostiziert werden kann, dass ein international zuständiges ausländisches Gericht international zwingende Normen nicht anwenden werde. 71

12. Wesenseigene Unzuständigkeit. In der Literatur[158] ist zum Teil von einem Grundsatz der „wesenseigenen" Zuständigkeit die Rede. Soweit damit gemeint sein soll, dass die internationale Zuständigkeit eines deutschen Gerichts deshalb nicht begründet sei, weil die vom Kläger verfolgte begehrte Entscheidung oder Verrichtung dem Gericht nach Maßgabe des deutschen (Prozess) Rechts verboten ist, kann dies auch als wesenseigene Unzuständigkeit bezeichnet werden. Zu weit würde es aber gehen, wollte man aus einem derartigen Grundsatz ableiten, dass die internationale Zuständigkeit eines deutschen Gerichts deshalb nicht begründet sei, weil der Prozess unter Anwendung ausländischen Prozessrechts geführt werden müsste. Zu Recht weist *Roth*[159] darauf hin, dass insbesondere im FamFG (dort § 98 – oben Rdn. 68) im Falle der internationalen Zuständigkeit des deutschen Familiengerichts das Scheidungsverfahren mit Folgesachen gegebenenfalls nach ausländischen Sach- und Verfahrensrecht zu entscheiden habe. Daher ist der Kritik an der Lehre von der wesenseigenen Unzuständigkeit darin zu folgen, dass die mit dieser Lehre verbundene Vermengung der Frage nach der Anwendbarkeit fremden Prozessrechts mit der Frage der internationalen Zuständigkeit abzulehnen ist, da beide Fragen strikt getrennt zu be- 72

153 *Milleker* Der negative internationale Kompetenzkonflikt (1975) S. 164.
154 So im Ergebnis auch Stein/Jonas/*Roth* Vor § 12 Rdn. 39 a.E.
155 *Burgstaller/Neumayr* FS Schlosser (2005) S. 129.
156 *Burgstaller/Neumayr* FS Schlosser (2005) S. 134.
157 So *Geimer* IZVR Rdn. 1054; Stein/Jonas/*Roth* Vor § 12 Rdn. 41.
158 *Riezler* FS Rosenberg (1949) S. 200 ff.; *Pfeiffer* Internationale Zuständigkeit und prozessuale Gerechtigkeit (1995); *Pohle* Zur Rangordnung der Prozeßvoraussetzungen, ZZP 81 (1968) 171 ff.
159 Stein/Jonas/*Roth* Vor § 12 Rdn. 44.

antworten sind. Die Anwendung ausländischen materiellen Rechts führt umso weniger zu einer wesenseigenen Unzuständigkeit des deutschen Gerichts.

73 **13. Vollstreckbarkeit des deutschen Urteils im Ausland.** Die Prüfung der internationalen Zuständigkeit des deutschen Gerichts hat außer Acht zu lassen, ob im Ausland das zu fällende deutsche Urteil vollstreckt werden soll und ob es im Ausland anerkannt werden wird. Zum einen ist es unpraktikabel, von dem deutschen Gericht zu fordern, sämtliche Widrigkeiten (Anerkennungsprobleme) vorab bei der Prüfung seiner internationalen Zuständigkeit nachzuvollziehen; in der Inanspruchnahme der Zuständigkeit durch einen ausländischen Staat muss aber die Leugnung des Zuständigkeitsinteresses deutscher Gerichte nicht liegen. Da der Grundsatz der lex fori darauf verweist, dass das Vorliegen eines ausschließlichen Gerichtsstands im Ausland als Voraussetzung der internationalen Unzuständigkeit deutscher Gerichte nach Maßgabe des deutschen Verfahrensrechts zu prüfen ist.[160]

74 **14. Forum non conveniens.** Abzulehnen ist die Verweigerung der internationalen Zuständigkeit durch Leugnung der internationalen Zuständigkeit eines deutschen Gerichts mit Argumenten, wegen Sach- und Beweisnähe sei ein ausländisches Gericht für die Entscheidung der konkreten Streitigkeit besser geeignet. Dies wird mit Argumenten der Lehre vom forum nonconveniens vertreten, die im Wesentlichen einen angloamerikanischen Ursprung hat. Ein forum non conveniens wird nicht selten auf dem Umweg über das Rechtschutzbedürfnis als gesonderte Prozessvoraussetzung einzuführen versucht.[161] Gegen die Übernahme dieser Lehre vom forum non conveniens in die Entscheidungspraxis deutscher Gerichte spricht aber, dass diese Lehre die internationale Zuständigkeit des angerufenen Gerichts im Wesentlichen von Einzelfallabwägungen abhängig macht, die dem Richter einen weiten Entscheidungsspielraum gewähren.[162] Damit würde das System der Gerichtsstandsnormen der Garantie des gesetzlichen Richters gemäß Art. 101 Abs. 1 S. 2 GG widerstreiten.[163] Diese Kritik spricht gegen die Lehre vom forum non conveniens, soweit, wie nicht selten, versucht wird, sie auf dem Umweg über das Rechtschutzbedürfnis als gesonderte Prozessvoraussetzung einzuführen.[164] Nunmehr sehen *Burgstaller/Neumayr*[165] in Art. 15 Eu-EheVO mit der Verweisung an ein Gericht, das den Fall besser beurteilen kann, die explizite Möglichkeit einer grenzüberschreitenden Verweisung im europäischen Raum und zugleich Raum für die Anwendung des Gedankens des forum non conveniens. *Schütze*[166] kritisiert zu Recht, dass der Satz vom forum non conveniens auf Einzelfallgerechtigkeit abstellt, die der Normativität des auf Gleichbehandlung im gerichteten deutschen Prozessrechts widerstreitet.

75 **15. Forum shopping.** Grundsätzlich gilt, dass der Kläger den Beklagten vor dem Gerichtsstand verklagen darf, der ihm nach den Umständen des Falles zur Verfügung steht. Dies ergibt sich zwanglos aus § 35. Die Ausübung der dem Kläger von Gesetzes wegen

160 Stein/Jonas/*Roth* Vor § 12 Rdn. 50.

161 *Schack* RabelsZ 58 (1994) 42, *Wahl* die verfehlte internationale Zuständigkeit (1974) 119 ff.; *Jayme* Zur Übernahme der Lehre vom forum non conveniens in das deutsche nationale Verfahrensrecht StAZ 1975, 91 ff.; *Roth* Probleme um die internationale Zuständigkeit nach § 29 ZPO.

162 Krit. *Hartwieg* JZ 1996, 109, 116 ff. sowie *Schütze* FS Ishikawa (2011) 493, 499 ff.

163 Stein/Jonas/*Roth* Vor § 12 Rdn. 52.

164 So *Wahl* Die verfehlte internationale Zuständigkeit (1974) 119 ff.; *Jayme* zur Übernahme der Lehre vom forum non conveniens in das deutsche nationale Verfahrensrecht StAZ 1975, 91 ff.

165 *Burgstaller/Neumayr* FS Schlosser (2005) S. 120.

166 *Schütze* FS Ishikawa (2011) 493, 501.

eingeräumten Wahlbefugnis stellt sich daher in aller Regel nicht als rechtsmissbräuchlich dar-sie ist mithin keine Erschleichung des Gerichtsstandes. Anders kann dies zu beurteilen sein, wenn der Kläger den Eintritt der Voraussetzungen der Zuständigkeit arglistig oder missbräuchlich herbeiführt.[167] Dies ist dann der Fall, wenn nicht die aufgrund des Sachverhalts gegebenen Wahlmöglichkeiten vom Kläger ausgenutzt werden, er also legitimes forum shopping als eine ihm durch das geltende Recht eingeräumte legitime Handlungsoption ausnutzen kann und sein Begehren in mehreren Staaten oder an mehreren Orten nebeneinander existierender Zuständigkeiten um rechtlicher oder tatsächlicher Vorteile willen betreibt. Vielmehr setzt die Erschleichung der Zuständigkeit voraus, dass der Kläger den Sachverhalt zulasten des Beklagten manipuliert, um Vorteile aus der so vermeintlich begründeten internationalen Zuständigkeit abzuleiten.

IV. Prüfung der internationalen Zuständigkeit

1. Prüfung von Amts wegen. In jeder Lage des Verfahrens und in jeder Instanz ist 76
die internationale Zuständigkeit als selbstständige Sachurteilsvoraussetzung von Amts wegen zu prüfen[168] hierauf beziehen sich die Regelungen des § 513 Abs. 2 und des § 545 Abs. 2 nicht.[169] Einer Rüge der internationalen Zuständigkeit durch den Beklagten bedarf es nicht, um die Prüfung der internationalen Zuständigkeit zu veranlassen. Der Beklagte kann sich aber mit der Wirkung des § 39 rügelos auf die Verhandlung vor dem international unzuständigen Gericht einlassen.

2. Rechtsmittelinstanz. Da die §§ 513 Abs. 2, 545 Abs. 2 nicht zur Anwendung gelan- 77
gen, haben die Berufung-und die Revisionsinstanz die internationale Zuständigkeit wie die 1. Instanz von Amts wegen zu prüfen;[170] auch unter der Voraussetzung, dass das Berufungsgericht die internationale Zuständigkeit bejaht und nur der Kläger Revision eingelegt hat.[171] Dabei ist aber zu berücksichtigen, dass das Revisionsgericht an die tatsächlichen Feststellungen der Vorinstanz bei der Prüfung der internationalen Zuständigkeit nicht gebunden ist. Es wird daher vertreten,[172] dass das Revisionsgericht etwa die Frage auch in tatsächlicher Hinsicht voll nach zu prüfen habe, ob der Beklagte seinen Wohnsitz im Inland hat. Das ist aber nur eingeschränkt richtig. Denn soweit neues Parteivorbringen über die hinterlassenen Zuständigkeit vorliegt, ist dies in der Revisionsinstanz ausgeschlossen.

3. Prüfungsreihenfolge. Fraglich ist in welcher Reihenfolge die internationale Zu- 78
ständigkeit bei der Prüfung der Prozessvoraussetzungen zu prüfen ist. Dabei wird die Meinung vertreten,[173] nur das Gericht könne die internationale Zuständigkeit deutscher Gerichte prüfen, das hier örtlich zuständig sei. Der BGH[174] hat die Ansicht vertreten, jedes deutsche Zivilgericht sei befugt, über die internationale Zuständigkeit der deutschen Gerichte zu entscheiden, daher sei die internationale Zuständigkeit der deutschen Gerichte vor der örtlichen Zuständigkeit zu prüfen. Demgegenüber wird in der Lehrbuchli-

167 Vorauflage/*Hausmann* Vor § 12 Rdn. 88.
168 BGHZ 189, 320; BGHZ 160, 332, 334; BGHZ 44 (GSZ), 46 ff.; BGH NJW 2011, 1028, 1029; NJW-RR 2006, 577.
169 Stein/Jonas/*Roth* § 1 Rdn. 43; Stein/Jonas/*Roth* Vor § 12 Rdn. 54.
170 BGHZ 89, 17,18; **a.A.** *Martin* Prozessvoraussetzungen Revision (1974) 67.
171 BGHZ 98, 263, 272.
172 *Geimer* IZPR Rdn. 1856a; Vorauflage/*Hausmann* Vor § 12 Rdn. 102.
173 *Pagenstecher* RabelZ 11 (1937) 457; *Riezler* IZPR S. 215, 322; *Walchshöfer* ZZP 80 (1967) 222 ff.; *Pohle* ZZP 81 (1968) 171; *Breitzke* FamRZ 1967, 592.
174 BGH NJW 1980, 1224 m. Anm. *Schlosser* NJW 1980, 147; BGH Vers RL 1983, 382.

teratur[175] die Auffassung vertreten, die Reihenfolge, in der die internationale Zuständigkeit gegenüber anderen Prozessvoraussetzungen zu prüfen sei, sei keine Frage der Logik sondern sei nach Maßgabe von Gründen der Praktikabilität und der Prozessökonomie zu beurteilen. Daraus folge, dass bei Zweifeln über das Vorliegen mehrerer Prozessvoraussetzungen diejenigen Prozessvoraussetzungen zuerst einer Prüfung zu unterwerfen sein, deren Klärung den geringsten Aufwand erfordere.[176] *Kralik*[177] meint, dass es bei der Frage, ob der inländische Staat international zur Entscheidung eines Rechtstreits zuständig sei, um die Frage der Rechtsschutzgewährung geht. Die Personalzuständigkeit sei dem Wesen nach Rechtsschutzsvoraussetzung. Demgegenüber hat *Pagenstecher*[178] die Ansicht vertreten, die internationale Zuständigkeit sei eine eigene Prozessvoraussetzung, die weder mit sachlicher noch mit örtlicher Zuständigkeit zu identifizieren sei.[179] *Kralik* begündet dies mit seiner Auffassung, dass es keine Prozessvoraussetzung zur Entscheidung über Prozessvoraussetzungen gebe, sondern alle Prozessvoraussetzungen vielmehr Voraussetzung der Sachentscheidung sei. Daher sei jedes Gericht zur Entscheidung einer prozessualen Frage eines vor ihm schwebenden Verfahren berufen, sofern diese nicht Gegenstand der Sachentscheidung ist.[180] Liegt überhaupt die deutsche Gerichtsbarkeit vor[181] ist zunächst zu prüfen, ob die internationale Zuständigkeit eines deutschen Gerichts begründet ist.

79 **4. Zeitpunkt.** Die tatsächlichen Voraussetzungen der internationalen Zuständigkeit des deutschen Gerichts müssen spätestens zum Schluss der mündlichen Verhandlung vorgelegen haben.[182] Die internationale Zuständigkeit des deutschen Gerichts entfällt aber nicht dadurch, dass sie, wenn sie bei Klageerhebung vorgelegen hat, später wegfällt.[183] Auch insofern greift der Grundsatz der perpetuatio fori nach § 261 Abs. 3 Nr. 2. Dabei spielt die Frage, ob das deutsche Urteil nach Wegfall der die internationale Zuständigkeit des deutschen Gerichts begründenden Tatsachen im Ausland anerkennungsfähig ist, keine Rolle.[184]

§ 12
Allgemeiner Gerichtsstand; Begriff

Das Gericht, bei dem eine Person ihren allgemeinen Gerichtsstand hat, ist für alle gegen sie zu erhebenden Klagen zuständig, sofern nicht für eine Klage ein ausschließlicher Gerichtsstand begründet ist.

Schrifttum

Braun Lehrbuch des Zivilprozeßrechts (2014); *K. Schmidt* Der Konkursverwalter als Gesellschaftsorgan und als Repräsentant des Gemeinschuldners, KTS 1984, 345; Smid Zivilgerichtliche Verfahren (2014).

---

175 *Schack* IZVR 390; Vorauflage/*Hausmann* Vor § 12 Rdn. 103 m.w.N.
176 Stein/Jonas/*Roth* Vor § 12 Rdn. 55.
177 *Kralik* ZZP 74 (1961) 28/29.
178 *Pagenstecher* RabelZ 11 (1937) 337, 457.
179 *Kralik* ZZP 74 (1961) 24.
180 *Kralik* ZZP 74 (1961) 36.
181 So auch Stein/Jonas/*Roth* Vor § 12 Rdn. 55.
182 Stein/Jonas/*Roth* § 1 Rdn. 37, Vor § 12 Rdn. 56.
183 Stein/Jonas/*Roth* Vor § 12 Rdn. 56.
184 Stein/Jonas/*Roth* Vor § 12 Rdn. 56.

Übersicht

I. Normzweck

§ 12 bestimmt, dass unter den im inländischen deutschen Staatsgebiet eingerichteten Gerichten der Zivilgerichtsbarkeit das örtlich zuständige Gericht für alle gegen eine Person gerichteten Klagen, die funktionelle und sachliche Zuständigkeit vorausgesetzt, sich nach dem sog. allgemeinen Gerichtsstand der Person bestimmt. Welches der allgemeine Gerichtsstand des Beklagten ist, beurteilt sich nach den Maßstäben, die in den §§ 13, 15 bis 19a in den Regelungen über die allgemeinen Gerichtsstände normiert sind. Deren Tatbestandsvoraussetzung zugrundelegend ist bei der Prüfung der örtlichen Zuständigkeit des anzurufenden Gerichts festzustellen, vor welchem Gericht ein Rechtsstreit auszutragen ist, wenn nicht Regelungen eingreifen, aus denen sich ein besonderer Gerichtsstand ergeben kann. 1

§ 12 macht klar, dass der allgemeine Gerichtsstand einer Person daher wenigstens auffangweise für alle Zivilprozesse eingreift, die gegen eine Person geführt werden. Dabei ist die Bestimmung des allgemeinen Gerichtsstandes nicht allein Frage einer Zweckmäßigkeitsentscheidung,[1] die gewährleistet, dass ein orts- und sachnahes Gericht zur Entscheidung berufen wird. Vom Gerichtsstand hängt vielmehr ab, ob den Parteien der gesetzliche Richter gewährt wird, worauf sie einen verfassungsrechtlich nach Art. 101 Abs. 1 S. 2 GG[2] verbürgten Anspruch haben. Die Regelungen der §§ 12ff. bestimmen den gesetzlichen Richter dabei nach Gesichtspunkten, denen der Gedanke der Waffengleichheit der Parteien im Zivilprozess (Vor § 12 Rdn. 22, 70) zugrunde liegt.[3] In diesem Zusammenhang wird von einem eigenen Gerechtigkeitswert der den Gerichtsstand begründenden Vorschriften gesprochen.[4] Dass der Beklagte grundsätzlich an seinem Wohnsitz (§§ 13ff.) bzw. eine juristische Person an ihrem Sitz (§§ 17ff.) verklagt werden muss, trägt dem Umstand Rechnung, dass der Kläger den Vorteil genießt, mit seiner Klage den Beklagten zur Einlassung zu zwingen, da der Beklagte andernfalls wegen Säumnis Gefahr läuft, dass ein Versäumnisurteil nach § 331 gegen ihn ergeht. Es würde daher die Waffengleichheit der Parteien verletzen, wäre der Beklagte stets gezwungen, sich auch dann vor einem auswärtigen Gericht zu verteidigen, wenn hierfür keine besonderen Gründe aus der Struktur des gegen ihn vom Kläger angestrengten Rechtsstreits sprechen. Der Beklagte genießt daher grundsätzlich den favor defensionis,[5] umgekehrt hat der Kläger den Beklagten „aufzusuchen", um ihn zu verklagen (actor sequitur forum rei).[6] 2

Dieser Gesichtspunkt rechtfertigt über den der Zweckmäßigkeit hinaus auch die besonderen Gerichtsstände (Vor § 12 unten Rdn. 10ff.); so trägt der deliktische Gerichts- 3

---

1 So aber z.T. die Rechtsprechung, vgl. LG München NJW 1973, 1617f.; *Smid* Zivilgerichtliche Verfahren, § 4 Rdn. 39.
2 Zöller/*Vollkommer* § 12 Rdn. 2 a.E.
3 Hierzu auch: Rosenberg/Schwab/*Gottwald* § 29 Rdn. 19.
4 Stein/Jonas/*Roth*[22] Vorb. 12 Rdn. 3, 23; MünchKomm/*Patzina* § 12 Rdn. 2; Zöller/*Vollkommer* § 12 Rdn. 2.
5 BGHZ 88, 331, 335 = JW 1984, 739; BGH NJW 1986, 3209; OLG Hamm OLGZ 1987, 336, 338 = NJW 1987, 138.
6 BGHZ 115, 90, 92 = NJW 1991, 3092.

stand des § 32 dem Umstand Rechnung, dass der örtliche Bezug der Veranlassung des Rechtsstreits zufällig war, es mit der Waffengleichheit der Parteien daher nicht vereinbar wäre, den Geschädigten mit seiner Klage an das Gericht des Gerichtsstandes des Beklagten zu verweisen; Ähnliches gilt für die dinglichen Gerichtsstände, §§ 24ff.

II. Begriff des Gerichtsstandes

4 Gerichtsstand ist nach dem Ausgeführten in der Begrifflichkeit der ZPO also derjenige Ort, an dem der Kläger wegen eines konkreten Streits Klage erheben muss, da der Beklagte dort verpflichtet ist, vor Gericht zu erscheinen. Die §§ 12ff. treffen Regelungen darüber, an welchem Ort ein Gericht mit der Folge angerufen werden kann, dass der Beklagte sich auf den Prozess einlassen muss: Die Regelungen über den Gerichtsstand ieS. lassen also die Bestimmung des örtlich zuständigen Gerichts zu. Ausnahmen stellen die §§ 34, 40 Abs. 2, 802 dar, in denen Anordnungen der sachlichen Zuständigkeit getroffen werden. Die Bestimmung des Gerichtsstandes erfolgt im Allgemeinen aufgrund örtlicher Beziehungen der Parteien bzw. der geltend gemachten Ansprüche oder auch der streitbefangenen Sachen. Ob im Übrigen das Amtsgericht oder das Landgericht zuständig ist, folgt nicht aus den §§ 12ff.“ sondern ist nach den Grundsätzen über die sachliche Zuständigkeit zu ermitteln (s. dazu die Erl. zu § 1).

III. Örtliche Anknüpfungspunkte des allgemeinen Gerichtsstandes

1. Wohnsitz und Sitz des Beklagten

5 **a)** Für den Gerichtsstand, also die örtliche Zuständigkeit, sind im Allgemeinen nach den §§ 13 bis 19 die örtlichen Verhältnisse des Beklagten wesentlich, namentlich der Wohnsitz bei natürlichen Personen (§ 13) bzw. der Sitz bei juristischen Personen (§ 17). Der Wohnsitz bzw. Sitz des Klägers stellt demgegenüber grundsätzlich keinen Anknüpfungspunkt für die Bestimmung der örtlichen Zuständigkeit dar.[7] Ausnahmen bilden die §§ 689 Abs. 2; § 371 Abs. 4 HGB; § 29c.

6 **b) Beispiele.** So ist für die auf Zahlung eines Handelsvertreterausgleichs nach § 89b HGB gerichtete Klage im allgemeinen – vorbehaltlich der Begründung eines davon abweichenden ausschließlichen Gerichtsstandes nach § 38 – das Landgericht zuständig, an dem der Beklagte seinen Sitz und damit seinen allgemeinen Gerichtsstand gemäß §§ 12, 17 hat.[8] Der Verwender einer Gerichtsstandsklausel, die den Gerichtsstand an dem Ort vorsieht, an dem er zum Zeitpunkt der Vereinbarung seinen Unternehmenssitz hat, kann sich nach § 242 BGB auf die Klausel nicht berufen, wenn er seinen Sitz verlegt hat und im allgemeinen Gerichtsstand (§§ 12, 17) am neuen Sitz verklagt wird.[9]

7 Hat ein Verkehrsunfallgeschädigter seine Schadenersatzklage am Wohnsitzgericht des beklagten Fahrzeugführers sowie des beklagten Kraftfahrzeughalters und am Ort einer Niederlassung des mitverklagten Kraftfahrzeughaftpflichtversicherers erhoben, ist eine Verweisung des Rechtsstreits an das Gericht des Unfallortes objektiv willkürlich und somit ohne Bindungswirkung. Mit Erhebung der Klage bei einem zuständigen Gericht (§§ 12, 13, 17 Abs. 1) übt der Kläger das ihm zustehende Wahlrecht nach § 35 verbindlich und unwiderruflich aus; eine nachträgliche Änderung der Gerichtsstandswahl

7 *Smid* Zivilgerichtliche Verfahren, § 4 Rdn. 40.
8 KG Berlin MDR 2008, 465.
9 KG Berlin MDR 2008, 465.

ist grundsätzlich unzulässig.[10] Soweit von diesem Grundsatz abgewichen wird, wenn ein (gemeinsamer) Gerichtsstand der unerlaubten Handlung erst nachträglich bekannt wird,[11] trifft dies nicht den Fall, in dem der Gerichtsstand des Unfallortes von vornherein bekannt gewesen ist und der Kläger das Wohnsitz- bzw. Sitzgericht bewusst ausgewählt hat.[12]

2. Parteien kraft Amtes. Dies gilt nicht ohne weiteres für Klagen, die gegen eine Partei kraft Amtes (s. dazu § 51) gerichtet sind. Klagen gegen den vorläufigen Verwalter gemäß § 22 InsO, Zwangsverwalter, Nachlassverwalter und Testamentsvollstrecker sind an deren Gerichtsstand zu erheben,[13] da sie nicht als Vertreter oder Organ[14] des verwalteten Vermögens zu qualifizieren sind (str., s. auch § 13 und § 17).[15] Für die Klagen gegen den Insolvenzverwalter nach der InsO gilt jedoch § 19a. 8

IV. Durchbrechungen der örtlichen Zuständigkeit des Gerichts des allgemeinen Gerichtsstandes des Beklagten, § 12 2. Halbs.

1. Ausschließliche örtliche Zuständigkeit. Der Wortlaut des § 12 2. Halbs. zeigt, dass der allgemeine Gerichtsstand des Beklagten nur dann für die Bestimmung der örtlichen Zuständigkeit des Gerichts für gegen ihn gerichtete Klagen maßgeblich ist, wenn nicht ein ausschließlicher Gerichtsstand eingreift. Ausschließliche Gerichtsstände normieren die §§ 24 (dingliche Klagen), 29a (Miet- und Pachtstreitigkeiten über Räume), § 32a (Schadenersatzklagen wegen Umweltschäden) – wegen Einzelheiten ist hier auf die jeweilige Erläuterung der Vorschrift im Folgenden zu verweisen –, § 14 UWG (Wettbewerbssachen), § 180 Abs. 1 InsO (Insolvenzfeststellungsklagen). § 40 (vgl. die Anmerkungen dort) schließt auch eine Abdingbarkeit ausschließlicher Gerichtsstände in Gerichtsstandsvereinbarungen nach § 38 aus. Umgekehrt kann aber aus der Normierung einer Unabdingbarkeit der gesetzlich geregelten örtlichen Zuständigkeit, wie einst in § 48 Abs. 1 VVG aF. (nunmehr anders in § 215 Abs. 1 VVG) für Versicherungsunternehmen bzw. dem Gerichtsstand der inländischen Zweigniederlassung ausländischer Versicherungsunternehmen, nicht auf deren Ausschließlichkeit geschlossen werden.[16] 9

2. Sonderregelungen. Begründet das Gesetz unter Ausschluss des allgemeinen Gerichtsstandes eine besondere örtliche Zuständigkeit verdrängt dies § 12,[17] ohne damit eine ausschließliche örtliche Zuständigkeit zu begründen. Somit können abweichende Gerichtsstandsvereinbarungen getroffen werden. Hier ist z.B. auf §§ 3, 6 des Gesetzes über das gerichtliche Verfahren in Binnenschifffahrtsachen vom 27.9.1952[18] zu verweisen. 10

---

10 BayObLG, MDR 1999, 1461; NJW-RR 1991, 187, 188; OLG Frankfurt am Main, OLGR 2004, 411, 412; OLG Naumburg, NJW-RR 2002, 1704, 1705; Zöller/*Vollkommer* § 35 Rdn. 2; Baumbach/Lauterbach/Albers/*Hartmann* § 35 Rdn. 4 f.; Musielak/*Heinrich* § 35 Rdn. 3; Thomas/Putzo/*Hüßtege* § 35 Rdn. 2.

11 KG NJW-RR 2001, 62 f.; **a.A.** Thomas/Putzo/*Hüßtege* § 35 Rdn. 3.

12 OLG Brandenburg JMBl BB 2007, 65 ff.

13 BGHZ 32, 114, 118 = NJW 1960, 1006; BGHZ 49, 11, 16 = NJW 1968, 300; BGHZ 68, 16, 17 = NJW 1977, 900; BGHZ 88, 331, 334 = NJW 1984, 739.

14 So aber *K. Schmidt* KTS 1984, 345, 382; *Kilger/Schmidt*[17] Anm. 2b zu § 6 KO; krit. dagegen Leonhardt/Smid/Zeuner/*Smid* § 80 InsO Rdn. 13 ff.

15 RGZ 120, 189, 192; BGHZ 88, 331, 334 = NJW 1984, 739.

16 Vgl. hierzu: Stein/Jonas/*Roth*[22] § 21 Rdn. 24.

17 Vgl. *Braun* Lehrbuch des Zivilprozeßrechts, § 19 Kapitel 2 Ziff. 1; MünchKomm/*Patzina* § 12 Rdn. 27.

18 Binnenschifffahrtsgesetz (RGBl. S 301, 369, 868; letzte Änderung durch Art. 5 G vom 20.4.2013, BGBl. I S. 831, 864 f.); sowie: Gesetz über das gerichtliche Verfahren in Binnenschifffahrtsachen v. 27.9.1952 (BGBl. I S. 641).

V. Wahlmöglichkeit des Klägers

11 Liegt für den anzustrengenden Rechtsstreit kein ausschließlicher Gerichtsstand (oben Rdn. 9) vor, eröffnet das Gesetz dem Kläger zwischen mehreren in Betracht kommenden konkurrierenden Gerichtsständen in § 35 die Wahl. Diese Wahlmöglichkeit besteht zum einen, wenn der Beklagte über mehrere Wohnsitze (Doppel- oder Mehrfachwohnsitze) verfügt,[19] zum anderen, wenn neben dem allgemeinen Gerichtsstand ein nicht ausschließlicher besonderer Gerichtsstand in Betracht kommt.[20] Solche nicht ausschließlichen besonderen Gerichtsstände liegen insbesondere mit den im Sachzusammenhang mit der dinglichen Klage stehenden Angelegenheiten nach § 25, den persönlichen Klagen gegen den Eigentümer gemäß § 26 und den Erbschaftsstreitigkeiten gemäß §§ 27, 28, der Vertragszuständigkeit nach § 29 und dem Gerichtsstand der unerlaubten Handlung gemäß § 32 vor; auf die Erläuterungen zu diesen Vorschriften wird verwiesen.

§ 13
Allgemeiner Gerichtsstand des Wohnsitzes

Der allgemeine Gerichtsstand einer Person wird durch den Wohnsitz bestimmt.

Schrifttum

Bork Die Prozessfähigkeit nach neuem Recht, MDR 1991, 97; *Braun* Lehrbuch des Zivilprozessrechts (2014); *Schimansky/Bunte/Lwowski-Welter* Bankrechts-Handbuch, 4. Aufl. 2011.

Übersicht

---

19 BeckOK/*Toussaint* § 12 Rdn. 21 f.
20 *Braun* Lehrbuch des Zivilprozeßrechts, § 19 Kapitel 2 Ziff. 3a).

I. Normzweck

1. „Actor sequitur forum rei". Während § 12 den Grundsatz normiert, dass Personen vor ihrem allgemeinen Gerichtsstand verklagt werden können, regelt § 13 den allgemeinen Gerichtsstand für natürliche Personen. Maßgeblich für die Bestimmung des allgemeinen Gerichtsstandes ist der Wohnsitz der natürlichen Person. Die Norm dient der Gewährleistung der Waffengleichheit der Parteien. Der Beklagte soll als Angegriffener davor geschützt werden, den Prozess an einem für ihn auswärtigen Gericht zu führen.[1] § 13 setzt damit für die natürliche Person den Grundsatz des „actor sequitur forum rei" um.[2] Der Wohnsitz der natürlichen Person ist dabei auch aus der Sicht des Klägers deshalb der angemessene Anknüpfungspunkt der Bestimmung des allgemeinen Gerichtsstandes, weil der Beklagte regelmäßig an seinem Wohnsitz seine rechtlichen Angelegenheiten wahrnimmt – der Gerichtsstand ist daher für den Kläger nicht überraschend. Zudem ist an seinem Wohnsitz regelmäßig auch das Vermögen des Beklagten belegen, so dass der Kläger dort aus dem erstrittenen Titel auch erfolgreich die Vollstreckung wird betreiben können. Dies gilt unabhängig von der Staatsangehörigkeit des Beklagten;[3] § 13 kommt daher auch auf Ausländer und Staatenlose, sofern diese nur in Deutschland ihren Wohnsitz genommen haben, zur Anwendung. Zu den Ausnahmen des internationalen Privatrechts (unten Rdn. 39). Bei juristischen Personen normiert § 17 das Gegenstück zu § 13 mit der Maßgabe, dass sich der allgemeine Gerichtsstand grundsätzlich aus dem Sitz der Gesellschaft ergibt. 1

2. Auseinanderfallen von Wohnsitz und Ort der Wahrnehmung rechtlicher Angelegenheiten. Der allgemeine Gerichtsstand des Beklagten folgt auch dann aus dem Ort seines Wohnsitzes, wenn er seine rechtlichen Angelegenheiten an einem anderen Ort wahrnimmt. Anders als zB im Insolvenzverfahrensrecht, in dem es für die Bestimmung der örtlichen Zuständigkeit des Gerichts auf den Mittelpunkt des hauptsächlichen Interesses oder der wirtschaftlichen Betätigung des Schuldners ankommen kann, hebt das Auseinanderfallen von Wohnsitz und Ort der Wahrnehmung rechtlicher Angelegenheiten durch den Beklagten den Wohnsitzgerichtsstand nicht auf: So begründet der Wohnsitz insbesondere selbständig tätiger Freiberufler deren allgemeinen Gerichtsstand auch in solchen Fällen, in denen sie ihr Kontore als Einzelhandelskaufleute, ihre Praxen als Ärzte oder Kanzleien als Rechtsanwälte, Notare oder Steuerberater außerhalb des Gerichtssprengels unterhalten, in dem der Ort ihres Wohnsitzes liegt.[4] Wird auch am Orte des Kontors, der Praxis oder der Kanzlei usf. regelmäßig die Begründung und Abwicklung der Geschäfts- und Rechtsbeziehungen der natürlichen Person vollzogen werden, widerlegt dies noch nicht die Angemessenheit des Wohnsitzgerichtsstandes und hebt den allgemeinen Gerichtsstand an deren Wohnsitz nicht auf.[5] Denn bei Streitigkeiten aus am Ort des Kontors, der Praxis oder der Kanzlei geschlossenen Verträgen und den sich anschließenden Nebenansprüchen hat der Kläger nach § 35 die Wahl, den Beklagten am Ort des Vertragsschlusses 2

1 BGHZ 157, 20, 28; Prütting/Gehrlein/*Wern* § 13 Rdn. 1.
2 AG Frankfurt/M., Urt. v. 13.2.2009 – 32 C 2323/08 – 72 – MMR 2009, 490, 492 mit Anmerkung v. *Solmecke*.
3 Stein/Jonas/*Roth* § 13 Rdn. 2; Zöller/*Vollkommer* § 13 Rdn. 1.
4 MünchKomm/*Patzina* § 13 Rdn. 2.
5 Musielak/*Heinrich* § 13 Rdn. 1.

gem. § 29, gegebenenfalls am Ort seiner (gewerblichen) Niederlassung nach § 21 (Einzelheiten dort Rdn. 11 ff.) zu verklagen.

II. Verhältnis zu anderen Gerichtsständen

3 **1. Fehlen eines inländischen Wohnsitzes.** Verfügt der Beklagte über keinen inländischen Wohnsitz, kommt § 13 nicht zur Anwendung, da die deutsche Gerichtsbarkeit grundsätzlich auf das deutsche Staatsgebiet beschränkt ist. Allgemeiner Gerichtsstand kann folglich nur der inländische Wohnsitz des Beklagten sein.[6] Hat der Beklagte einen ausländischen Wohnsitz, kann sich die internationale Zuständigkeit (unten Rdn. 39) eines deutschen Gerichts nur aus dem Vorliegen eines besonderen Gerichtsstandes ergeben. Eine Ausnahme macht für exterritoriale deutsche Staatsbürger § 15 Abs. 1 S. 1, 1. HS bzw. für Angehörige des deutschen öffentlichen Dienstes im Auslandseinsatz § 15 Abs. 1 S. 1, 2. HS durch die Fiktion eines inländischen Wohnsitzhilfs- bzw. eines Ersatzgerichtsstandes (§ 15 Rdn. 3 ff.). Verfügt außerhalb des persönlichen Geltungsbereichs des § 15 ein Beklagter weder im Inland noch im Ausland über einen Wohnsitz, kommt § 16 (dort Rdn. 2 ff.) zum Zuge, der den allgemeinen Gerichtsstand am inländischen Aufenthaltsort des Beklagten begründet. Ist dieser nicht zu ermitteln, wird auf die Kriterien des § 13 dadurch zurückgegriffen, dass Anknüpfungspunkt für die Ermittlung des allgemeinen Gerichtsstandes der letzte frühere inländische Wohnsitz des Beklagten ist.

4 **2. Zeitpunkt der Innehabung des Wohnsitzes.** Die örtliche Zuständigkeit des angerufenen Gerichts muss nicht bereits zum Zeitpunkt der Klageerhebung vorgelegen haben. Begründet der Beklagte bis zum Schluss der letzten mündlichen Verhandlung seinen Wohnsitz an einem im Gerichtsprengel des angerufenen Gerichts belegenen Ort, hat dies dessen örtliche Zuständigkeit nach § 13 zur Folge.[7] War die örtliche Wohnsitzzuständigkeit des angerufenen Gerichts nach § 13 bei Klagerhebung begründet, wird diese nach Eintritt der Rechtshängigkeit gem. § 261 Abs. 3 Nr. 1 durch Wohnsitzverlegungen des Beklagten heraus aus dem Gerichtssprengel nicht beseitigt.[8]

5 **3. Besondere Gerichtsstände.** Der Funktion des § 13 als allgemeinem Gerichtsstand entspricht es, dass er mit besonderen Gerichtsständen in ein Wahlverhältnis tritt, so dass der Kläger den Beklagten vor dem Gericht, in dessen Bezirk dessen Wohnsitz liegt, aber nach seiner mit Klagerhebung auszuübenden Wahl (§ 35) auch an den fakultativen Wahlgerichtsständen verklagen kann. Dort, wo der Gesetzgeber das Prinzip der Waffengleichheit der Parteien nicht gewahrt sieht und dementsprechend wie in den Fällen der §§ 24, 29a ausschließliche Gerichtsstände normiert hat, ist der Kläger nicht zur Klageerhebung am Wohnsitz des Beklagten genötigt, die Klage am Gericht nach § 13 ist dann tatsächlich wegen örtlicher Unzuständigkeit unzulässig.

III. Begriff des Wohnsitzes in § 13

1. Rückgriff auf die Regelungen des BGB

6 **a)** Die ZPO definiert den Begriff des Wohnsitzes nicht. Daher ist für die Auslegung des prozessrechtlichen Begriffes des Wohnsitzes in § 13 auf die Regelungen der §§ 7 ff.

6 Stein/Jonas/*Roth* § 13 Rdn. 1.
7 RGZ 52, 136; BGH, Urt. v. 1.3.2011 – XI ZR 48/10 – NJW 2011, 2515.
8 OLG Karlsruhe BadRPr 1904, 135; MünchKomm/*Becker-Eberhard* § 261 Rdn. 87.

BGB zurückzugreifen.[9] Die materiell-rechtlichen §§ 7ff. BGB werden damit zu einem Bestandteil des Prozessrechts.[10] Dieser Rückgriff auf das deutsche bürgerlich-rechtliche Domizilrecht ist nicht nur im Falle von Beklagten mit deutscher Staatsangehörigkeit vorzunehmen, sondern auch bei Klagen, die gegen ausländische Staatsbürger gerichtet werden. Denn insofern entscheidet die lex fori, nicht das Personalstatut des Beklagten.[11] Ob der ausländische Beklagte rechtlich in der Lage war, wirksam einen Wohnsitz im Inland zu begründen oder daran wegen beschränkter Geschäftsfähigkeit oder Geschäftsunfähigkeit rechtlich gehindert war, richtet sich dagegen nach seinem Personalstatus.[12]

b) Auch in § 7 BGB hat der Gesetzgeber allerdings auf eine weitergehende Legaldefi- 7
nition des Wohnsitzes verzichtet. Der Wohnsitz wird allein vom Gesetzeswortlaut als derjenige Ort gefasst, an dem sich die Person ständig niedergelassen hat.

2. Gewöhnlicher Aufenthalt. Vom Wohnsitzbegriff der ZPO und des BGB ist der des 8
gewöhnlichen Aufenthalts zu unterscheiden. § 122 FamFG stellt für die Bestimmung der örtlichen Zuständigkeit in Ehesachen auf den gewöhnlichen Aufenthalt der Ehegatten bzw. der minderjährigen Kinder ab, der als Schwerpunkt der Bindungen einer Person an einen Ort in dem Sinne definiert wird, dass dieser Ort ihren Daseinsmittelpunkt bildet. Entscheidend sind dabei die tatsächlichen Verhältnisse, was auf den Bestand sozialer Beziehungen an dem Ort und eine Dauer des Aufenthalts verweist.[13] Auf einen Domizilbegründungswillen kommt es dabei nicht an.[14] Die ZPO normiert mit dem Gerichtsstand des Aufenthaltsortes einen dem Wohnsitzgerichtstand gegenüber besonderen, konkurrierenden fakultativen Gerichtsstand, der greift, wenn sich natürliche Personen an einem Ort unter Verhältnissen, die ihrer Natur nach auf einen Aufenthalt von längerer Dauer hinweisen, insbesondere als Hausgehilfen, Arbeiter, Gewerbehilfen, Studierende, Schüler oder Lehrlinge aufhalten (Einzelheiten § 20 Rdn. 7ff.). Das macht deutlich, dass der Wohnsitzgerichtsstand nicht mit einem Gerichtsstand des „gewöhnlichen Aufenthalts" gleichgesetzt werden kann.

3. Einfacher Aufenthalt. Ohne dass es darauf ankommt, ob dies mit dem Willen des 9
Beklagten geschieht, kann allein der schlichte Aufenthalt gem. § 16 (dort Rdn. 5ff.) einen (Hilfs-)Gerichtsstand begründen, der in Ermangelung eines Wohnsitzes vor inländischen Gerichten erhobene Klagen gegen den Beklagten ermöglicht, wenn nur ein tatsächliches Verweilen von einer gewissen Dauer oder Regelmäßigkeit gegeben ist.[15]

4. Dienst- oder Amtssitz. Das deutsche Recht kennt eine Begründung des Wohnsit- 10
zes und damit des allgemeinen Gerichtsstandes am Dienstort in § 9 Abs. 1 S. 1 BGB. Nach dieser Vorschrift hat ein Soldat seinen Wohnsitz am Standort als seinem Dienstort, wobei aufgrund des rechtlichen Umstandes, dass mehrere Wohnsitze möglich sind,[16] neben dem Dienstort weitere Gerichtsstände in Betracht kommen. § 9 Abs. 1 BGB ist aber eine

---

9 BGH NJW 2006, 1808, 1808; RHZ 67, 191,193; 126, 8, 9; Zöller/*Vollkommer* § 13 Rdn. 3; MünchKomm/*Patzina* § 13 Rdn. 4.
10 BGH WM 75, 915; Zöller/*Vollkommer* § 13 Rdn. 3; Musielak/*Heinrich* § 13 Rdn. 2.
11 OLG Karlsruhe NJW 1956, 1587; MünchKomm/*Patzina* § 13 Rdn. 5.
12 Vgl. Schimansky/Bunte/Lwowski/*Welter* Bankrechts-Handbuch, § 26, Rdn. 68.
13 MünchKomm/*Hilbig-Lugani* § 122, Rdn. 11ff. FamFG.
14 MünchKomm/*Hilbig-Lugani* § 122, Rdn. 14ff. FamFG.
15 RGZ 91, 287, 288; ByObLGZ 1959, 416, 418.
16 RGZ 126, 8, 12; BVerwG MDR 1960, 1041; Prütting/Gehrlein/*Wern* § 13 Rdn. 4; Musielak/*Heinrich* § 13 Rdn. 2.

Ausnahmevorschrift, die allenfalls auf Mitglieder der NATO-Streitkräfte, nicht aber z.B. auf Angehörige der Bundespolizei angewendet werden kann[17] So wird nach § 10 Abs. 2 BNotO dem Notar mit seiner Ernennung ein Amtssitz zugewiesen, ohne dass er an dessen Ort seinen Wohnsitz zu nehmen genötigt wäre. Gleiches gilt für den Dienstsitz von Beamten.[18]

11 **5. Niederlassung.** Weiter kann der Beklagte einen Gerichtsstand in einem von dem seines Wohnsitzes abweichenden Gerichtsbezirk zum Betrieb einer Fabrik, einer Handlung oder eines anderen Gewerbes oder einer Niederlassung, von der aus unmittelbar Geschäfte geschlossen werden, begründet haben, und zwar in Gestalt des fakultativen Gerichtsstandes nach § 21 (dort Rdn. 5).[19]

12 **6. Auslegung des Wohnsitzes gem. § 7 Abs. 1 BGB als räumlicher Schwerpunkt der Lebensverhältnisse.** Für die Eignung der „Niederlassung" (§ 7 Abs. 3 BGB) einer Person zum Wohnsitz gem. § 7 Abs. 1 BGB wird in objektiver Hinsicht darauf abgestellt, ob sich an dem Ort der räumliche Schwerpunkt der Lebensverhältnisse einer Person befindet,[20] womit gegenüber Definitionen des Wohnsitzes „als Mittelpunkt des gesamten Lebens"[21] dem Umstand Rechnung getragen werden soll, dass § 7 Abs. 2 BGB mehrere Wohnsitze zulässt.[22] Die dementsprechend überkommene frühere Rechtsprechung stellte demgegenüber noch auf den Wohnsitz als „den räumlichen Mittelpunkt" des gesamten Lebens einer Person ab.[23]

IV. Tatbestand selbständigen Wohnsitzes

13 **1. „Niederlassung" als Begründungsakt.** Aus § 7 Abs. 1 BGB folgt, dass der Wohnsitz von dem Beklagten durch „Niederlassung" im Sinne eines Handelns begründet worden sein muss. Dieses „Sich-Niederlassen" bezeichnet somit zum einen ein tatsächliches Verhalten der Person (des Beklagten) als Beziehung zu einem Ort (unten Rdn. 16), aus dem sich objektiv ersehen lässt, dass sie an diesem Ort den „Schwerpunkt" ihrer Lebensverhältnisse hat. Zum anderen verweist das Niederlassen auf ein Willenselement. Der BGH[24] sieht in dem Niederlassen eine geschäftsähnliche Handlung.[25] Als geschäftsähnliche Handlung erfordert die Niederlassung **Geschäftsfähigkeit,**[26] die sich nach allgemeinen Regeln bestimmt. Hierin liegt auch das maßgebliche Unterscheidungskriterium gegenüber dem Gerichtsstand des Aufenthaltsortes nach § 16 ZPO, der durch ein rein tatsächliches Verhalten – namentlich in Gestalt des bloßen Verweilens an einem Ort[27] – begründet ist.[28] Unerheblich ist für die Frage der Niederlassung im Übrigen, ob z.B. nach den Steuergesetzen ein Wohnsitz gegeben ist.[29]

---

17 Stein/Jonas/*Roth* § 13 Rdn. 15.
18 OLG Brandenburg Urt. v. 29.11.2000 – 3 U 111/99.
19 Baumbach/*Lauterbach* § 21 Rdn. 1; MünchKomm/*Patzina* § 21 Rdn. 1.
20 BGHZ 110, 267, 278; AG Köln NZI 2008, 390, 390, 390.
21 Saenger/*Bendtsen* § 13 Rdn. 3.
22 BGH, Beschl. v. 16.12.2003 – X ARZ 117/03 – BGH RVGreport 2004, 106.
23 Vgl. z.B. RGZ 67, 191, 193.
24 BGH NJW 1952, 1251, 1251.
25 So auch Saenger/*Bendtsen* § 13 Rdn. 3.
26 Staudinger/*Schienemann* Eckpfeiler des Zivilrechts, C. Rdn. 12.
27 KG OLGZ 1973, 149.
28 Musielak/*Heinrich* § 13 Rdn. 2.
29 Stein/Jonas/*Roth* § 13 Rdn. 4 m.w.N.

2. Ständige Niederlassung

a) Erforderlich ist zur Begründung eines Wohnsitzes die **ständige** Niederlassung der Person.[30] Sie liegt vor, wenn die Niederlassung auf Dauer gerichtet und nicht nur auf bestimmte Zeit vorgenommen wird.[31] Unter welchen Umständen diese „Niederlassung“ erfolgt, ist unerheblich, wenn sie nur dauerhaft angelegt ist. Daher kann die Niederlassung durch Bezug eines eigenen Hauses, einer Eigentumswohnung der Person oder durch entsprechende Anmietung von Wohnraum erfolgen, im Einzelfall aber auch durch Anmietung eines Hotelzimmers, z.B. im Fall einer Zimmerflucht (so der Sänger Udo Lindenberg im Hamburger Hotel Atlantic) oder der dauerhaften Quartiernahme in der Wohnung von Verwandten, da grundsätzlich der Besitz von Wohnraum – und sei es als Untermieter – maßgeblich ist.[32] Da es sich um eine eigene Unterkunft handeln muss, kann ein Obdachloser niemals einen Wohnsitz begründen, auch wenn er sich ständig auf einer Parkbank niedergelassen hat.[33] Der bloße Besitz von bzw. das Eigentum an Liegenschaften genügt einer ständigen Niederlassung jedoch noch nicht.[34] 14

Der polizeilichen Meldepflicht kommt allein Indizwirkung zu,[35] auch wenn dies in der Praxis regelmäßig anders gehandhabt wird; die bloße polizeiliche Meldung begründet ohne tatsächliche Niederlassung in dem beschriebenen Sinne daher noch keinen Wohnsitz, kann aber Beweisanzeichen sein.[36] Allein der Umstand, dass sich der Beklagte regelmäßig an einem anderen Ort aufhält, begründet dagegen einen dortigen Wohnsitz noch nicht. Selbst mehrjährige Krankenhaus- oder Rehaklinikaufenthalte genügen nicht.[37] Auch am Ausbildungs- oder Studienort[38] ist ein Wohnsitz grundsätzlich nicht begründet. Der längerfristige Aufenthalt am Ausbildungs- oder Studienort kann aber dann zu einer (Neu-)Begründung des Wohnsitzes führen, wenn der Auszubildende bzw. der Student seinen gesamten Lebensmittelpunkt an den Ausbildungs- bzw. Studienort verlegt.[39]

b) Noch nicht abschließend geklärt ist die in Folge des demographischen Wandels immer mehr an Bedeutung gewinnende Frage der Heimunterbringung. Für „Pflegewohnzentren“ wird die Möglichkeit einer Wohnsitzbegründung bejaht.[40] Abzustellen ist grundsätzlich auf die geplante Dauer des Aufenthalts. Für den Fall der Heimunterbringung eines Kindes ist dagegen die Begründung eines Wohnsitzes abzulehnen.[41] 15

3. „Ort“ der Niederlassung. Der „Ort“, an dem sich die Person wohnsitzbegründend niederlässt, bezeichnet dabei nicht die konkrete Wohnung oder ein bestimmtes 16

30 BGH NZI 2001, 646, 646; AG Köln NZI 2008, 390, 390; Zöller/*Vollkommer* § 13 Rdn. 4.
31 RGZ 91, 287, 288; Stein/Jonas/Roth § 13 Rdn. 3.
32 Stein/Jonas/*Roth* § 13 Rdn. 3.
33 OLGR Hamm 2005, 155, 156.
34 Stein/Jonas/*Roth* § 13 Rdn. 4.
35 BGH NJW-RR 1995, 507, 507; Stein/Jonas/*Roth* § 13 Rdn. 3.
36 BGH, Beschl. v. 7.2.1990 – XII ARZ 1/90 – NJW-RR 1990, 506.
37 BayObLG NJW 1993, 670.
38 BVerfG NJW 1990, 2193, 2194.
39 Vgl. BVerfG NJW 1990, 2193, 2194; OLG Hamm FamRZ 1989, 1331; MünchKomm/*Patzina* § 13 Rdn. 13.
40 OLG Düsseldorf FGPrax 2009, 271.
41 OLG Düsseldorf NJW-RR 1991, 1411, 1411.

Wohnhaus, sondern die „kleinste politische Einheit",[42] i.d.R. also die Gemeinde. Sofern eine Gemeinde in unterschiedliche Gerichtsbezirke aufgeteilt ist, bestimmt sich der einschlägige Gemeindeteil nach den jeweiligen Gerichtsbezirksgrenzen.[43]

4. Domizilwillen

17 **a)** Bemisst sich die Qualifikation einer Aufenthaltsnahme als ständige Niederlassung nach objektiven Gesichtspunkten, ist subjektiv erforderlich, dass der Beklagte gerade auch den Willen hat, den Ort der Niederlassung ständig zum Schwerpunkt seiner Lebensverhältnisse zu machen.[44] Eine ausdrückliche Erklärung ist nicht erforderlich.[45] Der Wille muss sich aber unzweideutig aus den Umständen ergeben, wobei das Verhalten der Person – insbesondere die tatsächliche Niederlassung auf Dauer – Rückschlüsse auf den Domizilwillen zulassen.[46] Da der Wohnsitz iSd. § 7 BGB grundsätzlich frei gewählt werden kann, wird er gemeinhin auch als „gewillkürter" oder **„selbständiger" Wohnsitz** bezeichnet.[47] Dies steht im Gegensatz zu den Spezialtatbeständen der §§ 8ff. BGB, in denen der Wohnsitz unabhängig von einem entsprechenden Schwerpunkt der Lebensverhältnisse, z.B. für Soldaten oder Kinder, gesetzlich vorgeschrieben wird (unten Rdn. 28ff., 33ff.). In letztgenannten Fällen wird folgerichtig von einem „gesetzlichen" oder „unselbständigen" Wohnsitz gesprochen.[48]

18 **b)** Der Wille muss sich nicht auf eine unbegrenzte Dauer des Aufenthalts an dem Ort richten;[49] auch wenn eine spätere Verlegung des Wohnsitzes bei dessen Begründung geplant war, genügt dies den subjektiven Anforderungen, die an die Begründung des Wohnsitzes zu richten sind. Dies ist etwa der Fall, wenn der Arbeitnehmer zur Zeit der Niederlassung beabsichtigt, bei günstiger Gelegenheit später in seine Heimat zurückzukehren,[50] oder wenn ein Rechtsanwalt bei der Niederlassung an einem bestimmten Ort beabsichtigt, später Notar an einem anderen Ort zu werden.[51] Nur wenn Voraussetzungen wie in § 20 (dort Rdn. 13ff.) normiert vorliegen, ist von einem Domizilwillen nicht auszugehen.[52] Bleiben die äußeren Umstände eines wirksam begründeten Wohnsitzes bestehen, schadet es nichts, wenn der Domizilwille aufgegeben wird,[53] solange nicht tatsächlich der Wohnsitz aufgegeben wird (unten Rdn. 20ff.).

19 **c) Stellvertretung**. Aus der Geschäftsähnlichkeit der Wohnsitzbegründung wird der zutreffende Schluss gezogen, dass die Person hierbei grundsätzlich vertreten werden kann.[54] Insoweit kommen die Regelungen der §§ 164ff. BGB zum Tragen. So kann die Ehefrau mit Zustimmung des in Strafhaft befindlichen Ehemannes für diesen und für sich selbst einen neuen Wohnsitz begründen, wobei eine konkludente Bevollmächtigung

---

42 Vgl. RGZ 67, 191, 194; BayObLG Rpfl 1990, 73; Prütting/Gehrlein/*Wern* § 13 Rdn. 4 m.w.N.
43 RGZ 67, 191, 197; BVerfG, Beschl. v. 15.1.1980 – 2 BvL 1/79 – BGH NJW 1980, 1618, 1619.
44 BGH NJW 2006, 1808, 1809; MünchKomm-BGB/*Schmitt* § 7 Rdn. 9, 23ff.
45 BGH NJW 1952, 1251, 1251.
46 Bamberger/Roth/*Bamberger* § 17 Rdn. 19.
47 MüchKomm-BGB/*Schmitt* § 7 Rdn. 1; Zöller/*Vollkommer* § 13 Rdn. 3f.
48 MünchKomm/*Patzina* § 13 Rdn. 17; Palandt/*Ellenberger* § 7 Rdn. 1.
49 MünchKomm-BGB/*Schmitt* § 7 Rdn. 26.
50 BVerwG NJW 1960, 735.
51 RG Recht, 1920 Nr. 1.
52 BayObLGZ 1949, 205; 1951, 328; Stein/Jonas/*Roth* § 20 Rdn. 5.
53 BayObLGZ 1979, 149.
54 BGHZ 7, 104, 109; MünchKomm-BGB/*Schmitt* § 7 Rdn. 30.

genügt, die aber nicht die Qualität einer Fiktion erlangen darf.[55] Die Niederlassung durch einen der Ehegatten stellt kein Geschäft zur Deckung des angemessenen Lebensbedarfs i.S.v. § 1357 BGB dar;[56] ein solches einseitiges Handeln ohne gemeinsame Entscheidung beider Ehegatten über ihren Sitz begründet daher nicht die gemeinsame Ehewohnung als Wohnsitz i.S.v. § 13 mit Wirkung auch für den anderen Ehegatten.

5. Aufhebung des selbständigen Wohnsitzes

a) Gemäß § 7 Abs. 3 BGB wird der Wohnsitz aufgehoben, wenn die Niederlassung mit dem Willen aufgehoben wird, sie aufzugeben.[57] Wie bei der Begründung des Wohnsitzes ist auch insoweit ein entsprechendes objektives Verhalten sowie subjektiv der Wille zur Aufhebung erforderlich. Die Aufhebung des Wohnsitzes ist actus contrarius zur Begründung des Wohnsitzes.[58] 20

b) In objektiver Hinsicht genügt eine bloß vorübergehende – wenn auch längerfristige Abwesenheit – noch nicht, um den Wohnsitz aufzuheben.[59] Mit der Aufhebung des Wohnsitzes muss keine Neubegründung eines neuen Wohnsitzes einhergehen, arg. e. contr. § 16. Entsprechend den Ausführungen zum Domizilwillen bedarf auch der Aufhebungswille keiner ausdrücklichen Erklärung, sodass die Umstände des Einzelfalls heranzuziehen sind.[60] Die polizeiliche Abmeldung des bisherigen Wohnsitzes führt dabei allein nicht zur Aufhebung des Wohnsitzes und hat auch an dieser Stelle allenfalls Indizwirkung.[61] Allgemein führt längerfristige oder regelmäßige vorübergehende Abwesenheit nicht zu einer Aufgabe des Wohnsitzes.[62] Sofern aber jemand seine gesamt Habe an einen anderen Ort verbringt, kann dieses Verhalten aber als Ausdruck seines Willens gewertet werden, die bisherige Niederlassung aufzugeben.[63] Ein Aufenthalt in einem Frauenhaus kann jedenfalls dann eine Aufgabe des bisherigen Wohnsitzes mit sich bringen, wenn der Aufenthalt nicht nur auf vorübergehende Dauer ausgelegt ist.[64] Als Richtwert wird in diesem Fall ein Zeitraum von drei Wochen angesehen.[65] Nur von vorübergehender Natur stellt sich in der Regel der Aufenthalt in einer Strafvollzugsanstalt dar.[66] 21

Sofern Menschen aus politischen Gründen oder weil sie aufgrund ihrer ethnischen Herkunft verfolgt werden ins Ausland gehen, aber mit einer Rückkehr rechnen, kann hieraus allein grundsätzlich noch nicht der Rückschluss auf einen Willen gezogen werden, den Wohnsitz aufgeben zu wollen.[67] Sofern bei der Aufgabe der Niederlassung alle sozialen Beziehungen abgebrochen sind und es dem Betroffenen aus persönlichen Gründen nicht möglich ist, dorthin zurückzukehren, ist trotz eines allgemeinen Rückkehrwunsches von einem Aufgabewillen auszugehen.[68]

---

55 Soergel/*Fahse* § 7 Rdn. 4 m.w.N.
56 KG Berlin NJW 1956, 264. 264 f.
57 Zöller/*Vollkommer* § 13 Rdn. 6.
58 Bamberger/Roth/*Bamberger* § 7 BGB Rdn. 25.
59 Vgl. die o.g. Beispiele zur Begründung des Wohnsitzes.
60 BGH NJW 1988, 713, 713.
61 BVerfG NJW 1990, 2193, 2194; MünchKomm/*Patzina* § 13 Rdn. 10.
62 Prütting/Gehrlein/*Wern* § 13 Rdn. 6.
63 Bamberger/Roth/*Bamberger* § 7 BGB Rdn. 25.
64 OLG Karlsruhe NJW-RR 2009, 1598.
65 BGH NJW 1995, 1224, 1224.
66 RG SA 40, 348; BayObLG SA 56, 433.
67 BVerwGE 32, 65, 66.
68 Bamberger/*Roth* § 7 BGB Rdn. 27 m.w.N.

6. Begründung des Wohnsitzes in ihrer Geschäftsfähigkeit beschränkter Personen

22 **a) Allgemeine Regelung.** Gem. § 8 Abs. 1 BGB sind für Personen, die geschäftsunfähig oder in der Geschäftsfähigkeit beschränkt sind, Sonderregelungen zu beachten. § 8 Abs. 1 BGB bestimmt nämlich, dass wer geschäftsunfähig oder in der Geschäftsfähigkeit beschränkt ist, ohne den Willen seines gesetzlichen Vertreters einen Wohnsitz weder begründen noch aufheben kann. Die oben (Rdn. 13 ff.) beschriebenen Elemente der wirksamen Begründung eines Wohnsitzes durch geschäftsfähige Personen treten bei der Wohnsitzbegründung durch in der Geschäftsfähigkeit beschränkte Personen verteilt auf den Handelnden selbst und seine gesetzlichen Vertreter auf: Die tatsächlichen Akte der Niederlassung – der faktische Bezug zu den Räumlichkeiten, die als Mittelpunkt der Lebensverhältnisse der Person dienen – liegen bei dem in seiner Geschäftsfähigkeit Beschränkten oder Geschäftsunfähigen.[69] Ausreichend hierfür ist allein die natürliche Handlungsfähigkeit, die aber auch betätigt werden muss.[70] Nicht anders als bei Geschäftsfähigen würde bei Personen i.S.v. § 8 Abs. 1 BGB allein die Zustimmung der gesetzlichen Vertreter zur Niederlassung dann keinen Wohnsitz begründen, wenn sich der in seiner Geschäftsfähigkeit Beschränkte oder Geschäftsunfähige nicht auch tatsächlich an dem in Rede stehenden Orte niederließe. In Anlehnung an die Ausführungen zum geschäftsähnlichen Akt der Niederlassung nach § 7 Abs. 1 BGB (vgl. die Ausführungen dort) erfordert die wirksame Wohnsitzbegründung nach § 8 Abs. 1 BGB, dass der gesetzliche Vertreter der sich niederlassenden Person hierzu gem. § 182 BGB analog seine Zustimmung erteilt.[71] Die Zustimmung wirkt gem. § 184 Abs. 1 BGB analog auf den Zeitpunkt zurück, zu dem der Handelnde sich tatsächlich niedergelassen hat.[72] Allerdings kann die Zustimmung im Einzelfall wegen Verstoßes gegen die guten Sitten gem. § 138 BGB nichtig sein, wenn etwa eine 17 Jahre junge Schwangere von ihren Eltern „abgeschoben“ werden soll.[73] Sofern Zweifel an der (vollen) Geschäftsfähigkeit bestehen, ist die Wohnsitzbegründung oder -aufhebung jedenfalls für die Zuständigkeit nach § 13 als wirksam zu behandeln.[74]

23 **b) Verheiratete Minderjährige.** § 8 Abs. 2 BGB normiert eine Ausnahme vom Erfordernis der Zustimmung des gesetzlichen Vertreters für den Fall, in dem ein Minderjähriger, der verheiratet ist, einen Wohnsitz begründet oder aufhebt.[75] Voraussetzung ist, dass das Familiengericht gem. §§ 1303 Abs. 2 BGB vom Alterserfordernis für die Eheschließung (§ 1303 BGB) Befreiung erteilt hat.[76] Sinn der Regelung ist, dass die Wohnsitzbegründung in der gemeinsamen Entscheidungskompetenz beider Ehegatten liegt, die die Aufgaben der gesetzlichen Vertreter ausschließt. Daher schließt § 8 Abs. 2 BGB das Zustimmungserfordernis des § 8 Abs. 1 BGB auch für den Fall aus, dass Minderjährige verheiratet waren.[77]

24 **c) Wohnsitzbegründung durch den gesetzlichen Vertreter.** Von dem Fall der (tatsächlichen) Niederlassung des Minderjährigen oder Geschäftsunfähigen mit Zustimmung

69 MünchKomm-BGB/*Schmitt* § 8 Rdn. 5.
70 Soergel/*Fahse* § 8 Rdn. 3 m.w.N.
71 Bamberger/Roth/*Bamberger* § 8 Rdn. 4.
72 BayObGZ 1959, 180; BayObLG FamRZ 1981, 400; MünchKomm-BGB/*Schmitt* § 8 Rdn. 7.
73 BayObLG FamRZ 1964, 109, 113.
74 Vgl. BGH FamRZ 1987, 693, 694; BayObLG Rpfl. 1990, 73.
75 Heidel/*Hüßtege-Krumscheid* § 8 Rdn. 9.
76 Staudinger/*Kannowski* § 8 Rdn. 5.
77 Soergel/*Fahse* § 8 BGB Rdn. 11.

des gesetzlichen Vertreters sind die Fälle zu unterscheiden, in denen die Person im Gesamtakt der Niederlassung in objektiver als auch subjektiver Hinsicht durch den gesetzlichen Vertreter vertreten wird. Zur Vertretung Geschäftsfähiger bei der Wohnsitzbegründung oben (Rdn. 19). Im Falle der Wohnsitzbegründung für Minderjährige folgt dies allein schon daraus, dass die gesetzlichen Vertreter dabei regelmäßig in Wahrnehmung der ihnen obliegenden Personensorge (vgl. §§ 1626, 1629 BGB) handeln werden.[78]

7. Anstaltsunterbringungen unter Betreuung stehender Volljähriger. Im Falle der Unterbringungen unter Betreuung stehender Volljähriger durch den Betreuer in einer Anstalt gem. § 1906 BGB ist die damit verbundene Auswirkung auf den Wohnsitz des Betreuten differenziert zu beurteilen. Dabei ist zunächst darauf aufmerksam zu machen, dass der Betreute mit der Anordnung der Betreuung grundsätzlich seine Geschäftsfähigkeit nicht verliert, solange er sich nicht in einem die freie Willensbestimmung ausschließenden Zustand krankhafter Störung der Geistestätigkeit befindet, sofern nicht der Zustand seiner Natur nach ein vorübergehender ist, § 104 Nr. 2 BGB.[79] Daraus folgt, dass § 8 Abs. 1 BGB auf diese Fälle jedenfalls nicht unmittelbar zur Anwendung kommt.[80] § 1906 Abs. 3 BGB zeigt aber, dass der entgegenstehende natürliche Wille des Betreuten in den Fällen, in denen die familiengerichtliche Einwilligung in die Unterbringung zu erteilen ist, unbeachtlich ist. Für die Frage, ob mit der Anstaltsunterbringung daher eine Wohnsitzaufhebung und eine Neubegründung eines Wohnsitzes verbunden ist, kommt es auf den Willen des Betreuers an, sofern sich dessen Aufgabenkreis nach §§ 1896, 1902 BGB auf die Aufenthaltsbestimmung erstreckt.[81] Bei nur temporärer Unterbringung gilt dann das zum vorübergehendem Klinikaufenthalt bzw. zur vorübergehenden Abwesenheit vom Wohnsitz Ausgeführte (vgl. oben Rdn. 14): Der bisherige Wohnsitz wird dadurch regelmäßig nicht aufgehoben.[82] Anders kann dies sein, wenn sämtliche Beziehungen (sozialer, im Wesentlichen vermögensrechtlicher Art) des Betreuten zum Orte seines bisherigen Wohnsitzes mit der Anstaltsunterbringung aufgehoben werden. Dies ist insbesondere dann der Fall, wenn seine Wohnung aufgegeben (Kündigung eines Mietverhältnisses, Verkauf) wird – wozu der Betreuer freilich der familiengerichtlichen Genehmigung gem. § 1907 BGB bedarf.[83] Da diese Genehmigung grundsätzlich nur in Betracht kommt, wenn feststeht, dass eine Rückkehr des Betreuten in die bisherige Wohnung auf Dauer ausgeschlossen ist,[84] ist deren Vorliegen daher ein Anhaltspunkt für den Wohnsitzwechsel. 25

8. Doppel- und Mehrfachwohnsitz. § 7 Abs. 2 BGB bestimmt, dass der Wohnsitz gleichzeitig an mehreren Orten bestehen kann. Tatsächlich bestehen in diesem Fall mehrere Wohnsitze, womit es das deutsche Recht – anders als z.B. das englische, französische oder Schweizer Recht – zulässt, dass mehrere Orte Anknüpfungspunkte der auf den Wohnsitz abhebenden rechtlichen Regelungen sind.[85] Ein Doppel- bzw. Mehrfachwohnsitz liegt dementsprechend vor, wenn der Mittelpunkt der Lebensverhältnisse einer Person sich an zwei oder mehreren Orten befindet.[86] Die Abgrenzungen sind im Einzelfall 26

---

78 MünchKomm-BGB/*Schmitt* § 8 Rdn. 8.
79 *Bork* MDR 1991, 97 f.; Bamberger/Roth/*Wendtland* § 104 Rdn. 7; vgl. zur Gebrechlichkeitspflegschaft alten Rechts BGH NJW 1988, 49, 51.
80 Vgl. MünchKomm-BGB/*Schmitt* § 8 Rdn. 2.
81 BayObLGZ 1992, 126; MünchKomm-BGB/*Schmitt* § 8 Rdn. 2.
82 BayObLGZ 1962, 231, 238; vgl. auch Staudinger/*Kannowski* § 8 Rdn. 4.
83 MünchKomm-BGB/*Schwab* § 1907 Rdn. 9 ff.
84 OLG Oldenburg Beschl. v. 5.7.2002 – 5 W 113/02 – NJW-RR 2003, 587.
85 Bamberger/Roth/*Bamberger* § 7 BGB, Rdn. 30.
86 Stein/Jonas/*Roth* § 13 Rdn. 5.

schwierig, sobald von abstrakten Sätzen konkrete Qualifikationen vorgenommen werden: Besteht ein Doppelwohnsitz, wenn der Bundestagsabgeordnete in seinem Wahlkreis und in Berlin Wohnungen unterhält, ein Rechtsanwalt in Hamburg und Bremen wohnt (und Büros führt), eine Stadtwohnung und eine Wohnung auf dem Land bewohnt werden? Kein Doppelwohnsitz soll vorliegen, wenn einer von zwei Orten nur der Mittelpunkt eines „abgesonderten Teils" der Lebensverhältnisse ist.[87] Mit diesem Satz wird der Ort der Wohnung (des „Schlafsitzes") als Wohnsitz i.S.v. § 7 Abs. 1 BGB qualifiziert, während der Ort, an dem die Person ein Büro, eine Kanzlei, Praxis usf. unterhält, keinen Wohnsitz darstellen soll, auch wenn dort Übernachtungsmöglichkeiten geschaffen sind. Die hiermit verbundenen Probleme für den Kläger, der die Darlegungs- und Beweislast für den Vortrag der einen Doppelwohnsitz begründenden Tatsachen trägt, mildert freilich der besondere Gerichtsstand der gewerblichen Niederlassung gem. § 21 (dort Rdn. 41); das angerufene Gericht kann insoweit ggf. eine Wahlfeststellung wegen des seine örtliche Zuständigkeit begründenden gesetzlichen Tatbestandes treffen. Hat der Beklagte indes tatsächlich einen Doppelwohnsitz i.S.v. § 7 Abs. 2 BGB, kommt § 35 zur Anwendung, so dass der Kläger die Wahl hat, vor welchem der damit begründeten mehreren allgemeinen Gerichtsstände er den Beklagten verklagt.[88] Allerdings stellt ein Mehrfachwohnsitz in der Praxis die Ausnahme dar.[89]

V. Begründung und Aufhebung eines gesetzlichen Wohnsitzes

27 **1. Begriff.** Im Unterschied zum selbständigen Wohnsitz, den die Person durch willensgetragenen Niederlassungsakt begründet, kennt das Gesetz mit dem Wohnsitz von minderjährigen Kindern und dem Wohnsitz von Soldaten Formen sog. gesetzlichen Wohnsitzes. Liegt der Wohnsitz im Inland, ist das deutsche Recht – § 11 BGB im Falle minderjähriger Kinder und § 9 BGB im Falle von Soldaten – anwendbar.[90] Der Wohnsitz dieser Personen leitet sich im Falle der Kinder von dem der sorgeberechtigten Eltern ab, im Falle der Soldaten aus ihrem dienstrechtlichen Standort.

2. Wohnsitz des Kindes („abgeleiteter Wohnsitz")

28 **a)** Nach § 11 BGB leitet ein minderjähriges Kind grundsätzlich seinen Wohnsitz von dem seiner sorgeberechtigten Eltern ab. Dies ist die wohnsitzrechtliche Folge des Personensorgerechts (vgl. §§ 1626ff. BGB), namentlich des Aufenthaltsbestimmungsrechts nach § 1631 BGB, das auszuüben den Eltern gegenüber dem Kind obliegt.[91] Ein minderjähriges Kind teilt daher nach § 11 S. 1, 1. Halbs. BGB den Wohnsitz der Eltern. Leben diese zusammen, bestimmt sich also der Wohnsitz des Kindes nach dem seiner Eltern. Wie sich aus § 8 Abs. 1 BGB ergibt, können Kinder auch entweder mit Zustimmung der Eltern einen eigenen Wohnsitz begründen oder es können die Eltern als gesetzliche Vertreter für die Kinder einen Wohnsitz begründen, in dem sie (oder andere gesetzliche Vertreter) das Kind in einem Internat ausbilden[92] oder bei einer Pflegefamilie[93] leben lassen usf.[94]

---

87 Soergel/*Fahse* § 7 Rdn. 16.
88 RGZ 102, 82, 86; Zöller/*Vollkommer* § 13 Rdn. 13.
89 Bamberger/Roth/*Bamberger* § 7 Rdn. 30.
90 Musielak/*Heinrich* § 13 Rdn. 5.
91 MünchKomm-BGB/*Huber* § 1631 Rdn. 15.
92 BayObLG NJW-RR 1989, 262.
93 OLG Köln FamRZ 1996, 859.
94 Bamberger/Roth/*Bamberger* § 11 Rdn. 2.

Eheliche, ehelich erklärte, nichteheliche oder adoptierte Kinder stehen rechtlich gleich, auch in Ansehung ihrer wohnsitzrechtlichen Verhältnisse, insoweit bestehen keine Sondervorschriften mehr für einzelne Gruppen.[95] Begründen die Eltern einen Doppelwohnsitz nach § 7 Abs. 2 BGB, teilt das Kind auch diesen.[96] Gibt ein Elternteil seinen bisherigen Wohnsitz ersatzlos auf, teilt das Kind den Wohnsitz, den der andere Elternteil weiter innehat.[97] Werden beide sorgeberechtigten Elternteile wegen Aufgabe des Wohnsitzes ohne Neubegründung eines Wohnsitzes wohnsitzlos, wird nach § 11 Abs. 1 BGB auch das Kind wohnsitzlos mit der Folge, dass bei Vorliegen dessen weiterer Voraussetzungen § 16 zur Anwendung gelangt (zum Meinungsstand dort Rdn. 4). Entsprechendes gilt für die Kinder unter § 15 fallender Personen, die diese ins Ausland begleiten.

b) Steht die Personensorge und folglich das Aufenthaltsbestimmungsrecht nur einem Elternteil zu, teilt das Kind den Wohnsitz des Personensorgeberechtigten. Dies ist zum einen nach § 1680 Abs. 1 BGB der Fall, wenn die elterliche Sorge den Eltern gemeinsam zustand und ein Elternteil gestorben ist. Dann steht die elterliche Sorge dem überlebenden Elternteil zu.[98] Gleiches gilt nach § 1680 Abs. 3 BGB, wenn einem Elternteil die elterliche Sorge durch familiengerichtliche Verfügung nach § 1666 BGB[99] entzogen worden ist. In derartigen Fällen kann der sorgeberechtigte Elternteil dulden, dass das Kind beim anderen Elternteil lebt; hier kommt die Begründung eines Doppelwohnsitzes des Kindes nach § 8 Abs. 1 BGB oder sogar die Begründung eines Wohnsitzes am Wohnsitz des nicht Sorgeberechtigten in Betracht, wobei man mit der Annahme, es liege eine stillschweigende Aufgabe des Wohnsitzes des Kindes am Wohnsitz des Sorgeberechtigten vor,[100] sehr vorsichtig sein sollte. 29

c) Im Falle getrenntlebender sorgeberechtigter Eltern ist zu unterscheiden: Die wohnsitzrechtliche Lage des Kindes unterscheidet sich im Falle in der Ehewohnung getrenntlebender Eltern nicht vom Falle zusammenlebender Eltern. Haben die Eltern sich räumlich durch Auszug eines oder beider Teile aus der Ehewohnung getrennt, vermitteln sie dem Kind bis zu einer Entscheidung nach § 1671 BGB einen Doppelwohnsitz.[101] Dies gilt auch für den gesetzlichen Regelfall der Fortdauer der gemeinsamen elterlichen Sorge nach Scheidung der Ehe gemäß § 1626 BGB, der insoweit nicht zwischen verheirateten oder geschiedenen Eltern unterscheidet.[102] Zuständig bei einem entsprechenden Doppelwohnsitz und konkurrierender Zuständigkeit mehrerer Familiengerichte ist das zuerst mit dem Fall befasste Gericht gem. §§ 2, 152 FamFG.[103] 30

d) Steht die Personensorge nicht beiden Eltern gemeinsam oder einem Elternteil zu greift die Ableitung des Wohnsitzes des Kindes von dem der Eltern nach § 11 S. 1 BGB nicht ein. Vielmehr kommt § 11 S. 2 BGB zum Zuge, der anordnet, dass das Kind den Wohnsitz desjenigen teilt, dem das Personensorgerecht zusteht, wenn keinem Elternteil dieses 31

---

95 Staudinger/*Kannowski* § 11 Rdn. 3.
96 MünchKomm-BGB/*Schmitt* § 11 Rdn. 5.
97 Heidel/Hüßtege/*Krumscheid* § 11 Rdn. 8 m.w.N.
98 Bamberger/Roth/*Bamberger* § 11 Rdn. 5.
99 Stein/Jonas/*Roth* § 13 Rdn. 10.
100 OLG Düsseldorf FamRZ 1978, 621; MünchKomm-BGB/*Schmitt* § 11 Rdn. 8.
101 BGH Beschl. v. 7.7.1967 – IV ZB 179/67 – NJW 1967, 2253; Beschl. v. 30.11.1983 – IV b ARZ 50/83 – NJW 1984, 971; BGH NJW-RR 1991, 258, 258; OLG Karlsruhe NJW-RR 2009, 1598, 1598.
102 BGH NJW-RR 1993, 130; Staudinger/*Kannowski* § 11 Rdn. 8; MünchKomm-BGB/*Huber* Vor § 1626 Rdn. 9.
103 Bamberger/Roth/*Bamberger* § 11 Rdn. 3.

Recht zusteht. Das Kind teilt danach den Wohnsitz des Vormundes oder des Pflegers vorbehaltlich einer von diesem nach § 8 Abs. 1 BGB getroffenen anderweitigen Bestimmung.

32 **e)** Nach § 11 S. 3 BGB behält nach Eintritt seiner Volljährigkeit das Kind den abgeleiteten Wohnsitz nach § 11 Abs. 1, 2 BGB bei, bis es ihn aufhebt. Auch im Falle des Todes der Eltern vor Eintritt der Volljährigkeit des Kindes oder dem Verlust der elterlichen Sorge behält das Kind den ihm von den Eltern vermittelten Wohnsitz nach § 11 Abs. 3 BGB bei, bis es ihn nach § 8 Abs. 1 BGB mit Zustimmung des Vormundes aufhebt oder der Vormund als gesetzlicher Vertreter unter Aufhebung des bisherigen Wohnsitzes einen neuen Wohnsitz des Kindes begründet.

3. Wohnsitz eines Soldaten

33 **a)** Gemäß § 9 Abs. 1 S. 1 BGB haben Soldaten ihren Wohnsitz am Standort als Dienstort des Soldaten. Von diesem Grundsatz sieht § 9 Abs. 2 BGB für Soldaten, die aufgrund der Wehrpflicht Wehrdienst leisten, eine Ausnahme vor. Diese Vorschrift, die im Übrigen aufgrund der 2011 eingeführten Aussetzung der Wehrpflicht[104] gegenwärtig keine praktische Relevanz hat, macht aber deutlich, dass es sich bei den von § 9 Abs. 1 BGB erfassten Personen um Berufssoldaten i.S.v. § 1 Abs. 2 SoldG handelt. Voraussetzung für die Anwendung des § 9 Abs. 1 BGB ist im Übrigen, dass der Soldat uneingeschränkt geschäftsfähig ist; bei minderjährigen Soldaten im Mindesteintrittsalter zur Bundeswehr von 17 Jahren greift § 8 BGB ein.

34 **b)** Beamte und Zivilangestellte der Bundeswehr haben nicht den Status von Soldaten iSd. SoldG, weshalb § 9 Abs. 1 BGB nicht zur Anwendung gelangt.[105] Gleiches gilt für die Angehörigen der Bundespolizei. In Betracht kommt aber eine analog Anwendung auf Angehörige der nach dem NATO-Truppenstatut noch in Deutschland stationierten Streitkräfte von NATO-Mitgliedsstaaten (s.o. Rdn. 10).[106]

35 **c)** Standort ist der Ort, an dem sich die regelmäßige Unterkunft der Truppe befindet, der der Beklagte als Soldat angehört. Wird der Soldat längerfristig abkommandiert, hat dies die Veränderung seines Standorts i.S.v. § 9 Abs. 1 BGB zur Folge. Allerdings knüpft § 9 Abs. 1 an den Standort und nicht an den Garnisonsort an, an dem der Soldat sich tatsächlich aufhält, sodass eine vorübergehende Abkommandierung keinen Wohnsitzwechsel zur Folge hat.[107] Im Übrigen richtet sich der Wohnsitz nach dem Sitz der Dienststelle des Soldaten. Nach § 9 Ab. 1 S. 2 BGB gilt als Wohnsitz eines Soldaten, der im Inland keinen Standort hat, der letzte inländische Standort. Ist der Soldat im Rahmen einer diplomatischen Vertretung Deutschlands tätig, greift § 15 (dort Rdn. 6) ein.

VI. Sonderprobleme des Wohnsitzgerichtsstands der Parteien kraft Amtes

36 **1. Insolvenzverwalter.** Die Einführung des § 19a hat die in der Vergangenheit erörterten Probleme weitgehend entschärft: Für den Insolvenzverwalter gilt der besondere Gerichtsstand des § 19a, der anordnet, dass Klagen gegen den Insolvenzverwalter, soweit dieser als Partei kraft Amtes mit Wirkung für die Masse handelt (Passivprozesse, §§ 85 bis 87 InsO, § 19a Rdn. 11ff.), im Gerichtssprengel zu erheben sind, in dem das zuständige

---

104 Wehrrechtsänderungsgesetz 2011 – WehrRÄndG 2011; BGBl. I Nr. 19 S. 678.
105 Staudinger/*Kannowski* § 9 Rdn. 4.
106 **A.A.** für ausländische NATO-Soldaten: LG Weiden NJW 1960, 582.
107 MünchKomm-BGB/*Schmitt* § 11 Rdn. 8.

Insolvenzgerichts sitzt.[108] Bezüglich der sonstigen Parteien kraft Amtes – zu denken ist insbesondere an Testamentsvollstrecker und Zwangsverwalter – richtet sich der Gerichtsstand nach dem Wohnsitz der hinter der Partei stehenden Person.[109]

2. Testamentsvollstrecker. Es ist im Rahmen von Passivprozessen allein auf den Wohnsitz des Testamentsvollstreckers abzustellen.[110] Dies gilt auch, wenn der Testamentsvollstrecker als Partei kraft Amtes den Rechtsstreit auf Seiten des Beklagten nach dessen Tod fortführt.[111] Auf den Ort, an dem sich das zu verwaltende Vermögen befindet, kommt es demgegenüber nicht an.[112] Für Aktivprozesse des Testamentsvollstreckers kann § 27 ZPO greifen, sofern einer der dort geregelten Fälle vorliegt.[113] 37

VII. Gerichtsstand

Da es sich bei § 13 um einen allgemeinen Gerichtsstand handelt, gilt dieser für sämtliche gegen den Beklagten gerichteten Klagen, es sei denn, es greift ein ausschließlicher Gerichtsstand, § 12 Hs. 3 ZPO. 38

VIII. Internationale Zuständigkeit

Da ein ausländischer Wohnsitz die Zuständigkeit eines ausländischen Gerichts mit sich bringt, betrifft § 13 ausschließlich den inländischen Wohnsitz nach deutschem Recht. Hat der Beklagte daher seinen Wohnsitz im Ausland und ist kein besonderer Gerichtsstand gegeben ist, so ist die Klage im Ausland zu erheben.[114] 39

1. EuGVVO. Ist der Anwendungsbereich der EuGVVO eröffnet, wird das deutsche Zuständigkeitsrecht verdrängt.[115] Art. 2 Abs. 1, 60 EuGVVO (Art. 63 EuGVVO n.F.) ordnen an, dass der Wohnsitz der verklagten natürlichen – aber auch der juristischen Person – die internationale Zuständigkeit desjenigen Vertragsstaates begründet, in dessen Hoheitsgebiet sich der Beklagte befindet.[116] Dabei richtet sich die Bestimmung des inländisch gelegenen Wohnsitzes gem. Art. 59 Abs. 1 EuGVVO (Art. 62 Abs. 1 EuGVVO n.F.) nach inländischem Recht, die des ausländischen gem. Art. 59 Abs. 2 EuGVVO (Art. 62 Abs. 2 EuGVVO n.F.) nach dem Recht des Vertragsstaates.[117] Für den Fall, dass ein Wohnsitz in keinem Mitgliedsstaat gegeben ist, greift Art. 4 EuGVVO (Art. 6 EuGVVO n.F.) mit der Maßgabe, dass sich die Zuständigkeit aus den allgemeinen Regeln des nationalen Rechts ergibt. Im Anwendungsbereich der EuGVVO kommt § 13 daher nicht zur Anwendung.[118] Die internationale Zuständigkeit der deutschen Gerichte ist für Klagen gegen eine Person, die ihren Wohnsitz innerhalb Deutschlands hat, nach Art. 2 Abs. 1 EuGVVO (Art. 4 Abs. 1 EuGVVO n.F.) begründet.[119] Die Frage, ob ein Wohnsitz in Deutschland vorliegt, ist gem. Art. 59 Abs. 1 S. 1 EuGVVO (Art. 62 Abs. 1 EuGVVO n.F.) nach deutschem Recht zu beantworten, also nach den §§ 7 ff. 40

108 Siehe die dortigen Kommentierungen.
109 BGH NJW 1984, 739; Musielak/*Heinrich* § 13 Rdn. 3 m.w.N.
110 Musielak/*Heinrich* § 13 Rdn. 3.
111 OLG Hamm Urt. v. 12.6.2009 – I-25 U 47/08 – ZFE 2009, 437, 438.
112 Stein/Jonas/*Roth* § 13 Rdn. 18.
113 *Lorz* in: Münchner Anwaltshandbuch Erbrecht, 3. Auflage (2010) Rdn. 16.
114 Zöller/*Vollkommer* § 13 Rdn. 1.
115 Stein/Jonas/*Roth* § 13 Rdn. 1 m.w.N.
116 Zöller/*Vollkommer* § 13 Rdn. 17.
117 Stein/Jonas/*Wagner* Art. 59 EUGVVO, Rdn. 15.
118 MünchKomm/*Patzina* § 13 Rdn. 24.
119 Musielak/*Heinrich* § 13 Rdn. 5.

BGB zu beurteilen. Die Vorschrift des Art. 2 EuGVVO (Art. 4 Abs. 1 EuGVVO n.F.) beschränkt sich auf die Normierung der internationalen Zuständigkeit. § 13 ist daher anwendbar, soweit es um die Bestimmung des örtlich zuständigen deutschen Gerichts geht.[120]

41 **2. Autonomes Recht.** § 13 begründet mit der örtlichen zugleich die internationale Zuständigkeit der deutschen Gerichte, soweit weder die EuGVVO noch andere vorrangige staatsvertragliche Regeln eingreifen.[121] Da sich der Wohnsitz für die Bestimmung der deutschen internationalen Zuständigkeit allein nach der deutschen lex fori zu bestimmen hat, kommt es dabei auf die Staatsangehörigkeit des Beklagten nicht an.[122]

§ 14
(weggefallen)

§ 15
Allgemeiner Gerichtsstand für exterritoriale Deutsche

(1) Deutsche, die das Recht der Exterritorialität genießen, sowie die im Ausland beschäftigten deutschen Angehörigen des öffentlichen Dienstes behalten den Gerichtsstand ihres letzten inländischen Wohnsitzes. Wenn sie einen solchen Wohnsitz nicht hatten, haben sie ihren allgemeinen Gerichtsstand beim Amtsgericht Schöneberg in Berlin.

(2) Auf Honorarkonsuln ist diese Vorschrift nicht anzuwenden.

Schrifttum

Geimer Eine internationale Zuständigkeitsordnung in Europa, NJW 1976, 441; *Kissel/Mayer* GVG Kommentar, 7. Aufl. 2013.

Übersicht

I. Normzweck

1 § 15 ordnet für Exterritoriale Deutsche und im Ausland beschäftigte Angehörige des öffentlichen Dienstes als allgemeinen Gerichtsstand ihren letzten inländischen Wohnsitzes an, hilfsweise das Amtsgericht Schöneberg in Berlin. Die Norm ergänzt § 13 für den Fall, dass ein inländischer Gerichtsstand nicht gegeben ist.[1] Sie ist erforderlich, da die erfassten Personenkreise regelmäßig über keinen inländischen allgemeinen Wohnsitz nach § 13

120 Stein/Jonas/*Wagner* Art. 2 EuGVVO, Rdn. 4.
121 Prütting/Gehrlein/*Wern* § 13 Rdn. 15.
122 MünchKomm/*Patzina* § 13 Rdn. 7.

1 Baumbach/Lauterbach/Albers/*Hartmann*[71] § 15 Rdn. 1; Zöller/*Vollkommer* § 15 Rdn. 1.

verfügen, und daher eine örtliche und internationale Zuständigkeit der deutschen Gerichtsbarkeit nach § 13 nicht besteht. Im Ausland können diese Deutschen aber regelmäßig nicht verklagt werden, weil sie dort gerichtsfrei sind.[2] Denn dem diplomatischen Vertreter steht nach Art. 31 Nr. 1 S. 2 Wiener Übereinkommens über diplomatische Beziehungen vom 18. April 1961[3] Immunität von der Zivilgerichtsbarkeit des Empfangsstaates zu. Von der Immunität ausgenommen sind aber dingliche Klagen in Bezug auf privates, im Hoheitsgebiet des Empfangsstaats gelegenes unbewegliches Vermögen, es sei denn, dass der diplomatische Vertreter dieses im Auftrag des Entsendestaats für die Zwecke der Mission im Besitz hat (lit. a). Ferner Klagen in Nachlasssachen, in denen der diplomatische Vertreter als Testamentsvollstrecker, Verwalter, Erbe oder Vermächtnisnehmer in privater Eigenschaft und nicht als Vertreter des Entsendestaats beteiligt ist (lit. b), sowie Klagen im Zusammenhang mit einem freien Beruf oder einer gewerblichen Tätigkeit, die der diplomatische Vertreter im Empfangsstaat neben seiner amtlichen Tätigkeit ausübt (lit c). Nach Art. 31 Nr. 3 Wiener Übereinkommen über diplomatische Beziehungen dürfen gegen einen diplomatischen Vertreter Vollstreckungsmaßnahmen nur in den dargestellten, in Art. 31 Nr. 1 lit. a, b und c vorgesehenen Fällen und nur unter der Voraussetzung getroffen werden, dass sie durchführbar sind, ohne die Unverletzlichkeit seiner Person oder seiner Wohnung zu beeinträchtigen. Durch den allgemeinen Gerichtsstand des § 15 wird die Ausübung der deutschen Gerichtsbarkeit und damit für den Kläger eine hindernisfreie Rechtsverfolgung gewährleistet.[4] Dieser Normzweck des § 15, es zu ermöglichen, den Exterritorialen in Deutschland verklagen zu können, steht im Übereinklang mit völkerrechtlichen Normen. Denn nach Art. 31 Nr. 4 des Wiener Übereinkommens über diplomatische Beziehungen befreit die Immunität des diplomatischen Vertreters von der Gerichtsbarkeit des Empfangsstaats ihn nicht von der Gerichtsbarkeit des Entsendestaats.[5]

II. Verhältnis zu anderen Gerichtsständen

Bei dem allgemeinen Gerichtsstand des § 15 handelt es sich um einen Hilfsgerichtsstand, der die Lücke schließt, die sich bei extraterritorialen Deutschen bei der Anwendung des § 13 ergibt.[6] Auf Deutsche, die über einen Wohnsitz im Ausland verfügen, ist die Norm daher nicht anwendbar.[7] Anders als § 15 a.F., der einen Hilfswohnsitz fingierte und damit die §§ 7 ff. BGB erweiterte, wird durch § 15 nur der Gerichtsstand geregelt; ein inländischer Wohnsitz des Beklagten wird damit nicht geschaffen.[8] Die Norm ist aber als Ergänzung zu den §§ 7 ff. BGB zu sehen.[9] Liegt der Hilfsgerichtsstand vor, schließt dies die Anwendung der in §§ 20 bis 34 geregelten besonderen Gerichtsstände nicht aus.[10] Allerdings wird § 15 durch ausschließliche Gerichtsstände nach allgemeinen Regeln verdrängt. Ein Sonderfall gilt für § 29a: Liegt der ausschließliche Gerichtsstand wegen Wohnraummietsachen vor, verdrängt dieser § 15 nur, wenn die Mietsache im Inland belegen ist.[11] So ist die örtliche Zuständigkeit für einen Wohnraummietprozess aus § 15 begründet, wenn die beklagten Mieter bei Eintritt 2

2 Vgl. MünchKomm/*Patzina* § 15 Rdn. 1.
3 BGBl. 1964 II S. 957 ff.
4 OLG Köln IPRax 2003, 59; Prütting/Gehrlein/*Wern* § 15 Rdn. 1 m.w.N.
5 BVerfG NJW 1998, 50, 51 f.; Stein/Jonas/*Roth* § 15 Rdn. 1.
6 Musielak/*Heinrich* § 15 Rdn. 1.
7 OLG Köln NZI 2001, 380.
8 Stein/Jonas/*Roth* § 15 Rdn. 6; Musielak/*Heinrich* § 15 Rdn. 1.
9 MünchKomm/*Patzina* § 15 Rdn. 1.
10 Baumbach/Lauterbach/Albers/*Hartmann*[71] § 15 Rdn. 1; Musielak/*Heinrich* § 15 Rdn. 7; Zöller/*Vollkommer* § 15 Rdn. 3.
11 Zöller/*Vollkommer* § 15 Rdn. 3 m.w.N.

der Rechtshängigkeit zwar ihren Wohnsitz im Ausland hatten, dort jedoch das Recht der Exterritorialität genossen und demzufolge gemäß §15 Abs. 1 S. 1 den Gerichtsstand ihres letzten inländischen Wohnsitzes behalten haben.[12] Dies gilt nicht bei im Ausland belegenem Wohnmietraum, weil ansonsten der Sonderstatus des extraterritorialen Beklagten[13] vernachlässigt würde.[14] Durch einen Gerichtsstand des Beklagten im Ausland, der sich z.B. in den Ausnahmefällen des Art. 31 Nr. 1 S. 2 lit. a–c Wiener Übereinkommen über diplomatische Beziehungen ergeben kann, wird § 15 verdrängt.[15]

III. Anwendungsbereich

3 **1. Deutsche Staatsangehörigkeit.** In personeller Hinsicht betrifft § 15 allein deutsche Staatsangehörige. Der Personenkreis wird nach dem Staatsangehörigkeitsgesetz (StAG) ermittelt.[16] Der Gerichtsstand gründet allerdings nicht auf dem Staatsangehörigkeitsprinzip, da die Staatsangehörigkeit allein die Reichweite der prozessualen Gerichtsstandsfiktion der Vorschrift begrenzt und nicht den Gerichtsstand begründet.[17]

Für Personen anderer Staatsangehörigkeit ist der Gerichtsstand des § 15 nicht begründet. Das ausländische Personal deutscher diplomatischer Vertretungen im Ausland kann daher nicht im Inland vor dem Hilfsgerichtsstand verklagt werden, auch nicht in analoger Anwendung des § 15.[18]

2. Extraterritorialität

4 **a)** Der Gerichtsstand des §15 betrifft Personen, die im Ausland wohnen und dort Extraterritorialität genießen; wohnen solche Personen im Inland, ist der Gerichtsstand des §13 für Klagen gegen sie begründet. Die erforderliche völkerrechtliche „Exterritorialität" richtet sich nach dem Wiener Übereinkommen (oben Rdn. 1),[19] auf das die §§ 18, 19 GVG verweisen, die die Reichweite der Exterritorialität im Inland normieren.[20] Hierzu zählen die Mitglieder der im Geltungsbereich dieses Gesetzes errichteten diplomatischen Missionen, ihre Familienmitglieder und ihre privaten Hausangestellten sowie die Mitglieder der konsularischen Vertretungen unter Einschluss der Wahlkonsuln.[21] Genießt ein deutscher Staatsbürger im Inland Exterritorialität, fällt er also unter §18 GVG,[22] z.B. als Angehöriger einer supranationalen Mission,[23] kommt §15 nicht zum Zuge,[24] da es bereits an der Unterworfenheit unter die deutsche Gerichtsbarkeit fehlt. Die sich aus den §§ 18–20 GVG ergebende Immunität stellt damit ein Verfahrenshindernis[25] dar, das zu jeder Phase eines Rechtsstreits bezogen auf den Zeitpunkt der gerichtlichen Entscheidung von Amts wegen zu prüfen ist.[26] Klagen

---

12 BGH NJW 2006, 1810 f. m. Anm. *Dickersbach* MietRB 2006, 232 f.
13 Musielak/*Heinrich* § 15 Rdn. 1.
14 LG Bonn NJW 1974, 437.
15 MünchKomm/*Patzina* § 15 Rdn. 9.
16 Stein/Jonas/*Roth* § 15 Rdn. 3.
17 *Geimer* NJW 1976, 444, vgl. zur Fiktion auch Musielak/*Heinrich* § 15 Rdn. 6.
18 Stein/Jonas/*Roth* § 15 Rdn. 3.
19 BGH NJW 2008, 1810; siehe Kommentierungen zu §§ 18, 19 GVG Löwe-Rosenberg/*Böttcher*, StPO, Großkommentar, 26. Auflage.
20 MünchKomm/*Patzina* § 15 Rdn. 2; KarlsruherKommStPO/*Barthe* § 18 Rdn. 3 ff.
21 Zöller/*Lückemann* § 18 GVG Rdn. 1.
22 MünchKomm/*Zimmermann* § 18 GVG, Rdn. 3.
23 KarlsruherKommStPO/*Barthe* § 18 Rdn. 12.
24 Prütting/Gehrlein/*Wern* § 15 Rdn. 2.
25 BGHZ 19, 341.
26 Prütting/Gehrlein/*Blitz* § 18 GVG, Rdn. 1.

gegen eine solche Person – sogar eine Terminsbestimmung des angerufenen Gerichts – sind aus diesem Grunde unzulässig.[27] Selbst eine Zustellung darf in entsprechend exterritorialen Räumen nicht erfolgen, notfalls muss sie öffentlich bekannt gemacht werden.[28]

b) § 15 ergreift auch Familienangehörige des Extraterritorialen, da diese selbst extraterritorial sind: Nach Art. 37 Nr. 1 Wiener Übereinkommen über diplomatische Beziehungen genießen die zum Haushalt eines diplomatischen Vertreters gehörenden **Familienmitglieder** die Immunität nach Art. 31 Wiener Übereinkommen über diplomatische Beziehungen, wenn sie nicht Angehörige des Empfangsstaats sind.[29] Dies gilt auch für minderjährige Kinder. Zwar fingiert § 15 nicht den Wohnsitz des Extraterritorialen (oben Rdn. 2, unten Rdn. 8) mit der Folge, dass der Wohnsitz des Kindes dem des Elternteils nach § 11 BGB folgt.[30] Aber auch dann, wenn man nicht der Ansicht folgt, die Wohnsitzaufgabe des Kindes im Inland sei Folge des elterlichen Aufenthaltsbestimmungsrechts (§§ 1631, 1687 BGB) folgt die Anwendbarkeit des § 15 unmittelbar aus der Exterritorialität des Kindes. Dementsprechend ist eine analoge Anwendung der Norm geboten.[31] 5

3. Angehörige des öffentlichen Dienstes. Erfasst sind ferner deutsche Angehörige des öffentlichen Dienstes, die im Ausland beschäftigt sind und keinen Exterritorialitätsstatus genießen. Hierzu zählen etwa Beamte, Angestellte und Arbeiter des Bundes, der Länder, einer Körperschaft oder einer Anstalt des öffentlichen Rechts.[32] Auch eine Anstellung bei internationalen Organisationen kommt hier in Betracht wie z.B. bei der UNO, der NATO oder der Europäischen Union.[33] Auf eine Befristung des Angestelltenverhältnisses kommt es grundsätzlich nicht an,[34] die Tätigkeit im Ausland darf aber nicht nur auf kurze Zeit ausgerichtet sein.[35] Auf Familienangehörige, auch minderjährige Kinder, ist § 15 entsprechend anzuwenden, sofern sie einen abgeleiteten Wohnsitz gem. § 11 BGB haben.[36] 6

4. Keine Anwendung auf Honorarkonsuln, Abs. 2. Nicht erfasst nach Abs. 2 sind Honorarkonsuln gemäß § 20 KonsularG, also Ehrenbeamte im Sinne des Beamtenrechts, die mit der Wahrnehmung konsularischer Aufgaben beauftragt sind. 7

IV. Gerichtsstand

1. Letzter inländischer Gerichtsstand, Abs. 1 S. 1. Als Rechtsfolge ordnet § 15 Abs. 1 S. 1 an, dass der Beklagte an seinem letzten inländischen Wohnsitz seinen allgemeinen inländischen Gerichtsstand hat. Maßgeblich ist der inländische Wohnsitz zum Zeitpunkt, in dem die Exterritorialität des Beklagten eingetreten ist.[37] Im Gegensatz zu § 15 a.F. wird dabei nicht der Fortbestand des Wohnsitzes fingiert, sondern der Gerichtstand originär begründet (oben Rdn. 5).[38] 8

---

27 OLG München NJW 1975, 2144, 2145.
28 MünchKomm/*Zimmermann* § 18 GVG, Rdn. 3.
29 *Kissel/Mayer* § 18 GVG, Rdn. 13.
30 Musielak/*Heinrich* § 15 Rdn. 4 m.w.N.
31 Stein/Jonas/*Roth* § 15 Rdn. 6.
32 AG Berlin-Schöneberg FamRZ 2007, 1558.
33 Stein/Jonas/*Roth* § 15 Rdn. 3.
34 AG Berlin-Schöneberg FamRZ 2007, 1558.
35 Stein/Jonas/*Roth* § 15 Rdn. 4.
36 Musielak/*Heinrich* § 15 Rdn. 4.
37 Stein/Jonas/*Roth* § 15 Rdn. 2; Zöller/*Vollkommer* § 16 Rdn. 6.
38 Zöller/*Vollkommer* § 16 Rdn. 6.

Wird im Falle des Hilfsgerichtsstandes des Abs. 1 S. 1 über das Vorliegen seiner Voraussetzungen gestritten, kommt eine Wahlfeststellung seiner örtlichen Zuständigkeit nach § 13 oder § 15 Abs. 1 S. 1 durch das angerufene Gericht in Betracht. Denn entweder hat der Beklagte seinen Wohnsitz noch im Inland oder er hat ihn aufgegeben.[39]

9 **2. Sitz beim AG Schöneberg in Berlin, Abs. 1 S. 2.** Lag zum Zeitpunkt des Eintritts der Exterritorialität oder der Aufnahme der Auslandstätigkeit im öffentlichen Dienst kein Wohnsitz im Inland vor, fehlt es für den nach Abs. 1 S. 1 erforderlichen örtlichen Anknüpfungspunkt. Für diese Fälle bestimmt § 15 Abs. 1 S. 2 als Ersatzzuständigkeit, dass der Beklagte seinen Gerichtsstand beim Amtsgericht Schöneberg in Berlin hat.[40] Hierauf verweist für erbrechtliche Streitigkeiten § 27 Abs. 2 (vgl. die Ausführungen dort). Dabei wird die unter den Voraussetzungen des § 71 GVG gegebene sachliche Zuständigkeit des LG Berlin durch Satz 2 der Vorschrift nicht ausgeschlossen.[41]

V. Internationale Zuständigkeit

10 Die Norm ist auch dann gerichtsstandbegründend, wenn der Anwendungsbereich der EuGVVO eröffnet ist.[42]

§ 15 begründet zugleich die örtliche und die internationale Zuständigkeit des deutschen Wohnsitzgerichts, was auf die Doppelfunktionalität der Gerichtsstands-Vorschriften zurückzuführen ist.[43] Sie greift auch unter der Voraussetzung dass die Personen, die von der Vorschrift erfasst sind, in einem anderen Mitgliedstaat der Union, also im Geltungsbereich der EuGVVO einen Wohnsitz begründet haben. Die ganz herrschende Meinung geht davon aus, dass § 15 auch für die Zwecke der Anwendbarkeit der EuGVVO im Sinne einer prozessualen Wohnsitzfiktion zu interpretieren sei, da der Gesetzgeber durch die Neufassung der Vorschrift im Zuge der Gerichtsstands Novelle eine sachliche Änderung nicht beabsichtigt hat.[44] Andernfalls könnte ein extraterritorialer Deutscher auch an seinem Wohnsitz nach Art. 2 Abs. 1, 59 Abs. 1 EuGVVO (Art. 4, 62 EuGVVO n.F.) aufgrund seiner Gerichtsfreiheit nicht verklagt werden.

§ 16
Allgemeiner Gerichtsstand wohnsitzloser Personen

Der allgemeine Gerichtsstand einer Person, die keinen Wohnsitz hat, wird durch den Aufenthaltsort im Inland und, wenn ein solcher nicht bekannt ist, durch den letzten Wohnsitz bestimmt.

Schrifttum

Kegel „Was ist gewöhnlicher Aufenthalt?“, Festschrift für M. Rehbinder 2002, 699; *Kropholler* Handbuch des Internationalen Zivilverfahrensrechts, 1982; *Kropholler* Europäisches Zivilprozessrecht, 9. Aufl. 2011; *Schlosser* EU-Zivilprozessrecht, 2. Aufl. 2003.

---

39 Musielak/*Heinrich* § 15 Rdn. 6.
40 Stein/Jonas/*Roth* § 15 Rdn. 2.
41 Musielak/*Heinrich* § 15 Rdn. 5.
42 MünchKomm/*Patzina* § 16 Rdn. 11 m.w.N.
43 LG Bonn NJW 1974, 427.
44 Stein/Jonas/*Roth* § 15 Rdn. 9 f.; Geimer NJW 1976, 444.

Übersicht

I. Normzweck

1 § 16 schafft einen allgemeinen Auffang-Gerichtsstand für wohnsitzlose Personen. Der alte Ausdruck „Vagabunden-Forum" ist dabei drastisch, macht indes deutlich, worum es hier geht:[1] Die Aufgabe eines Wohnsitzes als Anknüpfungspunkt der örtlichen Zuständigkeit eines Gerichts soll es dem Beklagten nicht ermöglichen, sich der inländischen Gerichtsbarkeit zu entziehen.[2] Der allgemeine Gerichtsstand nach § 16 soll zwei Aufgaben erfüllen, nämlich zum einen die Zuständigkeit deutscher Gerichte auch für den Fall begründen, dass der Beklagte mangels Wohnsitzes über keinen allgemeinen Gerichtsstand verfügt (§ 13 Rdn. 1ff.), zum anderen für den Fall eines Auslandswohnsitzes die örtliche Zuständigkeit deutscher Gerichte auf das Vorliegen von Tatbeständen besonderer Gerichtsstände beschränken.[3] Damit soll vermieden werden, dass deutsche mit ausländischen Gerichten in eine konkurrierende internationale Zuständigkeit eintreten.[4] Anknüpfungspunkt zur Bestimmung des Hilfsgerichtsstandes ist primär der Aufenthaltsort im Inland, subsidiär der letzte Wohnsitz.[5] Weitere Hilfstatbestände zur Begründung eines allgemeinen Gerichtsstandes gibt es nicht. Möglich sind aber besondere Gerichtsstände, zu denken ist an § 23.[6] Anwendung findet § 16 auch im Verfahren nach dem SGG.[7] Auch im Insolvenzverfahren gilt, dass, wenn der Insolvenzschuldner seinen bisherigen Wohnsitz aufgegeben hat und nicht ermittelt werden kann, ob und wo der Schuldner einen neuen Wohnsitz begründet hat, sich gemäß § 4 InsO, § 16 die örtliche Zuständigkeit nach dem letzten Wohnsitz des Schuldners richtet.[8]

II. Erfasster Personenkreis

2 **1. Bürgerlich-rechtliche Voraussetzung der Wohnsitzlosigkeit.** Der Beklagte darf weder über einen inländischen noch über einen ausländischen Wohnsitz verfügen.[9] Für den Bereich der Mitgliedstaaten gilt insoweit Art. 3 EuGVVO (Art. 5 EuGVVO n.F.) (unten Rdn. 10). Ob ein Wohnsitz gegeben ist, richtet sich nach den §§ 7ff. BGB.[10] Erforderlich ist eine tatsächliche Niederlassung mit dem Willen, den Ort zum ständigen

1 *Kropholler* Handbuch des Internationalen Zivilverfahrensrechts I, Kap. III Rdn. 274.
2 Stein/Jonas/*Roth*[22] § 16 Rdn. 1.
3 Vgl. Saenger/*Bendtsen* § 16 Rdn. 1; Vorauflage Rdn. 2.
4 Vgl. Vorauflage Rdn. 2.
5 MünchKomm/*Patzina* § 16 Rdn. 8–10 m.w.N.
6 Stein/Jonas/*Roth*[22] § 23 Rdn. 1.
7 BSG NJW 2010, 1165, 1165.
8 LG Hamburg Rpfleger 2002, 467.
9 OLG Saarbrücken NJW-RR 1993, 190, 190; OLG Köln NZI 2001, 380, 381.
10 Siehe hierzu Kommentierungen zu § 13.

Schwerpunkt der Lebensverhältnisse zu machen. Die Niederlassung erfordert eine eigene Unterkunft, ein Obdachloser hat keinen Wohnsitz. Es genügt jedoch eine behelfsmäßige Unterkunft. Der Domizilwille muss darauf gerichtet sein, den Ort zum ständigen Schwerpunkt der Lebensverhältnisse zu machen. Dies kann sich aus den Umständen ergeben.[11] Wohnsitzlos ist – im Umkehrschluss zu § 7 Abs. 1 BGB – wer sich nicht an einem Orte ständig niederlässt und damit seinen Wohnsitz dort begründet.[12] Allein der Wechsel zwischen verschiedenen Orten (der Experte, der zeitweise an verschiedenen Orten tätig ist) führt, wie § 7 Abs. 2 BGB zeigt, nicht zur Wohnsitzlosigkeit i.S.v. § 16. Denn nach dieser Vorschrift kann der Wohnsitz gleichzeitig an mehreren Orten bestehen.[13] Nach § 7 Abs. 3 BGB kann Wohnsitzlosigkeit durch Aufhebung des Wohnsitzes erfolgen, die dadurch erfolgt, dass die Niederlassung (hier nicht in dem von § 21 gemeinten Sinne, dort Rdn. 11ff.) einer Person mit deren Willen aufgehoben wird, sie aufzugeben,[14] ohne dass ein neuer Wohnsitz begründet wurde.

2. Einzelfälle

3 **a)** Zum erfassten Personenkreis zählen damit etwa Landfahrer, Hausierer sowie wandernde Schausteller und Artisten,[15] aber auch politische Flüchtlinge.[16] Zu prüfen ist in diesen Fällen aber stets, ob das „Herumziehen“ dieser Personen ein Dauerzustand ist, oder ein Wohnsitz oder Aufenthaltsort (§ 20) z.B. in Gestalt des Winterlagers eines Zirkusunternehmens Anknüpfungspunkt für die Feststellung örtlicher Zuständigkeit ist.

4 **b)** Kinder wohnsitzloser Personen teilen die Wohnsitzlosigkeit, wenn diese bereits mit ihrer Geburt bestanden hat und nicht zwischenzeitlich ein Wohnsitz begründet worden ist.[17] Im Übrigen wird vertreten, der Eintritt der Wohnsitzlosigkeit der Eltern erfasse die Kinder nicht. Vielmehr behielten diese den letzten elterlichen Wohnsitz so lange, bis sie ihn wirksam aufheben.[18] Abzulehnen ist dies aber für Fälle, in denen Flüchtlinge auf das deutsche Staatsgebiet übertreten oder in anderen Fällen unfreiwilligen Wohnsitzverlusts der Eltern. Denn § 11 BGB ist die wohnsitzrechtliche Seite des Aufenthaltsbestimmungsrechts der Eltern, die – regelmäßig – als gesetzliche Vertreter der Kinder nach § 51 für diese prozessual zu handeln haben. Schon deshalb ist es nicht allein zweckmäßig, sondern zur Wahrung der prozessualen Chancengleichheit beider Parteien richtig, den Gerichtsstand der Kinder dem der Eltern auch im Falle der Wohnsitzlosigkeit folgen zu lassen.

III. Fallvarianten des Gerichtsstandes

5 **1. Inländischer Aufenthalt.** Hat der Beklagte keinen Wohnsitz, gilt der Gerichtsstand des Aufenthalts im Inland. Im Unterschied zur Zuständigkeitszuweisung nach § 20, für die allein entscheidend ist, dass bei Begründung des Aufenthaltes dieser seiner Natur, d.h. seinen Umständen nach auf eine längere Dauer hinweist,[19] begründet der

11 BGH ZInsO 2010, 348f.
12 OLG Köln NZI 2001, 380, 381; BeckOK/*Toussaint* § 16 Rdn. 1ff. m.w.N.
13 BeckOK-BGB/*Bamberger* § 7 BGB Rdn. 30.
14 Vgl. BeckOK-BGB/*Bamberger* § 7 BGB Rdn. 19.
15 Stein/Jonas/*Roth*[22] § 16 Rdn. 1.
16 Zöller/*Vollkommer* § 16 Rdn. 4.
17 Vgl. MünchKomm/*Patzina* § 16 Rdn. 4.
18 MünchKomm/*Patzina* § 16 Rdn. 4; Musielak/*Heinrich* § 16 Rdn. 2; Zöller/*Vollkommer* § 16 Rdn. 3, § 13 Rdn. 8, 9.
19 MünchKomm/*Patzina* § 20, ZPO, Rdn. 7.

Gerichtsstand des inländischen Aufenthalts die örtliche Zuständigkeit auch bei sehr kurzer Dauer. Dabei ist ein „vorübergehender Aufenthalt" ausreichend, z.B. in einer Klinik[20] oder an Bord eines unter deutscher Flagge fahrenden Motorschiffs in der Karibik (Bahamas).[21] Ausschlaggebend ist, dass dem Beklagten während dieser Zeit die Klage zugestellt werden kann.[22] Die Freiwilligkeit des Verweilens ist unerheblich.[23] Wird der Aufenthalt vorübergehend unterbrochen – der Beklagte, der sich in einem Flughafenhotel in Deutschland von Wochenende zu Wochenende eigenmietet hat fliegt in der Wochenmitte für zwei Tage nach England – hebt dies den Aufenthalt i.S.v. § 16 nicht auf.[24] Zum Teil wird auch darauf abgestellt, an welchem Orte der Beklagte nächtigt.[25] Schließlich kann auch der Sterbeort letzter Aufenthaltsort sein.[26]

2. Gerichtsstand des letzten Wohnsitzes. Ist der inländische Aufenthaltsort dem Kläger unbekannt, kann er die Klage hilfsweise am Gerichtsstand des letzten inländischen Wohnsitzes des Beklagten erheben.[27] § 16 kommt dabei auch dann zum Zuge, wenn ein Aufenthaltsort des Beklagten im Ausland bekannt ist. Dagegen schließt das Bestehen eines ausländischen Wohnsitzes zum Zeitpunkt der Klageerhebung die Klage vor dem Gericht des § 16 aus.[28] Trägt der Kläger vor, dass ein Aufenthaltsort des Beklagten im Inland nicht bekannt sei, ein inländischer oder ausländischer Wohnsitz des Beklagten nicht bestehe und dass der Beklagte seinen letzten (selbständigen oder abgeleiteten Wohnsitz) im Bezirk des angerufenen Gerichts gehabt habe,[29] führt die spätere Bekanntgabe eines Aufenthaltsorts des Beklagten im Inland nicht zur örtlichen Unzuständigkeit des angerufenen Gerichts am Ort des letzten Wohnsitzes.[30] Hat daher z.B. der eigenantragstellende Schuldner zum Zeitpunkt der Antragstellung seinen Wohnsitz ins Ausland verlegt, scheidet ein Insolvenzverfahren vor einem inländischen Gericht aus; die Zuständigkeit lässt sich dann auch nicht aus §§ 4 InsO, 16 ZPO herleiten, da § 16 nur für den Fall greift, dass überhaupt kein Wohnsitz vorhanden ist. 6

IV. Nachweis/Beweis

1. Darlegung der Voraussetzungen des § 16 durch den Kläger und Bestreiten durch den Beklagten

a) Im Streit über die Voraussetzungen der örtlichen Zuständigkeit nach § 16 trägt der Kläger die Darlegungs- und Beweislast für die Wohnsitzlosigkeit des Beklagten. Rügt der Beklagte wegen eines ausländischen Wohnsitzes die Zulässigkeit der Klage, ist er für den ausländischen Wohnsitz darlegungs- und beweispflichtig.[31] Die negative Tatsache, dass weder ein inländischer oder ein ausländischer Wohnsitz besteht noch ein inländischer Aufenthaltsort des Beklagten bekannt ist, entzieht sich des Beweises. Der Kläger hat ent- 7

20 MünchKomm/*Patzina* § 16 Rdn. 6; Saenger/*Bendtsen* § 16 Rdn. 3.
21 LG Hamburg NJW-RR 95, 184, 184.
22 MünchKomm/*Patzina* § 16 Rdn. 6; Musielak/*Heinrich* § 16 Rdn. 3; Stein/Jonas/*Roth*[22] § 16 Rdn. 4 m.w.N.
23 BGH NJW 2008, 3288, 3288, 3289.
24 BGH MDR 1984, 134; OLG Braunschweig OLG Rspr. 20, 285; Stein/Jonas/*Roth*[22] § 16 Rdn. 4 a.E.
25 *Kegel* „Was ist gewöhnlicher Aufenthalt?" Festschrift für Rehbinder (2002) Rdn. 706.
26 KG OLGZ 1973, 149, 151.
27 Siehe Kommentierung zu § 13 ZPO.
28 Baumbach/Lauterbach/Albers/*Hartmann*[71] § 16 Rdn. 4.
29 Stein/Jonas/*Roth*[22] § 16 Rdn. 8.
30 RGZ 27, 401; Zöller/*Vollkommer* § 16 Rdn. 5 a.E.
31 OLGR Hamm 2006, 206 ff.

sprechende Tatsachen vorzutragen, aus denen hierauf zu schließen ist. Der Beklagte bestreitet – substantiiert – durch Darlegung von Tatsachen, aus denen sich auf das Bestehen eines in- oder ausländischen Wohnsitzes (regelmäßig durch Vorlage von Meldebestätigungen oder vergleichbarer Urkunden) oder auf seinen Aufenthalt im Inland schließen lässt (z.B. Hotelunterlagen).

8 **b)** Im Einzelnen ist hier nach den verschiedenen Tatbeständen der Vorschrift zu unterscheiden. Erhebt der Kläger am (letzten) Wohnsitz des Beklagten (§ 13) Klage und behauptet der Beklagte die Aufgabe des Wohnsitzes, kann das angerufene Gericht eine Wahlfeststellung zwischen seiner örtlichen Zuständigkeit entweder nach § 13 oder nach § 16 im Falle des letzten inländischen Wohnsitzes treffen, wenn dem Kläger zum Zeitpunkt der Klageerhebung ein inländischer Aufenthaltsort des Beklagten nicht bekannt war.[32] Trägt der Kläger die Voraussetzungen des Aufenthaltsgerichtsstandes vor, kann der Beklagte dagegen nachweisen, zum Zeitpunkt der Klageerhebung einen Wohnsitz (im In- oder Ausland) gehabt zu haben.[33]

9 **2. Ermittlungsobliegenheiten des Klägers.** Im Übrigen hat der Kläger zu ermitteln, ob der Beklagte einen neuen Wohnsitz begründet hat. Es genügt zum Nachweis der Wohnsitzlosigkeit, dass ein Wohnsitz trotz ernstlich angestellter Ermittlungen nicht bekannt ist, bei feststehender Aufgabe eines früheren Wohnsitzes, dass die Begründung eines neuen nicht feststellbar ist.[34] Die bloße Vermutung, dass der Beklagte mit seiner Familie einen neuen Wohnsitz begründet hat, genügt nicht zur Feststellbarkeit eines neuen Wohnsitzes. Der ernsthafte, vergebliche Versuch des Nachweises dafür, dass ein Wohnsitz nicht (mehr) besteht, wird z.B. durch Polizeiauskunft[35] oder Einholung und Vorlage der Auskunft von Einwohnermeldeämtern[36] geführt.[37] Steht fest, dass ein bestehender Wohnsitz aufgegeben wurde, ist darzulegen, dass ein neuer Wohnsitz nicht ermittelbar ist.[38]

V. Internationale Zuständigkeit

10 **1. EuGVVO.** Im Geltungsbereich der EuGVVO hat der deutsche Richter zu prüfen, ob ein inländischer Wohnsitz des Beklagten besteht. Wo der Wohnsitz des Schuldners liegt, richtet sich über Art. 59 Abs. 1 EuGVVO (Art. 62 Abs. 1 EuGVVO n.F.) nach deutschem Recht, somit nach den §§ 7 ff BGB.[39] Bevor das Gericht § 16 zur Anwendung bringt, wenn es nach dieser Prüfung an einem inländischen Wohnsitz fehlt, ist weiter zu prüfen, ob in einem anderen Mitgliedstaat der Union ein Wohnsitz des Beklagten begründet ist.[40] Hierbei ist nach Art. 59 Abs. 2 EuGVVO (Art. 62 Abs. 2 EuGVVO n.F.) das Recht des Mitgliedsstaates zu Grunde zu legen, in dem der Wohnsitz begründet sein könnte. Ein Rückgriff auf die Regelung des § 16 über Art. 59 Abs. 1 EuGVVO (Art. 62 Abs. 1 n.F. EuGVVO) verbietet sich. Art. 59 Abs. 1 EuGVVO (Art. 62 Abs. 1 n.F. EuGVVO) verweist nur insoweit auf deutsches Recht, als es um die Bestimmung des Wohnsitzes geht. Fehlt ein solcher, so kann nicht auf

32 BayObLG VersR 1985, 741, 742.
33 OLG Hamburg OLG Rspr. 19, 131.
34 Zöller/*Vollkommer* § 16 Rdn. 4 unter Verweis auf u.a.: BGH NJW-RR 1992, 578; so auch Frankfurter Kommentar zur InsO/*Schmerbach* § 3 Rdn. 20.
35 MünchKomm/*Patzina* § 16 Rdn. 5; Zöller/*Vollkommer* § 16 Rdn. 4.
36 MünchKomm/*Patzina* § 16 Rdn. 5.
37 BGH NJW-RR 1992, 578, 578.
38 OLGR Hamm 2006, 206, 208.
39 *Kropholler* Europäisches Zivilprozessrecht, Art. 59. Rdn. 6.
40 Musielak/*Heinrich* § 16 Rdn. 5.

die Vorschriften des deutschen Prozessrechts zurückgegriffen werden.[41] Wenn ein solcher Wohnsitz in einem anderen Mitgliedstaat besteht, kann der Beklagte nach Art. 2 Abs. 1 EuGVVO nur vor den Gerichten des Wohnsitzstaates verklagt werden,[42] es sei denn, es ist eine besondere Zuständigkeit nach den Art. 5 ff. im deutschen Inland begründet.[43] Da im Übrigen im Geltungsbereich der EuGVVO die Anknüpfung an die Staatsangehörigkeit einer Person zum Zwecke der Wohnsitzbestimmung nicht zulässig ist, kann die internationale Zuständigkeit der deutschen Gerichte in diesen Fällen nicht auf § 16 gestützt werden. Im Übrigen ist § 16 für den Fall dass der Beklagte auch in einem anderen Mitgliedstaat der Union keinen Wohnsitz hat, nur unter der Voraussetzung anwendbar, dass der Beklagte auch in anderen ausländischen Staaten keinen Wohnsitz hat.[44]

Art. 39 Abs. 2 EuGVVO (n.F.: aufgehoben) regelte die Frage der örtlichen Zuständigkeit ausschließlich.[45] Bei fehlendem Wohnsitz im Inland kam die zweite Alternative des Art. 39 Abs. 2 EuGVVO in Betracht, die hilfsweise zum Wohnsitz eine Zuständigkeit am Ort der voraussichtlichen Zwangsvollstreckung vorsah.[46]

2. EuInsVO. Wenn Art. 3 EuInsVO nicht anwendbar ist, richtet sich die Zuständigkeit 11
gemäß § 13 nach dem Wohnsitz des Schuldners. Bei wohnsitzlosen Personen ist gemäß § 16 allgemeiner Gerichtsstand der Aufenthaltsort im Inland und, wenn ein solcher nicht bekannt ist, der Ort des letzten Wohnsitzes. Hat die Person einen Wohnsitz im Ausland, ist dagegen § 16 nicht anwendbar.[47] Hat z.B. ein Gläubiger die Eröffnung des Insolvenzverfahrens über das Vermögen eines Schuldners beantragt, nachdem dieser sich angeblich von seinem bisherigen inländischen Wohnsitz nach Frankreich abgemeldet hat, hat sich das Insolvenzgericht zur Bejahung der Zulässigkeitsvoraussetzung einer persönliche Überzeugung zu verschaffen, die dem Beweismaß des § 286 Abs. 1 entspricht.[48]

3. Autonomes Recht. Der Fall, dass der Beklagte keinen Wohnsitz in einem Mit- 12
gliedstaat der Union, also im sachlichen und räumlichen Geltungsbereich der EuGVVO hat, wird heute uneinheitlich beurteilt: Zum Teil wird dabei auch heute noch nach der Staatsangehörigkeit des jeweiligen Beklagten differenziert.

Ob deutsche Staatsangehörige gänzlich wohnsitzlos sind, richtet sich nach deutschem Recht nach Maßgabe der §§ 7 ff. BGB.[49] Dies gilt auch für den Fall, dass ein Wohnsitz eines Deutschen im Ausland zur Rede steht.[50] Demgegenüber wird bei Ausländern differenziert: Das Bestehen eines inländischen Wohnsitzes soll sich nach deutschem Recht, das Vorhandensein eines Wohnsitzes im Ausland hingegen nach dem jeweiligem ausländischen Recht bestimmen.[51] Zur Begründung wird angeführt, die Anwendung der §§ 7 ff. BGB als lex fori könne nur soweit gehen, wie der Anwendungsbereich dieser Vorschriften reiche, die jedoch nur für einen inländischen Wohnsitz Geltung beanspruchten.[52] Zudem er-

41 OLGR Köln 2008, 98 f.
42 Stein/Jonas/*Roth* § 16 Rdn. 3.
43 MünchKomm/*Gottwald* Art. 2 EuGVO, Rdn. 6.
44 Stein/Jonas/*Roth* § 16 Rdn. 2.
45 *Schlosser* EU-Zivilprozessrecht, 2. Aufl., Art. 39 Rdn. 2; ebenso im Ergebnis OLG Saarbrücken NJW-RR 1993, 190.
46 MünchKomm/*Gottwald* Art. 40 EuGVO, Rdn. 10.
47 BGH ZInsO 2010, 348.
48 BGH ZInsO 2010, 1013 f.
49 Musielak/*Heinrich* § 16 Rdn. 2.
50 Baumbach/*Lauterbach* § 16 Rdn. 2.
51 Musielak/*Heinrich* § 16 Rdn. 2; Prütting/Gehrlein/*Wern* § 16 Rdn. 6; MünchKomm/*Patzina* § 16 Rdn. 3; Baumbach/*Lauterbach* § 16 Rdn. 2.
52 Prütting/Gehrlein/*Wern* § 16 Rdn. 6.

gebe sich aus Art. 59 II EuGVVO (Art. 62 II EuGVVO n.F.), dass die Anwendung ausländischen Rechts bei Fehlen eines inländischen Wohnsitzes nicht ungewöhnlich sei.[53]

Nach a.M. kommt es auf die Staatsangehörigkeit des Beklagten nicht an, insbesondere soll nach dieser Auffassung das jeweilige ausländische Recht zur Überprüfung des Vorliegens eines Wohnsitzes nicht angewendet werden.[54] Ausgehend von Art. 4 Abs. 1 EuGVVO (Art. 6 Abs. 1 EugVVO n.F.) entscheide stets das deutsche Recht, namentlich § 13 als doppelfunktionale Norm, ob der Beklagte einen deutschen Wohnsitz habe, da es anderenfalls insbesondere mit Blick auf § 328 Abs. 1 Nr. 1 zu Wertungswidersprüchen komme.[55]Lässt sich ein Wohnsitz im Ausland nicht feststellen, kann § 16 zur Begründung der internationalen Zuständigkeit des deutschen Gerichts angewandt werden.[56]

Bei einem Beklagten, der seinen letzten Wohnsitz im Ausland hatte, kann auf einen früheren inländischen Wohnsitz zur Begründung der internationalen Zuständigkeit der deutschen Gerichte nicht nach § 16 2. Var. zurückgegriffen werden.[57] Anders ist dies nur, wenn ein negativer Kompetenzkonflikt vermieden werden soll.

§ 17
Allgemeiner Gerichtsstand juristischer Personen

(1) Der allgemeine Gerichtsstand der Gemeinden, der Korporationen sowie derjenigen Gesellschaften, Genossenschaften oder anderen Vereine und derjenigen Stiftungen, Anstalten und Vermögensmassen, die als solche verklagt werden können, wird durch ihren Sitz bestimmt. Als Sitz gilt, wenn sich nichts anderes ergibt, der Ort, wo die Verwaltung geführt wird.

(2) Gewerkschaften haben den allgemeinen Gerichtsstand bei dem Gericht, in dessen Bezirk das Bergwerk liegt, Behörden, wenn sie als solche verklagt werden können, bei dem Gericht ihres Amtssitzes.

(3) Neben dem durch die Vorschriften dieses Paragraphen bestimmten Gerichtsstand ist ein durch Statut oder in anderer Weise besonders geregelter Gerichtsstand zulässig.

Schrifttum

Breithaupt/Ottersbach Kompendium Gesellschaftsrecht, 2010; *Henssler/Strohn* Gesellschaftsrecht, 2. Aufl. 2014; *John* Die organisierte Rechtsperson: System und Probleme der Personifikation im Zivilrecht, 1977; *Keilbach* Die Prüfungsaufgaben der Registergerichte, MittRhNotK 2000, 365; *Meckbach* Die Wahl des Satzungssitzes der Kapitalgesellschaft: Forum Shopping bei inländischen Gesellschaften?, NZG 2014, 526; *Schoch/Schneider/Bier* Kommentar VwGO, 3. Aufl. 2009; *Wertenbruch* Die Parteifähigkeit der GbR – die Änderungen für die Gerichts- und Vollstreckungspraxis, NJW 2002, 324.

Übersicht

53 Prütting/Gehrlein/*Wern* § 16 Rdn. 6.
54 KG NJW 1961, 1584, 1584; BeckOK/*Toussaint* § 16 Rdn. 3; Stein/Jonas/*Roth* § 16 Rdn. 2.
55 Stein/Jonas/*Roth* § 16 Rdn. 2.
56 OLGR Hamm 2006, 206 ff.
57 Prütting/Gehrlein/*Wern* § 16 Rdn. 4; MünchkKomm/*Patzina* § 16 Rdn. 8.

I. Normzweck

§ 17 setzt den die Waffengleichheit der Parteien verwirklichenden Grundsatz des „actor sequitur forum rei“ auch für Fälle um, in denen die Rolle des Beklagten von juristischen Personen eingenommen wird. Die Vorschrift leitet eine Reihe von Regelungen ein: Systematisch regeln die §§ 12–16 den allgemeinen Gerichtsstand natürlicher Personen und die §§ 17–22 den Gerichtsstand für juristische Personen, sofern sie passiv parteifähig sind.[1] § 17 begründet dabei für juristischen Personen mit Ausnahme des Fiskus, für den § 18 gilt, den allgemeinen Gerichtsstand ihres sich nach allgemeinen Regeln bestimmenden Sitzes, bzw. hilfsweise den Gerichtsstand ihres Verwaltungssitzes (§ 17 Abs. 1 S. 2).[2] § 17 Abs. 2, 2. Halbs. Erfasst auch „Behörden“. Die Norm entspricht in Hinblick auf juristische Personen der Regelung des allgemeinen Gerichtsstandes nach § 13 mit der Anknüpfung an den Wohnsitz natürlicher Personen. 1

II. Verhältnis zu anderen Gerichtsständen

1. Besondere, nicht ausschließliche Gerichtsstände. Der Kläger hat beim Vorliegen der entsprechenden Voraussetzungen nach § 35 die Wahl, die juristische Person nicht vor ihrem allgemeinen Gerichtsstand[3] an ihrem Sitz nach § 17, sondern vor dem besonderen Gerichtsstand der Niederlassung gemäß § 21 zu verklagen; weiter kommen die weiteren besonderen Gerichtsstände, namentlich der Vertragsgerichtsstand (§ 29) und der Deliktsgerichtsstand (§ 32) in Betracht. Klagen der juristischen Person gegen ihre Mitglieder können nach der Verweisung in § 22 auf § 17 statt vor deren allgemeinen Wohnsitz- oder Sitzgerichtsstand vor dem Gerichtsstand der juristischen Person erhoben werden; gleiches gilt für Klagen der Mitglieder gegeneinander (§ 22 Rdn. 17). 2

2. Sonderverweis auf § 17. Bei einem Unfall auf einem Kreuzfahrtschiff nach § 17 ist das Amtsgericht am Wohnsitz oder Sitz der Niederlassung des Schiffseigners zuständig.[4] Denn die gerichtliche Zuständigkeit für Verfahren in Binnenschifffahrtssachen, die einen 3

1 Zöller/*Vollkommer* § 17 Rdn. 2.
2 Stein/Jonas/*Roth* § 17 Rdn. 1.
3 Vgl. OLG Frankfurt/M. NJW-RR 2013, 511 f.
4 OLG München BinSchiff 2006, Nr 9, 84.

Vorfall auf einem ausländischen Binnengewässer betreffen, bestimmt sich gemäß § 3 Abs. 4 BinSchGerG nach den Vorschriften der ZPO.

4 **3. Ausschließliche Zuständigkeit in gesellschaftsrechtlichen Streitigkeiten.** Gesellschaftsrechtlich ist für bestimmte Streitigkeiten die ausschließliche Zuständigkeit am Sitz der Gesellschaft vorgeschrieben; es handelt sich um folgende Fälle: Im Recht der Aktiengesellschaft ist für die Anfechtungsklage gemäß § 246 Abs. 3 S. 1 AktG ausschließlich das Landgericht zuständig, in dessen Bezirk die Gesellschaft ihren Sitz hat. Gleiches gilt gemäß § 249 Abs. 1 AktG für die Nichtigkeitsklage und nach § 254 Abs. 2 AktG für die Klage auf Anfechtung. Die ausschließliche örtliche Zuständigkeit des Landgerichts am Sitz der Gesellschaft ordnen für die Klage auf Nichtigerklärung der Gesellschaft die Vorschrift des § 275 Abs. 4 AktG und für die vom Aktionär gegen den Vorstand erhobene Auskunftsklage die des § 132 Abs. 1 AktG an. Für die GmbH normiert hinsichtlich der Auflösungsklage § 61 Abs. 3 GmbHG, für die Nichtigkeitsklage § 75 Abs. 2 mit Verweis auf § 246 Abs. 3 AktG die ausschließliche Zuständigkeit des Landgerichts, in dessen Bezirk die Gesellschaft ihren Sitz hat. Für die eingetragene Genossenschaft ordnet § 51 Abs. 3 GenG die ausschließliche Zuständigkeit des Landgerichts am Sitz der eG an.

III. Juristische Personen i.S.v. § 17

5 **1. Übersicht.** § 17 regelt den allgemeinen Gerichtsstand aller (parteifähigen) juristischen Personen und Personifikationen,[5] gleich ob sie solche des Privatrechts oder des öffentlichen Rechts sind. Von der Regelung des § 17 ausgenommen ist der Fiskus, für dessen allgemeinen Gerichtsstand § 18 eine eigene Regelung trifft (dort Rdn. 3). Die Aufzählung in § 17 Abs. 1 S. 1 ist nicht abschließend.[6]

2. Parteifähige Personifikationen des Privatrechts

6 **a)** § 17 Abs. 1 S. 1 führt beispielhaft Gesellschaften, Genossenschaften, „andere" Vereine, Stiftungen, Anstalten und Vermögensmassen, soweit sie verklagt werden können, auf. Vom Anwendungsbereich des § 17 erfasst sind damit zunächst die rechtsfähigen **Kapitalgesellschaften**, also die Gesellschaft mit beschränkter Haftung bzw. Unternehmergesellschaft (haftungsbeschränkt), §§ 1 ff. GmbHG, die Aktiengesellschaft, §§ 1 ff. AktG, die Europäische Gesellschaft (SE), die Kommanditgesellschaft auf Aktien, §§ 278–290 AktG) und die eingetragene Genossenschaft, § 17 Abs. 1 GenG, eingetragene Vereine, § 21 BGB, Versicherungsvereine auf Gegenseitigkeit (§ 7 Abs. 3 VAG) sowie rechtsfähige Stiftungen gemäß § 80 BGB. Dabei findet § 17 auch auf die Vor-GmbH[7] und die Vor-AG[8] jedenfalls analog[9] Anwendung. Sonderfälle sind insoweit die aus dem Teilsondervermögen der **Deutschen Bundespost** hervorgegangenen Nachfolgeunternehmen[10] sowie die Deutsche Bahn AG als Rechtsnachfolgeunternehmen der **Deutschen Bundesbahn.**[11] § 17

5 *John* Die organisierte Rechtsperson: System und Probleme der Personifikation im Zivilrecht (1977) passim, insbes. S. 218 ff.
6 Zöller/*Vollkommer* § 17 Rdn. 2.
7 BayObLGZ 1978, 267 f.
8 BGH NJW 1992, 1824.
9 OLG Brandenburg MDR 2004, 350.
10 Zöller/*Vollkommer* § 17 Rdn. 4, 14.
11 Stein/Jonas/*Roth* § 17 Rdn. 17.

kommt weiter auf juristische Personen zur Anwendung, die in Rechtsformen ausländischen Rechts gegründet worden sind, wie namentlich die englische limited.[12]

b) Desweiteren greifen § 17 Abs. 1, Abs. 3 auch im Falle von **parteifähigen Personenvereinigungen ohne Rechtspersönlichkeit,** soweit diese, wie es sich aus dem Wortlaut der Vorschrift ergibt, passiv parteifähig sind, hier insbesondere die Personenhandelsgesellschaften. Im Einzelnen handelt es sich um die oHG und die KG, §§ 124, 161 Abs. 2 HGB, Partnerschaften, § 7 Abs. 2 PartGG, sowie politische Parteien, § 3 PartG,[13] und nichtrechtsfähige Vereine. Auf die **BGB-Außengesellschaft** ist § 17 Abs. 1 S. 2 anwendbar, soweit sie durch die Teilnahme am Rechtsverkehr eigene Rechte und Pflichten begründet.[14] Dies gilt nunmehr auch für die **Wohnungseigentümergesellschaft**, soweit sie bei der Verwaltung des gemeinschaftlichen Eigentums am Rechtsverkehr teilnimmt,[15] § 10 Abs. 6 S. 5 WEG. 7

c) Auch die in Auflösung, Liquidation oder Abwicklung befindliche Gesellschaft kann verklagt werden,[16] da erst die Löschung nach regulärer Abwicklung oder wegen Vermögenslosigkeit zum Verlust der Rechtsfähigkeit führt, einhergehend mit der Vollbeendigung der juristischen Person.[17] Daher greift auch in den vorgenannten Fällen der Gerichtsstand des § 17 Abs. 1.[18] Erst, wenn die beklagte Partei ihre passive Parteifähigkeit verloren hat, entfällt der Gerichtsstand des § 17.[19] 8

d) Keine Anwendung findet § 17 auf Sondervermögen ohne eigene Rechtspersönlichkeit.[20] Die nicht-rechtsfähige Stiftung[21] wird unter dem allgemeinen Gerichtsstand ihres Rechtsträgers verklagt. Auch ein durch entsprechende Anwendung des § 17 konstituierter Gerichtsstand der Insolvenzmasse ist abzulehnen. Dies ergibt sich – ohne dass man im Rahmen der Gerichtsstandsregelungen der ZPO auf den insolvenzrechtlichen Streit zwischen der Amtstheorie und der modifizierten Organtheorie eingehen müsste[22] – bei Ansprüchen gegen die Insolvenzmasse bereits aus § 19a, der für Klagen gegen den Insolvenzverwalter als allgemeinen Gerichtsstand den Sitz des Insolvenzgerichts anordnet. Im Übrigen sind Vermögensmassen, wie z.B. der Nachlass nicht passiv parteifähig, sodass eine direkte Anwendung des § 17 ausscheidet.[23] Für eine analoge Anwendung des § 17 besteht im Übrigen auch soweit es um Ansprüche gegen den Insolvenzverwalter persönlich geht, z.B. im Fall von Schadenersatzklagen aufgrund seiner Amtsführung (§§ 60, 61 InsO), kein Bedürfnis, da mit seinem allgemeinen Gerichtsstand der Partei kraft Amtes bereits in § 13 eine abschließende Regelung getroffen ist.[24] 9

---

12 OLG Frankfurt/M. NJW-RR 2008, 633.
13 OLG Köln DtZ 1991, 27, 28.
14 LG Bonn NJW-RR 2002, 1399; MünchKomm/*Patzina* § 17 Rdn. 2; BGH NJW 2002, 1207.
15 MünchKomm/*Patzina* § 17 Rdn. 2.
16 BAG NJW 1988, 2637; BGH WM 80, 1431.
17 MünchKomm/*Lindacher* § 50 Rdn. 14.
18 Musielak/*Heinrich* § 17 Rdn. 5.
19 Vgl. OLG Koblenz Rpfl. 1989, 251 für den Fall der gelöschten GmbH.
20 BGHZ 88, 331, 335 f.; Prütting/Gehrlein/*Wern* § 17 Rdn. 5 m.w.N.
21 Vgl. Bamberger/*Roth* § 80 BGB Rdn. 22.
22 Hierzu allein *Smid* Insolvenzrecht (2012) § 7 Rdn. 37 ff.
23 Prütting/Gehrlein/*Wern* § 17 Rdn. 5.
24 MünchKomm/*Patzina* § 17 Rdn. 5.

3. Juristische Personen des öffentlichen Rechts

10 **a)** § 17 führt beispielhaft Gemeinden und Korporationen an. Der Anwendungsbereich erstreckt sich dabei weiter auf Gebietskörperschaften, also Landkreise und Regierungsbezirke,[25] öffentlich-rechtliche Körperschaften, weiter Anstalten und Stiftungen des öffentlichen Rechts[26] sowie Zweckverbände, Sozialversicherungsträger und Innungen[27] sowie Kammern.[28] Weiter bestimmt § 17 den allgemeinen Gerichtsstand von öffentlich-rechtlichen Religionsgemeinschaften (i.e.L. die römisch-katholische Kirche und die evangelischen Kirchen in Deutschland gemäß Art. 140 GG, Art. 137 WRV)[29] und Jagdgenossenschaften.[30]

11 **b)** Bei den vor dem Gerichtsstand des § 17 gegen juristische Personen des öffentlichen Rechts erhobenen Klagen handelt es sich im Wesentlichen um Amtshaftungsklagen (§§ 13, 71 Abs. 2 Nr. 2 GVG); im Übrigen ist darauf hinzuweisen, dass § 52 Nr. 5 VwGO den Wohnsitz- oder Sitzgerichtsstand des verklagten Trägers der öffentlichen Gewalt als Hilfsgerichtsstand normiert.[31]

IV. Sitz der juristischen Person

1. Allgemeines

12 **a)** Grundlage der Sitzbestimmung sind die jeweiligen Regelungen im materiellen Recht; die Sitzbestimmung in Gesellschaftsvertrag oder Satzung der Gesellschaft ist grundsätzlich zwingend vorgeschrieben, wie im Folgenden im Einzelnen gezeigt wird. Hilfsweise greift die prozessuale Sitzbestimmung gemäß § 17 Abs. 1 S. 2 ein. Der satzungsgemäße Sitz einer deutschen Handelsgesellschaft oder einer deutschen Kapitalgesellschaft muss im Inland liegen, um die Kontrolle durch die Registergerichte und die zuständigen Verwaltungsbehörden zu gewährleisten.[32] Daraus folgt, dass auch ein ausländischer Zweitsitz nicht wirksam begründet werden kann, um ein forum shopping zu vermeiden.[33]

13 **b)** Soweit im Inland gesellschaftsrechtlich ein doppelter Sitz wirksam im Gesellschaftsvertrag bzw. in der Satzung bestimmt werden kann, begründet dies wie im Falle des Doppelwohnsitzes natürlicher Personen (§ 13 Rdn. 26) die Wahlmöglichkeit des Klägers gemäß § 35. Regelmäßig ist dies aber insbesondere aus dem Grunde unzulässig, dass mit der hieraus resultierenden doppelten Gerichtszuständigkeit die Gefahr divergierender Registereintragungen einhergeht.[34]

---

25 Zöller/*Vollkommer* § 17 Rdn. 3.
26 Baumbach/*Lauterbach* § 17 Rdn. 9.
27 Zöller/*Vollkommer* § 17 Rdn. 3.
28 Saenger/*Bendtsen* § 17 Rdn. 2.
29 RGZ 62, 355, 359; 118, 22, 27.
30 OLG Celle NJW 1955, 834, 834.
31 Schoch/Schneider/Bier/*Schenk*/*Bier* VwGO § 52 Rdn. 44.
32 *Keilbach* Die Prüfungsaufgaben der Registergerichte, MittRhNotK 2000, 365.
33 Eingehend *Meckbach* Wahl des Satzungssitzes der Kapitalgesellschaft: Forum Shopping bei inländischen Gesellschaften? NZG 2014, 526.
34 Hölters/*Solveen* § 5 AktG Rdn. 13.

2. Inländische Rechtspersonen

a) Personenhandelsgesellschaften und Personengesellschaften müssen ihren Sitz zum Handelsregister anmelden. Für die oHG ergibt sich dies aus § 106 Abs. 2 Nr. 2 HGB[35] und für die KG aus § 106 Abs. 2 Nr. 2 i.V.m. § 161 Abs. 2 HGB,[36] für die PartnerG aus §§ 6, 3 Abs. 2 Nr. 1 PartGG. Als Sitz kann nur der Ort der Geschäftsführung bestimmt werden – also der Ort, von dem aus das Unternehmen nach außen erkennbar am Geschäftsverkehr teilnimmt -nur er ist für die Begründung des allgemeinen Gerichtsstandes maßgeblich.[37] Eine abweichende registerrechtliche Eintragung ist unbeachtlich.[38] Daher kann weder als Sitz der Ort eingetragen werden, an dem ein Betrieb geführt wird, noch wäre eine solche Eintragung für die Bestimmung des Gerichtsstandes entscheidend, wenn sich dort nicht die Geschäftsleitung befindet.[39] Die Anerkennung der Rechtsfähigkeit der **BGB-Außengesellschaft** spricht dafür, dass auch für ihren allgemeinen Gerichtsstand die gesellschaftsvertragliche Festlegung ihres Sitzes maßgeblich ist.[40] Ist in all den genannten Fällen keine Eintragung erfolgt, greift § 17 Abs. 1 S. 2, unten Rdn. 18ff. 14

b) Sitz juristischer Personen des Privatrechts. Bei juristischen Personen des Privatrechts ist die satzungsmäßige Festlegung des Sitzes und die Registerpublizität vorgeschrieben.[41] Die Aktiengesellschaft hat nach § 5 AktG ihren Sitz an dem Ort im Inland, den die Satzung bestimmt. Wie schon durch der Neufassung der Vorschrift durch das MoMiG[42] stellt dies die Sitzwahl durch die Satzung weitgehend frei, so dass neben dem Ort, an sich die Verwaltung oder die Geschäftsleitung befindet auch der Ort als Sitz satzungsgemäß bestimmt werden kann, an dem sich ein von der Gesellschaft geführter Betrieb befindet.[43] Entsprechendes gilt für die Gesellschaft mit beschränkter Haftung und die UG (haftungsbeschränkt) aufgrund der Regelung des § 3 Abs. 1 GmbHG und für die Kommanditgesellschaft auf Aktien wegen der Verweisung in § 278 Abs. 3 AktG auf § 5 AktG. Für privatrechtliche Stiftungen findet 80 Abs. 1 BGB, für den (eingetragenen) Verein §§ 24, 57 BGB, für die Genossenschaft § 6 Nr. 1 GenG und für den Versicherungsverein auf Gegenseitigkeit § 18 VAG Anwendung. Die Grenze, die der gesetzlich eingeräumten Freiheit der Sitzwahl gezogen ist, ergibt sich bei rechtsmissbräuchlichen Gestaltungen.[44] 15

c) Bestimmtheit der Sitzwahl. Voraussetzung der Beachtlichkeit der Sitzwahl in Gesellschaftsvertrag oder Satzung ist, dass dessen Wortlaut oder Auslegung die Ermittlung des Sitzes und damit des allgemeinen Gerichtsstandes zulässt. Wenn bei einem einzelnen Amtsgericht wie z.B. dem Amtsgericht Charlottenburg ein Vereinsregister für den Bezirk mehrerer Amtsgerichte geführt werden können, begründet der bloße Umstand, dass der Verein in dem bei dem angerufenen Gericht geführten Vereinsregister eingetragen ist, nicht den allgemeinen Gerichtsstandes des Beklagten. Dies folgt bereits aus dem Wortlaut des § 17. Auch der Umstand, dass nach der Satzung des Beklagten dessen Sitz „in Berlin" zu nehmen ist, begründet daher keinen allgemeinen Gerichtsstand in Charlottenburg. Denn 16

35 Baumbach/Hopt/*Roth* § 106 Rdn. 2.
36 Henssler/Strohn/*Gummert* § 161 HGB Rdn. 1, 13.
37 Breithaupt/Ottersbach/*Schneider* B. Rdn. 99.
38 MünchKomm-HGB/*Krafka* § 13h HGB, Rdn. 2.
39 KG RNotZ 2012, 395, 396.
40 OLG Köln NJW 2004, 862, 862.
41 OLG Hamm ZIP 2013, 1144; Zöller/*Vollkommer* § 17 Rdn. 9.
42 Henssler/Strohn/*Lange* § 5 AktG Rdn. 4.
43 MünchKomm-AktG/*Heider* § 5 AktG Rdn. 33.
44 OLG Stuttgart NJW-RR 1991, 1510.

wie das KG in diesem Zusammenhang ausgeführt hat, befinden sich in der Stadt Berlin 12 Amtsgerichte mit jeweils eigenständigen Gerichtsbezirken. Diese Amtsgerichte stehen aus zuständigkeitsrechtlicher Sicht einander nicht näher als beliebige andere Amtsgerichte; ein Gerichtsstand „Berlin" existiert auf amtsgerichtlicher Ebene nicht.[45]

17 **d) Ausländische juristische Personen.** Grundsätzlich hat die Gesellschaft mit Sitz im Ausland keinen inländischen allgemeinen Gerichtsstand, vor dem sie verklagt werden könnte (unten Rdn. 25ff.). Handelt es sich bei der Antragstellerin in einem Mahnverfahren um eine Limited englischen Rechts, die über keine inländische Hauptniederlassung verfügt, ist dasjenige Mahngericht örtlich zuständig, in dessen Bezirk ihre Hauptverwaltung besteht.[46]

18 **3. Sitz juristischer Personen des öffentlichen Rechts.** Der Sitz wird durch den hoheitlichen Errichtungsakt festgelegt.[47] In Einzelfällen ist z.B. bei Zweckverbänden eine autonome Bestimmung durch Satzung möglich.[48]

V. Prozessrechtliche Sitzbestimmung nach dem Sitz des Verwaltungsortes, § 17 Abs. 1 S. 2

19 **1. Schwerpunkt körperschaftlichen Lebens.** Ist insbesondere ein satzungsgemäßer Sitz nicht feststellbar, fingiert § 17 Abs. 1 S. 2 als Sitz den Ort, wo die Verwaltung geführt wird. Die Vorschrift findet auch Anwendung, wenn die Sitzbestimmung unwirksam ist oder sich bei juristischen Personen öffentlichen Rechts nicht aus dem Gründungsakt ergibt.[49] Bei der Ermittlung des tatsächlichen Verwaltungssitzes ist zu berücksichtigen, wo der Schwerpunkt körperschaftlichen Lebens liegt, wo die Willensbildung des Leitungsorgans erfolgt und von wo aus die wesentlichen Geschäfte der Gesellschaft geführt werden. Entscheidend ist der Ort der Ausübung des zentralen Managements, der Kontrolle über die Gesellschaft sowie der Erteilung der Weisungen durch die Geschäftsleitung, und zwar im Zeitpunkt der für das Verfahren maßgebenden Geschäftsbeziehungen.[50]

20 **2. Juristische Personen.** Anknüpfungspunkt ist der Mittelpunkt der geschäftlichen Unternehmensleitung der juristischen Person.[51] Hierunter versteht sich der Tätigkeitsort der Geschäftsführung und der dazu berufenen Vertretungsorgane. Dies ist bei einem Unternehmen der Ort, wo die grundlegenden Entscheidungen der Unternehmensleitung effektiv in laufende Geschäftsführungsakte umgesetzt werden.[52] Demgegenüber kommt es auf den Ort der tatsächlichen Ausführung der geschäftlichen Entscheidungen nicht an,[53] sodass bloße Zweigniederlassungen und Produktionsstätten nicht als Verwaltungsort in Betracht kommen.[54] Maßgebend ist daher nicht der Ort, an dem allein die grundlegenden Entscheidungen der Unternehmensleitung getroffen werden, sondern dort wo effektiv laufende Geschäftsführungsakte vorgenommen werden. Das bedeutet, dass die

45 KGR Berlin 2008, 310 ff.
46 OLG Frankfurt/M. NJW-RR 2008, 633.
47 Musielak/*Heinrich* § 17 Rdn. 8.
48 BGH NJW 1960, 98; Prütting/Gehrlein/*Wern* § 17 Rdn. 7.
49 Musielak/*Heinrich* § 17 Rdn. 10.
50 OLG München NJW 1986, 2197, 2198; OLG Köln ZIP 2007, 935 f.
51 BGH NJW 2009, 1610, 1611.
52 BGH NJW 2009, 1610, 1611; Zöller/*Vollkommer* § 17 Rdn. 10.
53 OLG Köln ZIP 2007, 935.
54 Musielak/*Heinrich* § 17 Rdn. 10 m.w.N.

generellen, richtungsweisenden Entscheidungen der geschäftlichen Oberleitung von den konkreten Einzelentscheidungen der geschäftlichen Oberleitung abzugrenzen sind, die ihrerseits von bloßen Ausführungshandlungen – wie etwa derjenigen von Produktionsstätten, Zweigniederlassungen o.ä. – zu unterscheiden sind.[55]

Der Ort, wo die Verwaltung geführt wird, ist der Tätigkeitsort der Geschäftsführung und der dazu berufenen Vertretungsorgane, also der Ort, wo die grundlegenden Entscheidungen der Unternehmensleitung effektiv in laufende Geschäftsführungsakte umgesetzt werden.[56]

3. BGB-Gesellschaft und weitere Einzelfälle

a) Regelmäßig greift § 17 Abs. 1 S. 22 bei der (Außen-)GbR.[57] Bei Rechtsanwaltssozietäten ist der Kanzleisitz ausschlaggebend.[58] Im Fall der Vor-GmbH kommt es auf den künftigen Sitz an.[59] Es fehlt an einer Grundlage für die Annahme, eine Gesellschaft bürgerlichen Rechts habe ausschließlich einen ausländischen und nicht zumindest auch einen inländischen Verwaltungssitz (§ 17 Abs. 1 Satz 2), wenn das zu verwaltende Gesellschaftsvermögen in Deutschland belegen ist, einer der beiden Gesellschafter seinen Wohnsitz in Deutschland hat, die Gesellschaft nach außen unter einer deutschen Adresse auftritt und ihre laufenden Geschäfte durch eine deutsche Hausverwaltung geführt werden, während ihre einzige Verbindung mit dem Ausland in dem ausländischen Wohnsitz ihres anderen Gesellschafters besteht.[60] **21**

b) Bei Konzernunternehmen ist grundsätzlich auf das einzelne Unternehmen, nicht aber auf die Konzernzentrale abzustellen.[61] Bei weltweit tätigen „virtuellen Unternehmen" lässt sich weder ein Satzungs- noch ein Verwaltungssitz eindeutig feststellen. Um einen wirkungsvollen Rechtsschutz des Klägers zu gewährleisten, kann es in diesem Fall zu einer Vervielfältigung von Gerichtsständen am jeweiligen Ort der geschäftlichen Tätigkeit kommen.[62]

c) Fehlt es bei einer ARGE an einem festgelegten Sitz iSd. § 17 Abs. 1 S. 1, so gilt nach § 17 Abs. 1 S. 2 als Sitz der Ort, wo die Verwaltung geführt wird. Maßgebend hierfür ist der Tätigkeitsort der Geschäftsführung und der dazu berufenen Vertretungsorgane, also der Ort, wo die grundlegenden Entscheidungen der Unternehmensleitung effektiv in laufenden Geschäftsführungsakten umgesetzt werden.[63] Hat dagegen eine ARGE ihre Geschäftsführung als „kaufmännische" und „technische" Geschäftsführung zwischen ihren beiden Gesellschaftern aufgeteilt, fehlt es an einem Tätigkeitsort der Geschäftsführung und damit dem Anknüpfungspunkt für § 17 Abs. 1 S. 2.[64] **22**

---

55 KGR Berlin 2008, 310 ff.
56 BGHZ 97, 269, 272; BGH NJW-RR 2010, 250; Zöller/*Vollkommer* § 17 Rdn. 10.
57 *Wertenbruch* NJW 2002, 324 f.
58 OLG Köln NJW 2004, 862, 863.
59 OLG Brandenburg NZG 2004, 100, 101.
60 BGH ZIP 2009, 987 f.= NJW 2009, 1610 f.
61 AG Essen NZI 2009, 810, 811.
62 Stein/Jonas/*Roth* § 17 Rdn. 6.
63 BGH NJW-RR 2009, 173 m. Anm. *Schonebeck* IBR 2009, 211.
64 BGH NJW-RR 2009, 173.

VI. Bergrechtliche Gewerkschaften und Behörden, § 17 Abs. 2

23 § 17 Abs. 2 Halbs. 1 regelt den allgemeinen Gerichtsstand **bergrechtlicher Gewerkschaften** (nicht: Arbeitnehmerorganisationen gemäß § 10 ArbGG),[65] die parteifähig iSd. § 50 sind. Entscheidend ist die Lage des Bergwerks (des Grubenfeldes), sodass mehrere Gerichte örtlich zuständig sein können.[66] Aufgrund der eingeführten Verschmelzungs- und Umwandlungspflicht in AG oder GmbH (§ 163 Abs. 1 BbergG) ist die Vorschrift nahezu überflüssig geworden.

§ 17 Abs. 2 Halbs. 2 unterfällt ebenfalls einem sehr eingeschränkten Anwendungsbereich, da kaum eine Behörde selbst parteifähig ist. Für diesen Fall ordnet die Vorschrift den Gerichtsstand nach Maßgabe ihres Amtssitzes an. Der Regelfall ist freilich, das die Behörde als Vertreter des Fiskus handeln und § 18 zum Zuge gelangt.

VII. Nebensitz, § 17 Abs. 3

24 Die Vorschrift des § 17 Abs. 3 betrifft in erster Linie Regelungen, die im Rang einer Satzung oder einer vergleichbaren Regelung des gesellschaftlichen Grundverhältnisses entsprechen.[67]

So kann zunächst durch die Satzung selbst ein weiterer allgemeiner Gerichtsstand am Nebensitz der juristischen Person begründet. werden.[68] Dieser Gerichtsstand darf aber nicht als ausschließlicher Gerichtsstand geregelt werden,[69] sodass es dem Kläger freisteht, zwischen dem allgemeinen Gerichtstand des 17 Abs. 1 S. 1 und dem Zusatzgerichtsstand des § 17 Abs. 3 zu wählen.[70]

Dies gilt auch für den Fall, dass eine juristische Person des öffentlichen Rechts, z.B. durch Gesetz, einen zusätzlichen Gerichtsstand geschaffen hat.[71]

VIII. Internationale Zuständigkeit

25 **1. EuGVVO.** Im räumlichen und sachlichen Geltungsbereich der EuGVVO ist bei Klagen (n.F.: „Verfahren") gegen juristische Personen und Gesellschaften zwischen den unterschiedlichen Regelungen der Art. 22 Nr. 2 EuGVVO auf der einen Seite und Art. 2 EuGVVO (Art. 4 EuGVVO n.F.) auf der anderen Seite zu unterscheiden.[72] Art. 22 Nr. 2 EuGVVO (Art. 24 Nr. 2 EuGVVO n.F.) normiert eine ausschließliche internationale Zuständigkeit der Gerichte des Mitgliedsstaates, in dem eine Gesellschaft oder juristische Person ihren Sitz hat. Dies gilt für Klagen, welche die Gültigkeit, Nichtigkeit oder Auflösung einer Gesellschaft oder juristischen Person oder die Gültigkeit oder Nichtigkeit der Beschlüsse der Organe zum Gegenstand haben.[73] Die Vorschrift ist im Geltungsbereich der EuGVVO als Regelung der internationalen Zuständigkeit abschließend. Insbesondere werden der allgemeine Gerichtsstand des Art. 2 EuGVVO (Art. 4 EuGVVO n.F.), die besonderen Gerichtsstände der Art. 3 i.V.m. 5ff. EuGVVO (Art. 5 i.V.m. 7ff. EuGVVO n.F.) sowie die ausschließlichen Zuständigkeiten nach dem autonomen nationalen Recht der

65 Stein/Jonas/*Roth* § 17 Rdn. 20.
66 Baumbach/*Lauterbach* § 17 Rdn. 3.
67 MünchKomm/*Patzina* § 17 Rdn. 17.
68 BGH NJW 1998, 1322, 1322; Musielak/*Heinrich* § 17 Rdn. 12.
69 MünchKomm/*Patzina* § 17 Rdn. 17.
70 Musielak/*Heinrich* § 17 Rdn. 12.
71 MünchKomm/*Patzina* § 17 Rdn. 17; Musielak/*Heinrich* § 17 Rdn. 12.
72 Stein/Jonas/*Roth* § 17 Rdn. 8.
73 Musielak/*Heinrich* § 22 Rdn. 6.

Mitgliedstaaten verdrängt.[74] Dies gilt allerdings nur in Bezug auf die internationale Zuständigkeit; die genannten Vorschriften behalten ihre Bedeutung im Hinblick auf die Regelung der örtlichen Zuständigkeit.

Nicht von Art. 22 Nr. 2 EuGVVO (24 Nr. 2 EuGVVO n.F.) erfasste Klagen gegen juristische Personen und Gesellschaften, die ihren Sitz in Deutschland oder in einem anderen Mitgliedstaat der Union haben, unterfallen Art. 2 EuGVVO (Art. 4 EuGVVO n.F.). Diese Vorschrift regelt den allgemeinen Gerichtsstand in Anknüpfung an den Wohnsitz, hinsichtlich dessen für juristische Personen Art. 60 EuGVVO (Art. 63 EuGVVO n.F.) heranzuziehen ist.[75] Für die Zuständigkeitsanknüpfung ist der Sitz der Gesellschaften und juristischen Personen nach dem Internationalen Privatrecht der lex fori maßgeblich.[76] Die Klage, die gegen die verklagte Gesellschaft oder juristische Person erhoben wird, ist unzulässig, wenn der deutsche Richter zu dem Ergebnis gelangt, dass die Beklagte Gesellschaft ihren Sitz i.S.v. Art. 22 Nr. 2 EuGVVO (Art. 24 Nr. 2 EuGVVO n.F.) nicht in Deutschland sondern einem anderen Mitgliedstaat der Union hat.[77] Die Klage ist auch dann unzulässig, wenn der Satzungssitz der Gesellschaft dringendsten Personen wirksam in Deutschland begründet worden ist. Liegt der effektive Verwaltungssitz nach den Regeln des deutschen internationalen Gesellschaftsrechts dagegen in Deutschland, bestimmt sich die örtliche Zuständigkeit auch im Rahmen des Art. 2 EuGVVO (Art. 4 EuGVVO n.F.) nach § 17.[78]

Befindet sich der tatsächliche Verwaltungssitz im Inland, wird der satzungsmäßige ausländische Sitz nach der herrschenden und für die internationale Zuständigkeit außerhalb der Europäischen Gemeinschaft fortgeltenden Sitztheorie nicht anerkannt.[79]

Der Sitz einer Gesellschaft ergibt sich bei den juristischen Personen des Privatrechts aus dem Gesetz oder aus der Satzung. Bei der englischen limited findet Art. 60 Abs. 1 lit. a bis c EUGVVO Anwendung. Nach dieser Bestimmung haben Gesellschaften und juristische Personen ihren Wohnsitz am dem Ort, an dem sich ihr satzungsmäßiger Sitz, ihre Hauptverwaltung oder ihre Hauptniederlassung befindet.

2. Autonomes Recht. Außerhalb des sachlichen und räumlichen Geltungsbereichs 26
der EuGVVO begründet § 17 zugleich die internationale Zuständigkeit der Gerichte am inländischen Sitz der Gesellschaft.[80] Bei Personenvereinigungen und juristischen Personen entscheidet der Sitz gemäß § 17.[81] Der BGH hat in dieser Entscheidung offengelassen, ob hierbei auf den Gründungssitz oder den Verwaltungssitz abzustellen ist. Nach Auffassung des OLG Schleswig[82] (in einer Entscheidung zur Frage der Stellung einer Prozesskostensicherheit gemäß § 110) ist mit dem Argument auf den Gründungssitz abzustellen, dass die Gesellschaft ohne größeren Aufwand ihren Verwaltungssitz verlegen und sich im Falle des Unterliegens hierdurch dem Vollstreckungszugriff der Beklagten entziehen könnte.

---

74 MünchKomm/*Gottwald* Art. 22 Rdn. 1 EuGVVO.
75 Prütting/Gehrlein/*Pfeiffer* Art. 2 Rdn. 4 EuGVVO.
76 MünchKomm/*Gottwald* Art. 60 Rdn. 1 EuGVVO.
77 BGH NZG 2011, 1114, 1115.
78 Vgl. Stein/Jonas/*Roth* § 17 Rdn. 9.
79 BGH, NJW 2002, 3539, 3540 = MDR 2002, 1382; BayObLG DB 2003, 819, 820, OLG Köln ZIP 2007, 935 f. jew. m.w.N.
80 Prütting/Gehrlein/*Wern* § 18 Rdn. 12.
81 BGH NJW-RR 2005, 148.
82 OLG Schleswig IPRax 2014, 289 m. Anm. *Schütze* IPRax 2014, 272 ff.; vgl. auch KG ZInsO 2014, 742 f.; OLG Karlsruhe NJW-RR 2008, 944 ff.

§ 18
Allgemeiner Gerichtsstand des Fiskus

Der allgemeine Gerichtsstand des Fiskus wird durch den Sitz der Behörde bestimmt, die berufen ist, den Fiskus in dem Rechtsstreit zu vertreten.

Übersicht

I. Normzweck

1 Juristische Personen werden – vorbehaltlich des Eingreifens ausschließlicher Gerichtsstände – gemäß § 17 am Sitzgerichtsstand verklagt. § 17 greift ausdrücklich auch für juristische Personen des öffentlichen Rechts, so die namentlich genannten Gemeinden, aber auch Bund und Länder. Dadurch wird eine Konzentration von Prozessen an den damit am Sitz örtlich zuständigen Gerichten bewirkt. Diese Regelung wird für juristische Personen des öffentlichen Rechts dadurch modifiziert, dass § 18 einen allgemeinen Gerichtsstand für die juristischen Personen des öffentlichen Rechts insoweit schafft, als sie als Fiskus (zum Begriff: Rdn. 3) handeln.[1] Hierdurch soll der Überlastung der nach § 17 örtlich zuständigen Gerichte gegengesteuert werden. Im Vordergrund steht, dass der Fiskusgerichtsstand die Rechtsverfolgung durch den Kläger dadurch erleichtert, dass er die Klage am Sitz der vertretungsberechtigten Behörde erheben kann.[2] Nicht der Sitz der handelnden Verwaltungsbehörde, sondern der Sitz der **vertretungsberechtigten Behörde** ist damit ausschlaggebend.[3] Ob damit in der Tat eine Erleichterung verbunden ist, begegnet Zweifeln. Denn die Ermittlung der vertretungsberechtigten Behörde kann problematisch und zudem selber mit Rechtsverfolgungskosten verbunden sein, die allerdings gemäß § 91 dem Kläger im Obsiegensfalle zu erstatten sind.[4]

1 S.u. III.
2 Saenger/Bendtsen § 18 Rdn. 1.
3 Stein/Jonas/*Roth*[22] § 18 Rdn. 1.
4 Baumbach/Lauterbach/Albers/*Hartmann*[71] § 18 Rdn. 2.

II. Fakultativer Gerichtsstand

Durch § 18 bleiben besondere Gerichtsstände, z.B. der §§ 24, 29, 32, unberührt.[5] Soweit nicht ein ausschließlicher Gerichtsstand vorliegt, können andere besondere – konkurrierende – Gerichtsstände gegenüber dem Fiskusgerichtsstand das Wahlrecht des Klägers nach § 35 auslösen.[6] Für einen Amtshaftungsanspruch aus § 839 BGB i.V.m. Art. 34 GG wegen der verspäteten Zuteilung von Emissionsberechtigungen bestimmt sich daher die örtliche Zuständigkeit jedenfalls dann nicht nach dem allgemeinen Gerichtsstand des Fiskus gemäß § 18, sondern nach dem besonderen Gerichtsstand der unerlaubten Handlung gemäß § 32, wenn der Kläger in Ausübung des Wahlrechts nach § 35 die Klage vor dem Deliktsgerichtsstand erhoben hat.[7] 2

III. Fiskus

Als Fiskus wird der Staat bezeichnet, soweit er nicht in Ausübung hoheitlicher Gewalt handelt, sondern als privatrechtlich handelnder Vermögensrechtsträger dem Bürger gegenübertritt.[8] Als Fiskus bedient sich der Staat als dem Bürger gleichgeordnetes Privatrechtssubjekt der Gestaltungsinstrumentarien des bürgerlichen Rechts unabhängig von der Organisationsform, in der er als Bund, Land, Gemeinde, sonstige Gebietskörperschaft, Anstalt des öffentlichen Rechts oder Kammer auftritt. Als Fiskus treten die jeweiligen Behörden als Vertragsparteien z.B. von Kauf-, Miet-, Dienst- oder Werkverträgen in vielgestaltiger Form auf.[9] Von fiskalischem Handeln spricht man daher beispielsweise bei privatrechtlichen Beschaffungstätigkeiten der öffentlichen Verwaltung, z.B. im Fall des Baus von Amtsgebäuden oder bei erwerbswirtschaftlicher Betätigung, z.B. dem Betrieb eines staatlichen Weingutes oder dem Holzverkauf aus staatlichen Domänen.[10] 3

Wird die Finanzverwaltung eines beklagten Landes von einem Insolvenzverwalter mit einer Insolvenzanfechtungsklage in Anspruch genommen, beruhte die Vereinnahmung der Steuern und Abgaben zwar auf der Wahrnehmung hoheitlicher Gewalt. Der Rückzahlungsanspruch gemäß § 143 Abs. 1 InsO führt dann auch zum Wiederaufleben der Abgabenforderung gemäß § 144 InsO, gehört aber selber dem Privatrecht an, so dass die Finanzverwaltung in diesem Falle als „Fiskus“ i.S.v. § 18 fungiert.[11]

IV. Maßstäbe

1. Gesetzliche Vertretung. Nach § 18 kommt es für die Bestimmung des allgemeinen Gerichtsstandes des Fiskus auf den Sitz derjenigen Behörde an, bei der die Vertretungsmacht für die zu verklagende juristische Person des öffentlichen Rechts liegt. Die Vertretungsbefugnis ist von der Sachentscheidungsbefugnis zu unterscheiden.[12] Für den Gerichtsstand ausschlaggebend ist daher der sich aus dem Staats- und Verwaltungsrecht des Bundes und der Länder ergebende[13] Sitz der staatlichen Stelle, die für die Prozessver- 4

5 MünchKomm/*Patzina* § 18 Rdn. 44.
6 Zöller/*Vollkommer* § 18 Rdn. 2.
7 OVG Berlin-Brandenburg I+E 2014, 83.
8 MünchKomm/*Patzina* § 18 Rdn. 2.
9 MünchKomm/*Patzina* § 18 Rdn. 2; Musielak/*Heinrich* § 18 Rdn. 2; Stein/Jonas/*Roth*[22] § 18 Rdn. 1.
10 *Creifelds* Rechtswörterbuch, Stichwort: Fiskus.
11 FG Münster ZInsO 2009, 256.
12 Vgl. Zöller/*Vollkommer* § 50 Rdn. 25, 25a; BGH NVwZ 2011, 765, 765.
13 MünchKomm/*Patzina* § 18 Rdn. 3.

tretung zuständig ist.[14] Dabei geht es nicht um die „Passivlegitimation" der als Beklagte in Anspruch genommenen juristischen Person des öffentlichen Rechts – etwa wenn zweifelhaft sein mag, ob eine Klage gegen ein Land oder eine Gemeinde zu richten ist –, sondern um die Frage, wer für die juristische Person prozessual als der gesetzliche Vertreter i.S.v. § 51[15] mit der Folge anzusehen ist, dass Zustellungen dort zu bewirken, Erklärungen von dort wirksam abzugeben sind usf. Dies richtet sich nach entsprechenden bundes- (unten Rdn. 8ff.) oder landesrechtlichen Regelungen.

5 **2. Auskunft über zur Vertretung des Fiskus berufene Behörden.** Die einschlägigen Regelungen sind unübersichtlich und auch bei Nutzung des Internets nicht immer ohne weiteres zugänglich. Zudem unterliegen sie ständig Änderungen.[16] Die übergeordneten Behörden sind insoweit zur Auskunftserteilung verpflichtet. Auskunftspflichtig sind bei Klagen gegen den Bundesfiskus die Bundesministerien, bei Klagen gegen einen Landesfiskus die obersten Landesbehörden.[17]

6 Wenn im Schrifttum[18] davon die Rede ist, es könne im Einzelfall eine behördenübergreifende Wissenszurechnung zu Lasten des als Fiskus in Anspruch genommenen Staates greifen, hilft dies aber nicht, wenn die Klageschrift den Anforderungen des § 253 Abs. 2 ZPO nicht genügt und daher keine Zustellung erfolgt. Erfolgt die Zustellung an die Endvertretungsbehörde, ist diese aber zur Weiterleitung verpflichtet. Die im Schrifttum[19] ebenfalls in Erwägung gezogene Zuständigkeitsbestimmung entspr. § 36 Nr. 3 geht daran vorbei, dass die Festlegung von Vertretungsstrukturen innerhalb der öffentlich-rechtlichen Rechtsperson nicht Angelegenheit eines Zivilgerichts sein kann.

V. Ausländischer Fiskus

7 Der Fiskusgerichtsstand ist für Klagen gegen den ausländischen Fiskus – den privatwirtschaftlich handelnden ausländischen Staat – nicht begründet. Hierfür genügt die völkerrechtliche diplomatische Vertretung fremder Staaten nicht. Die Judikatur des BGH hat dies damit begründet, in Ermangelung eines allgemeinen Gerichtsstands richte sich die Vertretung nach dem Recht des ausländischen Staates.[20] Dagegen lässt sich nicht ohne weiteres das Argument vorbringen, der ausländische Staat habe seinen allgemeinen Gerichtstand nicht im Inland,[21] weil § 18 nicht eingreife, denn es kommt ja für § 18 nicht auf den allgemeinen Sitzgerichtstand, sondern auf die (gesetzliche) Vertretung der wirtschaftlich handelnden Person des öffentlichen Rechts bzw. der staatlichen Rechtsentität an – und diese kann durchaus im Inland gegeben sein. Dies erweist sich als acta iure gestionis (dem nicht-hoheitlichen Tätigwerden) ausländischer Staaten im Inland, die nicht der Immunität unterfällt und der deutschen Gerichtsbarkeit unterliegt.[22] Die deutschen Gerichte sind aber nur unter der Voraussetzung international und örtlich für Klagen gegen ausländische Staaten aus derartiger Tätigkeit zuständig, wenn für sie ein besonderer Gerichtsstand begründet oder vereinbart ist.[23]

14 OLG Brandenburg NJW-RR 1997, 1518, 1518.
15 Prütting/Gehrlein/*Wern* § 18 Rdn. 3.
16 Stein/Jonas/*Roth*[22] § 18 Rdn. 1.
17 MünchKomm/*Patzina* § 18 Rdn. 4 m.w.N.
18 Zöller/*Vollkommer* § 18 Rdn. 3, 4.
19 Statt aller: Zöller/*Vollkommer* § 18 Rdn. 3 m.w.N.
20 BGH NJW 1964, 203, 203.
21 Vgl. auch BGH NJW 1964, 203; OLG Frankfurt/M. NJW 2006, 2931.
22 Vgl. BVerfGE 15, 25, 43; 16, 27, 64.
23 BeckOK/*Toussaint*, § 18 Rdn. 2.

IV. Vertretung des Bundesfiskus

1. Grundsatz. Indem Art. 65 S. 2 GG regelt, dass jeder Bundesminister seinen Geschäftsbereich selbständig und in eigener Verantwortung leitet, weist er bei Ermangelung spezieller gesetzlicher Regelungen dem jeweiligen Bundesminister auch die Vertretung des entsprechenden Bundesfiskus zu.[24] Dies gilt für alle Rechtsgründe, aus denen der Kläger einen Anspruch herleitet.[25] Sofern eine eindeutige Zuordnung an ein Ministerium nicht möglich ist, ist das Bundesministerium für Finanzen vertretungsberechtigt,[26] da es im Fall des Bestehens eines Anspruchs die zur Erfüllung erforderlichen Haushaltsmittel bereit zu stellen verpflichtet ist.[27] Im Rahmen ihrer Geschäftsbereiche können Bundesminister die Vertretung des Fiskus untergeordneten Behörden durch Anordnung übertragen.[28] Von dieser Möglichkeit wurde reger Gebrauch gemacht. 8

2. Geschäftsbereiche der Ministerien. Im Folgenden werden nach Geschäftsbereichen geordnet die relevantesten gesetzlichen Grundlagen der Vertretungsberechtigungen des Bundesfiskus in Bezug auf die einzelnen Ministerien dargestellt. Ein Anspruch auf Vollständigkeit kann dabei nicht bestehen. 9

Auswärtiges Amt: Da eine Regelung zur Vertretungsbefugnis für diesen Geschäftsbereich nicht getroffen wurde, wird das Ministerium ausschließlich von dem Bundesminister des Auswärtigen vertreten.[29] 10

Bundesministerium für Arbeit und Soziales: Mangels Regelung der Vertretungsverhältnisse vertritt der Bundesminister den Bundesfiskus in diesem Geschäftsbereich. 11

Bundesministerium der Finanzen: „Anordnung über die Vertretung der Bundesrepublik Deutschland im Bereich der Bundesfinanzverwaltung (VertrOBFV)" vom 17.4.2008.[30] Demnach ist grundsätzlich das Bundesministerium für Finanzen vertretungsberechtigt, „hilfsweise" in erster Linie die zum Geschäftsbereich des BFM gehörenden Behörden im Rahmen ihres Geschäftsbereichs: Bundesoberbehörden (Bundesamt für zentrale Dienste und offene Vermögensfragen, Bundeszentralamt für Steuern etc.), Bundesmittelbehörden (Bundesfinanzdirektionen, Zollkriminalamt) und örtliche Behörden (Hauptzollämter und ihre Dienststellen, Zollfahndungsämter). 12

Bundesministerium des Innern: „Anordnung über die Vertretung der Bundesrepublik Deutschland im Geschäftsbereich des Bundesministeriums des Innern sowie über das Verfahren bei der Vertretung" vom 1.6.2012 (VertrOBMI).[31] Grundsätzlich ist das BMI vertretungsbefugt, weitläufige Übertragungen der Vertretungsberechtigung sind u.a. auf das Statistische Bundesamt, das Bundesamt für Verfassungsschutz und das Bundeskriminalamt gemäß Ziff. 2.1 i.V.m. 2.2. VertrOBMI erfolgt. 13

Bundesministerium der Justiz und für Verbraucherschutz: „Anordnung über die Vertretung der Bundesrepublik Deutschland im Geschäftsbereich des Bundesministeriums der Justiz" vom 1.2.2013 (BMJVertrAnO). Grundsätzlich ist das BMJ vertretungsberechtigt, subsidiär und je nach Fallgestaltung die Leiter der Gerichte und Behörden, die 14

---

24 Stein/Jonas/*Roth*[22] § 18 Rdn. 10.
25 BGH NJW 1967, 1755, 1755; Baumbach/Lauterbach/Albers/*Hartmann*[71] § 18 Rdn. 6.
26 H.M.: BGH NJW 1967, 1755; Baumbach/Lauterbach/Albers/*Hartmann*[71] § 18 Rdn. 6; MünchKomm/*Patzina* § 18 Rdn. 7; Musielak/*Heinrich* § 18 Rdn. 9; Stein/Jonas/*Roth*[22] § 18 Rdn. 10; Zöller/*Vollkommer* § 18 Rdn. 5.
27 MünchKomm/*Patzina* § 18 Rdn. 7.
28 Stein/Jonas/*Roth*[22] § 18 Rdn. 11.
29 MünchKomm/*Patzina* § 18 Rdn. 13.
30 GMBl. 2008, S. 538.
31 Bundesanzeiger 2012 (Nr. 103, S. 3310–3314).

zum Geschäftsbereich des Bundesministeriums der Justiz gehören. Die Vertretungsbefugnis in gerichtlichen und schiedsgerichtlichen Verfahren der Gerichte ist dem Generalbundesanwalt bzw. der Generalbundesanwältin beim Bundesgerichtshof übertragen (§ 2 III Nr. 4 BMJVertrAnO).

15 **Bundesministerium für Umwelt, Naturschutz, Bau und Reaktorsicherheit:** „Anordnung über die Vertretung der Bundesrepublik Deutschland im Geschäftsbereich des Bundesministers für Umwelt, Naturschutz und Reaktorsicherheit sowie für das Verfahren bei der Vertretung“ vom 27. Januar 1987[32] (Vertretungsordnung BMU), zuletzt geändert durch Anordnung vom 5.2.1999;[33] „Anordnung zur Übertragung von Zuständigkeiten für die Bearbeitung, für den Erlass von Widerspruchsbescheiden und die Vertretung des Bundes bei Klagen im Bundesministerium für Umwelt, Naturschutz und Reaktorsicherheit in Angelegenheiten von Amtsbezügen und Besoldung“ vom 17. November 2005.[34] Vertretungsberechtigte Dienststellen sind u.a. das Umweltbundesamt, Bundesamt für Naturschutz und das Bundesamt für Strahlenschutz sowie in Einzelfällen der Bundesminister für Umwelt.

16 **Bundesministerium der Verteidigung:** „Anordnung über die Vertretung der Bundesrepublik Deutschland in Prozessen im Geschäftsbereich des Bundesministeriums der Verteidigung“ vom 19.12.2002 (Vertretungsanordnung BMVg),[35] geändert am 19.2.2003;[36] „Anordnung des Bundesministers der Verteidigung über die Übertragung von Zuständigkeiten im Widerspruchsverfahren und über die Vertretung bei Klagen aus dem Beamten- oder Wehrdienstverhältnis in Angelegenheiten der Besoldung, der Versorgung, des Wehrsolds und der Beihilfe“ (BMWgWidAnO) vom 18.6.2013;[37] „Verwaltungsanordnung über die Vertretung des Bundes als Drittschuldner im Geschäftsbereich des Bundesministeriums der Verteidigung“ vom 17.7.2013. Außerdem: „Allgemeine Anordnung über die Übertragung von Zuständigkeiten im Widerspruchsverfahren und über die Vertretung bei Klagen aus dem Beamten- oder Wehrdienstverhältnis im Geschäftsbereich des Bundesministeriums der Verteidigung“ vom 19.12.2013.[38]

Vertretungsbehörden sind u.a. die Wehrbereichsverwaltungen Nord, West, Süd und Ost, das Bundesamt für Ausrüstung, Informationstechnik und Nutzung der Bundeswehr (BAAINBw) und das Bundesamt für Infrastruktur, Umweltschutz und Dienstleistungen der Bundeswehr (BAIUDBw). Nur ausnahmsweise vertritt sich das Bundesministerium der Verteidigung selbst.[39]

17 **Bundesministerium für Wirtschaft und Energie:** Eine Vertretungsanordnung wurde nicht erlassen, der Bundesminister für Wirtschaft vertritt den Bundesfiskus daher innerhalb seines Geschäftsbereichs selbst. Allgemeine Praxis ist, dass die nachgeordneten Behörden im Geschäftsbereich des Ministeriums den Bund vertreten, sofern die Angelegenheit nicht dem Ressort vorbehalten ist.[40] Nachgeordnete Behörden sind das Bundeskartellamt (BKartA), die Bundesnetzagentur, das Bundesamt für Wirtschaft und Ausfuhrkontrolle (BAFA), die Bundesanstalt für Materialforschung und -prüfung (BAM), die Physikalisch-Technische Bundesanstalt (PTB) und die Bundesanstalt für Geowissenschaften und Rohstoffe (BGR).

32 GMBl. 1987, 249.
33 GMBl 1999, 270.
34 BGBl. I 2005 S. 3388.
35 VMBl. 2003, 2.
36 VMBl. 2003, 86.
37 BGBl. I 2013, 1642.
38 BGBl. I 2014, 11.
39 Zöller/*Vollkommer* § 18 Rdn. 12.
40 Stein/Jonas/*Roth*[22] § 18 Rdn. 14.

VII. Vertretung des Länderfiskus

Je nach Bundesland gibt es unterschiedliche, z.T. stark ausdifferenzierte Regelungen zur Vertretungsberechtigung. Die nachfolgende Darstellung kann daher nur dazu dienen, einen Überblick zu verschaffen. 18

Baden-Württemberg:. Gemäß § 1 I der „Anordnung über die Vertretung des Landes in gerichtlichen Verfahren" vom 17.1.1955[41] i.V.m. Art. 49 II BWVerf vertritt im Grundsatz die oberste Landesbehörde in ihrem Geschäftsbereich das Land. Vertretungsbehörden sind neben den Ministerien als allgemeine Vertretungsbehörden in erster Linie die Mittelbehörden, die Landesämter, die Präsidenten der obersten Landesgerichte, die Regierungspräsidien und die Landratsämter; besondere Vertretungsbehörden sind etwa die (General-) Staatsanwaltschaften, die Landesoberkasse und die Justizvollzugsanstalten.[42] 19

Bayern: Wichtigste Regelung ist die „Verordnung über die gerichtliche Vertretung des Freistaates Bayern" vom 4.10.1995 (VertrV),[43] zuletzt geändert mit Verordnung vom 20.2.2013. 20

Berlin: „Gesetz über die Zuständigkeiten in der Allgemeinen Berliner Verwaltung (AZG)" i.d.F. vom 22.7.1996, zuletzt geändert am 17.2.2014. Der Regierende Bürgermeister vertritt Berlin staatsrechtlich, § 20 AZG. Für die rechtsgeschäftliche Vertretung gilt im Wesentlichen § 21 AZG (Präsident des Abgeordnetenhauses in Angelegenheiten des Abgeordnetenhauses; jedes Mitglied des Senats in seinem Geschäftsbereich; Präsident des Rechnungshofs usw.). 21

Brandenburg: Gemäß Art. 91 der „Verfassung des Landes Brandenburg" in der Fassung vom 20.8.1992[44] vertritt der Ministerpräsident das Land nach außen, er kann diese Befugnis aber auf ein anderes Mitglied der Landesregierung oder auf nachgeordnete Stellen übertragen. Bedeutende Regelungen sind die „Anordnung über die Vertretung des Landes Brandenburg im Geschäftsbereich des Ministeriums der Finanzen" vom 1.2.2006 sowie die „Anordnung über die Vertretung des Landes Brandenburg im Geschäftsbereich des Ministers der Justiz" vom 9.6.1992[45] (Vertretungsordnung JM Brdbg) in der Fassung vom 8.6. 2011.[46] 22

Bremen: Gemäß Art. 118 I der „Landesverfassung der Freien Hansestadt Bremen" (VerfBr) vom 21.10.1947 in der Fassung vom 1.11.1994 vertritt der Senat Bremen nach außen, kann aber gemäß Art. 118 III VerfBR die Vertretungsbefugnisse ganz oder teilweise übertragen. Innerhalb ihres Geschäftsbereichs sind die Senatoren vertretungsberechtigt, Art. 120 I 2 VerfBR. 23

Hamburg: Bedeutende Regelungen zur Vertretungsberechtigung sind das „Gesetz über Verwaltungsbehörden" vom 30.6.1952 (VwBehG HA), zuletzt geändert am 19.4.2011,[47] und die „Anordnung über die Befugnis zur Vertretung der Freien und Hansestadt Hamburg vom 19.4.2001,[48] zuletzt geändert am 26.2.2013.[49] Vertretungsbefugt sind in erster Linie die Fachbehörden und die Bezirksämter im Rahmen ihres Geschäftsbereichs.[50] 24

---

41 GBl. BW 1955, S. 8, i.d.F. d. Änderungsanordnung v. 25.9.2001 (GBl. 2001, 552).
42 Zöller/*Vollkommer* § 18 Rdn. 16.
43 GVBl 1995, S. 733.
44 GVBl 1992, S. 298.
45 JMBl. 1992, S. 78.
46 JMBl. 2011, S. 54.
47 HmbGVBl. 2011, S. 123.
48 Amtl. Anz. 2001, S. 1433.
49 Amtl. Anz. 2013, S. 377.
50 Zöller/*Vollkommer* § 18 Rdn. 21.

25 **Hessen:** Im Grundsatz wird Hessen vom Ministerpräsidenten vertreten, der die Vertretungsbefugnis auf die zuständigen Minister oder nachgeordnete Stellen übertragen kann, Art. 103 I der Verfassung des Landes Hessen.[51] Weitere Rechtsgrundlage ist die hieraus hervorgehende „Anordnung des Ministerpräsidenten über die Vertretung des Landes Hessen" v. 7.12.2009.[52] Für die einzelnen Geschäftsbereiche sind insbesondere von Bedeutung die „Anordnung über die Vertretung des Landes Hessen im Geschäftsbereich des Ministeriums der Finanzen" vom 3.2.2006[53] und der Justiz vom 30.6.2006,[54] aus denen sich u.a. die Vertretungsberechtigung der Oberfinanzdirektion Frankfurt a.M. (Finanzverwaltung) und der Staatsanwaltschaft (Justizverwaltung) ergibt.

26 **Mecklenburg-Vorpommern:** Die Vertretungsberechtigung obliegt grundsätzlich dem Ministerpräsidenten, der zur Übertragung der Berechtigung befugt ist, Art. 47 der „Verfassung des Landes Mecklenburg-Vorpommern" vom 23.5.1993,[55] zuletzt geändert am 30.6.2011.[56] Aufgrund der „Verwaltungsvorschrift des Ministerpräsidenten vom 17.12.2012"[57] wurde die Befugnis in erheblichem Umfang auf die Fachminister im Rahmen ihres jeweiligen Geschäftsbereichs sowie auf nachgeordnete Behörden übertragen.

27 **Niedersachsen:** Die Vertretungsberechtigung wird im Wesentlichen im „Runderlass der Staatskanzlei und sämtlicher Ministerien" vom 12.7.2012,[58] geändert durch Runderlass vom 30.1.2014,[59] geregelt.

28 **Nordrhein-Westfalen:** Vertretungsbefugt ist im Grundsatz die Landesregierung, die zur Übertragung auf den Ministerpräsidenten, auf ein anderes Mitglied der Landesregierung oder auf nachgeordnete Stellen berechtigt ist, Art. 57 der „Verfassung für das Land Nordrhein-Westfalen" vom 28.6.1950 (VerfNW). Aus Art. 55 II VerfNW wird die Vertretungsberechtigung aus der selbständigen Leitung der jeweiligen Ministerien für ihren Geschäftsbereich hergeleitet.[60] Wichtige Regelung im Geschäftsbereich des Justizministeriums ist die „Verordnung über richter- und beamtenrechtliche Zuständigkeiten sowie zur Bestimmung der mit Disziplinarbefugnissen ausgestatteten dienstvorgesetzten Stellen im Geschäftsbereich des Justizministeriums" vom 4.12.2007, zuletzt geändert mit Verordnung vom 12.7. 2013.[61] Im Geschäftsbereich des Finanzministeriums sind die Vertretungsverhältnisse durch die im Runderlass des Finanzministeriums vom 9.5.2012 enthaltenen „Bestimmungen über die Vertretung des Landes Nordrhein-Westfalen im Geschäftsbereich des Finanzministeriums" [62] geregelt.

29 **Rheinland-Pfalz:** Für den Geschäftsbereich der Justiz gilt die „Vertretungsordnung Justiz und Verbraucherschutz" vom 22.8.1997,[63] zuletzt geändert mit Verordnung vom 20.7.2013,[64] für den der Finanzen die „Vertretungsordnung Finanzen" vom 18.11.1988,[65] zuletzt geändert am 12.10.1999.[66] Für den Geschäftsbereich des Innern greift die „Vertre-

---

51 GVBl. 1946, 229.
52 StAnz 2009, S. 3546.
53 StAnz. 2006, S. 422.
54 StAnz. 2006, S. 2097.
55 GVOBl. M-V 1993, 372.
56 GVOBl. M-V 2011, S. 375.
57 AmtsBl. M-V 2013 S. 3.
58 Nds.MBl. 2012 S. 578.
59 Nds.MBl. 2014 S. 124.
60 MünchKomm/*Patzina* § 18 Rdn. 34.
61 GV. NRW. 2013, S. 459.
62 MBl. NRW. 2012, S. 451.
63 GVBl. 1997, S. 331.
64 GVBl. 2013 S. 280.
65 GVBl. 1988, S. 293.
66 GVBl. 1999, S. 325.

tungsordnung Inneres, Sport und Infrastruktur" vom 7.8.1991,[67] zuletzt geändert mit Verordnung vom 20.7.2013.[68]

Saarland: Gemäß § 1 des „Gesetz über die Vertretung des Saarlandes" vom 15.11. 30
1960,[69] zuletzt geändert am 26.1.1994 (VertrGSl),[70] ist grundsätzlich der zuständige Minister im Rahmen seines jeweiligen Geschäftsbereichs vertretungsbefugt. Eine Übertragung der Befugnis ist gemäß § 4 I u.a. auf nachgeordnete Behörden möglich, § 4 I VertrGSl. Für die Justizverwaltung gilt die Bekanntmachung vom 24.7.1992.[71]

Sachsen: Die Vertretungsbefugnisse sind insbesondere in der „Verordnung der [...] 31
über die Vertretung des Freistaates Sachsen in gerichtlichen Verfahren (VertrVO) in der Fassung der Bekanntmachung vom 10.4.2013[72] geregelt.

Sachsen-Anhalt: Landesverfassungsrechtliche Grundlage ist Art. 69 I 1 der Verfassung 32
des Landes Sachsen-Anhalt. Die Vertretungsbefugnisse sind weitläufig geregelt, zuletzt mit Erlass des Ministerpräsidenten zur Vertretung des Landes Sachsen-Anhalt vom 9.4.2013.[73]

Schleswig-Holstein: Aufgrund Art. 30 I der Landesverfassung Schleswig-Holsteins 33
erging der Erlass des Ministerpräsidenten vom 20.7. 2010,[74] der die Vertretungsbefugnisse umfassend regelt. Primär vertretungsberechtigt sind die zuständigen Fachminister im Rahmen ihrer jeweiligen Geschäftsbereiche. Eine Übertragung auf nachgeordnete Stellen ist möglich. In der Justizverwaltung sind in erster Linie der Generalstaatsanwalt und die Bezirksrevisoren bei den Landgerichten vertretungsberechtigt.[75]

Thüringen: Grundsätzlich ist gemäß Art. 77 I der Verfassung des Freistaats Thürin- 34
gen der Ministerpräsident vertretungsbefugt, aber auch berechtigt, die Befugnis zu übertragen. Es bestehen eine Reihe von Vertretungsregelungen für die einzelnen Geschäftsbereiche der jeweiligen Ministerien (u.a. Kultusministerium; Ministerium für Bau, Landesentwicklung und Verkehr; Ministerium für Landwirtschaft, Forsten, Umwelt und Naturschutz).[76] Ferner gilt die Verwaltungsvorschrift zur Ergänzung der Verwaltungsvorschrift über die Vertretung des Landes Thüringen im Geschäftsbereich des Justizministeriums (Vertretungsordnung Justiz) vom 30.5.2012.[77]

§ 19
Mehrere Gerichtsbezirke am Behördensitz

Ist der Ort, an dem eine Behörde ihren Sitz hat, in mehrere Gerichtsbezirke geteilt, so wird der Bezirk, der im Sinne der §§ 17, 18 als Sitz der Behörde gilt, für die Bundesbehörden von dem Bundesminister der Justiz, im Übrigen von der Landesjustizverwaltung durch allgemeine Anordnung bestimmt.

---

67 GVBl. 1991, S. 334.
68 GVBl. 2013, S. 280.
69 ABl Sl 1960, S. 920.
70 ABl Sl 1994, S. 509.
71 ABl Sl 1992, S. 841.
72 SächsGVBl. 2013, S. 241.
73 MBl. LSA 2013, S. 204.
74 ABl. Schl.-H. 2010 S. 526.
75 Zöller/*Vollkommer* § 18 Rdn. 30.
76 Jeweils veröffentlich in: ThürGV-VV, SD Nr. 1/2012.
77 ThürStAnz 2012, S. 764.

I. Normzweck

1 § 19 bezieht sich nur auf die Vertretung des Bundes und der Länder, da nur sie Behörden haben.[1] Die Erwähnung des § 17 ist dabei zivilprozessual gegenstandslos.[2] Auf Gemeinden und sonstige öffentlich-rechtliche Körperschaften, Gesamt- oder juristische Personen[3] ist er nicht anzuwenden.[4] Allerdings ist die Norm einschlägig, wenn die Behörde als solche verklagt wird[5] oder sie gar den Fiskus vertritt.[6]

II. Voraussetzungen

2 Die Vorschrift setzt voraus, dass die Dienstgebäude einer Behörde in mehreren Gerichtsbezirke liegen[7] und, dass demnach eine Bestimmung iSd. §§ 17, 18 getroffen[8] werden muss, welches Gericht zuständig ist. Andernfalls ist dasjenige zuständig, in dessen Bezirk sich die Behörde befindet. Die Bestimmung des Behördensitzes kann nach § 36 Abs. 1 Nr. 2 erfolgen.[9] Zu berücksichtigen ist jedoch, dass aktuell keine diesbezüglichen Anordnungen vorliegen und die Norm daher nahezu gegenstandslos ist.[10]

III. Konkurrenzen

3 § 19 tangiert die besonderen Gerichtsstände nicht.[11] Stehen dem Kläger mehrere zur Wahl, so ist § 35 einschlägig.[12]

§ 19a
Allgemeiner Gerichtsstand des Insolvenzverwalters

Der allgemeine Gerichtsstand eines Insolvenzverwalters für Klagen, die sich auf die Insolvenzmasse beziehen, wird durch den Sitz des Insolvenzgerichts bestimmt.

Schrifttum

Balz Nichtanwendung des VollstrZustÜbk auf Anfechtungsklagen des Konkursverwalters – Rückgewähranspruch nach KO § 37 kein die Veräußerung hinderndes Recht, EWiR 1990, 257; *Bötticher* Die Konkursmasse als Rechtsträger und der Konkursverwalter als ihr Organ, ZZP 77 (1964) 55; *Brinkmann* internationalen Zuständigkeit für die Insolvenzanfechtungsklage, EWiR 2013, 159; *Fritzsche* Entwicklungstendenzen der Zustimmungsverwaltung nach §§ 21 Abs. 2 Nr. 2 2. Alt., 22 Abs. 2 InsO im Insolvenzeröffnungsverfahren, DZWIR 2005, 265; *Hegmanns* Inkasso- und Prozeßführungsbefugnis des Sequesters im Konkursantragsverfahren zur Sicherung der Masse, EWiR 1987, 183; *Herbst* Keine Geltung des § 19a ZPO für

---

1 Musielak/*Heinrich* § 19 Rdn. 2; Saenger/*Bendtsen* § 19 Rdn. 1.
2 Saenger/*Bendtsen* § 19 Rdn. 1.
3 Baumbach/Lauterbach/Albers/*Hartmann*[71] § 10 Rdn. 2; MünchKomm/*Patzina* § 17 Rdn. 3ff.
4 Musielak/*Heinrich* § 19 Rdn. 2.
5 MünchKomm/*Patzina* § 19 Rdn. 3.
6 MünchKomm/*Patzina* § 19 Rdn. 3; Musielak/*Heinrich* § 19 Rdn. 2; Saenger/*Bendtsen* § 19 Rdn. 1.
7 Stein/Jonas/*Roth*[22] § 10 Rdn. 1; Saenger/*Bendtsen* § 19 Rdn. 1.
8 Stein/Jonas/*Roth*[22] § 10 Rdn. 2; Musielak/*Heinrich* § 19 Rdn. 1.
9 MünchKomm/*Patzina* § 10 Rdn. 5; Musielak/*Heinrich* § 19 Rdn. 2.
10 Zöller/*Vollkommer* § 19 Rdn. 1 zum AG Schöneberg VOBl. I 1949, 128.
11 MünchKomm/*Patzina* § 19 Rdn. 6, Ankermann/Wassermann/*Röhl* Alternativkommentar ZPO (1987) § 19 Rdn. 3.
12 Musielak/*Heinrich* § 19 Rdn. 2; MünchKomm/*Patzina* § 19 Rdn. 6.

Aktivprozesse des Insolvenzverwalters, DZWir 2001, 190; *Hintzen* Zur vollstreckungsrechtlichen Stellung des starken vorläufigen Insolvenzverwalters, EWIR 2001, 1151; *Holzer* Prozeßführungsbefugnis des Sequesters bei unaufschiebbaren Notmaßnahmen, EWiR 1997, 551; *Hübler* Aktuelles internationales und ausländisches Insolvenzrecht, NZI 2013, 337; *Klöhn/Berner* Zur internationalen Zuständigkeit für insolvenzbezogene Annexverfahren, ZIP 2007, 1418; *Koch* Die Sequestration im Konkurseröffnungsverfahren (1981); *Kohler* Lehrbuch des Konkursrechts (1891); *Mörsdorf-Schulte* Internationaler Gerichtsstand für Insolvenzanfechtungsklagen im Spannungsfeld von EuInsVO, EuGVÜ/O und autonomem Recht und seine Überprüfbarkeit durch den BGH, Besprechung der Entscheidung des BGH vom 27.5.2003 – IX ZR 203/02 (NJW 2003, 2916), IPRax 2004, 31; *Schack* Internationales Zivilverfahrensrecht[6]; *K. Schmidt* Das Insolvenzrecht und seine Reform zwischen Prozessrecht und Unternehmensrecht, KTS 1988, 1; *K. Schmidt* Unterlassungsanspruch, Unterlassungsklage und deliktischer Ersatzanspruch im Konkurs, ZZP 90 (1977), 38; *Smid* Grundzüge des Insolvenzrechts[4]; *Stürner* Einfachheit und Funktionsfähigkeit des einheitlichen Insolvenzverfahrens, in: Kübler (Hrsg.), Neuordnung des Insolvenzrechts, (1989) S. 41–60; *Stürner* Die Sicherung der Pfandbrief- u. Obligationengläubiger vor einer Insolvenz der Hypothekenbank (1998); *Oetker* Konkursrechtliche Grundbegriffe (1891); *Wessel* Begründet der Sitz des Insolvenzgerichts den allgemeinen Gerichtsstand eines Insolvenzverwalters auch für Aktivprozesse? DZWIR 2000, 196.

Übersicht

I. Allgemeines

1 **1. Regelungsgehalt. Konzentration der Passivprozesse.** Der Klärung der im früheren Konkursrecht streitigen Frage, ob Klagen gegen die Konkursmasse am (Wohn-) Sitz des Gemeinschuldners, des Konkursverwalters oder am Ort der Konkursverwaltung erhoben werden müssen, dient der mit dem Inkrafttreten der InsO am 1.1.1999 geschaffene Gerichtsstand (Art. 18 Nr. I EGInsO).[1] § 19a stellt die Reaktion des Gesetzgebers gegen die auf der Amtstheorie gründende Rspr. des BGH[2] dar, der (folgerichtig) als Gerichtsstand den Wohn-

1 Vgl. Musielak/*Heinrich* § 19a Rdn. 1; sowie die Begründung: BT-Drucks, 12/3803 S. 67 f. (Entwurf) und 12/7303 S. 108 (Rechtsausschuss) zu dem zunächst vorgesehenen § 31a.
2 BGH, Beschl. v. 27.10.1983 – I ARZ 334/83 – BGHZ 88, 331, 333 ff. = NJW 1984, 737 m. zahlr. Nachw. zum Streitstand.

sitz des Insolvenzverwalters ansah.[3] Diese Rspr. wurde als unzweckmäßig angesehen, weil durch sie der örtliche Bezug der Streitigkeiten nicht gewahrt wurde.[4] Ein **Wechsel in der Person des Verwalters** – sei er veranlasst durch Tod, Prozessunfähigkeit, anderweitige Wahl iSd. § 57 InsO oder durch Entlassung nach § 59 InsO – stellt zwar einen **Parteiwechsel** dar,[5] jedoch lässt dies die örtliche Zuständigkeit für laufende und künftige Prozesse unberührt, da dazu allein an den Sitz des Insolvenzgerichts angeknüpft wird.[6] Die neue Vorschrift schließt den allgemeinen Gerichtsstand am Wohnsitz des Insolvenzverwalters für Klagen aus, die sich auf die Insolvenzmasse beziehen.[7] Da der neue Gerichtsstand nicht ausschließlich ist, kommen weiterhin andere besondere und ausschließliche Gerichtsstände in Betracht, so z.B. § 29 (vgl. die Ausführungen dort.). Vom Schuldner mit dem anderen Teil geschlossene Gerichtsstandsvereinbarungen sind nicht bindend.[8]

2 Durch die Sonderregelung in § 19a ist ein Rückgriff auf die allgemeinen Bestimmungen in §§ 13ff. ausgeschlossen; insbesondere kommt eine unmittelbare Anknüpfung an den Wohn- oder Geschäftssitz des Gemeinschuldners oder gar des Insolvenzverwalters nicht in Betracht.[9]

3 **Keine vis attractiva concursus.** Das deutsche Recht misst dem eröffneten Insolvenzverfahren keine *„vis attractiva concursus"* bei, wie sie das gemeine Recht kannte.[10] Vielmehr bleibt die einmal begründete Zuständigkeit des Prozessgerichts in z.Z. der Verfahrenseröffnung anhängigen Rechtsstreitigkeiten bestehen. Das Insolvenzgericht ist für die Durchführung des Eröffnungsverfahrens und die Entscheidung über den Erlass des Eröffnungsbeschlusses zuständig, nicht aber für die Feststellung der materiellen Begründetheit der von den Insolvenzgläubigern, den Absonderungs-, Aussonderungs- und Massegläubigern erhobenen Forderungen. Die Rechtswegzuständigkeit und die sachliche Zuständigkeit für diese Rechtsstreitigkeiten richten sich nach den allg. Prozessvorschriften. Die Unterscheidung von Prozess- und Insolvenzverfahren stellt nicht nur einen Fall des Grundsatzes der *perpetuatio fori* dar, der vor Insolvenzeröffnung begründete Prozessrechtsverhältnisse insoweit unberührt lässt, wie sie bei den jeweiligen Gerichten anhängig sind. Das Insolvenzverfahren ist eben kein „Spezialprozess", sondern ein Kollektivverfahren mit Strukturzügen nichtstreitiger freiwilliger Gerichtsbarkeit.[11] Im modernen Insolvenzrecht erscheint die *„vis attractiva concursus"* wenig sinnvoll. Es ist daher richtig, die rechts-„polizeiliche" Tätigkeit des Insolvenzgerichts bei der „Verwaltung" des Insolvenzverfahrens von der Streitentscheidung institutionell zu trennen. Dies gilt umso mehr dann, wenn man dem Insolvenzgericht als eine eigene Aufgabe die Sanierung des Insolvenzschuldners zuweist. Soll das Insolvenzgericht z.B. die Entscheidung darüber fällen, ob sich die Versagung der Zustimmung zum Insolvenzplan durch Gläubigergruppen als „obstruktiv" darstellt (§§ 245, 248 InsO), ist es jedenfalls nicht mehr strukturell unbeteiligt, wenn es um die Feststellung bestrittener Forderungen geht, deren Berücksichtigung dem

---

3 MünchKomm/*Patzina* § 19a Rdn. 1; MünchKomm-InsO/*Ott*/*Vuia* § 80 Rdn. 78.
4 MünchKomm/*Patzina* § 19a Rdn. 2.
5 Vgl. Uhlenbruck-InsO/*Uhlenbruck* § 80 InsO Rdn. 138.
6 Vgl. Baumbach/Lauterbach/Albers/*Hartmann* § 19a Rdn. 1; Musielak/*Heinrich* § 19a Rdn. 3.
7 Baumbach/Lauterbach/Albers/*Hartmann* § 19a Rdn. 1.
8 LG Kleve MDR 2001, 291.
9 KG NZI 2006, 352; Zöller/*Vollkommer* § 19a Rdn. 6.
10 *Oetker* Konkursrechtliche Grundbegriffe, S. 341; *Stürner* in: Kübler (Hrsg.), Neuordnung des Insolvenzrechts, S. 41ff.
11 *Smid* InsO, 3. Aufl. 2010, § 4 Rdn. 6f., § 5 Rdn. 5; zutr. *Kohler* Konkursrecht, S. 588; *Oetker* Konkursrechtliche Grundbegriffe, S. 18ff.; *Smid* Grundzüge des Insolvenzrechts, § 1 Rdn. 64ff.; **a.A.** BayObLG, Beschl. v. 19.1.1988 – AR 1 Z 104/87 – NJW 1989, 44; KS-*Prütting* 221, 222. Wenig hilfreich ist aus verfahrensrechtlicher Sicht die Qualifikation des Insolvenzverfahrens als „eine Art von Liquidationsverfahren", *Bötticher* ZZP 77 (1964) 55, 63; *K. Schmidt* KTS 1988, 1ff.

Ziel einer Sanierung des insolvenzschuldnerischen Unternehmensträgers jedenfalls nicht zuträglich ist. Aber auch, soweit im Vordergrund des Verfahrens die Gesamtvollstreckung in das Vermögen des Gemeinschuldners steht, ist die Abkehr von der gemeinrechtlichen *„vis attractiva concursus"* vorteilhaft, da damit eine Unterscheidung zwischen dem Insolvenzgericht als Exekutionsorgan[12] und dem Gericht, das den Titel produziert, gewährleistet ist. Daher kommt in der Unterscheidung der Zuständigkeit von Prozess- und Insolvenzgericht die Unterschiedlichkeit der Aufgaben von der Organisation des Insolvenzverfahrens auf der einen und der streitigen unparteiischen Erkenntnis des zwischen den Parteien streitigen Rechts auf der anderen Seite zum Ausdruck. Die Anmeldung von Forderungen als Form der Geltendmachung von Rechten der Gläubiger erfolgt daher beim Insolvenzverwalter oder dem Insolvenzgericht; die Rechtsstreitigkeiten sind dagegen im deutschen Recht *außerhalb* des Insolvenzverfahrens zu führen.

2. Internationale Zuständigkeit bei Insolvenzanfechtungsprozessen. Mit seiner 4
Entscheidung Gourdain/Nadler[13] hatte der EuGH entschieden, dass solche Einzelverfahren (Zivilprozesse) nicht in den Regelungsbereich des EuGVÜ[14] fallen, die unmittelbar aus dem Insolvenzverfahren hervorgehen. Darauf aufbauend hat der BGH zu Beginn der 90er Jahre des vergangenen Jahrhunderts[15] darauf erkannt, dass Anfechtungsklagen des Insolvenzverwalters unter die Ausnahmebestimmung des Art. 1 Abs. 2 Nr. 2 EuGVÜ (heute Art. 1 Abs. 2 b) EuGVVO) fallen. Die damit aufgetretene „Lücke" in der gerichtlichen Zuständigkeit europäischer Gerichte in Zivilsachen sollte die EuInsVO schließen. Der BGH hat mit seinem vorliegenden Beschluss[16] dem EuGH die Fragen vorgelegt, ob die Gerichte des Mitgliedstaates, in dessen Gebiet das Insolvenzverfahren über das Vermögen des Schuldners eröffnet worden ist, für eine Insolvenzanfechtungsklage gegen einen Anfechtungsgegner international zuständig sind, wenn der Anfechtungsgegner seinen satzungsgemäßen Sitz in einem anderen Mitgliedstaat hat. Sofern diese Frage zu verneinen ist, fragt der BGH, ob die Insolvenzanfechtungsklage unter die Ausnahmebestimmung des Art. 1 Abs. 2 lit. b Brüssel I-VO oder sich die internationale Zuständigkeit für Insolvenzanfechtungsklagen nach dieser Verordnung bestimmt. Aus der Sicht des BGH sind sowohl Art. 3 Abs. 1 EuInsVO als auch Art. 1 Abs. 2 lit. b EuGVVO im Hinblick auf die Vorlagefragen auslegungsbedürftig. Der IX. Zivilsenat hat zutreffend die Auffassung vertreten, dass die Auslegung dieser Fragen nicht eindeutig sei und hat darauf sein Begehren auf eine Vorabentscheidung des EuGH gemäß Art. 68 Abs. 1 i.V.m. Art. 234 Abs. 1 lit. b und Abs. 3 EGV gestützt. Der IX. Zivilsenat referiert zur Auslegung der zitierten Vorschriften drei, in deutschsprachigem juristischen Schrifttum vertretene Meinungen. Während eine Auffassung davon ausgeht, Art. 3 Abs. 1 EuInsVO sei auf unmittelbar aus einem Insolvenzverfahren hervorgehende Einzelverfahren entsprechend anzuwenden, wird im Übrigen vertreten, diese Einzelverfahren unterfielen jedenfalls nach dem Inkrafttreten der EuInsVO entgegen der bisherigen Rechtsprechung des EuGH und des BGH dem Anwendungsbereich der EuGVVO. Schließlich meint beispielsweise *Schack*[17] die internationale Zuständigkeit für diese Einzelverfahren sei dem autonomen nationalen Recht der einzelnen Mitgliedstaaten zu entnehmen. Der IX. Zivilsenat führt überzeugend aus, dass für die Anwendbarkeit des Art. 3 Abs. 1 EuInsVO der Erwägungsgrund 6 der EuInsVO entsprechen könne, der den Grundsatz der

12 *Kohler* Konkursrecht, S. 527.
13 EuGH, Urt. v. 22.2.1979 – RsC–133/78 – EuGHE 1979, 733.
14 Seit dem 1.3.2002 weitgehend durch die EuGVVO abgelöst.
15 BGH, Urt. v. 11.1.1990 – IX ZR 27/89 – ZIP 1990, 246 m. Anm. *Balz*, EWiR 1990, 257.
16 BGH, Beschl. v. 21.6.2007 – IX ZR 39/06 – ZIP 2007, 1415.
17 *Schack* Internationales Zivilverfahrensrecht, 6. Aufl., Rdn. 1186.

europäischen Verhältnismäßigkeit regelt. Da allerdings die EuInsVO eine entsprechende ausdrückliche Regelung nicht getroffen hat und in den Rdn. 77, 194 und 195 des von *Virgos* und *Schmit* verfassten erläuternden Bericht zum EuInsÜ ausgeführt worden ist, dass jedenfalls der europäische Gesetzgeber sich nicht der Theorie einer *„vis attractive concursus"* anschließt – die im Übrigen auch der modernen Struktur der überwiegenden Zahl der in Europa normierten nationalen Insolvenzrechte widersprechen würde – vermag der IX. Zivilsenat diese Art der Auslegung nicht von sich aus als bindend anzusehen. Gegen diese Art der Auslegung spricht aus der Sicht des IX. Zivilsenats weiter, dass Art. 18 Abs. 2 EuInsVO von der Insolvenzanfechtungsklage im Zusammenhang mit einem Partikularinsolvenzverfahren gemäß Art. 3 Abs. 2 EuInsVO spricht. Im Übrigen würde gegen die Annahme einer Zuständigkeit gemäß Art. 3 Abs. 1 EuInsVO die Möglichkeit eines im Übrigen durch die EuInsVO abgelehnten *forum shopping* sprechen.[18]

II. Örtliche Zuständigkeit durch Bestimmung der örtlichen Zuständigkeit des Insolvenzgerichts

5 Die Zuständigkeit des Insolvenzgerichts folgt aus den Regelungen der § 3 InsO, Art. 3 EuInsVO. Die im Wesentlichen dem früheren Recht (§ 71 Abs. 1 u. 2 KO, § 2 Abs. 1 Satz 1 VerglO, § 1 Abs. 2 GesO) entspr.[19] Vorschrift des § 3 InsO regelt die örtliche Zuständigkeit des sachlich zuständigen AG als Insolvenzgericht. § 2 InsO regelt die sachliche Zuständigkeit für das Insolvenzverfahren. Mit ihr will der Gesetzgeber eine zügige Verfahrensabwicklung erreichen und das bereits nach altem Recht bewährte Zusammenspiel von Richter und Rechtspfleger beibehalten.[20] Die sachliche Zuständigkeit der AG ist ausschließlich, sie unterliegt nicht der Disposition der Verfahrensbeteiligten. Die sachliche Zuständigkeit des AG gemäß § 2 Abs. 1 InsO hat Auswirkungen auf seine **örtliche Zuständigkeit**: Ergibt sich nämlich aus seiner sachlichen Zuständigkeit auch die Zuständigkeit für Insolvenzsachen aus anderen Amtsgerichtsbezirken innerhalb des durch § 2 Abs. 1 InsO bestimmten Landgerichtsbezirks, ist sein Bezirk speziell für Insolvenzsachen erweitert. Die sachliche Zuständigkeit ist **ausschließlich**, mithin Parteivereinbarungen nicht zugänglich.[21] § 3 InsO gilt für natürliche wie jur. Personen sowie insolvenzfähige Vereinigungen und bestimmt den ausschließlichen Gerichtsstand.[22] **Abweichende Vereinbarungen** sind gemäß § 4 InsO i.V.m. § 40 Abs. 2 Nr. 2 **unzulässig.**[23] Nach § 3 Abs. 1 S. 2 InsO knüpft die örtliche Zuständigkeit des Insolvenzgerichts vorrangig an den Mittelpunkt der selbstständigen wirtschaftlichen Tätigkeit des Insolvenzschuldners an.[24] Es besteht daher **kein Wahlrecht**, statt des Insolvenzgerichts des Tätigkeitsmittelpunkts dasjenige des allgemeinen Gerichtsstands anzurufen.[25] In allen anderen Fällen wird an den allgemeinen Gerichtsstand des Insolvenzschuldners (§§ 12 ff.) angeknüpft, der bei jur. Personen durch den Sitz definiert ist (§ 17). Durch die Art der Anknüpfung werden Gerechtigkeits- und Zweckmäßigkeitsvorstellungen verwirklicht, denn der Insolvenzschuldner wird ein Insolvenzverfahren am ehesten am Ort seiner wirt-

---

18 Vgl. zum Ganzen die Anm. von. *Klöhn/Berner* ZIP 2007, 1418.
19 Amtl. Begr. zu § 3 RegEInsO, BT-Drucks. 12/2443, 110.
20 Amtl. Begr. zu § 2 RegEInsO, BT-Drucks. 12/2443, 109.
21 Andres/Leithaus/*Andres* § 2 Rdn. 16; KPB-InsO/*Prütting* § 2 Rdn. 14.
22 Jaeger/*Gerhardt* § 3 Rdn. 44; *Häsemeyer* InsR, Rdn. 6.02; KPB-InsO/*Prütting* § 3 Rdn. 8 f.
23 MünchKomm-InsO/*Ganter/Lohmann* § 3 Rdn. 27; Kreft-InsO/*Kirchhof* § 3 Rdn. 4.
24 OLG Oldenburg, Beschl. v. 21.4.2008 – 5 AR 41/07 – NZI 2008, 435; BayObLG, Beschl. v. 12.11.2002 – 1 Z AR 157/02 – NZI 2003, 98; OLG Köln, Beschl. v. 23.4.2001 – 2 W 82/01 – NZI 2001, 380, 381; OLG Köln, Beschl. v. 22.3.2000 – 2 W 49/00 – ZIP 2000, 673; OLG Hamm, Beschl. v. 24.6.1999 – 1 Sbd 16/99 – ZInsO 1999, 533; NR/*Becker* § 3 Rdn. 22; Jaeger/*Gerhardt* § 3 Rdn. 14; Kreft-InsO/*Kirchhof* § 3 Rdn. 6.
25 MünchKomm-InsO/*Ganter/Lohmann* § 3 Rdn. 27; Jaeger/*Gerhardt* § 3 Rdn. 2.

schaftlichen Tätigkeit bzw. seines allgemeinen Gerichtsstands akzeptieren, wo sich auch ein Großteil der Masse und der Gläubiger befinden wird.[26] Die Vorschrift regelt außerhalb des Geltungsbereichs des Art. 3 EuInsVO i.V.m. Art. 102 § 1 EGInsO auch die **internationale Zuständigkeit** (vgl. Rdn. 19ff.). Dagegen wird der Gerichtsstand für auf die Insolvenzmasse bezogene Rechtsstreitigkeiten des Insolvenzverwalters nicht durch § 3 InsO, sondern nach § 19a für Passivprozesse und nach den allgemeinen zivilprozessualen Vorschriften der §§ 12ff. für Aktivprozesse des Insolvenzverwalters bestimmt.[27]

III. Persönlicher Anwendungsbereich

1. Person des Insolvenzverwalters

a) Insolvenzverwalter im eröffneten Insolvenzverfahren. Die Regelung gilt nur für den Insolvenzverwalter, von seiner Bestellung (§ 56 InsO) an bis zu seiner Abwahl (§ 57 InsO), Entlassung (§ 59 InsO) oder der Beendigung des Verfahrens (§§ 200, 207, 212, 213, 258f. InsO). Ein Wechsel in der Person des Verwalters (veranlasst durch Tod, Prozessunfähigkeit, anderweitige Wahl iSd. § 57 InsO oder Entlassung nach § 59 InsO) stellt zwar einen Parteiwechsel dar (vgl. Rdn. 1),[28] lässt aber die Zuständigkeit für laufende und künftige Prozesse unberührt, da dazu allein an den Sitz des Insolvenzgerichts angeknüpft wird; § 261 Abs. 3 Nr. 2 braucht für laufende Verfahren nicht herangezogen zu werden. 6

b) Eigenverwaltender Schuldner. Die Vorschrift greift auch für den eigenverwaltenden Schuldner gemäß § 270 InsO. Es kann nicht argumentiert werden, es bliebe insofern bei den allgemeinen zivilprozessualen Zuständigkeitsregeln. Auch in dem unter Anordnung der Eigenverwaltung eröffneten Insolvenzverfahren kommt es zum Beschlag des Vermögens. Der Schuldner verwaltet als Amtswalter in eigenen Angelegenheiten die Insolvenzmasse und steht insoweit dem Insolvenzverwalter im Regelinsolvenzverfahren gleich. Es kommt daher nicht auf den Wohnsitz des Schuldners nach den allgemeinen Regelungen der §§ 13ff. an – auch wenn dieser wegen § 3 Abs. 1 InsO sich regelmäßig mit der insolvenzgerichtlichen Zuständigkeit decken wird. Auf den Sachwalter gemäß § 274 InsO kommt § 19a nicht zur Anwendung. Denn massebezogene Passivprozesse gegen den Sachwalter kommen im Allgemeinen nicht in Betracht. Es ist aber zu bemerken, dass für die internationale Zuständigkeit für Insolvenzanfechtungsprozesse (vgl. Rdn. 4) die allgemeinen Regeln, die von der Rechtsprechung von EuGH und BGH für den Insolvenzverwalter entwickelt worden sind, auch auf den Sachwalter Anwendung finden, der im Verfahren der Anordnung der Eigenverwaltung des Schuldners für Insolvenzanfechtungsklagen gemäß § 280 InsO zuständig ist. 7

c) Vorläufiger Zustimmungsverwalter im Eröffnungsverfahren. Dagegen muss abgelehnt werden einen vorläufigen Insolvenzverwalter (§ 21 Abs. 2 S. 1 Nr. 1, 2. Var. InsO), ebenfalls § 19a zu unterstellen, der nicht die Verfügungs- und Verwaltungsmacht des § 22 Abs. 1 InsO innehat: Der vorläufige Zustimmungsverwalter bereitet die Eröffnung des Insolvenzverwalters erst vor. Dabei steht der Sicherungszweck im Vordergrund, und die Verfahrenseröffnung kann mangels Erfüllung der gesetzlichen Voraussetzungen unterbleiben. § 240 S. 2 spricht ebenfalls gegen eine ausdehnende Situation, da ein Satz entsprechenden Inhalts an § 19a nicht angefügt wurde. Geht man nach alledem von der 8

26 MünchKomm-InsO/*Ganter/Lohmann* § 3 Rdn. 2; Jaeger/*Gerhardt* § 3 Rdn. 14.
27 MünchKomm-InsO/*Ganter/Lohmann* § 3 Rdn. 3; vgl. auch *Herbst* DZWIR 2001, 190.
28 Vgl. Uhlenbruck-InsO/*Uhlenbruck* § 80 Rdn. 138.

– insofern eindeutigen – gesetzlichen Ausgestaltung dieses Rechtsinstituts aus, ist nämlich der Zustimmungsverwalter nicht für die Masse prozessführungsbefugt.[29]

9 Der nach § 22 Abs. 2 InsO eingesetzte vorläufige Verwalter mit **Zustimmungsmacht** hat keine Prozessführungsbefugnis hinsichtlich des Vermögens des Insolvenzschuldners. Daher wird für diesen Fall auch nicht die Prozessunterbrechung nach § 240 ausgelöst.[30] Der BGH hat dies in seiner Entscheidung vom 21.6.1999 indessen lediglich für die Fälle eines Zustimmungsvorbehaltes geklärt. Nicht behandelt wurde diese Frage hingegen für das dem Schuldner die Dispositionsbefugnis über den konkreten Gegenstand entziehenden **bes. Verfügungsverbot**. Für dieses greifen die zur bisherigen Rechtslage geäußerten Bedenken nicht, stellten diese eine Verfügungsbefugnis des Sequesters grds. in Abrede – die Prozessführungsbefugnis des vorläufigen Verwalters erstreckt sich auf den Bereich der gerichtlichen Zusatzermächtigung.[31] Eine Prozessführungsbefugnis wird allerdings entspr. den zur KO und GesO entwickelten Grundsätzen[32] auch in Fällen eines einfachen Zustimmungsvorbehalts dann angenommen, wenn es sich um eine **unaufschiebbare Maßnahme der Notverwaltung** handelt, was bes. bei unbekanntem Aufenthalt des Schuldners im Passivprozess und in Eilverfahren der Fall sein kann.[33] Der vorläufige Insolvenzverwalter ist in diesem Fall keine Partei kraft Amtes, sondern hat die Stellung eines Prozesspflegers entspr. § 1911 Abs. 2 BGB.[34]

10 **d) Vorläufiger Verwalter im Eröffnungsverfahren mit Verwaltungs- und Verfügungsbefugnis.** Der mit Verfügungsbefugnis ausgestattete vorläufige Verwalter ist ebenso wie der endgültige Verwalter zur Führung von Prozessen als **Partei kraft Amtes** mit Wirkung für und gegen die Masse im Rahmen von anhängigen Aktiv- (§ 85 InsO) und Passivprozessen (§ 86 InsO) befugt.[35] Im Falle der Insolvenz einer GmbH bleibt neben dem vorläufigen Insolvenzverwalter mit Verfügungsbefugnis kein Raum mehr für die Bestellung eines Notgeschäftsführers.[36] Nach der für das eröffnete Verfahren geltenden Vorschrift des § 19a ist der **allg. Gerichtsstand** des endgültigen Insolvenzverwalters für Klagen, die sich auf die Insolvenzmasse beziehen, bestimmt durch den Sitz des zuständigen Insolvenzgerichts. Hingegen sollen Klagen gegen den vorläufigen Verwalter entspr. den zur alten Rechtslage entwickelten Grundsätzen an dessen Wohnsitzgericht zu erhoben werden;[37] dies überzeugt angesichts der Annährung der Wirkungen der vorläufigen Verwaltung bei angeordnetem allg. Verfügungsverbot an die des Eröffnungsbeschlusses nicht. Der vorläufige Verwalter mit Verfügungsbefugnis als Partei kraft Amtes

29 Vgl. LAG Hamm, Beschl. v. 2.2.2002 – 4 (14) Ta 24/02 – ZIP 2002, 579; OLG Braunschweig, Beschl. v. 29.9.1999 – 2 W 181/99 – ZIP 1999, 1770; OLG Stuttgart, Beschl. v. 14.7.1999 – 2 W 3/99 – ZInsO 1999, 474; FK-InsO/*Schmerbach* § 24 Rdn. 24.

30 BGH, Urt. v. 21.6.1999 – II ZR 70/98 – ZIP 1999, 1315; BGH, Urt. v. 25.7.2003 – 14 U 207/01 – DZWIR 2004, 123; OLG Celle, Beschl. v. 13.6.2002– 5 W 25/02 – ZInsO 2002, 728; LAG Hamm, Beschl. v. 2.2.2002 – 4 (14) Ta 24/02 – ZInsO 2002, 344.

31 So zutr. auch *Fritzsche* DZWIR 2005, 265, 274.

32 Vgl. OLG Hamburg, Beschl. v. 28.1.1987 – 11 U 14/87 – ZIP 1987, 385; LG Magdeburg, Urt. v. 4.3.1997, 2 S 698/96, ZIP 1997, 896; *Holzer* EWiR 1997, 551 ff.

33 OLG Braunschweig, Beschl. v. 29.9.1999 – 2 W 181/99 – ZIP 1999, 1770; OLG Stuttgart, Beschl. v. 14.7.1999 – 2 W 3/99 – ZInsO 1999, 474; LG Magdeburg, Urt. v. 4.3.1997 – 2 S 698/96 – ZIP 1997, 896; vgl. BGH, Beschl. v. 18.5.2000 – IX ZB 114/98 – ZIP 2000, 1116.

34 Kreft-InsO/*Kirchhof* § 22 Rdn. 61 f.

35 LAG Nürnberg, Beschl. v. 10.6.2002 – 2 Sa 801/01 – ZInsO 2002, 945; diff. *Koch* Die Sequestration im Konkurseröffnungsverfahren, 69 ff.; ausdr. anders LG Hamburg, Urt. v. 22.12.1986 – 61 O 160/86 – m. Anm. *Hegmanns* EWiR 1987, 183 (zu § 106 KO).

36 OLG Zweibrücken, Beschl. v. 12.4.2001 – 3W23/01 – ZIP 2001, 973.

37 BK/*Blersch* § 24 Rdn. 26.

ist auch vollstreckungsrechtlich als Rechtsnachfolger des Schuldners anzusehen. Titel gegen den Schuldner sind im Falle der Vollstreckung – auch in der Zwangsverwaltung – gemäß § 727 umzuschreiben.[38]

2. Keine Erstreckung auf andere Parteien kraft Amtes. § 19a hat keine analoge Wirkung für sonstige Parteien kraft Amtes. D.h. dass § 19a keine Anwendung auf den Testamentsvollstrecker gemäß § 2205 BGB hat. 11

3. Besondere Passivprozesse gemäß § 86 InsO. § 19a greift auch für Klagen gegen den Insolvenzverwalter auf Aussonderung. Den Insolvenzgläubigern eines Schuldners haftet allein die Insolvenzmasse (Soll-Masse). Wie die §§ 35, 36 Abs. 1 InsO zeigen, gehören hierzu nicht die schuldnerfremden Gegenstände, aber auch nicht die pfändungsfreien Gegenstände des Schuldners. § 47 InsO nennt die Herausgabe dieser nicht zur Soll-Masse gehörenden Gegenstände an den „aussonderungsberechtigten" Gläubiger, aber auch den Schuldner, „Aussonderung".[39] § 47 InsO grenzt die „außerhalb" des Insolvenzverfahrens durchzuführende Aussonderung von der abgesonderten Befriedigung gesicherter Gläubiger ab, die in das Insolvenzverfahren in vielfältiger Weise eingebunden werden. Voraussetzung der Aussonderung ist das Vorliegen eines von der den Insolvenzgläubigern haftenden Masse unterschiedenen Sondervermögens.[40] Der Unterschied zwischen Aus- und Absonderungsberechtigten war für die bisherige Konkursrechtspraxis eher marginal; die genaue Bestimmung der Rechtsposition des Gläubigers als Aussonderungsberechtigten oder zur abgesonderten Befriedigung Berechtigten wird demgegenüber mit dem neuen Recht erheblich an Bedeutung zunehmen, da der Verwalter gemäß §§ 165ff. InsO zur Verwertung des Sicherungsgutes befugt ist und deswegen gemäß §§ 170f. InsO einen Verfahrenskostenbeitrag zur Masse ziehen kann. In der Formulierung des S. 1 wird klargestellt, dass nur Gegenstände, die rechtlich nicht zur Insolvenzmasse (§§ 35–37 InsO) gehören, einem Aussonderungsanspruch unterliegen; umgekehrt ist die Aussonderung als Verteidigung massefremder Rechte zu verstehen;[41] was das bedeutet, ist freilich problematisch (Rdn. 3ff.). Die Vorschrift „schafft" nicht etwa einen besonderen insolvenzrechtlichen Aussonderungsanspruch, sondern erkennt die „außerhalb" des Insolvenzverfahrens bestehenden Ansprüche insoweit als „außerhalb" des Insolvenzverfahrens durchsetzbar an, wie dies durch die insolvenzrechtliche Haftungsordnung richtig ist. Das Eigentum des Schuldners an einer Sache ist daher nicht immer entscheidend, sondern auch Treuhand- oder Geschäftsbesorgungsverhältnisse. Und der Schuldner kann sein unpfändbares Vermögen aussondern. 12

IV. Keine Erstreckung auf Aktivklagen

1. Eingreifen der allgemeinen Gerichtsstandsregelungen. Nach § 19a wird der allgemeine Gerichtsstand eines Insolvenzverwalters für Klagen, die sich auf die Insolvenzmasse beziehen, durch den Sitz des Insolvenzgerichts bestimmt.[42] Die Vorschrift erstreckt sich ausschließlich auf massebezogene Passivprozesse des Insolvenzverwalters, während 13

---

38 Kreft-InsO/*Kirchhof* § 22 Rdn. 48; *Hintzen* EWIR 2001, 1151; **a.A.** LG Halle, Beschl. v. 20.9.2001 – 2 T 151/01 – EWiR 2001, 1151.
39 Jaeger/*Henckel* § 47 Rdn. 5.
40 Überzeugend *Stürner* Die Sicherung der Pfandbrief- u. Obligationengläubiger Vor einer Insolvenz der Hypothekenbank (1998) 80.
41 *K. Schmidt* ZZP 90 (1977), 38ff.
42 BGH, Urt. v. 27.5.2003 – IX ZR 203/02 – NJW 2003, 2916.

es für dessen Aktivprozesse bei den allgemeinen Vorschriften verbleibt.[43] Schon dem Wortlaut nach kennzeichnet der „allgemeine Gerichtsstand" einer Person nach der Systematik der Zivilprozessordnung das Gericht, das für alle gegen sie gerichteten Klagen zuständig ist (§ 12). Der Regierungsentwurf zum Einführungsgesetz zur Insolvenzordnung hat die Einführung eines § 31a mit folgendem Wortlaut vorgesehen: „Für Klagen gegen den Insolvenzverwalter, die sich auf die Insolvenzmasse beziehen, ist das Gericht zuständig, in dessen Bezirk das Insolvenzgericht seinen Sitz hat".[44] Nach der Begründung hat diese neue Norm daher nur klarstellen sollen, dass sich der Gerichtsstand für derartige Klagen nicht nach dem Wohnsitz des Verwalters bestimmt.[45] Auf den ergänzenden Vorschlag des Bundesrates, dieses Ziel durch einen ausdrücklichen Ausschluss des § 13 klarzustellen,[46] ist § 19a im Rahmen der späteren Gesetzesfassung entworfen worden.[47] Der Rechtsausschuss des Bundestages hat diesem Vorschlag zugestimmt, weil er dem Anliegen Rechnung trägt, den allgemeinen Gerichtsstand am Wohnsitz des Insolvenzverwalters für Klagen auszuschließen, die sich auf die Insolvenzmasse beziehen.[48]

14 **2. Besondere Fälle.** In die Verwaltungskompetenz des Verwalters gehören auch Rechtsstreitigkeiten, sofern sie nicht persönliche Angelegenheiten des Schuldners betreffen, wie zB Erbschafts-, Personenstands-, Scheidungs- oder Strafverfahren.[49] Verfahrensbezogene Rechtsstreite gehören sämtlich in die Kompetenz des Verwalters, sofern sie sich nicht auf unpfändbares Vermögen beziehen.[50] Auf Seiten des Schuldners findet zunächst ein Parteiwechsel statt (§§ 265, 325, 727). Der Schuldner scheidet aus dem Prozess aus, er kann nun als Zeuge vernommen werden.[51] Der Verwalter tritt als Partei kraft Amtes an seine Stelle.[52] Mit **Aufhebung des Insolvenzverfahrens** gemäß § 258 InsO verliert der vormalige Insolvenzverwalter sein aus § 80 InsO folgendes Prozessführungsrecht. An ihn nach § 228 InsO durch den Insolvenzplan abgetretene massezugehörige Forderungen gegen Masseschuldner kann er aber aus eigenem Recht als Zessionar geltend machen.[53] § 265 Abs. 2 InsO findet auf den Fall keine Anwendung, dass der Insolvenzverwalter nach Aufhebung des Insolvenzverfahrens eine an ihn im Insolvenzplan gemäß § 228 InsO abgetretene massezugehörige Forderung gegen einen Dritten aus eigenem Recht als Zessionar geltend macht. Denn der Schuldner erlangt im Allg. durch die Aufhebung des Insolvenzverfahrens seine Verfügungsbefugnis gemäß § 259 Abs. 1 S. 2 InsO wieder.[54]

15 Handelt es sich bei der Klage gegen den Insolvenzverwalter um eine „außerhalb" des Insolvenzverfahrens durchzuführende Auseinandersetzung von Mitgliedschaften gemäß § 84 InsO und hat die gegen den Insolvenzverwalter erhobene Klage einen unmittelbaren Bezug zu einer durch die Mitgliedschaft begründeten Rechtsbeziehung – nicht ausreichend ist, dass aus anderen Gründen gegen ein Mitglied geklagt wird – kommt nach Ansicht des LG Krefeld der Gesellschaftsgerichtsstand des § 22 zum Tragen. Das

43 BGH ZIP 2015, 96.
44 BT-Drucks. 12/3803, S. 17; BGH ZIP 2003, 1419, 1420; BGH DZWIR 2009, 389.
45 A.a.O. S. 67.
46 A.a.O. S. 122.
47 A.a.O. S. 133.
48 BT-Drucks. 12/7303, S. 108.
49 *Kilger/K. Schmidt* KO, § 1 Anm. 2 E.
50 Zöller/*Greger* § 240 Rdn. 4.
51 Zöller/*Greger* § 373 Rdn. 5.
52 Zöller/*Vollkommer* Vor § 50 Rdn. 21.
53 BGH, Urt. v. 7.1.2008 – IIZR283/06 – WM 2008, 483.
54 BGH, Urt. v. 7.1.2008 – IIZR283/06 – WM 2008, 483.

begegnet Bedenken. Führt der Insolvenzverwalter den Passivprozess in seiner verfahrensrechtlichen Rolle als Partei kraft Amtes massebezogen, so spricht es eher dafür, dass § 22 durch § 19a ausgeschlossen wird.

3. Vertraglich in Deutschland zu erfüllende, massezugehörige Ansprüche. Für die Aktivklage des Insolvenzverwalter auf Erfüllung vertraglicher in Deutschland zu erfüllender Ansprüche unter Einschluss von Ansprüchen auf Kapitalersatz ist nach Art. 7 Nr. 1 lit a EuGVVO[55] die internationale und örtliche Zuständigkeit des Gerichts am Sitz des Gemeinschuldners begründet. 16

V. Sachliche Voraussetzungen

1. Massestreitigkeiten. Praktische Bedeutung entfaltet § 19a für Klagen aller Art die sich gegen die Insolvenzmasse richten.[56] Die Insolvenzmasse umfasst nur Gegenstände, die dem Schuldner gehören §§ 35 f. InsO. 17

2. Insolvenzfeststellungsklagen. Ausgenommen sind Insolvenzfeststellungsklagen nach §§ 179 ff. InsO mit ihrem ausschließlichen Gerichtsstand (§ 180 InsO) und der weiten Rechtskraftwirkung (§ 183 InsO), die zur Feststellung bestrittener Forderungen von Gläubigern ein spezielles Verfahren bereitstellen. Für Klagen, die der Insolvenzverwalter erhebt, gelten die allgemeinen Zuständigkeitsregeln. Die örtliche Zuständigkeit des Insolvenzgerichts bestimmt § 3 InsO. 18

VI. Internationale Zuständigkeit für Insolvenzanfechtungsklagen[57]

1. Insolvenzanfechtungsklagen als insolvenzrechtliche Annexverfahren. Vgl. hierzu die Ausführungen unter Rdn. 4. 19

2. Zuständigkeit nach § 19a entsprechend. Nach der Entscheidung des EuGH in Sachen deco marty belgium[58] hat nun der IX. Zivilsenat des BGH[59] dem EuGH folgend darauf erkannt, dass Art. 3 Abs. 2 EuInsVO dahin auszulegen sei, dass die Gerichte des Mitgliedstaates in dessen Gebiet das Insolvenzverfahren eröffnet worden ist, für eine Insolvenzanfechtungsklage gegen einen Anfechtungsgegner zuständig sind, der seinen satzungsgemäßen Sitz in einem anderen Mitgliedstaat hat. Damit stellt sich die Frage der örtlichen Zuständigkeit des international zuständigen deutschen Prozessgerichts. In Ermangelung einer Regelung, die einer *vis attractiva concursus* Raum geben würde, und vor dem Hintergrund, dass § 19a allein für gegen den Insolvenzverwalter gerichteten Klagen die örtliche Zuständigkeit nach dem Insolvenzgericht bestimmt, stellte sich für den BGH die Frage, einer entsprechenden Anwendung dieser Vorschrift, da Art. 102 § 1 EGInsO keinen Gerichtsstand für Anfechtungsklagen regelt, da dort allein die Zuständigkeit der im Übrigen nicht attrahierenden Insolvenzgerichte bestimmt wird. In diesen Fällen wäre es in keiner Weise sachge- 20

---

55 Bis zum 9.1.2015: Art. 5 Nr. 1a) EuGVVO.
56 LG Lübeck DZWIR 2001, 220; **a.A.** *Wessel* DZWIR 2000, 196.
57 Hierzu *Mörsdorf-Schulte* Internationaler Gerichtsstand für Insolvenzanfechtungsklagen im Spannungsfeld von EuInsVO, EuGVÜ/O und autonomem Recht und seine Überprüfbarkeit durch den BGH, Besprechung der Entscheidung des BGH vom 27.5.2003 – IX ZR 203/02 (NJW 2003, 2916), IPRax 2004, 31.
58 EuGH, Urt. v. 12.2.2009 – Rs C-339/07 – EuGH, ZIP 2009, 427.
59 BGH NJW 2009, 2215.

recht, nach einem Hilfsgerichtsstand des ausländischen Beklagten im Inland zu fragen. Die Erwägungen des BGH, dass ebenso wie Art. 3 Abs. 1 EUInsVO die Vorschrift des § 19a der Ausdruck einer Zuständigkeit kraft Sachzusammenhanges sei, bringt den BGH dazu, jedenfalls in grenzüberschreitenden Anfechtungsprozessen eine *vis attractiva concursus* anzuerkennen und § 19a entsprechend zur Anwendung zu bringen.

21 **3. Anwendbarkeit des § 19a bei Drittstaatenbezug.** Die EuInsVO findet auf die Drittstaaten wie z.B. Schweiz, da diese nicht Mitglied der Europäischen Union ist, keine Anwendung. Es stellt sich aber die Frage, ob für die Anwendbarkeit der Zuständigkeitsregeln der EuInsVO es ausreicht, dass der Mittelpunkt der hauptsächlichen Interessen des Insolvenzschuldners in einem Mitgliedsstaat liegen (Präambel Abs. 14 EuInsVO). Diese Frage ist in der Vergangenheit jedenfalls für den Fall von vielen verneint worden, dass der im Drittstaat lebende Beklagte keinen hinreichenden Bezug zu einem Staat der EU aufweist.[60] EuGH und BGH sind dem als Konsequenz aus der Qualifikation von Insolvenzanfechtungsprozessen, auf die als Annexverfahren die EuInsVO zur Anwendung gelangt, aber nicht gefolgt. Wohnt die mit der Insolvenzanfechtungsklage des deutschen Insolvenzverwalters in Anspruch genommene Beklagte nicht in einem Mitgliedstaat, sondern in einem Drittstaat, z.B. in der Schweiz, sind gleichwohl die deutschen Gerichte für die Insolvenzanfechtungsklage gegen sie zuständig. Auf Vorlage des BGH[61] hat der Gerichtshof der Europäischen Union mit Urteil vom 16.1.2014[62] entschieden, dass Art. 3 Abs. 1 EuInsVO dahin auszulegen ist, dass die Gerichte des Mitgliedstaats, in dessen Gebiet das Insolvenzverfahren eröffnet worden ist, auch für eine Insolvenzanfechtungsklage gegen einen Anfechtungsgegner zuständig sind, der seinen Wohnsitz nicht im Gebiet eines Mitgliedstaates hat.

§ 20
Besonderer Gerichtsstand des Aufenthaltsorts

Wenn Personen an einem Ort unter Verhältnissen, die ihrer Natur nach auf einen Aufenthalt von längerer Dauer hinweisen, insbesondere als Hausgehilfen, Arbeiter, Gewerbegehilfen, Studierende, Schüler oder Lehrlinge sich aufhalten, so ist das Gericht des Aufenthaltsortes für alle Klagen zuständig, die gegen diese Personen wegen vermögensrechtlicher Ansprüche erhoben werden.

Schrifttum

Bengelsdorf Schadenersatz bei Nichtantritt der Arbeit, BB 1989, 2390; *Mann* Der „gewöhnliche Aufenthalt" im Internationalen Privatrecht, JZ 1956, 466; *Schack* Vermögensbelegenheit als Zuständigkeitsgrund – exorbitant oder sinnvoll? § 23 ZPO in rechtsvergleichender Perspektive, ZZP 97 (1984), 46.

Übersicht

---

60 OLG Frankfurt/M. ZIP 2013, 277 m. Anm. *Brinkmann* EWiR 2013, 159 f.; vgl. auch *Hübler* NZI 2013, 337 ff.
61 BGH WM 2012, 1449; ebenso OLG Frankfurt/M. ZInsO 2013, 350 f.
62 EuGH NZI 2014, 134.

I. Normzweck

1. Regelungsgehalt im Überblick. Der Gerichtsstand des Aufenthalts[1] ist ein besonderer für die ausschließlich vermögensrechtlichen[2] Klagen, unabhängig davon, wo oder wann die Ansprüche begründet wurden.[3] Denn auch wenn der Ort des Aufenthaltes kein Wohnsitz iSd. § 3 BGB ist und keinen allgemeinen Gerichtsstand begründet, ist er typischer Weise doch ein, wenn auch vorübergehender, Ort, an dem der Beklagte lebt und rechtsgeschäftlich handelt. Für die vermögensrechtlichen Ansprüche, die sich hieraus ergeben, greifen daher die Gesichtspunkte der Beweiserleichterung, aber schon einfach der Kenntniserlangung von der Klageerhebung ein, die den allgemeinen (Wohnsitz) Gerichtsstand rechtfertigen (vgl. die Ausführungen unter §§ 12, 13). Der Aufenthaltsgerichtsstand ist denn auch nicht einschlägig bei nichtvermögensrechtlichen Streitigkeiten.[4] 1

2. Abgrenzung zum Gerichtsstand nach § 16. Im Gegensatz zu dem allgemeinen Gerichtsstand des Aufenthalts in § 16[5] setzt der besondere Gerichtsstand des Aufenthalts nach § 20 nicht voraus, dass ein Wohnsitz gänzlich fehlt. Er setzt vielmehr voraus, dass die Person einen Wohnsitz hat oder nicht.[6] Hat sie keinen, greift § 16.[7] Hat sie einen Wohnsitz am Aufenthaltsort, so fallen die Bestimmungen zusammen. Hat sie allerdings keinen Wohnsitz, sondern nur den inländischen Aufenthalt, so fallen der allgemeine und der besondere Gerichtsstand des Aufenthalts zusammen, sofern die Person geschäftsfähig ist. Im Umkehrschluss ergibt sich daraus, dass dieser gewöhnliche Wohnsitz gemäß Art. 6 Abs. 1[8] EuGVVO n.F. auch im Ausland liegen kann.[9] Liegt er in einem Mitgliedsstaat, so ist die Klage gemäß Art. 4 Abs. 1, Art. 62 Abs. 2[10] EuGVVO n.F. dort zu erheben.[11] Weiter setzt der besondere Gerichtsstand des § 20 keine Geschäftsfähigkeit voraus.[12] Hintergrund der Regelung ist der Gedanke, dass Personen, die an einem bestimmten Ort einen längeren Aufenthalt nehmen, dort häufig auch in rechtliche Beziehungen eintreten, die regelmäßig auch zu Rechtstreitigkeiten führen.[13] Dem Kläger wird die Rechtsverfolgung durch den Gerichtsstand des Aufenthaltsortes erleichtert.[14] Regel- 2

1 Saenger/*Bendtsen* § 20 Rdn. 1.
2 Musielak/*Heinrich* § 20 Rdn. 10; MünchKomm/*Patzina* § 20 Rdn. 4; Saenger/*Bendtsen* § 20 Rdn. 4.
3 Stein/Jonas/*Roth* § 20 Rdn. 7; Zöller/*Vollkommer* § 20 Rdn. 3, 5; MünchKomm/*Patzina* § 20 Rdn. 4.
4 MünchKomm/*Patzina* § 20 Rdn. 4; Saenger/*Bendtsen* § 20 Rdn. 4; Einzelheiten bei BeckOK/*Toussaint* § 20 Rdn. 1.
5 Musielak/*Heinrich* § 20 Rdn. 4; § 16 Rdn. 3.
6 **A.A.** Musielak/*Heinrich* § 20 Rdn. 4.
7 Stein/Jonas/*Roth* § 20 Rdn. 2; MünchKomm/*Patzina* § 20 Rdn. 3.
8 Bis zum 9.1.2015 Art. 4 Abs. 1.
9 Musielak/*Heinrich* § 20 Rdn. 4.
10 Bis zum 9.1.2015 Art. 2 Abs. 1, Art. 59 Abs. 2.
11 BGH NJW 2011, 2515; Musielak/*Heinrich* § 20 Rdn. 4, 11; Stein/Jonas/*Roth* § 20 Rdn. 4.
12 MünchKomm/*Patzina* § 20 Rdn. 10 f.; Zöller/*Vollkommer* § 20 Rdn. 2.
13 MünchKomm/*Patzina* § 20 Rdn. 1.
14 Musielak/*Heinrich* § 20 Rdn. 1.

mäßig führt die bessere Ortskenntnis des dort ansässigen Gerichts auch zu einer besseren Kenntnis der Verhältnisse.[15]

3 **3. Klagen allein gegen natürliche Personen.** Der Aufenthaltsgerichtsstand kommt nur in Betracht, wenn es sich beim Beklagten um eine natürliche Person handelt.[16] Wie im allgemeinen, so auch in § 20 ist die Staatsbürgerschaft kein Anknüpfungspunkt, so dass der Aufenthaltsgerichtsstand begründet ist gleichgültig welcher Nationalität[17] der Beklagte ist. Unter dem Gerichtsstand des § 20 können daher auch Ausländer[18] – der ausländische Student usf. – verklagt werden. Für Klagen gegen juristische Personen kommt § 20 nicht zur Anwendung;[19] juristische Personen „halten" sich nicht im Sinne der Vorschrift „auf".

II. Begründung des Aufenthalts

4 Dass § 20 keine Geschäftsfähigkeit des den Aufenthalt begründenden Beklagten fordert, ergibt der zweite Absatz der Vorschrift, der sich gerade auf die nicht voll Geschäftsfähigen bezieht (auch kann man nur aus dem natürlichen Wollen auf einen länger dauernden Aufenthalt schließen, nämlich auf das sich an einem Ort länger aufhalten Wollen).[20] Bei beschränkt Geschäftsfähigen bietet § 107 BGB die Möglichkeit, dass sie einen selbständigen Aufenthalt ohne Zustimmung der Eltern begründen können.[21] Hierfür spricht wesentlich § 57 Abs. 2, nach dem das Gericht einen besonderen Vertreter für den beschränkt Geschäftsfähigen bestellen kann, wenn in dem Fall des § 20 eine solche Person am Ort ihres Aufenthalts verklagt werden soll.[22] Da der gesetzliche Vertreter regelmäßig den Aufenthaltsort bestimmt (vgl. §§ 1631, 1757, 1793, 1901, 1906 BGB),[23] hängt insoweit die Begründung des Aufenthalts für den Vertretenen meist von ihm ab. Dagegen spricht nach zutr. anderer Ansicht, dass hierfür stets die Zustimmung des gesetzlichen Vertreters deshalb erforderlich ist,[24] weil dem gesetzlichen Vertreter die Prozessführung an einem anderen Ort nicht aufgedrängt werden darf.[25] Dies liegt auf der Hand, wenn man z.B. an Herausgabeklagen nach § 1632 BGB denkt.[26] Nur wenn er die Bestimmung dem Vertretenen überlässt, oder sie diesem anderweit entzogen worden ist, wie etwa im Vormundschaftsrecht oder soweit die minderjährig Verheirateten einen eigenen Wohnsitz begründen können, kommt es auf seinen Willen nicht an. Es kann dabei jedoch nicht ohne weiteres auf den Aufenthaltsort der Eltern abgestellt werden.[27]

---

15 MünchKomm/*Patzina* § 20 Rdn. 1.
16 Saenger/*Bendtsen* § 20 Rdn. 2.
17 Musielak/*Heinrich* § 20 Rdn. 2; Saenger/*Bendtsen* § 20 Rdn. 2.
18 Baumbach/Lauterbach/Albers/*Hartmann* § 20 Rdn. 3; Zöller/*Vollkommer* § 20 Rdn. 2; Stein/Jonas/*Roth* § 20 Rdn. 2 ; Musielak/*Heinrich* § 20 Rdn. 2; MünchKomm/*Patzina* § 20 Rdn. 12.
19 Musielak/*Heinrich* § 20 Rdn. 2; Stein/Jonas/*Roth* § 20 Rdn. 2 ; Thomas/Putzo-ZPO/*Hüßtege* § 20, Rdn. 1; Zöller/*Vollkommer* § 20 Rdn. 2; MünchKomm/*Patzina* § 20 Rdn. 3.
20 **A.A.** MünchKomm/*Patzina* § 20 Rdn. 9.
21 LG Verden MDR 1964, 766 f.; LG Wuppertal DAVorm. 1968, 203, 204; **a.A.** Stein/Jonas/*Roth* § 20 Rdn. 2; Musielak/*Heinrich* § 20 Rdn. 3; *Mann* JZ 1956, 466, 470.
22 Musielak/*Weth* § 57 Rdn. 3 f.; nur bei Gefahr im Verzug Saenger/*Bendtsen* § 57 Rdn. 4 f.; MünchKomm/*Lindacher* § 57 Rdn. 6 ff.
23 Vgl. BeckOK-BGB/*Veit* § 1631 Rdn. 11 ff.
24 Musielak/*Heinrich* § 20 Rdn. 3; Stein/Jonas/*Roth*[22] § 20 Rdn. 6; MünchKomm/*Patzina* § 20 Rdn. 10.
25 Stein/Jonas/*Roth* § 20 Rdn. 8; MünchKomm/*Patzina* § 20 Rdn. 10.
26 MünchKomm-BGB/*Huber* § 1632 BGB Rdn. 1 f.
27 BGHZ 78, 293, 295 f. = NJW 1981, 520; Stein/Jonas/*Roth* § 20 Rdn. 2; Musielak/*Heinrich* § 20 Rdn. 3.

Darüber hinaus überlässt die Praxis dem Vormund (§ 1915 BGB) die Bestimmung des Aufenthaltsortes des zu Pflegenden, wenn mit diesem eine Verständigung nicht möglich ist (ist dies der Fall, so muss er (insoweit) geschäftsunfähig sein, mit der Folge, dass sein Wille in der Regel belanglos wird). Zutreffend wird darauf hingewiesen, dass es für die Anwendbarkeit des § 20 in solchen Fällen nicht auf den Willen des gesetzlichen Vertreters eines Minderjährigen ankommt, wenn dessen Aufenthalt zwangsweise begründet wird.[28] Dies kann der Fall sein, wenn der Minderjährige dadurch Naturvorgänge wie Überschwemmungen und dergleichen mehr einen Unfall, der ihn zwingt in einem Krankenhaus Aufenthalt zu nehmen, oder staatliche Maßnahmen wie die Inhaftierung oder die Verbringung in Heime gezwungen ist, einen bestimmten Aufenthalt zu nehmen. Im letztgenannten Fall der Inhaftierung oder Unterbringung in einem Heim liegt es auf der Hand, dass der entgegenstehende Wille des gesetzlichen Vertreters unbeachtlich ist; im Falle von Naturereignissen oder anderen faktischen Vorgängen wie dem genannten Unfall ist allein schon aufgrund der Faktizität der Ereignisse der entgegenstehende Wille dieser Person unbeachtlich, da er rechtliche Auswirkung nichts zeitigen vermag. 5

Geschäftsunfähige fallen nicht unter die Bestimmung, weil sie keine Rechtsverhältnisse kraft eigener Willensentscheidung begründen können.[29] Bei Geschäftsunfähigen entscheidet die Willensentscheidung ihres dafür zuständigen gesetzlichen Vertreters.[30] 6

III. Zeitliche Dauer des Aufenthalts

1. Längerer Aufenthalt zur Erreichung eines bestimmten Zwecks

a) Begründet wird ein solches Verhältnis durch den Plan bzw. die Absicht,[31] länger als nur tageweise, also eine gewisse Dauer,[32] an einem Ort zu verweilen.[33] Zur Begründung des Gerichtsstandes nach § 20 genügt es daher, dass sich der Beklagte irgendwann im Laufe des Rechtsstreits an dem fraglichen Ort aufgehalten hat. Dies muss daher nicht notwendigerweise bei Klageerhebung gewesen sein.[34] Ausschlaggebend ist, dass sich der Beklagte für längere Zeit – also nicht allein auf der Durchreise – zur Erreichung eines bestimmten Zweckes im Sprengel des angerufenen Gerichts aufgehalten hat.[35] Dabei ist unerheblich, ob und ggf. wo der Beklagte seinen Wohnsitz hat. Denn die Vorschrift des § 20 entfaltet – gegenüber den §§ 12, 13 – gerade dann Bedeutung, wenn Wohnsitz und Aufenthaltsort auseinanderfallen. Hat der Beklagte die Absicht, einen Wohnsitz nach § 13 zu begründen, wird dadurch der Gerichtsstand des § 20 nicht ausgeschlossen, wenn der Beklagte aus Rechtsgründen den ins Auge gefassten Wohnsitz nicht zu nehmen gehindert ist. Der Beklagte kann vor dem Gerichtsstand des Aufenthaltsorts auch dann verklagt werden, wenn er zurzeit der Klagezustellung an diesem Ort nicht persönlich anwesend ist.[36] 7

---

28 Stein/Jonas/*Roth* § 20 Rdn. 9; Prütting/Gehrlein/*Wern*/*Lange* § 20 Rdn. 2; **a.A.** MünchKomm/*Patzina* § 20 Rdn. 10.
29 Musielak/*Heinrich* § 20 Rdn. 3.
30 MünchKomm/*Patzina* § 20 Rdn. 10.
31 KG JurBüro 2009, 208; Saenger/*Bendtsen* § 20 Rdn. 3.
32 OLG Sachsen-Anhalt, Beschl. v. 22.2.2010 – 1 AR 3/10; MünchKomm/*Patzina* § 20 Rdn. 5, 6.
33 KG Berlin Urt. v. 22.12.2008 – 2 U 6/07 = JurBüro 2009, 208; MünchKomm/*Patzina* § 20 Rdn. 7; Saenger/*Bendtsen* § 20 Rdn. 1.
34 Zöller/*Vollkommer* § 12 Rdn. 15; Zöller/*Greger* § 261 Rdn. 12 a.E.
35 Zöller/*Vollkommer* § 20 Rdn. 5, mit Rechtsprechungsnachweisen [RGZ 30, 326; KGR 2009, 306].
36 RGZ 30, 326, 328.

8 **b)** Ob die Zwecke, die der Beklagte mit der Aufenthaltsnahme verfolgt hat, tatsächlich verwirklicht werden, ist ohne Belang,[37] wenn nur die Absicht erkennbar bestand.[38] Auch schadet die vorrübergehende Abwesenheit vom Aufenthaltsort nicht.[39] Die persönliche Anwesenheit bei Klagezustellung ist nicht erforderlich.[40] Ebenfalls kann es dahinstehen, dass von Anfang an feststeht, dass der Aufenthalt nach einiger Dauer beendet werden wird.[41] In welchen Fällen das Gesetz einen dauernden Aufenthalt als begründet ansieht, sagt es in § 20 beispielhaft, also bei den in der Wohnung untergebrachten Hausangestellten, Lehrlingen, aber auch bei den in eigener Wohnung untergebrachten Arbeitern, Angestellten, Lehrlingen und dgl. m., mit anderen Worten bei allen Arbeitnehmern, die in einem dauernden Arbeitsverhältnis am Ort stehen und eine eigene Unterbringung am Ort haben.[42]

9 Dies trifft auch auf Saisonbeschäftigte zu wie auf Schüler, Studenten, Volontäre,[43] Referendare bei auswärtiger Beschäftigung im Vorbereitungsdienst.[44] Ein Arbeitsverhältnis an sich ist jedoch nicht nötig.[45] Erfasst sind auch Zweit- und Ferienwohnungen.[46]

10 **c) Anzeichen** für eine längere Verweildauer können eine Anmeldung zum Handelsregister mit Anschrift, eine Wohnungsanmietung, eine polizeiliche Meldung, eine Kreditkartenbeantragung mit Anschrift, eine Rechtsanwaltsbevollmächtigung mit Anschrift sowie zu einem bestimmten Ort, die jeweils mit ein- oder mehrwöchigen Aufenthalten verbunden sind, sprechen.[47]

11 **2. Keine Begründung des Gerichtsstandes bei kurzem Aufenthalt.** Für eine Zuständigkeitszuweisung nach § 20 ist bei alledem allein entscheidend, dass bei Begründung des Aufenthaltes dieser seiner Natur, d.h. seinen Umständen nach auf eine längere Dauer hinweist. Ist dies der Fall, so ist die daran anschließende Verweildauer unerheblich.[48] Ist aber die Aufenthaltszeit von vornherein tageweise begrenzt, etwa bei Reisenden,[49] Pendlern,[50] wandernden Schauspielern[51] und Artisten, Flussschiffern,[52] Kontrollbeamten oder Montagearbeitern,[53] so wird kein ständiger Aufenthalt begründet. Die Aufzählung ist insoweit nicht abschließend.[54] Das deckt sich mit der Auslegung des § 23. Danach gewährt allein das mitgeführte Vermögen einer Person, da es einen Gerichtsstand des vorübergehenden Aufenthalts nicht gibt, den Vermögensgerichtsstand nicht.[55]

---

37 MünchKomm/*Patzina* § 20 Rdn. 7; Stein/Jonas/*Roth* § 20 Rdn. 5, 6 ; Saenger/*Bendtsen* § 20 Rdn. 3.
38 OLG Sachsen-Anhalt, Beschl. v. 22.2.2010 – 1 AR 3/10; MünchKomm/*Patzina* § 20 Rdn. 7.
39 Musielak/*Heinrich* § 20 Rdn. 8; Saenger/*Bendtsen* § 20 Rdn. 3.
40 Musielak/*Heinrich* § 20 Rdn. 8; RG JW 1900, 653; RGZ 30, 326, 328.
41 BeckOK/*Toussaint* § 20 Rdn. 4.
42 MünchKomm/*Patzina* § 20 Rdn. 6.
43 MünchKomm/*Patzina* § 20 Rdn. 11.
44 Zöller/*Vollkommer* § 20 Rdn. 5; LG Verden MDR 1964, 766.
45 Musielak/*Heinrich* § 20 Rdn. 6.
46 OLG Koblenz NJW 1979, 1309–1309.
47 KG Berlin JurBüro 2009, 208.
48 MünchKomm/*Patzina* § 20 Rdn. 7.
49 Stein/Jonas/*Roth* § 20 Rdn. 6 ; MünchKomm/*Patzina* § 20 Rdn. 8; RGZ 30, 326 ff.; RG JW 1893, 365; Saenger/*Bendtsen* § 20 Rdn. 3.
50 Stein/Jonas/*Roth* § 20 Rdn. 6 ; RGZ 30, 326 ff.; LG Karlsruhe ZZP 38 (1909), 424, 425.
51 *Bengelsdorf* BB 1989, 2390, 2394.
52 RGZ 30, 326 ff.; RG JW 93, 365; LG Karlsruhe ZZP 38 (1909), 424, 426.
53 *Bengelsdorf* BB 1989, 2390, 2390; Musielak/*Heinrich* § 20 Rdn. 6; MünchKomm/*Patzina* § 20 Rdn. 6.
54 MünchKomm/*Patzina* § 20 Rdn. 6.
55 MünchKomm/*Patzina* § 23 Rdn. 17; **a.A.** *Schack* ZZP 97 (1984), 58, 62.

Wann das eine, wann das andere gegeben ist, darüber entscheidet die Verkehrsauffassung.[56] Jedenfalls begründet eine Arbeitsstelle ohne Unterkunft (zur Übernachtung) am selben Ort keinen Aufenthaltsort iSd. § 20.

3. Beendigung des Aufenthalts. Beabsichtigt der sich an einem Ort Aufhaltende, dorthin nicht mehr zurückzukehren, um sich anderswohin zum Aufenthalt zu begeben, so endet der bisherige Aufenthalt.[57] Auch ein Aufenthalt, der nur vorübergehend verlassen werden sollte, vermag den Gerichtsstand des § 20 nicht mehr zu begründen, wenn, gleichgültig aus welchem Grund, er für längere Zeit (nicht bloß tageweise) nicht mehr aufgesucht werden kann oder soll. 12

IV. Gerichtsstand bei erzwungener Begründung des Aufenthalts

1. § 20 setzt nicht Freiwilligkeit des Aufenthalts voraus. Freiwilligkeit des Aufenthalts setzt § 20 nicht voraus. Auch wenn in die Aufenthaltsbegründung das Wollen des Geschäftsfähigen (u.U. das des gesetzlichen Vertreters) hineinspielt, so wird es doch dort überall unerheblich,[58] wo der Aufenthalt durch höhere Gewalt, den Staat oder die Natur, erzwungen wird, wo sich die Person aufhalten muss, weil sie dazu rechtlich oder tatsächlich gezwungen wird. So begründet der Aufenthalt in einer Strafanstalt zur Verbüßung einer länger als tageweise zu berechnenden Freiheitstrafe den dauernden i.S. des § 20,[59] ebenso der eines Kranken im Krankenhaus[60] oder in der Kureinrichtung[61] oder des Gesunden zur Untersuchung in der Quarantäne oder des Abgeordneten in der Sitzungsperiode[62] u. dgl. m. Wenn jemand an einen Ort gerät, der vom Verkehr abgeschnitten wird, nimmt er dort zwangsläufig seinen Aufenthalt. Der Aufenthalt muss allerdings seiner Natur nach von längerer Dauer sein.[63] 13

2. Fallgruppen. Nur soweit es nicht auf den Willen des den Aufenthalt Begründenden ankommt, sondern er dazu gezwungen wird, ist es auf den Zwingenden bzw. das Zwingende abzustellen.[64] Die Kasernierung (als Soldat,[65] wegen einer Krankheit oder wegen Krankheitsverdachtes,[66] wenn dies nicht bloß tageweise geschieht) begründet den Gerichtsstand des § 20. Sofern Naturereignisse ihn bewirken, ist es auf die vermutliche Dauer der Verkehrsunterbrechung abzustellen, und zwar bezogen auf die Mittel, deren sich der Abgeschnittene bedienen könnte. In der Judikatur wird dies nun mit Formulierungen wie der ausgedrückt, dass der besondere Gerichtsstand des § 20 dann eingreift, wenn sich jemand an einem Ort unter Verhältnissen aufhält, die ihrer Natur nach auf einen Aufenthalt von längerer Dauer hinweisen. Hierzu zählt unter anderem auch der Insasse einer Justizvollzugsanstalt bei einer länger andauernden Haft.[67] 14

---

56 Stein/Jonas/*Roth* § 20 Rdn. 6; Prütting/Gehrlein/*Wern*/*Lange* § 20 Rdn. 4.
57 *Wieczorek* 2. Auflage, § 20 Rdn. B Ib.
58 LG Verden MDR 1964, 766; MünchKomm/*Patzina* § 20 Rdn. 9.
59 RG Gruch. 29, 117.
60 LG Wuppertal DAVorm. 1968, 204.
61 LG Wuppertal DAVorm. 1968, 204.
62 KG OLG 20/286; KG OLGRspr. 20, 286; MünchKomm/*Patzina* § 20 Rdn. 7.
63 Saenger/*Bendtsen* § 20 Rdn. 1.
64 Musielak/*Heinrich* § 20 Rdn. 7.
65 Gewaltverhältnisse: LG Verden MDR 1964, 766f.
66 Saenger/*Bendtsen* § 20 Rdn. 3.
67 BGH NJW 1997, 1154 = JR 1998, 32; OLG Sachsen-Anhalt, Beschl. v. 22.2.2010 – 1 AR 3/10; Musielak/*Heinrich* ZPO, § 20 Rdn. 7; § 16 Rdn. 3; MünchKomm/*Patzina* § 20 Rdn. 6; Saenger/*Bendtsen* § 20 Rdn. 3.

V. Rechtsverhältnis

15 Nur vermögensrechtliche Ansprüche können mit der im Gerichtsstand des § 20 erhobenen Klagen verfolgt werden. Vermögensrechtliche Ansprüche sind solche, die auf Geld oder auf Leistung eines geldwerten Gegenstandes gerichtet sind.[68] Das Rechtsverhältnis, aus dem geklagt wird, braucht mit der Aufenthaltsbegründung in keiner Beziehung zu stehen.[69] Soweit deshalb ein allgemeiner Gerichtsstand mit dem besonderen des § 20 zusammenfällt, ist der Kläger des Beweises für die weitergehenden Erfordernisse des allgemeinen Gerichtsstandes enthoben.[70]

16 Steht ein Arbeitnehmerverhältnis im Streit, so sind die Arbeitsgerichte zuständig.[71]

VI. Soldaten

17 Den Wohnsitz von Berufssoldaten regelt § 9 Abs. 1 BGB. Demnach liegt dieser am Standort. Hat er im Falle eines Auslandseinsatzes im Inland keinen Standort, so ist sein letzter inländischer Standort als Wohnsitz und damit für die Gerichtsstandsbestimmung maßgeblich.[72] Das gilt gemäß § 9 Abs. 2 BGB allerdings nicht für Soldaten auf Zeit.[73]

18 Beide Gruppen haben aber den Aufenthaltsort entsprechend § 20, die Berufssoldaten auch außerhalb des Standorts (bzw. im Falle von Marineangehören des Heimathafens), wenn sie für (nicht zu kurze Zeit) abkommandiert werden.[74] Beide haben ferner auch ihren Aufenthaltsort am Standort (bzw. Heimathafen). Das gilt auch für die Angehörigen des zivilen Ersatzdienstes (vgl. § 3 Zivildienstgesetz).[75]

VII. Beweisanzeichen für den Aufenthalt des Beklagten i.S.v. § 20

19 Für das das Bestehen zumindest eines Aufenthaltes als Voraussetzungen des § 20 spricht u.a., wenn der Beklagte sich im Besitz einer unbefristeten Aufenthaltsgenehmigung gemäß § 9 AufenthG befindet. Dies spricht für das Bestehen zumindest eines Aufenthaltes. Beweisanzeichen für § 20 (wenn nicht § 13) sind weiter die Wohnungsanmietung durch den Beklagten im Bezirk des Gerichts, seine polizeiliche Meldung, seine Kreditkartenbeantragung mit Anschrift im Sprengel des angerufenen Gerichts, die Anmeldung eines Handelsgewerbes und seine Rechtsanwaltsbevollmächtigung unter dieser Anschrift.[76]

VIII. Konkurrenzen

20 § 20 gibt neben dem allgemeinen einen weiteren besonderen Gerichtsstand, der nicht ausschließlich ist.[77] Der Kläger kann demnach gemäß § 35 wählen, ob der den Beklagten an seinem Wohnsitz als allgemeinem Gerichtsstand oder an seinem Gerichtsstand gemäß § 20 verklagen will.[78]

---

68 Musielak/*Heinrich* § 3 Rdn. 12
69 Saenger/*Bendtsen* § 20 Rdn. 4.
70 *Wieczorek* 2. Auflage § 20 Rdn. C.
71 *Wieczorek* 2. Auflage § 20 Rdn. C.
72 Vgl. dazu *Wieczorek* 2. Auflage § 20 D.
73 OLG Frankfurt NJW 1961, 1586 (Aufenthaltsbegründung).
74 Stein/Jonas/*Roth* § 20 Rdn. 10 ; MünchKomm/*Patzina* § 20 Rdn. 9.
75 *Wieczorek* 2. Auflage § 20 Rdn. D.
76 KG JurBüro 2009, 208.
77 MünchKomm/*Patzina* § 20 Rdn. 3; § 16 Rdn. 2 ff.
78 Zöller/*Vollkommer* § 20 Rdn. 6; Stein/Jonas/*Roth* § 20 Rdn. 1; MünchKomm/*Patzina* § 20 Rdn. 13.

IX. Internationale Zuständigkeit

1. EuGVVO. Art. 4 Abs. 1, Art. 62[79] EuGVVO n.F.[80] verdrängt den Gerichtsstand des Aufenthaltsortes nach § 20, so dass der Beklagte an in den Gerichten seines Wohnsitzstaates zu verklagen ist, wenn er in einem Vertragsstaat eines Mitgliedstaates der Union wohnt. Die internationale Zuständigkeit der Gerichte eines anderen Mitgliedstaates ist nach Art. 5 Abs. 1[81] EuGVVO n.F. nur unter den Voraussetzungen der Art. 7 ff.[82] EuGVVO n.F. begründet.[83] 21

2. Autonomes Recht. Der Aufenthalt des Beklagten im Inland begründet die internationale Zuständigkeit der deutschen Gerichte für Klagen, die gegen ihn wegen vermögensrechtlicher Ansprüche erhoben werden, nur unter der Voraussetzung, dass er seinen Wohnsitz nicht im räumlichen Geltungsbereich der EuGVVO hat.[84] Die Tatbestände des § 20 sind doppelfunktional.[85] Hat der Beklagte seinen Wohnsitz daher außerhalb der EU, führt ein längerer Aufenthalt innerhalb eines Mitgliedstaates gemäß § 20 zur internationalen Zuständigkeit des inländischen Gerichts.[86] 22

§ 21
Besonderer Gerichtsstand der Niederlassung

(1) Hat jemand zum Betrieb einer Fabrik, einer Handlung oder eines anderen Gewerbes eine Niederlassung, von der aus unmittelbar Geschäfte geschlossen werden, so können gegen ihn alle Klagen, die auf den Geschäftsbetrieb der Niederlassung Bezug haben, bei dem Gericht des Ortes erhoben werden, wo die Niederlassung sich befindet.

(2) Der Gerichtsstand der Niederlassung ist auch für Klagen gegen Personen begründet, die ein mit Wohn- und Wirtschaftsgebäuden versehenes Gut als Eigentümer, Nutznießer oder Pächter bewirtschaften, soweit diese Klagen die auf die Bewirtschaftung des Gutes sich beziehenden Rechtsverhältnisse betreffen.

Schrifttum

Diehl Anmerkung zur Entscheidung des LG Dortmund vom 14.6.2007, 4 S 59/06., ZfSch 2007, 560; *Fricke* Die teleologische Reduktion des § 48 VVG bei Streitigkeiten aus Versicherungsverträgen, die im Internet abgeschlossen wurden, VersR 2001, 925; *U. John*, Die organisierte Rechtsperson, 1978; *Pfister* Das Krabbe Urteil- 1. Teil: Der DLV als Niederlassung der IAAF i.S.v. § 21 ZPO ? SpuRt. 1995, 202; *Podewils* Zuständigkeitsbestimmung bei Schadenersatzklage wegen Dividendenstripping, jurisPR-HaGesR 1/2014 Anm. 5; *Reuter* DZWiR 1990, 1; *Ruzik* Der Erfüllungsgerichtsstand nach § 29 ZPO bei internationalen Flugreisen, NJW 2011, 2019; *A. Staudinger* Europäisierung des § 29 Abs. 1 ZPO, JR 2012, 47; *Staudinger/Arzt* Nach-

79 Bis zum 9.1.2015 Art. 2 Abs. 1, Art. 59.
80 MünchKomm/*Patzina* § 20 Rdn. 14; Art. 2, 59 EuGVO; Saenger/*Bendtsen* § 20 Rdn. 2.
81 Bis zum 9.1.2015 Art. 3 Abs. 1.
82 Bis zum 9.1.2015 Art. 5 ff.
83 MünchKomm/*Gottwald* Art. 3 EuGVVO Rdn. 1 ff.
84 Zöller/*Vollkommer* § 20 Rdn. 4.
85 Zöller/*Vollkommer* § 20 Rdn. 4; Stein/Jonas/*Roth* § 20 Rdn. 3; MünchKomm/*Patzina* § 20 Rdn. 14; Musielak/*Heinrich* § 20 Rdn. 11.
86 Thomas/Putzo-ZPO/*Hüßtege* Art. 4 EuGVVO Rdn. 1; Zöller/*Geimer* Art. 4 EuGVVO Rdn. 1; Musielak/*Heinrich* § 20 Rdn. 11; zur Zuständigkeit des Vormundschaftsgerichts vgl. BGHZ 21, 306–319.

erfüllung im Kaufrecht und Gerichtsstand des Erfüllungsorts, NJW 2011, 3121; *Wildmoser/Schiffer/Langoth* Haftung von Ratingagenturen gegenüber Anlegern? RIW 2009, 657.

Übersicht

I. Normzweck

1 **1. Gewährleistung der Waffengleichheit des Klägers.** Der Gewerbetreibende, der neben dem Orte seines Wohnsitzes oder im Falle des Unternehmensträgers des Sitzes seiner Unternehmung Niederlassungen an anderen Orten unterhält, kann nach § 21 auch dort, am Orte der Niederlassung, verklagt werden.[1] Der besondere Gerichtsstand der gewerblichen Niederlassung.[2] Die damit verbundene Durchbrechung des Grundsatzes actor sequitur forum rei reagiert darauf, dass der Beklagte am Orte der Niederlassung seiner gewerblichen Unternehmung regelmäßig in die unterschiedlichsten Rechtsbeziehungen zu anderen eintritt; es ist ihm zuzumuten, an diesem Orte verklagt zu werden während es die Waffengleichheit des Klägers wahrt, dass er dort, wo der Beklagte tätig ist, diesen klagweise in Anspruch nehmen kann. Dafür spricht zudem, die Gerichte an dem Ort der Niederlassung sach- und somit beweisnäher sind.[3] Und auch durch die Gerichtsstände des europäischen Rechts hat der Gerichtsstand des § 21 an Bedeutung nicht wesentlich

1 Zöller/*Vollkommer* § 21 Rdn. 1 f.; Stein/Jonas/*Roth* § 21 Rdn. 9.
2 OLG Hamburg MDR 1977, 759; Baumbach/Lauterbach/Albers/*Hartmann* § 21 Rdn. 1.
3 MünchKomm/*Patzina* § 21 Rdn. 1; auch: Stein/Jonas/*Roth* § 21 Rdn. 1.

verloren; denn nach wie vor stellt es eine Erleichterung der Rechtsverfolgung dar, wenn gegen einen Beklagten mit einer Niederlassung im Inland Klagen erhoben werden kann.

Der Gerichtsstand der Niederlassung ist dem Wohnsitzgerichtsstand nachgebildet, 2 begründet aber weder einen Wohnsitz noch einen Sitz und fällt auch (üblicherweise) nicht notwendigerweise in denselben Gerichtsbezirk wie diese.[4] Jedoch wird bei juristischen Personen der Sitz regelmäßig zugleich die gewerbliche Niederlassung iSd. § 21 sein, wobei dies aber nicht notwendig ist.[5]

Im Zuge der Waffengleichheit kann der Kläger daher an dem Ort der Niederlassung 3 des Beklagten prozessieren.[6] Dies bringt auch insoweit den Vorteil, dass das ortansässige Gericht regelmäßig sachnäher ist.[7] Die Regelung des § 21 hat die Funktion einer Beweiserleichterung. Denn die Anforderungen an Darlegung und Beweis des Vorliegens einer Niederlassung sind regelmäßig leichter als im Falle von Darlegungsverweis von Sitz oder Wohnsitz des Beklagten.[8]

2. Begrenzung des Niederlassungsgerichtsstandes auf Klagen gegen den Inhaber. 4 Der Niederlassungsgerichtsstand ist daher nur für Klagen eröffnet, und zwar für Klagen gegen den Inhaber (zum Inhaberbegriff unten Rdn. 8ff.) der Niederlassung – denn nur in diesen Fällen rechtfertigt der geschilderte Schutzzweck die Abweichung von den allgemeinen Regelungen.[9] Klagen oder Mahnanträge, die der Inhaber gegen andere erhebt, werden demzufolge von § 21 nicht erfasst.[10]

3. Verhältnis zu anderen Gerichtsständen; Gerichtsstandsvereinbarungen

a) Der Niederlassungsgerichtsstand ist fakultativ und konkurriert mit den allgemei- 5 nen Gerichtsständen[11] sowie mit besonderen nicht ausschließlichen Gerichtsständen. Weiter konkurriert § 21 mit § 22, soweit es nicht um ausschließlich vor dem Verbandsgerichtsstand zu erhebende Klagen (vgl. dazu die Ausführungen unter § 22) geht.

b) Der Niederlassungsgerichtsstand kann durch negative Gerichtsstandsvereinba- 6 rungen abbedungen werden. § 53 Abs. 3 KWG bestimmt, dass für Klagen, die auf den Geschäftsbetrieb einer Zweigstelle eines Unternehmens Bezug haben, der Gerichtsstand der Niederlassung nach § 21 nicht durch Vertrag ausgeschlossen werden darf. Dies gründet auf § 53 Abs. 1 S. 1 KWG, der vorsieht, dass, wenn ein Unternehmen mit Sitz im Ausland eine Zweigstelle im Inland unterhält, die Bankgeschäfte betreibt oder Finanzdienstleistungen erbringt, nach § 53 Abs. 1 S. 1 KWG die Zweigstelle als Kreditinstitut oder Finanzdienstleistungsinstitut gilt, wobei nach S. 2 der Vorschrift mehrere vom Unternehmen im Inland unterhaltene Zweigstellen als ein Institut gelten.

c) Die Ausschließlichkeit des Gerichtsstandes gilt im Übrigen in den Fällen, in denen 7 der Gerichtsstand der Niederlassung ausschließlich ist. Dies ist nach § 14 Abs. 1 S. 1 UWG[12]

4 Stein/Jonas/*Roth* § 21 Rdn. 1.
5 *Wieczorek* 2. Auflage § 21 A.
6 Stein/Jonas/*Roth* § 21 Rdn. 1; MünchKomm/*Patzina* § 21 Rdn. 1.
7 BGHZ 88, 336; OLG Köln OLGR 2004, 191; MünchKomm/*Patzina* § 21 Rdn. 1, Musielak/*Heinrich* § 21 Rdn. 1.
8 Stein/Jonas/*Roth* § 21 Rdn. 10aE.
9 Stein/Jonas/*Roth* § 21 Rdn. 1; vgl. MünchKomm/*Patzina* § 21 Rdn. 3; BeckOK/*Vorwerk*/*Wolf* § 21 Rdn. 4.
10 Stein/Jonas/*Roth* § 21. Rdn. 1; Musielak/*Heinrich* § 21 Rdn. 8.
11 BeckOK/*Vorwerk*/*Wolf* § 21 Rdn. 11.
12 MünchKomm/*Patzina* § 21 Rdn. 15; vgl. auch Harte-Bavendamm/Henning-Bodewig/*Retzer* § 14 Rdn. 35; Stein/Jonas/*Roth* § 21 Rdn. 28.

der Fall und nach § 6 UKlaG[13] sowie Mahnverfahren.[14] Über die Verweisung in § 4 InsO gilt dies weiter im Insolvenzverfahren, § 3 InsO.[15]

II. Begriff des Inhabers

8 **1. Betrieb im Namen und auf Rechnung des Inhabers.** Sofern die Niederlassung nicht parteifähig ist, richtet sich die Klage, die am Gerichtsstand des § 21 erhoben wird, gegen den unter der Niederlassung handelnden Gewerbetreibenden, unabhängig davon, ob es sich um eine natürliche oder juristische Person handelt oder ob der Beklagte im Übrigen parteifähig ist wie im Falle von Personenhandelsgesellschaften gemäß § 124 Abs. 1 HGB oder im Falle anderer Personifikation, deren Parteifähigkeit anerkannt wird.[16] Dabei ist die sehr frühere Judikatur des BGH[17] überholt, die davon ausgegangen ist, die Niederlassung könne niemals parteifähig sein; der BGH hat in seiner späteren Judikatur dagegen entschieden,[18] dass die Niederlassung etwa als juristische Person organisiert sein kann. § 21 sagt daher über die Parteifähigkeit nichts aus.[19] Auch wenn hier plakativ vom Niederlassungsgerichtsstand die Rede ist begründet § 21 daher doch keinen Gerichtsstand „der Niederlassung", sondern des Unternehmers (Inhabers) am Ort der Niederlassung. Richtiger Beklagter ist daher bei den Klagen, für die § 21 den Gerichtsstand begründet, der Unternehmer. Ausschlaggebend ist, dass die Niederlassung im Namen und auf Rechnung des Beklagten betrieben wird. Dies kann der Inhaber des Unternehmens in dem Sinne des Eigentümers der assets, aber auch ein Pächter sein.[20] Der Gerichtsstand ist also gegen denjenigen begründet, der Nutznießer der Niederlassung bzw. Unternehmung ist.[21] Passivlegitimierte Partei ist daher der Unternehmer als Person, der als Kaufmann auch unter seiner Firma gemäß § 17 Abs. 2 HGB verklagt werden kann.[22] Es kommt nicht darauf an, ob der Beklagte die Niederlassung in personam oder durch Vertreter betreibt; richtiger Beklagter ist aber nicht etwa der Leiter einer Zweigstelle als solcher.[23] Auch der Kommissionär, der für die Rechnung des Unternehmers, aber in eigenem Namen abschließt, fällt nicht unter den Begriff des Inhabers gemäß § 21.[24]

9 **2. Personengesellschaften.** Ist Unternehmer eine oHG[25] oder Reederei, so darf in dem Gerichtsstand der Niederlassung auch (und allein) jeder persönlich haftende Gesellschafter für die die Haupt- oder Zweigniederlassung[26] betreffenden Klagen in Anspruch genommen werden.[27] § 21 begründet den Niederlassungsgerichtsstand auch gegen den Kommanditisten. Voraussetzung dafür ist, dass gegen ihn eine Forderung nach § 171 HGB geltend gemacht wird.[28]

---

13 Musielak/*Heinrich* § 21 Rdn. 9.
14 Musielak/*Heinrich* § 21 Rdn. 8.
15 Musielak/*Heinrich* § 21 Rdn. 9.
16 Stein/Jonas/*Roth* § 21 Rdn. 9.
17 BGHZ 4, 62, 64.
18 BGH NJW 1995,1225.
19 So zutreffend Stein/Jonas/*Roth* § 21 Rdn. 9.
20 MünchKomm/*Patzina* § 21 Rdn. 13; Musielak/*Heinrich* § 21 Rdn. 4, insb. 7; Stein/Jonas/*Roth* § 21 Rdn. 21.
21 MünchKomm/*Patzina* § 21 Rdn. 13; Musielak/*Heinrich* § 21 Rdn. 4, insb. 7; Stein/Joans/*Roth* § 21 Rdn. 21.
22 MünchKomm/*Patzina* § 21 Rdn. 3; Musielak/*Heinrich* § 21 Rdn. 4.
23 BGH JR 1952, 110 = MDR 1952, 99 = NJW 1952, 183.
24 *Wieczorek* 2. Auflage § 21 C Ia.
25 Stein/Jonas/*Roth* § 21 Rdn. 9.
26 BGHZ 5, 62, 64.
27 RG Gruch. 38, 1194.
28 *Wieczorek* 2. Auflage § 21 Rdn. A II a.

3. Arbeitsgerichtliche Verfahren. Der Niederlassungsgerichtsstand greift auch im Arbeitsgerichtsverfahren bei Klagen der Arbeitnehmer gegen den Unternehmer.[29] Für Klagen des Arbeitnehmers gegen den Arbeitgeber erleichtert § 48 Abs. 1a ArbGG die Rechtsverfolgung des Arbeitnehmers, sofern sich der Arbeitsvertrag gerade auf die Niederlassung bezieht.[30] 10

III. Niederlassung

1. Abgrenzung verschiedener Niederlassungsbegriffe. Unter Niederlassung ist jede an einem anderen Ort als dem Sitz auf Dauer eingerichtete Geschäftsstelle zu verstehen, die selbständig zum Geschäftsabschluss und zum Handeln berechtigt ist.[31] Der Begriff der Niederlassung im gerichtsstandsrechtlichen Sinne ist von der handelsrechtlichen Definition, wie sie den §§ 13, 29 HGB zugrunde liegt, zu unterscheiden. Es kommt auf den Schutzzweck des § 21 an, dem Kläger dort einen Gerichtsstand in dem Gerichtsbezirk zu gewähren, in dem der Beklagte mit seiner Niederlassung rechtlich relevant gehandelt hat (oben Rdn. 1ff.). Als Niederlassung iSd. § 21 ist daher eine jede Einrichtung zu verstehen, von der aus der Inhaber unter seiner Firma und auf seine Rechnung seine Geschäfte dauernd betreibt und die an einem anderen Orte liegt als dem Wohnort des Inhabers.[32] 11

2. Dauerhaftigkeit der Einrichtung der Niederlassung

a) Die Niederlassung muss von Dauer sein, so dass von ihrem Orte aus die gewerbliche Tätigkeit des Inhabers ständig ausgeübt zu werden pflegt,[33] und sie daher ein geschäftlicher Mittelpunkt[34] als eine auf eine gewisse Dauer[35] eingerichtete Geschäftsstelle seiner Tätigkeit darstellt.[36] Einrichtung bedeutet, dass für die Tätigkeit eine organisatorische Struktur bereit gestellt ist. Dass der Standort für eine unbegrenzt lange Dauer unterhalten werden soll, ist nicht erforderlich. Es genügt, dass die Niederlassung für einen Saisonbetrieb ausgelegt ist.[37] Ist dagegen die Tätigkeit am Standort von vornherein auf wenige Tage beschränkt, wie bei Verkaufsausstellungen oder andere Stände auf Märkten und Messen,[38] so besteht keine Niederlassung. 12

b) Der Beklagte kann ein oder mehrere Gewerbe ausüben, alle von ein und derselben Niederlassung oder jedes von einer anderen aus oder beides gemischt. So können mehrere Niederlassungen gleichwertig nebeneinanderstehen[39] oder eine Hauptniederlassung eine oder mehrere Zweigniederlassungen haben. In diesen Fällen ist die Konkurrenz mehrerer, auch ausschließlicher Gerichtsstände möglich. 13

29 Saenger/*Bendtsen* § 21 Rdn. 4.
30 Stein/Jonas/*Roth* § 21 Rdn. 1.
31 BGH NJW 87, 3082; vgl. Baumbach/Lauterbach/Albers/*Hartmann* § 21 Rdn. 7; *Felix Podewils* jurisPR-HaGesR 1/2014 Anm. 5.
32 Vgl. MünchKomm/*Patzina* § 21 Rdn. 2f; Stein/Jonas/*Roth* § 21 Rdn. 11 f.
33 OLG Hamburg 19/131; MünchKomm/*Patzina* § 21 Rdn. 2.
34 Stein/Jonas/*Roth* § 21 Rdn. 11; Musielak/*Heinrich* § 21 Rdn. 2, insb. 5.
35 OLG Frankfurt WM 1989, 57; Thomas/Putzo-ZPO/*Hüßtege* § 21 Rdn. 2; Saenger/*Bendtsen* § 21 Rdn. 2.
36 OLG Hamburg 19/51; Thomas/Putzo-ZPO/*Hüßtege* § 21 Rdn. 2.
37 AG Leipzig MRW 2012, 56–57; MünchKomm/*Patzina* § 21 Rdn. 11; Musielak/*Heinrich* § 21 Rdn. 2; Stein/Jonas/*Roth* § 21 Rdn. 13.
38 MünchKomm/*Patzina* § 21 Rdn. 10; Stein/Jonas/*Roth* § 21 Rdn. 12; RGZ 69, 308.
39 Zum „Stammhaus" vgl. EuGH, Ent. v. 9.12.1987-218/86; BGH NJW 1987, 3081.

14 **c)** Bei der Niederlassung muss es sich um eine *tatsächliche* Einrichtung handeln, die in Räumen oder auf einem Grundstück oder einen Teil seines Grundstücks der gewerblichen Tätigkeit dient. Eine Niederlassung kann daher nicht virtuell „eingerichtet" werden.[40] Daher genügt es nicht, wenn ein lokaler Server vorliegt, von dem aus die Website eines online Anbieters betrieben wird. Das hat schon einfach damit zu tun, dass sich die Niederlassung in äußerlichen Einrichtungen verkörpern muss.

15 **d)** Die Anforderungen an die Niederlassung im Sinne von § 21 sind nach alledem geringer als nach § 7 BGB. Um eine Niederlassung handelt es sich bei den Einrichtungen, an denen für eine Mobilfunk-Telefon Verbindung des Kunden diesem die erforderliche Chipkarte und das Telefon ausgehändigt werden.[41] Weiter ist es bei so genannten Outlet der Fall, also Geschäften, die Waren vertreiben, die vom Mutterhaus hergestellt werden.[42] Ist die Einrichtung einer Niederlassung beabsichtigt, aber noch nicht vollzogen, begründet dies den Gerichtsstand des § 21 noch nicht; anders ist dies dagegen, wenn, ohne dass Einrichtungen bereits geschaffen worden wären und eine gewerbliche Tätigkeit zur Aufnahme gelangt wäre, die Niederlassung aber bereits im Handelsregister eingetragen ist, da Letzteres genügend ist für die Begründung des erforderlichen Rechtsscheins, um den Niederlassungsgerichtsstand auszulösen. In „Fall Krabbe" hatte das LG München I[43] angenommen, dass ein deutscher Sportverband als Niederlassung im Sinne von § 21 eines internationalen Sportverbandes angesehen werden kann. Diese Judikatur des LG München I erscheint stark an dem Ergebnis orientiert, der betroffenen Sportlerin vor einem deutschen Gericht Rechtsschutz gewähren zu wollen. Im Ergebnis wird damit wohl aber der Niederlassungsbegriff des § 21 trotz dessen in prozessualer Spezifizität überdehnt.[44]

3. Selbstständigkeit der gewerblichen Tätigkeit der Niederlassung

16 **a) Unmittelbares eigenverantwortliches rechtsgeschäftliches Handeln.** Eine Niederlassung i.S.v. § 21 setzt weiter voraus, dass sie „selbstständig" ist.[45] Dies ist der Fall, wenn von ihr aus unmittelbar und eigenverantwortlich Rechtsgeschäfte abgeschlossen werden.[46] Dies ist bei Hauptniederlassungen der Fall, bei Zweigniederlassungen nur, soweit sie wenigstens einen Teil des Geschäftsbetriebes selbstständig bearbeiten dürfen.[47] Der von § 21 gebrauchte Begriff des Gewerbes ist ein prozessrechtlicher. Gewerblichkeit wird bereits durch das erste getätigte Erwerbsgeschäft begründet,[48] selbst wenn ihm – entgegen der ursprünglich geäußerten Absicht – kein weiteres folgt (also auch das vor Betriebseröffnung getätigte[49]). Regelmäßig wird allerdings eine Vielzahl von Geschäften in Betracht kommen. Der Selbstständigkeit steht jedoch nicht entgegen,

---

40 Wohl überwiegende Meinung: Münchkomm/*Patzina* § 21 Rdn. 9; Musielak/*Heinrich* § 21 Rdn. 2; Stein/Jonas/*Roth* § 21 Rdn. 12; Baumbach/Lauterbach/Albers/*Hartmann* § 21 Rdn. 7.

41 AG Frankfurt/Oder NJW-RR 2001, 276; Stein/Jonas/*Roth* § 21 Rdn. 15.

42 OLG München OLGR 2001, 254.

43 LG München I ZZP Int 1 (1990) 45,47; anders OLG München IPR 1996 Nr. 135b; *Reuter* DZWiR 1990, 1, 4.

44 Entgegen Stein/Jonas/*Roth* § 21 Rdn. 19.

45 BayObLG MDR 1989, 459; OLG Frankfurt WM 1989, 57; BGH, Urt. v. 13.7.1987 – II ZR 188/86; BGH NJW 1987, 3081; Saenger/*Bendtsen* § 21 Rdn. 2.

46 RG JW 1897, 381; BGH NJW 1987, 3081, 3082; OLG Hamm r+s 2009, 403, 404; OLG Düsseldorf NJW-RR 1989, 433; Rpfleger 1997, 32; OLG Dresden OLG-NL 1998, 17; OLG Köln VersR 1993, 1172; OLG München RIW 1983, 127, 128.

47 Musielak/*Heinrich* § 21 Rdn. 5; vgl. auch MünchKomm/*Patzina* § 21 Rdn. 8.

48 Saenger/*Bendtsen* § 21 Rdn. 4.

49 OLG Kassel 9/50.

dass die (Zweig-) Niederlassung von der Hauptniederlassung[50] errichtet wurde.[51] Ist daher der Leiter der Niederlassung selbständig in seinen Abschlüssen oder gibt er sich dort für das Publikum als selbständig aus,[52] ohne daran von der Zentrale gehindert zu werden, so ist der Gerichtsstand des § 21 gegeben.[53] Zweigniederlassungen, die nur untergeordnete Geschäfte vornehmen, die wie Reparaturen, Abschluss von Gas- und Stromlieferungsverträgen oder die Einstellung oder Entlassung von Arbeitnehmern dem eigenen Geschäftsbetrieb dienen und im Übrigen bei ihren Geschäften allein aufgrund von Weisungen der Hauptniederlassung handeln, fallen nicht unter § 21. Ferner ist es nicht der Sägewerksbetrieb einer Holzhandelsfirma, welcher nur herstellt, ohne zu verkaufen. Gleiches gilt für die Fabrik ohne Geschäftsstelle.[54] Handelt der Leiter der Niederlassung nur auf Weisung oder in Erfüllung einer anderen Niederlassung, so sind die Anforderungen an den Niederlassungsbegriff des § 21 Begriff daher nicht erfüllt.[55]

b) Fallgruppen. Ist eine besondere Geschäftsstelle mit besonderen Angestellten, die wie in aller Regel im Falle der Filialen von Kreditinstituten[56] selbständig Geschäfte abschließen dürfen, gebildet worden oder verweist die Hauptniederlassung an die Zweigniederlassung, liegen Fälle des § 21 vor. Auch die Organisationzentrale bzw. Schadensaußenstelle[57] eines Versicherers, die Versicherungsscheine, der Buchungsstelle einer Luftlinie, die Tickets ausstellt, stellt eine Zweigniederlassung dar, die den Anforderungen des § 21 genügt.[58] Gleiches ist beim vertraglich vereinbarten Sitz einer Arge im Baubereich der Fall: vor dem hierdurch begründeten Gerichtsstand kann nach § 21 der einzelne Bauunternehmer verklagt werden.[59] 17

c) Abgrenzung. Keine Niederlassung i.S.v. § 21 ist die Agentur, der allein die Vermittlung von Geschäften obliegt.[60] Geschäftslokale von Vermittlungsvertretern von Bausparkassen oder Reisebüros begründen den Gerichtsstand des § 21 daher nicht.[61] 18

4. Maßgeblichkeit des nach außen erweckten Anscheins für die Feststellung der Selbständigkeit

a) Der tatsächliche Vollzug der Errichtung der Niederlassung durch das Stammhaus zum Zeitpunkt der Klageerhebung ist nicht erforderlich.[62] Dies hat der BGH nunmehr[63] dadurch anerkannt, dass er es als ausreichend angesehen hat, dass von dem Stammhaus im Rechtsverkehr in zurechenbarer Weise der Rechtsschein erregt wird, dass es sich bei dem Handelnden um eine von dem Stammhaus unterhaltene Geschäftseinrichtung handelt, die im Namen und auf Rechnung des Stammhauses betrieben wird. Ein solcher 19

50 Zöller/*Vollkommer* § 21 Rdn. 7; Stein/Jonas/*Roth* § 21 Rdn. 14; Musielak/*Heinrich* § 21 Rdn. 5.
51 Zöller/*Vollkommer* § 21 Rdn. 6; Stein/Jonas/*Roth* § 21 Rdn. 11; *Pfister* SpuRt. 1995, 202; **a.A.** BGH NJW 1987, 3081, 3082; OLG München IPRspr. 1996, 314.
52 OLG Hamburg 29/14.
53 OLG Köln NJW 1953, 1834.
54 RGZ 41, 66.
55 OLG München RIW 1983, 127, 128; Stein/Jonas/*Roth* § 21 Rdn. 11; Musielak/*Heinrich* § 21 Rdn. 5.
56 Stein/Jonas/*Roth* § 21 Rdn. 15.
57 AG Dortmund Schaden-Praxis 2012, 198.
58 OLG Hamm VersR 1955, 613.
59 Vgl. Musielak/*Heinrich* § 21 Rdn. 6.
60 RG JW 1899, 2; RG JW 1894, 112.
61 Stein/Jonas/*Roth* § 21 Rdn. 16.
62 **A.A.** noch BGH NJW 1987, 3081, 3082.
63 BGHZ 188, 85.

Rechtsschein wird insbesondere durch Werbung erregt.[64] Hierzu ist der Gebrauch des Begriffes Niederlassung auf Rechnung und Informationsschreiben genügend.[65] Denn die Selbständigkeit einer Niederlassung ist nicht nach den tatsächlichen inneren Verhältnissen, sondern nach dem nach außen erweckten Anschein zu beurteilen.[66] Nach dem Wortlaut des § 21 Abs. 1 ist ein besonderer Gerichtsstand der Niederlassung zwar an dem Ort begründet, wo sich eine Niederlassung der beklagten Partei tatsächlich befindet, von der aus unmittelbar Geschäfte geschlossen werden und auf deren Geschäftsbetrieb die Klage Bezug hat. Das setzt die Selbständigkeit der Niederlassung voraus; legt man aber den Schutzzweck des § 21 zugrunde (oben Rdn. 1ff.) ist jedoch entscheidend nicht das innere Verhältnis zum Hauptunternehmen, sondern ob nach außen der Anschein einer selbständigen Niederlassung erweckt wird.[67] Eine rechtlich selbstständige Tochtergesellschaft ist daher als Niederlassung iSd. § 21 anzusehen, wenn sie im Namen und auf Rechnung der Muttergesellschaft tätig wird oder den Rechtsschein einer derartigen Tätigkeit erweckt.[68] Hat der Beklagte z.B. dadurch den äußeren Anschein gesetzt, dass ihr im Bezirk des angerufenen Gerichts befindlicher Geschäftsbetrieb, an den ausweislich der außergerichtlichen Korrespondenz die Post zu richten ist, sich mit dem geltend gemachten Schadensersatzanspruch im Sinne einer auf einer eigenen Entscheidungsbefugnis beruhenden abschließenden Schadensregulierung auseinandergesetzt hat wird damit eine selbständige Niederlassung im Sinne des § 21 begründet.[69] Und firmiert eine Zweigniederlassung einer US-amerikanischen Gesellschaft ausweislich des Impressums der verfahrensgegenständlichen Veröffentlichungen im Internet unter „Niederlassung Deutschland" bzw. „Niederlassung Europa", kann angenommen werden, dass die Zweigniederlassung in ihrer gewerblichen Tätigkeit selbstständig ist, weswegen sie am Sitz ihrer Niederlassung gemäß § 21 in Anspruch genommen werden kann.[70] Die Maßstäbe, die zur Bestimmung der Selbständigkeit der Niederlassung herangezogen worden sind, lassen sich daher aus dem tatsächlichen Handeln der Niederlassung (des Leiters usf.) ableiten. Hat daher ein Rechtsanwalt unstreitig ein Rechtsanwaltsbüro im Gerichtssprengel des angerufenen Gerichts unterhalten ist bereits unter standesrechtlichen Gesichtspunkten (§§ 1–3 BRAO) davon auszugehen, dass die dort tätigen Rechtsanwälte in einem Umfang selbständig tätig sein mussten, der die Annahme einer Niederlassung iSd. § 21 rechtfertigt. Ausschlaggebend ist daher, dass nach außen durch Einrichtung der Niederlassung der Rechtsschein gesetzt wird, dass diese dazu berechtigt ist, selbständig Geschäfte zu tätigen. Daher ist im Falle der handelsrechtlichen Registrierung[71] einer Zweigniederlassung die Selbständigkeit stets gegeben,[72] also beispielsweise wenn die Fabrik als solche als Zweigniederlassung eingetragen worden ist. Aber selbst, wenn die Eintragung vorgeschrieben, aber noch nicht geschehen ist, besteht die Niederlassung schon, wenn sie betrieben wird.[73]

---

64 Stein/Jonas/*Roth* § 21 Rdn. 11.
65 **A.A.** OLG Hamm VersR 2009,1345,1346.
66 BGH NJW 2011, 2056, 2057; Zöller/*Vollkommer* § 21 Rdn. 8.
67 BGH NJW 1987, 3081; BayObLG MDR 1989, 459.; AG Köln NJW-RR 1993, 1504; Stein/Jonas/*Roth* § 21 Rdn. 11, 14; MünchKomm/*Patzina* § 21 Rdn. 8; Zöller/*Vollkommer* § 21 Rdn. 8; Musielak/*Heinrich* § 21 Rdn. 2, 5; Baumbach/Lauterbach/Albers/*Hartmann* § 21 Rdn. 8; Thomas/Putzo-ZPO/*Hüßtege* § 21 Rdn. 3; jeweils m.w.N.
68 OLG Düsseldorf IPRspr 2010, Nr. 238, 592.
69 OLG Köln MRW 2013, 57.
70 OLG Düsseldorf IPRspr 2009, Nr 191, 501.
71 MünchKomm/*Patzina* § 21 Rdn. 11; OLG Düsseldorf Rpfleger 1997, 32.
72 RGZ 50, 428; Zöller/*Vollkommer* § 21 Rdn. 8.
73 So *Wieczorek* 2. Auflage, § 21 Rdn. B II c mit Verweis auf RG Urt. v. 23.3.1917 II WarnR 152.

b) Im Einzelfall sind diese Voraussetzungen aber genau zu prüfen: So erfüllt eine Betriebsstelle (Niederlassung) eines Versicherers nur dann die Voraussetzungen von § 21, sodass der Versicherungsnehmer am Ort der Betriebsstelle Klage erheben kann, wenn dort eigenständig Versicherungsverträge geschlossen werden oder der Versicherer einen entsprechenden Rechtsschein gesetzt hat. Für Letzteres genügt nicht, wenn der Versicherer selbst von einer „Niederlassung" spricht und die Vertragsbetreuung (Leistungsabwicklung, Prämienmitteilungen) durch die Betriebsstelle erfolgt; auch aus der Größe der (hier u.a. für die Leistungsabwicklung in der Krankenversicherung zuständig) Betriebsstelle darf der Versicherungsnehmer nicht auf die Voraussetzungen des § 21 schließen.[74] Eine Schadensersatzklage gegen die gegnerische Kfz-Haftpflichtversicherung kann nicht am Ort jeder beliebigen Niederlassung der Versicherungsgesellschaft erhoben werden. § 21 Abs. 1 erfordert vielmehr, dass die Klage in einem Bezug zum Geschäftsbetrieb der Niederlassung steht. Es kommt daher darauf an, welche Niederlassung die Schadensregulierung vornimmt. Für die Begründung der örtlichen Zuständigkeit reicht es nicht aus, dass die Schadensbearbeitung unter anderem auch in der Niederlassung im Bezirk des angerufenen Gerichts hätte erfolgen können. Sinn und Zweck der Vorschrift ist es, das Klageverfahren auch am Ort einer Niederlassung betreiben zu können, die mit dem Verfahrensgegenstand im Zusammenhang steht. Alleine die Tatsache, dass auch die Schadensregulierung zu den Aufgaben der fraglichen Niederlassung gehören mag, stellt damit aber noch keinen Zusammenhang dar.[75] 20

c) Ob der, welcher eine Niederlassung vorspiegelt, dies gegen sich gelten lassen muss, ist streitig.[76] Die h.M. vertritt die Auffassung, dass auch eine zum Schein gegründete Niederlassung zum Schutze des Klägers als Niederlassung angesehen werden muss, wenn nach außen der Schein einer Selbstständigkeit und eigenen Entscheidungsbefugnis gesetzt wurde.[77] Die Handelsregistereintragung kann dafür bereits ausreichend sein,[78] nicht jedoch eine rein virtuelle Präsenz,[79] da es hier an tatsächlichen Räumlichkeiten, mithin einer Adresse, an die die Klage zugestellt werden könnte, fehlt.[80] 21

5. „Konzernmäßig" verbundene Unternehmen. Gesellschaften einer „Unternehmensgruppe" (vgl. § 3e InsO-E[81]) sind jeweils selbständige Rechtspersonen.[82] Der Niederlassungsgerichtsstand ist daher nicht, oder doch nicht ohne weiteres für Klagen gegen die Muttergesellschaft am Sitz der Tochtergesellschaft begründet. Denn es fehlt regelmä- 22

74 OLG Hamm VersR 2009, 1345.
75 LG Dortmund VersR 2007, 1674 f. m. Anm. *Diehl* ZfSch 2007, 560 f.
76 Verneinend KG OLG 5/223.
77 Bejahend BGH WM 1987, 1089, 1090 f.; BGH NJW 2011, 2056, 2057; BGH 1987, 2081 f.; BGH ZIP 1989, 830, 833; OLG Hamm MDR 2009, 1391, 1392; OLG Frankfurt OLGR 2002, 351; OLG Düsseldorf WM 1989, 50, 52 ff.; Rpfleger 1997, 32; OLG Naumburg OLGR 2002, 105; AG Köln NJW-RR 1993, 1504; OLGR Frankfurt 2007, 557.
78 MünchKomm/*Patzina* § 21 Rdn. 11; OLG Düsseldorf, Rpfleger 1997, 32.
79 MünchKomm/*Patzina* § 21 Rdn. 9; Stein/Jonas/*Roth* § 21 Rdn. 12; Musielak/*Heinrich* § 21 Rdn. 2; *Fricke* VersR 2001, 925, 932 f.
80 OLG Hamburg OLGRspr. 19, 131; BayObLG Rpfleger 1980, 1486; Thomas/Putzo-ZPO/*Hüßtege* § 21 Rdn. 2; MünchKomm/*Patzina* § 21 Rdn. 4.
81 Der in § 3e InsO-E definierte Begriff der Unternehmensgruppe steht im Zentrum des Gesetzesentwurfes zur „Erleichterung der Bewältigung von Konzerninsolvenzen" (BT-DS 18/407), vgl. hierzu die Stellungnahme zum Gesetzesentwurf des Sachverständigen Dr. *Niering* Vorsitzender des VID, abrufbar unter: http://www.bundestag.de/blob/195888/233c20547e33ce45e89a518c49af3286/stellungnahme_niering-data.pdf (Stand: November 2014).
82 Zum Begriff *U. John* Die organisierte Rechtsperson, 1978, S. 72 u. 218 f.

ßig an dem Auftreten der Muttergesellschaft durch die Tochtergesellschaft, das es rechtfertigt, sie am Gerichtsstand des § 21 zu verklagen.[83] Allerdings sind Fälle denkbar, in denen Konzerngesellschaften im Namen und für Rechnung einer anderen Konzerngesellschaft handeln, wobei dies eine Tochter- für die Mutter-, die Mutter- für eine Tochtergesellschaft[84] oder eine Konzerngesellschaft für eine andere sein kann. Die rechtliche Selbständigkeit der Gesellschaften ist es in einem derartigen Fall gerechtfertigt, § 21 zur Anwendung zu bringen, wenn sich das Unternehmen, in dessen Namen und für dessen Rechnung gehandelt wird, sich des handelnden Unternehmens wie einer Niederlassung bedient.[85] Denn der Kläger genießt in solchen Fällen den Schutz, den § 21 bezweckt. Ob dies indes ein Fall des Rechtsscheins der Niederlassung ist,[86] mag schon deshalb dahingestellt bleiben, weil durch die eigene Rechtspersonalität der Konzernunternehmen ein solcher Rechtsschein kaum anzunehmen sein wird.

IV. Gesetzliche Tatbestände des § 21

1. Gewerbliche Niederlassung, Abs. 1

23 **a)** § 21 Abs. 1 begründet den Niederlassungsgerichtsstand für den – beispielhaft genannten – Betrieb einer Fabrik[87] oder einer Handlung oder eines anderen Gewerbes. Damit stellt Abs. 1 auf die Gewerblichkeit der Niederlassung ab. Dabei ist der Begriff des Gewerbes weit zu fassen. Der Betrieb einer Fabrik, einer Handlung seien nur beispielhaft genannt. Mit Gewerblichkeit ist jede auf Erzielung von Vermögensvorteilen[88] gerichtete Tätigkeit, welche nachhaltig betrieben wird, gemeint. Hierunter fallen Einzelkaufleute gemäß §§ 1, 5 HGB und Handelsgesellschaften gemäß § 6 HGB. Erfasst sind demnach auch Angehörige freier, auch verkammerter (Ärzte, Rechtsanwälte, Notare, Steuerberater), Berufe,[89] Fischerei, Forstwirtschaft[90] und Künstler.[91]

24 **b)** Ist eine Firma im Handelsregister eingetragen, so muss sie sich als gewerbetreibend behandeln lassen, auch wenn sie tatsächlich nicht handelt.[92] Der Fall des Scheinkaufmanns ist stets der eines Gewerbetreibenden. Von der Eintragung ist das Merkmal des Gewerbebetriebes aber nicht abhängig[93] und (gleichgültig, ob diese geboten ist oder nicht) auch nicht davon, ob der Gewerbebetrieb erlaubt ist oder nicht; auch der Bordellwirt, der Unternehmer verbotener Spielbanken kann i.S. des § 21 gewerblich tätig sein. Andererseits ist nicht jeder Arbeitgeber ein gewerblicher Unternehmer (zB der nicht, der sich Hausangestellte hält).

25 **c)** Die Tätigkeit öffentlich-rechtlicher Körperschaften fällt jedenfalls nicht unter den Begriff des Gewerbes, wenn sie hoheitliche Funktionen erfüllen. Daher fallen öffentliche

---

83 Vgl. Stein/Jonas/*Roth* § 21 Rdn. 18.
84 Vgl. Stein/Jonas/*Roth* § 21 Rdn. 18.
85 Vgl. Stein/Jonas/*Roth* § 21 Rdn. 18.
86 Stein/Jonas/*Roth* § 21 Rdn. 18.
87 MünchKomm/*Patzina* § 21 Rdn. 4; Musielak/*Heinrich* § 21 Rdn. 3.
88 BGH PRrax 1998, 211; Stein/Jonas/*Roth* § 21 Rdn. 9; MünchKomm/*Patzina* § 21 Rdn. 5; Musielak/*Heinrich* ZPO, § 21 Rdn. 5.
89 BGHZ 88, 331, 336 = NJW 1984, 739; BayObLG WM 1989, 871.
90 MünchKomm/*Patzina* § 21 Rdn. 5; Musielak/*Heinrich* § 21 Rdn. 3.
91 Musielak/*Heinrich* § 21 Rdn. 3.
92 RGZ 44, 350, 354.
93 BayObLG Rpfleger 80, 486.

Schulen (im Gegensatz zu privaten Erziehungsinstituten) und Bildungsanstalten nicht unter § 21.

d) Regelmäßig wird der Arbeitgeber auch gewerblicher Unternehmer i.S. des § 21 sein, der Angestellte zu Erwerbszwecken beschäftigt. Doch sind auch Fälle denkbar, in denen ein gewerblicher Unternehmer ohne Angestellte tätig wird. In Bezug auf das Gewerbe darf er allerdings kein Arbeitnehmer sein. Er kann jedoch unter dem Gesichtspunkt der Zuständigkeit der Arbeitsgerichte als Handelsvertreter wie ein Arbeitnehmer behandelt werden. Wirtschaftliche Unabhängigkeit ist nicht zu verlangen. Es ist deshalb gleichgültig, ob jemand das Gewerbe mit eigenen Mitteln (das Gut als Eigentümer) oder mit fremden, ob er das Unternehmen als Inhaber oder Pächter, Nutznießer, betreibt; immer aber muss er es selbst (im eigenen Namen) betreiben.[94] Auch der Kommissionär, der Handelsmakler, der sein eigenes Gewerbe betreibt, ist selbständig, selbst wenn er die Geschäfte für andere vermittelt und u.U. im fremden Namen abschließt (diese Geschäfte betreffen dann aber auch den fremden Gewerbebetrieb). Der wirtschaftliche Herr (bei einem Landgut also der Verpächter), dem das Unternehmensmittel gehört, braucht nicht gewerblich tätig zu sein. **26**

e) Das Gewerbe braucht nicht von dem Unternehmer persönlich betrieben zu werden, sondern er kann dies auch durch Bevollmächtigte tun. Ob diese wirtschaftlich an dem Betrieb interessiert sind, ist wieder gleichgültig, und zwar selbst dann, wenn der Bevollmächtigte in stärkerer Weise als der Vollmachtgeber wirtschaftlich das Betriebsergebnis (also einen größeren Bruchteil des Reingewinns als der Betriebsherr) erhält und unkündbare Vollmachten hat. **27**

f) Der Handelsvertreter ist in seiner Person Gewerbetreibender. Ob seine Tätigkeit aber als in der „Niederlassung" des Geschäftsherrn anzusehen ist, ist nach inländischem Recht positiv für die Versicherer an dem Sitz des Versicherungsagenten § 215 VVG geregelt.[95] **28**

2. Landwirtschaftliche Niederlassungen, Abs. 2. § 21 Abs. 2 eröffnet den Gerichtstand der Gutsbewirtschaftung. Hierbei bewirtschaftet nicht der Eigentümer oder Pächter des Gutes dieses selbst, sondern lässt dies durch einen anderen, allerdings unter seinem Namen und seine Rechnung vornehmen.[96] Das betrifft jedoch nicht die der Bewirtschaftung zugrunde liegende Pacht-[97] bzw. Bewirtschaftungsvereinbarung.[98] Damit fällt der landwirtschaftliche Betrieb unter § 21 Abs. 2, was aber nur den inländischen Gerichtstand begründet.[99] **29**

3. Haupt- und Zweigniederlassungen

a) Sowohl die Haupt- als auch die Zweigniederlassung begründet den Gerichtstand des § 21. Das ist im Falle der Hauptniederlassung dann von Bedeutung, wenn sich die Hauptverwaltung i.S.v. § 17 S. 2 nicht am satzungsgemäßen Sitz der Gesellschaft befindet.[100] **30**

94 RGZ 44, 350, 354.
95 Musielak/*Heinrich* § 21 Rdn. 6, insb. 10.
96 RGZ 44, 350, Musielak/*Heinrich* § 21 Rdn. 4.
97 Stein/Jonas/*Roth* § 21 Rdn. 21.
98 Zöller/*Vollkommer* § 21 Rdn. 12; Musielak/*Heinrich* § 21 Rdn. 4.
99 Allgemein hierzu: Stein/Jonas/*Roth* § 21 Rdn. 1, 3 f.
100 Vgl. Stein/Jonas/*Roth* § 21 Rdn. 12; Vorauflage/*Hausmann* § 21 Rdn. 17.

Für die Zweigniederlassung kommt es darauf an, ob ihr ein Teil des Geschäftsbetriebs zur selbständigen Erledigung übertragen worden ist bzw., ob sie Mittelpunkt eines bestimmten Teils der Geschäftsbeziehungen des Inhabers ist.[101] Der Kläger hat aber nicht die Wahl, seine Klage wegen eines jeden Geschäfts der Haupt- oder einer anderen Niederlassung gegen den Inhaber vor dem Gerichtsstand der Zweigniederlassung zu erheben, wenn sie grundsätzlich am Ort der Hauptniederlassung unter Übergehung der Zweigniederlassung erhoben werden kann.[102]

31 **b)** Es gibt aber auch Geschäfte einer Zweigniederlassung, die nicht zugleich unmittelbar auch die Hauptniederlassung berühren, so dass die Hauptniederlassung nicht ohne weiteres an Stelle der Niederlassung in Anspruch genommen werden darf, nämlich dann, wenn ein ausschließlicher Gerichtsstand vereinbart worden ist, beispielsweise in AGB.[103] Dann richtet sich der Gerichtsstand nach dieser Vereinbarung. § 21 ist sodann für die Vertragsansprüche nicht anzuwenden (immer vorausgesetzt, dass die Vereinbarung nach §§ 307ff. BGB wirksam ist).

32 **c)** Befindet sich aber nur eine Niederlassung im Inlande, so hat die Rechtsprechung[104] angenommen, dass diese stets verklagt werden darf, auch wenn sich das Geschäft auf die im Auslande befindliche Hauptniederlassung oder irgendeine ausländische Zweigniederlassung bezog. Die §§ 105, 106 Abs. 2 VAG beziehen sich dabei nur auf das inländische Versicherungsgeschäft.[105] Gleiches gilt für Bahnhöfe der Deutschen Bahn[106] und den Betrieb eines Mobilfunkanbieters,[107] nicht jedoch öffentlich-rechtliche Einrichtungen.[108] Besteht indes ein inländischer Gerichtsstand nach § 21 und ein ausländischer, so darf der inländische vertraglich ausgeschlossen werden.[109]

V. Klage

33 **1. Vermögensrechtliche Ansprüche.** Unter § 21 fallen nur Klagen wegen vermögensrechtlicher Ansprüche,[110] weil nur sie die Erwerbstätigkeit der Niederlassung betreffen.

2. Betriebsbezogenheit

34 **a) Grundsatz.** Neben den in der Struktur der Niederlassung selbst liegenden Voraussetzungen ist für den Gerichtsstand der gewerblichen Niederlassung nach § 21 erforderlich, dass die Klage auf den Geschäftsbetrieb der Niederlassung Bezug hat.[111] Dies ist etwa der Fall, wenn der Klage ein Vertrag zugrunde liegt, der im Geschäftsbetrieb der

101 Musielak/*Heinrich* § 21 Rdn. 5 m.w.N.
102 Vgl. *Wieczorek* 2. Auflage § 21 Rdn. BIII.
103 *Wieczorek* 2. Auflage § 21 Rdn. B III b.
104 RGZ 87, 129; OLG Düsseldorf NJW-RR 1989, 432, 433 I EWIR 1989, 513; OLG Frankfurt, Beschl. v. 1.8.2013 – 11 AR 234/12.
105 AG Dortmund Schaden-Praxis 2012, 198.
106 Stein/Jonas/*Roth* § 21 Rdn. 15.
107 AG Frankfurt/O NJW-RR 2001, 276.
108 Zöller/*Vollkommer* § 21 Rdn. 5; Stein/Jonas/*Roth* § 21 Rdn. 9.
109 RArbGE 13, 28.
110 Saenger/*Bendtsen* § 21 Rdn. 2.
111 BGH NJW 1995, 1225, 1226; 2011, 2056, 2057; RGZ 30, 328; OLG Hamm r+s 2009, 403, 404; MünchKomm/*Patzina* § 21 Rdn. 12.

Niederlassung geschlossen worden ist.[112] Hinsichtlich des Bezugserfordernisses nach § 21 besteht im Ausgangspunkt die allgemeine Ansicht, dass der (Klage-)Anspruch weder unmittelbar aus dem Geschäftsbetrieb der Niederlassung hervorgeht noch dass das streitgegenständliche Geschäft am Ort der Niederlassung selbst oder gar von ihm aus abgeschlossen worden sein muss.[113] Es genügt ein (hinreichend gewichtiger) Sachzusammenhang, der insbesondere darin bestehen kann, dass die Abwicklung von mit der streitigen vergleichbaren Angelegenheiten typischerweise zum Aufgabenbereich der Niederlassung gehört (oder dort ein wesentlicher Beitrag zu den Vertragsleistungen des Stammhauses geleistet wird.[114] Ein solcher erforderlicher Bezug der Klage auf die Tätigkeit der Niederlassung der Beklagten auch nicht aus deren werbendem Auftreten. Der Bezug zur gewerblichen Niederlassung ist zwar bei allen Rechtsgeschäften gegeben, die zumindest mit Rücksicht auf die Geschäftstätigkeit der Niederlassung abgeschlossen wurden oder als deren Folge erscheinen. Ob dieses Erfordernis schon dann erfüllt ist, wenn sich der Vertragsschluss als Folge eines werbenden Auftretens und Handelns der beklagten Partei durch ihre Niederlassung darstellt, hat der BGH offen gelassen. Jedenfalls steht der Vertragsschluss nur zufällig neben einem werbenden Auftritt, sofern nicht der Kläger als Vertragspartner von der Werbung ausdrücklich Kenntnis erlangt hat.[115] So sind für den Anspruch eines deutschen Fluggastes wegen Annullierung eines Fluges von einem deutschen Flughafen in die USA mit einer us-amerikanischen Fluggesellschaft die deutschen Gerichte zuständig (§ 21, vgl. unten zum autonomen Recht Rdn. 54), wenn die Fluggesellschaft in Deutschland eine Niederlassung unterhält, die telefonisch unter einer u.a. mittels Internet beworbenen kostenfreien Nummer erreichbar ist und unter dieser Nummer die Auswahloption zur Buchung von Flugtickets anbietet, so dass gegenüber Interessenten und Fluggästen der Anschein einer selbstständigen inländischen Geschäftstätigkeit erweckt wird, die auch den Abschluss von Flugbeförderungsverträgen umfasst. Die Begründung der Zuständigkeit nach § 21 setzt nicht voraus, dass die in Rede stehende Flugleistung unmittelbar bei der Niederlassung gebucht wurde; entscheidend ist vielmehr, dass sich der Vertragsschluss ersichtlich als Folge des werbenden Auftretens und Handelns der Fluggesellschaft im Inland, nämlich durch ihre inländische Niederlassung, darstellt.[116] Die Begründung der Zuständigkeit nach § 21 setzt nicht voraus, dass z.B. Flugleistungen der Beklagten unmittelbar bei der Niederlassung des Beklagten gebucht worden seien. Es ist im Gegenteil unerheblich, welchen Rechtsgrund der Kläger geltend macht, wo er den Vertrag abgeschlossen hat und wo er zu erfüllen ist; der erforderliche „Bezug" zu der Niederlassung besteht dann, wenn es „von der Niederlassung ausgegangen" ist und es sich um eine betriebstypische Leistung handelt;[117] es reicht aus, wenn das Rechtsgeschäft mit Rücksicht auf den Geschäftsbetrieb der Niederlassung abgeschlossen ist oder als dessen Folge erscheint.[118]

Nicht ausreichend ist es, wenn die gegen den Inhaber gerichteten Ansprüche 35
nur eine mittelbare Verbindung zur Niederlassung aufweisen. Das ist insbesondere dann der Fall, wenn der Inhaber Rechtsgeschäfte tätigt, um die Niederlassung überhaupt erst einzurichten.[119] Werden daher mit der Klage Ansprüche gegen das Gesamt-

112 BGH NJW 1995, 1225, 1226; BGHZ 188, 85; m. Anm. *Staudinger* JR 2012, 47 ff.; *ders.* NJW 2011, 3121; *Ruzik* NJW 2011, 2019 ff.
113 Zöller/*Vollkommer* § 21 Rdn. 11.
114 OLG Düsseldorf IPRspr 2010, Nr 238, 592.
115 BGHZ 188, 85.
116 OLG Frankfurt/M. IPRspr 2011, Nr 182, 445.
117 BGHZ 188, 85; *Baumbach/Lauterbach/Albers/Hartmann* § 21 Rdn. 10.
118 BGHZ 188, 85; RGZ 23, 242; 30, 326; Zöller/*Vollkommer* § 21 Rdn. 11.
119 Zöller/*Vollkommer* § 21 Rdn. 11.

unternehmen geltend gemacht, dann besteht nur eine mittelbare Verbindung zur Zweigniederlassung, was den Niederlassungsgerichtsstand zu begründen nicht geeignet ist.[120]

36 **b)** Dies trifft die in den **Aufgabenkreis der (Zweig-)Niederlassung fallenden Verträge**. Doch braucht der Vertrag nicht am Ort der Niederlassung und nicht durch sie abgeschlossen worden zu sein. Auch die Hauptniederlassung kann ihn abgeschlossen haben, wenn ihn nur die Zweigniederlassung abwickeln soll[121] oder wenn er nur eine Folge der Niederlassung bzw. Aufhebung des Betriebes ist.[122] Das gilt jedoch nicht, wenn der Anspruch lediglich aus einer mittelbaren Verbindung zum Geschäftsbereich resultiert[123] und auch, wenn sich Gegenstände der Hauptniederlassung bei der Zweigniederlassung befinden und diese dort herausverlangt werden. Unmittelbar betroffen ist dann nur die Hauptniederlassung.[124] Unerheblich ist auch, wo der Vertrag zu erfüllen ist.[125] Bei einer Klage auf Erteilung einer Gutschrift ist der Gerichtsstand der Niederlassung maßgeblich.[126]

37 **c)** Bei **Anstellungsverträgen** kommt es darauf an, ob sie sich auf die Niederlassung beziehen.[127] Dafür genügt es nicht, wenn der Angestellte auch am Ort der Niederlassung (etwa als zeitweiliger Vertreter oder Kontrolleur) zu tun hat.[128]

38 **d)** Bei **Haftung aus Gesetz** (unerlaubter Handlung,[129] Gefährdungshaftung,[130] ungerechtfertigter Bereicherung, Geschäftsführung ohne Auftrag, culpa in contrahendo[131]) kommt es darauf an, von welchen Arbeitnehmern (oder Arbeitgebern) die zum Ersatz verpflichtende Handlung begangen worden ist und zu welcher Niederlassung diese gehören. Geht eine gegen UWG verstoßende Ankündigung von einer Zweigniederlassung aus, so ist der Gerichtsstand ihrer Niederlassung nach § 14 UWG[132] gegeben.[133] Bei Anfechtungsklagen (§§ 129 ff. InsO) entscheidet der Gerichtsstand, von welcher Niederlassung das anfechtbare Rechtsgeschäft getätigt wurde, bzw. wenn Ansprüche einer anderen Niederlassung gedeckt werden sollten, der der letzten. Allerdings dürfen solche Klagen auch im allgemeinen Gerichtsstand des Anfechtungsgegners erhoben werden.[134]

39 **e) Herausgabeansprüche.** Ein Anspruch auf eine Sache kann nicht (allein) deshalb im Gerichtsstand der Niederlassung geltend gemacht werden, weil sich die Sache an dem

---

120 RGZ 103, 432. Zum Herausgabeanspruch wegen Sachen, die sich zufällig im Bereich der Niederlassung befinden RGZ 30, 329.
121 So *Wieczorek* 2. Auflage, § 21 Rdn. B II c mit Verweis auf RG Urt. v. 23.3.1917 – II WarnR 152.
122 RG JW 1902, 161; **a.A.** OLG Rostock OLGRspr. 25, 52 f.; OLG Hamm OLGZ 1991, 79; OLG Hamburg WoM 1990, 394.
123 RGZ 103, 432.
124 BGHZ 4, 62, 65 = NJW 1952, 182; RGZ 30, 326, 328 f.
125 RGZ 44, 355; MünchKomm/*Patzina* § 21 Rdn. 12.
126 OLG Hamburg MDR 1948, 290.
127 RGZ 42, 379.
128 RGZ 103, 431.
129 Stein/Jonas/*Roth* § 21 Rdn. 20; Musielak/*Heinrich* § 21 Rdn. 8.
130 MünchKomm/*Patzina* ZPO, § 21 Rdn. 12; Musielak/*Heinrich* § 21 Rdn. 8.
131 Stein/Jonas/*Roth* § 21 Rdn. 20.
132 RGZ 44, 361, 362.
133 RGZ 44, 361, 363.
134 OLG Hamburg BB 1957, 274.

Ort der Niederlassung bzw. dem Gerichtssprengel des im Niederlassungsgerichtsstand angerufenen Gerichts befindet.[135] Auch der Anspruch gegen eine Handelsgesellschaft kann nicht am Gerichtsstand ihrer Niederlassung geltend gemacht werden, selbst wenn das übernommene Vermögen der Niederlassung zugeflossen ist.[136] Nicht der Geschäftskreis der Zweigniederlassung wird betroffen, wenn es darum geht, ob der Inhaber eines Unternehmens verpflichtet ist, eine bestimmte Zweigniederlassung aufzuheben, sondern um die Niederlassung in ihrer Gesamtheit, die insoweit der Hauptniederlassung untersteht, oder wenn ein Pfändungsgläubiger auf Auszahlung einer hinterlegten Forderung gegen einen Dritten klagt, der die gepfändete Forderung als in seinem Geschäftsbetrieb entstanden für sich beansprucht.

VI. Zeitpunkt

Die Voraussetzungen des § 21 müssen zunächst im Zeitpunkt der Klageerhebung gegeben sein.[137] Treten die Voraussetzungen erst später ein, so wird der Mangel geheilt.[138] Es ist jedoch stets zu prüfen, ob sich bei einer erst später entstandenen Niederlassung das früher abgeschlossene Geschäft auch tatsächlich auf sie bezieht.[139] **40**

VII. Darlegungs- und Beweislast

Bestreitet der Beklagte, dass überhaupt das Rechtsgeschäft der Niederlassung vorgenommen worden ist, aus dem der Kläger seinen Anspruch herleitet, bedarf es allein des schlüssigen Klagevortrages, um die Zuständigkeit des § 21 zu begründen, da es sich insoweit um eine doppelrelevante Tatsache handelt. Bestreitet der Beklagte dagegen den klägerischen Vortrag von Tatsachen, die sich, ohne zugleich die Begründetheit der Klage zu betreffen, darauf beziehen, ob es sich um eine Niederlassung i.V.m. § 21 handelt, muss der Kläger den Beweis für die Wahrheit seiner Behauptungen führen. Hat z.B. ein Kläger den Vortrag der Beklagten dahingehend, dass der streitgegenständliche Vertrag durch eine Zweigstelle einer Bank vermittelt worden ist, die mit der Beklagten, welche im betreffenden Bezirk ausdrücklich keine Zweigstelle unterhalte, nicht gesellschaftsrechtlich verflochten sei, unbestritten gelassen, so kommt § 21 Abs. 1 nicht zum Zuge.[140] **41**

VIII. Weitere gesetzliche Regelungen von Niederlassungsgerichtsständen außerhalb der ZPO

1. § 14 UWG. Für Wettbewerbssachen trifft § 14 UWG Sonderregelungen über den Gerichtsstand: **42**

§ 14
Örtliche Zuständigkeit
(1) Für Klagen auf Grund dieses Gesetzes ist das Gericht zuständig, in dessen Bezirk der Beklagte seine gewerbliche oder selbständige berufliche Niederlassung oder in Ermangelung einer solchen seinen Wohnsitz hat. Hat der Beklagte auch keinen Wohnsitz, so ist sein inländischer Aufenthaltsort maßgeblich.

135 RGZ 30, 326, 329.
136 BGH MDR 1952, 99.
137 RG JW 1889, 452.
138 RG JW 1889, 452; *Wieczorek* 2. Auflage § 21 Rdn. B IV.
139 *Wieczorek* 2. Auflage § 21 Rdn. B IV.
140 LG Bielefeld, Beschl. v. 7.1.2013 – 18 O 160/12.

(2) Für Klagen auf Grund dieses Gesetzes ist außerdem nur das Gericht zuständig, in dessen Bezirk die Handlung begangen ist. Satz 1 gilt für Klagen, die von den nach § 8 Abs. 3 Nr. 2 bis 4 zur Geltendmachung eines Unterlassungsanspruchs Berechtigten erhoben werden, nur dann, wenn der Beklagte im Inland weder eine gewerbliche oder selbständige berufliche Niederlassung noch einen Wohnsitz hat.

Die nach § 14 Abs. 1 UWG erhobenen Klage muss sich auch nach der Reform des UWG[141] nicht ausschließlich auf das UWG stützen, sondern kann neben wettbewerbsrechtlichen Normen auch bürgerlich-rechtliche Ansprüche, insbesondere aus §§ 823 ff. BGB wie z.B. aufgrund Eingriffs in den eingerichteten und ausgeübten Gewerbebetrieb stützen.[142] Die Anforderungen, die § 14 Abs. 1 an die Niederlassung erhebt, decken sich mit denen des § 21. Der von § 14 Abs. 2 S. 1 UWG normierte Tatortgerichtsstand ist ausschließlich.[143]

43 **2. Urheberrecht.** § 101 Abs. 9 Satz 2 UrhG ist so zu verstehen, dass die Vorschrift – nach den Gegebenheiten bei dem im Einzelfall zur Auskunft Verpflichteten, einer natürlichen oder einen juristischen Person, mit inländischem Sitz oder ohne einen solchen – in örtlicher Hinsicht überhaupt einen Gerichtsstand bestimmt, entweder also das Wohnsitzgericht oder das Sitzgericht oder das Gericht einer Niederlassung, nicht aber diese Gerichte im Einzelfall für gleichermaßen zuständig erklärt und einem Antragsteller zwischen ihnen die Wahl einräumt. Hinsichtlich der beiden an erster und zweiter Stelle benannten Anknüpfungspunkte für die örtliche Zuständigkeit, also des Wohnsitzes und des Sitzes, ist ohnehin klar, dass eine Wahl nicht in Betracht kommt: Entweder hat der zur Auskunft Verpflichtete einen „Wohnsitz“ oder einen „Sitz“. Dann ist es aber auch nicht gerechtfertigt, hinsichtlich des verbleibenden dritten Anknüpfungspunktes ein Wahlrecht anzunehmen. In der Regierungsbegründung zum Entwurf eines Gesetzes zur Verbesserung der Durchsetzung von Rechten des geistigen Eigentums heißt es zudem am angegebenen Ort: „Da es in diesem Fall keinen Gerichtsstand nach den Vorschriften des Gesetzes über die Angelegenheiten der freiwilligen Gerichtsbarkeit gibt, ist in entsprechender Anwendung des § 143 Abs. 1 PatG eine ausschließliche Zuständigkeit der landgerichtlichen Zivilkammer vorzusehen. Die örtliche Zuständigkeit soll sich nach Wohnsitz, Sitz oder Niederlassung des zur Auskunft Verpflichteten richten, da andernfalls nur ein Gerichtsstand nach dem Wohnsitz etc. des Verletzten in Frage käme und dann für Auswärtige umfangreiche Regelungen getroffen werden müssten“. Von einer Wahl unter verschiedenen Gerichtsständen ist nicht die Rede. Die Regelung in § 101 Abs. 9 UrhG unterscheidet sich also von den Regeln der ZPO über den Gerichtsstand in ihren §§ 12 ff., wo für Zivilprozesse mehrere Gerichtsstände vorgesehen und in § 35 dem Kläger ausdrücklich unter mehreren Gerichten die Wahl gegeben wird.[144]

44 **3. UnterlassungsklagenG.** Für AGB-rechtliche Unterlassungsklagen normiert § 6 UKlaG einen besonderen Niederlassungsgerichtsstand:

---

141 Das UWG wurde durch das erste Gesetz zur Änderung des Gesetzes gegen den unlauteren Wettbewerb vom 22.12.2008 (BGBl. I S. 2949) mWv. 30.12.2008 umfassend geändert; § 14 UWG wurde im Jahr 2004 neugefasst – vgl. hierzu die Ausführungen von Harte-Bavendamm/Henning-Bodewig/*Retzer* § 14 UWG Rdn. 7 ff m.w.N.

142 Zum alten Rechtszustand und zur Entstehungsgeschichte: Harte-Bavendamm/Henning-Bodewig/*Retzer* § 14 UWG Rdn. 1 ff.; vgl. heute: Köhler/Bornkamm/*Köhler* § 14 UWG Rdn. 6 ff.

143 Ohly/Sosnitza/*Sosnitza* § 14 UWG Rdn. 1; Köhler/Bornkamm/*Köhler* § 14 UWG Rdn. 1; vgl. auch Harte-Bavendamm/Henning-Bodewig/*Retzer* § 14 UWG Rdn. 16.

144 OLG Düsseldorf CR 2009, 182 ff.

§ 6
Zuständigkeit

(1) Für Klagen nach diesem Gesetz ist das Landgericht ausschließlich zuständig, in dessen Bezirk der Beklagte seine gewerbliche Niederlassung oder in Ermangelung einer solchen seinen Wohnsitz hat. Hat der Beklagte im Inland weder eine gewerbliche Niederlassung noch einen Wohnsitz, so ist das Gericht des inländischen Aufenthaltsorts zuständig, in Ermangelung eines solchen das Gericht, in dessen Bezirk

1. *die nach den §§ 307 bis 309 des Bürgerlichen Gesetzbuchs unwirksamen Bestimmungen in Allgemeinen Geschäftsbedingungen verwendet wurden*
2. *gegen Verbraucherschutzgesetze verstoßen wurde oder*
3. *gegen § 95b Abs. 1 des Urheberrechtsgesetzes verstoßen wurde.*

(2) Die Landesregierungen werden ermächtigt, zur sachdienlichen Förderung oder schnelleren Erledigung der Verfahren durch Rechtsverordnung einem Landgericht für die Bezirke mehrerer Landgerichte Rechtsstreitigkeiten nach diesem Gesetz zuzuweisen. Die Landesregierungen können die Ermächtigung durch Rechtsverordnung auf die Landesjustizverwaltungen übertragen.

(3) Die vorstehenden Absätze gelten nicht für Klagen, die einen Anspruch der in § 13 bezeichneten Art zum Gegenstand haben.

§ 6 UKlaG trifft eine Regelung sowohl der sachlichen als auch durch Regelung eines 45
Niederlassungsgerichtsstandes der örtlichen Zuständigkeit. Danach ist für Klagen nach diesem Gesetz das Landgericht ausschließlich zuständig, in dessen Bezirk der Beklagte seine gewerbliche Niederlassung oder in Ermangelung einer solchen seinen Wohnsitz hat. Dabei handelt es sich um Klagen aus § 1 UKlaG, mit denen derjenige auf Unterlassung und im Fall des Empfehlens auch auf Widerruf in Anspruch genommen werden kann, der in AGB, die nach den §§ 307 bis 309 BGB unwirksam sind, verwendet oder für den rechtsgeschäftlichen Verkehr empfiehlt. Ferner kommen Unterlassungsklagen nach § 2 Abs. 1 UKlaG in Betracht, mit denen derjenige auf Unterlassung verklagt werden kann, der in anderer Weise als durch Verwendung oder Empfehlung von Allgemeinen Geschäftsbedingungen Vorschriften zuwiderhandelt, die dem Schutz der Verbraucher dienen (Verbraucherschutzgesetze). Werden die Zuwiderhandlungen in einem geschäftlichen Betrieb von einem Angestellten oder einem Beauftragten begangen, so ist der Unterlassungsanspruch auch gegen den Inhaber des Betriebs begründet (§ 2 Abs. 1 S. 2 UklaG). Hat ein Verwender mehrere Niederlassungen, eröffnet dies dem Kläger die Wahlmöglichkeit nach § 35.[145]

Der Gerichtsstand des § 6 UKlaG greift nicht bei Auskunftsklagen gemäß § 13 UklaG; 46
in diesen Fällen kommen die zivilprozessualen Gerichtsstandsregelungen der §§ 12ff. zum Zuge.[146]

IX. Internationale Zuständigkeit

1. EuGVVO

a) Grundsatz. Unterhält ein ausländisches Unternehmen eine Zweigniederlassung 47
oder eine sonstige Niederlassung innerhalb der Bundesrepublik Deutschland, begründet dies nach Art. 7 Nr. 5 EuGVVO n.F.[147] die Zuständigkeit der deutschen Gerichte, sofern das Unternehmen seinen Hauptsitz in einem der übrigen Mitgliedstaaten der Union hat. In diesem Fall wird der Gerichtsstand des § 21 durch die insoweit vorrangigen Regeln der EuGVVO verdrängt und findet folglich keine Anwendung. § 21 kommt dagegen gemäß

---

145 Köhler/Bornkamm/*Köhler* § 6 UKlaG Rdn. 3; MünchKomm/*Micklitz* § 6 UKlaG Rdn. 5 a.E.
146 Köhler/Bornkamm/*Köhler* § 6 UKlaG Rdn. 1; § 13 UKLaG Rdn. 9.
147 Bis zum 9.1.2015 Art. 5 Nr. 5.

Art. 6 Abs. 1 EuGVVO n.F.[148] zur Anwendung, wenn das ausländische Unternehmen seinen Hauptsitz in einem nicht-Unionsstaat hat. Folge ist, dass sich die internationale Zuständigkeit dann nach der autonomen Vorschrift des deutschen Rechts bestimmt.

48 Die EuGVVO ist ebenfalls vorrangig gegenüber den besonderen Gerichtsständen gewerblicher Niederlassung. Dies gilt für die internationale Zuständigkeit für Klagen wegen unlauteren Wettbewerbs nach Art. 4, Art. 7 Nr. 2 und Nr. 5 EuGVVO n.F.[149] § 24 OWiG begründet einen ausschließlichen Gerichtsstand. Im Übrigen hat der Kläger die Wahl.

49 Die internationale Zuständigkeit deutscher Gerichte am Wohnsitz des Verbrauchers ergibt sich in Verbrauchersachen aus Art. 17 Abs. 1[150] EuGVVO n.F.[151] Daher ist nach Art. 6 Abs. 1, 18 Abs. 1 2. Variante EuGVVO n.F. der Klägergerichtsstand am Wohnsitz des Verbrauchers in Deutschland gegeben.[152]

50 **b) Beispiele.** Die in Deutschland eingerichtete Repräsentanz einer Londoner Konzerntochter eines US-amerikanischen Unternehmens ist eine Niederlassung i.S.d. Art. 17 Abs. 2[153] EuGVVO n.F.. Wie schon aus der beispielhaften Aufzählung „Zweigniederlassung, Agentur oder sonstige Niederlassung" zu folgern ist, bezweckt die Vorschrift die Erstreckung der Anwendbarkeit der Zuständigkeitsregelung der EuGVVO auf jede Geschäftstätigkeit im EU-Inland, die auf längere Zeit ausgerichtet und in einem organisierten Rahmen etabliert ist, und dort als Außenstelle eines Mutterhauses auftritt.[154] Diese weite Begriffsauslegung entspricht auch den anderen Sprachfassungen der EuGVVO – etwa der italienischen: „... *qualsiasi altra sede d'attività* ...". Auch wenn die Niederlassung nur die Kundenaufträge an die Beklagte weiterleitete, betrifft die Klage „Streitigkeiten aus dem Betrieb" dieser Niederlassung.[155] Sie haben einen Bezug zum Betrieb dieser Niederlassung, unabhängig davon ob die Mitarbeiter der Niederlassung, die die Ansprechpartner des Klägers waren und in der Anbahnung und Vermittlung der Geschäfte eingeschaltet waren, auch zum Vertragsabschluss für die Beklagte bevollmächtigt waren. Diese Zuständigkeitserweiterung setzt schließlich nicht voraus, dass die betriebsbezogenen Geschäfte dieser Niederlassung auch in dem Vertragsstaat, in dem die Niederlassung sich befindet, zu erfüllen wären.[156]

51 **c) Agentur.** Darüber hinaus reicht aber auch die Unterhaltung einer Agentur in Deutschland aus.[157] Es genügt also, dass ein selbständiger (dritter) Unternehmer (als Handelsvertreter) für den (Haupt-)Betrieb eines anderen tätig wird, vgl. Art. 7 Nr. 5 EuGVVO n.F.[158] Das auch dann, wenn sich der Hauptsitz in einem Staat befindet, in dem die EuGVVO keine Anwendung findet.[159] Damit stellt sich aber das Problem, ob dies auch der Kommissionär sein kann. Dies ist wohl eher abzulehnen.[160] Der Unterschied besteht darin, dass der Kommissionär das Geschäft in eigenem Namen, aber für fremde Rech-

---

148 Bis zum 9.1.2015 Art. 4 Abs. 1.
149 Bis zum 9.1.2015 Art. 2, Art. 7 Nr. 3 und Nr. 5.
150 Bis zum 9.1.2015 Art. 15 Abs. 1.
151 Stein/Jonas/*Roth* § 21 Rdn. 4 aE.
152 Stein/Jonas/*Roth* § 21 Rdn. 6.
153 Bis zum 9.1.2015 Art. 15 Abs. 2.
154 Vgl. zu Art 5 Nr. 5 EuGVÜ EuGHE 1978, 2183 *Somafer/Saar-Ferngas* Rdn. 12.
155 OLG München IPRspr 2007, Nr. 128, 354.
156 Vgl. zu Art 5 Nr. 5 EuGVÜ, EuGH RIW 1995, 585, *Lloyd's Register/Société Campenon Bernard.*
157 Stein/Jonas/*Roth* § 21 Rdn. 7; **a.A.** MünchKomm/*Patzina* § 21 Rdn. 16.
158 Bis zum 9.1.2015 Art. 5 Nr. 5.
159 BGHZ 109, 29, 34 = NJW 1990, 317; BGH NJW 2011, 2056, 2057.
160 RGZ 44, 355, 356; Musielak/*Heinrich* § 21 Rdn. 2, 5, 6.

nung abschließt, während der Handelsvertreter es offen auf den Namen des Vertretenen tut. Im Gegensatz zum (Handels-)Makler ist der Handelsvertreter ständig mit dem Abschluss solcher Geschäfte für das von ihm vertretene Unternehmen tätig. Der Handelsmäkler unterscheidet sich von ihm deutlich durch die Mittlerstellung zwischen den Vertragsteilen. Wird diese aber nicht deutlich, so kann er bei einer gewissen wiederholten (ständigen) Betreuung eines Unternehmens dem Agenten gleich zu behandeln sein, sofern er nicht seine Maklerstellung deutlich herauskehrt. Soweit in Kommissionsverhältnissen Rückgriffe zulässig sind, wird an dem bzw. den Gerichtständen des Kommissionärs nichts geändert.

2. CMR und Warschauer Abkommen

a) Das CMR sieht in seinem Art. 31 Abs. 1 den Gerichtsstand vor, an dem der Beklagte **52** die Zweigniederlassung oder Geschäftsführer hat, durch deren Vermittlung der Beförderungsvertrag geschlossen worden ist. Auch hier handelt sich um einen Wahlgerichtsstand.

b) § 28 Abs. 1 des Warschauer Abkommens zur Vereinheitlichung von Regeln über **53** die Beförderung im internationalen Luftverkehr vom 12.10.1929 sieht einen Gerichtsstand der Geschäftsstelle des Luftfrachtführers vor. Diese Regelung geht nach Art. 71 EuGVVO § 21 vor.[161]

3. Autonomes Recht. Außerhalb des sachlichen und räumlichen Anwendungsbe- **54** reichs der EuGVVO wird durch § 21 neben der örtlichen die internationale Zuständigkeit der deutschen Gerichte am Ort der inländischen Niederlassung eines ausländischen Unternehmens begründet.[162]

Sofern die Voraussetzungen der örtlichen Zuständigkeit gemäß § 21 gegeben sind, **55** führt dies auch gleichzeitig zur internationalen Zuständigkeit des Gerichts.[163] Das gilt selbst dann, wenn ein Versicherungsunternehmen seinen Hauptsitz in einem Staat hat, in dem die EuGVVO keine Anwendung findet, der Versicherer aber im Geltungsbereich der EuGVVO tätig ist, so ist dieser dem Art. 11 Abs. 1 lit. a, b EuGVVO n.F.[164] so zu behandeln, als habe er einen Sitz in einem Mitgliedstaat. Hintergrund ist, dass das operative Geschäfts trotz Mangel einer für § 21 nötigen Niederlassung in dem betreffenden Staat geführt wird und die Versicherungsnehmer hier leben.[165] Gleiches gilt, wenn der Beklagte eine Zweigniederlassung in einem Mitgliedstaat unterhält.[166]

§ 22
Besonderer Gerichtsstand der Mitgliedschaft

Das Gericht, bei dem Gemeinden, Korporationen, Gesellschaften, Genossenschaften oder andere Vereine den allgemeinen Gerichtsstand haben, ist für die

161 Vgl. Vorauflage/*Hausmann* § 21 Rdn. 37.
162 Zu der Zuständigkeit deutscher Gerichte wegen der Tätigkeit der Niederlassungen US-amerikanische Ratingagenturen vgl. *Wildmoser/Schiffer/Langoth* RIW 2009, 657, 662.
163 BGH NJW 1987, 3081; OLG Düsseldorf Rpfleger 1997, 32; Vorauflage/*Hausmann* § 21 Rdn. 38.
164 Bis zum 9.1.2015 Art. 9 Abs. 1 lit. a, b.
165 Musielak/*Heinrich* § 21 Rdn. 2, 11.
166 OLG Frankfurt, Beschl. v. 1.8.2013 – 11 AR 234/12.

Klagen zuständig, die von ihnen oder von dem Insolvenzverwalter gegen die Mitglieder als solche oder von den Mitgliedern in dieser Eigenschaft gegeneinander erhoben werden.

Schrifttum

Bangha-Szabo Anm. zu LG Krefeld, Urt. v. 11.12.2013 – 2 O 225/12 (Internationale und örtliche Zuständigkeit gemäß § 22 ZPO wegen „Stehenlassen" der aus Lieferungen folgenden Forderungen), NZI 2014, 408; *M. Beck* Die Haftung der Gesellschafter bei der BGB-Erwerbsgesellschaft, 1999; *Cranshaw* jurisPR-HaGesR 5/2010 Anm. 1; *Cuypers* Gerichtliche Zuständigkeit bei fehlgeschlagener Kapitalanlage, WM 2007, 1446; *Dutta* Kapitalersatzrechtliche Ansprüche im internationalen Zuständigkeitsrecht, IPRax 2007, 195; *Fehl* in: „... ob das alles so stimmt ... – Recht und Pluralismus, FS Pawlowski (1997) S. 243; *Giesecke* Besondere Probleme bei der „mittelbare Beteiligung" an einer Publikums- KG durch einen Treuhand-Kommanditisten, DB 1984, 970; *Hahn* Materialien zur CPO[2] (1881); *Kindler* Grundzüge des neuen Kapitalgesellschaftsrechts – Das Gesetz zur Modernisierung des GmbH-Rechts und zur Bekämpfung von Missbräuchen (MoMiG), NJW 2008, 3249; *Manthey* Gilt der Gerichtsstand des § 22 ZPO auch für die Klage eines VVaG gegen seine Mitglieder wegen eines Anspruches aus ungerechtfertigter Bereicherung (§ 812 BGB)? VersR 1972, 327; *Prütting* Ist die Gesellschaft bürgerlichen Rechts insolvenzfähig? ZIP 1997, 1725; *Schäfer* Prospekthaftung; *Stöber* Handbuch zum Vereinsrecht[10]; *Voosen* Das neue Recht der Gerichtsstands- oder Erfüllungsortsvereinbarungen und sein Verhältnis zu den Vereinen im allgemeinen und zu den Versicherungsvereinen auf Gegenseitigkeit im besonderen, VersR 1975, 499; *Wellkamp* Verfahrensprobleme bei der Insolvenz der Gesellschaft bürgerlichen Rechts, KTS 2000, 331.

Übersicht

I. Normzweck

1 Das Ziel des § 22, für alle Mitgliederstreitigkeiten einen einheitlichen Gerichtsstand zu gewährleisten, ist auch anwendbar, wenn es sich bei der Feststellungsklage um eine Streitigkeit zwischen der Gesellschaft und ihren Gesellschaftern handelt. § 22 gibt hierfür den besonderen Gerichtsstand für alle (vermögensrechtlichen wie nichtvermögensrechtlichen[1]) Ansprüche eines Verbandes (einer juristischen Person oder einer parteifähigen Gesamtperson) gegen seine Mitglieder als solche[2] (denn schließlich haben sie sich auf eine Mitgliedschaft eingelassen und sind daher nicht besonders schutzwürdig[3]), und der Mitglieder von Verbänden gegeneinander für Rechtsstreitigkeiten in Bezug auf den Verband. Der Gerichtsstand des § 22 knüpft dabei an den all-

1 Stein/Jonas/*Roth* § 22 Rdn. 1; Zöller/*Vollkommer* § 22 Rdn. 3; Musielak/*Heinrich* § 22 Rdn. 1.
2 Musielak/*Heinrich* § 22 Rdn. 1; *Cuypers* WM 2007, 1446, 1447; OLG Köln NJW 2004, 862.
3 MünchKomm/*Patzina* § 22 Rdn. 11.

gemeinen Gerichtsstand des Verbandes gemäß § 17 an,[4] den die Vorschrift ergänzt.[5] Klagen der Mitglieder gegen den Verband können unmittelbar vor dem allgemeinen Gerichtsstand des Verbandes an dessen Sitz nach § 17 erhoben werden. Hat die juristische Person oder die Gesamtperson mehrere allgemeine Gerichtsstände, so ist auch der besondere Gerichtsstand des § 22 mehrfach gegeben. Damit wird die örtliche Konzentration verbandsbezogener Rechtsstreitigkeiten bei einem Gericht bezweckt, woraus eine höhere Sachnähe resultieren soll. Hintergrund der Norm ist dabei namentlich der Gedanke, eine uniforme Anwendung und Auslegung der Satzungen und Verträge und damit die Rechtsklarheit[6] zu gewährleisten. Daher ist Voraussetzung der Begründung des Verbandsmitgliedsschaftsgerichtsstandes ein Mitgliedschaftsverhältnis, auf das die Streitigkeit bezogen ist (unten Rdn. 12ff.);[7] wobei vom Gerichtsstand des § 22 bereits solche Streitigkeiten erfasst werden, die die Eingehung oder Auflösung einer Mitgliedschaft oder aus der Gründung oder Abwicklung bzw. Liquidation des Verbandes zum Gegenstand haben.[8] Die mit der Konzentration vom historischen Gesetzgeber[9] bezweckte Erleichterung des Zugriffs auf Handels- und Vereinsregistern, tritt als Zweck der Vorschrift in den Hintergrund, da die Einführung unter Einsatz elektronischer Datenverarbeitung geführter Register die überörtliche Tatsachenerhebung unproblematisch hat werden lassen.

II. Verhältnis zu anderen Gerichtsständen

§ 22 ist nicht ausschließlich; die Vorschrift begründet einen fakultativen Gerichts- 2
stand.[10] So hat der Kläger die Wahl gemäß § 35, den Beklagten vor seinem allgemeinen Gerichtsstand zu verklagen – also das andere Mitglied vor dem Wohnsitz- oder Sitzgerichtsstand der §§ 13, 17 oder den Verband vor dem des § 17. Der Mitgliedsschaftsgerichtsstand kann allerdings durch ausschließliche Gerichtsstände selbst ausgeschlossen sein.[11]

Ausschließliche Gerichtsstände derogieren § 22 bei Klagen gegen Hauptversamm- 3
lungsbeschlüsse gemäß § 249 Abs. 1 S. 1 AktG, wegen Anfechtung gemäß § 254 Abs. 1, § 257 AktG bzw. § 51 Abs. 3 GenG oder der Nichtigkeitsfeststellung gemäß § 275 Abs. 3, 4 AktG, § 75 GmbHG i.V.m. §§ 246, 247, 248 AktG.[12]

III. Verbände

1. Übersicht. § 22 knüpft an die juristischen und die Gesamtpersonen an, die selbst- 4
ständig klagen und verklagt werden können, also auch an die oHG, die Kommanditgesellschaft, aber auch nichtrechtsfähige Vereine und Personengesellschaften, also die Industriegewerkschaften.[13] Unabhängig ist dies davon, ob sich der Verband in Gründung

---

4 RG JW 1905, 206; BGHZ 76, 231, 235 = NJW 1980, 1470; OLG Karlsruhe ZIP 1998, 1005, 1006; *Giesecke* DB 1984, 973.
5 BeckOK/*Toussaint* § 22 Rdn. 1; MünchKomm/*Patzina* § 22 Rdn. 1.
6 Stein/Jonas/*Roth* § 22 Rdn. 3; Musielak/*Heinrich* § 22 Rdn. 1.
7 *Cuyper* WM, 2007, 1446, 1447; OLG Hamburg, IPRax 1993, 172.
8 OLG Celle, VersR 1975, 993; OLG Köln NJW 2004, 862; LG Bochum ZIP 1986, 1386; LG Bochum ZIP 1996, 1386 f.; MünchKomm/*Patzina* § 22 Rdn. 6; Stein/Jonas/*Roth* § 22 Rdn. 14; **a.A.** AG Ebersberg MDR 1987, 146.
9 Vgl. Motive = *Hahn* Materialien zur CPO² (1881).
10 Vorauflage/*Hausmann* § 22 Rdn. 2; Musielak/*Heinrich* § 22 Rdn. 7.
11 Musielak/*Heinrich* § 22 Rdn. 7.
12 Musielak/*Heinrich* § 22 Rdn. 7; Stein/Jonas/*Roth* § 22 Rdn. 8.
13 BGHZ 50, 325, 334 = NJW 1968, 1830.

oder Abwicklung bzw. Liquidation befindet.[14] Ferner werden die GbR,[15] die Partner-Gesellschaft[16] und die EWIV[17] erfasst.

5 Nicht erfasst ist jedoch die stille Gesellschaft gemäß § 355 ff. HGB,[18] da es sich hierbei um eine reine Innengesellschaft[19] handelt.

6 **2. Gemeinderechtliche Mitgliedschaftsverhältnisse.** Nach dem Wortlaut der Vorschrift ist der besondere Gerichtsstand auch für Streitigkeiten zwischen Gemeindemitgliedern und (politischen) Gemeinden als Körperschaften des öffentlichen Rechts eröffnet. Dies ist durch die Eröffnung des Verwaltungsgerichtsweges wegen Streitigkeiten aus dem kommunalrechtlichen Mitgliedschaftsverhältnis als solchem überholt.[20]

7 **3. Teleologische Reduktion des § 22 bei Klagen überregionaler Verbände gegen ihre Mitglieder.** In der Vergangenheit ist bezweifelt worden, ob der Gerichtsstand des § 22 auch Anwendung auf Klagen von Vereinen, die überregional tätig sind, namentlich solche Vereine, die eine erhebliche Mitgliederzahl aufweisen, gegen ihre Mitglieder finden soll. Dies ist von einigen mit dem Argument verneint worden, hierdurch werde zu Ungunsten des Mitglieds der Grundsatz des „actor sequitur forum rei" eingeschränkt und dessen prozessuale Waffengleichheit verletzt.[21] Dies wird mit der Erwägung abzulehnen sein, dass überregional tätige Vereine keine Entwicklung jüngster Zeit sind und bei der Novellierung des Gesetzes bisher auch nicht besonders berücksichtigt wurden.[22] Daraus wird auf die Intention des Gesetzgebers ableitbar, dass § 22 auf diese Klagen mitgliederstarker überregionaler Vereine gegen ihre Mitglieder Anwendung finden soll.[23] Für eine im Wege „richterlicher Rechtsfortbildung" vorgenommenen Einschränkung des Anwendungsbereichs des Mitgliedschaftsgerichtsstandes fehle es an den methodischen Voraussetzungen.[24] § 22 gilt danach für alle Vereine und der besondere Gerichtsstand der Mitgliedschaft (§ 22) greift nach Rechtsprechung des Bundesgerichtshofs[25] und der herrschenden Meinung[26] für alle Vereine, damit auch für einen überregionalen Massenverein wie eine arbeitsrechtliche Gewerkschaft.[27] Die h.L. hält daher auch den Umstand, dass die Klägerin eine überregional tätige Publikumsgesellschaft mit einer Vielzahl von Anlegern ist, im Rahmen der Berufung auf den Gerichtsstand des § 22 für unerheblich.[28] Die

---

14 MünchKomm/*Patzina* § 22 Rdn. 8.

15 *Wellkamp* KTS 2000, 331; hierzu *Fehl* FS Pawlowski, 243 ff.; *Prütting* ZIP 1997, 1725 ff.; *M. Beck* Die Haftung der Gesellschafter bei der BGB-Erwerbsgesellschaft (1999) bes. 169 ff.; MünchKomm-InsO/*Ott*/*Vuia* § 11 Rdn. 49.

16 *Haarmeyer*/*Wutzke*/*Förster* Handbuch zur InsO, I Rdn. 55 a.E.; MünchKomm-InsO/*Ott*/*Vuia* § 11 Rdn. 57; Uhlenbruck/*Hirte* § 11 Rdn. 379.

17 BGBl. I, 514 ff.; Amtl. Begr. zu § 13 RegEInsO, BT-Drucks. 12/2443, 112 f.

18 Zöller/*Vollkommer* § 22 Rdn. 2; Stein/Jonas/*Roth* § 22 Rdn. 9.

19 Baumbach/Hopt-HGB/*Roth*[36] Einl. vor. 105 Rdn. 18.

20 Vgl. die Ausführungen bei Stein/Jonas/*Roth* § 22 Rdn. 13, wo darauf hingewiesen wird, dass mitgliedschaftliche Verhältnisse zwischen Gemeinden und ihren Mitgliedern dem öffentlichen Recht entspringen.

21 LG Hannover VersR 1979, 341; LG Frankfurt NJW 1977, 538; *Voosen* VersR 1975, 499.

22 BGHZ 80, 343; Zöller/*Vollkommer* § 22 Rdn. 2; MünchKomm/*Patzina* § 22 Rdn. 4; *Stöber* Handbuch zum Vereinsrecht[10], Rdn. 739.

23 OLG Hamburg, Beschl. v. 29.9.2005 – 13 AR 40/05.

24 Vgl. MünchKomm/*Patzina* § 22 Rdn. 3 m.w.N.; Musielak/*Heinrich* § 22 Rdn. 3; Stein/Jonas/*Roth* § 22 Rdn. 3; vgl. auch die Ausführungen in der Vorauflage/*Hausmann* § 22 Rdn. 5.

25 BGH NJW 1980, 343; vgl. auch OLGR Hamburg 2005, 803 f.

26 Zöller/*Vollkommer* § 22 Rdn. 2.

27 OLGR Hamburg 2005, 803 f.

28 BGH NJW 1980, 343; Zöller/*Vollkommer* § 22 Rdn. 2.

Argumente von Judikatur und herrschender Meinung überzeugen indes nicht vollständig. In der Vergangenheit waren nur Massenvereine wie Industriegewerkschaften „bekannt" – sie waren aber nicht parteifähig, § 50 Abs. 2 a.F.[29]! Handelte (und handelt) es sich um eine Klage der Mitglieder untereinander, so wurde nach früherem Rechtszustand durch § 22 nicht etwa die Gesellschaften des BGB und nicht die nichtrechtsfähigen Vereine (wie gerade die Massengewerkschaften) als aktiv parteifähig anerkannt. § 22 setzt auch heute noch insoweit die Parteifähigkeit voraus – was durch die Neufassung des § 50 und die weitgehende Anerkennung der Parteifähigkeit der BGB-Gesellschaft entschärft worden ist. Nach altem (wie nach heutigem) Rechtszustand begründet § 22 den Gerichtsstand für Klagen der Mitglieder. Erst die Anerkennung der aktiven Parteifähigkeit nicht in erster Linie der Industriegewerkschaften, sondern namentlich überregionaler und internationaler Anlagegesellschaften hat indes Probleme prozessualer Waffengleichheit ausgelöst; eine teleologische Reduktion des § 22 scheint daher durchaus angemessen. Es überrascht daher auch nicht, dass bei irreführenden Angaben über den Sitz des Verbandes bei Beitrittsverhandlungen mit dem Mitglied die Berufung auf den Gerichtsstand des § 22 als rechtmissbräuchlich gewertet werden soll.[30]

IV. Mitgliedschaftsstellung des Beklagten

1. Grundsatz. Mit Ausnahme von Prospekthaftungsklagen (unten Rdn. 14) muss sich die Klage gegen das Mitglied des Verbandes (oben Rdn. 1) richten.[31] Das schließt es aus, Klagen gegen Dritte vor dem Mitgliedschaftsgerichtsstand zu erheben. Der Kreis derer, die von der Norm des § 22 erfasst sind, wird von § 17 begrenzt: Klagt der Verband gegen seine gesetzlichen Vertreter wegen Pflichtverletzungen, kommen namentlich der Vertragsgerichtsstand des § 29, der Gerichtsstand der unerlaubten Handlung des § 32 oder der allgemeine Gerichtsstand nach den §§ 13 oder 17 in Betracht. Die Mitgliedschaft muss zum Zeitpunkt der Klageerhebung nicht mehr bestehen, so dass auch das frühere Mitglied des Verbandes unter dem Gerichtsstand des § 22 verklagt werden kann,[32] der folglich (§ 1967 BGB) auch für die Rechtsnachfolger des Mitglieds gilt.[33] So kann die gegen die verbleibenden Mitglieder gerichtete Klage auf Auskehr des Auseinandersetzungsguthabens, den die Erben (§ 1922 BGB) eines Mitglieds, erheben, vor dem Gerichtsstand des § 22 erhoben werden. Klagen gegen den Verband fallen nicht unter § 22; es kommt vielmehr § 17 zur Anwendung. Das RG[34] hat die Klage vor dem Gerichtsstand des § 22 auch für den Fall für zulässig erachtet, dass der Versicherungsverein auf Gegenseitigkeit gemäß § 24 VAG auf Zahlung der Erstprämie gegen das neu aufgenommene Mitglied klagt, dessen Mitgliedschaft erst durch die Zahlung begründet wird.[35] Entscheidend ist in diesen beiden Fällen der Noch-nicht- bzw. der Nicht-mehr-Mitgliedschaft, dass sich die Klage auf die Mitgliedschaft bezieht (unten Rdn. 11ff.). 8

b) Mitglieder der juristischen Personen und der Gesamtpersonen können physische und juristische Personen sein, auch andere Gesamtpersonen und nichtrechtsfähige Ver- 9

29 Vgl. hierzu: *Wieczorek* 2. Auflage § 22 Rdn. E II b 1; vgl. aber auch: MünchKomm/*Patzina* § 22 Rdn. 4 m.w.N.; Musielak/*Heinrich* § 22 Rdn. 3; Stein/Jonas/*Roth* § 22 Rdn. 2.
30 OLG Celle, VersR 1975, 993.
31 Stein/Jonas/*Roth* § 22 Rdn. 10; Saenger/*Bendtsen* § 22 Rdn. 2.
32 BeckOK/*Toussaint* § 22 Rdn. 3; Saenger/*Bendtsen* § 22 Rdn. 2.
33 RGZ 54, 207; Stein/Jonas/*Roth* § 22 Rdn. 16; MünchKomm/*Patzina* § 22 Rdn. 6.
34 RGZ 4, 394, 396f. [vgl. auch in der Kommentarliteratur MünchKomm/*Patzina* § 22 Rdn. 6 m.w.N.; Stein/Jonas/*Roth* § 22 Rdn. 3; Vorauflage/*Hausmann* § 22 Rdn. 6 aE].
35 MünchKomm/*Patzina* § 22 Rdn. 6 m.w.N.; Stein/Jonas/RothVorauflage/*Hausmann* § 22 Rdn. 6 aE.

eine und BGB-Gesellschaften nach §§ 705 ff. BGB. Es kommt nicht darauf an, ob der Beklagte nicht selbst, sondern vermittels eines Treuhänders in das Handelsregister als Gesellschafter eingetragen ist.[36]

10 **2. Initiatoren oder Herausgeber eines Prospekts.** Erfasst sein sollen nach höchstrichterlicher Rechtsprechung ebenfalls Initiatoren oder Herausgeber eines Prospekts.[37] Soweit daher vom Kläger als Haftungsgrund irreführende Prospektgestaltung geltend macht wird, ist gegen den der sog. Prospekthaftung unterliegenden Personenkreis der besondere Gerichtsstand des Prospekthaftungsgerichtsstands nach § 22 am Sitz der Anlagegesellschaft begründet[38] (vgl. BGH Beschluss vom 6.4.2004 Az. X ARZ 384/03 – openJur 2012, 56047). Hierdurch erfolgt eine Aufweichung der restriktiven Anwendung des besonderen Mitgliedschaftsgerichtsstandes als Durchbrechung des allgemeinen Wohnsitzgerichtsstandes.[39] Hintergrund ist der häufige Umstand, dass Gesellschaften zum Teil auch durch Personen geführt werden, die ihnen gar nicht angehören und damit dem Grunde nach nicht der Norm unterfallen.[40] Nicht erfasst sind selbstständige Werbeagenturen und Ihre Gehilfen zur Erfüllung der Geschäfte.[41] Ebenfalls ist im Anwendungsbereich des § 32b der Gerichtsstand des § 22 ausgeschlossen.[42]

V. Bezug der Klage zur Mitgliedschaft

11 **1. Grundsatz.** § 22 begründet den besonderen Gerichtsstand der Mitgliedschaft nur unter der Voraussetzung, dass der Klageanspruch aus dem Mitgliedschaftsverhältnis herrührt, da der Grundsatz des actor sequitur forum rei nur unter der Voraussetzung durchbrochen wird, dass vor dem Gerichtstand das Mitglied „als solches“ in Anspruch genommen wird.[43] Hierfür ist erforderlich, dass der Gegenstand der Klage einen unmittelbaren Bezug zu der durch die Mitgliedschaft begründeten Rechtsbeziehung hat; nicht ausreichend ist, dass aus anderen Gründen gegen ein Mitglied geklagt wird.[44]

12 **2. Fallgruppen.** Aus der Mitgliedschaft stammen auch die Klagen auf Prämien eines Versicherungsvereins auf Gegenseitigkeit,[45] selbst wenn dabei ein besonderer Einzelvertrag geschlossen wurde (s.o. Rdn. 8), denn es ist gerade die Mitgliedschaft im Versicherungsverein, aus der die Prämienzahlungspflicht herrührt; die Klage wird also gegen das Mitglied „als solches“ erhoben. Dies ist auch bei Regressansprüche oder Ansprüchen auf Rückzahlung unberechtigt empfangener Leistungen[46] eines solchen Vereins gegen das Mitglied der Fall, die daher ebenfalls vom Gerichtsstand des § 22 geltend gemacht wer-

36 *Gieseke* DB 1984, 970 ff., 972 f.; ebenso wohl BayObLG NJW-RR 2002, 1684.
37 BGHZ 76, 231, 235 = NJW 1980, 1470; MünchKomm/*Patzina* § 22 Rdn. 5.
38 BGH BayObLGR 2005, 396.
39 MünchKomm/*Patzina* § 22 Rdn. 1, 5; BGHZ 71, 284 NJW 1978, 1625; BGHZ 72, 382 = NJW 1979, 718; BGHZ 77, 175 ff. = NJW 1980, 1840; BGHZ 79, 337 = NJW 1981, 1449; 83, 224 = NJW 1982, 1514; BGHZ 84, 143 = NJW 1982, 2493.
40 Zöller/*Vollkommer* § 22 Rdn. 8; Stein/Jonas/*Roth* § 22 Rdn. 15; BGHZ 71, 284, 287 ff.; BGH Beschl. v. 6.4.2004 – X ARZ 382/03; OLG Koblenz MDR 2010, 589.
41 BGH NJW 1980, 1470; *Schäfer* Prospekthaftung Rdn. 133.
42 BGHZ 76, 231, 236; BayObLG NJW-RR 2003, 134.
43 Vorauflage/*Hausmann* § 22 Rdn. 1; Musielak/*Heinrich* § 22 Rdn. 5.
44 Zöller/*Vollkommer* § 22 Rdn. 6.
45 OLG Celle VersR 1975, 993; LG Karlsruhe VersR 1976, 1029; **a.A.** LG Hannover VersR 1979, 341 f.; Musielak/*Heinrich* § 22 Rdn. 3.
46 *Manthey* VersR 1972, 327.

den können.[47] Ebenfalls die Ansprüche der Gesellschafter einer oHG gegen einen anderen Gesellschafter, sofern diese Ansprüche aus dem Gesellschaftsvertrag begründet sind, gehören hierher. Aus dem Mitgliedschaftsverhältnis folgen Streitigkeiten aus Beherrschungs- und Gewinnabführungsverträgen. Denn durch solche Verträge können die Rechte und Pflichten von Mitgliedschaftsverhältnissen bestimmt werden.[48] Dies gilt auch, wenn der Unternehmensvertrag mit einem Nichtgesellschafter geschlossen worden ist, wenn dieser Anteile an dem beherrschten Unternehmen hält, da in solchen Fällen der Beherrschungsvertrag mitgliedschaftsrechtlich vermittelt ist.[49]

Ein aus dem Mitgliedschaftsverhältnis herrührender Anspruch besteht schon dann, 13 wenn durch seine Erfüllung erst das Mitgliedschaftsverhältnis begründet werden soll.[50] Gleiches gilt für Rückstände nach beendeter Mitgliedschaft. Für Klagen der Mitglieder gegen den Verband (und hier auch gegen den nichtrechtsfähigen Verein) gilt § 22 entsprechend.[51] Dies gilt auch für die Qualifikation der Klageforderung als eine Rückforderung auf Grund des Gesellschaftsvertrages gegenüber den Mitgliedern der Gesellschaft betreffend empfangener Leistungen bzw. Ausschüttungen auf Grund ihrer mitgliedschaftlichen Stellung. Die Klage auf Zahlung kann vor dem Gerichtsstand des § 22 unabhängig von der Frage erhoben werden, ob die zurückverlangten Ausschüttungen als Darlehen im engen Sinne oder als zurückgewährte Einlage, die nach gesellschaftsinternen Absprachen erneut eingefordert werden kann, zu beurteilen sind. Ausschlaggebend ist der Umstand, dass die mit der Klage geltend gemachten Rückforderungen auf den Gesellschaftsvertrag gestützt werden und sich auf Auszahlungen an alle Kommanditisten beziehen, die ihre Rechtsgrundlage ebenfalls im Gesellschaftsvertrag hatten.[52]

3. Prospekthaftungsklagen. Die Rechtsprechung folgert aus der Konzentrations- 14 funktion des § 22, dass Rechtstreitigkeiten am Gesellschaftssitz tragen werden können, die zwischen Mitgliedern einer Publikums-KG gegen deren Initiatoren bzw. gegen Prospektverantwortliche (§ 21 Abs. 1 Gesetz über die Erstellung, Billigung und Veröffentlichung des Prospekts, der beim öffentlichen Angebot von Wertpapieren oder bei der Zulassung von Wertpapieren zum Handel an einem organisierten Markt zu veröffentlichen ist)[53] angestrengt werden. Damit soll die besondere Sachkenntnis des Gerichts des Sitzes der Gesellschaft über deren Verhältnisse genutzt werden.[54] Daher können nach § 22 Mitglieder von Anlagegesellschaften Ansprüche aus irreführender Prospektgestaltung gegen den der Prospekthaftung unterliegenden Personenkreis auch dann im Gerichtsstand des § 22 geltend machen, wenn die als Beklagte in Anspruch genommenen Personen nicht Mitglieder der Gesellschaft sind, ihr jedoch als Gründer, Initiatoren oder Gestalter nahe stehen.[55] Nicht von § 22 erfasst werden dagegen selbständige Vermittler und deren

---

47 LG Hannover NJW 1965, 1607.
48 Vgl. die Ausführungen in der Vorauflage/*Hausmann* § 22 Rdn. 9, wonach § 22 nicht für Ansprüche aus selbständigen Verträgen zwischen der Personenvereinigung und ihrem Mitglied (hier Ansprüche aus einem Dienstvertrag zwischen einer GmbH und einem ihrer Gesellschafter) gilt. Für § 22 genügt es, dass der geltend gemachte Anspruch die Parteien in ihrer Eigenschaft als Gesellschafter/Mitglieder betrifft, auch wenn der Anspruch selbst nicht auf eine Bestimmung in der Gesellschaftssatzung gestützt wird, sondern auf eine gesondert getroffene Abrede. Entscheidend sei allein der mitgliedschaftliche Bezug der Vereinbarung.
49 Vgl. Vorauflage/*Hausmann* § 22 Rdn. 9.
50 RGZ 4, 394, 396.
51 RGZ 54, 207.
52 LG Dortmund, Urt. v. 27.7.2010 – 19 O 20/10.
53 WpPG, BGBl. I S. 1698; zuletzt geändert durch Art. 11 des Gesetzes vom 20.9.2013, BGBl. I S. 3642.
54 Vgl. Stein/Jonas/*Roth* § 22 Rdn. 15.
55 BGHZ 76, 231 = NJW 1980, 1470.

Erfüllungsgehilfen.[56] Wird der Beklagte als Vermittler in Anspruch genommen, lässt sich daher ein besonderer Gerichtsstand nicht aus § 22 herleiten.[57]

4. Klagen des Insolvenzverwalters

15 **a)** Der Gerichtsstand des § 22 ist seit Inkrafttreten des MoMiG bei Klagen des Insolvenzverwalters[58] bei Eröffnung des Verfahrens über das Vermögen einer juristischen Person eröffnet, wenn er beispielsweise die Rückgewähr eigenkapitalersetzender Leistungen der Gesellschafter, Zahlung rückständiger Stammeinlagen §§ 30, 31 GmbHG begehrt.[59] § 22 erfasst Klagen wegen Personenhandelsgesellschaften, mit denen ein Anspruch gegen den Beklagten als Gesellschafter geltend gemacht wird.[60] Danach ist das Gericht, bei dem Gesellschaften den allgemeinen Gerichtsstand haben, für die Klagen zuständig, die von ihnen oder von dem Insolvenzverwalter gegen die Mitglieder als solche erhoben werden.[61] Der für die Anwendbarkeit des § 22 notwendige unmittelbare Bezug zu der durch die Mitgliedschaft begründeten Rechtsbeziehung kann aus dem „Stehenlassen" der aus Warenlieferungen folgenden Kaufpreisforderungen folgen. Hierdurch erhalten über mehrere Jahre gestundete Kaufpreisforderungen den Charakter einer einem Gesellschafterdarlehen gleichstehenden Forderung iSd § 135 InsO und begründen so gemäß § 22 die Zuständigkeit des angerufenen Gerichts.[62] Macht der Insolvenzverwalter daher gegen eine Gesellschafterin, die ihren Firmensitz in der Schweiz hat, Ansprüche auf Rückgewähr eigenkapitalersetzender Darlehen aus §§ 135 Nr. 2 InsO i.V.m. 32 a), b) GmbHG geltend, ergibt sich die internationale Zuständigkeit deutscher Gerichte hierfür aus § 22 als dem besonderen Gerichtsstand der Mitgliedschaft an der Gesellschaft, die ihren Sitz in Deutschland hat, da maßgebliche Grundlage der Ansprüche die aus der Mitgliedschaft abzuleitende Kapitalaufbringungs- und erhaltungspflicht des Gesellschafters ist.[63]

16 **b)** Nicht unter § 22 fallen dagegen Klagen gemäß §§ 92, 93 InsO: Nach § 92 S. 1 InsO macht der Insolvenzverwalter keine Ansprüche gegen „Mitglieder [der Gesellschaft] als solche" geltend, sondern verfolgt als besonderer Prozessstandschafter Ansprüche der Insolvenzgläubiger auf Ersatz eines Schadens, den diese Gläubiger gemeinschaftlich durch eine Verminderung des zur Insolvenzmasse gehörenden Vermögens vor oder nach der Eröffnung des Insolvenzverfahrens erlitten haben (einen sog. Gesamtschaden). Gleiches gilt nach § 92 S. 2 InsO für solche Ansprüche, die sich gegen den Verwalter richten, die von einem neu bestellten Insolvenzverwalter oder einem Sonderinsolvenzverwalter geltend zu machen sind. Gleiches gilt für Klagen nach § 93 InsO, mit denen der Insolvenzverwalter als Prozessstandschafter der Gläubiger deren Schadenersatzansprüche gegen Gesellschafter der insolventen Gesellschaft nach § 171 Abs. 2 HGB geltend macht, was dazu zwingt, die Gesellschafter an ihrem Wohnsitz oder Sitz nach §§ 13 oder 17 zu verklagen.

---

56 BGHZ 76, 231; BayObLG, NJW-RR 2003, 134; OLGR Frankfurt 2009, 378.
57 OLGR Hamburg 2007, 33; OLGR Frankfurt 2007, 917 f.
58 *Kindler* NJW 2008, 3249, 3255; Thomas/Putzo-ZPO/*Hüßtege* § 22 Rdn. 1; Zöller/*Vollkommer* § 22 Rdn. 2; MünchKomm/*Patzina* § 22 Rdn. 1.
59 OLG München ZIP 2006, 2402, 2403; OLG Karlsruhe ZIP 1998, 1005; OLG Düsseldorf InVo 1997, 326; OLG Frankfurt OLGR 1997, 175; OLG Hamburg WM 1992, 1941, 1943; OLG Karlsruhe BB 1998, 389 = ZIP 1998, 1005.
60 Zöller/*Vollkommer* § 22 Rdn. 6, § 17 Rdn. 5.
61 Die EuInsVO ist vorrangig gegenüber den Vorschriften der ZPO. Ist aber die Verordnung einschlägig, folgt die Zuständigkeit daraus; ist sie nicht einschlägig, ist das nationale Recht und damit § 22 anwendbar.
62 LG Krefeld ZInsO 2014, 360 ff. m. Anm. *Bangha-Szabo* NZI 2014, 409 f.
63 OLG München ZIP 2006, 2402 ff. m. Anm. *Dutta* IPRax 2007, 195 ff.

5. Klagen der Mitglieder gegeneinander. Auch die Klagen der Mitglieder gegeneinander[64] müssen aus dem Mitgliederverhältnis entspringen (und dürfen daher nicht privater Natur sein[65]), etwa wenn ein Gesellschafter der oHG gegen einen anderen klagt. Erfasst sind weiter die Klagen auf Auflösung der Mitgliedschaft bzw. Ausschließung eines Mitglieds gemäß §§ 133, 140 HGB.[66] Gleiches gilt, wenn zwei Gesellschafter einer BGB-Gesellschaft darum streiten, wie die Auseinandersetzung der Gesellschaft zu erfolgen hat.[67] Erfasst sind daher auch Streitigkeiten unter Mitgliedern einer Rechtsanwaltssozietät (GbR) aus dem Sozietätsverhältnis.[68] 17

6. Abgrenzung. Nicht aus der Mitgliedschaft stammen Ansprüche aus sonstigen Verträgen, wie etwa die gegen die gesetzlichen Vertreter einer Gesellschaft (den Vorstand, den Aufsichtsrat, den Geschäftsführer, die Abwickler aus Vertrag oder aus Gesetz, etwa die aus unerlaubter Handlung). Macht der Kläger die Freistellung von Verpflichtungen geltend, die ihn als Treuhandgesellschafter nicht gegenüber der Gesellschaft oder den Mitgesellschaftern, sondern gegenüber einer Gesellschaftsgläubigerin treffen, kommt § 22 nicht zum Zuge. Denn von § 22 sind schon nach seinem Wortlaut, aber auch seinem Sinn nur solche Klagen erfasst, die sich aus dem Verhältnis der Gesellschaft zu ihren Mitgliedern oder dem Verhältnis der Gesellschafter untereinander ergeben. Nimmt der Kläger den Beklagten auf Freistellung von der Haftung des Klägers aus § 128 HGB in Anspruch, stützt sich der Klageanspruch einerseits auf die gesetzliche Haftung des Gesellschafters gegenüber Gläubigern der Gesellschaft und andererseits auf den Treuhandvertrag. Eine solche Konstellation ist, wie das KG[69] überzeugend ausgeführt hat, mit der Klage eines Insolvenzverwalters auf der Grundlage der § 128 HGB in Verbindung mit § 93 InsO oder auf Zahlung der Kommanditeinlage gemäß § 171 Abs. 2 HGB vergleichbar. In diesen Fällen wird § 22 als nicht anwendbar angesehen.[70] 18

VI. Satzungsmäßige Erweiterung

Der BGH[71] hielt allerdings die Gerichtstandbestimmung in der Satzung einer öffentlichen Körperschaft für wirksam, die über die Mitgliedschaftsverhältnisse hinausging. Eine Bestimmung ist jedoch dann ausgeschlossen, wenn für die Klage gegen alle Streitgenossen der besondere Gerichtsstand der Mitgliedschaft gegeben ist.[72] 19

VII. Internationale Zuständigkeit

1. Umfang. Art. 24 Nr. 2 EuGVVO n.F.[73] schafft eine ausschließliche internationale Zuständigkeit der Gerichte des Mitgliedsstaates der Union, in dessen Hoheitsgebiet die Gesellschaft oder juristische Person ihren Sitz hat, für Verfahren welche die Gültigkeit, 20

64 Stein/Jonas/*Roth* § 22 Rdn. 14.
65 Zöller/*Vollkommer* § 22 Rdn. 7.
66 BayObLG BB 1978, 1625.
67 BayObLG BB 1978, 1625.
68 OLG Köln NJW 2004, 862.
69 KG NZG 2010, 515 m. Anm. *Cranshaw* jurisPR-HaGesR 5/2010 Anm. 1.
70 Prütting/Gehrlein-ZPO/*Lange*[5] § 22 Rdn. 4, 5; MünchKomm/*Patzina* § 22 Rdn. 7; Stein/Jonas/*Roth* § 22 Rdn. 12; zu § 128 HGB.
71 BGH NJW 1960, 98 = MDR 1960, 31.
72 BayOLG, Beschl. v. 22.7.2003 – 1Z AR 73/03.
73 Bis zum 9.1.2015 Art. 22 Nr. 2 EuGVVO und nur für Klagen anwendbar. Mit der neuen Fassung für alle Verfahren.

Nichtigkeit oder die Auflösung einer Gesellschaft oder juristischen Person oder der Beschlüsse zum Gegenstand haben.[74] Daher folgt die internationale Zuständigkeit der deutschen Gerichte allein aus Art. 24 Nr. 2 EuGVVO n.F.,[75] wenn die Gesellschaft oder juristische Person ihren Sitz in der Bundesrepublik Deutschland hat. § 22 wird daher ebenso verdrängt wie § 17.[76] Die Vorschriften kommt allerdings gegebenenfalls ergänzend zur Anwendung, um den örtlichen Gerichtsstand zu bestimmen.

21 Liegen keine Streitigkeiten der in Art. 24 Nr. 2 EuGVVO n.F.[77] genannten Art vor, greifen die allgemeinen Zuständigkeitsvorschriften der Art. 4ff. EuGVVO n.F.[78] im räumlichen und sachlichen Anwendungsbereich der Verordnung ein.[79] Dies ist namentlich dann der Fall, wenn das in Anspruch genommene Mitglied der Personenvereinigung seinen Wohnsitz im Hoheitsgebiet eines Staates der Union hat.[80] Die Klage wegen einer mitgliedschaftsrechtlichen Streitigkeit, die von Art. 24 Nr. 2 EuGVVO n.F.[81] nicht erfasst wird, wird daher nicht am Sitz der Personenvereinigung erhoben. Vielmehr kommt der Gerichtsstand am Wohnsitz des verklagten Mitglieds in Betracht.[82] Auch insoweit wird § 22 ausgeschlossen.

Die Art. 10ff.[83] EuGVVO n.F. verdrängen für Versicherungssachen den Gerichtsstand.

22 **2. Autonomes Recht.** Nach Art. 6 Abs. 1[84] EuGVVO richtet sich die internationale Zuständigkeit der deutschen Gerichte nach autonomem Recht, wenn das beklagte Mitglied seinen Wohnsitz nicht in einem Mitgliedstaat der Union hat und Streitigkeiten von Art. 24 Nr. 2 EuGVVO n.F.[85] nicht erfasst werden.[86] § 22 begründet dann mit der örtlichen auch die internationale Zuständigkeit für Klagen des Vereins bzw. seiner Mitglieder gegen ein Mitglied als solches am inländischen Sitz des Vereins.[87] Es kommt in diesen Fällen auf den Wohnsitz bzw. Sitz der Mitglieder ebenso wenig an wie auf ihre Staatsangehörigkeit.[88]

§ 23
Besonderer Gerichtsstand des Vermögens und des Gegenstands

Für Klagen wegen vermögensrechtlicher Ansprüche gegen eine Person, die im Inland keinen Wohnsitz hat, ist das Gericht zuständig, in dessen Bezirk sich Vermögen derselben oder der mit der Klage in Anspruch genommene Gegenstand befindet. Bei Forderungen gilt als der Ort, wo das Vermögen sich befindet, der Wohnsitz des Schuldners und, wenn für die Forderungen eine Sache zur Sicherheit haftet, auch der Ort, wo die Sache sich befindet.

---

74 Vorauflage/*Hausmann* § 22 Rdn. 14.
75 Bis zum 9.1.2015 Art. 22 Nr. 2 EuGVVO.
76 Stein/Jonas/*Schumann*[21] § 22 Rdn. 3a.
77 Bis zum 9.1.2015 Art. 22 Nr. 2 EuGVVO.
78 Bis zum 9.1.2015 Art. 2ff. EuGVVO.
79 Vorauflage/*Hausmann* § 22 Rdn. 15.
80 Vorauflage/*Hausmann* § 22 Rdn. 15; vgl. aber auch Stein/Jonas/*Roth* § 22 Rdn. 5.
81 Bis zum 9.1.2015 Art. 22 Nr. 2 EuGVVO.
82 So Vorauflage/*Hausmann* § 22 Rdn. 15.
83 Bis zum 9.1.2015 Art. 8ff. EuGVVO.
84 Bis zum 9.1.2015 Art. 4 Abs. 1 EuGVVO.
85 Bis zum 9.1.2015 Art. 22 Nr. 2 EuGVVO.
86 Vgl. hierzu auch Musielak/*Heinrich* § 22 Rdn. 8.
87 So Vorauflage/*Hausmann* § 22 Rdn. 17.
88 Vgl. BGH WM 1986, 883; *Geimer* IZPR Rdn. 1439.

Schrifttum

Amort BGH lässt erstmals Klage gegen ausländische Ratingagentur zu, NZG 2013, 859; *Baumert* Ratingagentur, Schadensersatzklage, internationale Zuständigkeit, Vermögensgerichtstand, Inlandsbezug, Wohnsitz, Anmerkung zu BGH, Beschluss vom 13.12.2012 – III ZR 282/11, EWiR 2013, 363; *Baumgärtel* Treu und Glauben im Zivilprozeß, ZZP 86 (1973) 353; *Bittighofer* Der internationale Gerichtsstand des Vermögens, (1994); *F. Bittmann* Anmerkung zur Entscheidung des BGH vom 20.12.2012 (IX ZR 130/10; ZWH 2013, 510) – Zur Frage der Abtretung künftiger Rentenansprüche und zur Insolvenzanfechtung, ZWH 2013, 512; *Bollacher/Evke de Groot* Anmerkung zum BGH-Urteil vom 25.11.2010 (VII ZB 120/09; RIW 2011, 157) – Zur Zuständigkeit deutscher Vollstreckungsgerichte bei Forderungen eines ausländischen Staates, RIW 2011, 158; *Braun* Lehrbuch des Zivilprozeßrechts (2014); *Dahl/Schmitz* Anmerkung zum Urteil des BGH vom 20.12.2012, Az. IX ZR 130/10 – Zum Anwendungsbereich des § 114 Abs. 1 InsO, EWiR 2013, 421; *Däubler* Rechtsschutz gegen Giganten? NJW 2013, 282; *Edelmann* Blockierung der Inanspruchnahme einer direkten Auslandsgarantie, DB 1998, 2453; *Emde* Zur Unwirksamkeit einer Gerichtsstandsvereinbarung in einem internationalen Handelsvertretervertrag, Besprechung OLG München, Urt. v. 17.5.2005 – 7 U 1781/06, EWiR 2006, 621; *Geimer* IZPR[6]; *Geimer* Gegen Meritorisches im Kompetenzrecht – Für eine klare Trennlinie zwischen Forum und Jus, IPrax 1997, 236; *Geimer* Zur Rechtfertigung des Vermögensgerichtsstandes, JZ 1984, 979; *Genius* Internationaler Gerichtsstand des Vermögens bei inländischem Wohnsitz des Klägers, jurisPR-BGHZivilR 3/2013 Anm. 4; *Hahn* Materialien zur CPO[2] (1881); *Hübler* Aktuelles internationales und ausländisches Insolvenzrecht, NZI 2013, 337; *Hartwieg* Forum Shopping zwischen Forum Non Conveniens und „hinreichendem Inlandsbezug", JZ 1996,109; *Kirchhof* Anmerkung zum Urteil des BGH vom 20.12.2012, IX ZR 130/10 – Insolvenzanfechtung mit Auslandsbezug, WuB VI A § 133 InsO 8.13. (juris); *Kropholler* Internationales Privatrecht[6]; *Lipp* Das Pfändungspfandrecht, JuS 1988, 119; *W. Lüke* Zu den Anforderungen an den Inlandsbezug eines Rechtsstreits zur Begründung der internationalen Zuständigkeit deutscher Gerichte, ZZP 105, (1992) 321; *Mankowski* Anmerkung zum Urteil des OLG Frankfurt vom 28.11.2011 (21 U 23/11, RIW 2012, 249) – Zur Frage der örtlichen und internationalen Zuständigkeit eines deutschen Gerichts für eine Schadensersatzklage gegen eine US-Ratingagentur, RIW 2012, 251; *Mansel* Vermögensgerichtsstand und Inlandsbezug bei der Entscheidungs- und Anerkennungszuständigkeit am Beispiel der Anerkennung US-amerikanischer Urteile in Deutschland, FS Jayme (2004) Bd. 1, 560; *Mock* Steine statt Brot? – Verfahrenskonzentration bei grenzüberschreitenden Insolvenzanfechtungsklagen und fehlende örtliche Zuständigkeiten, ZInsO 2009, 470; *Nagel* IZPR[7]; *Nussbaum* Deutsches Internationales Privatrecht (1932); *Oberhammer* Vermögensbelegenheit und Funktion des Vermögensgerichtsstands – Überlegungen aus Anlass einer Forum-Shopping-Tour, FS Schlosser (2005) 651; *Obermüller* Obergerichtliche Rechtsprechung des Jahres 2012 zur Position von Banken in einer Insolvenz ihres Kunden, ZInsO 2013, 845; *Pape* Entwicklung der Rechtsprechung zum Verbraucherinsolvenz- und Restschuldbefreiungsverfahren in den Jahren 2011 und 2012 – Teil 2.1, ZInsO 2013, 685; *Pfeiffer* Internationale Zuständigkeit und prozessuale Gerechtigkeit (1995); *Probst* Anmerkung zum BGH-Urteil vom 25.11.2010 (VII ZB 120/09, WM 2011, 78) – Zur Frage der Zulässigkeit der Vollstreckung in ausländische öffentlich-rechtliche Forderungen durch private Gläubiger vor deutschen Gerichten, WuB VI D § 23 ZPO 1.11 (juris); *Quinke* Schiedsvereinbarungen und Eingriffsnormen, SchiedsVZ 2007, 246; *H. Roth* Buchrezension „Internationales Zivilverfahrensrecht" (Schack) JZ 2003, 201; *Rühl* Die Wirksamkeit von Gerichtsstands- und Schiedsvereinbarungen im Lichte der Ingmar-Entscheidung des EuGH, IPRax 2007, 294; *Schack* Vermögensbelegenheit als Zuständigkeitsgrund – exorbitant oder sinnvoll? § 23 ZPO in rechtsvergleichender Perspektive, ZZP 97 (1984), 46; *Schack* IZVR[6]; *Schack* Anmerkung zu BGH 2.7.1991 – XI ZR 206/90 – zum Vermögensgerichtsstand, JZ 1992, 54; *Schack* Internationale Zuständigkeit und Inlandsbeziehung, FS Nakamura (1996) 491; *Schlick* Die aktuelle Rechtsprechung des III. Zivilsenats des BGH zum Kapitalanlagerecht, WM 2014, 633; *Schlosser* Zur Vollstreckung ausländischer Urteile bei schlüssiger Darlegung des Vorhandenseins von Vermögenswerten, JZ 1997, 364; *Schumann* Aktuelle Fragen und Probleme des Gerichtsstandes des Vermögens (§ 23 ZPO), ZZP 93 (1980), 432; *Schütze* Zum Vermögensgerichtsstand des § 23 ZPO, DZWIR 1991, 239; *Schütze* Einstweilige Verfügungen und Arreste im internationalen Rechtsverkehr, insbesondere im Zusammenhang mit der Inanspruchnahme von Bankgarantien, WM 1980, 1438; *Schütze* Das Vermögen als Anknüpfungspunkt für die internationale Zuständigkeit, FS Ishikawa (2011) 493; *Schumann* Aktuelle Fragen und Probleme des Gerichtsstandes des Vermögens, ZZP 93 (1980) 408; *Theewen* Anmerkung zum Urteil des OLG Frankfurt vom 28.11.2011, Az. 21 U 23/11 – Zur internationalen Zuständigkeit deutscher Gerichte für eine Schadensersatzklage gegen eine Rating-Agentur mit Sitz in den USA, EWiR 2012, 227; *M. Vollkommer* Anmerkung zur Entscheidung BGH vom 22.9.2005, IX ZR 1/05, BGHReport 2005, 1611; *Wojcik* Zivilrechtliche Haftung von Ratingagenturen nach europäischem Recht, NJW 2013, 2385; *Wollenschläger* Nehmen die Erfolgsaussichten der Zwangsvollstreckung Einfluß auf die Auslegung des Vermögensbegriffes in § 23 ZPO? IPRax 2001, 320; *Wollenschläger* Zum Merkmal des hinreichenden Inlandsbezuges in § 23 ZPO – Auslegungsdifferenzen in den verschiedenen Verfahrensarten der Zivilprozeßordnung? IPRax 2002, 96; *Zeiss* Die arglistige Prozesspartei (1967).

Übersicht

I. Normzweck

1 **1. Übersicht.** § 23 Satz 1 Var. 1 enthält einen besonderen Gerichtsstand für vermögensrechtliche Ansprüche gegen Personen, die in Deutschland keinen (Wohn-)Sitz, wohl aber Vermögen haben. Die Regelung, die aus dem forum arresti hervorgegangen ist,[1] ermöglicht die Rechtsverfolgung im Inland durch Begründung – auch – der internationalen Zuständigkeit.[2] *Schütze* beschreibt daher das Vermögen als „unten starken Bezug zum Forum".[3] Sie setzt aber nach der Judikatur des BGH[4] (unten Rdn. 9ff.) im Erkenntnisverfahren neben der Vermögensbelegenheit als weiteres ungeschriebenes Merkmal

1 M.w.N. *Schack* ZZP Bd. 97 (1984) 46, 55.
2 BGHZ 94, 156, 157 f.; 120, 334, 346.
3 *Schütze* FS Ishikawa (2011) 493, 496.
4 BGH NJW 1989, 1431; BGHZ 115, 90 = NJW 1991, 3092; BGH NJW 1996, 2096; BGH NJW 1997, 2886; BGH NJW 1999, 1396; BGH NJW 2013, 386 [Fn. 19].

einen hinreichenden Inlandsbezug der Streitsache voraus.[5] Gleiches gilt nach § 23 Satz 1 Var. 2, wenn sich der Gegenstand, der mit der Klage in Anspruch genommen wird, im Gerichtsbezirk befindet. Zum inländischen Vermögen rechnen die in Deutschland befindlichen Sachen des Beklagten (§ 90 BGB) und diejenigen Forderungen, die dieser gegen inlandsansässige Schuldner – ggf. auch den Kläger selbst[6] – hat, § 23 Satz 2 Var. 1 , oder nach Var. 2 wenn Sachen zur Sicherheit haften.[7] Damit soll vermieden werden, dass inländische „Vollstreckungsenklaven" dadurch begründet werden, dass der Schuldner keinen Wohnsitz im Inland oder doch nur einen Wohnsitz im Ausland hat, was eine Rechtsverfolgung im Inland wenigstens mit der Folge erschwert, dass auf den Vermögensgegenstand, der wegen seiner Belegenheit im Inland dem Vollstreckungszugriff ausgesetzt wäre, gleichwohl nicht zugegriffen werden kann.[8] Die internationale Zuständigkeit deutscher Gerichte nach § 23 hängt nicht davon ab, dass die Entscheidung des deutschen Gerichts im Ausland anerkennungsfähig ist.[9]

§ 23 normiert damit den besonderen Gerichtsstand des Streitgegenstandes des Ver- 2
mögens[10] und den des Gegenstandes, der mit der Klage begehrt wird, jedoch nicht zum Schuldnervermögen gehört.[11] Er bezieht sich dabei nur auf vermögensrechtliche Streitigkeiten.[12] Nicht erforderlich ist, dass besagter Gegenstand auch zur Befriedigung taugt bzw. ausreicht.[13] Der Wert spielt demnach keine Rolle.[14] Bereits im Normtext wird die Doppelfunktionalität des Tatbestandes deutlich.[15] Gerade deshalb aber wird von der Rechtsprechung des BGH ein hinreichender Inlandsbezug des Rechtsstreits als notwendige Voraussetzung der internationalen Zuständigkeit deutscher Gerichte nach § 23 gefordert.[16] Ausreichend ist hierfür bereits der gewöhnliche Aufenthaltsort des Klägers in Deutschland. Die von der Judikatur des BGH mit der Forderung nach einem Inlandsbezug (unten Rdn. 9ff.) vorgenommenen teleologischen Reduktion des § 23 setzt sich als eine Erscheinungsform der Anwendung der Lehre vom forum non conveniens (Vor § 12 Rdn. 74) der Kritik aus.[17] Denn der hinreichende Inlandsbezug als vom BGH im Rahmen des § 23 zu dessen teleologischer Reduktion entwickelten ungeschriebenen Tatbestandsmerkmal stellt sich insbesondere als eine Form des forum non conveniens dar, die vor dem Hintergrund des Gebots des gesetzlichen Richters aus Art. 101 Abs. 1 S. 2 GG problematisch ist (Vor § 12 Rdn. 20, 22, 74; § 12 Rdn. 2).[18] Die aus der schottischen legal doctrin stammende Lehre vom forum non conveniens ist in der angloamerikanischen Rechtslehre nicht zuletzt deshalb rezipiert worden, weil damit ein Übergreifen der Bejahung internationaler Zuständigkeit der Gerichte auf comity zu-

---

5 Grundlegend BGHZ 115, 90, 94 ff. m. krit. Anm. *Fischer* RIW 1992, 57, 58.
6 BGHZ 120, 334, 346.
7 OLG Dresden NJW-RR 2007, 1145.
8 Vgl. bereit die Motive zu § 24 – *Hahn* Materialien zur CPO, 2. Aufl. 1881, S. 154.
9 Stein/Jonas/*Roth* § 23 Rdn. 3 a.E. entgegen *E. Schumann*[21] Rdn. 34 [Fn. 152].
10 Musielak/*Heinrich* § 23 Rdn. 4, 7.
11 Musielak/*Heinrich* § 23 Rdn. 1.
12 Musielak/*Heinrich* § 23 Rdn. 4; BGHZ 14, 72, 74; zum geldwerten Vorteil: MünchKomm/*Patzina* § 23 Rdn. 6; *Schütze* DZWiR 1991, 241.
13 Musielak/*Heinrich* § 23 Rdn. 4; BGH NJW 1998, 966, 967; OLG München WM 2006, 1556, 1557.
14 *Schack* ZZP 97 (1984), 46, 65; Stein/Jonas/*Roth* § 23 Rdn. 16; zu der sich daraus ergebenden Problematik, dem sog. „umbrella-rule": *Braun* Lehrbuch des Zivilprozeßrechts 2014, § 19 III 2b) (S. 284).
15 So insofern überzeugend *Mansel* FS Jayme (2004) Bd. 1, 560, 565, 566.
16 **H.M.** BGHZ 115, 90; BGH NJW 1996, 2096; 1997, 324, 2886; 1999, 1396; BGH NJW 2013, 386; BAG NJW 1997, 2462; BAG IPrax 2003, 258; zust.: *Mansel* FS Jayme (2004) Bd. 1, 560, 568 f.; *Fricke* NJW 1992, 2066 ff.; *Geimer* IZPR Rdn. 128; *Schack* IZVR Rdn. 325; *Schlosser* IPrax 1922, 140; krit. *Schütze* DZWiR 1991, 239, 242 f.; *Fischer* RIW 1992, 57 ff. Zum Zusammenhang mit dem forum on conveniens *Hartwieg* JZ 1996, 109 ff.
17 *Schütze* FS Ishikawa (2011) 493, 499 ff.
18 *Schack* FS Nakamura (1996) 491, 507.

rückgeschnitten werden sollte.[19] Die Judikatur des BGH führt zur – wie es *Schack* (so überzeugend)[20] ausgedrückt hat – Verlockung für die Untergerichte, sich unter Berufung auf diese Judikatur Auslandsfälle vom Hals zu schaffen, die unerwünscht und unbequem sind.[21]

3 **2. Kritik, ergänzende Auslegung.** Der Vermögensgerichtsstand des § 23 ist dabei in seiner ihm durch den Wortlaut des Gesetzes verliehenen Weite problematisch und ist daher der Kritik ausgesetzt.[22] Er stellt sich nämlich nicht allein als forum arresti dar, gewährt die örtliche und internationale Zuständigkeit (unten Rdn. 67 ff.) also nicht allein für den Fall, dass vom Gläubiger dadurch Befriedigung gesucht wird, dass von ihm in den im Inland befindlichen Vermögensgegenstand die Zwangsvollstreckung betrieben werden kann. Darüber hinaus greift – legt man den Gesetzeswortlaut zugrunde – die Vermögenszuständigkeit auch in Fällen, in denen wegen Geringwertigkeit des Vermögensgegenstandes aus der in diesen betriebenen Vollstreckung Befriedigung der aus der vor dem Gerichtsstand des § 23 erhobenen Klage erlangten Titelforderung nicht erwartet werden kann.[23] Und der Vermögensgerichtsstand soll gar in solchen Fällen gewährt sein, in denen der Gegenstand unpfändbar ist. Daher wird über die bloße Belegenheit des Vermögensgegenstandes im Inland hinaus gefordert, dass die Sache einen Inlandsbezug hat (unten Rdn. 9 ff.).[24] *Schack* hat de lege ferenda eine absolute Wertgrenze des inländischen Vermögens gefordert, um die internationale Zuständigkeit zu begründen.[25] Im Übrigen wird eine relative Wertgrenze gefordert, aufgrund derer der Wert des im Inland befindlichen Vermögens nicht unverhältnismäßig geringer sein soll als der Wert des Streitgegenstandes, wobei z.B. von 20% die Rede ist.[26] Zutreffend wird dem entgegengehalten, dass dies zum Zwang führen kann, Teilklagen zu erheben, womit die Prozesse zwischen den Parteien vervielfältigt werden.[27] Gegenüber der grundsätzlichen Kritik an der Vorschrift des § 23 weist *Schack*[28] zutreffend darauf hin, dass der völlige Verzicht auf ein Ausländerforum schon deshalb nicht gangbar wäre, weil eine weltweite gegenseitige Anerkennung und Vollstreckung von Entscheidungen nicht realisiert werden könne. Selbst dann aber wäre es möglicherweise unbillig, wenn der Kläger auf eine Klageerhebung im Ausland und eine anschließende Anerkennung verwiesen werden müsste. Die Vermögensbelegenheit ist gegenüber anderen Anknüpfungspunkten eines Ausländerforums, wie sie in der Person des Klägers liegen können, vorzugswürdig, weil damit ein immanenter Bezug zum Beklagten verwirklicht wird.[29] Dabei geht es bei dem Ausländerforum nicht allein um das Vollstreckungsinteresse, dass dem Kläger um bloße Feststellung oder materiellrechtliche Klagewirkung, wie insbesondere die Verjährungsunterbrechung, umgehen kann.[30]

---

19 *Hartwieg* JZ 1996, 109 m.w.N.
20 *Schack* FS Nakamura (1996) 491, 496.
21 So etwa OLG München WM 1992, 2115, = I Prax 1993, 237, 239 mit abl. Anm. *Geimer* 260.
22 *Schumann* ZZP Bd. 93 (1980) 08, 431 ff.; BeckOK/*Toussaint* § 23 Vor Rdn. 1, Rdn. 5.1.; vgl. auch Musielak/*Heinrich* § 23 Rdn. 2 f.
23 BeckOK/*Toussaint* § 23 Rdn. 6, 6.1.
24 Oben Fn. 16; hier weiter nur Musielak/*Heinrich* § 23 Rdn. 2 f.
25 *Schack* ZZP 97 (1984), 46.
26 Zum Ganzen Stein/Jonas/*Roth* § 23 Rdn. 23.
27 *Schack* ZZP 97 (1984) 46, 64.
28 *Schack* ZZP Bd. 97 (1994) 48.
29 *Schack* ZZP Bd. 97 (1994) 49.
30 So überzeugend *Schack* ZZP Bd. 97 (1994) 54.

3. Gerichtsstandsvereinbarungen. Der Gerichtsstand darf regelmäßig durch Vereinbarung ausgeschlossen werden[31] und wird es gerade, wenn ein ausschließlicher ausländischer Gerichtsstand vereinbart wird, soweit die Formvorschriften (§§ 38, 40 Abs. 1) gewahrt worden sind. Liegt ein solcher Ausschluss nicht vor, so wird die Rechtsverfolgung[32] gegenüber Deutschen und auch Ausländern, die über keinen Wohnsitz im Inland verfügen dadurch erleichtert, dass die Norm eine örtliche und internationale Zuständigkeit[33] des deutschen Gerichts bestimmt. Hintergrund ist, dass der Kläger seine Ansprüche in dem Land verfolgen soll, in dem sich das haftende Vermögen tatsächlich befindet.[34] Die vor dem Gerichtsstand des § 23 bei im Übrigen Vorliegen von dessen Voraussetzungen erhobene Klage ist nicht etwa deshalb unzulässig, weil damit die Entscheidung möglicherweise davon abhängt, wie die völkerrechtlichen Beziehungen zwischen Nachfolgestaaten eines untergegangenen Staates abhängig ist, wie der BGH[35] in einem Fall entschieden hat, in dem es um die Beziehung von Nachfolgestaaten der früheren jugoslawischen Bundesrepublik ging. 4

II. Entsprechende Anwendung

Entsprechend angewendet wird § 23 bei den Vorschriften der §§ 722 Abs. 2 (bei der Vollstreckbarkeitserklärung ausländischer Urteile), 797 Abs. 5 (bei den Klagen auf Erteilung der Vollstreckungklausel für Urkunden), 828 Abs. 2 (bei der Vollstreckung in Forderungen), 930 Abs. 1 (bei der Vollziehung des Arrestes[36]), vgl. auch § 919. In all diesen Fällen ist der Gerichtsstand ausschließlich (§ 802). Nicht anwendbar hingegen ist er, wenn es um Auskunfts-, Herausgabeansprüche oder dergleichen geht, es sei denn, sie sind auf Geld oder zumindest einem diesem gleichgestellten Vorteil zu gerichtet.[37] 5

III. International

1. Vermögensbegriff. Soweit in internationalen Verträgen die Anwendung des § 23 ausgeschlossen worden ist, bezieht sich das regelmäßig nur auf die Gerichtsstandbestimmung, auf welche die Norm unmittelbar anzuwenden ist. 6

Soweit § 23 Abs. 1 Alt. 1 normiert, dass es sich im Vermögen der betreffenden Person handeln muss, steht im Streit, ob dieses auch der Pfändung unterliegen und zur Befriedigung ausreichen muss.[38] Dem Wortlaut ist dieses Erfordernis jedoch nicht zu entnehmen, dass der Gerichtsstand durch diese Tatsachen nicht[39] tangiert wird.[40] Vermögen, gleichgültig in welcher Höhe, reicht demnach aus.[41] Nur ausnahmsweise kann das nicht gelten, wenn ganz offensichtlich ist, dass der Kläger sich auf bestimmtes Vermögen bezieht, um im Gerichtsstand vorgehen zu können.[42] 7

---

31 BGHZ 94, 158.
32 Stein/Jonas/*Roth* § 23 Rdn. 1; Zöller/*Vollkommer* § 23 Rdn. 1; MünchKomm/*Patzina* § 23 Rdn. 1.
33 *Kroppholler* Internationales Privatrecht, § 58 II 1b; Stein/Jonas/*Roth* § 23 Rdn. 1; Zöller/*Vollkommer* § 23 Rdn. 1; BGHZ 94, 165, 158 = NJW 1985, 2090; BGHZ 63, 219, 220 = NJW 1975, 114; BGHZ 134, 116 = NJW 1997, 657; BGHZ 44, 46, 47 = NJW 1965, 1655.
34 OLG Hamburg, NJW-RR 1996, 203; Baumbach/Lauterbach/Albers/*Hartmann* § 23 Rdn. 2.
35 BGH IPrax 1997, 257 m. zust Anm. *Geimer* IPrax 1997, 236.
36 OLG Frankfurt NJW-RR 1988, 572.
37 MünchKomm/*Patzina* § 23 Rdn. 17.
38 OLG München NJW 1993, 701; BGH NJW 1993, 2684; *Schumann* ZZP 93 (1980) 408.
39 *Wollenschläger* IPRax 2001, 320; *ders.* IPRax 2002, 96.
40 *Wollenschläger* IPRax 2001, 320, IPRax 2002, 96; BGH NJW-RR 1991, 425; *Schütze* DZWiR 1991, 241.
41 BGH MDR 1989, 345; OLG Düsseldorf NJW 1991, 3108; OLG München NJW-RR 1993, 701; OLG München WM 2006, 1156, 1557.
42 OLG Celle IPRax 2001, 338; **a.A.** OLG Karlsruhe IPRspr. 1973, Nr. 130.

8 Hinsichtlich der Forderungen ist nach § 23 Satz 2 auf den inländischen Wohnsitz der Schuldner der Beklagten abzustellen. Der für eine Anwendung des § 23 erforderliche Inlandsbezug kann z.B. aus der Tätigkeit des in Deutschland ansässigen Klägers für den Beklagten folgen, die vertragsgemäß unter anderem in Deutschland stattfand.[43]

9 **2. Inlandsbezug.**[44] Insbesondere ist der sogenannte genuine link, der zu einer einschränkenden Auslegung von § 23 führt und wonach ein Staat nur dann extraterritorial aktiv werden darf, wenn er zu dem Regelungsgegenstand einen sinnvollen Anknüpfungspunkt aufweisen kann, erfüllt, wenn der Kläger seinen Wohnsitz oder seinen Aufenthalt in Deutschland hat, da die Klageerhebung im Inland in diesem Fall keine Einmischung in fremde ausländische Angelegenheiten darstellt, wenn Deutschland Inländern Rechtsschutz gewährt.[45] Mit der gleichen Berechtigung einer ausländischen Entscheidung über die Interessen des inländischen Klägers kann eine inländische Entscheidung über die Belange des ausländischen Beklagten ergehen. Zudem wird die Einschränkung des hinreichenden Inlandsbezugs jedenfalls auch mit der Entstehungsgeschichte begründet, wonach die Vorschrift Inländern – ohne Rücksicht auf deren Staatsangehörigkeit – die Durchsetzung ihrer Vermögensinteressen im Inland ermöglichen soll.[46] Gerade mit diesem Ziel der Vorschrift steht die Annahme eines Inlandsbezuges bei einem Inländer in Einklang. Auch die Entscheidung des BGH vom 29.3.2011[47] steht nicht entgegen, da es den Gerichtsstand nach § 32 betrifft und in diesem Zusammenhang ein „deutlicher" Inlandsbezug gefordert wird. Demgegenüber bedarf vorliegend unter Zugrundelegung der Maßstäbe des Urteils des BGH vom 2.7.1991[48] nur eines „hinreichenden" Inlandsbezuges, dies schon deshalb, weil im Fall des § 23 ein gewisser Bezug zum Inland bereits durch das im Inland vorhandene Vermögen besteht und zudem nur vermögensrechtliche Ansprüche in Rede stehen.[49] Als hinreichender Inlandsbezug ist mit der Entscheidung des BGH vom 13.12.2012 für die Anwendung des § 23 der Wohnsitz des Klägers in Deutschland anzusehen.[50]

10 Für die Verfahren der Anerkennung und Vollstreckbarkeit einer Entscheidung (§§ 722, 328)[51] fordert die Rechtsprechung keinen zusätzlichen Inlandsbezug zum Vorhandensein des Vermögens i.S.v. § 23 für dessen Anwendbarkeit. Große Teile der Literatur[52] lehnen daher den von der Judikatur geforderten hinreichenden Inlandsbezug des Rechtsstreits ab. Die Forderung eines hinreichenden Inlandbezuges soll die für die internationale Zuständigkeitsregel des § 23 in besonderem Maße zu fordernde Rechtsklarheit auflösen und sei daher abzulehnen. Auch die Interpretation des § 23 als eine Notzuständigkeitsregelung nur für den Fall, dass dem Kläger ansonsten Rechtsverweigerung drohe, wird von diesen Autoren deshalb abgelehnt, weil die Voraussetzungen einer Notzu-

---

43 OLG München WM 2006, 1556 ff. m. Anm. *Emde* EWiR 2006, 621; *Rühl* IPRax 2007, 294; *Quinke* SchiedsVZ 2007, 246 ff.

44 *Oberhammer* FS Schlosser (2005) 651, 656 ff.; *Schack* FS Nakamura (1996) 491, 507 ff. Krit. gegen die Untauglichkeit des Merkmals *Schütze* DZWiR 1991, 239, 242 f.

45 Zum Ganzen *Mansel* FS Jayme (2004) Bd. 1, 560, 569 ff.

46 BGH NJW 1991, 3092 [Fn. 18 ff.].

47 BGH NJW 2011, 2059 ff.

48 BGH NJW 1991, 3092.

49 *Mansel* FS Jayme (2004) Bd. 1, 560, 569 ff.

50 BGH NJW 2013, 386 im Anschluss an BGH NJW 1989, 1431.

51 *Mansel* FS Jayme (2004) Bd. 1, 560, 570 f.; *Wollenschläger* IPrax 2002, 96, 98 ff.; *ders.* IPrax 2001, 320 zu OLG Celle, Urt. v. 29.10.1998 – 1 3 W 106/98.

52 Stein/Jonas/*Roth* § 23 Rdn. 10; *Bittighofer* Der internationale Gerichtsstand des Vermögens (1994) 168 ff.; 234 ff.; 257; W. *Lüke* ZZP 105, (1992) 321; *Schack* JZ 1992, 54; *Schütze* DZWiR 1991, 239, 240; *H. Roth* JZ 2003, 201.

ständigkeit selber nicht von vornherein klar und festgelegt sind. *Roth*[53] kritisiert den Ansatz des BGH als Ausführung der verfehlten Lehre vom Forum non conveniens. Dieser habe in der Systematik des Gerichtsstandes im deutschen Zivilprozessrecht keinen sinnvollen Anwendungsbereich.[54] *Pfeiffer*[55] weist darauf hin, dass es für die Rechtsprechung geforderte hinreichenden Inlandsbezugs an einer gesetzlichen Grundlage fehle.

3. Vermögensbegriff; Wertgrenzen. Die Einschränkung, die die Rechtsprechung mit der Einführung des Erfordernisses eines hinreichenden Inlandsbezugs der Klage dem § 23 gib, soll nicht zuletzt dazu dienen, dessen Ausdehnung durch den Ansatz eines juristischen Vermögensbegriffs entgegenzuwirken. Dieser juristische Vermögensbegriff, der sich allein an der rechtlichen Zuordnung des Vermögensgegenstandes zum Haftungsverband des Beklagten, nicht an dessen Werthaltigkeit orientiert, ist, wie *Roth*[56] überzeugend ausführt, mit dem gesetzgebungsgeschichtlichen Ursprung in der Vermögenszuständigkeit als Gerichtsstand des Vollstreckungszugriffs nicht vereinbar. Es überzeugt daher, wenn *Roth* an die Stelle eines juristischen Vermögensbegriffs einen wirtschaftlichen Vermögensbegriff treten zu lassen fordert. Damit werden aber solche Fälle ausgeschlossen, in denen auch Vermögensgegenstände von sehr geringem Wert nach § 23 zuständigkeitsbegründend sein können. *Pfeiffer*[57] schlägt vor das Problem der Reichweite des § 23 S. 1 Variante 1 dadurch zu lösen, dass die Vorschrift als Typisierung auf Fälle beschränkt werden könne, in denen die Zuständigkeit eines ausländischen Gerichts nicht offensichtlich gegeben ist. Außerdem könne die Zuständigkeit nach der Vorschrift auf die Höhe der des Wertes des inländischen Vermögens beschränkt werden. Als exorbitanter Gerichtsstand stellt sich § 23 dann dar, wenn und soweit man an jedes beliebige Vermögensstück des Beklagten anknüpft, dass dieser bei sich trägt. Dann wäre, wenn Akten in ihrer Eigenschaft als Altpapier, Kleider und Wäsche, Fotoapparate und Schmuck hinreichender Anknüpfungspunkt wären, in § 23 immer auch die Zuständigkeit aufgrund schlichten Aufenthalts des Vermögensgegenstände mit sich führenden Beklagten im Inland eingeschlossen.[58] Freilich lässt sich eine untere Wertgrenze für berücksichtigungsfähiges Vermögen dem geltenden Recht des § 23 nicht entnehmen.[59] *Schröder*[60] hat demgegenüber versucht, bei einem krassen Missverhältnis des Wertes zwischen Vermögen und Klageforderung aus dem verfassungsrechtlichen Übermaßverbot die Unzulässigkeit der Klage vor dem Vermögensgerichtsstand des § 23 zu begründen. Dem ist *Schack*[61] mit dem Argument entgegengetreten, der von § 23 intendierte Klägerschutz könne nicht als von Verfassung wegen verboten bezeichnet werden. 11

4. Prozessrechtliche Begrenzungsansätze. Auch prozessrechtliche Begrenzungsansätze des Vermögensgerichtsstandes sind problematisch. Der Satz minima non curat praetor ist dem deutschen Zivilprozessrecht fremd, so dass bei einem Missverhältnis zwischen Vermögen und Klageforderung das Rechtsschutzbedürfnis des Klägers nicht verneint werden kann (so überzeugend).[62] Es bleiben dann Ausnahmefälle, in denen sich 12

---

53 Stein/Jonas/*Roth* § 23 Rdn. 11.
54 Mit Argumenten aus der Gesetzgebungsgeschichte Stein/Jonas/*Roth* § 23 Rdn. 12.
55 *Pfeiffer* Internationale Zuständigkeit und prozessuale Gerechtigkeit (1995) 626.
56 Stein/Jonas/*Roth* § 23 Rdn. 21.
57 *Pfeiffer* Internationale Zuständigkeit und prozessuale Gerechtigkeit (1995) 630.
58 So überzeugend Schack ZZP Bd. 97 (1994) 56/57; vgl. auch *Schütze* FS Ishikawa (2011) 493, 503.
59 ZZP Bd. 97 (1994) 58.
60 *Schröder* Internationale Zuständigkeit (1971) 402 f.
61 *Schack* ZZP Bd. 97 (1994) 59, 60.
62 *Schack* ZZP Bd. 97 (1994) 60.

die Rechtsverfolgung durch den Kläger als Schikane darstellt oder er arglistig Vermögens im Gegenstände im Inland in zu Gunsten des Beklagten begründet hat.[63]

IV. Die Parteien

13 **1. Übersicht.** Der Gerichtsstand ist auf physische Personen unmittelbar, auf juristische entsprechend anzuwenden.[64] Auf den ausländischen Fiskus findet die Vorschrift hingegen keine Anwendung.[65] Auf die Nationalität der Parteien kommt es dabei nicht an.[66] Grundsätzlich kommt es nach dem Wortlaut der Vorschrift auch nicht auf den Sitz (§ 17) oder Wohnsitz (§ 13) des Klägers an. Allerdings führt die ergänzende Auslegung des § 23 dazu, dass der danach zu fordernde Inlandsbezug des Rechtsstreits regelmäßig nur vorliegt, wenn Wohnsitz oder Sitz des Klägers im Inland begründet sind.[67] Für eine entsprechende ausländische Vorschrift ist zu prüfen, ob der Inländer im Ausland Vermögen hatte, sofern es um ihre Anerkennung im Inlande geht.[68] Die inländische Gerichtsbarkeit muss aber in allen Fällen bestehen.

14 **2. Fehlen eines inländischen Wohnsitzes des Beklagten.** Die natürliche Person darf als Beklagte keinen inländischen Wohnsitz[69] (§ 13), die juristische Person[70] keinen inländischen Sitz haben (§ 17 Abs. 1),[71] die Gewerkschaft des Bergrechts keinen inländischen Sitz nach § 17 Abs. 2 haben. Dagegen setzt § 23 nicht voraus, dass der Beklagte einen Wohnsitz im Ausland hat. Außerdem darf kein inländischer Gerichtsstand nach §§ 15, 16 bestehen.[72] Auf den Gerichtsstand des Klägers kommt es dabei nicht an. Schließlich sind damit In- und Ausländer[73] erfasst, ohne dass deren Staatsangehörigkeit von Belang ist.

15 Streitig war, ob § 23 auch für den ausländischen Kläger Anwendung findet.[74] Zum Teil wurde vertreten, dass die Vorschrift nur einschlägig sei, wenn der Kläger einen inländischen Wohnsitz habe.[75] Das führte aber dazu, dass die Ausländer eine erschwerte gerichtliche Verfolgbarkeit ihrer Ansprüche in Kauf nehmen müssten. Das widerspricht zwar nicht dem Wortlaut der Norm,[76] ist aber wegen der damit verbundenen diskriminierenden Wirkung kritikwürdig. Daher wird die Ansicht vertreten, dass, weil der Vermögensgerichtsstand für Klagen wegen vermögensrechtlicher Ansprüche die Rechtsverfolgung des Klägers im Inland erleichtern soll, im Umkehrschluss zur Vermeidung einer Ausländerdiskriminierung zu folgern sei, dass eine spiegelbildliche Anwendung deutscher Zuständigkeitsvorschriften dazu führen darf, dass ein ausländisches Gericht für eine Klage gegen eine deutsches Unternehmen zuständig ist.[77]

---

63 *Schack* ZZP Bd. 97 (1994) 61.
64 RGZ 14, 412, 417 f.; *Nagel* IZPR Kapitel III, Rdn. 111.
65 Str., vgl. Saenger/*Bendtsen* § 23 Rdn. 3.
66 RGZ 16, 392; Vgl. auch BeckOK/*Toussaint* § 23 Rdn. 1.
67 BeckOK/*Toussaint* § 23 Rdn. 1, sowie ausführlich Rdn. 14 ff. m.w.N.; vgl. auch MünchKomm/*Patzina* § 23 Rdn. 15; Musielak/*Heinrich* § 23 Rdn. 2.
68 RG JW 1900, 590.
69 BGHZ 4, 62, 65 = NJW 1952, 182 (DDR).
70 OLG Stuttgart GRUR-RR 2001, 55.
71 RGZ 59, 196; RGZ 27, 421, 423 f.; RGZ 14, 412, 414.
72 Musielak/*Heinrich* § 23 Rdn. 5.
73 *Schack* ZZP 97 (1984) 48 ff. zum sog. „Ausländerforum".
74 Vgl. dazu Stein/Jonas/*Schumann*[21] § 23 Rdn. 31e.
75 *Schumann* ZZP 93 (1980), 408, 432.
76 *Schack* ZZP 97 (1984), 65 ff.
77 OLG Hamburg IPRspr 2011, Nr. 263b, 678; im Ergebnis auch MünchKomm/*Patzina* § 23 Rdn. 10; Saenger/*Bendtsen* § 23 Rdn. 3.

Grundsätzlich kann nach alledem auch ein ausländischer Staat Beklagter vor dem Gerichtsstand des § 23 sein, wenn dieser iure gestionis Vermögen im Inland unterhält.[78] Allerdings ist in der Anlage zum Baseler Europäischen Übereinkommen über Staatenimmunität vom 16.5.1972 (BGBl. 1990 II S. 35) der Gerichtsstand der Belegenheit des Vermögens für bestimmte Klagen ausgeschlossen. 16

V. Klage- und Verfahrensart

Von § 23 erfasst sind Leistungsklagen, sowie positive und negative Feststellungsklagen.[79] Der Vermögensgerichtsstand greift auch im Falle von Gestaltungsklagen.[80] Dies gilt auch für arbeitsgerichtliche Verfahren, sowie, wenn auch nicht auf den ersten Blick ersichtlich, bei der Anordnung eines Arrests,[81] einstweiligen Verfügungen[82] und auch im Zwangsvollstreckungsverfahren.[83] 17

Die besondere Bedeutung, die § 23 auch für den Insolvenzverwalter im Rahmen von ihm angestrengter Insolvenzanfechtungsklagen nach den §§ 129 ff. hatte[84] ist durch die Judikatur des EuGH[85] zur Auslegung des Art. 3 Abs. 1 EuInsVO relativiert, vgl. dazu die Ausführungen unter § 19a. 18

Ausdrücklich angeordnet wird für die Klage auf Erlass eines Vollstreckungsurteils gemäß § 722 Abs. 2, dass diese im Vermögensgerichtsstand nach § 23 erhoben werden kann.[86] Im Rahmen des § 722 Abs. 2 2. Variante wird § 23 daher entsprechend angewendet.[87] 19

VI. Vermögen

Der erste Fall des § 23 verlangt, dass Vermögen des Beklagten im Gerichtsbezirk vorhanden ist. 20

1. Umfang. Vermögen ist jeder geldwerte Gegenstand, dem ein eigener Verkehrswert zukommt (zum Streit, ob ein juristischer oder ein wirtschaftlicher Vermögensbegriff zugrunde zu legen ist, oben Rdn. 11). Dabei ist es gleichgültig, ob es sich um eine Sache oder um ein Recht handelt. Ausreichend ist ein dingliches Verwertungsrecht wie die Grundschuld.[88] Es kommt dabei darauf an, dass dem jeweiligen Gegenstand nach der Verkehrsanschauung ein Wert zukommt.[89] Zu den Vermögensrechten[90] gehören auch die den Ansprüchen zugrunde liegenden Rechte, unabhängig davon, ob schon ein Anspruch begründet ist oder nicht. Hinzu zählen auch die Anwartschaftsrechte.[91] 21

---

78 OLG Frankfurt a.M. OLGR 1999, 147 (148) = BeckRS 1998, 12621 m.w.N.; BeckOK/*Toussaint* § 23 Rdn. 2; Musielak/*Heinrich* § 23 Rdn. 5; Stein/Jonas/*Roth* § 23 Rdn. 7; **a.A.** Zöller/*Vollkommer* § 23 Rdn. 3.
79 MünchKomm/*Patzina* § 23 Rdn. 6; BGH NJW 1977, 1637.
80 Musielak/*Heinrich* § 23 Rdn. 6.
81 OLG München MDR 1960, 146; OLG Frankfurt NJW-RR 1988, 572 f.; Musielak/*Heinrich* § 23 Rdn. 6.
82 OLG München MDR 1960, 146; LG Frankfurt/M. NJW 1976, 1046; WM 1987, 276; *Schütze* BB 1979, 349; WM 1980, 1438; *Edelmann* DB 1998, 2453; Musielak/*Heinrich* § 23 Rdn. 6.
83 BGH NJW 1997, 324; BGH RIW 1997, 238; OLG Frankfurt OLGZ 1983, 99, 100; NJW-RR 1988, 572; OLG Hamburg IPRax 1990, 400.
84 *Mock* ZInsO 2009, 470, 473.
85 Aktuell zB EuGH, Urt. v. 16.1.2014 – C-328/12 (Schmid vs. Hertel).
86 BGH ZIP 1197, 159.
87 Stein/Jonas/*Roth* § 23 Rdn. 4.
88 MünchKomm/*Patzina* § 23 Rdn. 16; BGH NJW 1990, 992; Zöller/*Vollkommer* § 23 Rdn. 8.
89 MünchKomm/*Patzina* § 23 Rdn. 16.
90 BGH DB 1977, 720.
91 Musielak/*Heinrich* § 23 Rdn. 7.

22 **2. Das Recht.** Ob sich das Vermögensrecht auf bewegliche, unbewegliche Sachen, Forderungen oder sonstige Rechte bezieht, ob es dinglich oder obligatorisch oder gemischt ist, ist ohne Belang. Es ist einzig auf den Besitzer, Eigentümer oder Inhaber bzw. Ort abzustellen.[92] Das Recht aus einer Lizenz, im Besonderen auf den alleinigen Vertrieb im Inlande[93] ist ein Vermögensrecht.

23 Handelt es sich bei dem Vermögenswert des Beklagten um ein Patent, ist auf den Geschäftsraum bzw. den Wohnsitz des Patentvertreters, hilfsweise auf den Sitz des Patentamts gemäß § 25 Abs. 3 PatG abzustellen. Vergleiche auch für Gebrauchsmuster § 28 Abs. 3 GebrMG bzw. für die Marke § 96 Abs. 3 MarkenG.[94]

24 Für eine Schadensersatzklage eines deutschen Kapitalanlegers gegen ein US-amerikanisches Rating-Unternehmen mit internationaler Geschäftstätigkeit wegen des Erwerbs von Lehman-Zertifikaten ist der Gerichtsstand des Vermögens gemäß § 23 eröffnet, da sich ein ausreichender Vermögenswert der Beklagten aus einer in Deutschland und auch im betreffenden Gerichtsbezirk notorisch bekannten Marke ergibt.[95]

25 **3. Richtung gegen inländische Personen.** Auch ist es unerheblich, gegen wen dem Beklagten der Anspruch zusteht; auch der gegen den Kläger genügt und auch unabhängig davon, ob er aus einem einheitlichen Vertrag herrührt oder nicht.[96] Kann indes der Anspruch des Beklagten nicht bestehen, wenn der des Klägers begründet ist, so ist der erste Fall des § 23 nicht gegeben.

26 **4. Gegenständliche.** Auch der Anspruch des Beklagten auf Befreiung von einer Verbindlichkeit, den ein Dritter zu erfüllen hat, ist ein Vermögenswert des Beklagten.[97] Der für den Beklagten auf Grund eines Vertrages zugunsten eines Dritten begründete Anspruch (§ 328 BGB) gehört hierher, sofern nicht der Beklagte den Anspruch ablehnt.

27 **5. Gegenwärtiges Vermögen.** Das Vermögen muss gegenwärtig sein.

28 **6. Verfügungsbefugnis.** Ziffernmäßige Bestimmbarkeit ist dabei nicht zu fordern.[98] Auch kommt es auf die Verfügungsgewalt des Beklagten nicht an (Gegenstände, die zu einer fortgesetzten Gütergemeinschaft oder die zu einer OHG gehören).[99]

29 **7. Einrede.** Der Anspruch kann auch einredebehaftet sein,[100] also im Besonderen aus einem beiderseits noch nicht erfüllten, gegenseitigen Verträge stammen.[101] Es schadet also grundsätzlich nicht, wenn dem Anspruch des Beklagten – unabhängig davon aus welchem Grund – ein Zurückbehaltungsrecht[102] oder ein anderer ihn beeinträchtigender (zunächst oder gleichzeitig zu erfüllender) Gegenanspruch entgegensteht. Nur

---

92 RGZ 51, 256, 258; MünchKomm/*Patzina* § 23 Rdn. 18.
93 OLG München 41/243.
94 Stein/Jonas/*Roth* § 93 Rdn. 29.
95 OLG Frankfurt ZIP 2012, 293–296; *Mankowski* RIW 2012, 251 ff.; *Theewen* EWiR 2012, 227 f.; *Däubler* NJW 2013, 282 f.; vgl. auch *Wojcik* NJW 2013, 2385 ff.
96 RG JW 1899, 531.
97 RG JW 1897, 322.
98 OLG München 41/2439.
99 OLG Hamburg 23/81.
100 Musielak/*Heinrich* § 23 Rdn. 7.
101 RG JW 1899, 531; Musielak/*Heinrich* § 23 Rdn. 7, 8.
102 RG JW 1899, 531; Musielak/*Heinrich* § 23 Rdn. 7.

wenn die Einrede den Anspruch praktisch zerstört (Verjährung, Spiel, Wette, § 1169 BGB) ist er kein Vermögensrecht iSd. § 23 mehr, wenn nicht noch Nebenwirkungen bestehen.

8. Einwendungen (Aufrechnung). Das Entsprechende gilt für Einwendungen gegen den Anspruch. Die der Nichterfüllung hebt das Vermögensrecht nicht auf, ebenso nicht die Aufrechenbarkeit,[103] wohl aber die erklärte Aufrechnung,[104] denn nur vor der Aufrechnung ist der Anspruch noch vorhanden, auch wenn der Kläger später selbst aufrechnet. 30

9. Bedingtes und Betagtes Vermögen. Dies ist der Anspruch aber auch, wenn er bedingt,[105] betagt oder befristet[106] ist, insbesondere, wenn er dem Beklagten auflösend bedingt, aber vor Eintritt der Bedingung zusteht. Genannt seien hier fiduziarische Verhältnisse, etwa bei einer im fremden Auftrag und für fremde Rechnung im eigenen Namen eingeklagten Forderung 31

Darüber hinaus ist aber auch ein aufschiebend bedingtes Recht vor dem Ausfall der Bedingung und erst recht ein betagtes Vermögensrecht gegenwärtig. Hierunter fällt das Pfandrecht zur Sicherung einer zukünftigen Forderung, das nachbestellbar ist, wie auch das Recht an noch nicht entstandenen Sicherungshypotheken oder das Zurückbehaltungsrecht an einer einem dritten gehörigen Sache, etwa für eine Sicherheit, die dieser für den Beklagten geleistet hat. 32

10. Künftiges Vermögen. Künftige Vermögensrechte von schon gegenwärtigen abzugrenzen, ist in den Grenzfällen schwierig. Künftiges Vermögen unterfällt jedoch grundsätzlich nicht § 23.[107] 33

Die Nacherbschaft ist nach eingetretenem Erbfall, aber vor Eintritt des Nacherbfalls schon ein gegenwärtiges Vermögensrecht. Das Recht aus einem Erbvertrag ist es vor Eintritt des Erbfalls, während das mögliche Erbrecht vor Eintritt des Erbfalls sonst keines ist. Das bestimmten Rechtspersonen kraft Gesetzes zustehende Aneignungsrecht ist ein gegenwärtiges Vermögensrecht, bis es ausgeschlagen wird. Ebenso das Erbrecht oder ein Vermächtnis nach dem Erbfall. Ausschlagen kann in diesem Sinne auch der Dritte bei dem Vertrag zu seinen Gunsten das ihm aus dem Vertrage zustehende Recht. Dennoch wird man solche Rechte, die der Beklagte durch Ablehnung mit rückwirkender Kraft zerstören kann, nicht zu seinem gegenwärtigen Vermögen iSd. § 23 zählen können, sondern wird sie wie erst zukünftige behandeln müssen. Die Rechtslage ist hier anders als bei der aufrechenbaren Forderung des Beklagten vor der Aufrechnung; hier wird – wenn auch mit Rückwirkung – ein Recht des Beklagten erst nachträglich zerstört. 34

Bei echtem Kontokorrent entsteht die Forderung erst mit der Saldierung.[108] Deshalb muss dieser Zeitpunkt auch darüber entscheiden, ob für den Beklagten ein inländischer Vermögenswert vorhanden ist im Zeitpunkt der Klageerhebung. 35

---

103 MünchKomm/*Patzina* § 23 Rdn. 16; Zöller/*Vollkommer* § 23 Rdn. 8; RGZ 7, 309, 321; 58, 28, 259; OLG Düsseldorf NJW 1991, 3103; Rosenberg/Schwab/*Gottwald* § 36 Rdn. 5.
104 OLG Hamburg, OLGRspr. 17, 85; vgl. Baumbach/Lauterbach/Albers/*Hartmann* § 23 Rdn. 9; **a.A.** Zöller/*Vollkommer* § 23 Rdn. 8.
105 RGZ 75, 414, 418.
106 Musielak/*Heinrich* § 23 Rdn. 7.
107 *Schütze* DZWiR 1991, 241.
108 RGZ 44, 386 ff.

36 **11. Vergangenes Vermögen.** Nicht mehr gegenwärtig ist ein vergangenes Recht. Hat deshalb der Beklagte vor Klagezustellung sein inländisches Vermögen, wenn auch nur fiduziarisch – aber nicht bloß zum Schein (BGB § 117) – einem Dritten übertragen, so entfällt der Gerichtsstand des § 23. Steht dem Beklagten allerdings ein, wenn auch nur obligatorischer, Rückübertragungsanspruch gegen einen Inländer zu, so ist der Gerichtstand aus diesem Grunde begründet. Will gerade der Kläger wegen der Übertragung des Vermögens auf dem Weg der Gläubigeranfechtung vorgehen, so wäre diese Klage gegen den Erwerber zu richten, für den – unter den sonstigen Voraussetzungen des § 23 – dieser Gerichtsstand gegeben ist.

37 **12. Nicht erfasst.** Wenn es auch für den allgemeinen Vermögensbegriff nicht auf den Wert des Anspruchs ankommt, so werden im ersten Fall des § 23 gewohnheitsrechtlich eine Reihe von Ansprüchen ausgeschlossen.

VII. Bei vorsätzlich begangener unerlaubter Handlung des Klägers

38 Dem Kläger wird jedes Berufen auf Ansprüche gegen den Beklagten verwehrt, die von einer von ihm (als Täter, Mittäter, Anstifter, Gehilfe, Begünstigter oder Hehler) begangenen vorsätzlichen unerlaubten Handlung herrühren.[109]

39 **1. Bei aufgezwungener Forderung.** Aber auch sonst kann dem Beklagten regelmäßig keine Forderung aufgezwungen werden. Stellt der Empfänger angeblich mangelhafte Waren zur „Verfügung" (d.h. wandelt er), so erwirbt der im Ausland lebende Beklagte noch keinen Anspruch auf sie zurück, es sei denn, dass er sich damit einverstanden erklärt. Sendet der angebliche ausländische Käufer, der verklagt werden soll, dem inländischen Verkäufer Waren zurück, so hat der Beklagte ebenfalls an den Waren kein Vermögensrecht. Auch daraus, dass der Kläger die Ware für den Beklagten auf dessen Kosten bei einem Dritten einlagert, ergibt sich noch nichts nach der hier vertretenen Auffassung (weil der zu seinen Gunsten begründete Vertrag – § 328 BGB – nicht entscheidet.) Schließlich darf auch der Beklagte nicht schlechter gestellt werden, weil der Kläger versucht hat, ihm die Ware zuzusenden.

40 Davon zu unterscheiden ist der Fall, dass ein Schuldner seinen Wohnsitz gegen den Willen des ausländischen Gläubigers in das Inland verlegt oder dass eine Sache des Beklagten – wenn auch auf Grund erlaubter Selbsthilfe – vom Kläger oder einem Dritten in das Inland verbracht wird: Hier ist der Gerichtsstand des § 23 gegeben,[110] sofern dem Kläger keine vorsätzliche unerlaubte Handlung dabei zur Last fällt.

41 **2. Verkehrsunwert.** Ansprüche mit Verkehrsunwert werden nicht gerechnet. So auch nicht im ersten Fall des § 23, beim Anspruch auf Erteilung einer Quittung, wie der auf Rechnungslegung, Auskunft, Buchauszüge, soweit sich aus ihnen keine dahinterstehende Forderung des Beklagten ergibt.[111] Nicht entscheidend für § 23 ist es aber, dass die Ansprüche unpfändbar sind oder dass sie tatsächlich nicht gepfändet werden können. Anders ist dies aber, soweit § 23 im Vollstreckungsrecht zum Zuge kommt. In diesem Falle entscheidet gerade die Zugriffsmöglichkeit durch Vollstreckung.

109 Musielak/*Heinrich* § 23 Rdn. 15; Stein/Jonas/*Roth* § 23 Rdn. 34; MünchKomm/*Patzina* § 23 Rdn. 5.

110 RGZ 16, 391, 393.

111 Statt aller: MünchKomm/*Patzina* § 23 Rdn. 17 m.w.N.

3. Geringwertigkeit. Hat die streitgegenständliche Sache einen geringen Wert, so soll nach einem Teil der Literatur[112] der Gerichtsstand bereits schon dann ausgeschlossen sein, wenn die Zwangsvollstreckung nicht zu einem Überschuss führte. Dagegen wird angeführt, der Wortlaut des § 23 liefere hierfür zum einen keine Anhaltspunkte, zum anderen sei die Zuständigkeit nicht an die Befriedigungsaussichten in der Zwangsvollstreckung anknüpfbar.[113] Zwar hat der BGH bisher an der Rechtsprechung des Reichsgerichts festgehalten, wonach es nicht erforderlich ist, dass das Vermögensstück zur Befriedigung des Klägers ausreicht oder in angemessener Relation zum Streitwert des Prozesses steht.[114] Von dieser Formulierung sind jedoch Fälle, in denen feststeht, dass der Vollstreckungserlös die aufzuwendenden Vollstreckungskosten nicht überschreiten wird, nicht umfasst. Insoweit hat der BGH entschieden,[115] dass die Voraussetzungen des § 23 nicht gegeben sind, wenn ein schutzwürdiges und anzuerkennendes Interesse des Klägers an der Inanspruchnahme des angerufenen Gerichts schlechthin nicht besteht, weil in dessen Spruchgewalt keine Entscheidung ergehen kann, die zu einer Befriedigung des Gläubigers führen wird. Ein die Zuständigkeit nach § 23 begründendes Vermögen liegt nicht vor, wenn die Vollstreckung in den im Bezirk des angerufenen Gerichts befindlichen Gegenstand zu keinem Überschuss über die Vollstreckungskosten führen kann, weil die insbesondere durch eine andere Verwertungsart nach § 825 anfallenden Vorbereitungskosten durch einen möglichen Erlös aufgezehrt würden.[116] 42

4. Mitgeführte Gegenstände. Da es einen Gerichtsstand des vorübergehenden Aufenthalts nicht gibt, werden die Gegenstände, welche eine Person bei sich führt, nicht von § 23 erfasst.[117] 43

5. Aus der Prozessführung sich ergebende Gegenstände. Nach § 23 sind die sich aus dem Prozess ergebenden außerprozessualen Ansprüche nicht als Vermögensgegenstände zur Begründung des Prozessgerichtstandes zu bewerten. Anders ist dies jedoch bei der reinen Vollstreckung, bei der es nur auf die Zugriffsmöglichkeit durch die Vollstreckung ankommt. 44

6. Desselben Kreises. Deshalb fallen auch Prozesskosten aus dem laufenden Prozess nicht unter § 23. Gleiches gilt für die Prozesskosten der Vorprozesse, wenn sie mangels eines Gerichtsstandes (im Besonderen nach § 23) abgewiesen worden sind.[118] Andernfalls würde die Abweisung wegen Unzuständigkeit genügen, um die Forderung aus den Kosten als Grundlage für einen Rechtsstreit, ausgehend von § 23, zu begründen. Über diesen Umweg wäre der Gerichtsstand dann immer einschlägig.[119] 45

---

112 Stein/Jonas/*Roth* § 23 Rdn. 15; *Nussbaum* Deutsches Internationales Privatrecht (1932) 400; Zöller/*Vollkommer* § 23 Rdn. 7; LG Hamburg MDR 1972, 55; *Gemer* JZ 1984, 981; *Schumann* ZZP 93 (1980), 408, 432; OLG Hamburg NJW-RR 1996, 203.

113 Zustimmend: MünchKomm/*Patzina* § 23 Rdn. 8; BGH NJW 1997, 325; BGH MDR 1997, 496; OLG Frankfurt/M. NJW-RR 1993, 257.

114 BGHZ 115, 90, 93.

115 BGH NJW 1997, 325, 326.

116 BGH NJW 1997, 325, 326; BGHZ 141, 286; BGHReport 2005, 1611 m. Anm. *M. Vollkommer* BGHReport 2005, 1611, 1612. Abgrenzung BGHZ 115, 90.

117 MünchKomm/*Patzina* § 23 Rdn. 17; Baumbach/Lauterbach/Albers/*Hartmann* § 23 Rdn. 17 „Kleidung"; **a.A.** Zöller/*Vollkommer*[29] § 23 Rdn. 7; *Schack* ZZP 97 (1984), 58, 62.

118 Mit abweichender Begründung: OLG Dresden Seuff. 66/216; Marienwerder 35/72; Darmstadt JW 29/121; KG HRR 39/1047; OLG Hamburg 23/81, 33/21; Stuttgart 25/54; MünchKomm/*Patzina* § 23 Rdn. 4.

119 MünchKomm/*Patzina* § 23 Rdn. 4.

46 Auch Ansprüche des Beklagten aus § 717 Abs. 2 vor Aufhebung des angefochtenen Urteils fallen nicht unter § 23 (str.). Ferner nicht die Ansprüche auf Herausgabe von Handakten des Anwalts oder der Partei, die sich auf den Prozess beziehen, und selbst nicht die auf Rückzahlung nicht verbrauchter Kostenvorschüsse gegen den Anwalt.[120]

47 Um Vermögen des Beklagten handelt es sich zwar auch, wenn ein Dritter für ihn Sicherheit zur Aufhebung eines ausgebrachten Arrestes leistet,[121] doch wird auch dadurch nicht der Gerichtsstand des § 23 für den dazugehörigen Hauptprozess begründet.[122]

48 **7. Nicht anderer Prozesse.** Soweit außerprozessuale Ansprüche aus sonstigen, von dem vorliegenden Streit völlig gelösten Prozessen stammen, liegt dagegen ein Vermögenswert nach § 23 vor.

49 **8. Einrede der Arglist.** Der Gerichtsstand des § 23 ist ebenfalls immer dann nicht einschlägig, wenn der Kläger, entgegen dessen, was das Zivilrecht[123] unter dem Grundsatz von Treu und Glauben gemäß § 242 BGB[124] versteht, die später streitgegenständliche Sache in den Gerichtsbezirk verbringt, um, fußend auf § 23, hier klagen zu können.[125] Gleiches gilt im Falle der Wegnahme eines Gegenstandes, um dann unter Berufen auf den Herausgabeanspruch als Forderung den Gerichtsstand des § 23 zu bemühen. Ebenfalls nicht unter § 23 fällt das Vermögen, welches im Hinblick auf die Gerichtsstandsbegründung bewusst manipuliert wurde.[126]

VIII. Belegenheit des Vermögens

50 Der nach § 23 maßgebliche Ort ist dort, wo sich der Vermögensgegenstand befindet.

51 **1. Bei Sachen und ihnen gleichgestellt.** Bei einem dinglichen Recht ist es der Ort, wo die bewegliche oder die unbewegliche Sache[127] befindet, oder bei im Inlande registrierten, wo sie registriert ist. Anknüpfungspunkt ist insoweit lediglich der Gegenstand an sich.[128] Darauf, ob der Beklagte unmittelbaren oder mittelbaren Besitz an der Sache hat, kommt es nicht an,[129] wenn er das dingliche oder persönliche Recht[130] hat. Doch genügt es auch, wenn der Beklagte den (unmittelbaren wie mittelbaren, den Eigen- wie Fremd-) Besitz hat, selbst wenn er kein dingliches Recht, sondern nur ein persönliches oder gar keines auf ihn hat.

52 Haftet eine Sache als Sicherheit, so besteht ein solches Band, also auch im Falle eines bloßen Zurückhaltungsrechts (vgl. BGB § 273), es sei denn, dass ein noch nicht verwirklichter Anspruch auf Begründung einer Sicherheit in Frage steht.

---

120 OLG Hamburg 11/45.
121 RGZ 34, 356; OLG Frankfurt/M. WM 1987, 276.
122 **A.A.** AG München NJW 1973, 431.
123 BVerfGE 101, 404, BGHZ 20, 206; 43, 292; 57, 11; NJW-RR 2000; *Bittermann* ZZP 110 (1997), 32.
124 *Zeiss* Die arglistige Prozesspartei (1967) 53 ff., 70 ff.; *Baumgärtel* ZZP 86 (1973) 353, 362 ff.; Stein/Jonas/*Roth* § 23 Rdn. 33; MünchKomm/*Patzina* § 23 Rdn. 3.
125 *Schütze* DZWiR 1991, 241; Baumbach/Lauterbach/Albers/*Hartmann* § 23 Rdn. 2, 7; Stein/Jonas/*Roth* § 23 Rdn. 34.
126 MünchKomm/*Patzina* § 23 Rdn. 5; OLG Hamburg NJW-RR 1996, 203; *Thieme* IJVO 1995/1996, 44, 46 ff.
127 BGH WM 1980, 410, 412.
128 Stein/Jonas/*Roth* § 23 Rdn. 40.
129 MünchKomm/*Patzina* § 23 Rdn. 20; Stein/Jonas/*Roth* § 23 Rdn. 39; Zöller/*Vollkommer* § 23 Rdn. 14 f.; OLG Frankfurt MDR 1981, 322, 323; RGZ 51, 255.
130 Musielak/*Heinrich* § 23 Rdn. 7.

Gleich stehen den Sachen Pfändungspfandrechte,[131] Pfandrechte[132] und Grundschulden, letztere, sofern sie denn im Inland befindliche Immobilien betreffen.[133] 53

2. Absolute Rechte. Das entsprechende gilt auch von sonstigen Vermögensgegenständen, im Besonderen bei anderen absoluten (Urheber-, Erfinder-)Rechten; hier kommt es darauf an, wo der Inhaber des Rechts sitzt. Handelt es sich um ein im Inlande registriertes Recht, so ist stets ein inländischer Gerichtsstand gegeben, sei es am Ort, wo der hierfür zu bestellende Vertreter sich befindet,[134] sei es hilfsweise, wo die registrierende Behörde sitzt[135] (§ 25 Abs. 1, 3 PatG, § 28 Abs. 1, 3 GebrMG[136]). 54

3. Inhaber- und Orderpapiere. Die Rechte aus Inhaberpapieren folgen dem Papier[137] (§ 793 BGB) richten sich also ausschließlich nach dem Papier als einer beweglichen Sache.[138] Inhaberaktien einer inländischen Aktiengesellschaft, die ein Ausländer im Ausland hat, begründen nicht den Gerichtsstand des § 23. Das entsprechende gilt für Orderpapiere.[139] Hier kommt es also auf den Wohnsitz des Schuldners nicht an.[140] 55

4. (obligatorische) Forderungsrechte. Bei sonstigen rein persönlichen Forderungen ist der (Wohn-)Sitz des Schuldners der Forderung,[141] bei juristischen Personen ihr Sitz[142] maßgeblich. Unerheblich hierbei ist der Erfüllungsort[143] und, wie das inländische Recht hierüber befindet. Es genügt, wenn ein im Ausland wohnender Ausländer gegen einen im Inland Wohnenden eine Forderung hat. Diese Frage ist also für § 23 ausschließlich nach gerichtsinländischem Recht zu beurteilen und hier gilt nicht die Vereinbarung eines ausländischen Erfüllungsortes oder Gerichtsstandes zwischen Gläubiger und Schuldner. Ist allerdings ein inländischer Erfüllungsort zwischen ihnen vereinbart, so liegt auch der Vermögensgegenstand im Inland. Hat der Drittschuldner im Inland keinen Wohnsitz oder Sitz, wohl aber – bei schlechthin fehlendem Wohnsitz – einen Aufenthaltsort bzw. einen statuarischen Sitz (§ 17), so ist dieser maßgebend. Dagegen kommt es auf sonstige Ersatzzuständigkeiten nicht an. Unerheblich ist ebenfalls, ob der Grund der Forderung ein Pfändungspfandrecht,[144] ein vertraglich vereinbartes Pfandrecht oder gar ein Zurückbehaltungsrecht ist.[145] Daraus ergibt sich, dass der Kläger gemäß § 35 wählen kann, ob er den Drittschuldner an seinem allgemeinen Gerichtsstand verklagt oder eben an dem des Ortes des Sicherungsgegenstandes.[146] 56

---

131 OLG Karlsruhe Justiz 1970, 87.
132 OLG Frankfurt IPRspr 66/67 Nr. 35.
133 BGH NJW 1989, 1154; OLG Frankfurt MDR 1981, 322, 323.
134 LG München GRUR 1962, 165.
135 Zöller/*Vollkommer*[29] § 23 Rdn. 10; Stein/Jonas/*Roth* § 23 Rdn. 29.
136 LG München GRUR 1959, 156.
137 RGZ 107, 44; RGZ 58, 8; OLG Frankfurt NJW-RR 1996, 187.
138 OLG Frankfurt/M. NJW-RR 1996, 187; Stein/Jonas/*Roth* § 23 Rdn. 29.
139 RGZ 107, 44, 46.
140 RGZ 58, 8; BGH NJW 1993, 2683, 2684; Stein/Jonas/*Roth* § 23 Rdn. 29.
141 Stein/Jonas/*Roth* § 23 Rdn. 27; OLG Stuttgart Justiz 1999, 16.
142 RGZ 59, 106 107 f.; BGH NJW-RR 1988, 172 f.; BAG IPRax 1985, 276, 278; OLG Hamburg MDR 1977, 759; OLG Düsseldorf WM 1989, 50, 54.
143 Stein/Jonas/*Roth* § 23 Rdn. 28; OLG Düsseldorf WM 1989, 50, 54.
144 *Lipp* JuS 1988, 119.
145 Zöller/*Vollkommer* § 23 Rdn. 11; Musielak/*Heinrich* § 23 Rdn. 8.
146 BGH DB 1977, 718, 719.

57 § 23 gilt auch für eine Klage auf Freigabe eines im Inland hinterlegten Betrages.[147] Bei einem hinterlegten und vom Kläger in Anspruch genommenen Betrag handelt es sich um eine erhebliche Vermögensmasse, deren weiterer Prätendent der Beklagte ist. Wenn sich diese Vermögensmasse im fraglichen Gerichtsbezirk befindet ist damit ein hinreichender Inlandsbezug des Sachverhalts gegeben. § 23 ist daher auch dann einschlägig, wenn die Parteien über die Berechtigung an einem hinterlegten Zahlbetrag streiten.[148] Die Staatsbürgerschaft des Beklagten ist dabei nicht entscheidend.[149] Ist in einem Prätendentenstreit Gegenstand der Klage eine persönliche Forderung gegen einen Dritten, so ist der Wohnsitz (Sitz) des Dritten maßgebend.[150] Schuldner wird jedoch, wenn der Dritte hinterlegt, die Hinterlegungsstelle, so dass ihr Sitz ausschließlich maßgebend ist, wenn der Dritte durch die Hinterlegung von seiner Verbindlichkeit befreit wurde.[151] Beide kommen in Betracht, wenn die Hinterlegung keine befreiende Wirkung hat, nur der Sitz dessen, der die Einwilligung in die Auszahlung zu erklären habe.

58 **5. Auf absolute Rechte.** Das bloß persönliche Recht auf eine Sache (ohne Besitz oder Besitzmittlungsverhältnis), das auf Bestellung eines absoluten Rechtes gerichtet ist, ist eine bloß persönliche Forderung, wobei es hier ebenfalls nur auf den Wohnsitz des Schuldners ankommt.

59 **6. Legitimationspapiere.** Dasselbe gilt bei bloßen Legitimationspapieren (vgl. BGB § 808, wo die Regel des BGB § 952 gilt, wie überhaupt bei reinen Schuldscheinen, die keine Inhaber- und Orderpapiere sind). Hier kommt es auf den (Wohn-)Sitz des Schuldners, nicht auf den Ort, wo der Schuldschein sich befindet, an. Das OLG Frankfurt[152] hat bei einer Klage gegen eine slowenische Bank die Zuständigkeit deutscher Gerichte daran scheitern lassen, es sei nicht dargetan worden, dass die Beklagte Inlandsvermögen gehabt habe. Allerdings befanden sich im Inland Aktien, die die Beklagte an einer Tochtergesellschaft hielt. Der BGH hat diese Entscheidung aufgehoben,[153] da ein inländisches Postbankkonto der beklagten slowenischen Bank unstreitig existierte.[154]

IX. Zeitpunkt

60 Die Voraussetzungen des § 23 müssen in irgendeinem Zeitpunkt von der Zeit der Klageerhebung für den Vermögensgegenstand, der z.Z. der Klageerhebung im inländischen Gerichtsbezirk vorhanden gewesen sein muss, bis zu der Zeit, wo sie noch im Verfahren zu berücksichtigen sind, gegeben sein.[155] Sofern die Voraussetzungen bei Klageerhebung vorlagen, besteht die Zuständig nach der perpetuatio fori fort (§ 261 Abs. 3 Nr. 2), auch wenn der Beklagte das Vermögen fortschafft.[156] Von der Zeit der Klageerhebung (nicht schon von ihrer Einreichung bei Gericht[157]) ab wird die Zuständigkeit nach § 263 fixiert.

147 LG Nürnberg-Fürth ZInsO 2013, 1097.
148 RGZ 51, 256; OLG München, ZIP 2013, 374.
149 Musielak/*Heinrich* § 23 Rdn. 5.
150 RGZ 51, 256, 258; Stein/Jonas/*Roth* § 23 Rdn. 39.
151 LG Nürnberg-Fürth ZInsO 2013, 1097.
152 OLG Frankfurt NJW-RR 1996, 186.
153 BGH NJW-RR 1997, 324.
154 Zum Ganzen *Oberhammer* FS Schlosser (2005) 651, 655.
155 OLG Frankfurt, IPRax 1999, 247, 249; BGH NJW 1997, 2886; *Schütze* DZWiR 1991, 239, 241.
156 Saenger/*Bendtsen* § 23 Rdn. 4.
157 OLG Karlsruhe Justiz 1970, 87; OLG Bremen IPRspr. 1952/1953 Nr. 291; *Schütze* DZWiR 1991, 241.

Die Zustellung eines Mahnbescheides wirkt aber wie die Klageerhebung, wenn hiergegen Widerspruch erhoben wird (§ 696 Abs. 1) und dann auch erst in dem Moment des Widerspruchs, da erst dann in das streitige Verfahren übergeleitet wird. Allerdings ist das Mahnverfahren unzulässig, wenn im Auslande oder öffentlich zugestellt werden müsste (§ 688 Abs. 3) und das Anerkennungs- und Vollstreckungsausführungsgesetz[158] dies nicht vorsieht. 61

X. Die Prozessvoraussetzung(-bedingung)

§ 23 Satz 1 Alt 1 setzt voraus, dass die beklagte Person im Zeitpunkt der Klageerhebung spätestens jedoch am Schluss der mündlichen Verhandlung im inländischen Gerichtsbezirk Vermögen hat.[159] Maßgebend sind grundsätzlich die Umstände zum Zeitpunkt der Klageerhebung durch Zustellung der Klage. Ausreichend ist, wenn nachträglich bis zum Schluss der mündlichen Verhandlung die Voraussetzungen des § 23 eintreten.[160] Ein nachträglicher Wegfall der den Vermögensgerichtsstand begründenden Umstände schadet wegen perpetuatio fori nach § 261 Abs. 3 Nr. 2 nicht. 62

1. Beweislast. Die Darlegungs- und Beweislast ist im Erkenntnisverfahren nach allgemeinen Grundsätzen verteilt: Für das Vorhandensein inländischen Vermögens des Beklagten trägt sie der Kläger,[161] für den Einwand rechtsmissbräuchlicher Inanspruchnahme des besonderen Gerichtsstandes des § 23 wegen fehlender Befriedigungsaussicht des Gläubigers der Beklagte.[162] 63

2. Selbstständigkeit in erstem Fall. Befindet sich sonstiges Vermögen im Gerichtsbezirk, dass „selbständig" und „vom Klagegrund gelöst" ist, kommt nicht in Betracht, dass die schlüssige Klagebehauptung ohne Beweiserhebung zugrunde zu legen sei.[163] Dies muss auch gelten, wenn der Kläger das Kaufentgelt gegen den im Auslande sitzenden Beklagten geltend macht, dem er die Ware übersandt hatte, nachdem sie ihm der Beklagte als nicht bestellt zurückgeschickt hat, allerdings nach altem Recht, wo das Eigentum schon auf den Beklagten übergegangen war, wenn die Behauptung des Klägers zutraf. 64

Leugnet der Kläger gar das Recht des Beklagten, an das er nach § 23 anknüpfen will, so ist die Klage prozessual unschlüssig,[164] weil der Kläger nicht wirksam behaupten kann, was er bestreitet. Dasselbe gilt, wenn die Forderung des Beklagten, welche als außerprozessuale Grundlage nach § 23 zu behaupten ist, nicht bestehen kann, wenn der Klage stattzugeben ist;[165] insoweit wird das Rechtsverhältnis innerprozessual unschlüssig. 65

3. Überlagerung im zweiten Fall. In dem zweiten Fall des § 23, in dem die Klage vor dem Gericht zulässig ist, in dessen Bezirk sich der Streitgegenstand (iSd. bürgerlichen Rechts, also auch Forderungen) befindet, können sich Schlüssigkeitsbehauptung und 66

---

158 Gesetz vom 19.2.2001, BGBl. I S. 288.
159 OLG Rostock TransportR 2000, 40 f.
160 BeckOK/*Toussaint* § 23 Rdn. 10 m.w.N.; **a.A.** Stein/Jonas/*Roth* Rdn. 31.
161 BGH WM 1987, 1353, 1354; BeckOK/*Toussaint* § 23 Rdn. 10 m.w.N.
162 BGH WM 1996, 2351, 2352 f.
163 MünchKomm/*Patzina* § 23 Rdn. 21; Stein/Jonas/*Roth* § 23 Rdn. 35; **a.A.** Thomas/Putzo-ZPO/*Hüßtege* § 23 Rdn. 4a; *Schlossel* JZ 1997, 364.
164 RG JW 1930, 263.
165 Vgl. *Wieczorek* 2. Auflage § 23 Rdn. B IIb mit Verweis auf RG Urt. v. 10.11.1914 – 11 WarnR 15/4.

Prozessvoraussetzung decken, so dass dann nur sachlich zu entscheiden ist. So ist die negative Feststellungsklage bei Berühmung des Beklagten stets zuzulassen, wenn sie sich auf eine inländische Forderung bezieht;[166] hier also auch bei vor der Klageerhebung aufgerechneter Forderung, wenn der Beklagte die Aufrechnung nicht gelten lässt. Die Rechtslage ist anders als im ersten Fall des § 23, denn allein durch die Berühmung des Beklagten gegen einen Dritten erwirbt der Beklagte noch kein Vermögen und im Verhältnis zum unbeteiligten Kläger braucht er sich darauf nicht verweisen zu lassen. Anders ist dies, wenn gerade die Berühmung den Kläger trifft.

XI. Internationale Zuständigkeit

67 Im Anwendungsbereich der EuGVVO scheidet § 23 (sogenannter besonderer Gerichtsstand des Vermögens und des Gegenstandes) gegenüber Personen, die ihren Sitz in einem Mitgliedsstaat haben, aus.[167] Dies ergab sich aus Art. 3 Abs. 2 EuGVVO a.F. in Verbindung mit Anhang I a.F.[168] Im genannten Anhang war bis zum 9.1.2015[169] für Deutschland die Norm des § 23 ausdrücklich als die Vorschrift genannt, die im Anwendungsbereich der EuGVVO nicht zur Begründung einer innerstaatlichen Zuständigkeit herangezogen werden kann. Somit bestand hier kein Gerichtsstand des Vermögens nach der genannten Vorschrift. Seit dem 10.1.2015 können die innerstaatlichen Zuständigkeitsvorschriften, welche die Mitgliedsstaaten der Kommission gemäß Art. 76 Abs. 1a) notifizieren, nicht geltend gemacht werden; Art. 5 Abs. 2 EuGVVO n.F.

68 Etwas anderes als das bisher Gesagte muss gelten, wenn der Beklagte seinen Wohnsitz im Sinne der Art. 62, 63 EuGVVO[170] in einem Mitgliedsstand der Europäischen Union hat.[171] Liegt der Wohnsitz allerdings gemäß Art. 6 Abs. 1 EuGVVO[172] außerhalb der genannten Staaten, so findet das deutsche Recht und damit auch § 23 unmittelbare Anwendung.[173] Etwaige rechtspolitisch nicht gewollte Folgen sind bereits im Rahmen der Arglisteinrede bzw. dem Grundsatz von Treu und Glauben berücksichtigt.[174] Zu bedenken ist ebenfalls eine Ausweitung der durch § 23 statuierten Regelungen auf die anderen Mitgliedsstaaten im Falle des Vorliegens seiner Voraussetzungen.[175] Im Falle des einstweiligen Rechtsschutzes kommt es zu keiner Sonderregelung durch Art. 35 EuGVVO,[176] mit der Folge, dass die Vorschriften der ZPO, namentlich §§ 916ff., 890, 935ff., Anwendung finden.[177] § 23 findet auch Anwendung auf unter Art. 1 Abs. 2 lit. b EuGVVO fallende Verfahren, weil die EuGVVO nicht anwendbar ist.[178]

---

166 Baumbach/Lauterbach/Albers/*Hartmann* § 256 Rdn. 32; Thomas/Putzo-ZPO/*Reichhold* § 256 Rdn. 15.
167 Zöller/*Vollkommer* § 23 Rdn. 4; BGHZ 115, 95ff.
168 Ab dem 10.1.2015 gilt Art. 5 Abs. 2 EuGVVO.
169 Neufassung der EuGVVO nach der Verordnung (EU) Nr. 1215/2012.
170 Bis zum 9.1.2015 Art. 59, 60 EuGVVO.
171 LG Aachen BeckRS 2012, 16209; OLG München NJW-RR 1988, 1023.
172 Bis zum 9.1.2015 Art. 4 Abs. 1 EuGVVO.
173 BVerfGE 64, 1ff., 20; BGH NJW 1984, 2037; NJW-RR 1988, 172, 173; OLG München WM 2006, 1556; OLG Saarbrücken NJW 2000, 670, 671; OLG Celle RIW 1990, 320, 321.
174 MünchKomm/*Patzina* § 23 Rdn. 3.
175 OLG Karlsruhe MDR 2022, 231; *Kropholler* Art. 3 EuGVVO Rdn. 1.
176 Bis zum 9.1.2015 Art. 31 EuGVVO.
177 OLG Düsseldorf, NJW 1977, 2034; ZIP 1999, 1521; OLG Frankfurt RIW 1983, 289, 290; LG Bremen RIW 1980, 366; OLG Koblenz NJW 1976, 2081; *Schulze* ZEuP 2002, 805; vgl. auch *Kropholler* Art. 31 EuGVVO Rdn. 18; OLG Karlsruhe MDR 2002, 231.
178 OLG München Urt. v. 23.4.2008 – 15 U 2983/07 = IPRspr 2008, Nr. 227, 713.

Das OLG Stuttgart[179] hat den Inlandsbezug dann als gegeben angesehen, wenn der Kläger im Inland domiziliert oder ständig Resident ist, der Sachverhalt der der Klage zu Grunde liegt, seinen Schwerpunkt im Inland hat und deutsches Recht anzuwenden ist oder ein sonstiges berechtigtes Interesse des Klägers an einer Entscheidung durch deutsche Gerichte dargetan wird. Ein hinreichender Inlandsbezug als ungeschriebenes Tatbestandsmerkmal des Gerichtsstands des Vermögens kann sich daraus ergeben, dass über das Vermögen des Schuldners im Inland das Insolvenzverfahren eröffnet wurde und die Ansprüche des Schuldners gegen den Drittschuldner, an welche die Zuständigkeit anknüpft, aus einer Tätigkeit im Inland herrühren. So stellen Ruhegeldansprüche gegen einen im Inland ansässigen Drittschuldner inländisches Vermögen dar.[180] Dies wird auch der bei der Anwendung des § 23 gebotenen einschränkenden Auslegung gerecht, wonach neben der Vermögensbelegenheit als weiteres ungeschriebenes Merkmal ein hinreichender Inlandsbezug des Sachverhalts erforderlich ist.[181] 69

Trotz der Regelung des § 23 ist aber eine internationale Zuständigkeit nicht begründet, wenn die Zwangsvollstreckung in eine öffentlich-rechtliche Forderung eines anderen Staates erfolgt. Die internationale Zuständigkeit deutscher Gerichte für das Zwangsvollstreckungsverfahren setzt voraus, dass die Zwangsvollstreckung in Vermögen erfolgen soll, das sich im Inland befindet, denn nur darauf kann staatliche Zwangsgewalt ausgeübt werden („Territorialitätsprinzip"). Vollstreckungsmaßnahmen in Gegenstände, die in dem Hoheitsgebiet eines anderen Staates liegen, sind hingegen ausschließlich dessen Angelegenheit.[182] 70

Als hinreichender Inlandsbezug für die Anwendung des § 23 ist der Wohnsitz des Klägers in Deutschland anzusehen.[183] Zwar kommt nach der Rechtsprechung des Bundesgerichtshofs eine Anwendung des § 23 nur in Betracht, wenn der Rechtsstreit einen über die Vermögensbelegenheit hinausgehenden Inlandsbezug aufweist.[184] Bei der Frage, welche Anforderungen insoweit zu stellen sind, ist aber die Entstehungsgeschichte der Norm in den Blick zu nehmen. Danach sollte mit der Regelung in § 24 CPO von 1877 – von der Überlegung getragen, Ausländern mit im Inland gelegenem Vermögen könnten andernfalls nicht verklagt werden – ein Auffanggerichtsstand für klagende Inländer, und zwar ohne Rücksicht auf ihre Staatsangehörigkeit, geschaffen werden.[185] Demgemäß hat das Reichsgericht den Gedanken des Inländerschutzes bei der Anwendung des § 23 hervorgehoben.[186] Ausgehend von diesen Überlegungen hat der BGH bereits den Wohnsitz des Klägers im Inland als ausreichend für die Anwendung des § 23 und damit als hinreichenden Inlandsbezug anerkannt.[187] 71

Eine internationale Zuständigkeit des angerufenen Gerichts ergibt sich nicht aus Art. 7 Nr. 1b EuGVVO,[188] wobei ausreichend ist, wenn der Kläger anhand von schlüssigen und erheblichen Umständen vorträgt, dass ein Vertrag geschlossen wurde, so dass ein 72

179 OLG Stuttgart RIW 1990, 829 mit Besprechung Fischer RIW 1990,794 = IPrax 1991, 179 mit Besprechung *Fricke* IPrax 1991,159.
180 BGH ZIP 2013, 374–379; *F. Bittmann* ZWH 2013, 512; *Dahl* EWiR 2013, 421 f.; *Hübler* NZI 2013, 337; *Kirchhof* WuB VI A § 133 InsO 8.13.; vgl. weiter I. *Pape* ZInsO 2013, 685 ff.; *Obermüller* ZInsO 2013, 845 ff.
181 Zöller/*Vollkommer* § 23 Rdn. 1 m.w.N.; Saenger/*Bendtsen* § 23 Rdn. 1.
182 BGH NJW-RR 2006, 198 m.w.N.; BGH NJW-RR 2011, 647 f. m. Anm. *Bollacher* RIW 2011, 158 f.; *Probst* WuB VI D § 23 ZPO 1.11.
183 BGH ZIP 2013, 239 f. m. Anm. *Genius* jurisPR-BGHZivilR 3/2013 Anm. 4; *Baumert* EWiR 2013, 363 f.; vgl. weiter *Amort* NZG 2013, 859 ff.; *Schlick* WM 2014, 633 ff. im Anschluss BGH NJW 1989, 1431.
184 BGHZ 115, 90, 94 ff.
185 BGHZ 115, 90, 94 ff.; vgl. auch BGH NJW 2013, 386 [Fn. 19].
186 RGZ 6, 400, 403, 405.
187 BGH NJW 1989, 1431.
188 Bis zum 9.1.2015 Art. 5 Nr. 1b EuGVVO.

Vertrag oder Ansprüche aus einem solchen Gegenstand des Verfahrens sind.[189] Die Auslegung der Vorschrift im Hinblick darauf, was vertragliche Ansprüche sind, hat dabei autonom zu erfolgen[190] und erfasst Aufwendungsersatzansprüche aus Geschäftsführung ohne Auftrag oder kraft eines gesetzlichen Schuldverhältnisses nicht.[191] Ansprüche aus Geschäftsführung ohne Auftrag oder kraft eines gesetzlichen Schuldverhältnisses werden von Art. 7 Nr. 1b EuGVVO nicht erfasst. Daher ist eine internationale Zuständigkeit nicht gegeben bei Geltendmachung eines Anspruchs auf Zahlung eines Standgelds, der nur aufgrund eines nicht vertraglichen Anspruchs verlangt werden kann, weil die Parteien eines Reparaturvertrages keine über die Bestellung eines Pfandrechtes hinausgehende vertragliche Regelung getroffen haben, dass für den Fall einer Geltendmachung des Pfandrechtes Standgeld zu zahlen ist.

73 Etwas anderes gilt in wenigen Ausnahmefällen dann, wenn die Zuständigkeit nach § 23 durch besondere Bestimmungen ausgeschlossen wurde. Beispielhaft zu nennen sind Art. 20 Abs. 1, 2 des deutsch-norwegischen Anerkennungs- und Vollstreckungsvertrages,[192] sowie das Lugano Abkommen.[193] Danach unterfallen die Staaten Schweiz, Norwegen, Island und Polen nicht der EuGVVO. Im Anwendungsbereich des LugÜ scheidet der Gerichtsstand des Vermögens gemäß § 23 auch dann aus, wenn der Beklagte einen Doppelwohnsitz hat und einer der Wohnsitze außerhalb der Vertragsstaaten des Abkommens liegt.[194] Dies folgt aus dem Vorrang der Zuständigkeitsordnung des Luganer Übereinkommens, die den Zugriff auf §§ 12ff. (analog) und insbesondere § 23 versperrt. Abzustellen ist insoweit auf Art. 3 und 4 LugÜ: Art. 3 LugÜ regelt in Abs. 1 und Abs. 2, dass bei Wohnsitz des Beklagten im Vertragsstaat Schweiz eine Klage im Inland im Gerichtsstand des § 23 nicht zulässig erfolgen kann.

§ 23a
(weggefallen)

Die Vorschrift wurde aufgehoben durch das Gesetz zur Reform des Verfahrens in Familiensachen und in den Angelegenheiten der freiwilligen Gerichtsbarkeit vom 17.12.2008 (BGBl. I S. 2586) mWv. 1.9.2009.

---

189 Stein/Jonas/*Wagner*[22] Art. 5 Rdn. 22 m.w.N.
190 Stein/Jonas/*Wagner*[22] Art. 5 Rdn. 12.
191 OLG Köln NJOZ 2010, 899; Stein/Jonas/*Wagner*[22] Art. 5 Rdn. 37.
192 Vertrag vom 17.6.1977, BGBl. 1990 II S. 35 i.d.F. v. 24.10.1990, BGBl. II S. 1400.
193 Stein/Jonas/*Roth* § 23 Rdn. 2; Musielak/*Heinrich* § 23 Rdn. 21.
194 OLG Stuttgart IPRspr 2006, Nr. 136, 301.

FSC
www.fsc.org
MIX
Papier | Fördert
gute Waldnutzung
FSC® C083411

Kolibri 360 GmbH
Ferdinand-Jühlke-Straße 7
99095 Erfurt, Deutschland
produktsicherheit@kolibri360.de